阿克苏年鉴

AKESU NIANJIAN

2020

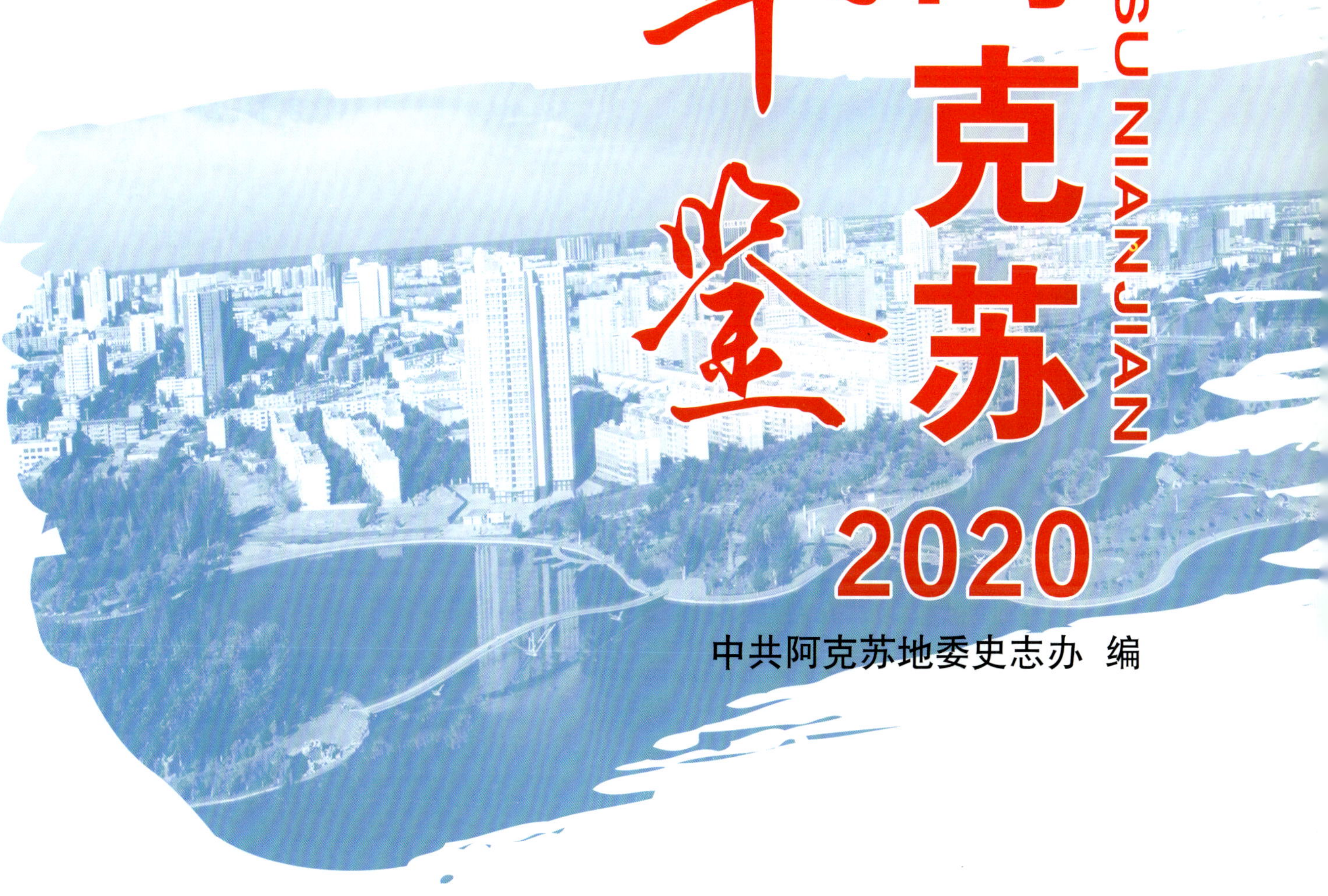

中共阿克苏地委史志办 编

图书在版编目（CIP）数据

阿克苏年鉴. 2020 / 中共阿克苏地委史志办编.-- 北京：方志出版社，2020.12
ISBN 978-7-5144-4638-8

Ⅰ.①阿… Ⅱ.①中… Ⅲ.①阿克苏地区-2020-年鉴 Ⅳ.①Z524.52

中国版本图书馆CIP数据核字（2021）第016396号

阿克苏年鉴（2020）

编　　者：中共阿克苏地委史志办
责任编辑：冯　松

出 版 者：方志出版社
地址　北京市朝阳区潘家园东里9号（国家方志馆4层）
邮编　100021
网址　http://www.zgfzcb.cn
发　　行：方志出版社图书经销中心
电话　（010）67110500
经　　销：各地新华书店
印　　刷：阿克苏飞达印务有限责任公司

开　　本：889×1194　1/16
印　　张：31.75
字　　数：885千
版　　次：2020年12月第1版　　2020年12月第1次印刷
印　　数：001~1000册

ISBN 978-7-5144-4638-8　　定价：460.00元

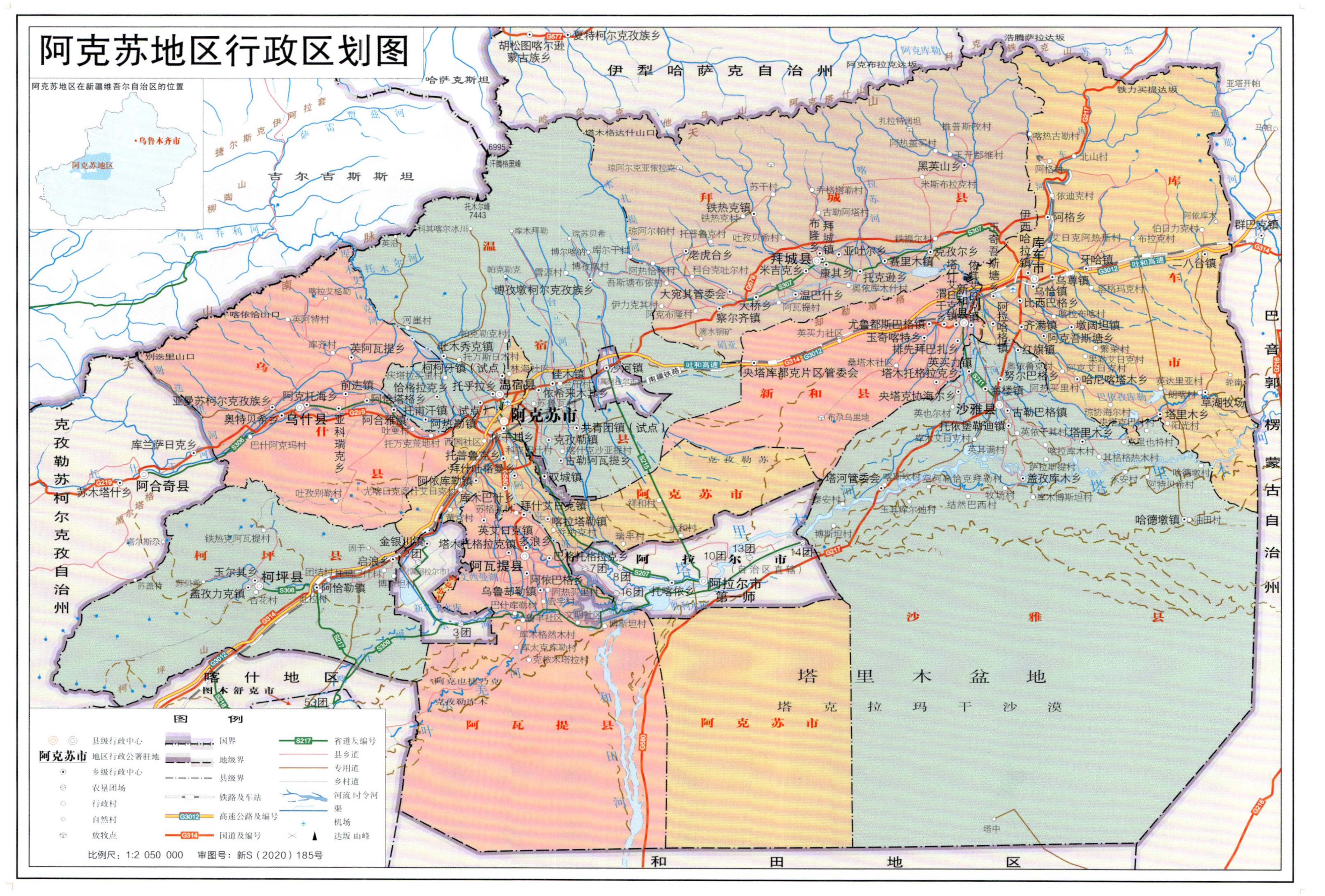
阿克苏地区行政区划图
阿克苏地区在新疆维吾尔自治区的位置
乌鲁木齐市
阿克苏地区
伊犁哈萨克自治州
哈萨克斯坦
吉尔吉斯斯坦
克孜勒苏柯尔克孜自治州
巴音郭楞蒙古自治州
喀什地区
和田地区
阿克苏市
温宿县
库车市
沙雅县
新和县
拜城县
乌什县
阿瓦提县
柯坪县
阿拉尔市
第一师
塔里木盆地
塔克拉玛干沙漠
图例
县级行政中心
阿克苏市 地区行政公署驻地
乡级行政中心
农垦团场
行政村
自然村
放牧点
国界
地级界
县级界
铁路及车站
高速公路及编号
国道及编号
省道及编号
县乡道
专用道
乡村道
河流 时令河
渠
机场
达坂 山峰
比例尺：1:2 050 000
审图号：新S（2020）185号

防护林网

防风固沙示范基地

荒漠绿化

绿色阿克苏

2019年，阿克苏地区持续加强生态建设，持之以恒推进绿化造林，打造“生态治理先行区”，继续实施“四个百万亩”荒漠绿化工程。柯柯牙工程绿化面积8.2万公顷；阿克苏河和渭干河生态治理工程面积15.89万公顷，空台里克荒漠绿化工程面积4.74万公顷。年内完成造林面积3.68万公顷，其中人工造林2.42万公顷，森林覆盖率达到8.8%。

防护林与经济林相结合

绿色长城

苹 果

核 桃

红　枣

戈壁变果园

库车市龟兹文化广场

沙雅县景观河

拜城县喀普斯浪河

宜居阿克苏

2019年，阿克苏地区坚持“城在林中、水在城中、人在园中”理念，着眼宜居宜业公园城市定位，持续推进水系建设和生态景观改造，完善绿道绿廊、街头绿地、小区绿化和休闲空间生态体系，实现“百米见绿、500米见园”，营造林城相融、林水相依、水城相润、人园相宜的生态宜居空间格局。新增绿地面积77.82公顷，城市建成区绿化覆盖率达到41.4%、人均公园绿地面积16.92平方米。

新和县和谐广场

阿克苏市多浪河

温宿县龙泉湖

乌什县燕泉山

阿瓦提县
多浪河景观带

柯坪县鸟瞰图

阿克苏市幸福公园

国家湿地公园

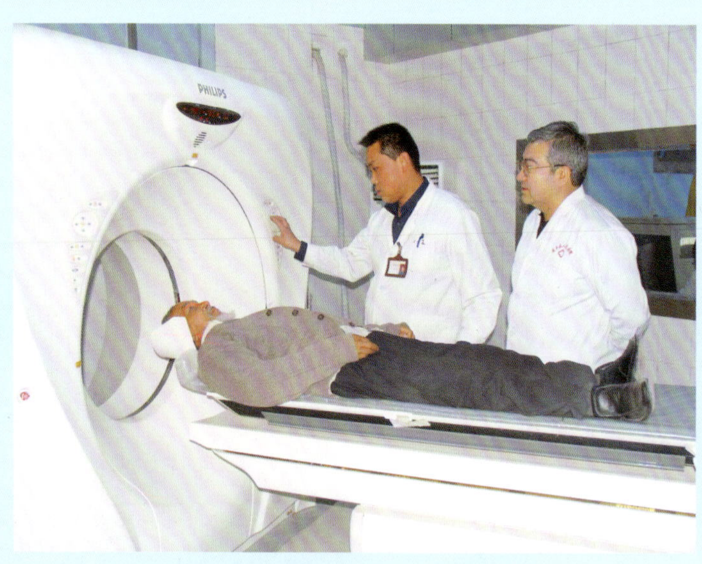

库车市人民医院引进飞利浦MX8000双排螺旋CT机医疗设备

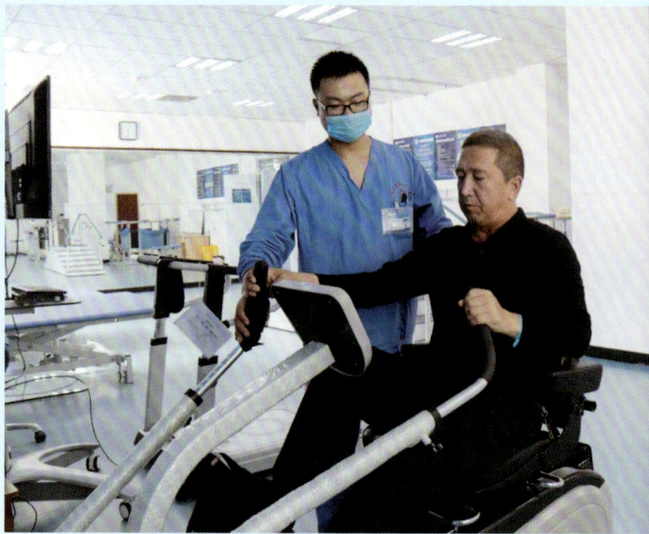

阿克苏市人民医院中医康复科医护人员给患者做康复治疗

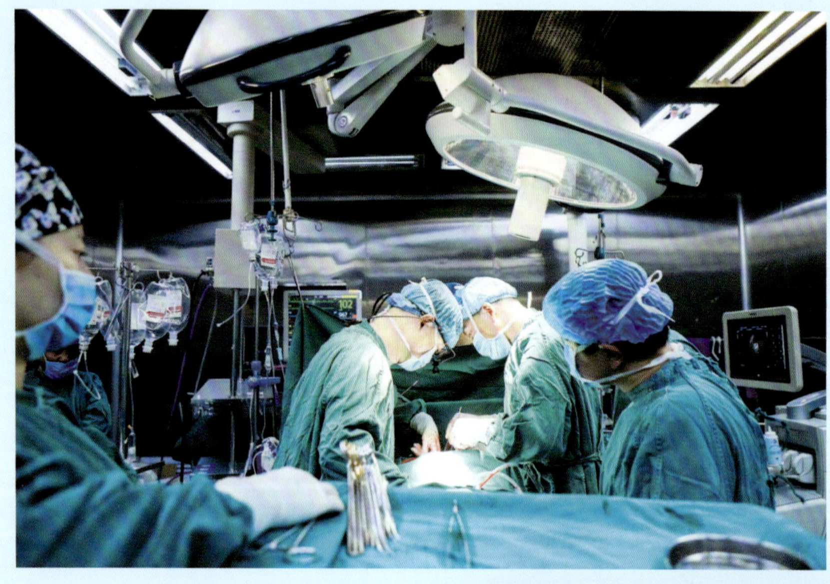

浙江省人民医院专家在地区第一人民医院开展手术帮带工作

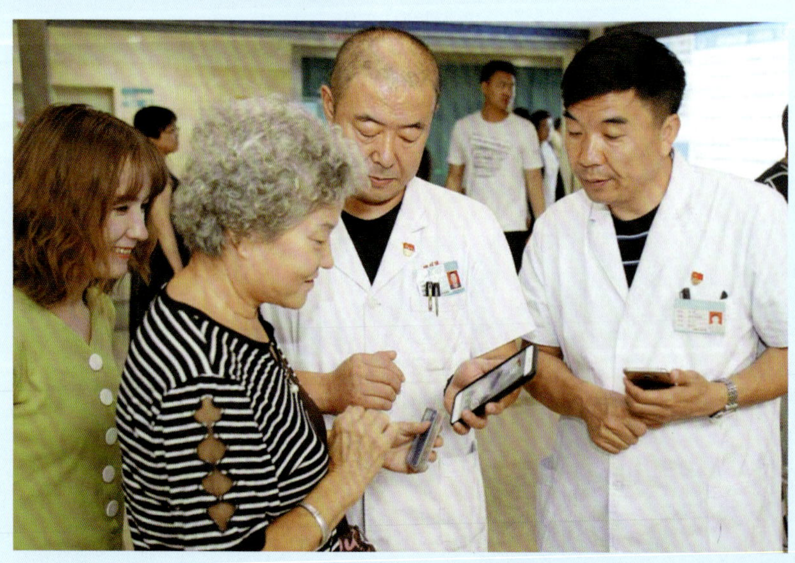

地区第一人民医院医务人员给患者介绍手机APP便捷就诊

健康阿克苏

2019年，阿克苏地区坚持人民至上、生命至上，把保护人民生命安全和身体健康作为重中之重，推进“健康阿克苏”建设，深化医疗卫生体制改革，整合中医力量，健全基本医疗卫生制度和优质医疗卫生服务体系，基层医疗卫生机构达到1431个，人均基本公共卫生人均服务经费标准提高到69元。推行健康生活方式，减少疾病发生，实现全民健康。

2019年4月8日，晶状体脱位患者在地区第一人民医院眼科门诊接受温州医科大学附属眼视光医院眼科专家会诊

2019年9月26日，库车市伊西哈拉镇卫生院志愿者服务队在科克拱拜孜村开展免费体检、送药活动

2019年1月20日，库车市举办“苗苗杯”篮球赛

2019年1月23日，沙雅县红旗镇举办“感恩共产党 奔跑向未来”全民健身长跑活动

2019年7月6日，阿克苏市民在体育馆前锻炼身体

2019年8月4日，拜城县举行“庆祝中华人民共和国成立70周年”暨“拜城县第十一届全民健身日”活动

2019年8月8日，地区开展“健康中国、你我同行”全民健身活动

2019年10月10日，阿克苏市举办“爱在阿克苏 文明促健康”首届城乡中老年健身操比赛

阿克苏市多浪第一幼儿园内，小朋友们在做游戏

阿瓦提县幼儿园多媒体教学

阿克苏市天杭实验学校学生列队准备放学

教育阿克苏

2019年，阿克苏地区坚持把优先发展教育作为推动稳定发展的重要先手棋，在组织领导、发展规划、资源保障上把教育摆在首位。实现农村幼儿园“应建尽建”、学前三年适龄儿童“应入尽入”；小学、初中适龄儿童少年入学率分别达到99.9%、98.7%，小学六年巩固率97.28%，初中三年巩固率99.26%；新疆大学科学技术学院阿克苏校区成功转设新疆理工学院，结束了阿克苏地区无高等本科院校的历史，地区教育事业迈出了新的步伐。

乌什县前进镇国语小学举行纪念孔子活动

柯坪县湖州双语小学全景

阿克苏地区第一中学

阿克苏地区第二中学

新疆理工学院

阿克苏职业技术学院

阿克苏市高级中学

阿克苏地区中等职业技术学校教学楼

2019年1月26日，阿克苏市民在超市选购中国结、灯笼和春联

2019年2月3日，地区举办2019年春节文艺晚会

2019年2月17日，库车市举行庆祝元宵节社火表演活动

文化阿克苏

2019年，阿克苏持续打造“龟兹文化、多浪文化、汉唐文化”品牌，不断更新文化理念，文化“软实力”不断彰显，文化基础设施不断完善，文化队伍不断壮大，文化服务能力明显提升，群众文化活动不断丰富，举办第十五届“多浪·龟兹”文化、第五届刀郎人捕鱼民俗文化、“冬游新和·悦享汉唐”文化旅游节等大型活动120场次，各类文化惠民活动8300场次，让群众真切感受到文化大发展带来的实惠。

2019年3月28日，沙雅县努尔巴克乡为6对新人举办集体婚礼，向广大群众倡导移风易俗，树立文明新风，过现代文明新生活

2019年3月29日，柯坪县举办“醉美杏乡·柯坪人家”第三届杏花文化旅游节

2019年4月7日，浙江省首部援疆题材话剧《天山的灯》在地区上演

2019年4月10日，阿瓦提县举行民俗文化旅游节暨首届梨花节

2019年5月4日，阿克苏市文艺演出队在表演非洲鼓

2019年5月19日，中国环塔（国际）拉力赛在阿克苏举行发车仪式

2019年5月19日，地区大型民族活动演艺剧目《千年之约·梦幻龟兹》演出

2019年5月19日，地区大型民族活动演艺剧目《千年之约·梦幻龟兹》演出

2019年8月4日，库车市房满镇甬库团结村在石榴籽文化广场举办“民族团结一家亲”联谊活动

2019年8月16日，2019世界旅游小姐大赛中国新疆赛区总决赛在阿克苏市开展

2019年9月25日，在阿克苏书城，中华人民共和国成立70周年相关书籍备受读者欢迎

2019年9月29日，地区庆祝中华人民共和国成立70周年“我和我的祖国”大型文艺晚会

2019年10月17日，非物质文化遗产进校园。库车县第十小学学生在弹奏乐器

2019年10月19~27日，以“世界胡杨公园·千年秘境沙雅”为主题的阿克苏第十五届“多浪·龟兹”文化旅游节、第十一届沙雅胡杨节暨首届沙雅群英会在沙雅县沙雁洲景区举办

阿温大道

阿克苏市汽车城

阿温立交桥

发展阿克苏

2019年，阿克苏地区深入贯彻新发展理念，推进“76331”战略，持续深入改革，优化产业结构，加大招商引资力度，着力提振实体经济，努力建设丝绸之路经济带核心区重要支点，地区经济运行总体平稳，全年完成生产总值1222.42亿元（含生产建设兵团一师），人民生活持续改善，城镇居民人均可支配收入32812元，农村居民人均可支配收入13225元，保持地区经济持续健康发展。

2019年10月1日，阿克苏火车站新站正式启用

柯坪县光伏发电厂

阿克苏纺织工业城（开发区）纺织企业

库车俄霍布拉克煤矿

库车市化工企业

沙雅县钵施然智能农机有限公司

2019年10月12日，第六届新疆特色果品（阿克苏）交易会暨2019年全国农产品产销对接扶贫行活动开幕式

2019年，阿瓦提县利用飞防技术防治棉花病虫害

2019年，全地区设施农业总面积5600公顷，智能温室年育苗量1.3亿株。图为沙雅县设施农业科技示范育苗基地

2019年，地区棉花皮棉总产100.97万吨，皮棉单产130.18公斤。图为阿瓦提县机采棉现场

2019年，阿克苏苹果园引来众游客

2019年，地区牲畜存栏624.92万头（只），出栏684.58万头（只），牛羊养殖成为农民增收支柱产业

2019年，阿克苏地区水产养殖面积1743公顷，水产品产量2.16万吨。图为温宿县养鱼户捕鱼现场

阿克苏地区经济社会发展示意图

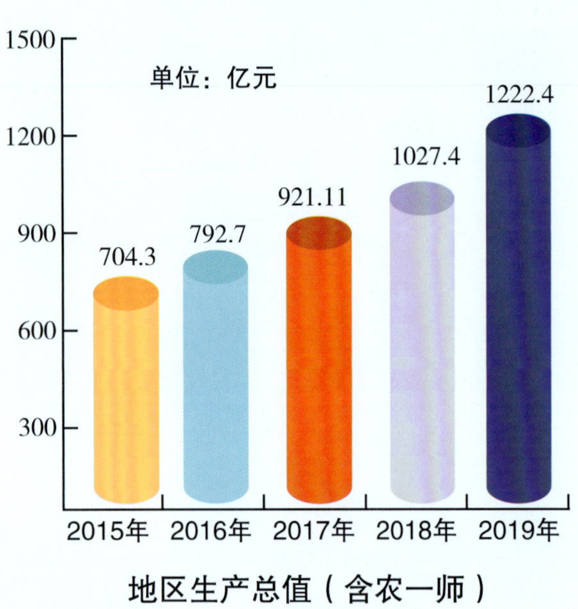

地区生产总值（含农一师）

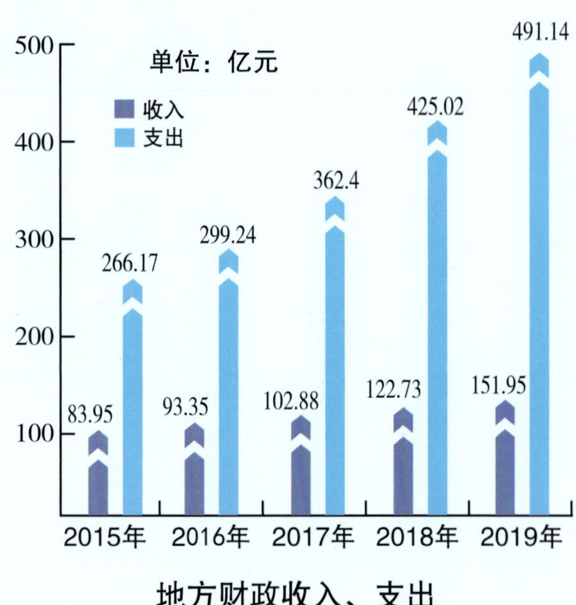

地方财政收入、支出

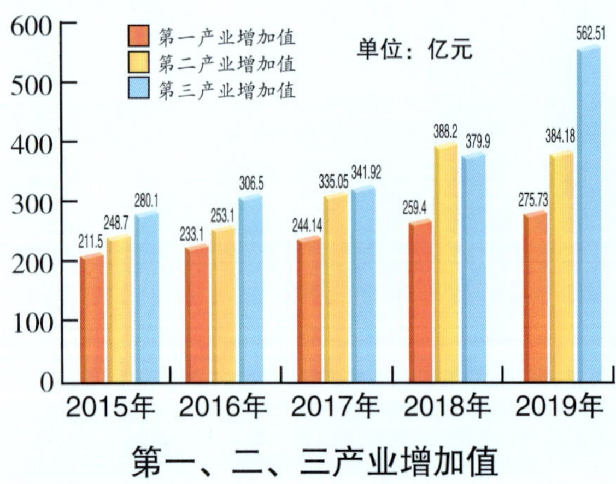

第一、二、三产业增加值

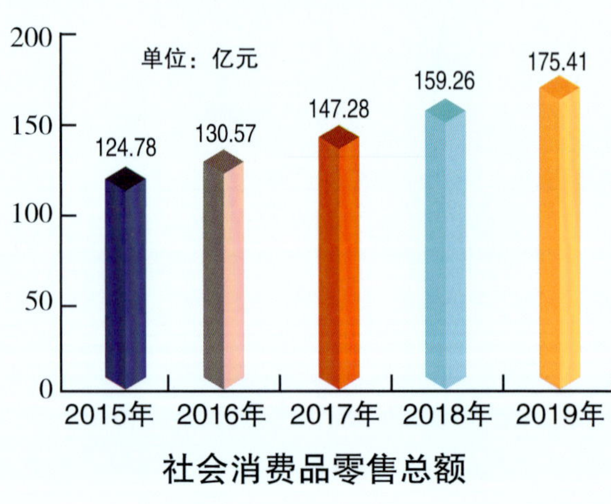

社会消费品零售总额

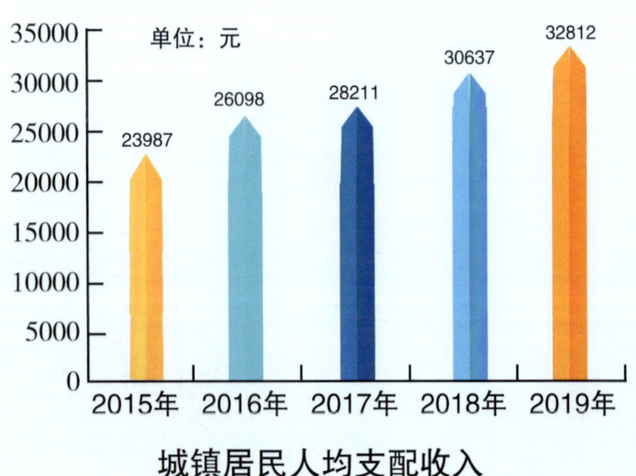

城镇居民人均支配收入

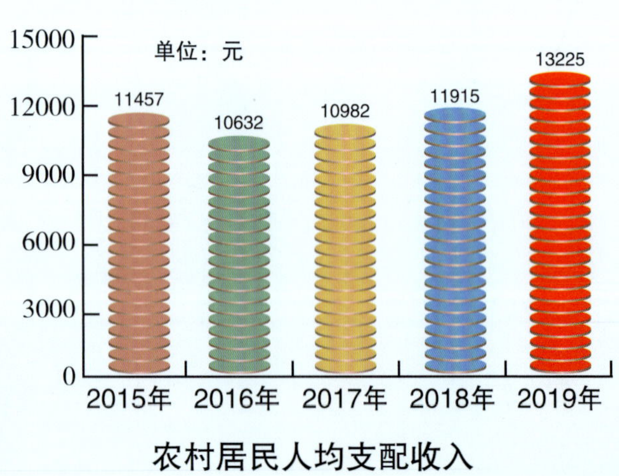

农村居民人均支配收入

阿克苏地委党史、地方志工作领导小组

组　长　窦万贵

副组长　杜　明

成　员　张宏伟　富　相　戴胜军　申海峰　田瑞莲　杨晓林
　　　　　朱英山　粟　新　孙学武

《阿克苏年鉴》(2020 年卷)编辑人员

主　　编　粟　新

执行主编　苏　伟

副 主 编　郑晓梅

编　　辑　潘　蔚　张　英　周　英

《阿克苏年鉴》(2020 年卷)撰(组)稿人员名单

（以姓氏笔画为序）

于　萱　于燕红　卫　涛　马现峰　马海燕　马静生　王丰明　王云东　王玉堂　王　平

王　帅　王申玉　王延琪　王兴龙　王　纪　王志军　王　枫　王学杰　王建陆　王建武

王　莹　王　真　王　峰　王海英　王敏花　王　琼　王　喆　王　量　王　媛　王　婷

王新丽　王　翠　王　燕　木合塔尔·牙生　文　剑　方丽清　方　雷　邓　禹　邓　浩

玉素甫·伊利亚斯　艾力·居马洪　石玉亮　田　甜　田　婷　史玉雪　史莉萍　白伟峰

宁　燕　尼亚孜·热合曼　邢志礼　亚尔肯　亚孜·热合曼　再努热·阿木提　曲永红

吐尔松·托胡提　曲良璐　吕　娜　朱良瑞　朱怡潇　朱　疆　乔燕妮　伍　伟　任　艺

任文艳　任庆华　任红芳　伊尔凡　刘少丹　刘玉泉　刘成杰　刘　旭　刘　红　刘红文

刘宝军　刘建江　刘亭廷　刘　猛　刘智慧　刘新天　刘馨宇　闫莉莉　许　伟　许建忠

孙治中　孙骁睿　孙素英　孙振明　孙渝易　孙　滔　苏巴提　李一凡　李开标　李文春

李东阳　李冬芳　李永新　李旭峰　李红霞　李　芳　李　丽　李忠民　李学坤　李建琪

李奎生　李　娜　李　艳　李振萍　李　悦　李梦冰　李　琴　李　瑛　李　敬　李　斌

李　媛　李蜀蓉　李　毅　杨　云　杨金玲　杨　硕　吾日也提·吾斯曼　豆辉艳　肖国玺

吴正涛　吴倪妮　邱　凯　何　昌　何祖宏　何　峰　何　静　邹立慧　汪庆庆　汪　芳

张小鹏　张亿华　张　扬　张旭升　张　丽　张君珍　张青玉　张　苗　张　英　张松龄

张国新　张学荣　张学娜　张　勇　张晨涓　张　婧　张　博　张　晶　张　路　张新敏

张慧慧　张豫州　陆英杰　阿不都哈力克·卡德尔　阿达来提·塔依尔　阿迪力·亥米提　陈　川

陈甲林　陈秋燕　陈　艳　陈淑娟　陈　瑛　陈　勤　陈　蓉　陈　雷　努丽比艳·马合木提

邵繁荣　武路路　林秀敏　欧阳婷　畅亚波　迪丽阿热·艾尼　罗　云　凯撒尔江·买买提

罗清平　岳志辉　依力哈木江·艾则孜　周　忠　周贵军　周　莹　郑立薇　孟照鹏　赵丹阳

赵肃雅　赵　洁　赵富贵　赵　磊　赵燕萍　荆云辉　胡兴国　胡晓刚　胡　鑫　柯　艳

相　梅　柏小丽　钟　奕　段小毛　段连武　侯启明　侯晶哲　俞刘东　饶丽丽　姜晓蓓

祖木腊特·阿布力米特　祝　敏　费　翔　姚颜强　贺　琛　袁海应　热西旦木·阿不都克然木　耿华峰

晋文强　贾启丹　贾洪新　贾　雯　贾　婷　徐永刚　徐洋洋　徐　静　殷雪妮　殷婉寒

高文祥　高　斌　高　燕　郭士范　郭志军　郭彤昱　郭　雅　唐华容　唐　炜　唐雪涛

唐露露　黄昌谋　黄新城　曹开妍　龚海燕　崔玉勇　章应宏　盖　云　梁海滨　董成忠

董　雷　董　燕　韩英群　景巨学　景玉娥　程国英　程　燕　曾凡伦　曾垂涛　曾建军

温　丽　游曼轩　谢文菲　谢福坤　雷攀飞　詹晓娟　窦天龙　窦振兴　蔡　蔬　阚京梅

漆建红　谭甜甜　翟魁元　熊　炬　樊晓伟　樊晓莉　颜寿林　潘　丽　魏玉明　魏宏亮

编 辑 说 明

一、《阿克苏年鉴》以马克思列宁主义、毛泽东思想、邓小平理论、“三个代表”重要思想、科学发展观和习近平新时代中国特色社会主义思想为指导，坚持辩证唯物主义、历史唯物主义的立场、观点和方法，2020 年卷全面、客观、系统地记载阿克苏地区在落实新时代党的治疆方略中自然、政治、经济、文化和社会等方面的基本情况和主要成就，为社会各界提供翔实资料，为广大读者服务。

二、本年鉴采用分类编辑法编纂。主体内容按照类目、分目、条目的框架结构组成，有的设二级分目，基本表现形式为条目。图、表随文设置。

三、文中省去前缀的“地区”指阿克苏地区。在主体内容中，单位名称一般用规范简称。

四、2019 年阿克苏地区机构改革，部分单位机构、编制调整，文中进行了记载。

五、本年鉴图片和文字资料均由地直各部门、各县(市)及驻阿克苏地区的中央、自治区所属单位提供。综合性数据由地区统计局提供，部门数据由相关单位提供，因统计口径等原因，个别数据不尽一致。

六、专题彩页中摄影作者与撰(组)稿人员名单一并列出，未进行单独标注(个别图片作者不详)。

七、本年鉴设置双重检索系统，书前有详细目录，书后有索引。索引采用主题分析法编制，按照汉语拼音字母顺序排列；索引范围包括部类、分目、条目及表格等。

数字阿克苏

面积	13.13 万平方千米	铁路客运量	298.6 万人次
县(市)	9 个	航空客运量	213.6 万人次
乡(镇)	88 个	电信业务总量	19.1 亿元
街道办事处	9 个	邮政业务总量	3.08 亿元
社区	227 个	固定电话用户	26.95 万户
人口(不含兵团第一师阿拉尔市)	256.44 万人	移动电话用户	242.13 万户
农作物播种面积	87.1 万公顷	社会消费品零售总额	175.41 亿元
粮食作物播种面积	22.61 万公顷	进出口总额	4.16 亿美元
地方生产总值	1222.4 亿元(含一师)	旅游总收入	69.98 亿元
第一产业增加值	275.73 亿元	国内外游客	1252.59 万人次
第二产业增加值	384.18 亿元	地方财政收入	151.95 亿元
第三产业增加值	562.51 亿元	公共预算收入	115.74 亿元
粮食产量	187.55 万吨	公共预算支出	430.05 亿元
油料产量	1.77 万吨	城镇居民人均可支配收入	32812 元
棉花产量	100.97 万吨	农村居民人均可支配收入	13225 元
果品产量	244.16 万吨	普通高等学校在校生	16461 人
年末牲畜存栏	624.92 万头(只)	普通中等职业学校在校生	25761 人
肉类产量	33.83 万吨	普通中学在校生	169168 人
牛奶产量	16.7 万吨	小学在校生	307479 人
禽蛋产量	8.72 万吨	医院	56 家
水产品产量	2.16 万吨	医疗病床	11977 张
地方全口径工业增加值	229.74 亿元	文化馆	10 个
原煤产量	1712 万吨	文化站	97 个
原油加工量	475.21 万吨	公共图书馆	10 个
天然气储量	2.2 万亿立方米	博物馆(纪念馆)	8 个
发电量	96.6 亿千瓦时	艺术表演团体	5 个
焦炭产量	398.37 万吨	失业保险参保人数	18.79 万人
水泥产量	396.54 万吨	养老保险参保人数	102.96 万人
纱产量	29.42 万吨	医疗保险参保人数	238 万人
货物运输量	7346 万吨	工伤保险参保人数	20.28 万人
公路客运量	2419.8 万人次	生育保险参保人数	22.35 万人

特 载

专 记

概 况

沿革 区划

地 貌

资 源

民族 人口

要闻大事

中国共产党阿克苏地区委员会

重要会议

地委办公室

组织工作

机构编制

宣传工作

精神文明

政策研究

统战工作

机关党建

党史地方志工作

档案工作

党校工作（地区行政学院）

老干部工作

纪检监察

政权·政治协商

人大地区工委

阿克苏地区行政公署

·地区行署办公室·

政协地区工委

·机关事务服务·

阿克苏地区妇女联合会

阿克苏地区工商业联合会(总商会)

阿克苏地区科学技术学会

阿克苏地区归国华侨联合会

阿克苏地区残疾人联合会

社会科学界联合会

阿克苏地区红十字会

阿克苏地区文学艺术界联合会

法 治

政法委及综治

公安·消防

·公 安·

·消 防·

电力工业

纺织工业

工业园区建设

交通运输·邮政

道路运输

公　路

铁　路

民　航

路政海事

邮　政

信息产业及信息化

网络安全和信息化建设

无线电

中国移动

中国电信

应急管理

统　计

审　计

阿克苏海关

国有资产监督管理

企业选介

·新疆红旗坡农业发展集团有限公司·

·阿克苏良信粮油购销集团有限责任公司·

·阿克苏水务集团股份有限公司·

·阿克苏文化旅游发展集团有限公司·

·阿克苏天山神木果业发展有限责任公司·

·阿克苏鹏达投资有限责任公司·

·阿克苏西域牧业发展有限责任公司·

·阿克苏供销投资(控股)集团有限责任公司·

·阿克苏交通建设投资股份有限公司·

商 务

商贸流通

供销合作

粮食和物资储备

烟草专卖

盐业专卖

中石油新疆销售有限公司阿克苏分公司

中国石化销售股份有限公司新疆阿克苏石油分公司

金 融

银 行

·中国人民银行阿克苏地区中心支行·

·中国银行保险监督管理委员会阿克苏监管分局·

·中国工商银行股份有限公司阿克苏分行·

·中国银行股份有限公司阿克苏地区分行·

·中国农业发展银行阿克苏地区分行·

·中国建设银行阿克苏地区分行·

·中国农业银行阿克苏地区分行·

气 象

教 育

基础教育

国家通用语言教育

职业教育

成人教育

重点学校介绍

·新疆理工学院·

·阿克苏职业技术学院·

·阿克苏地区中等职业技术学校·

·阿克苏技师学院·

·阿克苏地区库车中等职业技术学校（阿克苏工业技师学院）·

·新疆广播电视大学阿克苏分校·

·阿克苏教育学院·

·阿克苏地区第一中学·

·阿克苏地区第二中学·

文化·体育

文化艺术

·地区文化体育广播电视和旅游局·

·图书馆·

·文博院（博物馆）·

·歌舞团·

·地区文化馆（美术馆）·

·阿克苏日报社·

·阿克苏地区广播电视台·

体　育

旅 游

卫 生

卫生健康

计划生育

卫生监督

疾病预防

健康养老

爱国卫生

医疗保险

医疗机构介绍

·地区第一人民医院·

·地区第二人民医院·

·阿克苏地区妇幼保健院·

·地区中医医院（维吾尔医医院）·

·阿克苏地区康宁医院·

社会民生

社会经济调查

民政工作

人力资源和社会保障

军人服务

县市概况

阿克苏市

库车市

沙雅县

新和县

拜城县

温宿县

乌什县

阿瓦提县

柯坪县

新疆生产建设兵团第一师阿拉尔市

第一师阿拉尔市

对口援建

园区经济

·阿拉尔经济技术开发区·

·阿拉尔国家农业科技园区(第一师阿拉尔垦区国家现代农业示范区)·

上市公司

·新疆青松集材化工(集团)股份有限公司·

·新疆塔里木农业综合开发股份有限公司·

附　录

地、县(市)级机构领导干部名录(2019 年)

干部任免

文献辑要

荣誉录

·先进集体·

·先进人物·

服务指南

聚焦聚力总目标　干事创业勇担当
坚决夺取全面建成小康社会伟大胜利

——在2020年中共阿克苏地委(扩大)会议上的报告(摘要)

窦万贵

(2019年12月28日)

2019年工作回顾

——主题教育扎实开展。深入学习贯彻习近平新时代中国特色社会主义思想，守初心、担使命、找差距、抓落实，对标对表习近平总书记关于新疆工作的重要讲话和重要指示批示精神，把学习教育、调查研究、检视问题、整改落实贯穿始终。广泛开展新时代爱国主义教育、革命传统教育、先进典型教育和警示教育，一批群众关心关注的热点难点焦点问题有效解决，各级党组织和广大党员干部"四个意识"不断增强、"四个自信"更加坚定、"两个维护"忠诚践行，贯彻落实总目标的思想和行动更加自觉，基本实现了理论学习有收获、思想政治受洗礼、干事创业敢担当、为民服务解难题、清正廉洁作表率的目标。

——发展质量稳步提升。乡村振兴战略深入实施，粮棉果畜设施农业五大基地优势更加显现，农业产业化水平不断提高，村容村貌发生显著变化。积极融入丝绸之路经济带核心区建设，优势产业转型升级步伐加快，阿克苏纺织工业城出口监管仓库、保税仓库封关运营，石墨烯电采暖等一批新兴产业项目成功落地。旅游业发展势头强劲，实现旅游总收入72.86亿元，增长89.9%。机场改(扩)建项目进展顺利，火车站新站房建成投用，北外环、别迭里边防公路建成通车，新改续建农村公路2 526千米。

——"三大攻坚战"成效显著。积极防范金融风险，实现违规举债零增长，年度隐性债务化解任务全部完成。乌什、柯坪2个深度贫困县，77个贫困村，16 676户58 114名贫困人口将实现整体脱贫退出。污染防治攻坚战成效明显，持续开展国土绿化行动，全年造林面积5.15万公顷，森林面积达到115.81万公顷，森林覆盖率8.8%。扬尘、燃煤及重点行业污染得到有效整治，空气质量优良率达到51%，土壤污染防治工作深入推进，生态环境明显改善。公园城市建设步伐加快，各县(市)城区一批水景绿地公园建成开放，城乡人居环境得到极大改善。

——民生保障更加有力。新增城镇就业4.12万人，农村富余劳动力转移就业22.04万人次。新疆大学科学技术学院成功转设为新疆理工学院，阿克苏职业技术学院、技师学院顺利迁建，新（改）建学校209所，办学条件不断改善。区域性医疗康养高地建设迈出坚实步伐，县域医共体建设实现全覆盖，乡（镇）卫生院、村卫生室标准化建设任务全面完成。结核病防治等公共卫生工作取得明显成效。全面推行农村居民“先治疗、后付费”，城乡居民基本医保、大病保险、医疗救助三重保障实现“一单式”结算，城乡居民基本养老保险参保率稳定在95%以上。新建安居富民房3.27万套、城镇保障性安居住房2.75万套，解决1.32万户5.27万人安全饮水问题。

——民族团结不断巩固。“民族团结一家亲”和民族团结联谊活动深入开展，民族团结进步创建工作成效显著，阿克苏市红桥街道红桥社区居民委员会等3个集体和库尔班·尼亚孜等5人被国务院表彰为全国民族团结进步模范集体和模范个人。

——意识形态工作扎实有效。党的十九大精神、习近平新时代中国特色社会主义思想、社会主义核心价值观深入人心，县级融媒体中心在全疆率先实现全覆盖，新时代文明实践中心建设工作稳步推进。刘平国石刻等3处文物保护单位升格为国家级。庆祝新中国成立70周年等重大宣传活动成果显著。库车甬库团结村典型事迹在中央电视台持续播出，为讲好中国故事作出了阿克苏贡献。

——改革开放深入推进。276项改革任务有序推进，改革工作走在全疆前列。党政机构改革高效完成，供给侧结构性改革纵深推进，地、县“六型政府”建设全面实施，“放管服”改革持续深入，政务服务更加高效便利。乡村振兴综合改革、“最多跑一次”“基层一张表”、公园城市建设等改革试点有力推进。库车撤县设市获国务院批准。对外开放不断深化，实现进出口总额增长20.5%。招商引资到位资金增长26.99%。对口援疆综合效益不断提高，实施援疆项目196个，安排援疆资金14.13亿元。统筹推进油地共建等取得新成效。

——党的建设全面加强。注重在稳定发展一线、脱贫攻坚一线、乡（镇）基层和艰苦边远地区培养锻炼干部，稳慎推进公务员职务与职级并行工作，干部关心关爱激励机制不断完善。党建体制机制改革不断深化，管党治党主体责任严格落实，软弱涣散党组织整顿成效明显，各行各业党组织建设和党的工作全覆盖，基层基础进一步夯实。“访惠聚”驻村工作扎实推进。“基层减负年”工作成效明显，形式主义、官僚主义等“四风”顽疾有效纠治。纪检监察体制改革统筹推进，反腐败斗争压倒性胜利得到巩固。支持人大、政协履行职责，统一战线、群团工作得到加强。

2020年工作思路和目标任务

总体要求：坚持以习近平新时代中国特色社会主义思想为指导，深入贯彻落实党的十九大和十九届二中、三中、四中全会及自治区党委九届七次、八次全会精神，坚决贯彻党的基本理论、基本路线、基本方略，统筹推进“五位一体”总体布局、协调推进“四个全面”战略布局，全面贯彻落实新时代党的治疆方略和自治区党委重点工作部署，紧紧围绕社会稳定和长治久安总目标，着力提升社会治理体系和治理能力现代化水平，深入实施“76331”战略，不忘初心、牢记使命，努力建设平安和谐富裕美丽阿克苏，坚决夺取全面建成小康社会伟大胜利。

目标任务：力争地方生产总值增长8%以上，全社会固定资产投资增长15%以上，社会消费品零售总额增长10%以上，公共财政预算收入增长6%以上，规模以上企业工业增加值增长9%以上，居民消费价格涨幅控制在3%以下，城镇登记失业率控制在4.5%以内，城镇居民人均可支配收入增长8%以上，农牧民人均纯收入增长8.4%以上。社会大局持续稳定，经济发展持续向好，民族团结巩固发展，宗教领域和睦和谐，意识形态持续安全，生态环境更加优美，民生事业全面进步，党的建设不断加强。

2020年重点工作和主要措施

坚持依法治阿，坚决维护社会大局稳定

——扎实做好群众工作。深入开展“八个讲清”“理清两笔账、感恩共产党”等活动，教育引导各族群众感党恩、听党话、跟党走。坚持和发展新时代“枫桥经验”阿克苏做法，完善“三调联动”工作体系和矛盾纠纷多元预防调处化解综合机制。

——巩固加强民族团结。持续深化“民族团结一家亲”和民族团结联谊活动,完善干部职工与基层群众结对认亲机制,引导各族干部群众多层次、多形式走动互动。持续推进“五个嵌入”,推动形成各民族共居共学共事共乐的格局。深入开展民族团结宣传教育和民族团结进步创建活动,选树先进典型,加强正面宣传和舆论引导。

——推进法治阿克苏建设。健全和完善法治宣传教育工作机制,严格落实“谁执法谁普法”责任制,扎实做好“七五”普法验收年工作。深化司法体制综合配套改革,完善审判制度、检察制度,全面落实司法责任制,加强对司法活动的监督,确保司法公正高效权威。

坚持新发展理念,扎实推动高质量发展

——坚决打好三大攻坚战。打好精准脱贫攻坚战,坚持把巩固脱贫攻坚成果防止返贫放在首位,稳定实现“两不愁、三保障”。坚持扶贫与扶志扶智相结合,落实就业、产业扶贫举措,抓好技能培训,增强贫困群众自我发展能力。打好污染防治攻坚战,持续开展国土绿化行动和重点风沙策源地综合治理工作,继续推进空台里克百万亩生态绿化工程。重点打好蓝天碧水净土保卫战。有序推进城市生活垃圾分类和资源化利用,力争地区静脉产业园(东园—西园)生活垃圾焚烧发电项目建成投运。严明生态环境保护责任制度,完善考核评价体系,实行生态环境损害责任终身追究制。全面完成中央环保督察整改任务。打好防范化解重大风险攻坚战,严禁新增隐性债务上项目、铺摊子,加强违规举债责任追究力度。

——大力发展实体经济。全力推进东部油气田增产增效,加快西北部油气勘探开发步伐,争取塔河炼化适应性技改项目年内开工建设。推进煤盐化工产业优化升级,完成中泰·金晖100万吨PVC项目重组,尽快开工建设。调整纺织服装产业结构,引进印染、化纤纺等补链项目,积极构建纺织服装全产业链。鼓励引导传统建材产业转型升级,重点发展节能、高效、环保、防火、防水、保温等新型建筑材料。大力发展新技术、新能源、装备制造、生物医药,积极发展“互联网+”、物联网、大数据、云计算,推进信息技术与实体经济深度融合。积极促进商贸物流产业发展。着力发展夜间经济,培育新的经济增长点。

——深入实施乡村振兴战略。坚持农业农村优先发展总方针,以深化农业供给侧结构性改革为主线,促进城乡一、二、三产业融合发展。推进稳粮、优棉、促畜、强果、兴特色,促进农业结构优化升级,加快农业由增产向提质转变。持续深化“百十一”“十仓百企”“十城百店”工程建设,发展农业物联网、农村电商,拓宽农产品销售渠道。实施农业品牌提升行动,着力提升“阿克苏好果源”品牌影响力。扎实推进农村人居环境整治,加大农业面源污染治理力度。完善乡村治理机制,夯实基层社会治理基础,确保农村社会和谐稳定。

——加快推进区域性全域旅游高地建设。大力实施旅游兴疆战略,深入推进“旅游+”“+旅游”,推动旅游与文化、体育、农业等深度融合,丰富和完善旅游产业链,持续扩大“阿克苏是个好地方”“丝路古龟兹·神奇阿克苏”品牌影响力。加快天山托木尔大峡谷、克孜尔石窟创建国家AAAAA级旅游景区进度。积极融入全疆旅游大环线,着力打造精品旅游线路。开展好长三角旅游联盟、独库公路旅游营销联盟“5+3”系列活动,构建旅游大营销格局。加大对特色手工艺品、土特产和农副产品开发力度,推出一批富有地域特色的旅游品牌和商品。打好旅游四季牌,支持县(市)开展以“春赏花”“夏纳凉”“秋采摘”“冬农趣”为主题的乡村旅游活动,加快休闲观光园、星级农家乐、乡村旅游民宿发展。持续改善景区基础设施条件和服务质量。力争全年接待游客1500万人次。

——着力加强重点项目建设。坚持把重大项目建设作为拉动增长的重要举措,抓好项目库建设,构建项目“在建一批、开工一批、储备一批、谋划一批”的良性循环机制。用好国家政策和市场手段,积极引导社会资本、民间投资参与交通、水利、能源、通信、城镇等重点基础设施建设。高质量编制“十四五”发展规划。加快阿克苏南外环、阿克苏机场二期扩建项目建设,确保阿克苏—阿瓦提—阿拉尔铁路和新—拜铁路支线开工建设,积极推进国道579线库拜玉段、阿克苏—阿瓦提一级公路项目前期工作。加快大石峡水利枢纽等重大水利工程建设，推进煤改电、农网改造升级、天然气等项目建设。进一步完善园区发展规划和产业布局，抓好一批重点企业项目建设，形成配套协作、错位互补的产业发展格局。

坚持以人民为中心，不断增进各族群众福祉

——积极稳定和扩大就业。持续推进城乡富余劳动力转移就业，突出抓好困难群体、高校毕业生、退役军人等稳定就业，力争年内实现农村富余劳动力转移就业13.8万人次，城镇新增就业2.3万人。加大培训力度，提高劳动者就业能力，力争全年开展各类职业技能培训3.3万人次。持续深化创业型县（市）创建活动，加快创业孵化基地和创业示范园区建设，营造“大众创业、万众创新”的浓厚氛围。

——加快推进区域性教育人才高地建设。做好农村幼儿园提升改造，推进寄宿制学校资源整合，建立城乡义务教育捆绑办学机制，推进城乡义务教育一体化发展，顺利通过义务教育均衡化验收。积极开展示范性高中创建工作，打造普通高中优质学校集群和区域性普通高中品牌学校。完善职业教育培养体系，深化产教融合、校企合作，培养现代化产业工人。完成阿克苏教育学院迁建。深化教师管理体制机制改革，实施“十百千”名师工程，打造高素质专业化教师队伍。

——加快推进区域性医疗康养高地建设。实施“健康阿克苏”行动，持续开展全民免费健康体检，深化医药卫生体制改革，深入推动医联体建设，不断提升公共卫生服务、医疗服务、医疗保障、药品供应保障水平。完成地区康宁医院搬迁工作，加快推进地区社会福利园区康养项目建设，开展养老机构星级化管理。持续做好重大传染病防控工作。支持社会办医，发展健康产业。

——提高社会保障能力。实施全民参保计划，持续推进五项保险参保扩面，城乡居民基本养老保险参保率稳定在95%以上。全面落实降低养老、工伤、失业等社会保险费率政策，做好社会保险关系转移接续及社保补费。落实人身意外伤害保险、大病保险、跨省异地就医直接结算等各项惠民政策。完善城乡低保制度，做到应保尽保。健全流浪乞讨人员、流浪未成年人救助等社会服务保障机制，全面实现有意愿的“五保”老人集中供养、孤儿集中收养。持续加强残疾人康复服务工作。

——持续推进公园城市建设。坚持“城在林中、水在城中、人在园中”的理念，着眼宜居宜业城市定位，建设与管理并重，建立长效的城市管理体制机制。按照“安全、适用、经济、绿色、美观”的原则，突出中华文化元素，提升城市建筑水平。坚持以完善城市功能、提高城市品质为重点，持续推进城市建设“十大行动”，持续推进水系建设和生态绿地改造，进一步完善绿道绿廊、街头绿地、小区绿化和休闲空间生态体系，着力解决城市停车困难、交通拥堵、环境脏乱差等问题。坚持“就近相邻、规模适中、宜合则合”，大力推行居民小区整合，提高城市管理精细化、现代化水平。

——切实办好实事好事。深入推进九大惠民工程，加快农村公路、安居富民、城镇保障性安居住房、安全饮水、天然气利民工程等基础设施建设，新改建农村公路650千米，农村安居富民工程2.4万套，城镇保障性安居住房1.48万套，巩固提升1 000户4 100人的安全饮水问题，继续实施电网提升改造工程。进一步完善“1+X”风险隐患排查治理机制，提高防灾减灾救灾能力。加强和改进农产品、食品、药品安全监管。

坚持举旗定向，凝聚同心共筑中国梦的强大力量

——着力加强思想道德建设。持续开展“习近平新时代中国特色社会主义思想进万家”活动，精心开展主题宣传、政策宣传、典型宣传，深化中国特色社会主义和中国梦的宣传教育，用社会主义核心价值观培育时代新人。广泛开展党史、新中国史、改革开放史和新疆历史学习教育。学好用好系列白皮书。完善落实领导干部联系知识分子制度，最大限度调动知识分子积极性、主动性、创造性。

——坚决维护意识形态领域安全。推进传统媒体与新兴媒体深度融合，加强地县融媒体中心建设，推动新媒体产品制作与全面推广，充分发挥融媒体中心主流舆论阵地作用，提高新闻舆论传播力、引导力、影响力、公信力。

——继承弘扬优秀传统文化。推动中华优秀传统文化、社会主义先进文化、红色革命文化进校园、进社区、进农村、进企业、进机关。扎实推进中华优秀传统文化进基层示范点建设，打造一批标识明显、内涵丰富的宣传文化阵地。加大文化遗产保护力度。扎实开展群众性精神文明创建活动，大力选树、表彰和宣传先进典型。全面推动地区新时代文明实践中心建设，打通宣传、教育、服务群众“最后一公里”。

——*持续提升公共文化服务水平*。积极构建地县乡村四级现代公共文化服务体系，推进地区公共文化服务标准化、均等化发展。深入实施文化惠民工程。扎实推进地区塔里木歌舞团、地区影剧院体制机制改革，健全现代文化产业体系和市场体系，积极推行“文化+”模式，促进文化产业与旅游、体育、科技等融合发展，形成一批具有阿克苏特色的文化产品和文化品牌。

坚持改革创新，有效激发体制机制活力

——*深化重点领域改革*。持续深化供给侧结构性改革，不断巩固“三去一降一补”成果，着力增强微观主体活力，推动更多产能过剩行业加快出清。继续深化“放管服”改革，拓展“一城通办”服务，推动项目审批“13345”专项改革举措深度落实，持续改善营商环境。构建地县乡村“四级联动”政务服务平台体系，逐步推动基本公共服务向农村(社区)延伸。加快国资国企改革，做强做优做大国有资本。深入推进创新驱动战略，完善地区大数据发展服务中心建设，加快公共服务领域数据集中和共享。深化财税金融体制改革。支持企业拓展直接融资渠道。深化农业农村综合改革，全面落实永久基本农田特殊保护制度，落实第二轮土地承包到期后延包的具体办法。开展农村集体经营性资产股份合作制改革，积极探索集体资产股权质押贷款办法。开展农民合作社质量提升整县推进试点工作。深入开展社会组织参与乡村治理专项改革。推进共青团基层组织改革综合试点。

——*完善改革体制机制*。完善“六型政府”建设工作制度。健全支持中小企业发展制度，完善构建亲清政商关系的政策体系。完善公平竞争机制，全面实施市场准入负面清单制度。创新投资管理体制，建立地方政府专项债券项目安排协调机制和重大项目储备通报制度，规范有序推进政府和社会资本合作项目。建立促进创业带动就业、多渠道灵活就业机制，对就业困难人员实行托底帮扶。完善公立医院薪酬分配机制，加快现代医院管理体制改革。

——*继续扩大对外开放*。实施更大范围、更宽领域、更深层次的全面开放，加快融入丝绸之路经济带核心区建设。大力支持民营经济发展，扶持壮大小微企业，积极推进电子产品组装、鞋帽、玩具、假发等劳动密集型产业发展，推动民营经济转型升级。支持发展跨境电商，积极培育外贸进出口企业，认真研究招商企业落地服务的具体办法，建立前后方招商会商制度，创新招商方式、拓展招商领域、优化招商服务，持续实施驻地招商，积极承接内地发达地区的产业转移。

——*深化对口援疆工作*。认真落实第七次全国对口援疆工作会议精神，聚焦聚力干部人才、产业、民生、文化、教育、旅游援疆等，推动各项任务落深落细落实，着力提升对口援疆综合效益。务实推进产业援疆，进一步发挥“百村千厂”“万亩亿元”“十城百店”工程作用。深化医疗援疆，深入推进“浙阿跨省新型医联体”“互联网+医疗健康”模式。巩固扩大教育援疆成果。

——*着力推进融合发展*。树牢“兵地一盘棋”思想，全面落实兵团向南发展规划纲要，支持一师深化改革，推动兵地融合发展。深化油地共建。持续加强军地共同发展，落实好退役军人工作制度和保障制度。

加强党的全面领导，为决胜全面建成小康社会提供坚强政治保证

——*加强思想政治建设*。推进“两学一做”学习教育常态化制度化，完善党委(党组)中心组学习、党组织集中学习、干部教育培训等各项制度，不断加强理论武装，巩固党的执政基础和各族干部群众团结奋斗的共同思想基础。

——*着力夯实基层基础*。树立大抓基层、抓乡促村鲜明导向，深入贯彻落实《中国共产党支部工作条例(试行)》《中国共产党农村基层组织工作条例》等党内法规，以组织体系建设为重点，突出政治功能和组织力，持续强化农村基层组织基本队伍、基本活动、基本阵地、基本制度、基本保障。进一步加强和改善城市基层党建工作，做强街道、做优社区、做活治理。聚焦打造“一个带头、三个表率”模范机关，推动机关党建和业务工作相互促进。压紧压实新兴组织归口管理、属地管理、兜底管理工作责任。持续加强国有企业、学校等各领域党组织建设。突出政治标准，持续壮大党员队伍，提升党务工作者能力素质。持续开展好“访惠聚”驻村工作。

——建设高素质干部人才队伍。坚持新时期好干部标准和民族地区干部“三个特别”政治标准，加强干部培育、选拔、管理和使用。完善干部监督管理体系，落实“凡提四必”，强化干部考核、巡视巡察等结果运用，推进干部能上能下。落实公务员职务与职级并行政策、容错纠错和奖励规定，为干部干事创业撑腰鼓劲。进一步健全人才工作管理体系，分类推进人才评价机制改革，完善人才流动机制，优化人才环境，确保人才引得来、留得下、用得好。全面加强老干部和关心下一代工作。

——持之以恒正风肃纪。严明党的纪律特别是政治纪律和政治规矩，严肃反分裂斗争纪律，全面净化党内政治生态，锲而不舍落实中央八项规定及实施细则精神，深入整治享乐主义、奢靡之风，坚决破除形式主义、官僚主义，防止“四风”隐形变异和反弹回潮。持续强化对“基层减负年”部署要求落实情况的监督，切实解决文山会海、督查检查考核过多、过度留痕等形式主义突出问题。进一步改进调查研究，深入基层、深入群众，察实情、访民情，密切党群干群关系。贯通运用纪律监督、监察监督、巡察监督、派驻监督，紧盯关键领域、关键岗位、关键环节，突出政治监督，严格日常监督，用好监督执纪“四种形态”，特别是“第一种形态”，抓早抓小，防微杜渐。坚持把制度执行作为监督检查重点，及时发现和纠正偏离制度的苗头性、倾向性问题，认真查处和严肃问责严重破坏制度的问题，切实维护制度的严肃性和权威性。

——深入推进反腐败斗争。坚持严字当头、勇于斗争，坚持无禁区、全覆盖、零容忍，坚持重遏制、强高压、长震慑，坚决查处政治问题和经济问题交织的腐败案件，坚决斩断“围猎”和甘于被“围猎”的利益链，坚决破除权钱交易的关系网。深化标本兼治，强化对审批监管、执法司法、工程建设、资源开发、金融信贷、公共资源交易、公共财政支出等重点领域的监督检查。持续深化专项治理、专项整治、专项斗争，铁腕惩治吃拿卡要、慵懒散拖、不作为、慢作为以及漠视侵害群众利益的突出问题，坚决惩治发生在群众身边的微腐败特别是扶贫领域腐败和作风问题、涉黑涉恶腐败和“保护伞”问题。持续深化纪检监察体制改革。坚持惩前毖后、治病救人，深化警示教育，推进以案促改，深挖深层次问题，推动完善制度、堵塞漏洞，着力构建一体推进不敢腐、不能腐、不想腐体制机制，巩固和发展反腐败斗争压倒性胜利。

坚持党的领导、人民当家作主、依法治国有机统一，深入推进社会主义民主政治制度化、规范化、程序化。支持和保证人大依法行使职权，健全人大对“一府一委两院”监督制度，完善人大对重大决策部署落实情况专项监督机制，加强人大工委及县(市)人大常委会建设，充分发挥各级人大代表的作用。加快转变政府职能，创新行政管理方式，持续深化“六型政府”建设，增强政府公信力、执行力，建设人民满意政府。坚持和完善中国共产党领导下的多党合作和政治协商制度，不断提高政治协商、民主监督、参政议政水平。加强与民主党派、工商联和无党派人士的团结合作，巩固和发展最广泛的爱国统一战线。健全联系广泛、服务群众的群团工作机制，充分发挥工会、共青团、妇联等人民团体作用，不断巩固和发展民主团结、生动活泼、安定和谐的政治局面。

“访民情、惠民生、聚民心”活动

2019年，自治区、地区、县（市）和兵团下派“访惠聚”工作队1 457个、工作队员8 685名，其中自治区级工作队154个、1 146人；地区级工作队223个、1 371人；县（市）级工作队1 069个、6 097人；兵团工作队11个、工作队员71个。有序做好2019年度“访惠聚”工作衔接，引导前一批驻村工作队骨干留村两个月开展“传帮带”。开展提质增效和规范化管理工作。将“访惠聚”驻村工作与“基层组织建设年”“社会治理年”“民生建设年”活动同部署、同落实、同考核，制定“七统一”（统一集中领导、统一学习培训、统一混合编组、统一入户走访、统一研判形势、统一推动严打、统一考核奖惩）“传帮带”机制，打造永不走的工作队。发挥派出单位优势和工作组作用，实施民生项目，加强基层基础设施建设，加强精准扶贫，为帮扶点送政策、送法律、送技术、送信息，为民办实事好事45.6万件，帮扶困难家庭户18.3万户，帮助群众就业4.7万人，帮扶带动脱贫9 198户3.73万人。地区探索实行包联帮扶工作，全地区包联帮扶工作参与干部人数5.2万人，包联户数11.2万户家庭，走访群众194.8万人次，解决困难诉求7.46万件。

地区发挥派出单位优势和工作组作用，对帮扶干部、贫困村干部和贫困群众进行培训，常态宣传党的惠民富民政策，地、县先后采取以会代训、集中培训、视频培训、现场观摩推进会等形式，培训帮扶干部1 447期8.35万人次、贫困村干部1 711期6.5万人次，举办贫困群众技能技术培训2.9万场次、参训人员308.2万人次，开展扶贫政策宣讲10 235场次、受听群众165.6万人次。

地区开展常态入户走访、“民族团结一家亲”和民族团结联谊活动。以包联帮扶工作为依托，结合常态化入户走访、多元化宣传教育、精准化帮扶解困等工作扎实开展群众工作，各级干部走访近197万人次，走访入户560万次，捐赠物资1 690万元，梳理摸排群众困难诉求7.8万件，解决7.6万件。

地区加强基层组织建设。推进驻村工作队员、村干部联系帮带制度，手把手理思路、教方法、传经验、解难题。按照“四个一”标准（即一个示范主题、一名业务骨干、一个精品课件、一个短视频），培育27个“访惠聚”驻村工作示范点。

地区组织完成地区级“访惠聚”重点工作推进会1期，督促指导县（市）、乡（镇）完成“访惠聚”各类现场推进会814期。地、县（市）开展5轮全覆盖式督导，调研指导梳理“访惠聚”驻村工作存在10项共性问题和400条个性问题。对7县2市的88乡（镇）1 231村（社区）进行帮带指导，召开座谈会3 600场次，参与座谈干部10 210人次，入户走访群众34 620户次，以电话微信视频方式进行帮带指导工作4 200人次，发现并指导整改问题1万多条。

地区落实“每周遍访、半月跟进、每月评估”工作机制，常态化排查驻村干部在村在岗情况，召开地、县两级问题反馈培训会42

场次，约谈单位 780 多次。实行派出单位、驻村工作队、乡镇党委"三方恳谈"（乡（镇）党委书记、辖区内驻村工作队第一书记及派出单位主要领导）工作机制，召开派出单位恳谈会 440 次，反馈问题 4 500 多个，解决问题 4 300 多个。派出单位主要领导每月到驻村点调研 1 次，全年到村调研约 2.3 万次，解决影响和涉及群众切身利益以及驻村工作队无法解决的困难问题。

地区组建心理咨询服务队，以深入基层服务、视频连线咨询等多种形式，开展驻村干部心理咨询服务。全地区组建心理志愿服务队 149 支、志愿服务骨干 580 名，新建心理咨询减压室 43 间，开展专题培训 76 期，解决心理难题 640 条。开通地区、县（市）"访惠聚"办服务热线电话，收集各驻村工作队及队员的问题反映及困难诉求，建立来电来访问题登记台账，分类压实责任，跟踪督办问效，妥善解决合理诉求。受理并解决投诉举报 107 起，违纪问责 22 起，处理来电来访、政策咨询 8 000 多起。

地区先后 2 次邀请自治区专家来阿克苏开展"访惠聚"宣传信息培训班，1 300 人次参加业务培训。地区"访惠聚"办信息组组员先后赴阿克苏市、沙雅县、阿瓦提县等县（市）专题授课 5 场次，常态化帮带指导县（市）举办乡（镇）培训班 27 场次，培训 3 400 人次，面对面帮带指导医疗、教育、金融等派出单位骨干 80 人次。全年推荐"五个 100"先进典型 179 个，组织动员关注新疆"访惠聚"微信公众号 24.5 万人，向微信公众号报送本地区"访惠聚"驻村工作稿件 1 600 篇，刊发 440 篇，向自治区报送要情专报信息 120 期，在本地媒体刊播稿件 814 条（篇）。

（地委组织部供稿）

"不忘初心、牢记使命"主题教育活动

2019 年，地区贯彻落实习近平总书记重要讲话精神和自治区党委安排部署，在自治区主题教育办公室、自治区第十巡回指导组的指导下，成立以地委主要领导为组长、相关委员为副组长的主题教育领导小组，领导小组下设办公室，办公室设在组织部，抽调 37 名政治素质高、业务能力强的党员干部，组建地区主题教育办公室。先后召开 5 次地委（扩大）会议，研究制定地区主题教育《实施方案》，要求开展第二批阿克苏地区"不忘初心、牢记使命"主题教育活动，地区各级党组织、11.3 万名党员（干部）参加主题教育，围绕"守初心、担使命，找差距、抓落实"的总要求和"理论学习有收获、思想政治受洗礼、干事创业敢担当、为民服务解难题、清正廉洁作表率"的目标任务，将学习教育、调查研究、检视问题、整改落实贯穿始终，稳步推进主题教育各项工作。

地委主要领导认真履行第一责任人职责，带头参加集中学习研讨，先后多次深入地区 7 县 2 市及地直单位、企业一线等调研指导，发现并解决实际问题，推动整改落实；地区四套班子成员率先垂范，发挥表率作用，带头学习研讨，带头开展调研、带头检视问题、带头整改落实。各指导组采取列席重要会议、单独访谈、召开座谈会、调阅资料、抽查基层党组织等形式，全程参与被指导单位重要活动，对主题教育各项任务严格标准、认真指导。根据地、县直属单位、乡镇（街道）、村（社区）、高校及其他各级各类学校、非公有制经济组织和社会组织的不同特点，因地制宜、分类施策，坚持实施方案必审、重要会议必到、学习研讨必听、整改情况必核，到现场看、见具体事、听群众说。

地区主题教育突出抓好学习教育：一是领导干部带头学。第一批主题教育启动后，地区及各县（市）四套班子就围绕习近平总书记关于新疆工作的重要讲话、重要指示批示精神和新时代党的治疆方略，特别是社会稳定和长治久安总目标，分 2 次开展为期 2 周的集中封闭学习。第二批主题教育启动后，地区按照中央、自治区党委对学习教育的要求，以深入学习习近平新时代中国特色社会主义思想为主线，组织县（处）级以上党员领导干部以及参照执行的班子成员开展集中学习研讨。二是合理安排错时学。按照自治区党委的安排部署，地、县、乡领导班子分别在 9 月中旬、下旬和 10 月上旬三个时段开展集中学习，实行"错时错峰"安排，防止工学矛盾。除 7 天集中学习外，每月至少安排 1 次集中学习研讨，

学习习近平总书记最新重要讲话精神，盘点收获体会，对照检视问题，明确整改措施；对因值班、出差等原因无法参学的领导干部，列出补学计划，按时进行补学，确保学习内容、时间、人员、效果“四落实”。三是列出计划跟进学。对照县(处)级以上领导班子和党员领导干部必读书目、基层党支部和党员必读书目，分层分类制定集中学习方案、自学计划。学习习近平总书记最新重要讲话精神、十九届四中全会、中央经济工作会议精神等内容。同时，把主题教育与庆祝建党98周年、新中国成立70周年相结合，组织广大党员干部到“红船精神”展览馆、柯柯牙绿化工程纪念馆、三五九旅屯垦纪念馆、地区反恐维稳展等场馆开展革命传统教育、爱国主义教育、形势政策教育、先进典型教育和警示教育。四是全员覆盖层层学。以党支部为单位，每周安排半天时间组织党员集中学习交流；建立在职党员与无职党员、流动党员、年老体弱党员“1+N”结对联系帮学机制，通过上门送教、电话送学、微信送学、马背宣讲队送学、邮寄读本等方式，力求应学尽学、不漏一人。依托党校、党员干部教育培训基地，加强基层党支部书记集中培训，分层分批对机关、学校、国有企业、两新组织党支部书记和软弱涣散村(社区)党支部书记开展集中轮训。举办党支部书记培训班33期，培训党支部书记4 881名。五是形式多样扎实学。地区县(处)级及以上领导干部在集中学习过程中聚焦研讨主题，对照所学内容，联系自身实际，按照“三个摆进去”要求，通过“领学+辅导+解读+讨论交流”的方式，开展集中研讨、交流互动。基层党支部利用“三会一课”“五+X”主题党日活动，采取每周一次集中学习、专题讲座等方式全面系统学，通过“学习强国”手机APP、新疆党员教育微信公众号、抖音等新媒体平台常抓常态学。地区参照以上班子累计开展集中学习研讨3 966场次、研讨发言1.5万人次，参与志愿服务16.1万人次。

地区深入开展调查研究，解决实际问题。一是深入基层摸实情。地、县四套班子及成员和地、县职能部门负责人着眼解决实际问题，结合分管领域，围绕工作重点，有针对性地选择1~2个重点问题，找出破解难题的实招、硬招。二是改进方式。地、县四套班子成员采取“现场工作法”，到本级机关、下属单位和服务对象中了解情况，全面掌握第一手资料。各县(市)、地直单位领导班子及成员结合工作实际，深入困难较多、情况复杂、矛盾突出的地方，摸实情，找问题，研究提出解决问题、改进工作的办法措施。三是对标对表。地区四套班子及成员对标对表习近平新时代中国特色社会主义思想和新时代党的治疆方略，查找问题症结。针对调研发现的问题，按照“分管归口收集、行业归口解决”原则，限时限期解决。四是讲好党课。各级党委(党组)主要领导带头示范，深入分管领域、行业和基层单位讲好专题党课。地区完成调研报告5 172篇，现场解决问题8 326个。召开调研成果交流会699场次，各级领导干部讲专题党课4 425场次，参与人数达14.3万人次。

地区各级党员领导干部按照“四个对照、四个找一找”要求，采取个别访谈、召开座谈会、设立意见箱、在线互动、信访接待、发放征求意见表、新媒体留言等方式，广泛征求群众意见，召开征求意见座谈会3 766场次，征集意见9 449条。各级领导班子联系思想工作实际，在党的政治建设、思想建设、作风建设等方面查找突出问题，对学习研讨中查摆的问题、对照党章党规和新时代党的治疆方略找出的问题、调研发现的问题、群众反映的问题、谈心谈话指出的问题、中央脱贫攻坚专项巡视、干部考察、工作考核中所反馈的问题、2018年度民主生活会、脱贫攻坚巡视整改专题民主生活会提出需要整改尚未整改到位的问题，进行系统梳理，建立思想和工作两大类问题清单，并进行整改。

地区围绕中央、自治区党委确定的“8+2”专项整治任务和“1+3+3”实事，研究制定《地区“不忘初心、牢记使命”主题教育专项整治工作方案》《地区“8+2”专项整治问题台账》《“1+3+3”实事台账》《上下联动台账》，细化问题清单、整改措施、牵头单位、责任单位和完成时限。建立专项整治组联系指导组和县(市)、地直单位工作机制，定期召开联席会议。进行专项整治工作督导调研，下发《阿克苏地区“不忘初心、牢记使命”主题教育专项整治工作调研情况通报》，对各县（市）、地区10家牵头单位及其他配合责任单位的专项整治工作进行4次专项督导调研，针对专项整治调研情况，组织各县（市）、地直单位进行专题培训2次，确定专项整治问题306个、已整治解决301个。

地区将肺结核筛查作为全民健康体检必检项目，对地区15岁以上人群开展肺结核病筛查，地区在治肺结核患者6 878例，治疗成功2 370例；开展解决“两不愁三保障”突出问题核查和脱贫人口“回头看”，地区38.76万户158.46万农户基本实现“两不愁三保障”，实现整体脱贫退出；强化各族群众“国家通用语言+技能+纪律+法律法规”培训，开展各类培训4.44万人次，农村富余劳动力转移就业22.04万人次。

地区扎实推进“民族团结一家亲”和“三进两联一交友”活动，举办各类联欢会6 826场次、文体活动2 678场次；落实“旅游兴阿”战略，坚持全域旅游发展理念，建成旅游厕所52座、加油站8座、停车场21个、旅游道路11条。坚持以人民为中心的发展思想，实施“九项惠民工程”，办好“1+3+3”实事好事，全年实现新增城镇就业4.12万人，农村富余劳动力转移就业22.04万人次；新疆大学科学技术学院转设为新疆理工学院，阿克苏职业技术学院、技师学院迁建；新建安居富民房、城镇保障性住房6万多套，新改建农村公路2 625千米，解决1.32万户安全饮水问题。

（地委组织部供稿）

“民族团结一家亲”活动

2019年，阿克苏地区有52个民族，常住人口280多万人，其中户籍人口256.44万人，户籍人口中维吾尔族占82.95%，汉族人口占15.76%，是一个多民族聚居区。2019年，地区各级党员干部职工入户住户778 349人次，入住结亲户1 051 239户次。全地区10.9万党员干部职工与基层15.3万户群众结对认亲。

2019年，地区各级党（组）委紧紧聚焦总目标，坚持把民族团结作为各族人民的生命线，切实加强组织领导，坚持把开展“民族团结一家亲”和民族团结联谊活动作为一项政治任务抓在手上、扛在肩上、落实在行动上，进一步统一思想、凝聚共识，提高政治站位。教育引导各族干部群众深刻认识“团结稳定是福，分裂动乱是祸”的道理，树牢“四个意识”、坚定“四个自信”、做到“两个维护”。坚持党政主要领导负总责，把民族团结作为基础性、长远性、战略性工作，纳入重要议事日程，周密安排、精心组织、扎实推进，确保常态化开展、制度化落实，促进各民族像石榴籽一样紧紧抱在一起，打牢维护社会稳定和长治久安的群众基础。

2019年，地区把民族团结结亲走访与干部包联有机结合起来，推动“民族团结一家亲”和民族团结联谊活动常态化开展。认真开展入户住户、走访宣传、教育引导、梳理问题、帮扶解困、化解矛盾等工作，切实做到与各族群众同吃同住同学习同劳动，向各族群众送政策、送法律、送温暖、送文明、送科技、送文化、送健康等实践活动，从细微处着眼、实际处入手，把为民服务的触角延伸到路口村头、庭院炕头、田间地头，进百家门、知百家情、解百家难、暖百家心。2019年，累计走访各族群众288万户次，实现了从“住村里”到“住家里”“住心里”的转变。

2019年，地区深入推进民族团结宣传教育进机关、进学校、进企业、进村（社区）、进乡镇（街道）、进军（警）营、进团场连队、进宗教活动场所，把党的民族政策、民族团结教育纳入国民教育、公民道德教育、法治教育和精神文明建设全过程，突出抓好经常性学习教育、主题学习教育、舆论阵地宣传教育，推进党的民族理论、民族政策、民族团结典型人物事迹进教材、进课堂、进头脑。利用结亲走访，通过点对点、面对面、滴灌式的方式，积极宣传习近平总书记系列重要讲话精神，党的惠民政策、法律法规等宣传内容。2019年，全地区累计开展各类民族团结宣讲3.6万场次、受教育群众792万人次。坚持示范带动、典型引路，深入学习宣传库尔班·尼亚孜、牛怀东、陈耀平、肖合来提·阿尔吐克、喀哈尔·库尔班5名荣获全国民族团结进步模范个人荣誉称号的先进事迹，组织地区“全国民族团结进步模范”先进事迹巡回宣讲团赴各县（市）、地区党政系统、卫生健康系统、教育系统、驻地部队先后开展先进事迹巡回宣讲，用一个个生动、鲜活的民族团结故事，以真情实感打动人、感染人，在全地区掀起人人学模范，人人争做模范的良好氛围。

2019年，各单位各部门在充分结合区域优势、自身优势和行业特点，结合“一月一主题，月月有活动”方案，由单位领导干部特别是党政一把手带队到结对亲戚所在村(社区)因地制宜，与群众一起开展联欢会、文化比赛、报告会、双语讲堂、劳动竞赛等基层群众喜闻乐见的联欢联谊活动，推动形成相互了解、相互尊重、相互包容、相互欣赏、相互学习、相互帮助，在来来往往、说说唱唱、聚聚聊聊中加强交往交流交融，铸牢中华民族共同体意识。2019年，全地区举办各类联欢会2.82万场次、文体活动1.86万场次，营造了民族团结浓厚氛围。坚持把“民族团结一家亲”和民族团结联谊活动与困难帮扶、精准扶贫、精准脱贫紧密结合起来，各级干部充分发挥自身优势，帮助结对亲戚理清发展思路、制定增收计划、拓宽致富门路，依托农牧民夜校加强国家通用语言学习，利用科技之冬强化实用技术和致富技能培训，极大地调动了结对认亲户脱贫致富的积极性。2019年，捐款1 000多万元，捐物58.3万件，帮助发展生产15.3万件。结合2019年开展的“不忘初心、牢记使命”主题教育活动，以排民忧、解民难、暖民心为重点，收集结对认亲户在就医、就学、就业、增收致富等方面的困难和诉求，自下而上逐级建立派出单位、村(社区)、乡镇(街道)、县(市)四级群众困难诉求台账，采取结亲干部职工解决一点、派出单位解决一点、村(社区)解决一点、乡镇(街道)解决一点、县(市)解决一点“五个解决一点”的模式，力所能及地为结对认亲户办成当前最关心最直接最现实的利益问题。2019年，累计解决就学1.69万件、就医2.66万人、就业3.29万人。积极开展“民族团结一家亲”和民族团结联谊活动“六个一批”征集活动(选树推荐一批“最暖结亲干部职工”，一批“民族团结一家亲”文化村、社区，一批亲如一家的结亲对子，一批助力精准脱贫典型，一批特色民族团结联谊活动，一批“民族团结一家亲”文艺精品)，推荐对象经地区、自治区“民族团结一家亲”活动领导小组办公室逐级审核后，向国家、自治区主流媒体进行宣传推介，发挥好典型的示范引领和辐射带动作用，推动“民族团结一家亲”和民族团结联谊活动走实走深。2019年，共向自治区推荐“六个一批”典型材料55个。

2019年，地区全面、深入、系统地学习党的十九大、党的民族理论、政策及习近平总书记关于民族工作的重要论述，增强“四个意识”，坚定“四个自信”，做到“两个维护”，自觉在思想上行动上政治上同以习近平同志为核心的党中央保持高度一致。认真学习掌握自治区党委、地委有关民族团结的决策部署，确保工作思路清晰，能够向有关单位释难解惑。配齐配强各级“民族团结一家亲”活动领导小组办公室工作人员。2019年，各县(市)、地区累计举办35次“民族团结一家亲”活动业务骨干专题培训班(会)，培训干部3 233人次，不断提升各级“民族团结一家亲”活动领导小组办公室工作人员的政治理论素养和业务能力水平，指导本部门单位创造性开展民族团结“结亲周”活动。结合“不忘初心、牢记使命”主题教育活动，坚持问题导向，建立整改台账，细化措施，提升整改成效，2019年由地委领导带队先后3次深入基层开展“民族团结一家亲”活动调研指导，及时总结经验、选树典型，发现问题、督促整改，确保全地区活动不断深入开展。

2019年，起草阿克苏地区“民族团结一家亲”和民族团结联谊活动2019年工作要点，制定印发《阿克苏地区2019年度民族团结联谊活动每月一主题活动计划》，明确每月工作重点和任务，为各县(市)、地区各单位就如何开展好“民族团结一家亲”活动提供方向；根据自治区“民族团结一家亲”活动领导小组办公室安排部署，开展“民族团结一家亲”和民族团结联谊活动中形式主义突出问题和具体表现的调研工作，并形成调研材料上报；组织库尔班·尼亚孜、吾布力卡斯木·买吐送等8名民族团结先进个人前往乌鲁木齐参加自治区巩固发展民族团结工作座谈会，并参与撰写发言材料；根据自治区《关于开展2019年“天山南北花盛开”主题采访活动的通知》，安排部署库车市、拜城县制定迎接采访工作方案，做好采访期间的协调及服务保障工作；收集整理阿克苏地区近几年来在维护和践行民族团结方面涌现出具有影响力、感染力的民族团结先进集体和人物典型事迹及图片，精选校对，汇编印制成册；联合地区网信办组织开展第二届“我是一颗石榴籽”颁奖活动，在自治区第二届“我是一颗石榴籽”网络征文评选活动中，阿克苏地区获作品一等奖 1 个、二等奖 1 个、三等奖 1 个、优秀奖 2 个、组织奖 2 个；经阿克苏市、地区和自治区逐级推送、广泛宣传，阿克苏地区“王三街”民族团结团结故事于 2019 年 6 月 29 日在中央电视台《焦点访谈》栏目中播出，引起社会各界广泛关注和强烈反响。

（地区“民族团结一家亲”办公室供稿）

基层减负年活动

2019 年，阿克苏地委认真贯彻落实中央、自治区党委“基层减负年”部署要求，以开展“不忘初心、牢记使命”主题教育为契机，把力戒形式主义官僚主义、切实为基层减负作为全面从严治党的重要抓手，始终坚持问题导向，聚焦“四个着力”，抓住基层干部“累点”“痛点”，突出源头治理，抓实专项整治，从根本上深挖作风积弊，对症下药、精准施策，以实际行动为基层松绑减负，提升基层获得感，激励广大干部担当作为，为推进稳定发展各项工作提供坚强的纪律作风保障。

提高政治站位，坚持不懈用习近平新时代中国特色社会主义思想武装头脑，地委主要领导先后主持召开地委委员及扩大会议 39 次、地委中心组学习会议 15 次，专题学习习近平总书记关于加强党的作风建设、力戒形式主义官僚主义一系列重要讲话和指示批示精神，始终从树牢“四个意识”、践行“两个维护”的政治高度，站在加强党的政治建设、推进全面从严治党、持之以恒狠抓作风建设的高度，站在贯彻落实党中央治疆方略特别是社会稳定和长治久安总目标的高度，深刻认识力戒形式主义为基层减负工作的重大意义，坚决把思想和行动统一到党中央决策部署和自治区党委工作要求上来，以高度的政治自觉、思想自觉和行动自觉，切实推动“基层减负年”工作落实。

强化组织领导，成立由地委主要领导任组长、地区四大班子相关领导任副组长和成员的“基层减负年”工作领导小组，下设由地厅级领导任组长的 4 个专项工作组和领导小组办公室。根据中央、自治区党委“基层减负年”工作部署要求，结合地区实际，及时研究制定《关于解决形式主义突出问题落实“基层减负年”工作实施细则》，强化统筹协调、督促指导落实。各县（市）委、地直单位党委（党组）及时成立组织机构，制定工作方案，明确工作要求，形成组织有力、协调顺畅、联动高效的工作机制。

压紧压实责任，地区“基层减负年”工作领导小组及办公室牵头抓总，严格落实任务清单管理，将 16 项工作任务分解到 4 个专项工作组。各专项工作组及 16 个成员单位按照地区“24 条实施细则”要求，分别制定具体工作方案，逐条逐项细化任务分工，推进各项措施落地落细落实。各级党组织认真履行主体责任，各级领导干部以上率下，层层压紧压实责任，紧盯重点领域和关键环节，认真开展排查整治，加大舆论宣传力度，形成上下联动、齐抓共管的工作格局。

坚持精文简会，严格执行中央“确保发给县级以下的文件、召开的会议减少 30%~50%”的硬性要求，全年地区共制发重点精简类文件较去年减少 67.0%，其中地委、行署、地委工作部门、行署部门制发重点精简类文件比上年分别减少 54.1%、55.1%、69.1%、67.3%。地区本级召开会议比上年减少 49.9%，其中地委、行署、地委工作部门、行署部门召开会议分别减少 50.0%、58.1%、53.4%、47.4%。全年地区减负办共审核驳回地直单位可发可不发文件、可开可不开会议申请 120 多件次，切实提高发文开会质效。

规范督查检查考核，严格执行自治区党委“地州市确保对县（市、区）、乡镇（街道）、村（社区）、学校的督查检查考核事项按照已批计划总数较上年减少 90% 以上”的硬性要求，制定《关于统筹规范督查检查考核工作的实施办法》《2019 年督查检查考核年度计划》，严格落实督检考年度计划和审批报备制度，优化方式方法，切实整治督检考过多过频、过度留痕等问题。全年地区本级共批准开展督查检查考核事项8项，较去年减少91.9%，开展督查检查考核次数10次，较去年减少94%。

注重关爱激励，严格落实《关于进一步做好新形势下干部人才关心关爱工作的实施意见》，坚持政治上激励、工作上支持、待遇上保障、心理上关怀，细化做好新形势下干部人才关心关爱4个方面27条措施，给予基层干部更多理解与支持。全年提拔重用具有“访惠聚”、集中整治和脱贫攻坚等经历干部64人、乡镇党政正职25名，占提拔总人数的36.48%。严格执行《自治区干部容错纠错暂行办法》《关于为被错告诬告党员干部澄清正名的实施办法》，认真落实“三个区分开来”，区别对待失误和违纪行为，严肃查处诬告陷害行为，真正做到为担当者担当、为干事者撑腰，全年对处分期满后表现优异的，重新给予提拔任用64名。

强化舆论引导，坚持“全年有主线、阶段有重点”，充分运用广播电视台、阿克苏日报、政府网站、微信公众号等平台，精心策划、组织各类媒体开设“基层减负进行时”“基层减负在行动”“落实‘基层减负年’工作”“基层减负曝光台”等专栏，广泛宣传各项政策措施，及时宣传报道“基层减负年”各方面工作进展和成效，全年累计播发各类新闻稿件262篇条，在全社会营造了正风肃纪、为基层减负、促干部实干的浓厚氛围。

（地区基层减负办供稿）

扫黑除恶专项斗争

2019年，地委决定调整充实扫黑除恶领导小组，组长由窦万贵（地委书记）和尼亚孜·阿西木（地委副书记、行署专员）担任，副组长由吴宕（地委副书记、地委政法委书记、网信党工委书记）、杜明（地委委员、地委组织部部长）、何晓东（地委委员、地区纪委书记）、艾则孜·买提尼牙孜（地委委员、地委统战部部长）、赵忠伟（行署副专员，地区公安局党委书记、局长）、艾合买提·吐尔迪（地区政协工委副主任，行署秘书长）组成。地区扫黑除恶专项斗争领导小组办公室设在地委政法委，办公室主任由张晓明兼任，办公室副主任由谭永强、李军、李雪梅、蒋崇云4人兼任。

一是坚持“一把手工程”，强力推进落实。地、县、乡和各单位部门党委（党组）书记挂帅亲征，担任“扫黑除恶专项斗争领导小组”组长，亲力亲为、亲抓亲管；各级政法委书记具体抓、抓具体，扎实推进扫黑除恶专项斗争各项工作落地见效。二是完善制度机制，形成工作合力。建立完善“一案三查”工作机制、信息沟通、双向移送、同步介入、核查反馈、“五快一准”、公检法“三长”签字背书等制度机制，推动各成员单位齐抓共管、密切协作、履职尽责，确保了扫黑除恶专项斗争落地见效。三是做到“五个结合”，持续深入攻坚。把扫黑除恶专项斗争与严打专项行动，社会治安综合治理，反腐败斗争、基层“拍蝇”，基层组织建设，维护公共安全紧密结合起来，打掉了一批涉黑涉恶团伙，整治了一批社会治安乱点，查处了一批黑恶势力“保护伞”，整顿了一批软弱涣散基层党组织，查堵了一批公共安全领域风险隐患。四是依法精准打击，确保案件质量。实行侦查环节检察院、法院提前介入，推动侦查与起诉审判有效衔接，确保打准打实、确保办案质量，力求法律效果、政治效果和社会效果的有机统一。五是坚持严督实导、推动工作落实。对涉黑涉恶问题突出的行业、领域，采取通报、约谈、挂牌督办、一票否决等方式，严格责任督导和追究。

2019年，在中共中央、自治区党委的坚强领导下，阿克苏地委出重拳、下狠手，全面治理、系统整治、依法打击，扫黑除恶专项斗争持续深入开展，先后召开22次地委专题会议、扫黑除恶专项斗争领导小组会议、扫黑除恶办公会、案件会商会等会议，研究部署扫黑除恶工作，建立完善了“一案三查”、问题线索双向移送、涉黑涉恶案件同步介入、“三长”签字、案件线索会商、提前介入等机制，紧盯中央扫黑除恶第21督导组、全国扫黑办反馈问题整改工作，坚持每月定期调度制度，跟踪督促各县（市）、相关单位抓好反馈问题整改落实，推动整改工作落地见效。扫黑除恶专项斗争以来，共侦办涉黑涉恶案件78件。

（地区政法委供稿）

沿革　区划

【沿革】 中国多民族大一统格局，是包括新疆各族人民在内的全体中华儿女共同奋斗的结果。自汉代开始，新疆地区正式成为中国版图的一部分，在中国统一的多民族国家的长期历史演进中，新疆各族人民同全国各族人民一道共同开拓了中国的辽阔疆土，共同缔造了多元一体的中华民族大家庭。

从汉代至清代中晚期，包括新疆天山南北的广大地区被统称为西域，意为西部疆域。汉代以前，西域与中原地区早有商旅往来。汉武帝于建元三年(公元前 138 年)派张骞出使西域，13 年后 从西域返回，西汉政权即与西域各城邦建立联系。太初四年(公元前 101 年)，汉朝在西域设使者校尉，在今尉犁、轮台一带屯田。

西汉神爵二年（公元前 60 年)，汉朝在乌垒城(今新疆轮台县境内)设西域都护府，龟兹、姑墨、温宿归其管辖而正式归属汉朝版图。

魏晋时期，姑墨、温宿、尉头先后并属龟兹。

唐显庆三年(658 年)，安西都护府从西州迁入龟兹，晋级为安西大都护府，先后下辖 3 个都护府、52 个都督府。

9 世纪中叶，漠北的回鹘西迁中一部分进入龟兹，以后建立龟兹回鹘。

12 世纪中叶到清代乾隆初，龟兹故地先后为喀喇汗朝、西辽、东察合台汗朝和叶尔羌汗朝的领地或封地。

清乾隆二十四年(1759 年)，清朝统一新疆后，在阿克设办事大臣。

光绪八年(1882 年)，清政府在东四城(焉耆、库车、阿克苏、乌什)设阿克苏道。

民国 17 年(1928 年)，改阿克苏道为阿克苏行政区。

民国 22 年(1933 年)，阿克苏行政区更名为第四行政区并设立行政长公署。

1949 年 11 月 29 日，中国人民解放军步兵二军五师进驻阿克苏。

1950 年 2 月 4 日，阿克苏区行政督察专员公署成立，隶属新疆省人民政府。同年 3 月 13 日建立中共阿克苏地区地方委员会。

1954 年 7 月，南疆行政公署成立后，阿克苏区行政督察专员公署归其管辖。

1955 年 10 月 1 日，新疆维吾尔自治区成立，阿克苏区行政督察专员公署更名为阿克苏专员公署。

1958 年 5 月，撤销温宿县建制，并入阿克苏县。是年 9 月，专区各县共建 112 个人民公社、270 个生产大队、907 个生产队，实行政社合一，取代原有的区、乡建制。

1959 年调整后，全专区有 54 个人民公社、196 个管理区和 847 个生产队。

1962 年 10 月 20 日，恢复温宿县建制。1966 年，全专区各县共辖 66 个人民公社和 33 个农、林、牧场。

1969 年 3 月 31 日，成立阿克苏专区革命委员会，所辖 9 个县也相继成立县革委会。

1971 年 2 月，阿克苏专区革命委员会改为阿克苏地区革命委员会。

1975 年，撤销兵团农一师建制，改设地区农垦局，农一师所属 20 个团场归地区管辖。

1978 年 11 月，改阿克苏地区革命委员会为阿克苏地区行政公署。此后，地区所辖各县、乡(镇)相继撤销革委会，恢复人民政府建制。

1982年4月，撤销地区农垦局，恢复兵团农一师建制。

1983年8月，国务院批准撤销阿克苏县，改置阿克苏市（县级市）。

1984年5月，完成阿克苏撤县改市工作。1984年5月，在机构改革的同时，全地区撤销人民公社建制，建立各乡、镇人民政府以及村民委员会。

2019年12月，阿克苏地区库车撤县建市。自此，阿克苏地区辖阿克苏市、库车市、沙雅县、新和县、拜城县、温宿县、阿瓦提县、乌什县和柯坪县。

【区划】 2019年，阿克苏地区辖2市(阿克苏市、库车市)、7县(沙雅县、新和县、拜城县、温宿县、阿瓦提县、乌什县、柯坪县)、88个乡(镇)、9个街道办事处、227个社区。

地 貌

【地理位置】 阿克苏地区地处新疆维吾尔自治区中部、天山山脉中段南麓、塔里木盆地北缘，位于北纬39°30′~42°40′、东经78°02′~84°05′之间。东邻巴音郭楞蒙古自治州，西接克孜勒苏柯尔克孜自治州，西南与喀什地区接壤，南与和田地区相望，北与伊犁哈萨克自治州毗邻，西北以天山山脉中梁与吉尔吉斯斯坦、哈萨克斯坦交界。东西最长处约513千米，南北最宽处约386千米。总面积12.78万平方千米，占新疆总面积的8%。

【地形地貌】 阿克苏地区地势北高南低，由西北向东南倾斜。海拔7 435.3米的托木尔峰是境内的最高点，海拔945~1 020米的塔里木河两岸则是境内的最低处。

北部天山中梁一带为高山冰雪带，雪线在海拔4 100米左右。高山带内分布古代冰川和现代冰川，是一座巨大的固体水库。仅托木尔峰地区在中国境内的冰川就有509条，总面积2 746.3平方千米；而库木艾日克河上游的铁米尔苏冰川全长36.7千米，面积293.4平方千米，是中国最长的一条冰川。高山带内冰储量3 109.58亿立方米，水储量2 798.6亿立方米。

中、低山丘陵带海拔1 500~3 500米。这一带山势起伏较小，山顶秃平，山体矮小且切割不甚厉害。带内分布有大面积水草丰茂的天然草场。少量耕地分布在海拔2 000米以下的谷地、坡地和台地上。其间有黑英山盆地、拜城盆地、柯坪盆地以及乌什谷地。

山前洪积—冲积倾斜平原上部广布于乌喀公路以北，多为砾质戈壁覆盖；中部为沙壤或壤质组成；下部土质较细，多为轻、中壤，夹有重壤。洪积—冲积平原中、下部地势平坦，水量丰富，土壤肥沃，是地区的绿洲所在。库车市、新和县、温宿县、阿克苏市即处在洪积—冲积倾斜平原上；沙雅县、阿瓦提县则分布在洪积—冲积平原的扇缘地带及渭干河、阿克苏河、塔里木河的冲积平原上。洪积—冲积倾斜平原形成了阿克苏冲积三角洲和渭干河冲积三角洲。

沙漠区分布在塔里木河中下游及塔克拉玛干沙漠区北部。

绿洲带主要分布在河流的低阶地和中、下游一些地势平坦引水方便的地段，其中洪积—冲积扇形地绿洲分布在温宿县扎木台乡及生产建设兵团第一师五团处；大河冲积平原绿洲主要分布在阿克苏市、库车市和温宿、新和等县沿河一带。

资 源

【河流】 阿克苏地区有着十分丰富的水资源。境内1 293条冰川总面积4 098平方千米，储水量约2 154亿立方米，源源不断供给大小16条河流。形成的主要水系有阿克苏河水系、渭干河水系、塔里木河水系。此外，还有台兰河水系以及库车河、柯坪泉水河。全区地表水年径流量129.4亿立方米，地下水总储量106.2亿立方米，动储量51.2亿立方米。

【湖泊】 地区境内湖泊总面积6 815公顷，占水域面积的1.21%。山区湖泊有大小龙池、博孜山湖。平原湖泊大都分布于河流两岸或下游地带。地处托什干河流域有奥特贝希湖（乌什县城以西10千米处）；老大河流域有艾西曼湖(阿瓦提县与阿克苏市之间)、沙丘湖、伯什力克湖群、洋瓦力克湖；新大河流域湖泊有依干其乡湖、喀拉塔勒镇湖;木扎提河流域有肖尔亚咸水湖、河湾湖泊;渭干河流域有恰克玛克湖、苇湖、波格坦木湖、克孜尔湖、苏瓦斯湖、喀拉库木湖、吾尔里克湖、铁力克湖、依干库尔湖、斯吾苏湖、肖吾东湖、沙木沙克湖、炮台湖、阿克库木湖、阿拉吞达希湖、结乃克达西湖、阿克奇达希湖、达希勒克湖、肖尔达希湖;英达亚河流域有托排湖、阿依厂库勒明湖、巴依孜湖、琼湖、依坎湖、博孜也尔湖、库木湖;塔里木河中游湖泊有依希勒湖、下马尔克沁湖、艾来克湖。

【人造水库】 全地区水库面积逾4万公顷。水库多为平原水库,主要有库车跃进水库、沙雅齐满水库、阿瓦提上游水库以及兵团第一师多浪水库、胜利水库、二团场、三团场水库。由国家投资兴建储水量为6.4亿立方米的克孜尔大型水库已产生灌溉、防洪和发电效益。

【地下水库】 地区境内有一个水质优良、可利用储存量大于10亿立方米的特大型地下蓄水库,距地表约120米,厚度大于600米,总面积5 000多平方千米,水质达到国家可直接饮用标准。地下水库位于渭干河流域山前绿洲带,为当地开垦3.5万公顷土地、兴建化工基地提供良好的水资源保障。

【土壤】 阿克苏地区境内的土壤分为山地土壤和平原土壤两大类。山地土壤以荒漠棕漠土带为基带,依次为山地棕钙土带、山地栗钙土带、亚高山草原土带、高山草甸土带、高山地衣—原始土壤带。平原土壤有潮土、灌淤土、水稻土、棕漠土、草甸土、沼泽土、风沙土、棕钙土、新积土、盐土。

【植被】 地区高山植被分布在海拔2 400~3 000米以上的高山草甸地带,主要植被有毛茛科、景天科、龙胆科和报春花科;分布在海拔2 200~2 400米的草原带,是主要放牧草场,植被以针茅、扁穗、冰草、蒿子、苔草为主,再生性强,覆盖度好。高山植被地带内的主要植物有云杉、桦木、侧柏、飞蓬、龙胆、苔草、大麦、狐茅、针茅、紫菀、锦鸡儿、早熟禾、野燕麦、马先蒿、鹅冠草、野蔷薇、播娘蒿、羽叶委陵菜和天山大黄等。低山植被为旱生的灌木和灌丛,分布各种沙生、盐生等荒漠植被,主要有麻黄、红柳、甘草、芦苇、碱蓬、琵琶柴、假木贼、盐爪爪和芨芨草等,其中麻黄、甘草等是境内重要的药材资源。平原农区植被主要为农作物以及瓜果、蔬菜。农区人工林面积3万多公顷,覆盖率7.1%左右;平原天然胡杨林植被主要分布在塔里木河沿岸,1960年约207万公顷,1979年减至10.3万公顷,近年来仍趋减势;居民区植被则由绿化及美化植物组成;农区以外的戈壁荒漠区,地下水位低,土壤干旱贫瘠,严重荒漠化和盐化,植被稀疏,植物种类少,多为耐旱、耐盐碱、抗生能力强的灌木。

【光热】 阿克苏地区地形独特,光热资源丰富,对农牧林果业生产极为有利。全区年总日照2 800小时以上,最高3 831.35小时,仅次于青藏高原,居全国第二位。年太阳总辐射量6 000兆焦耳/平方米。光合有效辐射(或生理辐射)远较内地农业区丰富。全区大多数县平均温度≥10℃的光合有效辐射量可使棉花、玉米、水稻和瓜果等喜温作物完成其生命周期。光资源在理想情况下,光合有效辐射利用率最高10%~14%,高于全国平均为1%的水平。丰富的光热资源为农作物的合理密植,运用地膜覆盖、温室和塑料大棚种植技术,推广复播玉米、油菜、绿肥,提高作物产量,增加经济效益,提供了极为有利的条件。

【水能】 境内北部山区储水量2 154亿立方米的冰川是座巨大的固体水库,为境内大小河流提供源源不断的补给水源。全区地表水年径流量1 294亿立方米,占新疆地表水年径流量的15.7%。总储量1 062亿立方米,动储量51.2亿立方米,其中拜城盆地10.35亿立方米、渭干河—库车河流域10.02亿立方米、阿克苏河流域15.17亿立方米、塔里木河上中游9.4亿立方米、柯坪盆地0.39亿立方米。

每年7~9月为丰水期,山区夏秋降水频繁,山区峡谷地带和平原各地的河段建设调节水库为水能利用提供极为有利的条件。自1958年首次建成调节水库以来,地区先后建成22座水库,集水面积4万多公顷,总库容12.1亿立方米。

水能资源主要分布于阿克苏河流域和渭干河流域,理论蕴藏量3.3亿千瓦,占自治区水能资源蕴藏总量的10%左右。

【土地】 全地区土地总面积13.13万平方千米。拥有耕地52.26万公顷(含生产建设兵团第一师9.23万公顷),园林地18.5万公顷(园地1.03万公顷、人工林2.83万公顷、自然林14.64万公顷),牧草地467.79万公顷,荒地及荒山地778.89万公顷(平原荒地538万公顷),居民点用地1.8万公顷。交通用地3.51万公顷。7县2市耕地面积分别为阿克苏市4.11万公顷、库车市8.91万公顷、沙雅县4.46万公顷、新和县3.5万公顷、拜城县7.6万公顷、温宿县5.31万公顷、阿瓦提县4.58万公顷、乌什县3.89万公顷、柯坪县6 703公顷。

全区43.03万公顷耕地中除16.47万公顷为低产地(盐渍土、沙化土)外,绝大部分为优质耕地,是农作物高产的土地资源,其中一级地22.69万公顷,占耕地面积的52.7%,包括退潮土、灰潮土和潮灌淤土,耕种历史长,土壤熟化程度较高,适种性广,灌排配套。二级地11.73万公顷,占耕地总面积的27.3%,包括二潮灰潮土、草甸型水稻和轻盐化灌淤土。三级地6.61万公顷,四级地2万公顷,分别占耕地总面积的15.4%和4.6%,农田基本建设差。

在538.04万公顷的平原荒地中,宜农荒地270.01万公顷,其中较好的一、二等荒地91.71万公顷,占宜农荒地总面积的34%。质量好的和比较好的荒地主要分布在塔里木河上游区、柯坪盆地和乌什谷地,含盐量较轻,肥力水平较高,易于开垦,发展潜力较大。

【作物】 早在汉唐时期,境内就有传统的农业生产,经长期发展,形成全地区农作物种类多样的显著特点。粮食作物主要有小麦、玉米、水稻、豆类、大麦、青稞、荞麦、薯类等;经济作物主要有棉花、油菜、胡麻、甜菜、南瓜、葵花、啤酒花、小茴香等;绿肥牧草作物有紫花苜蓿、草木樨等;果树主要有苹果、梨、桃、杏、葡萄、李、枣、核桃、樱桃、石榴、无花果等;瓜类主要有西瓜、甜瓜等。此外,广布桑树,其桑葚做果酱,桑叶养蚕。蔬菜品种日趋齐全,一改过去冬季蔬菜供应仅有白菜、马铃薯的困境。

【草场】 全地区有天然草场353.91万公顷,可利用面积333.54万公顷,可利用贮草总量为327.7万吨。各季节草场理论载畜量为359万只绵羊单位,全年理论载畜量224.4万只绵羊单位,地区天然草场平均理论载畜能力1.49公顷/年。天然草场中的平原草场203.3万公顷,占天然草场的57.44%,广布于山前冲积、洪积扇及盆地边缘的平原低地;山区草场总面积150.6万公顷,分布于库车市、拜城、温宿等县的北部山区以及柯坪、乌什等县。除天然草场外,地区境内还有多种附带草场可供放牧、打草,如撂荒地类、天然打草场和人工草场。人工草场在平原区较多,多为种植苜蓿等优良牧草。

天然草场内一等草场面积较小,主要分布于北部山区中山带及高山带下部的个别地段,由山地草甸、草甸草原和山地草原组成,总面积4.23万公顷,可利用面积4.1万公顷,季节理论载畜量13.51万只绵羊单位,优良牧草占60%以上;二等草场主要分布在中山带及其以上的山地,平原区也有少量的分布,由高寒草甸、山地草甸、山地草原和山地荒漠草原组成,低地草甸草场中也有小面积分布,总面积41.66万公顷,可利用面积40万公顷,季节理论载畜量93.49万只绵羊单位,优良等牧草占60%,优中等牧草占40%;三等草场分布于除山地草甸、草甸草原、高寒草甸以外的各类草场,总面积103.02万公顷,可利用面积98.82万公顷,季节理论载畜量112.62万只绵羊单位,中等牧草占60%,良等低等牧草占40%;四等草场分布最广,面积最大,从中山带以下至平原低地各处均有分布,由山地荒漠、平原荒漠和低地草甸的部分草场组成,总面积168.38万公顷,可利用面积155.9万公顷,季节理论载畜量111.58万只绵羊单位,低等牧草占60%,中等劣等牧草占40%;五等草场面积较小,主要分布在低山带及平原低地,由山地荒漠、平原荒漠和低地草甸的部分草场组成,总面积34.7万公顷,可利用面积32.54万公顷,季节理论载畜量24.5万只绵羊单位,劣等牧草达60%以上。

受自然条件的制约,天然草场的利用呈明显的季节性,即分为夏草场、夏秋草场、夏春秋草场、春秋草场、秋草场、春秋冬草场、冬春草场、冬草场和四季草场等9个类型,分别为天然草场总面积的 7.42%、3.29%、5.63%、3.04%、0.82%、10.05%、6.67%、20.52%和 42.4%。

【畜禽品种】 地区有悠久的畜牧生产历史。改革开放以来,全地区畜禽进行了品种导入和杂交改良,使原来一些生产性能较低的畜禽改良为新的品种。当地品种有库车紫羔皮羊、阿克苏山羊、库车驴、拜城油鸡、柯坪骆驼,改良和引进品种有卡拉库尔羔皮羊、新疆细毛羊及澳美细毛羊、绒山羊、西门塔尔奶肉兼用牛、黑白花奶用牛、萨能奶山羊、塔什库尔干大尾羊、杜洛克瘦肉型猪、来亨鸡、三黄鸡、新杂 288 型鸡和星杂 579 型鸡、安哥拉山羊、北京鸭、狮头鹅、白火鸡以及三合牛、夏洛克、海福特等种公牛。

【饲料】 农区饲草饲料资源丰富,生产利用潜力很大。农作物枝叶秸壳、树木枝叶可食部分均可利用。水稻、小麦、玉米、黄豆、棉花、菜籽、胡麻的可利用总量分别为 4 666 吨、17 589 吨、18 945 吨、1 867 吨、275 万吨、835 万吨和 8 400 吨;饲料可利用率分别为 30%、55%、90%、90%、50%、20%和 85%。可食枝叶单产各类杨树为 3.5 千克、柳树 4.3 千克、桑 4.7 千克、榆 1.4 千克、沙枣 3 千克、杏 2.7 千克、梨 3.5 千克、苹果 1.4 千克、葡萄 0.8 千克、桃 0.45 千克、胡杨 2.2 千克,其他薪炭树及多龄灌木等 0.5 千克。全地区各类林木可食枝叶利用总产量在 60 万吨以上。

【野生动物】 兽类有狼、熊、狐狸、雪豹、野兔、野猪、马鹿、棕熊、紫貂、石貂、黄羊、青羊、羚羊、北山羊、大头羊、扫雪、香鼬、伶鼬、猞猁、旱獭、麝鼠、松鼠、跳鼠、象鼠、刺猬、獐子、狍子、山猫、野马、野骆驼、金钱豹、艾虎、大耳猥、小家鼠、林姬鼠、灰仓鼠、狭颅田鼠、大耳鼠兔、帕氏鼠兔、塔里木兔、草原斑猫、拉达克鼠兔等。鸟类有雁、鹰、鹞、隼、麻雀、山雀、云雀、漠雀、黑雀、雪鸡、石鸡、秋鸡、野鸡、野鸭、黄鸭、斑鸠、喜鹊、乌鸦、燕子、百灵、大鹅、黑鹅、杜鹃、黄鹂、鹭鸶、野鸽、水鹨、戴胜、灰莺、椋鸟、蓝点、蝙蝠、金雕、秃鹫、啄木鸟、猫头鹰、呱拉鸡、白头鸭、绿头鸭、褐岩鹨、灰鹡鸰、白鹡鸰、赤麻鸭、穗发鸭、白顶即鸟、黄头、角百灵、沙百灵、山斑鸠、来斑鸠、毛脚燕、灰柳莺、林岭雀、树麻雀、象麻雀、灰眉岩鹀、凤头百灵、稻田苇莺、白背矶、赭红尾鸲、黄眉柳莺、普通朱雀、金额绿雀、巨嘴沙雀、灰蓝山雀、褐头山雀、高山岭雀、暗腹雪鸡、沙白喉莺、红嘴山鸦、秃鼻乌鸦、紫翅椋乌、灰尾伯劳、黑尾伯劳、红嘴石鸡、黑尾地鸭、翘鼻麻鸭。昆虫类 51 种,常见的有蟋蟀、蝗虫、螳螂、蝴蝶、蜻蜓、野蜂、苍蝇、蚊子、蚜虫、瓢虫、蝼蛄、蚂蚁、蚯蚓、水蛭、潮虫、萤火虫、纺织娘、羊虱子。爬行类有蛇、蜥蜴、沙蜥等。两栖类有青蛙、林蛙、蟾蜍等。蛛形类有蜘蛛、蝎子等。鱼类有尖嘴鱼、大头鱼、塔里木裂腹鱼等。

【野生植物】 境内野生植物有 90 多个科、100 多个属,近千种。被子植物:新疆杨、胡杨、银白杨、山杨、山柳、白柳、天山桦、白榆、圆冠榆、沙杞、桑、苦豆子、草木樨、锦鸡儿、红柳、忍冬、芨芨草、灯芯草、沙枣、菖蒲。裸子植物:雪岭云杉、新疆圆柏、新疆方枝柏。此外,苔藓、蕨类、真菌和地衣在山区多有分布。境内野生药用植物 100 多种,主要有紫菀、罂粟、花椒、车前子、苦参、土三七、麻黄、柴胡、白芍、党参、当归、蒲公英、山药、艾叶、枸杞、荠菜、马兰、雪莲、黄芪、蓟、葡萄、黄连、红花、甘草、大黄、板蓝根、罗布麻、乌头、锁阳、贝母、羌活、独活、龙胆等。

【矿产资源】 煤矿分布在盆地边缘的河流沼泽相和湖泊沼泽相中。聚煤中心位于库车市—拜城—温宿县一带,呈东西向分布,长约 400 千米,宽约 10~20 千米,面积 832 平方千米,已探明 600 米以上储量 25.2 亿吨,预测资源量 358.7 亿吨。煤的品种全,质量好,发热量高,灰粉少,黏结性好。分布于库车境内的主要有阿艾矿区、胡同布拉吉矿区,分布于拜城境内的有铁热克矿区、阿尔阿肯矿区,分布于阿克苏市西南的有沙井子矿区。

境内北部山区分布较多盐矿,主要在温宿县、拜城县和库车市等。岩盐储量 200 亿吨,地表出露储量 220 亿吨,预测储量 6 000 亿吨,居全国之首。已发现大型岩盐矿床 7 处,其中温宿境内有盐山数十座,盐层厚度 100 米以上,储量超过 100 亿吨。

塔里木盆地油气资源总蕴藏量 191.5 亿吨,其中石油资源储量约 107.6 亿吨,天然气资源量 8.39 万亿立方米,分别占全国预测油气资源总量的 1/7 和 1/4。油气藏平均埋深3 000~4 000米，最深7 000多米。地区境内的石油天然气蕴藏十分丰富，已探明天然气储量9 741.13亿立方米、原油地质储量10.76亿吨、凝析气储量4 109.7万吨，在山区和平原都有分布。位于拜城县克孜尔乡境内的克拉2井，探明在克拉构造带蕴藏着3 000亿~5 000亿立方米的石油天然气，这个气藏的规模、丰度、产能均名列全国前列，是国内天然气勘探取得的重大突破。

磷矿分布于阿克苏市、乌什县和柯坪县，有矿床十多处，储量达3 233.91万吨。位于乌什县东南的苏盖特布拉克磷矿已探明储量1 328万吨，是新疆最大的磷矿地。

铁矿主要分布于库车市、拜城和柯坪县的山区。库车市境内的有山格拉铁矿、乌康布拉克铁矿、阿艾铁矿、夏阔坦西铁矿、阿艾夏阔坦铁矿、依里木扎尔得铁矿，拜城境内的有老虎台铁矿，柯坪境内的有音干硫铁矿。

库车市境内的锰矿有依奇克巴什锰矿、库尔干锰矿、龙池南锰矿、琼木孜力克锰矿；位于库车市、拜城县交界处的卡尔古力锰矿储量约40万吨；拜城境内西自木扎提河、东至黑英山都有锰矿发育，已探明的卡郎古尔锰矿矿石品位在18%~25%，储量57.7万吨。

铜矿主要分布在库车市和拜城县境内，有80多处矿点，储量8.7万吨。库车市境内有恰克玛克铜矿，拜城境内有卡捷克托尔铜矿和滴水铜矿。

石灰岩矿总储量1 000亿吨，石膏矿储量32亿吨，麦饭石储量1亿吨，红柱石矿储量1 500万吨，重晶石矿储量12.3万吨，萤石矿储量5.16万吨。耐火黏土、陶土、石英砂、玄武岩、花岗岩、大理石、金云母等矿藏不仅分布广、储量多，且易于开采。

民族 人口

【民族】 自汉代以来，阿克苏故土上先后居住着龟兹、羌、塞种、汉、鲜卑、柔然、高车、口厌哒、回鹘、黠戛斯、吐蕃等民族或部落。1949年，地区境内有维吾尔族、汉族、回族、柯尔克孜族、哈萨克族、蒙古族、俄罗斯族、塔吉克族、乌孜别克族、锡伯族、塔塔尔族、达斡尔族、满族13个民族。1964年，第二次全国人口普查时，全地区有25个民族。1982年，第三次全国人口普查时，全地区有33个民族。1990年，第四次全国人口普查时，地区境内有37个民族。2000年，第五次全国人口普查时，地区境内有47个民族。2010年，第六次全国人口普查时，地区境内有52个民族。

【人口】 《汉书·西域传》载，龟兹有6 970户81 317人，姑墨有3 500户24 500人，温宿有2 200户8 400人，尉头有300户2 300人。清宣统元年(1909)阿克苏道(含焉耆府)共有71 898户376 734人。民国33年(1944)阿克苏区(不含阿合奇县)有105 673户503 972人。1949年，地区有152 485户665 818人。1965年，地区有229 407户1 018 620人。1990年，地区有383 617户1 697 499人。2000年11月第五次全国人口普查(11月1日零时为标准时间)，地区有家庭户53.49万户，总人口为214.11万人(包括外来人口，不包括外出人口)，与1990年7月1日零时第四次全国人口普查相比，增加42.54万人，增长24.79%，年平均增长率2.24%。2019年，地区总人口(不含生产建设兵团第一师阿拉尔市)256.44万人。其中非农业人口85.94万人，农业人口170.5万人。农业人口占总人口比重为66.49%。全年人口出生率7.55‰，死亡率6.07‰，自然增长率1.48‰。

2019 年阿克苏地区行政区划一览表

地区 1 个	县级市 2 个	县 7 个	街道办事处 9 个	镇 44 个	乡 44 个	管委会 12 个

县(市)名称	乡镇街道名称	数量(个)	所辖村、社区名称
阿克苏市	依干其乡	村 20	英巴格村、巴格其村、喀拉木克其村、尤喀克巴里当村、阔什托格拉克村、依尔玛村、托万克巴里当村、民乐村、依干其村、良种托万克乔格塔勒村、良种库木克什拉克村、绿水村、华阳村、托万克科克巴什村、尤喀克科克巴什村、尤勒滚鲁克村、布隆科瑞克村、良种尤喀克乔格塔勒村、赛克帕其村、阿苏克兰干村
		社区 2	永定社区、长兴社区
	拜什吐格曼乡	村 21	科克巴什村、尤喀克兰干村、阿热兰干村、托万克兰干村、尤喀克英巴扎村、英巴扎村、托万克英巴扎村、托万克阿布来希艾日克村、尤喀克格西木艾日克村、吉勒尕博依村、托万克格西木艾日克村、兴旺村、富安村、欧吐拉艾日克村、阔纳艾日克村、吉格代阔坦村、河源村、下河村、吾甫尔巴什村、尤喀克英吾斯塘村、英阿瓦提村
	喀拉塔勒镇	村 29	阔库拉村、英古勒巴格村、喀让古托格拉克村、博斯坦村、克喀克博孜其村、阿热博孜其村、托吾热其村、喀拉喀什村、托万克博孜其村、乔纳克村、托万克乔纳克村、尤喀克萨提村、萨提村、托万克萨提村、尤喀克阿勒地尔村、托万克阿勒地尔村、玛坦村、英阿克艾日克村、英买里村、却日库木村、克地木阿依玛克村、尕旺村、纳玛特村、色日克喀尔钦村、哈萨克村、吐格曼巴什村、阿热多斯库里村、多斯库里村、绿洲村
	托普鲁克乡	村 12	喀拉库勒村、喀拉央塔克村、色日克苏村、帕合特勒克村、吾斯塘博依村、木日开旦木村、硝尔村、喀什贝希村、尤喀克喀拉喀勒村、托万克喀拉喀勒村、托普鲁克村、蚕种场村
	库木巴什乡	村 14	巴什巴格村、巴格万村、拍来其村、阿克艾日克村、托帕克阿热勒村、尤喀克喀日纳斯村、索勒尕依村、托万克喀日纳斯村、阔什艾日克村、尤喀克玉特其村、托万克玉特其村、塔尕尔其村、阿亚克巴格其村、阿热买里村
	阿依库勒镇	村 22	墩买里村、吉格代巴格村、库勒村、托万克买里村、协合力村、尤喀克提根村、恰其村、阔纳巴扎村、昆其买里村、兰干村、托万克提根村、帕依那普村、塔西巴格村、尤喀日克阔什艾日克村、萨依买里村、克什勒克艾日克村、阿克提坎村、塔什塔村、阿萨村、黄宫村、墩阔坦村、月亮湖老子新村
	兰干街道办事处	社区 8	兰干社区、海江社区、英阿瓦提社区、朝阳社区、迎宾社区、绿苑社区、红光社区、前进社区
	英巴扎街道办事处	社区 7	水韵社区、英买里社区、英巴扎社区、巴格其社区、晨光社区、春华社区、凤凰社区

续表

县(市)名称	乡镇街道名称	数量(个)	所辖村、社区名称
阿克苏市	红桥街道办事处	社区 7	双拥社区、古勒巴格社区、热斯特社区、多浪社区、长安社区、托喀依买里斯社区、红桥社区
	新城街道办事处	社区 14	建设社区、百合园社区、文化社区、兴隆社区、团结社区、健康社区、育园社区、教育社区、阿苏克社区、康居社区、晶水社区、丽园社区、金石社区、曙光社区
	南城街道办事处	社区 7	铁热克买里社区、托万克巴扎巴格社区、火车站社区、古勒阿瓦提社区、托峰社区、丽都社区、金土地社区
	红旗坡片区管委会	社区 11	柯柯牙社区、祥云社区、库木巴扎社区、解放碑社区、苹果园社区、红旗坡社区、大榆树社区、红旗社区、萨合提社区、天山社区、林海社区
	多浪片区管委会	社区 7	英巴格社区居委会、巴里当社区、依尔玛社区居委会、友谊社区居委会、努尔巴格社区居委会、吾斯塘博依社区居委会、巴格莞社区居委会
	纺织工业城片区管委会	社区 5	巨龙社区、静湖社区、南苑社区、沙河庄社区、盛苑社区
	实验林场片区管委会	社区 4	园林社区、兴林社区、枣林社区,祥林社区
	西城片区管理委员会	社区 2	林园社区居委会;西园社区居委会
	柳源农场管理委员会	社区 5	天海村(村社合一)、永兴村(村社合一)、瑞丰村(村社合一)、永和村(村社合一)、祥和村(村社合一)
库车市	乌恰镇	村 8	一乌恰村、三乌恰村、杏花村、吐孜鲁克墩村、清水村、喀拉布喀村、蔬菜新村、克其力克村
		社区 10	二乌恰社区、萨哈古社区、萨克萨克社区、喀拉玉吉买社区、皮浪社区、五一南路社区、黄河路社区、禧源社区、荷花苑社区、古杨树社区
	伊西哈拉镇	村 3	兰干村、艾日阿斯村、依迪克村
		社区 14	安乐宫社区、阿热买里社区、夏马勒巴格社区、多来提巴格社区、龟兹一社区、龟兹二社区、科克拱拜孜社区、肖尔巴格社区、喀格其社区、玉斯屯比加克社区、托万比加克社区、双拥社区、库木艾日克社区、红旗社区
	玉奇吾斯塘乡	村 13	库木吐尔村、兰干村、拜什格然木村、喀拉苏村、杭甫巴格村、吐格其村、代尔瓦扎亚村、玉奇吾斯塘村、阿热买里村、阿热吾斯塘村、柳树村、排孜阿瓦提村、阔什吐尔村
	阿拉哈格镇	村 25	库纳斯村、博孜村、铁热克艾日克村、墩吕克村、兰干村、红旗村、巴格万村、乌库托格拉克村、铁提尔其村、托乎拉村、排孜巴格村、央都玛村、英萨村、喀拉尕奇艾热克村、阔什艾热克村、田园村、孜格尔其村、希望村、奥依托格拉克村、吐格曼拜什村、巴扎村、吉日木勒克村、比苏特村、英其开艾日克村、乔喀博斯坦村

续表

县(市)名称	乡镇街道名称	数量(个)	所辖村、社区名称
库车市	比西巴格乡	村 15	其乃巴格村、依格孜库木村、硝尔库勒村、团结村、科克提坎村、格代库勒村、蔬菜新一村、幸福村、库库什一村、库库什二村、牛场村、林场村、东风村、博斯坦一村、博斯坦二村
	齐满镇	村 19	白杨村、绿园村、代尔瓦扎铁热克村、大博孜村、科克提坎艾热克村、阿热博孜村、阿曼托格拉克村、阿克吐尔村、英吐尔村、渭干村、托库孜托玛村、喀依罗村、仓村、甬库团结村、齐满村、胜利村、阿克吾斯塘村、平安村、红星村
	哈尼喀塔木乡	村 26	新光村、阿克艾日克村、乌尊村、巴格万村、英买里村、英也尔村、阿热买里村、萨依艾日克村、西乡村、克其克萨依艾日克村、英吐尔村、阿克协海尔村、库木艾日克村、塔格艾日克村、博孜艾日克村、巴扎村、古勒巴格村、托库孜托玛村、渭干村、亚尼艾日克村、琼萨依艾日克村、诺巴西拉木村、博斯坦村、齐满村、托依堡勒迪村、琼协海尔村
	墩阔坦镇	村 19	阔什艾日克村、喀拉布喀村、乌恰村、乌尊村、英吐尔村、栏杆村、阔恰托格拉克村、塔格玛克村、墩阔坦村、亚喀守努特村、都维勒克村、色根苏盖提村、亚哈买里斯村、光明村、荷花村、玉奇喀拉村、央艾日克村、排孜阿瓦提村、繁荣村
	牙哈镇	村 23	星光村、阿克艾日克村、红光村、塔尕尔其一村、塔尕尔其二村、博斯坦托格拉克村、拜什布拉克村、晨光村、玉其玉吉买村、兰干村、苏盖特力克村、塔格玛克村、艾日克博依村、守努特村、托克乃村、牙哈村、恰其库木村、虽润力克村、阿克布亚村、克日希村、巴格村、布拉克村、吾斯塘博依村
		社区 1	团结社区
	乌尊镇	村 19	阿克提村、亚贝西村、英尼和村、乌尊一村、乌尊二村、乌尊艾日克村、英吐尔一村、英吐尔二村、博斯坦村、布喀其村、三星村、锦绣村、塔格其村、库木艾日克村、果勒艾日克村、色根苏盖特一村、色根苏盖特二村、色根苏盖特三村、色根苏盖特四村
		社区 1	园艺场社区
	阿克吾斯塘乡	村 13	长水村、托帕艾日克村、硝尔库勒艾日克村、吐各曼拜什村、阿克吾斯塘村、花园村、吐尔塔木村、也可先贝巴扎村、博斯坦村、胡杨村、排孜阿瓦提村、果勒艾日克村、喀拉萨村
	阿格乡	村 4	康村、阿格村、北山村、喀热古勒村
	塔里木乡	村 8	草湖一村、草湖二村、长兴村、英达里亚村、朗喀村、阿克库勒村、阿恰勒村、阳光村村
		社区 4	羊场社区、塔里木社区、胡杨社区、依坎库勒社区
	二八台镇	村 6	阔什阿瓦提村、富民村、奥依苏克赛克村、拉依苏村、伯日力克村、阿瓦提村

续表

县(市)名称	乡镇街道名称	数量(个)	所辖村、社区名称
库车市	新城街道办事处	社区 12	其兰勒克社区、文化路社区、解放路社区、坎尔孜社区、杏花园社区、健康路社区、团结路社区、斯得巴格社区、天河社区、清风苑社区、友谊社区、天福社区
	东城街道办事处	社区 7	也斯巴什社区、塔运司社区、英阿瓦提社区、福阳社区、石化新村社区、新天地社区、水韵社区
	萨克萨克街道办事处	社区 9	萨克萨克社区、阿克店社区、试验城社区、萨依巴格社区、库其艾日克社区、惠民新居社区、建设路社区、萨依布依社区、英买里社区
	热斯坦街道办事处	社区 8	热斯坦社区、帕哈塔巴扎社区、欧尔达巴格社区、林基路社区、苏库吾克社区、古勒巴格社区、科克其买里社区、阳光安居社区
沙雅县	沙雅镇	村 4	其乃巴格村、新村;向阳村、民富村
		社区 18	花园社区、景旁社区、朝阳社区、学苑社区、一杆旗社区、康泰社区、北苑社区、友好社区、文化社区、光明社区、向阳社区、团结社区、明珠社区、幸福社区;新民社区、民富社区、兴盛社区、新雅社区
	红旗镇	村 18	兰干村、先进村、巴扎村、多勒昆村、央买里村、巴格万村、古再勒村、友谊村、塔勒克阔坦村、克孜勒萨村、包尔海村、布吉塔村、喀什托格拉克村、阿克巴什村、塔勒克村、也克先拜巴扎村、塔勒克努尔村、吾斯塘博依村
	英买力镇	村 22	阔什苏盖特村、央艾日克村、博斯坦村、铁日克艾日克村、塔什墩村、墩买里村、也克先拜巴扎村、英买力村、英亚布拉克村、英喀勒尕奇村、帕夏勒克村、阔什科瑞克村、阿其墩村、央买里村、库如勒库木村、喀什艾日克村、库尔玛村、喀勒尕奇村、喀什贝希村、赛克孜沃塔克村、尕哈勒铁热克村、和平村
	托依堡勒迪镇	村 23	克其玛塔村、铁热克村、排孜阿瓦提村、色日玛克村、阔纳其满村、英其满村、牙勒古孜铁热克村、塔勒克布隆村、兰干村、英依干其村、英科克布运村、色格孜勒克村、胜利村、库木艾日克村、喀拉库木村、托依堡勒迪村、阿克艾日克村、托依堡勒迪一农场村、托依堡勒迪二农场村、托依堡勒迪三农场村、托依堡勒迪四农场村、托依堡勒迪园艺场村、新安村
	哈德墩镇(哈德镇油田社区)	村 4	哈德墩村、永安村、阿特贝希村、油田村
	古勒巴格镇	村 23	琼古勒巴格村、色日克苏盖特村、尤库日库勒达希村、奥吐拉库勒达希村、阿克村、阿牙克库勒达希村、萨依巴格村、阿克艾日克村、英阿克艾日克村、博孜村、克其克古勒巴格村、音其开村、塔勒克艾日克村、古如其阔坦村、库木托喀依村、英汗旦村、硝日协海尔村、阿勒迪尔村、先锋村、喀拉欧格拉克村、萨拉斯提村、啤酒花村、库如勒库木村

续表

县(市)名称	乡镇街道名称	数量(个)	所辖村、社区名称
沙雅县	海楼镇	村 17	海楼村、杜先拜巴扎村、花园村、诺尔如孜库木村、科克布运村、亚克布拉克村、塔勒克巴格村、团结村墩力麦村、喀什巴格村、阿克墩村、依干齐村、达坂库木村、克孜勒塔木村、羌尕铁热克村、博孜墩村、古再勒博斯坦村
	努尔巴格乡	村 11	英买力村、亚当村、努尔巴格村、振兴村、苏盖提托喀依村、英阿瓦提村、和谐村、阿热勒村、吉格代托喀依村、提木村、良种场村
	塔里木乡	村 8	克里也特村、央塔克巴什村、墩阔坦村、其格格热木村、仓塔木村、拜什托格拉克村、库木库勒村、阿热勒村
	央塔克协海尔乡	村 10	沃吐孜鲁克村、前进村、库尔玛买力村、央塔克协海尔村、丘吾克鲁克村、牙勒古孜托格拉克村、铁热克博斯坦村、英也尔村、坡托格拉克村、幸福村
	盖孜库木乡	村 7	盖孜库木村、库木博斯坦村、吐央村、牧场村、英博斯坦村、结然巴西村、卡尔墩村
	塔河管委会	村 6	泰安村、夏勒克塔木村、喀斯坎村、博斯坦村、空阿勒恰克拜勒村、玉其库尔迪村
新和县	新和镇	村 3	尤鲁都斯村、托克苏村、琼阔恰村
		社区 12	托克苏社区、尤鲁都斯阔恰社区、琼阔恰社区、热斯特社区、艾提古丽社区、新城社区、滨湖社区、团结社区、南城社区、城北社区、向阳社区、班超社区
	依其艾日克镇	村 21	尤喀克英阿瓦提村、喀拉塔什村、央达克村、奥依买里村、木纳尔村、阿克亚村、加依村、提根村、托玛村、奥依巴格村、克孜勒塔木村、乌尊阔恰村、英买里村、尤喀克买里村、帕依斯村、托特塔什村、托克切克村、克孜勒努尔村、托格拉库木村、依其艾日克村、恰先拜巴扎村
	塔什艾日克镇	村 17	塔什艾日克村、吐格曼贝希村、阔台曼村、阔什艾日克村、若先巴格村、乔勒派巴格村、尕孜买里村、阿特贝希墩村、诺尔巴什拉木村、阿恰墩村、阔纳博孜村、阿热吐格曼村、库木什鲁克艾日克村、英阿瓦提、博斯坦村、阿克提干协尔村、光明村
	渭干乡	村 17	喀拉库木村、布喀塔木村、渭干买里村、古勒阿瓦提村(拱拜孜村更名)、果勒艾日克村、铁热克勒克村、阿热吾斯塘村(哈尼喀塔木村更名)、托格拉艾日克村、古勒巴格村、亚尔巴什拉木村、苏盖特库孜来克村、克孜勒协海尔村、帕哈特勒克村、吾日勒克村、喀拉亚尕奇村、苏巴斯提村、恰热克协尔村
	排先拜巴扎乡	村 16	排先拜巴扎村、阿热买里村、琼托格拉克村、努尔巴格村、卡勒台克其其村、琼克其其村、库木鲁克艾日克村、喀拉墩村、哈当村、库木库勒村、苏盖特阔坦村、永丰庄村、莫玛托格拉克村、炮台村、托帕墩村、炮托格拉克村

续表

县(市)名称	乡镇街道名称	数量(个)	所辖村、社区名称
新和县	玉奇喀特乡	村 17	玉奇喀特村、库孜勒克买里村、托格拉克勒克艾日克村、拜勒开斯提村、阿其墩村、兰帕村、阿孜那巴扎村、钢也尔村、团结新村(海力派艾日克村更名)、吐格曼艾日克村、霍加吐鲁斯村、奥依艾日克村、尤勒滚协海尔村、裁缝铁热克村、吾尔阔太克村、先锋村、幸福新村
	尤鲁都斯巴格镇	村 17	巴扎村、塔格艾日克村、阿恰勒村、托普协海尔村、铁热克博斯坦村、乔拉克吐尔村、先拜巴扎村、奥依其兰村、苏帕墩村、托帕克艾日克村、琼科瑞克村、古勒巴格村、吐尔艾日克村、伯克勒克艾日克村、玉吉买艾日克村、阿克吾斯塘村、硝依鲁克村
	塔木托格拉克乡	村 10	塔木托格拉克村、库英地艾日克村、阿克库木村、乔拉克吐尔村、拜什托玛村、英也尔村、英艾日克村、兰干村、乔拉克协海尔村、通古孜巴什村
	央塔库都克片区管理委员会	村 8	园艺新村、伊斯克苏村、托西坎布拉村、园区新村、依干库勒村、永兴村、英买力村、桑塔木村
拜城县	拜城镇	村 5	蔬菜村、铁提尔村、肯迪克墩村、吐孜贝希村、协力克买里村
		社区 16	奥依巴扎社区、热斯坦社区、新苑社区、英巴扎社区、北大桥社区、铁提尔社区、花园社区、协力克买里社区、肯迪克墩社区社区、滨河社区、清风社区、胜利社区、前进社区、博斯坦社区、幸福社区、团结社区
	铁热克镇	村 3	苏干村、恰木古鲁克村、铁热克村
		社区 1	温泉社区
	察尔齐镇	村 13	恰克其村、喀依库拉克村、阿热硝尔村、察尔齐巴扎村、兰干村、博孜村、博斯坦村、伊力克其村、红旗村、阿克布隆村、吾斯塘布依村、木扎提村、孜尔克力克村
		社区 1	七泉社区
	赛里木镇	村 15	库台买村、硝尔买里村、托喀其买里村、夏合买里斯村、拉帕村、明吉格代村、赛里木村、喀拉墩布拉克村、英巴格村、托克买里村、乌希买里斯村、喀拉亚尕奇布拉克村、布干村、英赛买里村、英买里村
		社区 1	英扎曼社区
	黑英山乡	村 13	推普斯孜村、博斯坦铁热克村、亚吐尔村、都维勒克村、克尧勒村、玉开都维村、喀拉果勒村、尤勒滚亚喀村、墩其木然村、喀赞其村、阿热盖买村、米斯布拉克村、明布拉克村
	克孜尔乡	村 9	吉格代力克村、乌堂村、拜格其买里斯村、米斯买里村、铁提尔村、墩硝尔村、克孜尔吐尔村、喀日尕依买里村、丘纳克买里村

续表

县(市)名称	乡镇街道名称	数量(个)	所辖村、社区名称
拜城县	托克逊乡	村 11	吉格郎村、亚吐尔村、巴拉克孜村、阿娜克孜兰干村、布隆村、尤喀克托克逊村、阔纳协海尔村、坎其铁米村、阿热吐尔村、吉赛克喀依古村、库木格热木村
	亚吐尔乡	村 13	库木买里村、喀孜干村、塔格其村、欧特贝希村、英兰干村、布吉尕村、伊希塔其村、哈拉苏村、亚吐尔村、帕什塔其村、欧勒旁村、古勒阿塔村、休相村
	康其乡	村 12	墩艾日克村、阿热勒村、库依巴格村、曲结村、欧斯库依村、贝勒克其村、赛比墩村、康其村、库尔玛村、尕勒村、欧勒旁村、和谐村
		社区 1	康其社区
	布隆乡	村 8	奥依买里村、阿克墩村、牙斯热木库鲁奇村、欧吐拉布隆村、托万克布隆村、牙斯热木英阿依玛克村、乌斯开木村、乔格塔勒村
	米吉克乡	村 15	亚阔坦村、墩买里村、亚曼苏村、阿尔其格村、尤喀克阿尔其格村、库木勒买里村、库木墩村、欧勒旁村、喀纳依买里村、米斯铁米村、索克索克力克村、库库拉托格拉克村、阿热买里村、希尔尕塔依村、园艺村
	温巴什乡	村 14	吉格代力克村、阿瓦提村、乌堂村、墩买里村、尤喀克温巴什村、托喀依买里村、托万温巴什村、阔纳吐尔村、开外孜力克村、托万开外孜力克村、托格拉克勒克买里村、乔木喀村、奥依库木什村、博斯坦村
	大桥乡	村 9	阔纳买里村、央都马村、塔合塔村、奥吾其格村、库西提米村、吐格曼贝希村、阔纳乌堂村、台斯坎力克村、英买里村
	老虎台乡	村 11	开普台尔哈纳村、科克亚村、科克兰木村、亚木古鲁克村、科台克吐尔村、托普鲁克村、乔喀塔什村、玉瑞克里克村、雪莲村、琼阿尔帕村、阿合布隆村
温宿县	温宿镇	社区 15	交通路社区、友谊社区、迎宾社区、新泉社区、欣业社区、校场社区、明园社区、泉城社区、民生社区、龙泉社区、柯柯牙社区、九阳社区、姑墨社区、甘泉社区、稻香社区
	佳木镇	村 14	加依村、通吐尔村、阿热勒巴格村、萨依买里村、绿戈壁村、托万克吐曼村、尤喀克吐曼村、兰干村、绿园村、喀赞阿斯玛村、喀什艾日克村、拉帕村、英买里村、佳木阔坦村
	柯柯牙镇	村 13	萨依巴格村、核桃新村、果林村、英沿村、英巴村、园林村、绿化新村、戈壁新村、帕克勒克村、塔格拉克村、柯柯牙村、艾肯博依村、龙口村
	恰格拉克乡	村 10	叶克艾日克村、喀拉萨尔村、恰格拉克村、吉格代村、前进村、苏亚克斯村、古勒巴格村、喀拉都维村、庆塔买里村、和谐村

续表

县(市)名称	乡镇街道名称	数量(个)	所辖村、社区名称
温宿县	托乎拉乡	村 9	托乎拉村、金华新村、稻园村、托万克苏布拉克村、托万克库尔巴格村、尤喀克苏布拉克村、尤喀克库尔巴格村、思源村、河畔村
	阿热勒镇	村 16	结格吉村、依尔玛村、吾斯唐博依村、吐尔拜提尤喀克买里村、吐尔拜提阿热买里村、吐尔拜提喀拉都维村、皮亚其村、乌尔其托万克买里村、夏合吐尔村、尤喀克买盖提村、巴格其艾日客村、大杨树村、喀什博依村、托万克麦盖提村、提格艾日客村、花果村
	博孜墩柯尔克孜民族乡	村 9	雪源村、阿克布拉克村、尤喀克买里村、提坎库如克村、博孜墩村、克孜布拉克村、库尔干村、吾斯塘博依村、博孜也尔村
	托甫汗镇	村 8	酒花楼村、新村、路南村、稻泉村、尤喀克托甫汗村、托万克托甫汗村、托甫汗村、阿亚克其村
	依希来木其乡	村 12	克孜勒都瓦村、依希来木其村、阿克托格拉克村、阔依其村、苏盖提艾日克村、拜什买热克村、海楼村、苏鲁瓦村、强尕克村、依来克村、斯也克村、团结村
	吐木秀克镇	村 12	尤喀克塔尕克村、托万克塔尕克村、尤喀克托喀依村、托万克托喀依村、曲达村、吐木秀克村、尤喀克斯日木村、托万克斯日木村、兰杆村、帕万拉村、河崖村、塔木里克村
	古勒阿瓦提乡	村 11	古勒阿瓦提村、古勒艾日克村、巴格其村、买里艾日克村、桥头村、博斯坦托克拉克村、提根村、阿克吾斯塘村、米勒克艾日克村、色格孜勒克村、英艾日克村
	克孜勒镇	村 16	其克特村、其曼村、巴夏克其村、乌克铁热克村、依尔玛村、古洛克村、加格达村、阿热买里村、帕曼村、喀勒克村、喀拉萨村、青年新村、喀什博依村、喀什克沙亚提村、博然其村、克尔库木村
	共青团镇	村 10	尤喀克佳木村、托万克佳木村、千亩地村、喀拉布运村、尤喀克买里村、吉日木苏盖特村、阿孜千布拉克村、萨叶科普村、恰其力克村、铁路新村
乌什县	乌什镇	社区 11	南关社区、九眼泉社区、英买里社区、喀什博依社区、团结社区、东山头社区、新城社区、燕山社区、友谊社区、虹桥社区、振兴社区
		社区居委会 3	和谐社区居委会、幸福社区居委会、永安社区居委会

续表

县(市)名称	乡镇街道名称	数量(个)	所辖村、社区名称
乌什县	阿合雅镇	村 20	喀孜干村、铁英村、果鲁克村、尤喀克阔库拉村、斯马甫其村、亚依拉克吐尔村、托万克阔库拉村、尤喀克库曲麦村、托万克库曲麦村、奥皮开村、塔尕尔其村、尤喀克阿合亚村、托万克阿合亚村、吐曼村、艾斯力克村、尤喀克荒地村、托万克荒地村、荒地农场、阿克布拉克村、吐孜别勒村
		社区居委会 2	兴业社区居委会、丝路社区居委会
	前进镇	村 14	汗都村、勒乌金村、亚贝希村、拜什铁热克村、托万克麦盖提村、马场村、汗代克吉然村、托甫浪吉然村、吉然村、尤喀克喀尕吐尔村、托万克喀尕吐尔村、库如克玉吉买村、铁提尔村、乌鲁克亚依拉克村
		社区居委会 2	玉斯屯克和田社区居委会、库尔干社区居委会
	阿克托海乡	村 15	苏依提喀村、阿克托海村、阿克博孜村、喀塔玉吉买村、库木奇吾斯塘村、英苏盖特力克村、吉格代力克村、玉斯屯克亚巴格村、亚勒古孜玉瑞克村、阿特房子村、麦盖提村、希玛勒麦盖提村、托万克墩其格村、尤喀克麦盖提村、麦盖提农场村
	亚科瑞克乡	村 10	斯代村、亚巴格村、亚科瑞克村、多浪村、拜什克然木村、皮羌村、托库扎克村、依力克其墩村、托万克喀赞其村、尤喀克喀赞其村
	阿恰塔格乡	村 13	托克逊亚贝希村、托克逊亚阔坦村、托克逊铁提尔村、洋海村、奥依吐尔吐尤克村、奥依吐尔村、加依塔格村、布干村、托克玛克和田村、托万克和田村、英萨村、布干斯马甫其村、萨尔别勒村
	英阿瓦提乡	村 9	苏尔滚村、英买里村、英阿瓦提村、库齐村、贡格拉提村、喀拉巴格村、亚喀艾日克村、特日木村、英阿特村
	亚曼苏柯尔克孜民族乡	村 7	尤喀克亚曼苏村、博孜村、喀拉苏村、尤勒吐孜布拉克村、托万克亚曼苏村、阿依丁村、喀拉玉勒滚村
	奥特贝希乡	村 13	巴什阿克玛村、托斯玛村、尤喀克奥特贝希村、托万克奥特贝希村、库木布隆村、宫乡村、亚阔坦村、阿拉萨依村、苏盖特力克村、库西塔格村、墩其格村、尤喀克墩其格村、色日克阿热勒村

续表

县(市)名称	乡镇街道名称	数量(个)	所辖村、社区名称
阿瓦提县	阿瓦提镇	村 2	团结村、古勒巴格村
		社区 12	文明社区、胜利社区、萨依巴格社区、博斯坦社区、库木巴格社区、努尔巴格社区、友好社区、锦绣社区、阳光社区、花园社区、拥军社区、河滨社区
	阿依巴格乡	村 18	托万克多浪村、玉斯屯克喀格木什村、托万克喀格木什村、玉斯屯克阿依库勒村、托万克阿依库勒村、玉斯屯克柯坪村、托万克柯坪村、幸福村、达康村、托万克库拉斯村、玉斯屯克库拉斯村、托万克伊来克村、玉斯屯克伊来克村、阔什科瑞克村、玉斯屯克库木巴什村、托万克库木巴什村、草原河新村、柯坪村
	多浪乡	村 5	托格拉克村、克其克拜什艾日克村、玉斯屯克多浪、赛克孜奥塔克村、协海尔买里斯村
		社区 1	幸福社区
	巴格托格拉克乡	村 4	卡尔库杰克村、玉斯屯克巴格托格拉克村、墩买里村、托万克巴格托格拉克村
	拜什艾日克镇	村 27	玉斯屯克库木艾日克村、索克满村、托万克库木艾日克村、库木奥依拉村、玉斯屯克墩克什拉克村、托万克墩克什拉克村、玉斯屯克塔勒克村、苏格其村、昆其宋村、玉斯屯克拜什艾日克村、托万克拜什艾日克村、依提帕克村、恰特喀勒克村、喀什贝希村、托万克塔勒克村、光明村、祥和村、依尔玛村、苏格其喀拉塔勒村、托万克墩博依村、喀拉塔宋村、博斯坦村、仓村、其浪巴格村、代热亚博依村、阿布迪尔满村、夏喀勒村
	塔木托格拉克镇	村 19	玉斯屯克阿热勒村、阿克亚村、托万克阿热勒村、托格拉克勒克村、托万克赛克孜奥塔克村、塔木托格拉克村、拉帕村、托万克塔木托格拉克村、玉斯屯克塔木托格拉克村、英买里村、托万克玉吉买村、诺其宋村、库吾尔尕村、吐格贝希村、玉斯屯克玉吉买村、阔维村、巴格央塔克村、秋马克村、艾西曼村
	乌鲁却勒镇	村 29	多浪村、拜什艾日克村、柯坪村、也台格热木村、布苏格村、克亚克库都克村、库木艾日克村、红旗村、库木布拉克村、克迪木阿依玛克村、玉斯屯克协海尔村、托万克协海尔村、黄宫村、喀拉塔勒村、阿依库勒村、阿热买里村、玉斯屯克亚贝希村、托万克亚贝希村、木孜鲁克村、拉依当村、克孜勒墩村、托万克阿依赛克村、玉斯屯克阿依赛克村、木孜鲁克牧业村、阿热格热木村、黄宫巴扎村、托万克克亚克库都克村、英拜什艾日克村、玉斯屯克克迪木阿依玛克村
		社区 2	红星社区、英买力社区

续表

县(市)名称	乡镇街道名称	数量(个)	所辖村、社区名称
阿瓦提县	英艾日克镇	村 26	恰其村、吐鲁瓦依村、吾斯塘阿热力格村、吐格曼贝希村、拉特勒克村、吐热村、也克力村、阿热阿依玛克村、拜什甫塔克村、托玛村、帕万拉村、苏盖提艾日克村、巴依拉村、玉斯屯克托格拉吾斯唐村、托万克托格拉吾斯唐村、夏库尔村、玉斯屯克兰干村、托万克兰干村、开克日布亚村、阔什库都克村、库吾尔尕村、苏亚依迪村、八连村、喀热库木村、玉斯屯克帕万拉村、玉斯屯克苏亚依迪村
	阿克切克力片区管委会	村 7	巴格托格拉克乡英买力村、巴格托格拉克乡达克勒克村、巴格托格拉克乡古吉里尕尔村、巴格托格拉克乡托格拉克买力村、巴格托格拉克乡玉斯屯克墩买里村、巴格托格拉克乡草场村、巴格托格拉克乡玉满村
		社区 1	巴格托格拉克乡阿克切克力社区
	秋玛克片区管委会	村 13	阿依巴格乡多浪阔太米斯村、阿依巴格乡宏宇村、阿依巴格乡振兴村、阿依巴格乡库木巴什库勒村、阿依巴格乡吉格代艾格日村、阿依巴格乡巴什库勒村、阿依巴格乡琼库尔艾肯村、阿依巴格乡艾买秋克村、阿依巴格乡库木格然木村、阿依巴格乡库太克库勒村、阿依巴格乡西萨依拉特村、阿依巴格乡东萨依拉特村、阿依巴格乡团结新村
		社区 1	阿依巴格乡鲁丰社区
	上游水库片区管委会	村 4	乌鲁却勒镇喀尔达西村、乌鲁却勒镇博斯坦村、乌鲁却勒镇英买力村、乌鲁却勒镇耶克先拜巴扎村
	叶尔羌河南岸片区管委会	村 4	巴格托格拉克乡托斯木库力村、阿依巴格乡拜什喀特村、阿依巴格乡克依木塔拉村、阿依巴格乡塔拉库力村
柯坪县	盖孜力克镇	村 11	帕松村、盖孜力克村、库木鲁克村、玉斯屯喀什艾日克村、托万喀什艾日克村、玉斯屯巴格勒格村、托万巴格勒格村、喀拉玛村、库木也尔村、苏贝西村、色热克托格热克村
	玉尔其乡	村 8	玉尔其村、托马艾日克村、阿热阿依玛克村、尤库日斯村、玉斯屯库木艾日克村、托万库木艾日克村、铁热克阿瓦提村、杏花村
	阿恰勒镇	村 8	吐拉村、喀拉玛村、库木鲁克村、盖孜力克村、团结村、库勒村、其兰村、幸福村
		社区 1	金胡杨社区
	启浪乡	村 9	吾斯塘博依村、努尔巴格村、博斯坦村、其曼村、托马巴什村、科克托格拉克村、巴合恰村、萨依巴格村、布拉克村
	柯坪镇	村 1	喀拉库提村
		社区 5	古鲁巴格社区、亚尔巴格社区、幸福社区、团结社区、杏园社区

2019年地区十大新闻

一、新疆理工学院揭牌，区域性教育人才高地初步形成

2019年9月22日，新疆理工学院揭牌，阿克苏实现独立本科高校通过转设成为公办普通本科高校零突破；7月，阿克苏职业技术学院完成整体搬迁，阿克苏中等职业技术学院、技术学院资源整合、转型升级。全面落实教育优先发展战略，大力发展人民满意教育，逐步形成学前教育、义务教育、职业教育、高等教育完整的教育发展体系，阿克苏初步形成区域性高质量、多层次、应用型教育人才高地。

二、库尔班·尼亚孜等人获全国殊荣，地区民族团结进步工作交出靓丽答卷

2019年9月27日，全国民族团结进步表彰大会召开，阿克苏地区库尔班·尼亚孜、陈耀平等5人获全国民族团结模范个人荣誉，阿克苏市红桥街道红桥社区等3个集体获全国民族团结进步模范集体荣誉称号。2019年，地区深入开展民族团结进步宣传教育工作，各民族交往交流交融活动成为常态。全地区有53个单位成功创建自治区级民族团结进步模范单位，10.9万名党员干部职工与15.3万户群众结对认亲。

三、一批街头公园建成开放，人居环境改善推动构建“大生态”格局

2019年，阿克苏市26个街头公园投入使用，成为各族群众休闲健身的好去处。阿克苏国家湿地公园成功创建AAAA级旅游景区，地区一批水景绿地公园建成开放，如阿克苏市幸福公园、新和都护水韵公园、库车东湖公园等，提高居民幸福指数。阿克苏市内环水系建设工程实现通水，林城相融、林水相依、水城相润、人园相宜的生态城市格局基本形成；2019年地区城市新增城镇绿地77.82公顷，绿地面积达5 653公顷，绿化覆盖率达41.4%。全年造林面积5.15万公顷，森林面积达到115.81万公顷，森林覆盖率8.8%，空气质量优良率达到51%。

四、276项改革为基层减负“松绑”，群众少跑路，干部多干事

2019年12月25日，阿克苏“为民服务”APP上线运行，地区深化“放管服”改革迈出坚实一步。以“六型政府”建设为依托，深化“放管服”“13345”、商事制度、乡村振兴综合改革、“最多跑一次”系列改革，实现企业群众办事创业从实体大厅到网上大厅的转变，促进“群众跑腿”向“数据跑路”转变，群众对政务服务网上测评满意率达100%。全面贯彻落实基层减负工作，仅“基层一张表”改革试点工作，将基层报表由原先的5大类63种1 200多张精简至5大类11种15张，力戒形式主义、官僚主义突出问题，为基层干部“解锁松绑”，从无谓的事务中解脱，将更多的时间和精力用于服务群众。

五、电影《奔腾的托什干河》在阿克苏首映，讲好阿克苏故事亮点纷呈

阿克苏各族群众深情礼赞新中国成立70年，电影《奔腾的托什干河》在阿克苏首映，本土作家作品《在新疆长大》《我的阿克苏》获“天山文艺奖”文学类奖项；“一月一主题”采访报道活动成外宣工作品牌，中央、自治区媒体每月刊（播）发各类稿件点击量至少50万人次；“西北地区第一高广播电视塔”阿克苏多浪明珠塔封顶完工，地区9县（市）融媒体中心建设，新时代文明实践中心建设走在全疆前列。2019年，地区各行各业唱响“我和我的祖国”，为新中国成立70周年献礼。

六、旅游业发展跑出“加速度”，全域旅游格局初步形成

2019年地区旅游业“井喷式”发展，全年共主办中国环塔（国际）拉力赛等旅游节庆活动74项，接待游客1 230万人次，比上年增长81.7%；实现旅游总收入72.86亿元，比上年增长89.9%；着力开展“三难两不畅”治理，智慧旅游基础设施建设步伐加快，火车站新站房投入使用，机场开通环疆航线，以公路为主，航空、铁路为辅的综合交通运输体系不断完善，“吃住行游购娱”全域全时全产业链“大旅游”格局初步形成。

七、国务院批准库车撤县设市，彰显国家整体发展战略

2019年12月30日，库车举行撤县设市揭牌仪式。经国务院批准，同意撤销库车县，设立县级库车市，以原库车县行政区域为库车市的行政区域。库车市为阿克苏地区下辖县级市，总面积1.52万平方千米，辖8镇、6乡、4个街道办事处，223个行政村、51个社区，总人口约60万。库车市是自治区确定的五大煤电、煤焦化、煤化工基地之一。撤县设市，不仅是名称上的改变，更是实现新一轮快速发展的新起点。

八、16676户58114名贫困人口将实现整体脱贫退出，脱贫攻坚战取得突破性进展

2019年地区脱贫攻坚战取得突破性进展，乌什、柯坪2个深度贫困县77个贫困村，16 676户58 114名贫困人口将实现整体脱贫退出，全地区农牧民基本实现“两不愁三保障”。2019年，按照自治区党委“1+3+3+改革开放”工作部署，地区聚焦聚力总目标，严格落实“六个精准”“六个一批”等要求，采取就业扶持、产业发展、政策兜底、生态补偿政策、基础设施建设等精准扶贫措施，确保精准到人、精准发力、精准脱贫。

九、第九批浙江援疆工作圆满收官，第十批干部抵阿续写浙阿友谊新篇章

2019年12月31日，地区召开第九批浙江援疆工作总结表彰暨第十批浙江省援疆干部骨干欢迎大会，标志着第九批浙江援疆工作圆满收官，第十批浙江援疆工作开启。第九批援疆工作开展以来，实施“助力脱贫攻坚211行动”“十城百店”“百村千厂”“万亩亿元”工程、打造“311”教育援疆新模式、创新推进“三大两远程”医疗援疆和浙江阿克苏跨省医联体建设，共实施734个援疆项目，投入援疆资金51.32亿元，80%以上用于改善民生。

十、2019年中国新疆阿克苏药品博览会成功举办，区域性医疗康养高地建设迈出坚实步伐

2019年中国新疆阿克苏药品博览会于6月15~16日在阿克苏药品集散中心举行，来自美国、德国、日本等国以及国内江苏、广东、上海的200多家知名药械企业，1 000多名医疗机构代表参会，成为缓解新疆医药供需矛盾、打造“区域性医疗康养高地”的新平台；地区开启公办养老院民营管理社会化改革，推进“健康阿克苏”建设，落实“三医联动”，县域医共体建设实现全覆盖；全面推行农村居民“先治疗、后付费”，签约家庭医生，城乡居民基本医保、大病保险、医疗救助三重保障实现“一单式”结算，城乡居民基本养老保险参保率稳定在95%以上，区域性医疗康养高地建设迈出坚实步伐。

大事记

1月

1日

地区在阿克苏市多浪河景区乐舞广场举行2019年升国旗仪式。地区四套班子在家领导、地市各界代表参加升国旗仪式。

△地区在阿克苏市、库车市分别举行第四次全国经济普查正式登记启动仪式。

△阿瓦提县在第六届中国生态年会上获“中国生态魅力县”称号，是南疆首个获得此项荣誉称号的县城。

3日

地区住房公积金管理中心市直管理部在阿克苏市行政服务中心揭牌成立。

4日

地区2015年9月启动的阿克苏河和渭干河流域两个百万亩生态治理工程按照五年规划三年完成的目标，圆满完成。阿克苏河流域完成造林8.69万公顷，完成规划任务 8.42 万公顷的 103%；渭干河流域完成造林 7.23 万公顷，完成规划任务 7.16 万公顷的 101%。地区森林覆盖率提高到 8.8%。

△地区慈善总会举办慈善助学捐赠仪式，向地区第一中学、第二中学各捐赠 10 台电子阅读机，总价值 12.4 万元。

9~12 日

2019 首届中国峡谷旅游论坛在阿克苏举行。国内地质旅游专家、学者，峡谷景区代表、旅行社负责人、各大主流媒体和新媒体、摄影家、地区各县（市）代表等参加论坛。

10 日

浙江援疆“万亩亿元”工程黑木耳菌种捐赠仪式在乌什县举行。浙江省向地区捐赠首批 100 支黑木耳试管菌种。

17 日

涉及民生的水、暖、电、气、金融机构等 18 家企业进驻地区政务服务大厅。

19 日

2019 年“红十字博爱进万家”活动启动，由社会各界爱心人士捐助的 15 万元慰问物资，发放到 600 多户困难群众手中。

△第四届华语诗歌春晚新疆（阿克苏）分会场诗歌春节联欢晚会在地区塔里木歌舞团拉开帷幕。

20 日

地区 2019 年“共筑中国梦、快乐迎新春”系列体育比赛颁奖及健身项目展示活动在阿克苏体育馆举行。

△地区召开机构改革动员会，传达自治区党委、自治区人民政府审定批准的《阿克苏地区机构改革方案》。

22 日

地区举办脱贫攻坚“冬季攻势”暨“百千万培训行动计划——林果科技进万家”活动培训班。疆内外 14 名专家受邀为 200 多名林业干部及林果技术人员、种植大户讲授果树栽培和病虫害防治技术。

25 日

地区农业农村局、林业和草原局、民族宗教事务局正式挂牌。

△地区 2019 年首场大中专毕业生和就业困难人员就业招聘会在地区行政服务中心一楼政务大厅举行，地区 51 家企业提供 638 个就业岗位，700 多人参加应聘。

26 日

国家心血管病中心高血压专病医联体阿克苏分中心在地区第一人民医院成立。

30 日

地区自然资源局正式挂牌成立。

2 月

6 日

阿克苏第十五届“多浪·龟兹”文化旅游节暨阿瓦提县第五届“与刀郎人共度春节”文化旅游节在阿瓦提县刀郎部落景区开幕。活动在“阿克苏微动力”平台进行直播，当天浏览量超过百万人次。

12 日

“阿克苏苹果”打假维权专项行动组赴浙江、上海、江苏、河南等地开展打假维权行动，查获假冒侵权“阿克苏苹果”4.03 万箱，案值 360 万余元。

13 日

空军军医大学西京消化病医院阿克苏整合医学中心揭牌仪式暨整合医学讲座在阿克苏市举行。

18 日

地区召开贯彻落实中央脱贫攻坚专项巡视反馈意见整改动员暨 2019 年脱贫攻坚大会，会议总结 2018 年工作，部署 2019 年任务，表彰 2018 年度地区脱贫攻坚先进集体和先进个人。

19 日

优质新媒体号“浙江援疆”正式入驻浙江新闻客户端“起航号”党政新媒体聚合平台。

25 日

阿克苏纺织工业城（开发区）管委会与重庆尚上服饰有限公司举行尚上服装一体化产业园项目投资框架协议签约仪式，双方就项目的落户建设等交换意见。

27 日

自治区卫健委正式批准地区

妇幼保健院为三级甲等妇幼保健院。是地区唯一一家三级甲等妇幼保健院，也是南疆首家三级甲等妇幼保健院。

28日

地区召开“六型”政府建设动员大会，总结行署系统“强整提”活动成果，深化“聚焦总目标、作风再整顿”专项活动，安排部署地区“六型”政府建设工作。

△“促进转移就业，助力增收脱贫”的“春风行动”2019年专场招聘会在地区政务服务大厅举行。招聘会有78家企业共提供就业岗位2 100多个，现场达成就业意向600多人，其中建档立卡贫困户100多人。

3月

2日

浙江援疆“巩固提升年”动员大会在阿克苏地委礼堂召开，会议回顾总结2018年浙江援疆工作，表彰2018年援疆工作先进典型，交流援疆工作经验，动员部署2019年浙江援疆“巩固提升年”活动。会上表彰2018年浙江省市援疆系统先进集体和先进个人。

11日

地区首轮脊灰疫苗补充免疫活动结束，服苗人数为14万余人，881名儿童因不符合疫苗接种间隔时间或生病延期接种。

12日

生态环境部国控大气辐射环境自动监测站建设项目现场观摩研讨会在阿克苏举行。

17日

第六届大中城市联合招聘高校毕业生阿克苏专场招聘会举行。招聘会现场84家用人单位提供就业岗位2 962个，645人现场达成就业意向。

△阿克苏石墨烯电采暖生产基地项目举行签约仪式。该项目由乐福之家集团投资建设，计划总投资2亿元。

18日

地区8个县(市)分别举行重点项目集中开(复)工仪式，总计374个项目集中开(复)工。

△新疆吉尔特太阳能空调建设项目开工建设，该项目填补了阿克苏乃至全疆的产业空白。

19日

地区残疾儿童康复救助工作正式启动，共筛查出0~6岁残疾儿童1 170人，优先救助3~6岁残疾儿童425名。

△以“促进转移就业，助力脱贫攻坚”为主题的2019年“春风行动”结束，在此期间，地区本级及7县2市举办34场专场招聘会，吸引270家企业发布岗位需求信息1.36万个，吸引2.6万人次农村富余劳动力参加招聘，达成就业意向3 911人。

△地区水利项目完成全流程电子化开评标测试，标志着地区水利项目招投标活动实现由传统纸质向“互联网+”转变。

20日

地区“国奶扶贫工程”公益项目启动仪式在乌什县举行。项目启动后，北京联慈健康扶贫基金会将为地区1 100名7~36个月的婴幼儿捐赠价值1 172万元的配方奶粉。

△2019年国家卫健委名医走基层活动暨自治区健康扶贫天山行主题宣传活动在阿克苏启动。

22日

长三角地区旅游援疆合作联盟第二次联席会议在阿克苏市召开。上海、江苏、浙江、安徽3省1市援疆指挥部相关代表参会。

23日

阿克苏广播电视大学举行国家开放大学(新疆)阿克苏学院揭牌仪式。

△地区召开扫黑除恶专项斗争工作会议。会议结合形势任务变化，对2019年地区扫黑除恶专项斗争再安排、再部署。地区扫黑除恶专项斗争领导小组各成员单位负责人在阿克苏主会场参加会议，各县(市)设分会场。

25日

阿克苏经济技术开发区年产10万吨水溶肥项目正式投产。该项目由中化农业(新疆)生物科技有限公司投资建设，总投资2亿元，占地面积10公顷，2018年9月开工建设，2019年3月建成并投产。

28日

阿克苏海关举行揭牌仪式。

△为期3天的全国退耕还林信息宣传培训班在阿克苏举办，全国25个省区市退耕还林工程负责人参加培训并作经验交流。

29 日

库车市首届杏花节在龟兹女儿国文旅商贸小镇——浙商世贸中心开幕。开幕式上启动国道 217 旅游风景道项目建设，这也是库车市率先把新疆最美公路——独库公路沿途风景列入旅游资源进行开发。

31 日

库车直飞成都首航，标志着自治区首个县对疆外省会城市直飞航线正式开启。库车—成都、成都—库车航线由中国国际航空股份有限公司执飞，机型为空客 319 和空客 320，每周 1、3、5、7 四班。

4 月

3 日

地区举办“礼赞英雄·我们的清明节”主题文艺活动。

9 日

浙江援助地区旅游行业培训“千人计划”启动暨首期导游讲解员培训开班仪式在新疆大学科学技术学院阿克苏校区举行，地区 140 名旅游行业从业人员参加培训。

12 日

地区参加“丝路风情地 大美南疆游”长三角援疆旅游联盟·南疆旅游杭州站推介会。推介会上，地区分别与浙江海峡国际旅行社、浙江省中青国际旅游有限公司、杭州西子国际旅行社签署游客入阿克苏框架合作协议。

15 日

地区圆满完成春季植树造林任务，完成造林 2.57 万公顷，义务植树 341.54 万株。

15~21 日

地区各县（市）组织开展主题为“就业政策惠民企 就业服务促发展”的民营企业招聘周活动。截至 4 月 21 日，全地区已举行 9 场招聘会，进场招聘的民营企业 137 家，提供岗位 2 528 个，其中适合高校毕业生的就业岗位 1 616 个，签订就业意向协议 940 人。

16 日

地区第二轮脊灰免疫活动结束，此次累计摸底儿童 147 983 人，服苗人数 146 832 人，服苗率 99.22%，1 151 名儿童因不符合疫苗接种间隔时间或生病未接种。

△中国流动科技馆新疆巡展库车站启动仪式在龟兹文化广场举行，自治区科协、新疆科技馆、阿克苏地区行署和地区科协相关领导、中小学师生代表等 1 000 多人参加仪式。

△经全国爱卫办复审，阿克苏市第 4 次被确认为“国家卫生城市”。

△地区举办“互联网技术助推旅游产业品牌升级”行业交流会。地区旅游 A 级景区、星级酒店、重点餐饮企业、旅行社、星级农家乐等涉及旅游行业的 62 名代表参加会议。

18~19 日

浙江医疗援疆“三大两远程”工作推进情况暨援疆医疗队工作经验交流会在柯坪县召开。

20 日

新疆百草味农业科技发展有限公司落成仪式和“产业赋能 援疆共赢”精准扶贫项目签约仪式在阿克苏市南工业园区“百草味”厂区举行。

22 日

地区三北防护林五期工程获得 2019 年中央预算内补助资金 1.29 亿元，专项资金用于地区人工造乔木林、人工造灌木林、封山育林及退化林修复。该项目建设规模为：人工造乔木林 1.2 万公顷，人工造灌木林 1 333.33 公顷，退化林修复 4 000 公顷（其中红枣质量精准提升 933.33 公顷）。

△2019 年自治区疾病预防控制工作会议在阿克苏举行。会议全面总结 2018 年自治区疾控工作，安排部署 2019 年重点工作。国家卫健委疾控局、自治区卫健委、阿克苏地委相关领导出席会议，各地州相关单位负责人参加会议。

22~23 日

国家畜禽遗传资源委员会办公室组织羊专业委员会专家组来到阿克苏，对新疆疆南绒山羊进行现场审定工作。经审定，山羊绒产量在绒长和细度上达到优等品质，同意通过审定。

24 日

地区拨付耕地地力保护补贴 3.77 亿元。

26~28 日

自治区文旅厅组织中国文化遗产研究院、中国地质大学、兰州大学等单位专家，验收新和县通古斯巴西城址抢险加固项目。

27 日

地区庆祝新中国成立 70 周年城区单位第二届干部职工运动会在阿克苏体育馆举行开幕式。

28 日

阿克苏地产品（建材）推介展销会在阿克苏环球中心广场举办，现场签约 6 个合作项目、达成合作意向 10 个，签约金额 3 053 万元。

△地区举行 2019 年庆祝五一国际劳动节暨表彰大会，会上表彰地区“五一劳动奖状”先进集体 30 个、“五一劳动奖章”先进个人 40 名、“优秀工会工作者”30 名和“地区工人先锋号”优秀班组 30 个。

△地区举办“青春心向党·建功新时代”特别主题团日暨千名新团员集体入团仪式。

29 日

南疆片农村土地承包经营权证颁证仪式在沙雅县海楼镇乔格铁热克村举行，这标志着农村土地承包经营权证颁证工作在南疆拉开序幕。

30 日

阿克苏地区首届“十大杰出青年”颁奖典礼在地区广播电视台举行。

5 月

1 日

地区全疆赛马邀请赛暨第五届刀郎人捕鱼民俗文化旅游节在阿瓦提刀郎部落景区开幕。

△地区“四馆”点亮夜场启动仪式在地区“四馆”院内举行。启动仪式宣布 2019 年地区博物馆、图书馆、文化馆、美术馆点亮夜场活动正式启动。

△阿克苏地区全疆赛马邀请赛暨第五届刀郎人捕鱼民俗文化旅游节在阿瓦提县刀郎部落景区开幕，旅游节为期 3 天，举行刀郎人捕鱼活动、斗鸡斗羊、高空轮转、鸵鸟观赏等活动，接待游客突破 5 万人次。

4 日

地区召开纪念五四运动 100 周年座谈会。

△“2019 年阿克苏‘沙漠花海杯’越野场地障碍挑战邀请赛”在新和县沙漠花海景区开赛。

9 日

距离拜城县城西北 23 千米处的山区，自治区首次发现盐溶喀斯特地貌，形态为岩盐天坑和盐溶溶洞。岩盐天坑南北长约 150 米、东西宽 60 米、深 50 米。

11 日

第四届丝绸之路国际博览会暨中国东西部合作与投资贸易洽谈会在陕西省西安市开幕，地区组团参加，会上地区签约项目 16 个，签约金额 32.34 亿元，比上届增长 47.42%。

15 日

地区退役军人服务中心成立。

△浙江省援疆指挥部召开“211 行动”（实施“助力脱贫攻坚 211 行动计划”，重点支持乌什、柯坪 2 个国家级贫困县，结对帮扶 100 个贫困村，帮助 1 万名群众实现就业）大会。

16 日

2019 年“中国科协大手拉小手科普报告希望行”新疆（阿克苏站）巡讲活动暨全国科技工作者日启动仪式在阿克苏市高级中学举行。

18 日

南疆天然气利民工程乌什支线正式通气，标志着南疆利民干线 8 号阀室至乌什末站段长达 99 千米天然气管道正式运行投用，日输气量 13.97 万立方米，年输气量 5 000 万立方米，结束了乌什县没有管道天然气的历史。

△阿克苏第十五届“多浪·龟兹”文化旅游节在阿克苏市电影小镇开幕。来自疆内外的众多旅行商、媒体及参加 2019 中国环塔（国际）拉力赛的选手等共同参加开幕式。

19 日

2019 中国环塔（国际）拉力赛在阿克苏市电影小镇举行开幕式。环塔拉力比赛为期 13 天，全赛程预计 5 000 千米，共分 9 个赛段，途径雅丹地貌、塔克拉玛干沙漠腹地、戈壁及昆仑雪山等新疆典型的地形地貌。

△地区举行“爱在阿克苏”志愿者服务活动启动仪式暨第 29 次全国助残日捐赠活动。

△2019 年地区“科技活动周”启动仪式在温宿县第二小学举行，自治区、地区、各县（市）相关部门负责人出席启动仪式。

△“黎介寿院士专家工作站”在地区第一人民医院正式揭牌。

21日

地区召开“两不愁三保障”“回头看”暨中央专项巡视反馈问题整改推进会，深入学习贯彻习近平总书记在解决“两不愁三保障”突出问题座谈会上的重要讲话精神，贯彻落实自治区“两不愁三保障”“回头看”暨43个非贫困县脱贫攻坚帮助指导工作调度会议精神，安排部署脱贫攻坚工作近期重点任务，全面提升脱贫攻坚工作质量。

23日

阿克苏市投资最大商业综合体领先城项目开工，建筑总面积101万平方米，总投资38亿元。

24日

阿克苏市正式开通铁路、公路、民航三大客运枢纽公交专线，将阿克苏火车站、阿温路客运站、阿克苏机场三大客运枢纽串联。

△由国家农业农村部主办的2019年援疆扶贫农产品质量安全检验检测技术人员培训班在阿克苏地区开班，来自和田、喀什等地州的100多名技术人员参加培训。

25日

温宿天山托木尔文化旅游节暨2019《中国好声音》全国海选新疆赛区总决赛在温宿县龙泉湖公园上演。

26日

浙江省援疆资金扶持打造的阿克苏地区大型文化旅游演艺节目《千年之约·梦幻龟兹》在地区影剧院首演。

△地区博物馆文物修复室正式投用。

△乌鲁木齐发往阿克苏的首趟旅游专列抵达阿克苏火车站，来自乌鲁木齐、克拉玛依、阿勒泰等北疆各地的120多名游客到达阿克苏。

28日

阿克苏新闻网、阿克苏日报数字报全新改版上线。

△托木尔峰国家级自然保护区野生动物疫源疫病监测站在地区挂牌成立。该站的成立填补了保护区内野生动物疫源疫病监测的空白。

△地区2019年退役军人就业服务暨高校毕业生专场招聘会在地区为民服务中心举行，参加招聘会企业46家，提供就业岗位203个，147人与用工单位达成就业意向。

△全国首家县级通用航空公司——库车航空成功进行库车—阿克苏、库车—克拉玛依航线的首航。

29~30日

全国乡村教师队伍建设攻坚暨教师援疆工作推进会在阿克苏召开。

31日

阿克苏地区林业和草原局受到全国政协人口资源环境委员会、全国绿化委员会、国家林业和草原局等单位主办的“关注森林活动20周年突出贡献单位”总结表彰大会表彰，是南疆五地州唯一获此殊荣的单位。

6月

2日

地区与中国石化西北油田分公司座谈会在阿克苏迎宾馆召开，油地双方就拓宽合作领域，推动融合发展，实现互利共赢进行深入座谈交流。

3日

中国生态文明研究与促进会来阿克苏座谈交流，就借助中国生态文明研究与促进会的智囊库、宣传力和影响力等优势，推进阿克苏地区生态环境保护工作和地区与会人员进行探讨。

4日

地区档案馆举办主题为“新中国的记忆”的档案馆开放日活动。

9日

地区2019年全国普通高等学校统一招生考试结束。有27 023名考生报名，其中单独招生录取2 349人，24 674人参加普通文化课考试。全地区共设阿克苏市、库车市、沙雅县、拜城县、一师阿拉尔市5个考区19个考点。

11~12日

自治区文物定级专家小组一行5人赴阿克苏地区博物馆开展文物定级工作。鉴定680件出土历史类文物，最终定级珍贵文物38件(其中一级4件、二级10件、三级24件)，其他定为一般文物。

12 日

地委召开阿克苏艾西曼湖再生水利用与生态修复工程汇报会，审议并通过《阿克苏艾西曼湖再生水利用与生态修复工程规划方案》。

△天山托木尔大峡谷创建国家 5A 级景区专家论证会在地区文体广电和旅游局召开。

17 日

2019 年新疆少数民族科技骨干特殊培养“金融服务实体经济”专家服务团活动启动仪式在地区迎宾馆举行。

18 日

新疆（阿克苏）农产品交易中心启动仪式在阿克苏市商贸物流园举行，该中心正式投入运营。

△教育部正式发文批准新疆大学科学技术学院（阿克苏校区）转设为新疆理工学院，实现阿克苏唯一一所独立本科高校通过转设成为公办普通本科高校零的突破。

20 日

2019 年长三角旅游援疆暨南疆旅游扶贫大会在阿克苏市召开。

21 日

南疆首个红十字体验式应急救护培训基地在阿克苏建成。

22 日

新疆理工学院[原新疆大学科学技术学院（阿克苏校区）]举行首届毕业典礼，532 名大学生被授予学士学位。

24 日

地直机关工委联合地区文联、塔里木书画院在地委举办“聚焦总目标·礼赞新中国·展现新风采”主题书画摄影展。此次书画摄影展共征集库车市、新和、拜城等县和地委统战部等 16 个地直单位的 148 件作品，其中书法作品 74 件、摄影作品 40 件、绘画作品 34 件。

25 日

地区召开扶贫领域警示教育大会。

△中华慈善总会、地区慈善总会向地区 5 所学校捐赠价值 56 万元图书。

26 日

阿克苏禁毒教育基地揭牌启动仪式在地区科技馆举行。

29 日

地区举行庆祝建党 98 周年暨“一先双优”表彰大会，50 个先进基层党组织、100 名优秀共产党员和 50 名优秀党务工作者受到表彰。

△地区召开庆祝建党 98 周年离退休干部座谈会，共同庆祝党的生日。

30 日

由地区文体广电和旅游局、大庆市文化广电和旅游局主办，地区美术馆、大庆市群众艺术馆承办的国家公共文化服务体系示范区创建城市区域文化联动暨“春雨工程”——全国文化志愿者边疆行大庆版画作品展在地区美术馆开展。

7 月

1 日

地区 9 个国家级气象观测站或基本气象站正式开展地面气象观测自动化改革单轨试运行，实行自动化观测。

△阿克苏纺织工业城与新疆信联优创石墨烯材料科技有限公司—常州二维暖烯科技有限公司举行石墨烯电采暖加热膜产业化项目签约仪式。

2 日

由浙江省杭州市投入 1.6 亿元援疆资金新建的阿克苏市第十六中学（阿克苏市天杭实验学校）建设项目全面完工。

4 日

阿克苏纺织工业城（开发区）召开 2019 年上半年集中兑现政策暨项目推进会，为辖区 14 家企业集中兑现政策资金 8 053 万元。

9 日

行署系统召开“基层减负年”工作推进会，通报 2019 年上半年行署系统整治“文山会海”情况，部署下半年基层减负工作。

10 日

阿克苏纺织工业城（开发区）与阿克苏福瑞棉纺织有限公司举行签约仪式，又一纺织服装全产业链项目落户阿克苏纺织工业城（开发区）。

△地区启动实施“营养改善计划”补助计划，并拨付 2019 年农村

义务教育(营养改善计划)补助资金122.4万元，用于改善贫困家庭孩子的营养。

11~12日

地区“喜迎新中国成立70周年”青少年U系列国际式摔跤比赛在库车市举行。

14日

以“弘扬中华优秀传统文化，助力乡村文化振兴”为主题的地区第二届“乡村文化节”在沙雅县海楼镇忠孝文化广场开幕。

△自治区疾控中心在阿克苏举办2019年脊髓灰质炎灭活疫苗补充免疫工作培训班。阿克苏地区卫健委、疾控中心负责人和各县(市)疾控专业技术人员、助产医疗机构产房疫苗接种人员、阿克苏市城区各接种点工作人员等180多人参加培训。

△地区顺利完成对7 520公顷小麦种子田的复检，复检结果显示，小麦种子田全部统一挂牌制种，达到国标标准的合格种子田7 000公顷，基本实现原种统一供种。

15日

第二届“浙阿同心 牵手融情”青少年夏令营在阿克苏市少年宫拉开帷幕。

18日

地区爱国拥军促进会成立。

19日

南方航空公司开通的喀什—阿克苏—重庆往返航班首航成功。

△第六届新疆创新创业大赛(阿克苏赛区)暨第四届地区创新创业大赛在地区工人文化宫成功举办。

△阿克苏片区解决“两不愁 三保障”突出问题座谈会召开。

△阿瓦提县第七届刀郎美食民俗文化旅游节开幕，旅游节为期4天，共有40家疆内外特色美食和60家阿瓦提本地特色美食商家参加，共设置177个展位，展出400多种美食和农副产品，旅游人数8.7万人次，旅游总收入达1 000余万元。

20日

阿克苏·拜城首届温泉旅游节开幕。

△2019年自治区青少年航空航天模型锦标赛在阿克苏体育馆拉开帷幕，来自全疆各地州及兵团的33支代表队共295名青少年运动员参加比赛。

22日

自治区十二届政协驻南疆四地州及兵团所属市政协委员培训班在阿克苏举办。

△2019年自治区青少年航模锦标赛在阿克苏体育馆落幕，乌鲁木齐市代表队、伊犁州代表队、哈密市代表队最终分别获得航模锦标赛团体奖前三名。

△2019年自治区“大众创业、万众创新”培训班在阿克苏开班。阿克苏地区、哈密市、巴州、克州、喀什地区、和田地区科协相关负责人、业务骨干及“双创”企业负责人等100多人接受为期3天的培训。

△自治区妇联一行到阿克苏开展宣讲及技能培训。自治区妇联“家庭学校进农户”工作人员为地区各乡(镇)、村妇女代表、优秀巾帼宣讲员、靓发屋负责人等人员，开展为期五天的宣讲及技能培训。

23日

中国美术家协会会员、中国人民大学艺术研究院研究员李泽钰来阿克苏开展艺术交流。

△地区在库车市召开宣传部长暨软件正版化工作领导小组成员单位联席会议。

24日

地区医学会儿科分会成立，为地区儿科医生搭建一个共享医疗经验、教育资源、科学研究和管理经验的平台。

25日

地区在库车市召开财政、税务、市场监管系统“转作风、提效率、优环境”专项活动总结观摩会。

△地区中学生校园篮球足球排球联赛总决赛开赛，全地区各中学75支代表队、912人参赛。

26日

地区组织3家企业参加由农业农村部和甘肃省主办的“三区三州”贫困地区农产品产销对接活动，签订2亿元大单。

△阿克苏职业技术学院新校区迁建工程主体完工。

27日

2019世界旅游小姐大赛新疆赛区阿克苏地区总决赛收官。

29日

阿克苏纺织工业城（开发区）与河北贝翔科技集团有限公司举行石墨烯多种应用产业项目签约仪式。

30日

地区四套班子领导分组开展“八一”慰问活动。

△168名大学生西部计划志愿者到阿克苏，前往拜城县、阿瓦提县、乌什县、柯坪县、阿克苏职业技术学院开展支教工作。

是月

阿克苏地区第一家试点医养结合养老机构——库车东城养老院正式投入使用。标志着地区医疗资源与养老资源相结合，实现社会资源利用最大化。

8月

1日

阿克苏市、库车市、阿瓦提县被自治区党委、自治区人民政府和新疆军区命名为自治区双拥模范城(县、区)。

△“守初心、担使命、坚决做到‘两个维护’”廉政书画展在地区博物馆开展。

3日

地区儿童青少年近视防控指导中心正式揭牌。

4日

2019年地区中学生校园篮球联赛在阿克苏教育学院举行，来自全地区的23支代表队和裁判等相关工作人员参加开幕式。

△“新和县丽水小学”项目顺利交付，秋季开学正式投入使用，成为新和县小学教育的新起点。

△阿克苏地区首个新时代青年讲习所在库车市健康路社区揭牌成立。

8日

地区举行全民健身日系列体育活动启动仪式。

9日

2019年“庆祝新中国成立70周年”古尔邦节文艺晚会在地区影剧院上演。地区党政领导与各行各业代表观看演出。

17日

2019年新疆公益伙伴（南疆）工作交流会在阿克苏市召开，由壹基金联合救灾新疆项目组主办，来自哈密市、喀什市、巴州、克拉玛依市及地区32个志愿服务组织参会。

17~19日

由国家食用菌体系岗位科学家、吉林农业大学教授姚方杰带队的专家组一行在阿克苏地区开展黑木耳种植技术服务指导工作，助力地区黑木耳产业发展和脱贫攻坚。

18日

地区第三届“礼赞新中国 礼赞新时代”门球赛火热开赛，来自地区7县2市及一师的17个代表队120多名老年运动员参赛。

△阿克苏首届动力伞精英赛在温宿县帕克勒克景区开赛，来自疆内外的60多名专业飞行员参加比赛。

19日

“壮丽70年 奋斗新时代”地区全媒体记者践行“四力”走基层大型主题采访活动正式启动；“壮丽70年 奋斗新时代”道义·新疆阿克苏采风作品展在地区美术馆开展。

21~23日

地区开展“百家商会 千家企业”走进阿克苏活动，邀请全国各地四川商会、川渝商会124家企业负责人到阿克苏，考察投资环境。

22日

以“共享大美新疆·爱在阿克苏”为主题的首届中国通用航空飞行大会在阿克苏市开幕。

25日

阿克苏机场改扩建工程开工。

27日

阿克苏地区疆内“银龄行动”启动，自治区8名老专家分赴各县(市)、乡(镇)、村(社区)开展为期1周的志愿服务。

29日

阿克苏纺织工业城（开发区）管委会与乌鲁木齐国际陆港区建设委员会签订战略合作协议。

9月

1日

南疆集拼集运货运班列（阿克苏站）正式发车，阿克苏站到乌鲁木齐西站货物运费全免，对阿克苏市外贸具有重要意义。

2日

由浙江省援疆指挥部全额投资兴建的阿克苏教育学院附属之江实验幼儿园正式开园。

3日

地区烽燧群保护利用设施建设项目正式开工。

4日

地区举行2019年全国“质量月”启动仪式暨“质量开放日”活动。

6日

“走进阿克苏——华夏玉器艺术展”在地区文化馆开展。

△2019年“浙阿杯”创业创新大赛决赛在地区影剧院落幕，各县（市)120多名参赛选手经过初赛、复赛筛选后，最终有11位选手进入决赛。

8日

拜城县社会保险社会管理和公共服务综合标准化试点项目通过考核评估，成为地区首个国家级社会管理和公共服务综合标准化试点。

△地区教育大会在地委礼堂召开。会上表彰地区22个先进集体、80名优秀教师和34名优秀教育工作者。

△地区邀请浙江4名专家到阿克苏传授实施“千村示范、万村整治”工程经验。

9日

阿克苏新爵纺织有限责任公司二期15万锭气流纺项目正式开机投产。

10日

地区全面启动严厉打击毁林毁草非法开荒专项行动。

12日

地区召开“不忘初心、牢记使命”主题教育部署会议。

16日

新疆理工学院举行首届新生开学典礼。

△浙江省红十字会援建的阿克苏地区红十字应急救护培训基地揭牌仪式在地区行政服务中心举行。

16~17日

2019年中国北京世界园艺博览会“新疆日”阿克苏地区专场推介会举行。阿克苏地委领导向全国宣传推介阿克苏生态建设和特色林果产业发展成就。

17日

“庆祝中华人民共和国成立70周年暨人民政协成立70周年 情系阿克苏——全国中国画名家作品展”活动在地区文化馆开幕。

△“阿克苏苹果”品牌示范区签约暨授牌仪式在青海省西宁市举行，阿克苏地区苹果协会与西宁市城北区香果果水果批发部签订《品牌示范区合作协议》，并授牌。

20日

地区实现投资项目审批在7县2市“异地通办”。

△第六届新疆特色果品（阿克苏)交易会暨2019年全国农产品产销对接扶贫行活动媒体见面会在阿克苏举行。

21日

新和至拜城铁路建设项目签约仪式在阿克苏迎宾馆举行。

27日

“浙里有情，疆爱进行”“浙—疆”电商扶贫协作资源对接会暨贝店一县一品新疆“风物计划”发布会在阿克苏商贸物流产业园召开。

29日

“壮丽70年 奋斗新时代——阿克苏地区庆祝中华人民共和国成立70周年社会成就展” 在地区博物馆开展。

△地区庆祝中华人民共和国成立70周年“我和我的祖国”大型文艺晚会在地区影剧院上演。

30日

地区在阿克苏市多浪河景区乐舞广场人民英雄纪念碑前，举行烈士纪念日向人民英雄敬献花篮仪式。地区四套班子在家领导和社会各界代表参加敬献花篮仪式。

△阿克苏纺织工业城（开发区）盛和物流有限公司出口监管仓库和保税仓库正式封关运作。标志着海关监管仓库正式进入实质性运转阶段。项目占地面积12.51公顷，总投资约1.24亿元。

10月

1日

阿克苏2019年国庆节升国旗

仪式在多浪河二期景观带乐舞广场隆重举行，热烈庆祝中华人民共和国成立 70 周年，地区四套班子在家领导同地、市各界代表参加升国旗仪式。

△阿克苏火车站新站房启用。新站于 2019 年 3 月 15 日开工建设，历时 6 个月建成，总建筑面积 9 948 平方米，其中售票厅 300 平方米，候车区域 3 600 平方米，可同时容纳 3 000 人候车，比原站候车能力提高 4 倍。新增 6 条自助实名制检票闸机通道，提高了放行速度。

3 日

天山南部的中国石油塔里木油田公司博孜 9 井喜获高产工业油气流，日产天然气 41.82 万立方米、凝析油 115.15 立方米，成为塔里木油田继中秋 1 井后，在天山南部又一个千亿方级大气田。

7 日

新疆农业大学 100 亩(6.67 公顷) 盐碱地专用高效肥料与改良调节剂实验在阿瓦提县获得成功。

10 日

新疆首届纺织行业"鲁泰杯"细纱工职业技能大赛在阿瓦提县开幕。全疆部分地(州)和生产建设兵团的 20 支代表队参赛。

11 日

地区 32743 户农村安居房全部完工，标志着地区率先在全疆完成农村安居工程建设任务。

△地区召开自治区地方标准专家审定会，《地理标志产品 阿克苏苹果》《地理标志产品 阿克苏核桃》和《地理标志产品 阿克苏红枣》等三项自治区地方标准通过专家审定。

12 日

阿克苏市北外环路正式通车。该路总长 47.8 千米，公路等级二级，起点位于 314 国道 978 千米处，环绕西工业园区接终点国道 3012 高速阿克苏西互通，有效分流阿克苏市上海路、河南路的大型车辆，缓解市区交通压力。

12~13 日

第六届新疆特色果品（阿克苏）交易会暨 2019 年全国农产品产销对接扶贫行活动在阿克苏红旗坡农贸物流园举行，来自疆内外的 328 家参展企业和 166 家采购商逾 1 500 人参加盛会。

13 日

2019 中国新疆(阿克苏)红枣、核桃产业发展论坛在新疆红旗坡农贸物流园举办。

△《阿克苏地区国土空间规划发展大纲》评审会在地区自然资源局召开，北京师范大学、北京建筑大学城市规划设计研究院等设计单位专家学者专题汇报规划发展大纲。

14 日

地区 50 万公顷棉花全面采摘，实现机采面积 20 万公顷，机采率超过 40%。

15 日

阿克苏市城区内环水系实现试通水。

17 日

地区专业技术人才和高技能人才专项组揭牌。

△健康扶贫天山行暨 2019 年中医中药中国行走进阿克苏主题宣传活动正式启动。

△"侨爱心·无限极'晚安宝贝'关爱儿童健康成长计划"捐赠仪式在阿克苏市第二小学举行。中国侨联基层建设部、自治区侨联、地委统战部、无限极(中国)有限公司有关领导出席捐赠仪式。

18 日

成都精石智控科技有限公司制造的 DWK700 无人直升机在阿克苏纺织工业城(开发区)试飞成功，实现了新疆大型无人机制造"零"的突破，标志着新疆首家大型无人直升机项目正式在阿克苏投产。

19 日

自治区基层文联工作现场推进会在阿克苏召开。自治区文联、阿克苏地委相关领导出席会议。

△以"世界胡杨公园·千年秘境沙雅"为主题的阿克苏第十五届"多浪·龟兹"文化旅游节、第十一届沙雅胡杨节暨首届沙雅群英会在沙雅县沙雁洲景区开幕。

21 日

大石峡水利枢纽工程围堰截流阶段移民安置工程顺利通过阿克苏地区初步验收。大石峡水利枢纽工程是国务院批准实施的重大水利工程建设项目，位于温宿县库玛拉克河段，工程竣工后具有灌溉、防洪、生态保护和发电等综合效益，水库总库容11.7亿立方米，电站装机容量750兆瓦。

22日

为期5天的阿克苏市第四届住宅产业博览会暨城乡人居环境建设成就展结束，住博会累计成交商品住房1 840套，累计交易金额9.25亿元。

24~28日

阿克苏地区参加第十届新疆农产品北京交易会，交易会中地区特色农副产品现场销售额45万余元，合同签约额1亿元，意向签约1 764万元。

25日

地区"不忘初心、牢记使命，忠诚担当奉献边疆"党性教育活动在地委党校举行。地区县级以上老干部代表及新招录基层公务员近400人参加活动。

△新疆丝路金通纺织有限公司在库车经济技术开发区纺织产业园正式建成投产，成为新疆首家拥有"麻二粗干纺法"纺纯亚麻纱技术的企业。

△阿克苏第十五届"多浪·龟兹"文化旅游节暨阿瓦提县第六届慕萨莱思文化旅游节开幕。

26~27日

2019年全国成人高考期间，地区有7 460名考生分别在6个考点、304个考场应考。

27~31日

阿克苏市举办采摘节暨"金苹果"汽车运动会，来自全国各地的70多名职业赛车手和业余爱好者参加。运动会由汽车短池游泳、汽车平衡木、汽车足球等10多个项目组成，并开展苹果、红枣、棉花采摘、美食巴扎等活动。

29日

阿克苏—库车—哈密航线首航成功并正式开始运营。

11月

2日

2019环塔拉力赛摩托车挑战赛在温宿托木尔大峡谷开赛，来自全国6个省区的24名摩托车选手参赛。

5日

地区举办庆祝第20个中国记者节暨践行"四力"优秀新闻工作者表彰晚会，地直相关部门负责人、地区各主要媒体干部职工参加晚会。

△库车市克孜尔尕哈烽燧本体风化变形监测项目已完工并投入使用。

△2019年自治区青少年跆拳道锦标赛在阿克苏体育馆开幕。全疆14支代表队的447名运动员参赛。

8日

地区举行阿克苏天一航空"云中漫步"低空旅游暨华夏航空阿克苏基地启动仪式。

9日

地区"慈善爱心车"公益活动启动暨"慈善篮球队"正式成立。

10日

为期3天的第二届中国新疆特色林果产品博览会在广州圆满落幕。在此次博览会上，阿克苏参展团现场签订合作项目4项，签约金额3.33亿元；现场销售果品24.9吨，销售金额51.8万元。

15日

南疆铁路阿克苏至喀什铁路提速改造项目开工建设，建成后阿克苏境内铁路时速可达160千米/小时。

18日

新疆库尔班国学文化推广中心教学大楼奠基仪式在乌什县举行。

19日

2019年自治区"百名法学家百场报告会"法治宣讲活动阿克苏专场报告会在阿克苏举行。

22日

阿克苏地区博物馆升格为文博院，隶属于地区文化体育广播电视和旅游局管理，正县级编制，是全疆首个成立文博院的地州。

△阿克苏"多浪明珠"广播电视塔项目主体封顶。

23日

新疆理工学院举行首场招聘会，近200家企事业单位提供4 200个岗位，1 000多人参加招聘会。

26日

《阿克苏地区志（2001~2018）》顺利通过自治区地方志专家评审。

27 日

2019 年阿克苏苹果卖空计划暨“阿克苏礼物”公共品牌发布会在阿克苏迎宾馆举行。

△《新和县志(1996~2018)》顺利通过自治区地方志专家评审。

28 日

地区职业技能提升行动服务周活动启动仪式在地区政务服务大厅举行。

29 日

浙江省援疆指挥部、浙江日报报业集团向阿克苏地区图书馆捐赠价值 50 万元《中国历代绘画大系》丛书。

30 日

乌什县举办全疆县(市)级第一个建成运行的智能中心——乌什县智能教育培训中心及智能教育体验中心落成典礼。

12 月

1 日

地区生育保险和职工基本医疗保险合并。合并后,职工生育保障水平不变。

6 日

国道 314 线阿克苏过境段(南外环)公路工程建设项目开工。

8 日

22 时 43 分，阿瓦提乌鲁却勒 110 千伏输变电工程 1 号主变充电并成功投入运行,标志着地区 15 个“三区两州”电网项目全部投运。

10 日

“冬日暖阳 风情南疆”长三角旅游援疆联盟·南疆四地州首届冬春季文化旅游节开幕式暨文旅联动发展圆桌会议在拜城县召开。

12 日

新和县“冬游新和·悦享汉唐”文化旅游节开幕暨冬春旅游正式启动。

13 日

新疆二维优创石墨烯科技有限公司石墨烯电热膜项目正式投产。

15 日

2019 年度地区大型文化活动“先进集体、个人”表彰晚会暨群众文化节目展演活动在地区影剧院举行。

17 日

农业农村部农村合作经济指导司公示 100 个全国乡村治理示范乡(镇)和 1 000 个示范村名单,阿克苏市依干其乡和依干其乡尤喀克科克巴什村榜上有名。

21 日

“现代医院管理制度建设与南疆现代医院管理高峰论坛”暨“首期托木尔峰·现代医院管理公开课”在地区第一人民医院举行。

22 日

第六届“天山文艺奖”颁奖活动在新疆艺术剧院举行,阿克苏地区长篇小说《在新疆长大》和散文集《我的阿克苏》两部作品获奖。

23 日

自治区石榴云媒体技术平台正式上线,阿克苏地区 9 个县(市)融媒体中心作为全疆首批建成的县级融媒体中心同步接入运行,在全疆率先实现地州所有县级融媒体中心建设全覆盖。

△电影《奔腾的托什干河》首映式在阿克苏影剧院举行。

25 日

阿克苏市国家湿地公园被评为国家 4A 级景区。

28 日

2020 年中共阿克苏地委(扩大)会议召开。地委书记窦万贵作《聚焦聚力总目标 干事创业勇担当 坚决夺取全面建成小康社会伟大胜利》主题报告。地区党政军领导参加会议。

29 日

地区消防救援支队挂牌仪式和阿克苏市森林消防大队挂牌仪式分别在各自营区举行。

30 日

库车举行撤县设市揭牌仪式。

31 日

新疆申能石油天然气有限公司柯坪南 1 井开钻仪式在柯坪县钻井现场举行。

中国共产党阿克苏地区委员会

【厅级干部职务的任免和变更】 2019年，中国共产党阿克苏地区委员会厅级干部任免如下：1月，免去孙云成地区人大工委党组成员职务。2月，何晓东任阿克苏地委委员、纪委书记。3月，秦加友任阿克苏地委委员（任职时间自2018年2月算起）。艾则孜·买提尼牙孜任阿克苏地委委员（任职时间自2018年1月算起）。何晓东任新疆维吾尔自治区阿克苏地区监察委员会主任。11月，免去周春阳新疆维吾尔自治区人大常委会阿克苏地区工作委员会副主任职务，退休。12月，柯旭任新疆维吾尔自治区人大常委会阿克苏地区工作委员会党组成员、副主任。免去艾尼瓦尔·阿依买提新疆维吾尔自治区政协阿克苏地区工作委员会党组成员、副主任职务，退休。免去周春阳地区人大工委党组成员职务。

重要会议

【地区机构改革动员会】 2019年1月20日在阿克苏召开。会议传达自治区党委、自治区人民政府审定批准的《阿克苏地区机构改革方案》。

会议强调，要把握全局，统一思想，充分认识地区党政机构改革的重要性和紧迫性，认真领会党中央精神、明确自治区党委和地委决策部署，切实增强推进改革的责任感和紧迫感。

把握好坚持和加强党的全面领导、聚焦聚力社会稳定和长治久安总目标、突出以人民为中心的目标导向，坚持社会主义市场经济改革方向，认真抓好机构改革方案的贯彻落实。

会议要求，要加强组织领导，严格落实责任，把机构改革作为当前重点工作来抓，切实把机构改革工作摆在突出位置。要做好思想工作，加强教育引导，把思想政治工作贯穿改革全过程，把中央的决策部署讲清楚、把自治区党委的决议决定讲清楚、把地委的具体安排和考虑讲清楚。要强化协调配合，形成改革合力，制定详细责任分解表，细化分解、组织实施。要精心组织实施，高效协同推进，抓住关键环节，注重处理好统和分、局部和全局、当前和长远、优化和协同的关系，有计划、按步骤地精心组织实施；要严明政治纪律和政治规矩，确保改革工作平稳有序进行。

（刘红文）

【地委稳定工作会议】 2019年1月24日在阿克苏召开。会议深入贯彻落实中央政法工作会议和自治区党委九届六次全会精神，总结2018年地区稳定工作，分析当前稳定工作形势，安排部署2019年及春节前后一个时期稳定工作任务。会议强调，要突出严厉打击暴恐犯罪活动，严厉打击黑恶势力，着力防范化解重大风险，加强社会面防控和科技防控、宣传教育等重点工作，聚焦总目标，当好排头兵，坚持精准精确，推进打击、防范、管理、教育“四位一体”综合发力，奋力开创地区稳定工作新局面。要加强党的领导，压紧压实责任，强化责任落实，建强干部队伍，夯实基层基础，做实做细群众工作，持续正风肃纪，为推动反恐维稳措施落地见效提供坚强保障。会议还表彰了2018年度反恐维稳立功个人、反恐维稳“忠诚卫士”、反恐维稳先进集体和先进个人。

（唐华容）

【地委经济工作会议】 2019 年 1 月 27 日在阿克苏召开。会议总结 2018 年经济工作，部署 2019 年经济工作。会议强调，要坚持以习近平新时代中国特色社会主义思想为指导，贯彻落实中央和自治区党委经济工作会议精神，紧紧围绕总目标，贯彻新发展理念，坚持稳中求进总基调，落实高质量发展要求，落实自治区党委“1+3+3+改革开放”工作部署，以供给侧结构性改革为主线，深入实施“76331”战略，统筹推进稳增长、促改革、调结构、惠民生、防风险、保稳定，进一步稳就业、稳金融、稳外贸、稳外资、稳投资、稳预期，保持社会大局稳定、经济持续健康发展。一要持续打好“三大攻坚战”。强化底线思维，打好防范化解重大风险攻坚战。坚持精准施策，打好精准脱贫攻坚战。要完成乌什、柯坪两县摘帽，77 个贫困村全部退出、16 676 户 58 114 人全部脱贫，全地区实现整体脱贫。推动绿色发展，打好污染防治攻坚战，严守生态红线底线，持续打好蓝天、碧水、净土保卫战，努力打造“生态治理先行区”。二要抓好“三项重点工作”。积极融入丝绸之路经济带核心区建设，加快推动“七区”“三中心”“三大高地”建设。深入实施乡村振兴战略，坚持农业农村优先发展总方针不动摇，以产业振兴为关键，加快农业产业化发展，提升农村生态环境质量。大力发展旅游产业，深入推进全域旅游发展三年行动计划和“旅游+”，努力打造“区域性全域旅游高地”。三要发展实体经济。全面提升能源化工产业发展层次和水平，积极构建纺织服装全产业链，加快农业产业化发展，打造区域性商贸物流中心，推进建材冶金产业集群发展，发展战略性新兴产业，推动区域协调发展，壮大园区经济发展规模。四要持续推进全面深化改革。深化重点领域改革，创新社会治理体系，深化供给侧结构性改革，加快国资国企改革，加快发展外向型经济，持续扩大对外开放。五要加强基础设施建设。发挥市场机制作用，引导社会资本、民间投资参与交通、水利、能源、城镇等基础设施建设，发挥投资拉动关键作用。六要做好财税金融工作。牢固树立“过紧日子”的思想，调整优化财政支出结构，压缩一般性支出，集中财力保基本、保运转、保民生、保重点。规范金融秩序，开展涉互联网金融业务机构、小额贷款公司等风险排查、专项整治活动。推进会计核算中心规范化建设和政府采购改革，促进政府采购阳光添明、廉洁高效。七要支持民营经济发展。落实支持民营经济发展的政策措施和减税降费、企业融资方面的举措，解决好企业发展中遇到的重点难点问题。推动民营经济转型升级，支持引导民营企业创新创造。加强中小微企业成长培育指导，积极推进“小升规、规上市”，提高民营经济竞争力。八要保障和改善民生。稳定和扩大就业，打造区域性教育人才高地，打造区域性医疗康养高地，强化社会综合保障。九要营造良好的发展环境。坚持一视同仁、平等对待、依法办事，自觉运用法治思维和法治方式深化改革、推动发展、化解矛盾，依法保护企业权益，提振企业发展信心。持续深化“放管服”改革，完善“互联网+政务服务”体系，推行审批服务“马上办、网上办、就近办、一次办”，积极构建亲清政商关系。会议还表彰了 2018 年招商引资先进县（市）、先进集体、先进个人及经济发展突出贡献企业，2018 年农业产业化先进县（市）、企业。

（任红芳）

【地区贯彻落实中央脱贫攻坚专项巡视反馈意见整改动员暨 2019 年脱贫攻坚大会】 2019 年 2 月 18 日在阿克苏召开。会议指出，2019 年是地区打赢脱贫攻坚战，实现整体脱贫退出的收官之年，脱贫攻坚工作的目标要求是高质量推进脱贫攻坚，巩固减贫成效，久久为功、持续发力，确保年底完成乌什、柯坪 2 个深度贫困县脱贫摘帽，77 个贫困村退出，1.6 万户 5.8 万人脱贫，全地区实现整体脱贫。各县（市）各部门要切实提高政治站位，切实增强责任感、紧迫感，做好打硬仗的思想准备和工作准备，坚定信心决心，发起全面总攻，集中优势兵力打好这场攻坚拔寨的合围战、歼灭战，确保脱贫攻坚决战决胜。

会议强调，要明确目标，落实责任，坚决打赢地区脱贫攻坚收官战。一是抓好巡视反馈问题整改落实。要突出问题导向，主动与中央专项巡视反馈意见对标对表对账，一体整改、解决；要细化整改措施，结合实际制定整改方案、细化工作举措，确保每个问题都一抓到底、改出实效；要严格监督问责，对典型问题公开曝光。二是抓好统筹谋划，明确工作职责，完善相关制度，抓紧制定2019年脱贫攻坚工作要点、工作计划及配套工作方案，明确时间表、路线图；要严格落实党政一把手“双组长”制，县（市）委书记要统揽全局、亲力亲为、以上率下。三是要落实精准方略，坚持转移就业促脱贫，优先解决建档立卡未脱贫人员就业问题；坚持产业带动促脱贫，继续实施以蔬菜为主的农副产品订单生产增收工程，鼓励贫困户、合作社参与市场竞争，突出发展黑木耳产业；坚持土地清理促脱贫，巩固拓展脱贫成果；坚持政策保障促脱贫，继续落实国家新一轮草原生态保护奖补政策，落实“两线合一”兜底保障政策，加大教育扶贫、健康扶贫、基础设施建设力度。四是抓好巩固提升，坚持稳定脱贫与巩固提升有机结合做到两手抓两手硬，要保持政策稳定，对已退出贫困村、已脱贫人口继续强化帮扶；要加强返贫监测，建立返贫人口动态监测机制，减少和防止贫困人口返贫；要建立长效机制，确保脱贫工作务实、过程扎实、结果真实。五是加强队伍建设，各县（市）要强化扶贫队伍力量，抽调专门人员，组成专班专司脱贫攻坚工作；要加大干部培训力度，提高扶贫干部能力；要关心关爱基层一线扶贫干部，激励干部担当作为；要用好大数据技术精准扶贫信息管理平台，让基层干部把更多时间和精力用在抓落实上。会议还表彰了2018年度地区脱贫攻坚先进集体和先进个人。

（张　婧）

【浙江援疆“巩固提升年”动员大会】　3月2日在阿克苏召开。会议回顾总结2018年浙江援疆工作，表彰2018年援疆工作先进典型，交流援疆工作经验，动员部署2019年浙江援疆“巩固提升年”活动。会议指出，第九批援疆干部人才与地区各族干部群众同甘共苦、并肩作战，人才援疆力度不断加大、产业援疆成效显著、脱贫攻坚扎实推进、交往交流交融持续深入，为实现总目标作出了积极贡献。会议强调，广大援疆干部人才要进一步增强贯彻落实党中央治疆方略的信心和干劲，再接再厉聚焦聚力总目标，维护社会稳定，聚焦产业援疆等重点工作，扎实推动阿克苏经济高质量发展，切实保障和改善民生，发挥桥梁纽带作用，推动浙阿两地交往交流交融；要坚决扛起深化对口援疆政治责任，讲政治顾大局、守纪律重品行、防风险敢斗争，担当实干，树牢浙江援疆铁军的良好形象。会上还表彰了2018年浙江省市援疆系统先进集体和先进个人。

（唐华容　俞刘东）

【地委网络安全和信息化委员会第一次会议】　3月11日在阿克苏召开。会议深入贯彻落实习近平总书记关于网络强国的重要论述，贯彻落实全国、自治区网信工作会议、自治区党委网络安全和信息化委员会会议精神，总结阶段性工作，分析当前形势，部署2019年网信各项工作任务。

会议强调。要统一思想、提高站位，增强贯彻落实习近平总书记关于网络强国重要论述、自治区党委关于网信工作一系列部署的思想和行动自觉。维护网络安全的任务艰巨、责任重大，必须强化网络安全意识，健全相关制度，增强忧患意识，时刻保持警钟长鸣，积极应对，把握主动，确保地区网络绝对安全。要突出重点、抓住关键，聚焦落实总目标推动地区网信工作实现新发展。坚持政治引领、把牢政治方向，强化使命担当，坚决落实总目标，狠抓综合治理，提高依法管网治网水平，突出正面宣传，做强主流思想舆论，加强安全防护，筑牢网络安全屏障。要加强领导、压实责任，确保网信各项工作任务落到实处。强化党的领导，落实主体责任，建强干部队伍，转变工作作风，为建设平安和谐富裕美丽阿克苏提供坚强的网络安全和信息保障。会议还审议了《阿克苏地委网络安全和信息化委员会工作规则》《阿克苏地委网络安全和信息化委员会办公室工作细则》《阿克苏地委网络安全和信息化委员会2019年工作要点》。

（张　婧）

【地委全面深化改革委员会第一次会议】　2019年3月15日在阿克苏召开。会议全面深入贯彻落实党的十九大、十九届二中三中全会、习近平总书记在庆祝改革开放40周年大会上的重要讲话精神和自治区党委改革决策部署要求，安排部署地区2019年全面深化改革工作。

会议强调，地区各级党员干部要以习近平总书记关于全面深化改革工作的重要论述和自治区党委改革决策部署为指引，强化改革担当、增强改革定力、坚定改革信心、弘扬改革精神，以改革创新激发内生动力，以自我革新的勇气和胸怀，冲破思想观念的障碍，突破利益固化的藩篱，以更有力的举措纵深推进改革。要进一步完善提升实践证明行之有效的举措和机制，总结推广更多具有阿克苏特色的改革经验，凝聚起全面深化改革的磅礴力量，在新起点上实现新突破，确保2019年稳定发展改革各项任务完成。

要坚持把学习贯彻习近平总书记关于全面深化改革工作的重要论述，与贯彻落实党中央治疆方略紧密结合、融为一体，围绕总目标，深入推进“76331”战略，为建设平安和谐富裕美丽阿克苏提供不竭动力。要聚焦总目标，推进社会治理、经济和生态、农业农村、宣教文化、社会事业、党的建设制度、纪律监察体制的改革。要树牢“四个意识”、坚定“四个自信”，从做到“两个维护”的高度，切实加强对全面深化改革工作的领导。

会议还审议了地委全面深化改革委员会各专项小组组成人员名单；《阿克苏地委全面深化改革委员会工作规则》《阿克苏地委全面深化改革委员会专项小组工作细则》《阿克苏地委全面深化改革委员会办公室工作细则》《阿克苏地委全面深化改革委员会2019年工作要点》。

（吕　娜）

【地区2019年纪检监察工作会议】 2019年3月18日在阿克苏召开。会议总结2018年纪检监察工作，分析当前面临的形势，安排部署2019年纪检监察工作任务。

会议指出，要统一思想、认清形势，增强新时代全面从严治党的政治自觉和行动自觉。要准确把握新时代从严治党的新任务新要求，充分认清加强党风廉政建设和反腐败斗争的重要性和紧迫性。

会议强调，一要持续强化思想武装，把学习贯彻习近平新时代中国特色社会主义思想和党的十九大精神作为首要政治任务，学习习近平总书记系列重要讲话精神，坚持理论联系实际，扎实开展“不忘初心、牢记使命”主题教育；二要全面践行“两个维护”，深刻认识“两个维护”的政治内涵，全面落实以习近平同志为核心的党中央决策部署，坚决贯彻党中央治疆方略，严明政治纪律特别是反分裂斗争纪律，强化管党治党政治责任；三要坚决纠治“四风”“四气”，锲而不舍落实中央八项规定精神，巩固“聚焦总目标、作风再整顿”专项活动成果，开展好“基层减负年”活动；四要坚持靶向治疗、精准惩治，深化标本兼治，推进重点领域和关键环节改革，深化运用监督执纪“四种形态”，及时纠错，推动构建亲清新型政商关系，优化营商环境；五要深入整治侵害群众利益问题，从群众反映最强烈的问题入手，扎实开展民生领域专项整治；六要坚定不移深化政治巡察，认真落实巡视巡察工作方针，加强监督检查，统筹安排常规巡察、专项巡察、机动巡察，强化组织监督，改进民主监督，完善监督体系，重点抓实监督整改工作，推进全面从严治党不断向纵深发展，为开创平安和谐富裕美丽阿克苏建设新局面提供坚强保障。

（张　婧）

【地委全面依法治阿委员会第一次会议】 2019年3月19日在阿克苏召开。会议指出，各级各部门要统一思想，提高站位，增强全面推进依法治阿的责任感和紧迫感。认真学习习近平总书记全面依法治国新思想新理念新战略，增强政治定力，坚守责任担当。

会议强调，全面依法治国是落实党中央“四个全面”战略布局的重要内容，全面依法治阿是维护地区社会稳定和长治久安的基础。各级党政主要领导要切实履行推进法治建设第一责任人职责，提高政治站位，增强“四个意识”，加强组织领导，压实工作责任，强化工作保障，确保全面依法治国各项决策部署在阿克苏落地见效。

会议审议《地委全面依法治阿委员会工作规则》《地委全面依法治阿委员会协调小组工作规则》《地委全面依法治阿委员会办公室工作细则》《2019年阿克苏地委全面依法治阿委员会工作要点》《关于做好2019年度全地区公职人员网络学法用法和无纸化考试工作的通知（审议稿）》。

地区党政军领导参加会议。

（任红芳　宁　燕）

【地委财经委员会第一次会议】 2019年3月25日在阿克苏召开。会议深入学习贯彻习近平总书记关于加强党对经济工作领导的重要论述，贯彻落实中央、自治区党委经济工作会议精神，审议通过《地委财经委员会工作规则》《地委财经委员会办公室工作细则》，研究部署地区2019年财经工作。

会议指出，要坚持以习近平新时代中国特色社会主义思想为指导，认真履行党领导经济工作的政治责任，贯彻新发展理念，坚持稳中求进总基调，落实自治区党委“1+3+3+改革开放”工作部署，以供给侧结构性改革为主线，深入实施“76331”战略，统筹推进稳增长、促改革、调结构、惠民生、防风险、保稳定，进一步稳就业、稳金融、稳外贸、稳外资、稳投资、稳预期，保持社会大局稳定、经济持续健康发展。

会议强调，地委财经委作为地委经济工作的决策机构，要把党对经济工作的领导体现在行动上，落实在工作中，抓住关键、提出重点，切实履行好地区经济领域重大工作顶层设计、总体布局、统筹协调、整体推进、督促落实等职责，统筹推进地区经济高质量发展。要突出管宏观、谋全局、抓大事，既要破解当前发展中的难题，也要科学谋划长远工作，既要稳定经济发展基本面，也要加快培育新的经济增长点，既要有防风险的先手，也要有稳增长的高招。要抓住关键、突出重点，在打好“三大攻坚战”，抓好“三件大事”上持续用力，深入开展调查研究，加大招商引资力度，在发挥优势、转化优势上统筹谋划，努力打造高质量发展重要引擎。要准确把握发展大势，自觉加强学习、更新知识结构，特别要认真学习习近平新时代中国特色社会主义思想，不断提高把方向、谋大局、定政策、促改革的能力和定力。

（任红芳）

【地委国家安全委员会第一次会议】 2019年4月15日在阿克苏召开。会议审议并通过《地委国家安全委员会工作规则》《阿克苏地委贯彻落实〈党委(党组)国家安全责任制规定〉的实施办法》《地委国家安全委员会2019年工作要点》等议题。

会议指出，国家安全是安邦定国的重要基石，维护国家安全是全国各族人民根本利益所在。各县(市)各单位各部门必须牢固树立和坚决贯彻总体国家安全观，切实增强维护国家安全的政治自觉、思想自觉、行动自觉，扎实做好新时期国家安全工作。一要提高政治站位。二要坚持问题导向。三要保持战略定力。

会议强调，做好国家安全工作，要紧紧围绕总目标制定切实有效措施，聚焦重点工作、强化组织保障、加强能力建设、协同合力推进。要坚决维护政治安全，旗帜鲜明讲政治，提高忠诚核心、拥戴核心、维护核心、捍卫核心的政治、思想、行动自觉，对党绝对忠诚，一心一意听党话、坚定坚决跟党走，始终坚持党的领导，持续加强党的建设，更好地应对“四大考验”、化解“四大危险”。要坚决维护社会稳定，始终把维护稳定作为压倒一切的政治任务、重于泰山的政治责任，聚焦总目标，打好“组合拳”，实现地区社会大局持续全面稳定。要坚决维护经济安全，坚持稳中求进总基调，按照高质量发展要求，落实自治区党委“1+3+3+改革开放”工作部署，以供给侧结构性改革为主线，深入实施“76331”战略，统筹推进稳增长、促改革、调结构、惠民生、防风险、保稳定，进一步稳就业、稳金融、稳外贸、稳外资、稳投资、稳预期，保持经济持续健康发展。要坚决维护网络安全，深入贯彻落实习近平总书记关于网络强国重要论述，建强网络队伍，构筑网络安全防线。要坚决维护文化安全，坚持中国特色社会主义文化发展道路，坚持党管意识形态、党管宣传、党管媒体原则不动摇。要坚决维护生态安全，打好“蓝天保卫战、碧水保卫战、净土保卫战、农村人居环境整治行动”四场标志性的重大战役，努力建设天蓝地绿水清的美丽阿克苏。

（任红芳 侯启明）

【地委审计委员会第一次会议】 2019年4月29日在阿克苏召开。会议指出，审计是党和国家监督体系的重要组成部分。各县(市)、各部门要充分认识审计监督和成立审计委员会的重大意义，坚决把思想和行动统一到习近平总书记的重要讲话精神上来，准确把握和适应新时代赋予审计监督的新定位、新任务和新要求，紧紧围绕社会稳定和长治久安总目标来谋划和推进审计工作，为建设平安和谐富裕美丽阿克苏做出积极贡献。

会议强调，要聚焦主责主业，围绕重点工作，切实履行好审计监督的重要职责。聚焦聚力总目标，抓好党中央、自治区党委重大政策措施贯彻落实情况的跟踪审计。聚焦聚力风险防控，加大对经济社会运行中各类风险隐患的揭示力度。聚焦聚力保障和改善民生，抓好重点民生资金和项目审计。聚焦聚力权力运行，抓好领导干部履行经济责任审计。聚焦聚力改革创新，扎实推进审计管理体制改革。

会议还审议相关工作规则和工作细则，听取地区审计工作情况以及 2019 年审计项目计划（草案）汇报。

（任红芳　梁海滨）

【地区庆祝建党 98 周年暨“一先双优”表彰大会】　2019 年 6 月 29 日在阿克苏地区召开。会议强调，各级党组织和广大党员干部必须站稳人民立场，自觉践行党的根本宗旨，始终把人民放在心中最高位置，坚持以人民为中心的发展思想，坚持走群众路线。要“眼睛向下”、重心下移、工作走访，紧紧围绕各族群众安居乐业，持续推进“九项惠民工程”，扎实开展“民族团结一家亲”和民族团结联谊活动等群众工作，最大限度地把各族群众团结在党和政府周围，最大限度地把人心凝聚到实现社会稳定和长治久安总目标上来。要勇于担当作为，勇担实现社会稳定和长治久安总目标、打赢“三大攻坚战”、贯彻新发展理念、推动经济高质量发展、全面深化改革、扩大开放等方面的时代重任。要全面从严治党，坚持把党的政治建设摆在首位，持续用力强基层打基础，持之以恒正风肃纪，深入推进反腐败斗争，不忘初心、牢记使命，知重负重、砥砺前行。会上还表彰了 50 个先进基层党组织、100 名优秀共产党员和 50 名优秀党务工作者。

（唐华容　梁海滨）

2019 年 6 月 29 日，地区举行庆祝中国共产党成立 98 周年暨“一先双优”表彰大会（阿克苏日报社/摄）

【地区“不忘初心、牢记使命”主题教育部署会议】　2019 年 9 月 12 日在阿克苏召开。会议强调，要严格按照党中央、自治区党委部署，全面贯彻“守初心、担使命，找差距、抓落实”的总要求，紧密结合地区实际，牢牢把握深入学习贯彻习近平新时代中国特色社会主义思想，锤炼忠诚干净担当的政治品格，团结带领全国各族人民为实现伟大梦想共同奋斗的根本任务，努力实现理论学习有收获、思想政治受洗礼、干事创业敢担当、为民服务解难题、清正廉洁作表率的具体目标，扎实推进地区主题教育。一是学习教育要往深里走、往心里走、往实里走。聚焦主题教育开展学习，学有方向；加强集中学习研讨，学有所获；坚持理论联系实际，学用结合。二是调查研究要察实情、出实招、求实效，突出调研重点，改进调研方式，讲好专题党课。三是检视问题要有广度、有深度、有精度，以刀刃向内、自我革命的精神检视问题，广泛听取意见，认真检视反思，形成检视材料。四是整改落实要立行立改、边学边改、真改实改，开展专项整治，强化分类指导，提升工作水平，开好专题民主生活会。

（任红芳　凯撒尔江·买买提）

【中共阿克苏地委（扩大）会议】　2019 年 12 月 28 日，2020 年中共阿克苏地委（扩大）会议在地委礼堂召开。会议的主要任务是：坚持以习近平新时代中国特色社会主义思想为指导，深入贯彻落实党的十九大和十九届二中、三中、四中全会精神，以及自治区党委九届七次、八次全会精神，回顾总结 2019 年工作，分析当前形势，安排部署 2020 年工作，聚焦社会稳定和长治久安总目标，动员全地区各级党组织和广大干部群众，勇于担

2019年12月28日，2020年中共阿克苏地委(扩大)会议在地委礼堂召开(段小毛/摄)

当、真抓实干，坚决夺取全面建成小康社会伟大胜利。地委书记窦万贵作了题为《聚焦聚力总目标干事创业勇担当坚决夺取全面建成小康社会伟大胜利》主题报告。

（任红芳）

地委办公室

【机构改革】 中共阿克苏地区委员会办公室（以下简称地委办公室）是地委的综合部门，负责推动中央、自治区党委、地委决策部署的贯彻落实，按照地委要求协调有关方面开展工作。为正县级，加挂阿克苏地区档案局牌子。地委办公室下设行政科、秘书一科、秘书二科（法规科）、保密室、地委信息综合室、督查科、翻译科、档案监督指导科、地委国家安全委员会办公室、地委财经委员会办公室、地委机关党委。机构改革后核定行政编制61名，事业编制3名，其中办公室主任1名（由地委副秘书长兼任）、副主任4名、科级领导职数32名（正科级14名〈含机关党委专职副书记1名、地委督查专员3名〉、副科级18名）。机关工勤事业编制16名。

【办文办会】 2019年，地委办公室坚持把文稿服务作为“以文辅政”的重要抓手，起草领导讲话紧扣地委中心工作，起草总结汇报紧扣地区工作亮点，起草各类公文紧扣地区工作实际，落实“集体研究、分口起草、科长统稿、集体修改、统一定稿”制度，把好政治、政策、法律、内容、格式、文字等关口，务求文稿凝练厚重、文件上下贯通。2019年，累计形成高质量调研报告、工作汇报、领导讲话、经验交流材料、发言材料等130多篇，起草、审核、制发地委、地委办公室各类文件320件。文件管理规范有序，全面落实专网传递、专人专管、定时领取、实名登记、借阅审批、集中清退、定点销毁等制度，既保证文件安全高效流转，又确保党中央、自治区党委决策部署政令畅通。2019年，累计接收、办理、发放中央、自治区党委文件339件22 445份，没有出现迟办漏办错办情况。做好涉密文件销毁工作，未发生违反文件管理规定及失泄密行为。法规工作持续加强，严格贯彻执行中央党内法规制度“1+4”基本框架和自治区党内法规制度，抓好规范性文件立、改、废、备、释，提高规范性文件制定质量和水平，进一步夯实全面从严治党的制度基础。第二批集中清理党内规范性文件工作圆满完成，提出废止160件、失效99件、拟修订19件、继续有效243件，向自治区党委报备党内规范性文件14件，审查各县（市）报备文件400多件。会务保障严谨规范，坚持以最高标准保障地委各类重大会议，抓好会前谋划准备、会中服务应急、会后总结提升各环节工作，做到“精简、务实、高效”。2019年累计服务保障中央、自治区、地区会议110场次，服务保障地委委员会议、委员（扩大）会议39次、地委理论学习中心组集中学习15次、地委班子主题教育学习会议、交流研讨会议30多场次，服务保障地委分管领导召集的有关会议450场次。

【信息工作】 2019年，地委办公室充分发挥党委信息主渠道作用，健全办公室全员办信息制度、信息约稿制度、信息研判会商制度、重大紧急信息报送和信息奖惩等制度，不断拓宽信息收集渠道，提高综合加工能力。严把信息报送质量关，撰写信息及时全面反映地委贯彻落实中央、自治区党委决策部署情况，总结交流各领域工作中的特色亮点，准确回应领导关注的工作重点和难点，信息服务决策的层次和效能不断提高。全年共编发各类信息536期，其中《阿克苏信息》497期、《信息快报》39期，自治区采用65期，《阿克苏地区积极推进“基层工作一张表”试点工作》等信息在全疆交流。

【督促检查】 2019年，地委办公室围绕中央、自治区党委、地委重大决策和重大工作部署以及人民群众反映强烈的热点难点问题，加大督查督办工作力度，推动各项工作高效落实，全年阿克苏地区收到中央、自治区领导批示件86件，自治区党委重点督办事项13件，办结率100%。为进一步规范督查检查考核工作，结合地区实际，制定印发《关于统筹规范督查检查考核工作的实施办法》《2019年督查检查考核年度计划》，报自治区审核批准，全年安排督检考事项19项，安排各县（市）督检考事项77项。

【后勤保障】 2019年，地委办公室坚持“严格管理、强化服务、厉行节约、严控支出”原则，对单位财务支出、车辆使用、机关保卫、公物使用、水电卫生等实行精细化管理，切实当好“总调度员”“总服务员”。公务用车改革全面完成，常态化开展驾驶员安全教育，全力保障领导和科室公务用车，车辆出行准时、安全、高效。加强地委办公区公共卫生管理，制定专门方案，将办公区公共卫生分片包干至各部门、各单位，定期检查评比，压紧压实责任。加强机关保卫工作，严格落实领导带班值班、重要紧急信息报送、领导干部外出报备、24小时值班等制度，与上级、与基层单位联系渠道畅通无阻，各类突发事件的应急指挥、协同反应和快速处置能力进一步提高。公务接待周密细致，严格遵守中央八项规定实施细则和《自治区公务接待实施办法》，制定接待方案、安排活动内容“时间清、地点清、方式清、日程清、任务清”，食宿安排符合标准、车辆保障及时到位、安全保卫坚固可靠、接待服务热情周到，圆满完成党和国家领导人、援疆省市领导、自治区领导到阿视察调研接待任务，全年完成各类接待任务40多次。

【机要保密专用通信】 2019年，地委办公室加强保密宣传教育，扎实开展“保密警示教育年”活动，牵头举办地区保密警示教育展，制作展板20多幅、宣传画册300多份，举办保密法制宣传活动3场次，受教育人数达3 000多人次，组织办公室全体干部职工观看警示教育片，教育引导党员干部增强保密意识。做好机要密码工作，及时高效做好密码电报上传下达，严格落实限时办报要求，规范落实密码电报登记、借阅、清退、归档、销毁等管理制度，专人保管、专柜存放，确保安全，全年未出现电报压误、错办、漏办及失泄密现象。完成中央、自治区领导到阿考察、调研、督导期间应急密码通信随行服务保障任务。强化保密安全监管，坚持“控制源头、加强检查、明确责任、落实制度”，定期对机关单位计算机、互联网、U盘、相机、打印机、涉密文件资料等介质保管使用情况进行保密安全检查，现场发现问题，现场督促整改，最大限度消除失泄密隐患。加强涉密会议保密服务，确保会议过程安全保密。加强涉密计算机技术防护，防止失泄密事件发生。加强专用通信管护，完成地委综合办公区专用通信网络地下管网“双回路”建设，指导县（市）按照“不同路径、双向传输”要求开展专用通信传输线路改造，常态开展应急移动通信应急演练，全力保障地区专用通信安全、保密、便捷、畅通。全年保障各级各类电视电话会议230场次，开展视频会议室、中心机房巡检74次、排除故障14次。

【机关党委工作】 2019年，地委机关党委打造“模范机关”，坚定不移推动全面从严治党向纵深发展。推动学习型机关建设，先后为机关党员干部订发《习近平谈治国理政》《习近平关于“不忘初心、牢记使命”论述摘编》等书籍800多本，组织专题讲座2次、考学2次。加强基层组织建设，按照《中国共产党支部工作条例（试行）》等相关规定，严格执行基层党组织按期换届、补选规定，健全基本组织、建强基本队伍、夯实基层基础，召开第二届机关党委党员代表大会，选举产生地委机关党委第二届委员会、第二届纪律检查委员会，指导7个党支部做好换届改选工作，应机构改革工作需要，撤销党支部2个。丰富机关文化活动，开展“迎春送福”送春联、“八一”慰问、“学党史忆初心、促团结聚民心、激发爱国情怀”主题宣传教育展、参观党史陈列馆等活动，开设机关道德讲堂，组织机关干部职工参加地区第二届职工运动会，被评为“优秀组织单位”。坚持每周一升国旗和每天做早操制度，用好机关广播，累计播报机关工作动态信息39期。

（孙　滔）

组织工作

【机构改革】 2019年，根据自治区党委、自治区人民政府批准的《阿克苏地区机构改革方案》和地委办公室、行署办公室印发的《关于〈阿克苏地区机构改革方案〉的实施意见》及中共阿克苏地委办公室下发的《中共阿克苏地区委员会组织部职能配置、内设机构和人员编制规定》，中共阿克苏地区委员会组织部（以下简称地委组织部）是地委工作机关，为正县级，对外保留地区公务员局牌子。同时，将地委基层组织建设领导小组办公室、地委人才工作领导小组办公室职责划入地委组织部，并将从事基层组织建设领导小组办公室工作的12名人员划入组织部管理。内设机构有办公室、调查研究室（政策法规室）、组织一科（党代表联络办）、组织二科（基层办）、干部一科（干部考核科）、干部二科、干部三科、公务员一科、公务员二科、人才工作科、干部教育科、干部监督科（“12380”举报受理中心）、援疆干部人才科、信息管理科。

【党组织建设】 2019年，地委组织部按照“归口管理，条块整合、上下联动”的原则，构建“地委统一领导，领导小组议事协调、组织部门履行宏观指导、牵头抓总职能，地直各党（工）委履行日常管理职责，各部门（单位）党委（党组）履行主体责任，各基层单位党组织履行直接责任”的齐抓共管的党建工作格局。印发《地区关于加强地直机关党的建设工作的意见》，制定《阿克苏地区机关党的建设问题整改工作方案》，建立党建工作构架图，明确党组织隶属关系，明确党组织职责定位、目标要求、工作内容。

【党组织设置及隶属关系调整】 2019年，地委组织部先后召开3次会议、10次部长办公会，研究讨论党组织设置和隶属关系调整等事宜，将原地委管理的卫健委党委、林业和草原局党委、交通运输局党委和供销社党委党组织隶属关系调整至地直机关工委管理。地委直接管理的党组织变更为地直机关工委、地委教育工委、国资委党委、网信党工委和阿克苏纺织工业城（开发区）党工委，将库车经济技术开发区党工委、库车中等职业技术学校党组织隶属关系划至库车市委管理。2019年成立党委6个，党组12个，党总支（支部）3个，更名党组织7个。

【党员发展】 2019年，地委组织部坚持以《中国共产党章程》《中国共产党发展党员工作细则》为指导，贯彻执行“控制总量、优化结构、提高质量、发挥作用”十六字总要求，严把政治标准，有领导、有计划、有组织地做好发展党员工作。全年发展党员8 312名（含11月底自治区追加516名），其中女性党员3 432名，占发展总数的41%；少数民族党员6 239名，占发展总数的75%；35岁以下党员6 056名，占发展党员总数的73%；大专及以上学历党员2 687名，占发展党员总数的32%；农牧民党员5 437名，占发展党员总数的65%；大学生党员188名，占发展党员总数的2%。

【规范党员发展】 2019年，地委组织部从源头上把好发展党员质量关，不断充实党的新鲜血液。从严对入党申请人的入党申请书及熟悉情况的人员进行审查谈话，重点对申请人日常一贯表现及家庭基本情况进行核实了解，确保申请入党阶段源头清。认真核实政治情况。成为预备党员后，及时进行入党宣誓，指定入党介绍人。实行预备党员联审制度，征求纪检、公安、卫计、信访、审计、民宗等部门意见。审批预备党员转正，严格政治把关，核实有延长预备期或取消预备党员资格情形的，必须召开党员大会作出相应决议。规范党员发展材料，即《入党志愿书》《入党积极分子培养考察登记表》等。

【党员培养】 2019年，地委组织部对入党积极分子、发展对象等进行培养，指定培养联系人每周带领或指导其参加一次支部活动，每月至少对其开展一次登门走访，每季度至少进行一次谈心谈话，每半年至少向支部汇报一次现实表现，年度支部组织生活会报告一次履责情况。由基层党委再指定1名具有一定党性修养的正式党员联系培养，会同支部联系人每月至少与联系对象谈话两次。推行县、乡领导、第一书记、“访惠聚”驻村工作队员、村干部联系帮带入党积极分子制度，为每一名入党积极分子都配备高素质的“老师”，全面落实联宣传、联建库、联培养、联审查、联发展的“五联”措施。

【党员教育培训】 2019年，地委组织部抓常态化教育，组织入党积极分子跟着党员学习，每周一为爱国教育日，组织入党积极分子升国旗，听党员干部讲国旗下的党课；每周五为政治学习日，组织入党积极分子坐到村委会，学理论、学科技、学文化。抓专题化培训，对具备条件的发展对象，在基层党委培训基础上，到县（市）党校进行再培训，着重讲党的光荣历史、讲党的基本知识、讲党的治疆方略。

【党员发展程序】 2019年，地委组织部按照“总量控制、优化结构、提高质量、发挥作用”的总要求，全面推行全程审核、全程公示、全程监督制度。严格政治审查把关，坚持和完善函调制度，统一设计《发展党员流程图》，统一使用自治区编号《入党志愿书》，确保程序科学规范。坚持“四个严禁”（严禁变更和增加程序、严禁搞发展党员全程纪实、严禁扩大发展党员材料入档范围、严禁搞没有实效的督导检查），纠治发展党员的形式主义问题，严格执行“三推荐”“四审查”“四票决”“四公示”制度，即:确定入党积极分子和发展对象之前，需经群众推荐、群团组织推优、党内推荐3步骤；确定入党积极分子、确定发展对象、接收预备党员和预备党员转正4个环节，严格进行政治审查、“无记名”投票表决，并在一定范围内公示。

【优化党员结构】 2019年，地委组织部建立定期分析发展党员工作制度，定期对各层级各行业各领域发展党员情况进行系统分析梳理，建立健全发展党员科学调控机制，合理制定发展计划。注重发展少数民族党员，抓好从优秀工人、村组干部、网格骨干、青年学生中发展党员工作，加快优化党员队伍结构，确保党的组织和工作有形有效覆盖。

【党员发展工作制度】 2019年，地委组织部落实领导责任，提高党员发展质量、保持合理数量。建立领导责任制度，抓牢党委主体责任，纳入党建工作责任制，按照行业分布、党组织隶属关系，形成组织部门牵头抓总，各级党（工）委分类主抓的责任体系。坚持“谁发展谁负责、谁审批谁负责”，将发展党员全程涉及的联系人、培养人、介绍人所承担的职责任务作出明确规定，建立起公开透明、责任明确的工作链，确保发展党员工作层层落实责任、环环有据可查、全程跟踪管理。建立督查考核制度，定期开展发展党员督导检查，同时纳入巡察和群众工作、“访惠聚”驻村工作督导范围，采取跟踪督查、随机调研、现场推动、情况通报等方式，督促各项工作落实到位。将发展党员工作与党建工作述职、考核等内容相结合，纳入党委书记专项述职和年度目标考核，述职情况和考核结果作为基层党组织、党员评先评优依据，把发展党员工作纳入基层党建工作目标责任制考核。建立责任追究制度，加强对发展党员工作的全程问责，克服和纠正发展党员培养教育虚化、空化、档案化的顽疾，严肃查处弄虚作假、带病入党、近亲繁殖、人情党员、档案党员等违规违纪问题。坚持执纪必严、违纪必究，对长期不履行发展党员责任、落实发展党员工作不力的党组织及其负责人，进行约谈，督促整改；整改不力的，视情节轻重对其进行责任追究。

【党费管理】 2019年，地委组织部做好党费收缴、管理和使用，科学合理使用党费。对地、县两级党费支出项目比重进行宏观指导，明确五项具体使用范围（培训党员；订阅或购买用于开展党员教育的报刊、资料、音像制品和设备;表彰先进基层党组织、优秀共产党员和优秀党务工作者;补助生活困难的党员;补助遭受自然灾害的党员和修缮因灾受损的基层党员教育设施)的列支比例,地、县(市)、地直各党(工)委均普遍做到培训党员占比40%左右;订阅或购买用于开展党员教育的报刊、资料、音像制品和设备占比20%左右;表彰先进基层党组织、优秀共产党员和优秀党务工作者占比15%左右;补助生活困难的党员占比5%左右;补助遭受严重自然灾害的党员和修缮因灾受损的基层党员教育设施占比10%左右;剩余10%左右作为预留党费,确保党费收支做到底数清、情况明。

【党员帮扶慰问】 2019年,地委组织部认真贯彻执行党内帮扶办法,结合"七一"等重大节日,开展走访慰问党员活动,帮助解决生产生活困难2 216个,建立帮扶对子1 454个,倾听困难党员群众的意见建议1 151条。制定《关于开展2019年春节慰问活动的通知》,春节期间慰问4 485人,发放慰问金272.12万元;开展建党98周年走访慰问,慰问生活困难党员、村(社区)老骨干、社区下岗失业生活困难党员、在反恐维稳斗争中英勇牺牲的党员干部家属、因公殉职的党员干部家属、中华人民共和国成立前入党老党员、脱贫攻坚一线和反恐维稳一线的党员干部、因病致贫特困群众等6 200人,发放慰问金及物品达196.4万元;国庆节前夕开展庆祝新中国成立70周年走访慰问活动,慰问活动分两批进行,第一批慰问32人(离退休干部19人、烈士家属6人、因公牺牲基层党员干部家属2人、自治区级以上优秀党务工作者5人);第二批慰问1 047人(离退休干部822人、烈士家属32人、因公牺牲基层党员干部家属71人、自治区级以上优秀党务工作者75人、退役军人18人、"四老人员"28人,全国民族团结进步模范个人1人)。

【"一先双优"表彰】 2019年,地委组织部组织召开地区庆祝中国共产党成立98周年暨"一先双优"表彰大会。以地委名义下发《中共阿克苏地区委员会关于表彰地区先进基层党组织、优秀共产党员和优秀党务工作者的决定》,在庆祝中国共产党成立98周年、新中国成立70周年之际,表彰先进基层党组织50个、优秀共产党员100名和优秀党务工作者50名。

【干部选拔任用】 2019年,地委组织部严格干部选用标准,坚持重实绩重公认、"三个不吃亏"和"基层一线出干部"的选人用人导向,先后提拔重用具有"访惠聚"、集中整治和脱贫攻坚等经历干部64人、乡(镇)党政正职25名。坚持以事择人、依岗选人,严格落实中央、自治区改革精神,推进党政机构改革,完成13个党委、33个行署部门领导班子配备。落实职务职级并行政策,为工作实绩突出、群众公认、任职年限较长的干部解决职级待遇。配备40岁及以下干部担任县(市)和地直单位领导班子成员,指导县(市)配备80后干部担任乡(镇)、街道党政正职,建立县(市)90后科级干部信息库,调研储备年轻科级干部。

【干部考察】 2019年,地委组织部贯彻落实新修订《党政领导干部选拔任用工作条例》,突出政治素质考察,细化完善《地委组织部干部推荐考察工作办法(试行)》,制定《地委管理县级干部推荐考察工作流程(试行)》,对考察对象在深入考察的基础上,征求纪委监委、政法委、检察分院、国家安全局、审计局、信访局、安监局、公安局、卫健委、巡察办、环境保护局11个职能部门意见,听取考察对象老领导、老同事或老同学、老朋友的意见,为考准考实干部奠定基础。

【干部考核】 2019年,地委组织部按照《地委管理领导班子和领导干部2019年度(绩效)考核工作方案》要求,统筹谋划按期完成2019年度地委管理的领导班子和领导干部的考核工作,印发《中共阿克苏地委关于地区2019年度县级领导班子和领导干部考核结果的通报》,对910名县级干部年度考核登记表和1 959名地直单位科级及以下公务员年度考核进行审核审定。对年度考核优秀的553人(县级215人,科级及以下338人)进行嘉奖、133人(县级68人,科级及以下65人)记三等功,对3个年度考核评定为“一般”班子、1个“差”班子的党政正职进行诫勉谈话。

【干部挂职】 2019年,地委组织部按照自治区《关于2019年选派中央三部委挂职干部有关事项的通知》精神,选派4名干部(1名副厅级干部、3名县级干部)赴中央部委和对口援疆省(市)挂职锻炼。协调做好自治区公安厅、水利厅、人民医院、新疆钢铁学院、塔里木油田、中粮糖业、西北石油局、东风专用汽车有限公司7名县级、6名科级干部来阿挂职工作。

【公务员职级并行制度】 2019年,地区根据《中华人民共和国公务员法》《公务员职务与职级并行规定》(中办发〔2019〕21号)《公务员职务与职级并行制度实施方案》(中组发〔2019〕10号)《新疆维吾尔自治区公务员职务与职级并行制度实施方案》(新党办发〔2019〕29号)等有关法律法规、政策规定,结合实际,制定《阿克苏地区公务员职务与职级并行制度实施方案》(以下简称《方案》),《方案》要求在已进行公务员登记备案、纳入国家行政编制的厅局级以下领导职务和非领导职务人员、参照公务员法管理的机关(单位)已进行登记备案、在编的厅局级以下领导职务和非领导职务人员中进行公务员分类改革(经批准已从机关调离、辞去公职、辞退、退休的人员,已遴选入额的法官、检察官和法官助理、检察官助理、书记员,已纳入执法勤务警员和警务技术职务序列的人民警察及纳入其他职级序列管理范围的,不列入实施范围),推行公务员职务与职级并行、职级与待遇挂钩制度。按照公务员职位的性质、特点和管理需要,将公务员划分为综合管理类、专业技术类和行政执法类等类别,并根据职位类别和职责设置公务员领导职务和职级序列。在全疆率先开展公务员职务与职级并行工作,完成职级套转,529名干部首次晋升职级,为了更好推进此项工作,对全地区组织、人事干部进行3~4期的业务培训。

2019年11月2日,地区召开招录内地高校毕业生初任培训班结业式(地委组织部/提供)

【公务员招录】 2019年,地委组织部组织开展地区2019年面向社会公开考试录用公务员笔试工作,设置10个考点551个考场,15 834名考生参加笔试,848人入围资格复审,审核合格入围面试825人,录用公务员280人。

【公务员遴选】 2019年,地委组织部组织开展地区2019年阿克苏地区地直机关、事业单位公开遴选和公开选调公务员、工作人员工作,1 710人参加笔试,827人参加面试,遴选和公开选调公务员、工作人员164人。

【公务员表彰】 2019年,地委组织部组织开展全国、自治区“人民满意的公务员集体”和“人民满意的公务员”推荐表彰工作,温宿县人民检察院荣获第九届全国“人民满意的公务员集体”,1个单位3名个人荣获自治区级称号。

【内地高校毕业生】 2019年,地委组织部做好地区招录、培训、安置内地高校毕业生工作,招录内地高校毕业生370名到阿克苏地区开展工作,按照《2019年阿克苏招录内地高校毕业生到乡(镇)工作的培训方案》要求,开展为期3个月的岗前培训。

【干部教育培训】 2019年，地委组织部按照分级分类和大规模的原则，发挥地、县党校教育培训主阵地作用，抓好各级干部培训工作，地、县（市）以党校为依托，开展县（处）级领导干部培训班、公务员培训班、中青年干部培训班、双语培训班、公务员初任培训班等主体班次和党务工作者、基层干部及教育、脱贫攻坚、医疗、农林等各类专题培训班560期，培训各类干部人才8.9万人次。全年推荐选派122名党政正职和县（处）级以上领导干部参加中央党校、自治区党委党校等疆内外培训。加强兵地学习交流，从地直单位、各县（市）推荐15名优秀干部参加阿拉尔市委党校培训班，邀请阿拉尔市干部参加地委党校县（处）级领导干部培训班、公务员培训班、中青年干部培训班，促进交流互动。组织全地区1 021名县（处）级领导干部和各县（市）200多名组工干部参加理论测试，将年度理论测试情况纳入干部考核评先评优依据。

【领导干部网络学院】 2019年，地委组织部定期更新维护网络学院学员职务调动、变更等信息，确保科级以上领导干部全员参学，每月以电话和短信形式将学习情况反馈至各单位，及时督促学习，对学习分数未达标的要求上报情况说明，将结果纳入干部年度考核评先选优中。

【维吾尔语测试】 2019年，地委组织部组织地、县组织部门对45岁以下汉族干部开展维吾尔语测试工作，全年有219名干部参加维吾尔语测试，测试合格干部78名，并对测试合格人员发放证书。

【干部监督管理】 2019年，地委组织部梳理汇总2016年以来在年底考核、专项考核、档案查核等方面存在问题线索的地委管理干部46名。结合巡察工作，对照违规选人用人问题“5+1”项内容的24种是否存在的具体情形和表现，对举报反映多、“一报告两评议”结果差、反复出现违规选人用人问题的单位开展重点检查。对违规选人用人问题进行严肃查处，取消14名干部任免决定。运用地、县信访、电话、网络、短信“12380”“四位一体”监督体系，制定地委组织部“12380”信访举报受理工作流程。严格落实“凡举必核”工作要求，紧盯选人用人问题。受理选人用人问题举报件15件，部分属实4件，并对相关责任人进行处理。实行党政同责、同审，对地直15个单位26名党政主要领导开展经济责任审计。对34名县（处）级领导干部给予提醒诫勉谈话。建立23万名党员和干部辐射210万人次亲属信息核查网，同步倒查比对，核查处理，对瞒报涉案亲属现实表现的党员和干部2 820人从严处理，给予党纪政纪处分508人、组织处理2 551人次，并建立问题档案，动态跟踪管理。

【干部有关事项报告】 2019年，地委组织部落实领导干部个人有关事项报告及抽查核实制度，创新管理监督制度，防范干部“带病提拔”、督促干部忠诚老实、增强干部自律意识。结合“不忘初心、牢记使命”主题教育专项整治工作，聚焦问题导向，严格九项工作流程，对照规定的四种类型，制定地区《禁业范围》，做好45名领导干部配偶、子女及其配偶从事经商办企业行为规范工作；改进出国（境）审批和备案工作，审核领导干部因私出国（境）39人次。完成378人次请销假、婚丧喜庆备案工作。

【干部档案管理】 2019年，地委组织部按照档案接收标准及散材料接收范围和干部人事档案专项审核要求，审核把关拟转入、转出档案，核查材料是否齐全、分类是否准确、装订是否符合规范。对接收的散材料逐一审核、登记。统筹推进地区干部人事档案信息化建设。截至12月31日，地委管理干部人事档案2 563册，其中在职干部档案1 827册、退休人员档案681册、厅局级以上档案副本55册。

2019年，地委组织部制定下发《关于进一步规范地区专职干部人事档案工作人员的通知》，按照分级管理，属地培养的原则，确定“千卷一人”培养对象91人，采取“以干代训”、集中培训、个别研讨、综合研判等方式已安排9个县（市）的干部人事档案管理人员进行培训学习。

【党员管理】 2019年，地委组织部对地区的党员进行信息统计。全国党员管理信息系统中有各级党工委166个，各级党委242个，党总支 338 个，党支部 5 027 个；中共党员 119 846 名，其中预备党员 9 242 名、女党员 37 951 名、少数民族党员81 792 名、大专以上学历党员 55 816 名。

【信息化业务培训】 2019 年，地委组织部组织地、县两级召开信息化业务专题培训会 20 场次，以集中学习、座谈交流等形式的学习培训 300 多场次，覆盖地区各级各单位领导班子、组织人事干部及全体组工干部。

【组织工作信息化建设】 2019 年，地委组织部完成信息化机房和老干部局楼网络机房及服务器的运维管理，协助地区机要局做好密码机日常管理工作。完成全国党员管理信息系统运营维护，指导县(市)系统维护及管理员操作 15 次，完成修改及新建地直党工委全国党员管理信息系统 VPN 账号 12 次。更新维护地区领导干部信息库，调整机构信息60 次、人员信息 610 人次，更新大组工网计算机操作系统和杀毒软件补丁 97 台[部机关 53 台，县(市)44 台]，进行全盘杀毒 670 次；通过拷贝故障机资料、修复系统、重新安装组工软件等方式，处理 58 台涉密工作用机软硬件问题。完成地委机房、老干局机房 OLT 设备搬迁工作，完成保密检查工作 2 次。

【信息工作】 2019 年，地委组织部深化“合作+竞争”理念，引导地县联合、县县联合良性互动，形成信息工作整体合力，全年上报信息 124 条，编发《组工信息》正刊 52 期、《信息专报》59 期、《领导参阅》13 期，有 28 条信息被中组部采用，占全疆上稿量的 25%以上；撰写的《新疆阿克苏地区鲜明树立“讲担当、重担当”用人导向》《新疆阿克苏地区选配 1231 名行政村汉族科技副职》《新疆阿克苏地区推行“基层一张表”为基层减负》，相继被中组部《组工信息》单条采用。

2019 年，地委组织部有 153 篇稿件被《中国组织人事报》采用，占全疆上稿量的 66%以上；推荐上报地区 2019 年度《中国组织人事报》优秀通讯员 14 名，占全疆总名额的 25%；7 篇网评文章被中组部采用。被中组部办公厅授予组织系统 2018 年度信息报送先进单位。

2019 年，地委组织部撰写《加强领导班子思想政治建设研究》《培养党员干部斗争精神、增强斗争本领研究》《地方领导班子和领导干部政治素质考察研究》等调研课题 21 篇，其中《培养党员干部斗争精神、增强斗争本领研究》被自治区推介到全国党建研究会参评。

【阿克苏党建刊物】 2019 年，地委组织部自编《阿克苏党建刊物》是研究阿克苏地区党的建设的重要刊物，主要以月刊为主，举办 12 期，设 1 个重点栏目：贯彻上级安排部署，此栏目主要是贯彻党的十九届四中全会精神及组织部部长会议精神，把思想统一到党中央部署上来，要求组织部门为地区党的建设和社会进步提供组织保障；设 4 个专题栏目：“两学一做” 学习教育、“不忘初心、牢记使命”主题教育、“访民情、惠民生、聚民心”、民族团结一家亲；主页设干部人事和组织建设栏目，重点是围绕基层党建进行调查研究；设政策解读栏目，是对国家大政方针浅显易懂的解读，是对党的政策的动态解读。《阿克苏党建刊物》成为地区党员干部和党组织学习、解读阿克苏党建工作的平台。

【基层组织建设】 2019 年，地委组织部聚焦新时代党的治疆方略、特别是社会稳定和长治久安总目标，强化“第一责任人”意识，示范带动班子成员履行“一岗双责”职责，全年研究党建重大事项 58 项，43 名厅级领导带头联乡包村入户，蹲点调研、解决问题，推进各领域基层党建工作纵深发展。树立“讲担当、重担当”用人导向，选派 12 名地直优秀年轻干部到乡(镇)担任党政正职，提拔重用 25 名有乡(镇)正职经历的干部，稳步推进 770 名大学生到村工作，用好行政村科技副职，优化建强基层干部队伍。推动落实《中国共产党农村基层组织工作条例》，探索城市基层党建的系统性和整体性建设，“并小建大”整合居民小区，全面推行“警社合一”工作模式。明确地直机关工委统一领导地直机关党的工作职责和地直各党（工)委抓机关党建工作的主体责任、职责定位，理顺隶属关系。

【基层管理体制改革】 2019 年，地区深化“村‘两委’抓村民小组带‘十支队伍’联系千家万户”三级架构，规范村民小组管理层建设，完善以村“两委”为中心的三级运转体系。健全“街道大工委—社区大党委—网格党支部—楼栋党小组”

四级架构，通过街道大工委“统”社区大党委“辖”网格党支部“用”楼栋党小组“管”千家万户，活跃基层治理“神经末梢”。理顺机关党建管理体制，构建地委统一领导、组织部门牵头抓总、机关工委日常管理、党委(党组)履行主体责任、基层党组织落实直接责任的工作格局。制定《地区国资系统2019年党建工作责任分解方案》，压实国有企业党组织在党建工作中的主体责任，党组织书记履行第一责任人责任。健全党组织领导下的校长负责制，完善议事规则，推进党的组织、党的领导、党的作用、党的工作、党的活动、党的优势、党的力量壮大“七个全覆盖”。

【基层整顿】 2019年，确定软弱涣散基层党组织140个，其中村120个、社区20个。根据中央组织部、自治区党委关于在“不忘初心、牢记使命”主题教育中集中整顿软弱涣散基层党组织相关要求，结合地区实际，制定安排部署、精准摸底排查、督办指导整改、调度指导整顿、抽查整顿评估、强化责任落实、建立长效机制等7项工作措施，整顿软弱涣散基层党组织82个，其中村68个、社区8个、非公企业5个、国有企业1个。建立“四个一”(县级领导包村、乡镇领导包村、第一书记驻村、县级以上单位结对)包联台账，制定“一村一策”整顿方案，明确目标任务、整顿措施、方法步骤、责任主体和完成时限。

【新兴组织】 2019年，地区党政机关机构改革，地、县新兴组织党工委撤销，为理顺新兴组织隶属关系，明确职责定位，制定出台《关于进一步明确新兴领域党组织隶属关系的意见(试行)》，坚持统一管理、分类管理、分级管理的原则，按照谁业务主管谁负责、谁资质审核谁负责、谁注册登记谁负责的要求，地区层面依托新兴组织业务主管部门，新成立14家行业党工委，18家地直行业党工委横向管理、纵向指导，推进新兴领域党的组织和工作覆盖。县(市)参照地区层面管理模式属地管理，乡镇(街道)、村(社区)党组织兜底管理，在全地区构建起了地委统一领导，新兴组织党建工作领导小组议事决策，组织部门牵头抓总，行业党工委归口管理、具体负责，相关部门积极配合，上下联动、齐抓共管的新兴组织党建工作格局。截至年底，全地区有社会组织537个，非公企业10 751个，成立党支部529个。

【人才管理】 2019年，地委组织部按照“党委统一领导、分层分类管理”原则，出台《关于进一步加强人才管理工作的意见》，调整充实地委人才工作领导小组成员，领导小组下设6个人才工作专项组，分级分层分类抓好人才管理工作。制定《地区托峰英才评选管理办法》，提出将各类人才分为托峰英才、骨干人才、基础人才三层，建立覆盖党内外、体制内外人才资源信息库。对拔尖人才、科技英才、“西部之光”访问学者实行目标管理责任制，签订《目标管理责任书》，明确每年要重点帮带2~3名专业技术骨干，自主申报或参与开展1~2项科研项目。

【人才激励机制】 2019年，地区全面推行“人才+项目”模式，发挥项目引领、辐射带动作用，搭建集聚人才、培养人才和人才效能发挥重要平台。依托项目实施，树立“人才领办、人才牵头实施”导向，鼓励地县拔尖人才、引进人才、行业领域学科带头人等各类人才积极申报，2019年先后征集优秀人才科研和创业项目209个，重点扶持67个。

2019年，地区坚持把人才工作室、技能人才培训及创业示范基地，开展学术交流、科研攻关、技术推广、人才培训等活动，每年每个工作室给予2万元工作经费。鼓励和支持县(市)建立本地人才工作室和创业示范基地，申报建立自治区级教学能手培养工作室7个，评选地区级优秀人才工作室31个、县(市)级人才工作室77个，培养和锻炼中青年骨干人才850人。

【引进人才待遇】 2019年，地区根据《阿克苏地区引进优秀人才办法(暂行)》规定，对引进的优秀人才每年给予最高9 600元的引进人才津贴、1万元的租房补贴，满5年给予最高50万元的购房补贴，在子女入学、配偶就业、职称评审等方面给予政策倾斜。制定《阿克苏地区干部人才公寓管理办法(暂行)》，先后审批人才公寓住房36套，解决78名优秀干部人才住房问题。

【援疆人才“传帮带”工程】 2019年，地区依托浙江优势人才资源，开展本土人才创新素质培养项目，先后选派25名青年科技英才和10名高层次人才赴浙江省培养。开展援疆人才传帮带工程，

400 多名援疆人才与 2000 多名本地人才结对。统筹推进库车市二中、地区人民医院教育、医疗人才“组团式”援疆工作，通过结对帮带、素质培训等方式，补齐学科建设“短板”，培养一批教育、医疗骨干人才。创新智力援疆培养模式，举办“浙阿大讲堂”6 期、培训干部人才 2 400 多人，选派优秀人才参加中石化干部培训班 2 期、培训 40 人。

【远程教育终端站点建设】 2019 年，地区投入 50 万元完成党员教育管理服务平台机房建设及服务器升级改造工作，购置存储器 2 台、分流服务器 1 台，协调网络运营商，优化网络运营环境，全面提高党员教育管理服务平台日常运转“无错率”。在党员教育管理服务平台上注册认证站点 1 352 个，操作员 2 700 多人，为阿克苏党员教育工作规范化、精准化开展提供技术保障。

【远程教育应用】 2019 年，地区党员教育工作以党员教育管理服务平台、塔里木网·阿克苏党建网、党员教育频道“三大平台”为抓手，开办种植、养殖、厨艺、手工艺品制作等培训，筛选、收集培训课件，通过“菜单式”点播，手把手教，面对面学，确保广大农牧民党员群众每户农民家中有 1 人掌握至少 1 门技术。全年开展各类培训 23.02 万场次，受教育群众达 1 069.23 万人次，培训时长 143.84 万小时。

【远程教育频道】 2019 年，地委组织部贯彻落实网络安全相关要求，完善《塔里木网·阿克苏党建网“零差错”管理办法》《塔里木网·阿克苏党建网安全事件应急预案》，落实网站更新实名制。新增十九大、新中国成立 70 周年、“不忘初心、牢记使命”等主题专栏，拍摄制作“不忘初心、牢记使命”系列精品党课、“我与祖国共成长”微视频，“奋斗”系列微视频宣传片 129 部，拍摄创作上报“初心·使命”七一展播片 11 部，其中被自治区展播 6 部，创作出《如何正确佩戴党员徽章》《四场教育看治党》《扶贫先扶志治穷先治愚》《领导干部以回家吃饭为荣》等 7 部动漫教材教育片。2019 年阿克苏地区 18 部作品累计 31 次被全国、自治区各大媒体表彰和刊用，其中受全国表彰 5 部（一等奖 1 部、二等奖 1 部、三等奖 2 部、精品党课 1 部）、刊用 10 部，受自治区表彰 5 部（一等奖 1 部、二等奖 2 部、三等奖 2 部）、刊用 11 部。启动塔里木网·阿克苏党建网改版升级工作，历时 3 个月，完成域名注册、网页设计、栏目设定、电信备案等相关工作，于 2019 年 6 月 28 日正式上线，改版上线以来上传更新视频、图片、实时新闻等 1 481 篇。

【远程教育培训】 2019 年，地委组织部在地委党校举办“阿克苏地区第十二期党员教育骨干培训班”，来自阿克苏地区 7 县 2 市 130 名党员教育骨干参加培训。培训乡、村两级党员教育站点管理员（操作员）47 场次、7 689 人次。在乌什县委党校举办“自治区贫困村党支部书记培训示范班（阿克苏班）”，来自阿克苏地区 142 个深度贫困村党支部书记参加培训。

（刘猛 卫涛 邹立慧）

机构编制

【党政机构改革】 2019 年，中共阿克苏地区委员会机构编制委员会办公室（以下简称地委编办）坚持对标对表，严格按照自治区党委“中央规定动作已明确，自选动作很少，对标中央改革方案认真抓好落实”的要求，拟定《阿克苏地区机构改革方案》《关于〈阿克苏地区机构改革方案〉的实施意见》《地区本级党政部门编制职数人员调整方案》《地区机构改革人员转隶工作方案》及 45 个党政机构“三定”（定职能、定机构、定人员）规定，提请地委审议后印发执行。截至 2019 年 3 月底，地区本级 45 个党政部门和县（市）400 个涉改部门“三定”规定已全部制发执行，地区党政机构改革工作已基本完成。地区本级设置党政机构 46 个（机构限额 47 个），其中地委工作机关 13 个、行署工作部门 33 个；与改革前相比，地区本级党政部门减少 4 个，撤并副县级以上机构 33 个。

【事业单位改革】 2019 年，地委编办按照优化协同高效的原则，除行政执法机构外，统筹推进完全、主要和部分承担行政职能的事业单位改革，不再保留或新设承担行政职能的事业单位，共撤并整合承担行政职能的事业单位 58 个，调整划转职责 223 项，理顺交叉职责 25 项。梳理摸排地委、行署管理的事业单位和地直各部门所属事业单位机构设置、规格、人员编制等情况，更新完善224个事业单位机构编制台账。《阿克苏地区地区本级县级事业单位调整改革方案》已经自治区党委编委正式批复，地区第一批事业单位改革工作已经完成。指导县（市）做好事业单位改革调整工作，县（市）第一批事业单位改革方案已经地委编委会研究批复并正在组织实施。

【综合行政执法改革】 2019年，地委编办全面梳理地区本级及县（市）涉及五大领域综合行政执法改革队伍的人员编制、执法事项、办案数量、执法岗位人员等情况，摸清底数，共锁定编制2 514名、人员2 200名。加强与地区市场监管、农业农村、文体广电和旅游、生态环境等领域主管部门的沟通和联系，稳步推进综合行政执法改革。截至2019年，地区市场监管、文化领域综合行政执法改革机构编制方案已经地委编委会议研究审议通过印发执行。

【重要领域机构编制】 2019年，地委编办根据《关于印发自治区纪委监委派驻（派出）机构改革方案的通知》精神，将原地区纪委16个派驻纪检组调整优化为13个纪委监委派驻（派出）纪检监察机构，核定编制总数129名，首次划转核定行政编制80名。设立地区公安局机场分局、地区融媒体中心、医疗保障服务中心、退役军人服务中心、创业创新服务中心等9个机构，制发了地委史志办、经济研究所、红十字会、油区服务协调中心等6个单位的机构编制方案，调整优化了地委国安办、地区中级人民法院、地区文联、教育学院、第一人民医院、水利管理总站、建筑行业劳保统筹管理站等17个单位的机构名称、职能职责、机构规格、内设机构及人员编制。指导县（市）做好文联、医疗保障服务中心、退役军人保障服务中心（站）、融媒体中心等机构组建运行工作。

【社会信用代码赋码】 2019年，地委编办规范优化事业单位登记管理服务流程，全面推行“全事项”“全流程”网上预审服务和一次性告知、限时办结等制度，推进事业单位法人登记管理标准化、规范化、高效化，基本实现“最多跑一次”。扎实开展事业单位法人年检工作，审核2018年度地直事业单位法人年度报告155个，设立、变更事业单位114个。全面完成事业单位法人公示信息抽查工作。依规办理和变更机关、群团统一社会信用代码证书78份。

【机构编制实名制管理】 2019年，地委编办高质量完成2018年机构编制统计年报和实名制数据报送工作。及时审核上报2019年度地区公务员招录、事业单位人才引进、地直机关公务员遴选和事业单位选调用编计划。按照新“三定”规定，更新地区45个党政部门机构编制信息数据，调整完善各涉改单位机构编制台账。主动开展地直单位机构编制实名制数据核查工作，确保106个地直单位的实名制数据准确、完整。规范地直单位人员出入编手续办理流程，办理地直单位1 349名转隶及调动人员入编手续、513人减编手续。

（胡晓刚）

宣传工作

【机构改革】 中共阿克苏地区委员会宣传部（以下简称地委宣传部）是地委主管意识形态方面工作的职能部门，作为地委工作机关，为正县级，挂阿克苏地区新闻出版局（阿克苏地区版权局）、阿克苏地区行政公署新闻办公室、阿克苏地区精神文明建设指导委员会办公室（以下简称地区新闻出版局〈地区版权局〉、地区行署新闻办公室、地区精神文明建设指导委员会办公室）牌子。地区农村电影管理办公室的行政职能划入地委宣传部，同时划入从事此项工作的人员1名；将地区精神文明建设指导委员会办公室的行政职能划入地委宣传部，同时划入从事此项工作的人员2名；将地区文化市场管理领导小组（“扫黄打非”领导小组）办公室的行政职能划入地委宣传部，同时划入从事此项工作的人员3名；将审读室的行政职能划入地委宣传部，同时划入从事此项工作的人员4名。

【理论武装】 2019年，地委宣传部始终把习近平新时代中国特色社会主义思想作为理论武装的重中之重，扎实开展“不忘初心、牢记使命”主题教育，充分发挥党委（党组）中心组示范引领作用，印发《关于规范理论学习中心组学习的通知》《2019年理论中心组学习重点内容》，着力推动党员领导干部理论学习走深走实，全年地委理论学习中心组组织学习16次，11.3万党员学习教育全覆盖。切实抓好党员干部日常政治学习教育，用好“学习强国”学习平台，推动党员干部凝魂筑基、补钙壮骨，以思想自觉引领行动自觉。持续深入开展“冬季万人大宣讲”“全国民族团结进步模范先进事迹巡回宣讲”“我和我的祖国”庆祝新中国成立70周年百姓宣讲、“我们的中国梦——文化进万家”“壮丽70年·奋斗新时代”主题活动等宣传教育活动，累计开展各类宣教活动6.5万场次，覆盖教育群众499万人次。

（张　丽）

【重大主题宣传】 2019年，地委宣传部围绕改革开放四十周年、地区宣传文化系统践行“四力”教育活动、乡村振兴、民族团结、“辉煌70年、奋进新时代”、脱贫攻坚、乡村振兴、“不忘初心、牢记使命”主题教育、庆祝新中国成立70周年等重大主题，通过邀请中央媒体、自治区媒体、组织本地媒体，开展“一月一主题”大型宣传报道活动，积极组织重点稿件，全面做好宣传报道工作。

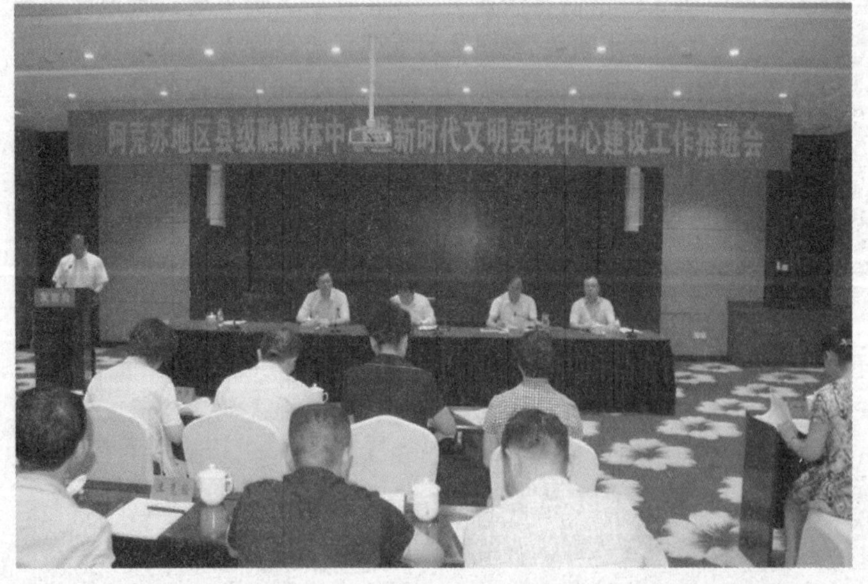

2019年7月22日，地区召开县级融媒体中心暨新时代文明实践中心建设工作推进会(地委宣传部/提供)

为推动地区民族团结进步事业的发展营造良好的舆论氛围，先后在阿克苏日报社推出《“民族团结一家亲”报》，宣传党的政策、务农常识、法律法规等；在《阿克苏日报》开设“民族团结一家亲”专栏，刊发相关宣传稿件1 636篇，阿克苏新闻网，阿克苏零距离同步转发，刊发民族团结类公益广告3条，自治区级、中央级媒体刊物采用稿件5条。地区广播电视台《阿克苏新闻》中播发新闻稿件36条，共计540次（正重播），其中电视288条次，广播252条次。同时播出《母亲是中华》《我们的新时代》《民族团结MV——天池》等民族团结歌曲，运用多种宣传体裁，扩大宣传引导力和影响力。在广播《和谐家园》《新时代》《农民之友》等节目中，开办“民族团结一家亲”专栏，播发专题稿件33条。

为热烈庆祝新中国成立70周年，重点做好中央确定的重大活动主题、自治区和地区举行各项重大庆典活动的宣传报道，掀起全民参与、喜迎国庆、祝福祖国的热潮。国庆期间，地区主流媒体推出“壮丽70年 奋斗新时代 各行各业展成就”“壮丽70年 奋斗新时代”“喜迎新中国成立70周年”“壮丽70年·奋斗新时代——发展成就巡礼”“壮丽70年 数说阿克苏”等一系列专栏、专题，以生动的事实、丰富的史料和翔实的数据，全面盘点新中国成立70年来地区经济社会稳定发展取得的辉煌成就；地区广播电视台四个频道全部飘红，播出红色电视剧8部300集、电影8部、大型专题片、纪录片37集、短视频25个、公益广告、标语口号等，总时长达320小时。创新融媒体传播，将小屏作品搬上大屏，通过手机自拍短视频的方式，讲述普通群众身边的故事，以小视角反映大主题，推出《我和我的祖国》《在灿烂的阳光下》《追梦人》《不忘初心》等一批有温度、有新意、动人心的作品。同步推出生态、旅游、水利、民生等方面成就性短视频 11 个，在抖音、今日头条、企鹅号等新媒体平台推送，点击量达 3.4 万。

全年地区先后接待中央、自治区等媒体记者 156 批 430 人次，在中央级、自治区新闻媒体、网站刊发稿件 1.4 万条次，外宣工作实现质量和数量新突破。

（荆云辉）

【宣传推介】 2019 年，地区以阿克苏文化旅游节系列活动、环塔拉力赛、沙漠花海越野赛、“中国好声音”新疆区海选总决赛、世园会“新疆日”阿克苏专题推介会、央视乡村大舞台走进柯坪县和沙雅县、第六届新疆特色果品（阿克苏）交易会、2019 中国新疆阿克苏药品博览会、库车市原生态胡杨旅游文化推介、阿克苏市“金苹果”采摘节、沙雅县胡杨节暨首届群英会等为主大型宣传推介活动持续举办，“经济搭台、文化唱戏、宣传造势、旅游发展”的良性互动态势初步显现。开展库尔班·尼亚孜、陈耀平、牛怀东、肖合来提·阿尔吐克等改革先锋、最美支边人物、全国民族团结进步模范个人典型事迹宣传报道，形成强大的社会舆论正向引导态势。深入挖掘和宣传张富清在阿克苏入伍期间的先进事迹，完成中宣部组织的张富清先进事迹报告会在阿克苏示范宣讲，张富清先进事迹在地区引起热烈反响。胡达拜迪·依明及其后人升国旗事迹受到海南卫视关注，并在《当国旗升起时》栏目专题播出，在新闻媒体、网络掀起宣传热潮。阿克苏市原 359 旅战士刘聪普老人登陆中央电视台中文国际频道《中国地名大会》节目，倾情讲述其不畏艰难、顽强拼搏，用汗水和双手把南泥湾精神代代相传的感人故事。地区荒漠绿化典型事迹宣传报道，吸引越来越多媒体关注，被多家媒体热播，被誉为“中国又一个塞罕坝”。甬库团结村典型事迹在中国国际电视台阿拉伯语频道持续刊播，全球阅读量突破 600 万次，视频观看量 200 万次，超过 10 万人次互动，为讲好中国故事，为阿克苏作出贡献。

（荆云辉）

【社科普及】 2019 年，地委宣传部开展社科专家基层行活动，先后深入柯坪县、阿克苏市、温宿县的 17 个乡（镇）（场）、街道（社区），推动习近平新时代中国特色社会主义思想和党的十九大精神进农村、进社区。开展科普周活动，组织各县（市）社科联及 8 个自治区级社科普及基地等 40 家单位，先后开展“新时代、新气象、新变化”“迎国庆、颂巨变”社科知识普及活动，举办专题讲座、红色影片放映周活动，书法、绘画、摄影等各类作品展览，民间乐器展演，“送戏下乡”文化惠民演出，“四馆”科普之夜，“喜迎国庆”主题宣讲等丰富多彩的科普系列活动，满足群众需求。“科普周”活动期间，开展科普活动 32 场，开展各类主题宣讲 110 场次，制作各类宣传版面 80 块、发放科普宣传资料 1 万份、播放科普电影 36 场次，城镇居民、农民、“访惠聚”驻村工作队队员、党员干部、学校师生、各族群众等 10 万人接受科普教育。开展“我和祖国共成长——百名与共和国同龄老人共庆生”活动，从各县（市）选出优秀人物代表 15 名，以典型人物成长历程为主线，用小故事反映大变化，展现人物与时代的变化变革，并在《阿克苏日报》、地区广播电视台进行宣传报道。

（王　婷）

【扫黄打非】 2019 年，地委宣传部反非法反违禁（扫黄打非）工作以清理整治非法出版物、“三非”宣传品和有害信息为重点，深入开展“扫黄打非”斗争，坚决守住意识形态安全和政治安全底线，努力营造风清气正的社会文化环境。开展“护助少年儿童健康成长、远离和抵制有害出版物及信息”为主题的“绿书签行动”系列宣传活动，发放宣传海报 3 200 张，绿书签 9 万张，483 所中小学校启动此项活动，参与活动各族师生 12 万人。组织开展校园周边文化市场检查，共检查中小学校园周边及文化市场的商店 3 207 家、打字复印店 452 家、网吧 196 家、书店 98 家，收缴以人民币为模板印制的冥币 25 公斤，2.2 万张。清理收缴违法出版物 13 200 件，查处网络有害信息 57 400 条。制定下发《阿克苏地区“扫黄打非”举报奖励实施办法》，鼓励群众检举揭发传播非法出版物的犯罪活动，设计印制扫黄打非宣传海报 1 300 份，根据群众举报查处培训机构销售盗版盗印的公务员录用考试专用教材案 1 起，依法打击处理建立假记者站案 1 起、查处网络传播淫秽色情信息案件 2 起。被自治区命名自治区级“扫黄打非”基层示范点 3 个。

（努丽比艳·马合木提）

【国防教育】 2019 年，地区全民国防教育工作，坚持以国防教育法为依据，以弘扬爱国主义精神为核心，丰富教育内容，创新教育手段，增强国防教育的时代性和感召力，努力实现教育全覆盖。围绕《中华人民共和国国防教育法》和《国防教育条例》强化学习。利用国防教育基地、党校等阵地，通过周一升国旗，元旦、春节、“八一”期间慰问、参观驻地部队的军史馆等活动，加强各级领导干部的国防教育。2019 年累计上国防教育课 20 场次，1 万名县、科级领导干部接受国防教育。地区各类学校（院）始终把国防教育纳入课堂教育，与未成年人思想道德建设有机结合，通过课堂教学、集中军训、开办少年军校等形式，加强对青少年学生国防知识和基本技能的教育培训，入校初高中新生开展为期 15 天的队列、军体拳等科目训练，各驻军部队派出军事教官，为地区 73 所大中专院校和普通高中新生进行军事训练，发挥城乡基层组织的国防教育阵地作用，将国防教育纳入乡村、社区、企业等基层组织的精神文明建设范畴，结合各种主题宣传及重大节庆活动，采取文艺演出、演讲比赛、知识竞赛、专题展览等多种形式对各族群众开展国防教育。

（王　媛）

【新闻工作】 2019 年，地委宣传部根据中央、自治区重大宣传工作安排部署和地区宣传工作实际，在地区各类主流媒体上开设“壮丽 70 年·奋斗新时代”“脱贫攻坚看阿克苏”“民族团结一家亲”“代表委员风采录”“弘扬法治精神”“爱国情·奋斗者” 等 60 个重大活动宣传专栏，刊（播）发地区重大主题宣传稿件 5 639 条次。全面做好各类媒体新闻发布资质的审查，严肃各类新闻宣传活动报备审核机制，严格落实地区宣传工作指令，推进宣传工作规范开展，召开阿克苏地区例行新闻发布会 8 次。

（曹开妍）

【新闻出版】 2019 年，地区新闻出版工作统筹推进，有印刷企业 56 家，印刷企业资产总额 19 789 万元，工业总产值 13 841.96 万元，实现利润总额 1 137.7 万元。做好出版物发行单位年审工作，全地区各类出版物发行单位达到 82 家，其中音像制品店 6 家、书店 76 家，地区文联、阿克苏日报社、地区广播电视台顺利通过年度期刊、报纸年度核验。实施东风工程，向地区 174 个社区、1 110 个行政村赠阅报纸刊物共 10 种 12 911 期，《习近平谈治国理政》、建设美丽新疆共圆祖国梦想连环画等图书 15 764 册，配发“东风工程” 图书、音像制品 604 466 册。落实农家书屋出版物补充更新资金 241.2 万元，从国家、自治区 2019 年农家书屋重点图书推荐目录中选出 89 种、95 319 册优秀图书进行采购并补充到地区各农家书屋。

【软件正版化】 2019 年，地区持续推进软件正版化工作，召开地区软件正版化工作领导小组成员单位联席会议，举办软件正版化工作培训班，采用场地许可的形式，完成正版 WINDOWS 操作系统、金山 WPS 办公软件招标采购，地区各单位、各县（市）陆续完成金山 WPS 办公软件软件安装工作。开展“4·26”知识产权宣传周版权宣传活动，在全地区开展打击网络侵权盗版“剑网 2019”专项行动，立案 9 件，办结 9 件。

（吴正涛）

【电影管理】 2019 年，地区有各类城市影院 13 家，通过开展“纪念建党 98 周年党旗映天山主题党日活动”和“我和我的祖国”公益电影主题放映活动，精选《建党伟业》《中国蓝盔》《百团大战》等 50 多部主题影片，以集中展映和送电影进农村的形式，放映公益影片 319 部 16 636 场次，受益农牧民群众 335 万人次。弘扬时代精神和中华优秀传统文化，以地区获得国家改革开放 40 周年“改革先锋”、第七届全国道德模范、新疆阿克苏地区乌什县前进镇国家通用语言小学校长库尔班·尼亚孜的先进事迹为原型创作的教育题材电影《奔腾的托什干河》上映，地区观影人数达到 50 万人。

2019年阿克苏地区电影城一览表

影城名称	地 址	占地面积（平方米）	荧幕块数	放映厅数	可容纳观众数（人）
阿克苏地区文化艺术中心数字影城	阿克苏市西大街8号	15 000	4	4	1 050
禾森阿克苏友好国际影城	友好时尚购物中心四楼友好国际影城	8 378	5	5	860
盛威国际影城	阿克苏市英阿瓦提路2号世纪佳园B座E2号	1 435	6	6	534
花朵朵影剧院	多浪河二期行政服务中心院内阿克苏地区工人文化宫5F	850	4	4	281
华纳·太百国际影城	阿克苏市新华东路33-1号太百购物中心五楼	1 283	6	6	817
库车友好影城	库车文化路与五一路交汇处友好时尚购物中心4楼	6 494	5	5	854
沙雅县百佬汇影城	新疆维吾尔自治区阿克苏地区沙雅县博斯坦西街与210省道交汇处	1 710	4	4	495
新和银河世纪影城	新和县金桥时尚广场3楼	1 800	3	3	294
拜城县中影影城	拜城县双拥路名品广场三楼	1 500	3	3	208
温宿县天虹影院	温宿县西大街1号天虹商厦3楼	941	4	4	182
乌什县燕山影院	乌什县热斯太街	200	1	1	72
阿瓦提影城	阿瓦提县光明中路27号	6 600	3	3	923
柯坪县红沙河城市影院	柯坪镇文化广场	3 400	1	1	467

2019年阿克苏地委宣传部电影管理科荣获新疆维吾尔自治区农村电影发行放映管理服务中心颁发“2019年度新疆农村电影工作综合管理先进集体”。

（吴正涛）

【融媒体建设】 2019年，地委宣传部组织各县（市）与新疆报业传媒集团签订了战略合作协议，多次邀请相关技术人员到地区各县（市）进行调研和指导，确保县级融媒体中心标准化、规范化建设。2019年阿克苏地区共引进各类融媒体人才90多人；大力开展业务培训工作，先后开展各级融媒体业务培训14场次，外派骨干培训、考察10批次，培训业务骨干610人次；组织开展大型网络直播宣传活动28场次，培养锻炼融媒体业务骨干580人次。2019年5月，地区9个县（市）融媒体中心挂牌运营，12月23日顺利与自治区联网，完成建设任务，阿克苏地区在全疆率先实现县级融媒体中心全覆盖。

（荆云辉）

【“四力”干部队伍建设】 2019年，地区宣传思想文化系统认真学习贯彻习近平总书记关于宣传思想干部要不断增强“脚力、眼力、脑力、笔力（四力）”的重要指示要求，将增强“四力”转化为担当“举旗帜、聚民心、育新人、兴文化、展形象”使命任务的具体行动，坚持统筹谋划、一体推进，在增强“四力”教育实践中提能力、添动力、增活力，打造能够牢牢把握正确政治方向、舆论导向、价值取向的政治过硬、本领高强、求实创新、能打胜仗的宣传思想工作队伍。积极引导广大党员干部把“学习强国”作为提高政治素养和综合素质的“随身课堂”，注册学员达到15.2万人、活跃人数在11.4万人，实现基层党组织、全体党员干部两个100%全覆盖。全战线深入开展“大调研”及作风建设活动，32名县处级以上领导干部，先后59次深入到基层一线开展调研。

（高　燕）

精神文明

【地区文明委第一次会议】 2019年5月16日，地区召开2019年精神文明建设指导委员会第一次全体会议。会议审议《关于调整地区精神文明建设指导委员会组成人员的方案》，审议通过《2019年地区精神文明建设工作要点》《阿克苏地区精神文明建设指导委员会工作规则》和《阿克苏地区精神文明建设指导委员会办公室工作细则》。

【地区文明委第二次会议】 2019年9月23日，地区召开2019年精神文明建设指导委员会第二次全体会议。会议传达自治区文明委第二次全体会议精神，听取2019年自治区文明村镇、文明单位、文明校园地区验收总体情况及“零基启动”评选情况，审议通过地区拟推荐（撤销、降级、整改）的自治区文明村镇、文明单位、文明校园名单，并就如何提升地区精神文明建设工作成效作出安排部署。经地区文明委第二次全体会议研究，确定拟推荐自治区文明村镇129个，文明单位240个，文明校园45个；降级的文明村镇5个，文明单位25个；拟撤销的文明村镇1个，文明单位4个；限期整改的文明单位6个。

【先进典型选树活动】 2019年，地区精神文明建设指导委员会办公室坚持发掘、选树先进典型，发动社会各界积极参与“中国好人榜”评议推荐，印发《2019年地区“最美阿克苏人——每月之星”评选活动方案》，命名表彰“最美阿克苏人”34名；地区2人登上“中国好人榜”；阿克苏市拜什吐格曼乡阿热兰干村村民陈耀平、阿瓦提县团结小学党支部书记骆晓梅2人获第六届自治区道德模范荣誉称号；乌什县依麻木镇国语小学校长库尔班·尼亚孜获第七届全国道德模范称号，另1人获提名奖。

【文明城市创建】 2019年，地区文明办大力支持阿克苏市创建全国文明城市工作，积极督促指导阿克苏市创城工作例会的召开，协调三大运营商对创城短信的发送落地见效，召集协调地区及农一师共16家在创城工作中存在问题的单位进行问题反馈并要求限期整改。各县（市）积极申报创建自治区文明城市，库车市、拜城县、温宿县、阿瓦提县被自治区精神文明建设指导委员会授予“自治区文明县城”荣誉称号，沙雅县、新和县、乌什县荣获“自治区文明县提名县”。

【自治区文明单位、文明村镇创建】 2019年，地区文明办按照自治区文明办《关于做好新一轮自治区文明城市、文明村镇、文明单位评选工作的通知》，及时制定地区相关方案下发各县（市）、地区各单位，督促指导开展好自治区文明村镇、文明单位、“零基启动”评选工作。地区文明办严格按照创建验收程序，抽调各县（市）、地区文明委相关成员单位业务骨干，组成两个验收组，于8月26日至9月3日，分东西片区对全地区申报创建的自治区文明单位、文明村镇采取实地查看、听取汇报、问卷调查、查阅资料、意见反馈等方式进行了抽验，经地区文明委第二次会议研究，向自治区推荐上报自治区文明村镇129个、文明单位240个。

【自治区文明校园创建】 2019年，地区文明办按照自治区文明办《关于评选表彰第一届自治区文明校园的通知》，联合地区教育局共同制定了地区相关方案，加强对文明校园创建工作的指导力度，组织各学校广泛开展“最美校园竞赛”活动。根据自治区文明校园管理办法和测评细则，严格按照验收程序，向自治区上报自治区文明校园45所。

【志愿服务活动】 2019年，地区文明办深入推进学雷锋志愿服务活动，组织各县（市）、各级文明单位结合“3·5”学雷锋活动日，依托新时代文明实践中心（所、站）广泛开展环境整治、爱心义诊、文明交通劝导、关爱弱势群体、“爱心送考”等各类志愿服务活动，利用阿克苏零距离推送刊载系列学雷锋志愿服务主题宣传信息。在2018年全国宣传推选学雷锋志愿服务“四个100”先进典型活动中，库车市“小天使在行动”社会组织关爱困境儿童志愿服务项目被推选为最佳志愿服务项目，被活动组委会授予奖牌和证书。2019年向自治区推荐年学雷锋志愿服务“四个100”先进典型8个。

【“我们的节日”主题活动】 2019年，地区文明办结合庆祝新中国成立70周年，组织各县(市)在传统节日开展各类宣传教育活动，助力弘扬中华优秀传统文化；通过在春节开展为群众送春联、贴“福”字，在端午节举办“情系端午粽香安康”包粽子比赛，中秋节做月饼、重阳节关爱老人等系列丰富多彩的主题活动，引导群众移风易俗，树立文明新风尚。

【未成年人思想道德建设】 2019年，地区文明办加强乡村学校少年宫建设力度，做好54所中央彩票项目乡村少年宫195万元资金拨付工作，督促各县(市)安排好资金使用。中央文明网为地区54所乡村少年宫项目学校免费寄送了“手绘价值观——童画新时代”画本。以自治区文明校园创建为载体，加强对未成年人的思想教育和爱国主义教育，增强青少年的爱国爱家情怀。全年向自治区推荐民族团结好少年2名，其中库车市实验中学学生迪拉热·依米提被自治区党委宣传部、自治区党委教育工委、自治区教育厅授予“新疆维吾尔自治区十佳民族团结好少年”称号。

【新时代文明实践中心建设】 2019年，地区文明办认真贯彻落实中央、自治区关于新时代文明实践中心建设的要求，制定《地区建设新时代文明实践中心试点工作实施方案》，对各县(市)试点建设情况进行摸底调研，组织阿克苏市、拜城县、库车市率先启动试点建设工作；组织宣传文化系统业务骨干在库车市、拜城县召开全地区新时代文明实践中心暨融媒体中心推进会，并邀请自治区党委宣传部及浙江省试点县(市)业务人员亲临现场指导，对建设工作进行交流探讨。10月，阿克苏市入选第二批全国新时代文明实践中心建设试点县(市)。12月，库车市、拜城县入选自治区新时代文明实践中心建设试点县(市)。各县(市)新时代文明实践中心建设工作完成并挂牌。

（李振萍）

政策研究

【机构改革】 2019年，地委政研室(改革办、社科所)完成机构改革，单位职能、编制和人员进行重新核定。原地区绩效考评职能及人员划转地委政研室（改革办、社科所)，内设科室由原综合科、信息督导科调整为综合科、政治研究科、经济研究科、改革协调科、绩效考评科，核定编制数21个。社科所科室由原来的政治研究科、经济研究科、农村研究科、社会研究科、党建研究科调整为农村研究科、社会研究科、党建研究科，核定编制数14个。

【文稿服务】 2019年，地委政研室(改革办、社科所)完成2019年地委(扩大)会议主题报告的起草任务，起草或参与起草完成地委主要领导在经济工作会议、稳定工作会议上的讲话等7篇，地委、行署主要领导采访提纲5篇，地区“聚焦总目标作风再整顿”专项活动总结、政法队伍建设交流材料等总结和典型材料8篇，重大政策文件1篇。撰写理论文章14篇，起草和完善地委分管领导相关材料20篇。

【调查研究】 2019年，地委政研室（改革办、社科所）积极开展综合性、政策性专题调研，并将调研成果融入各类文稿起草，以不同形式报地委领导决策参考。全年围绕地委中心工作，确定各类研究课题100个，分解至各县(市)和54个地直目标责任单位分阶段完成，同时与各县(市)合作开展重点研究课题20个。围绕地委领导关注的重点，对地区相关工作及时进行跟进调研，完成企业高质量发展、夜间经济、红色旅游、小区整合等调研报告14篇。

【信息服务】 2019年，地委政研室(改革办、社科所)围绕地委重大决策部署编发《内部参考》5期、《调研与思考》7期、刊发地区领导重要文稿及各县(市)、地直各单位上报的各类有参考价值的理论文章、调研报告等100多篇。起草撰写的多篇调研报告、内参资料受到地委领导批示，较好地发挥了以文辅政的职能作用。同时积极向自治区党委政研室报送理论文稿、经验材料，其中2篇文章在自治区党委政研室《新疆工作》刊登，4篇改革信息被《新疆全面深化改革工作信息》采用。

【全面深化改革】 2019年,地委政研室(改革办、社科所)认真履行地委改革办工作职责,按照地委安排部署的七大领域276项重点改革任务和32项改革试点,勇于担当、统筹推进、成效显著,改革工作走在全疆前列。积极承接落实自治区党委确定的4项改革试点,谋划推进地区层面28项试点。举办全面深化改革工作培训推进会,对全面深化改革工作再次进行安排部署,明确改革重点。召开地委全面深化改革委员会议2次,完善改革工作议事机制。修订完善《阿克苏地委全面深化改革委员会工作规则》《地委深改委专项小组工作细则》《地委深改委办公室工作细则》,明确专项小组职责,分口负责、协调推进,地委改革办积极发挥统筹协调作用,全面推进各项改革任务落地见效。全年地委改革办共编印《阿克苏改革》44期,在人民网、中国改革网、《新疆日报》《阿克苏日报》刊登改革宣传稿件130多篇。

【督查工作】 2019年,地区成立地委全面深化改革督查组,对各县(市)和承担重点改革任务的地直单位开展年中督查,指出各县(市)和地直单位在落实全面深化改革工作中的特色和亮点以及薄弱环节和存在的问题,对县(市)和地直单位进行总体评价、排名,并印发督查通报,提出下一步工作要求,推动全面深化改革工作落地落实。

【绩效考评】 2019年,地委政研室(改革办、社科所)根据《阿克苏地区2019年度绩效综合考评办法》规定,阿克苏地区年度绩效综合考评实行千分制考评。县(市)、地直目标责任单位均由指标考评、满意度测评、领导评价和绩优绩误加(扣)分"3+1"综合考评模式组成。县(市)和地直目标责任单位指标考评权重分值均为800分、满意度测评权重分值均为100分、领导评价权重分值均为100分。绩优绩误加(扣)分实行千分制外加(扣)分,最高加(扣)分不超过20分。

【考核评价】 2019年,地区县(市)设"优秀县(市)""优良县(市)""合格县(市)"3个等次,"优秀县(市)"按30%比例评定。地直目标责任单位政法维稳口设"优秀""优良"2个等次,分别按50%比例评定;其他各口均设置"优秀""优良""合格"3个等次,分别按30%、50%和20%比例评定。得分在900分以下的为"不合格"等次,发生其他"不合格""降等"事项的从其规定。

【奖惩标准】 2019年,地区对考评为"优秀县(市)""优良县(市)"的给予通报表扬。对考评为"优秀""优良"和"合格"等次的地直目标责任单位(含地直二级单位)的全体干部职工,分别按自治区本年度绩效综合考评奖励标准,由地区财政核发绩效综合考评奖金。同时,对考评为"优秀县(市)"的县(市)四套班子领导,或考评为"优秀"等次的地直单位干部职工,考核评优比例上调5%,由组织人事部门在本年度干部考核定等中予以追加确认。对考评为"不合格"等次的县(市)或地直目标责任单位,地委、行署将予以通报批评,对主要负责人进行诫勉谈话或问责,并对涉及的地直目标责任单位不核发绩效综合考评奖金。

【2019年阿克苏地区考核等次】

(一)县(市)考评定等情况

"优秀县(市)"分别是:阿克苏市、库车市、拜城县。

"优良县(市)"分别是:沙雅县、阿瓦提县、温宿县、新和县、乌什县、柯坪县。

(二)地直目标责任单位考评定等情况

"优秀"单位(23个):地区纪委监委机关(巡察办),地委办公室(机要保密局、档案局)、地区人大工委办公室,地委组织部(公务员局)、地委宣传部(社科联、讲师团)、地委政法委、地委政研室(改革办、社科所)、地委网信办,地区中级人民法院、地区检察分院,地区发改委、地区教育局(民族语言文字工作委员会)、地区司法局、地区财政局(金融办)、地区农业农村局、地区文化体育广播电视和旅游局(文物局)、地区应急管理局、地区审计局、地区统计局、地区扶贫办、地区行政服务中心、地区文联、阿克苏日报社。

"优良"单位(39个):行署办公室(驻京办、驻乌办)、地区政协工委办公室,地委统战部(侨联)、地委编办、地直机关工委、地委老干部局、地委党校、地委史志办、阿克苏纺织工业城(开发区)管委会、库车经济技术开发区管委会、地区工信局、地区民宗局、地区公安局、地区民政局、地区人社局、地区自然资源局、地区生态环境局、地区住建局(人防办)、地区水利局、地区商务局、地区卫健委、地区退役军人事务局、地区行政公署外事办、地区国资委、地区市场监督管理局(知识产权局)、地区医疗保障局、地区信访局、地区林业和草原局、地区粮食和物资储备局、地区消防救援支队、地区畜牧兽医局、地区税务局、地区气象局、地区工会、团地委、地区妇联、地区科协、地区工商联、地区红十字会。

“合格”单位(3个):地区交通运输局、地区供销社、地区残联。

“不合格”单位(1个):地区科技局。

(三)地直相关二级单位考评定等情况

“优秀”单位(18个):地区农业技术推广中心、地区农业产业化服务办公室、托木尔峰国家级自然保护区管理局、地区林业技术推广服务中心、地区畜牧技术推广中心、地区水资源总站、地区人工影响天气办公室、地区环境保护监测站、地区矿山救护队、地区检验检测中心、地区伊斯兰教经文学校、地区伊斯兰教协会、地区社会福利院、地区博物馆、地区疾病预防控制中心、地区中等职业技术学校、地区二中、阿克苏职业技术学院。

“优良”单位(22个):地区农村经营管理局、地区种子管理中心站、地区天山国有林管理局、地区草原工作站、地区动物疫病控制诊断中心、地区动物卫生监督所、阿克苏(南疆)危险废物管理中心、地区药品检验所、地区社会主义学院、民革阿克苏市委员会、地区儿童福利院、地区救助管理站、地区文化艺术中心(文化馆、图书馆)、地区社会体育指导中心、地区卫生监督所、地区计划生育宣传教育技术指导所、阿克苏电大、库车中等职业技术学校(阿克苏工业技师学院)、新疆理工学院、阿克苏教育学院、阿克苏技师学院、地区启明学校。

“合格”单位(5个):地区档案馆、地区机关事务服务中心、地区农牧业机械化技术推广站、地区柯柯牙三北林管理站、地区一中。

(郭 雅 李文春)

统战工作

【机构改革】 中共阿克苏地区委员会统一战线工作部(以下简称地委统战部)是中共阿克苏地区委员会主管统一战线工作的职能部门,为正县级,统一领导地区民族宗教事务局。统一管理侨务工作,加挂阿克苏地区行政公署侨务办公室牌子。继续保留地委台湾工作办公室(阿克苏地区行政公署台湾事务办公室)牌子。机构改革后地委统战部行政编制18名,参照公务员编制7名。设部长1名,由地委领导同志兼任;副部长4名(不含兼职,分管日常工作的副部长为正县级);科级领导职数14名(正科级7名、副科级7名)。地委统战部设下列内设机构7个:办公室、统战工作科、民族工作科、宗教工作科、非公有制经济工作科(港澳台统战工作科)、侨务工作科、政策法规科(宣传教育科)。机关工勤事业编制1名。

【宗教工作】 2019年,地委统战部加强对宗教人士培训培养力度。地区共举办集中培训班3期320人;自治区社会主义学院培训2期330人;中央社会主义学院培训1期5人;共组织42人分6批赴内地参观考察学习。严格执行《伊斯兰教教职人员资格认定和聘任暂行办法》,形成入口严、出口畅的宗教人士进退机制。全面落实关心关爱政策,做到爱国宗教人士生活有保证、安全有保障。依法管好宗教活动场所、宗教活动。全面落实朝觐政策,完成2019年地区组团朝觐任务。

【新的社会阶层人士工作】 2019年,地委统战部按照《全地区2018~2020年新社会阶层人士培训方案》,把新的社会阶层代表人士纳入视野,加强联系,抓好培训,引导其树立正确的政治观点,增进其政治认同。选派3名县级党外干部、4名政协委员、人大代表参加自治区级党外人士培训。选派1名党外知识分子赴北京社会主义学院参加党外知识分子培训。选派3名新社会阶层代表人士参加自治区举办的新社会阶层代表人士培训班。

【党外人士工作】 2019年,地委统战部认真贯彻落实中共中央《关于加强新形势下党外代表人士队伍建设的意见》精神,对全地区党政机关、企事业单位、非公企业、个体工商户、港澳台以及从事新媒体等社会各界从业人员中的优秀党外代表人士进行摸底。全地区党外人士共计695人。

【社会主义学院】 2019年,地区社会主义学院全额事业编制14名,设置内设机构2个:办公室、教务处。核定内设机构领导指数4名(正科级2名,副科级2名)。全年举办各类培训班7期:完成统战民宗干部培训班2期300人;驻村管寺干部培训班2期299人;地区非公有制经济代表人士培训班2期200人;回族、伊斯兰宗教人士教职人员管理干部和"两教"教职人员培训班1期36人,培训总人数达835人次。配合地区统战民宗系统及有关部门外出授课宣讲15多场,培训6 000多人次。

【经文学校】 2019年,地区伊斯兰教经文学校(新疆伊斯兰教经学院阿克苏分院)归地委统战部管理。公益一类,正县级单位,核定事业编制24名,领导职数5名(正县级2名、副县级3名),内设科室3个(办公室、教务处、学生处),内设科室领导职数7名(正科级3名、副科级4名)。经费实行全额预算管理。全年共举办2期伊斯兰教教职人员集中培训班,共培训人员280人。2019年7月18日,2017届大专班学历班,94名学生参加毕业考试,全部取得大专毕业证书,综合考试成绩获5所分院第一名。

(贾 婷)

机关党建

【机关党组织】 截至2019年年底,党组织关系隶属中共阿克苏地区委员会直属机关工作委员会(以下简称地委直属机关工委)的直属单位48个,基层党组织451个,其中党委40个、党总支22个,党支部389个,党员6608个,其中预备党员155个。

【党建工作会议】 2019年2月20日,地委直属机关工委组织召开2019年地直机关党的建设工作会议,总结2018年工作,安排部署2019年工作,签订2019年度《党建工作责任书》和《党风廉政建设工作责任书》,地直41个单位党组织书记及9个县(市)工委书记参加会议,行署机关党委、地区文化广播电视和旅游局基层党委、地区公安局基层党委、新和县直机关工委、乌什县直机关工委作交流发言。

【党务培训】 2019年,地委直属机关工委积极开展党务干部培训和业务培训工作,分别于4月25~26日和7月24~26日举办两期党务干部培训班,培训党务干部222名。于10月开展两期地直机关党支部书记培训班,一期3天,通过《新时代如何做好基层党支部书记工作》《深刻领会、全面把握习近平新时代中国特色社会主义思想》等专题讲座、分组讨论交流学习体会、观看《党章电视辅导教材》电教片等方式开展培训,来自地直机关各系统、各单位300多名党支部书记参加培训。

【党员活动】 2019年,地委直属机关工委开展"讲政治、促作风、树形象"春季长跑健身活动、"带头作表率建功新时代"庆祝建党98周年演讲比赛、"聚焦总目标·礼赞新中国·展现新风采"主题书画摄影展、地直机关"学党章强党性提素质"知识竞赛决赛、"建设美丽新疆·共圆祖国梦想"新疆"四史"主题流动展等活动,地、市直属机关的600多名党员干部踊跃参与,展现广大党员干部聚焦总目标、实干有担当、勇当排头兵的良好精神面貌。

【征文活动】 2019年,地委直属机关工委以"不忘初心、牢记使命"主题教育活动为契机,在全地区机关党员干部中发起了庆祝改革开放40周年征文活动。共收到来稿200多篇,经严格评审,共收录优秀稿件117篇。

【"一先双优"表彰】 2019年,地委直属机关工委按照层层推荐,优中选优的原则,对16个先进基层党组织,45名优秀共产党员,20名优秀党务工作者进行表彰。

【发展党员工作】 2019年,地委直属机关工委采取专题讲座、观看电教片、专题讨论等方式举办2期2019年地直机关入党积极分子及发展对象培训班,共培训入党积极分子233名、发展对象111名。年内共发展正式党员112名、预备党员155名、发展对象72名,入党积极分子433名。

【困难党员慰问】 2019年,地委直属机关工委在春节、七一节前组织各基层党组织全面开展摸底排查,先后对225名老党员、65名困难党员、21名困难职工、14名中华人民共和国成立前老党员、25名因公牺牲党员干部家属、20名近三年受到表彰的党员干部、40名党务干部共计410人进行了慰问，发放慰问金22.5万元。

【基层组织建设】 2019年，地委直属机关工委按照《中国共产党党和国家机关基层组织工作条例》和地委有关要求，指导新成立党委2个、基层党委1个、新成立党总支2个，调整25个党组织的隶属关系，撤销合并15个党组织，指导45个党组织进行换届选举、106个党组织进行补选改选，按程序发展新党员90名，转接1620名党员党组织关系。

【党风廉政建设】 2019年，地委直属机关工委督促地直机关各级党组织、纪检组织认真落实全面从严治党主体责任和监督责任，各单位党组（党委）书记自觉履行第一责任人责任，班子成员认真履行“一岗双责”，加强对职责范围内的党风廉政建设工作任务督导和落实，带头遵守执行党的政治纪律和中央八项规定。通过集中学习、警示教育、主题党日、培训班、知识竞赛等方式，扎实开展党风廉政教育，深化“聚焦总目标、作风再整顿”活动成果，共开展专题学习2 130次，警示教育620场次，地直机关代表队获得地区“纪法铭于心、廉洁伴我行”知识竞赛一等奖。加大执纪问责力度，严肃查处党员干部违纪违法行为，对4名违纪党员进行处理，机关党员干部廉政意识明显增强。

【2019年地直机关党内统计数据分析】 截至2019年12月31日，地直机关党员总数为6 608名（女党员:2151名，占党员总数的32%。少数民族党员1 518名，占23%；大专及以上学历党员6 065名，占91.7%），比上年净增1 474名（5 134名），增幅为28.7%。有基层组织451个，比上年增加120个（331个），增幅为36.2%。其中党委（基层党委）40个、总支部22个、支部389个。30岁及以下党员518名，31至35岁党员955名，36至40岁党员842名，41至45岁党员756名，46至50岁党员833名，51至55岁党员932名，56至60岁党员614名，61岁及以上党员1 158名。2019年共发展党员155名，比上年增加55名。发展女党员68名，占43.8%。发展少数民族党员32名，占20.6%。发展35岁及以下党员98名，占63.2%。发展具有大专及以上学历的党员155名，占100%；工人（工勤技能人员）5名，占3.2%。企事业单位、专业技术人员80名，占51.6%。党政机关工作人员75名，占48.3%。在生产、工作一线发展党员155名，占100%。截至2019年年底，地直机关共有入党申请人779名，入党积极分子433名，发展对象72名。

（孙振明）

10月22日，地委直属机关工委在郁金香广场举办“建设美丽新疆 共圆祖国梦想”新疆“四史”主题流动展（樊晓伟摄）

党史地方志工作

【党史地方志工作综述】 2019年，中共新疆维吾尔自治区阿克苏地委党史研究室暨新疆维吾尔自治区阿克苏地区地方志办公室（以下简称地委史志办）深入贯彻新发展理念，围绕地委、地区中心工作，高效推进史、志、鉴编纂工作，编纂出版发行《阿克苏年鉴（2018）》，二轮志书《阿克苏地区志（2001~2018）》通过自治区评审，《柯柯牙礼赞——阿克苏地区生态文明建设纪实》《智慧校园——阿克苏地区教育创新见闻》《美丽家园—阿克苏地区城乡建设巡礼》三本纪实书籍初稿完成，逐步完善“地情资料库”，截至年底，全地区现有志书 19 586 册，党史资料 23 617 册，年鉴 12 526 册；打造史志资料馆，存放 3 000 多册史、志、鉴书籍。

【机构改革】 2019 年，地委史志办按照《中共阿克苏地区委员会党史研究室暨阿克苏地区地方志办公室职能配置、内设机构和人员编制规定》阿地党办发〔2019〕87 号文件精神进行机构改革，地委史志办编制 17 名，设主任 1 名，副主任 3 名，科级领导职数 8 名(正科级 4 名，副科级 4 名)。经费实行全额预算管理。保留地方志编辑室、年鉴编辑室，党史编研室改为党史编辑室，增设综合科。综合科负责本部门综合协调和对外沟通联络；负责机要保密、信访、文书档案、财务、安全保卫、车辆管理、后勤保障等工作。

【二轮志书】 2019 年，地委史志办在地委的大力支持下，高位推动《阿克苏地区志（2001~2018）》编撰出版工作，二轮志书全面启动后，认真开展人员培训和资料收集工作，先后深入林业、农业等 20 多家单位举办培训班，对 80 名供稿人员进行面对面指导培训，经过半年的编撰，二轮志书初稿成型，全书 47 个编，500 万字，于 11 月 26 日通过自治区评审会评审，与会专家和领导从提高政治站位、突出地方特色、记述的规范化、精简完善资料、调整优化篇目和涉密内容检查六个方面提出要求，截至年底，二轮志书进入全面修改完善阶段。

【年鉴工作】 2019 年，地委史志办坚持质量为本，围绕地委、行署中心工作，3 月由中州古籍出版社出版发行《阿克苏年鉴(2018)》。该书设有特载、概况、要闻大事、法治、农业、经济监督与管理等 23 个类目，143 个分目，1 096 个条目，90 万字，框架结构、条目撰写、封面设计不断规范和创新，内容涵盖面更广，对每个条目进行全方位严格审核，确保年鉴内容符合相关政策、真实准确。根据 2019 卷年鉴要求和各单位实际情况，下发《关于征集〈阿克苏年鉴〉(2019 年卷)资料的通知》文件，向全地区 130 家单位收集文字和图片资料，完成编辑校对任务，并送审至地区保密局、地委宣传部、中州古籍出版社、新疆年鉴社等单位；对县(市)7 本送审年鉴进行认真审读，并出具详细审读意见。

【地情书籍编纂】 2019 年，地委为全面系统记述十八大以来阿克苏地区重大工作的辉煌成就，决定编纂出版《柯柯牙礼赞——阿克苏地区生态文明建设纪实》《智慧校园——阿克苏地区教育创新见闻》《美丽家园—阿克苏地区城乡建设巡礼》等三本纪实书籍，地委成立编纂工作领导小组，地委史志办负责编纂，成立 3 个编纂小组，截至年底，三本纪实书籍初稿完成排版，样书经审阅合格后送出版社出版。各县(市)也围绕主责、主业做好地情书编写工作，阿克苏市、柯坪县编辑出版《阿克苏大事记》《柯坪县大事记》，库车市编写《人文库车》《库车市改革开放 40 年》。

【地情资料库建设】 2019 年，地委史志办为更好发挥地情资料资政育人作用，对已出版的地区志、县(市)志、部门志、地方综合年鉴等地情资料进行归类整理，完善地区“地情资料库”，截至年底，全地区有志书 19 586 册，党史资料 23 617 册，年鉴 12 526 册。9 月，向地区机关事务管理局申请 1 间办公室作为史志办资料馆，整理各级党史、地方志机构出版的“史、志、鉴”相关书籍和各省(市)、自治区各地(州)等兄弟单位赠送的“史、志、鉴”相关书籍共计 3 000 多册，按照图书馆标准整理上架，供地区广大干部职工借阅，让尘封在库房的“史、志、鉴”书籍“重见天日”。

【地方志书出版】 2019 年 4 月，《阿克苏地区志（修订版）》由方志出版社正式出版，阿克苏地区地方志编纂委员会组织编写，自治区地方志编委会组织审定，志书上线不限，尽可能追溯到事物的发端，着重记述中华人民共和国成立后，特别是中共十一届三中全会以后的社会发展状况，下限断至 2000 年末，全书设 35 篇、176 章、723 节，280 万字；该书坚持《建国以来党的若干历史问题的决议》精神，遵照实事求是原则，力求全面、公正、客观地记述阿克苏地区境内自然和社会的历史和现状，融思想性、科学性、资料性为一体，着力突出地域特色和时代特点。2019 年 10 月，《阿克

2019 年 11 月 26 日,《阿克苏地区志(2001~2018)》召开自治区专家评审会(地委史志办/提供)

苏市志(1990~2016)》由社会科学文献出版社正式出版，阿克苏市地方志编纂委员会组织编写，自治区地方志编委会组织审定；全书设 37 篇、196 章，198 万字；该书较为详尽地记述了 1990~2016 年间阿克苏市自然、经济、政治、文化和社会生活的历史变化和基本情况，全面记录阿克苏市改革开放取得的最新成果，是全面了解阿克苏市的资料性文献。

【主题教育基地建设】 2019 年，地委史志办按照地区“不忘初心、牢记使命”主题教育工作要求，结合自身工作特点，发挥自身优势，依托“访惠聚”驻村工作，全力在驻村点打造“不忘初心、牢记使命”主题教育基地。主题教育基地由明白墙、党史教育馆、河畔村方志馆、幸福广场、党建指导员示范基地等组成。“不忘初心、牢记使命”主题教育基地共接待各级组织和个人参观和学习 5 000 多人次，受到感恩教育和爱国主义教育。

（张　英）

档案工作

【档案接收征集】 2019 年，阿克苏地区档案馆（以下简称地区档案馆）按照地委、行署的总体部署，地区档案馆制定《阿克苏地区党政机构改革档案处置移交方案》，并严格按照方案稳步推进，确保地直涉改单位档案按时保质保量移交。督促地区本级全部 72 个涉改单位档案进行收集和规范整理，共接收 35 个部门、单位（其中不再保留（纳入）重新组建化转的地直涉改部门(单位)24 个，二级涉改部门（单位）11 个）的文书档案 53 581 件、业务档案 16 334 卷，会计档案 14 146 卷，照片档案 3 352 张、实物档案 110 个，确保涉改档案的齐全完整与安全。通过政府采购聘请第三方公司，在规定的时限内完成涉改单位电子档案数字化工作，实现纸质与电子档案同步接收，此项工作走在全疆前列。接收阿克苏地区“聚焦总目标，作风再整顿”专项活动整套档案 58 件，指导阿克苏地区社会体育中心四个建设项目档案 263 卷规范整理，并纸质与电子档案同步接收进馆。截至 2019 年年底，有馆藏档案、资料 206 个全宗，140 200 卷（册）、234 654 件。

【档案业务指导和培训】 2019 年，地区档案馆认真组织地直各单位档案员结合每年 3 月归档月活动，于 4 月开展档案基础知识培训，各县（市）、地直单位参训人员 200 多人，加强地直各单位档案员档案管理水平。机构改革期间，地区档案馆派出骨干力量，先后在地、县举办涉改单位档案业务培训 18 次，累计 2 000 多人参加培训，开展现场指导培训 320 场次。

【档案服务民生】 2019 年，地区档案馆有馆藏档案、资料 206 个全宗，140 200 卷（册）、234 654 件，涉及政务、民生、经济等各行各业，承担着大量对外提供查阅利用服务职责，尤其原国有企业改制后的破产企业档案及机关、企事业单位退休人员工资档案等更是高频次查阅利用的重点。2019 年累计查阅各类档案资料 415 人次，3 0132 卷，8 103 件，查阅率是 2018 年的 2.2 倍。办理破产企业个人档案转出 16 例，复印档案资料 1 700 页，并按月对档案的查阅利用情况及时进行统计汇总和分析评估。

【档案保管保护】 2019 年，地区

档案馆每月开展档案安全大检查和节假日前的大检查。从档案安全制度落实、安全责任区划分、“十防”(防火、防盗、防腐、防爆、防挥发、防漏电、防潮、防霉、防晒、防毒)到位、数字档案管理、档案保密、开放利用等方面进行全面督查。积极争取财政资金 18.5 万元,对 12 个已过期的七氟丙烷气罐进行更换,已完成安装调试,并聘请第三方消防公司进行检测,已投入档案库房使用。对所有消防系统每月进行检查、检修,对消防井内锈死的消防阀进行更换,且购置微型消防站所需的消防用品设备及楼内的所有应急灯和逃生指示灯进行维修更换,现已全部整改完毕。完成 2~5 楼档案库房中 91 组档案密集架防虫、防鼠药丸投放工作。做好库存档案的安全保管、保护工作,做好五个档案库房每日的温湿度记录和安全检查,随时进行开窗通风和使用设备调节。每月一次的档案库房安全大检查、重点检查有无鼠咬、虫蛀等情况,时常检查档案的保管状况。完成电梯安全检验,对提出的 9 个问题进行全部整改并通过验收。

【档案资源开发】 2019 年,地区档案馆发挥爱国主义教育基地阵地的教育宣传作用,在大厅内安装 1.83P,11.5 平方米电子屏 1 台,并配备电脑、功放等全套设备。制作 1 部展示阿克苏各行各业发展巨变为主题的专题片《神奇古龟兹,大美阿克苏》,在馆内循环播放。地区档案馆爱国主义教育基地各展厅共计接待参观人数 86 批次、4 030 人次。提升档案开发利用服务水平。

【档案信息化建设】 2019 年,地区档案馆积极推进数字档案馆建设进程,做好馆藏存量档案的全文数字化的数据整合和查遗补漏工作。完成 150 个全宗的全文数字化及数据整合工作,共完成 4 168 卷 3.54 万件 429 513 页,40 038 条目录录入和扫描工作。对档案数字化成果完成数量检查、质量检查各 6 次,抽检率达到 70%,差错率保持在 0.2%。做好涉改单位移交进馆档案的数字化工作。对 35 个涉改单位纸质档案、照片档案、实物档案进行全文数字化扫描工作,已完成 35 个涉改单位数字化全文扫描录入工作。做好地区政府信息公开材料的收集和规范化整理工作。全年共接收 17 个地直单位主动公开和依申请公开的纸质和电子文件,其中主动公开文件 203 份、依申请公开文件 535 份。

(马现峰)

党校工作(地区行政学院)

【教学管理】 2019 年,地委党校(地区行政学院)把教学作为立校之本,突出主业主课,积极推进教学内容更新、课堂模式创新,提升教学质量和水平。利用“一张大课表”模式,对县(市)党校资源进行整合轮训,承办地委班子“不忘初心牢记使命”主题教育集中培训任务。按照“党校姓党”要求,主体班教学中党的理论教育和党性教育的主课达到 72%以上。围绕党的十九大精神、十九届一中、二中、三中、四中全会精神、习近平新时代中国特色社会主义思想、《中国共产党章程》《新疆若干历史问题》《新疆的反恐、去极端化斗争与人权保障》《新疆的职业技能教育培训工作》《中国共产党的九十年》《中华人民共和国史稿》、弘扬柯柯牙精神及传承红色基因、“不忘初心牢记使命”等内容,开设了一批新的教学专题和教学项目。在授课教师安排上,实行党校教师、外聘专家教授与部门领导三结合,外聘各行各业专家型领导干部到党校授课达到总课程的 20%。

【科研工作】 2019 年,地委党校(地区行政学院)制定、完善科研管理规章制度,出台《阿克苏地委党校(地区行政学院)科研经费管理办法》《阿克苏地委党校科研绩效考核办法》等制度,使科研成果作为专兼职教师年终考核指标中的一项重要内容,规范课题申报工作流程,提高教师做课题的积极性。征集 2019 年度全疆党校(行政学院)系统课题论文 48 篇,上报自治区重点课题选题 4 个,一般课题选题 7 个。经评审被认定自治区级重点课题选题 1 个,一般课题选题 1 个。积极组织教师参与自治区党校各类科研研讨活动,上报各类征文 42 篇,申报各级各类课题 33 项,上报自治区党校第十九届理论研讨会论文 15 篇,获奖 3 篇;上报自治区党校第十届优秀科研成果 10 篇,获奖 3 篇;教师个人在省部级课题评审中,获奖 1 篇,在阿克苏日报上刊登理论文章 10 篇。

【学员管理】 2019年，地委党校(地区行政学院)在主体班学员中推行“双百分”考核制度(理论学习与党性锻炼各占100分，理论学习与党性锻炼两项中任何一项总分低于60分者,不予毕业)。截至年底,完成主体班培训任务10期，培训学员777人次；承办其他各类专题班88期,培训学员23 817人次。全年累计培训2.4万人次。

(方　雷)

老干部工作

【机构改革】 地委老干部局是地区老干部工作的宏观管理部门,正县级建制，由地委组织部管理。2019年2月,根据中办发〔2019〕29号、新党办发〔2019〕29号、新党厅字〔2019〕11号、阿地党办发〔2019〕31号、阿地党办发〔2019〕2号、阿地党组职字〔2019〕6号文件,地委老干部局核定行政编制8名,设局长(正县级)1名,副局长3名。设综合科和离退休干部服务管理科,科级领导职数3名(正科级2名、副科级1名)。行政实际在编人员7人。设机关工勤事业编制2名。下属单位:阿克苏地区老干、老年活动中心,机构规格相当副县级，核定参公事业编制12名,实有9人;阿克苏地区关心下一代工作委员会办公室,机构规格相当科级，核定参公事业编制3名,实有2人。

【离退休干部情况】 2019年,全地区共有离退休干部25 499人，(其中离休干部153人、退休干部25 346人);机关离退休干部9 263人(其中地厅级35人,占离退休干部总数0.13%;县处级1 278人,占离退休干部总数5%；科级及以下7 950人，占离退休干部总数36.3%);企事业离退休干部16 236人,占离退休干部总数63.7%。离退休干部党员13 247人，占离退休干部总数的51.95%。

【离退休干部发挥余热】 2019年,地区组建老干部宣讲团48个、成员196人,采用“宣讲+草根语言”“宣讲+文艺元素”“宣讲+亲身经历”“宣讲+年代对比”的模式,深入43个乡(镇、场、街道)、135个村(社区)开展“我看祖国70年新变化”“不忘初心、牢记使命、忠诚担当、奉献大边疆”“冬季万人大宣讲”等主题教育活动216场次,宣传习近平新时代中国特色社会主义思想、习近平总书记关于新疆工作的重要讲话和重要指示批示精神,弘扬主旋律、传播正能量,为新时代党和人民的事业贡献力量,受教育82 890人次。

围绕“聚焦总目标、增添正能量”主题深入开展离退休干部公益行动“十大员”(关心下一代辅导员、政策法规宣讲员、和谐家庭示范员、勤政廉政监督员、建言献策参谋员、业余爱好特长员、助人为乐帮扶员、邻里纠纷调解员、科普保健宣传员、技术能力传授员)以一带十活动，每一大员分别结成对子帮带10名离退休干部,帮助提升能力,带领发挥作用,不断扩大影响力,挖掘选树先进典型100名,建立先进典型花名册,形成先进典型事迹汇编,发挥典型示范引领作用。

【老干部政治待遇】 2019年,地委老干部局开展离退休干部“政治体检”工作,提高老干部政治敏锐性和政治鉴别力。深入开展“不忘初心、牢记使命”主题教育,采取专门集中学习、“上门送学”、召开座谈会、参加重要会议等方式,组织老干部深入学习党的方针政策、马克思主义最新理论成果,强化理论武装。组织离退休干部参加地委(扩大)会议、干部大会、调研成果交流会、迎新春茶话会7场次,参加离退休老干部1 000多人次。落实老干部报刊赠订、阅读文件等制度,建立定期走访年龄较大、行动不便、生活困难老党员、老干部制度,采取送资料上门形式,保障老干部对党内事务的知情权、参与权和监督权。9月,地区四套班子领导带队走访慰问新中国成立前参加工作的离休干部,每人送去慰问金2 000元。12月,地委老干部局领导带队赴兰州、西安、咸阳等地上门看望离退休老干部张清江、严裕、李维均等老同志,为每人送去春节2 000元慰问金。

【老干部生活待遇】 2019年,地委老干部局设立特殊困难离退休干部帮扶资金，加强对生活困难的老干部和离休干部遗孀帮扶力度。在春节、古尔邦节,协助地委领导走访慰问34名地厅级离退休干部,分组慰问20名无固定收入老干部遗孀和72名离休干部，征集意见建议13条。完善离退休干部健康服务机制,畅通离退休干部就医渠道,探视住院老干部14人次,协助老干部家属办理丧事 7 次。根据《阿克苏地区本级特殊困难离退休干部(遗孀)财政帮扶资金救助办法》，协调地区财政筹集帮扶资金 2.4 万元，对 6 名无固定收入遗孀家庭进行特殊困难帮扶，每人发放困难帮扶资金 4 000 元；向自治区申请 2 名破产企业无固定收入离退休干部遗孀困难帮扶资金，每名 1 万元，合计 2 万元。冬季为 20 名破产企业离休干部遗孀发放取暖费 1.6 万元。

（谢福坤）

纪检监察

【高压态势反腐惩恶】 2019 年，中共阿克苏地区纪律检查委员会、阿克苏地区监察委员会(简称地区纪委监委)制定《阿克苏地区纪检监察机关立案相关工作程序规定(试行)》等，建立完善定期评审和案件评价机制，坚持开好形式审核会、案件联席会、论证会、评审会“四个会”，严把质量关。始终把安全贯穿审查调查全过程，制定《审查调查中心工作手册》《阿克苏地区乡镇(街道)纪(工)委“走读式”谈话管理办法》等，强化安全教育和安全检查，特别是加强“走读式”谈话安全防控，坚决做到“三人一组”开展谈话，确保绝对安全。投入资金 1 000 万元对审查调查中心进行改（扩）建，新建留置场所 12 间，夯实办案安全基础。

【监督责任】 2019 年，地区纪委监委强化日常监督，对监督检查室对口联系县(市)、地直单位进行调整，实现对 9 个县(市)、121 个地直部门、11 个国有企业、58 个自治区驻阿单位、企业监督全覆盖。规范实施问责，全年问责党组织 39 个、领导干部 220 人，给予党纪政务处分 44 人。

【专项整治】 2019 年，地区纪委监委紧扣自治区党委“8+2”专项整治，全力推进 4 项牵头任务和 5 项配合任务落实。扎实开展民生领域专项治理，集中排查和整治教育、医疗卫生、食品药品安全等 10 个领域 245 个突出问题。全地区查处损害群众利益问题（含民生领域侵害群众利益问题）721 件。落实中央八项规定及其实施细则精神，严肃查处领导干部利用名贵特产类特殊资源特别是利用“和田玉”谋取私利问题，专项整治“天价烟”背后的“四风”问题、以及违规配备使用越野车问题，集中整治形式主义、官僚主义。全年查处违反中央八项规定精神案件 100 件，查处形式主义、官僚主义问题 304 件。持续深化扶贫领域腐败和作风问题专项治理、涉黑涉恶腐败及“保护伞”问题集中整治，严查群众身边腐败和不正之风。查处扶贫领域腐败和作风问题 449 件，涉黑涉恶腐败和“保护伞”案件 31 件。

【警示教育】 2019 年，地区纪委监委坚持把廉政教育作为一项基础性工作，用好用活典型案件资源，召开地区警示教育大会，拍摄《偏离轨道的人生》《迟到的扶贫羊》2 部警示教育片，编印《扶贫领域腐败和作风问题典型案例警示录》，以案警示、以案促改。2019 年被上级采用宣传稿件 397 篇，位居全疆第一。在自治区“纪法铭于心、廉洁伴我行”知识竞赛中地区荣获二等奖。

【深化改革】 2019 年，地区纪委监委紧跟自治区纪委监委部署要求，一体推进地、县两级纪委监委派驻(派出)机构改革，全地区设置派驻(派出)机构 75 个。建立派驻机构工作协作机制，地区本级 12 个派驻纪检监察组划分 3 个片区，整合力量、协同联动。在阿克苏市、库车市开展乡(镇)纪检监察工作协助区试点工作，整合监督力量、延伸监督触角，监督质量得不断提升。

【巡视巡察】 2019 年，地区纪委监委坚持政治巡察定位，上下联运推进地、县巡察工作开展，着力发现被巡察党组织在落实“两个维护”、履行政治责任、严明政治纪律和政治规矩、破除形式主义官僚主义、整治群众身边腐败和作风问题等方面存在的突出问题。2019 年地、县两级共巡察党组织 687 个。全力做好整改，制定《关于推动地区纪委监委机关和派驻机构监督落实巡察整改任务的实施意见》，健全协作配合、情况报送、通报研判、问责追责工作机制，推动真改实改、全面整改。协助地委做好自治区党委第二巡视组巡视阿克苏地区反馈意见整改工作，巡视反馈的 5 个方面 19 条问题全部整改到位。

（地区纪委监委供稿）

政权·政治协商

人大地区工委

【地区人大工委会议】 2019年，地区人大工委共召开4次工委会议。审议《地区行署工作报告》《2018年地区国民经济和社会发展计划执行情况及2019年国民经济和社会发展计划（草案）的报告》《关于2018年地区财政决算草案的报告》等。

【监督工作】 2019年，地区人大工委组织开展地区中级人民法院加强刑事审判工作情况、阿克苏检察分院开展公益诉讼工作情况专题调研，听取和审议“两院”专项工作报告。组织各县（市）人大常委会和相关部门对《新疆维吾尔自治区实施〈中华人民共和国反家庭暴力法〉办法（草案）》《新疆维吾尔自治区人民代表大会及其常务委员会立法条例（修订草案）》《中华人民共和国行政处罚法修正草案（征求意见稿）》等规章制度进行学习研讨，广泛征求意见。

听取和审议地区行署关于2018年地区财政预、决算的报

2019年地区人大工委召开会议一览表

次别	时间	主要内容
第1次	2月26日	会议听取并审议地区行署工作报告、2018年地区国民经济和社会发展计划执行情况及2019年国民经济和社会发展计划（草案）的报告、2018年地区财政预算执行情况和2019年地区财政预算（草案）的报告、地区人大工作委员会工作报告、地区中级人民法院工作报告、阿克苏检察分院工作报告。会议批准“一署两院”工作报告和地区人大工委工作报告
第2次	6月11日	会议听取和审议地区行署关于2018年地区财政决算草案的报告；行署关于2018年地区本级财政预算执行和其他财政收支的审计工作报告；行署2018年度环境状况和环境保护目标完成情况的报告；地区2018年行政事业性国有资产专项报告。组织宪法宣誓
第3次	10月15日	会议听取和审议地区行署关于2019年上半年地区国民经济和社会发展计划执行情况的报告；行署关于2019年上半年地区财政预算执行情况及地区本级财政预算调整方案（草案）的报告；行署贯彻实施《自治区去极端化条例》《自治区民族团结进步工作条例》情况的工作报告；地区人大工委执法检查组关于检查地区贯彻实施《自治区去极端化条例》《自治区民族团结进步工作条例》情况的报告

续表

次别	时间	主要内容
第4次	12月13日	会议听取和审议阿克苏地区行署关于办理地区人大工委组成人员审议意见情况的报告；阿克苏地区行署关于2018年度地区本级预算执行和其他财政收支审计查出问题整改情况的报告；阿克苏地区行署贯彻实施《自治区物业管理条例》的工作报告；阿克苏地区人大工委执法检查组关于检查地区贯彻实施《自治区物业管理条例》的报告；阿克苏地区中级人民法院关于加强刑事审判工作情况的报告；阿克苏检察分院关于开展公益诉讼工作情况的报告。会后，地区人大工委召开健康惠民专题询问会议。组织宪法宣誓

告，批准2018年地区预、决算，2019年地区本级预算调整方案；听取和审议地区行署关于2018年地区预算执行情况和财政收支的审计工作报告、2019年上半年地区国民经济和社会发展计划执行情况报告、2019年上半年地区预算执行情况报告、2018年地区国有资产管理情况综合报告和行政事业性国有资产专项报告。

【代表工作】 2019年，地区人大工委选送60名驻阿自治区人大代表、县（市）人大常委会主任、副主任、乡（镇）人大主席团主席参加自治区人大业务工作培训5次；举办2019年县乡人大干部培训班，对110名县（市）、乡（镇）人大代表、人大干部进行集中培训。组织22名自治区人大代表、4名工委委员分东西两组对地区各县（市）反恐维稳、民族团结、经济建设、扶贫攻坚、生态环境治理情况及转型升级、民生工程等重点项目建设开展集中视察；安排3批6名自治区人大代表参加法院庭审，5批9名自治区人大代表参加地区考核、测评等会议。安排4批27名自治区驻阿克苏人大代表、县（市）级人大代表列席工委会议，1批7名自治区驻阿人大代表、县（市）级人大代表参加工委专题询问。承办检、法两院3批6人法律职务任免的初审。

地区人大工作委员会2019年第二次会议第一次全体会议
（地区人大工委办公室/提供）

【县、乡人大工作和建设】 2019年，全地区共有代表之家88个，代表活动室1 007个，县（市）级代表小组413个，乡（镇）代表小组694个。

【检查、调研工作】 2019年，地区人大工委开展《自治区去极端化条例》《自治区民族团结进步工作条例》《自治区物业管理条例》《自治区边境管理条例》执法检查4次。开展地区改善营商环境和招商引资、社区矫正调研农村环境卫生整治、农产品质量安全、改善营商环境和招商引资环境开展调研、农用物资污染（重点是农药、地膜污染）调研7次，开展县乡人大工作和建设调研1次，建立地区人大工委专题询问制度，组织开展地区健康惠民专题询问1次。

【议案工作】 2019年，地区人大工委围绕地区重点、中心工作及群众关心的热点、难点问题，征集各县（市）、地区相关职能部门议案建议线索124件。协助阿克苏代表团向自治区十三届人大二次会议提交议案7件、占全部议案46.7%，建议93件、占全部建议22.4%。

【信访工作】 2019年，地区人大工委接待信访群众和处理各类信访件15件，其中涉法涉诉信访案件14件（依法转交司法部门办理14件）、其他1件（转交地区纪委监委1件），办结率100%。

【新闻宣传工作】 2019年，地区人大工委紧紧围绕庆祝中华人民共和国成立70周年、地方人大常委会设立40周年、工委班子深入开展“不忘初心、牢记使命”主题教育和工作重点，大力宣传人大建设和“三查（察）”工作，宣传宪法法律贯彻实施情况。2019年，工委机关在地委简讯、机关小广播和阿克苏日报、新疆人大等媒体刊物发表稿件80多篇，动员组织各级领导干部开展发声亮剑30多次。编发工委大事记12期、人大工作简讯25期，人大宣传实现月月有主题、周周有宣传、有报道。

（汪庆庆）

阿克苏地区行政公署

【机构改革】 2019年，机构改革后阿克苏地区行政公署（以下简称地区公署）组成部门有33个，分别是：行署办公室、地区发改委、地区教育局、地区科学技术局、地区工信局、地区民宗局、地区公安局、地区民政局、地区司法局、地区财政局、地区人社局、地区自然资源局、地区生态环境局、地区住建局、地区交通运输局、地区水利局、地区农业农村局、地区商务局、地区文旅局、地区卫健委、地区退役军人事务局、地区应急管理局、地区外事办、地区审计局、地区国资委、地区市场监督管理局、地区统计局、地区医疗保障局、地区信访局、地区林草局、地区扶贫办、地区粮食和物资储备局、地区畜牧兽医局。直属事业单位有10个，分别是：地区机关事务服务中心、地区供销社、地区政务服务和公共资源交易中心、地区住房公积金管理中心、地区大数据发展服务中心、地区文博院（博物馆）、地区广播电视台、地区检验检测中心、地区人工影响天气办公室（地区气象局代管）、地区行政公署驻乌鲁木齐办事处。

【地区行署重要会议】 2019年，地区行署召开全体会议2次。

2019年行署全体会议召开一览表

次别	时间	主要内容
第1次	1月10日	会议宣读《2018年行署系统绩效综合考评满意度测评工作情况通报》《行署系统“强化管党治党、整顿机关作风、提升行政效能”活动工作开展情况通报》《2018年地区“放管服”改革工作情况通报》；地区公安局、发改委、农业局3个单位作交流发言；地区食品药品监督管理局、卫计委作表态发言；地委领导作讲话，随后举行《宪法》宣誓仪式
第2次	7月27日	会议宣读《2019年上半年行署系统效能评价情况通报》，地区公安局、发改委、行政服务中心和市场监督管理局4个单位作交流发言；地区水利局、机关事务管理局、商务局等3个单位作表态发言，地委领导作讲话

【行署党组（扩大）会议】 2019年，地区行署召开党组（扩大）会议17次。会议审议《阿克苏地区关于全面加强生态环境保护坚决打好污染防治攻坚战实施方案》《阿克苏地区政府系统“六型”政府建设实施意见》《阿克苏地区乡村振兴战略规划（2019~2022年）》等议题。

地区行署党组（扩大）会议召开一览表

次别	时间	主要内容
第1次	1月6日	会议审议《阿克苏地区行政公署党组议事规则》1个议题，听取2019年行署第一次全体会议筹备情况汇报
第2次	1月29日	会议宣读《关于朱培桓同志任职的通知》，审议《关于全面实施预算绩效管理的实施意见》《阿克苏地区关于全面加强生态环境保护坚决打好污染防治攻坚战实施方案》2个议题，听取2019年行署第一次全体会议召开情况汇报，并就有关事宜进行研究部署
第3次	2月2日	会议审议《阿克苏地区政府系统“六型”政府建设实施意见》《关于进一步完善“1+X”分级管理运行体系 构建大风险隐患排查工作机制的通知》2个议题，并就有关事宜进行研究部署
第4次	2月15日	会议审议《行署党组2018年度民主生活会暨专题民主生活会整改方案》1个议题，听取行署党组成员民主生活会整改措施制定情况汇报，就做好后续整改落实工作进行安排部署
第5次	3月2日	会议审议《阿克苏地区地直国有企业资产负债约束管理规定》《阿克苏地区地直国有企业负责人履职待遇、业务支出管理办法》《“健康阿克苏2030”规划纲要》3个议题
第6次	3月28日	会议审议《地区贯彻落实自治区园区体制机制改革实施意见任务分工方案》《阿克苏地区行署法律顾问管理办法》《阿克苏地区行署系统内部工作检查指导办法（试行）》3个议题，听取地区“6+1”产业高质量发展工作汇报，安排部署近期重点工作和地区经济工作例会相关事宜
第7次	4月29日	会议审议《阿克苏地区推进农业产业化发展两年行动方案（2019~2020年）》《阿克苏地区医疗康养项目招商引资扶持办法（暂行）》2个议题，就有关工作进行安排部署
第8次	5月28日	会议审议《关于渭干河流域管理局水价调整方案》1个议题，就近期重点工作进行安排部署

续表

次别	时间	主要内容
第9次	6月21日	会议审议《阿克苏地区乡村振兴战略规划(2019—2022年)》1个议题,听取行署党组及各党组成员2018年度民主生活会问题整改落实情况报告,就近期重点工作进行安排部署
第10次	7月26日	会议听取2019年上半年地区“6+1”产业运行情况、“六大攻坚”推进情况和行署第二次全体会议筹备情况报告,安排部署近期重点工作
第11次	8月5日	会议审议《关于河北贝翔科技集团石墨烯多种应用产业项目优惠政策的请示》《关于大型专业无人直升机生产试验基地项目优惠政策的请示》《关于设立新疆特色林果产业投资基金的请示》《克孜尔水库管理局及渭干河流域管理局水价调整方案》4个议题
第12次	8月26日	会议审议《关于对国兴公司农行打包资产债权债务处理建议的请示》,1个议题,听取《关于阿克苏地区国民经济和社会发展第十四个五年规划纲要编制工作进展情况的报告》,安排部署近期重点工作
第13次	9月23日	会议专题研究《阿克苏纺织工业城(开发区)纺织服装产业发展扶持政策(试行)》
第14次	10月7日	会议审议《阿克苏地区农业水价综合改革实施方案》1个议题
第15次	11月23日	会议专题听取2019年地区“6+1”产业运行情况报告,并安排部署近期重点工作
第16次	12月6日	会议审议《阿克苏地区“六型”政府建设工作准则》《行署党组“六型”政府建设工作细则(试行)》《关于贯彻落实中央、自治区统一规划体系更好发挥国家发展规划战略导向作用意见的实施办法》3个议题,听取2019年地区“六大攻坚”工作情况报告
第17次	12月26日	会议听取2020年行署第一次全体会议筹备情况汇报;审议《2020年行署第一次全体会议议程》《2019年行署系统效能评价情况通报》《2019年地区“6+1”产业运行情况通报》《2019年地区“六大攻坚”任务落实情况通报》《2020年第一次行署全体会议上的讲话》5个议题。研究地区“六型”政府建设推进会有关事宜及“放管服”改革推进会有关工作事宜

【行署常务会议】 2019年，地区行署召开常务会议11次，审议《阿克苏地区“点线面”推进经济工作实施方案》《阿克苏地区2019年扩大投资攻坚行动方案》《阿克苏地区关于全面加强乡村小规模学校和乡（镇）寄宿制学校建设的实施意见》等议题，开展法治专题学习，并对地区安全生产、防灾减灾救灾、风险隐患排查整治等重点工作进行安排部署。

地区行署常务会议召开一览表

次别	时间	主要内容
第1次	1月30日	会议听取地区安委办及各副专员、党组成员分管领域安全生产工作汇报和分管领导食品安全工作汇报，审议《阿克苏地区“点线面”推进经济工作实施方案》《阿克苏地区贯彻落实残疾儿童救助制度实施方案》2个议题，并就近期重点经济工作和安全生产工作进行安排部署
第2次	2月27日	会议听取地区安委办、各专委会近期安全生产工作汇报和分管领导食品安全工作汇报，审议《阿克苏地区2019年扩大投资攻坚行动方案》《阿克苏地区能源资源开发经营管理攻坚行动方案》《阿克苏地区关于支持实体经济高质量发展攻坚行动方案》《阿克苏地区深化“放管服”改革攻坚行动方案》《阿克苏地区关于开展农村公路“路畅民安”专项行动 加快推进“四好农村路”建设实施方案》《阿克苏地区国民营养计划（2018~2030）实施方案》6个议题，并就有关工作进行研究部署
第3次	3月30日	会议听取地区安委办、各专委会主任第一季度风险隐患排查整改落实情况汇报，审议《阿克苏地区信息化建设管理暂行办法》《阿克苏地区市场监督管理“智慧监管” 信息化建设方案》《阿克苏地区危险废物处置利用设施建设布局指导意见》3个议题，并就有关工作进行研究部署。会上，地区司法局与新疆聚公律师事务所、新疆胜天律师事务所、新疆和远律师事务所分别签订《阿克苏地区行政公署法律顾问聘用协议书》，为3名律师颁发聘书
第4次	4月30日	会议听取库车市人民政府和地区安委办、工信局、住建局4月份风险隐患排查整改落实情况汇报，审议《阿克苏地区公平竞争审查工作联席会议制度》《阿克苏地区关于进一步推进公共法律服务体系建设的实施意见》《阿克苏地区行政规范性文件管理办法（试行）》《阿克苏地区深化科技体制改革2019年推进计划》《阿克苏地区关于全面加强乡村小规模学校和乡（镇）寄宿制学校建设的实施意见》5个议题，并就有关工作进行安排部署

续表

次别	时间	主要内容
第5次	5月31日	会议听取阿克苏市人民政府、拜城县人民政府和地区安委办、教育局、文体广电和旅游局5月风险隐患排查整改落实情况汇报，审议《关于对地区人社局、市场监管局下放县（市）3项权力事项的请示》《关于组织开展“见证祖国变化 共游美丽家乡”暨阿克苏人游阿克苏惠民活动实施方案（试行）》《关于推进阿克苏地区农业高新技术产业示范区建设发展的实施方案》《关于分步实施克孜尔水库管理局农业供水价格的报告》4个议题，并就有关工作进行安排部署
第6次	7月1日	会议听取地区安委办和各专委会第二季度以及6月安全生产和风险隐患排查治理情况汇报，并就近期安全生产、防灾减灾救灾、风险隐患排查整治重点工作进行安排部署
第7次	7月27日	会议听取7月风险隐患排查整改及重点工作情况汇报，审议《关于构建地区事故灾害应急管理体系进一步强化事故灾害应急管理工作的通知》《关于在地区市场监管领域全面推行部门联合“双随机、一公开”监管的实施方案》2个议题，部署近期有关工作
第8次	8月26日	会议听取8月风险隐患排查整改及重点工作情况汇报，审议《阿克苏地区天然气销售价格调整方案》《关于对地区本级行政审批事项“减证便民”清理结果进行确认的请示》2个议题，部署近期有关工作
第9次	10月7日	会议听取9月风险隐患排查整改及重点工作情况汇报，审议《关于调整阿克苏市供热价格的请示》《地区城乡建设用地增减挂钩节余指标跨省域调剂资金使用管理办法》《关于调整地区城镇职工基本医疗保险单位缴费费率的请示》《阿克苏地区实施〈丝绸之路天山廊道(新疆段)文化遗产保护传承利用规划纲要〉工作方案》4个议题，部署近期有关工作
第10次	10月29日	会议听取10月风险隐患排查整改及重点工作情况汇报，开展法治专题学习，安排部署近期重点工作
第11次	11月30日	会议学习安全生产有关文件精神，听取11月风险隐患排查整治及重点工作情况汇报，部署近期有关工作

【行署办公会议】 2019年，地区行署召开办公会议46次，就地区“数字阿克苏”地理空间数据服务平台项目建设、重点交通项目建设、阿克苏火车站站房改扩建项目建设、地区广播电视中心“多浪明珠”广播电视塔项目建设等重点项目工作有关事宜进行研究部署。

地区行署办公会议召开一览表

次别	时间	内容
第1次	1月11日	召开地区“数字阿克苏”地理空间数据服务平台项目建设会议，听取地区国土资源局关于地区“数字阿克苏”地理空间数据服务平台项目建设进展情况汇报，并就有关事宜进行研究
第2次	1月27日	召开徐矿集团阿克苏热电有限公司(以下简称徐矿热电)有关事宜协调会，听取徐矿热电相关问题和地区税务局调查关联交易情况汇报，并就有关事宜进行研究部署
第3次	1月31日	召开阿克苏地区机场大道占用94116部队(空军和田场站)军用土地有关事宜协调会，听取94116部队，温宿县、新疆红旗坡农业发展集团有限公司关于阿克苏机场大道占用军用土地情况汇报后，并就有关事宜进行研究部署
第4次	2月14日	召开2019年地区春灌水情形势分析研判会，听取地区气象局近期天气和降水情况、地区水文局近期各主要河流来水情况、地区水利局春灌工作开展情况汇报，分析研判当前水情形势，并对2019年农业灌溉工作进行安排部署
第5次	2月18日	召开地直、县(市)单位机关干部集资建房办理不动产权属证协调会，听取地区住建局关于地直、县(市)单位机关干部集资房个人不动产权属证办理情况通报，并就有关事宜进行研究部署
第6次	2月27日	召开地区重点交通建设项目协调会议，听取G219线阿温同城北外环公路工程建设、G314线阿克苏过境段(南外环)、阿克苏机场改扩建、阿克苏火车站站房改建4个项目进展情况汇报，重点研究讨论4个项目推进过程中存在的问题及对策，并就春季开复工有关事宜进行安排部署
第7次	3月3日	召开文化建设专项组、美丽庭院建设专项组脱贫攻坚专题会议，会议听取地区文化体育广播电视和旅游局、妇联、团地委扶贫工作开展情况汇报，研究确定专项组攻坚的重点工作
第8次	3月3日	召开阿克苏火车站站房改扩建项目协调会议，实地查看火车站房及站前广场现状，听取中国铁路乌鲁木齐局集团有限公司关于项目建设和年度计划汇报，并对项目建设提出具体要求

续表

次别	时间	内容
第9次	3月6日	召开地区易地扶贫搬迁、就业扶贫、基础设施建设和资金项目专项组第二次会议,听取地区4个专项组工作推进情况及援疆项目资金安排使用情况汇报,传达学习地委关于贯彻落实中央脱贫攻坚专项巡视反馈意见整改工作方案，并就有关事宜进行安排部署
第10次	3月7日	召开落实自治区党委常委、自治区人民政府常务副主席在阿克苏调研所提问题部署会,就提交自治区人民政府研究解决的有关问题、推进国有企业发展和做好纺织服装促进就业等工作进行安排部署
第11次	3月11日	地委、行署领导及地区相关部门主要负责人,深入阿克苏华疆物流股份有限公司实地调研，并就该企业申报建设棉花期货交割库有关事宜召开专题会议进行协调部署
第12次	3月12日	召开2019年地区住房公积金管理委员会第一次会议。会议听取和审议通过《阿克苏地区住房公积金2018年度归集、使用情况决算报告及2019年归集、使用和收益分配计划(预算)报告》,并就地区住房公积金个人贷款逾期不良记录时限调整、开通异地缴存职工在地区申请住房公积金个人贷款业务、修编《阿克苏地区住房公积金缴存、提取管理办法》《阿克苏地区住房公积金个人贷款管理办法》、向社会公布地区住房公积金2018年度报告等事宜进行研究部署
第13次	3月18日	召开协调会，听取新疆红旗坡农业发展集团有限公司（以下简称红旗坡集团公司)生产经营和重点项目推进情况,就解决红旗坡集团公司目前存在的困难问题进行研究部署
第14次	3月20日	召开地区石油和天然气用地核查工作推进会,听取2个核查小组及库车、沙雅、新和、拜城县油气用地核查工作情况汇报,分析用地核查工作中存在的问题,并就做好下一阶段地区油气用地核查工作进行研究部署
第15次	4月3日	召开地区油区综合服务窗口相关事宜协调会，听取地区油区服务协调中心成立以来工作进展情况，就地区油区综合服务窗口进驻库车市后人员抽调、车辆安排、生活补助、住宿等有关事宜进行安排部署
第16次	4月6日	召开G314线阿克苏过境段(南外环)建设项目推进会议,听取地区交通运输局、阿克苏交通建设投资股份有限公司关于G314线阿克苏过境段(南外环)项目进展情况汇报,对项目推进工作进行研究部署

续表

次别	时间	内容
第 17 次	4 月 6 日	召开地区广播电视中心和“多浪明珠”广播电视塔项目建设工程协调会，听取地区住建局(代建办)、广播电视台、阿克苏鹏达投资有限责任公司关于建设工程推进情况汇报，并就业主变更、工程建设招标控制价编制等有关事宜进行研究部署
第 18 次	4 月 9 日	召开地区易地扶贫搬迁、就业扶贫、公共设施建设和资金项目专项组第三次会议暨中央脱贫攻坚专项巡视反馈意见整改落实工作推进会议，听取地区四个专项组工作情况及地区有关单位落实中央脱贫攻坚专项巡视反馈意见整改《关于进一步做好中央、自治区党委巡视反馈意见整改落实工作的通知》(阿地党办发〔2019〕27 号)有关工作情况的汇报，并就做好易地扶贫搬迁土地复垦、中央巡视反馈意见整改落实等事宜进行安排部署
第 19 次	4 月 14 日	召开地区防汛抗旱研判会议，听取气象、水文、水利、农业灌溉等相关工作情况汇报，分析当前汛情旱情形势，对做好春灌和抗旱预防工作进行安排部署
第 20 次	4 月 15 日	召开协调会议，会议听取阿克苏纺织工业城(开发区)关于污水处理厂终端排放控制区湿地建设与生态修复工程及公共排污管网工程有关情况汇报，并就工程建设、管网管护事宜进行安排部署
第 21 次	4 月 16 日	召开沙雅县渭干河灌区农业高效节水增收试点项目推进协调会议，并就有关事宜进行安排部署
第 22 次	4 月 23 日	召开地区大数据中心建设协调会议，听取阿克苏鹏达投资有限责任公司、地区电子政务办关于地区大数据中心建设推进情况汇报，并就大数据中心建设方案、建设模式等有关事宜进行研究部署
第 23 次	4 月 29 日	召开专题会议，就贯彻落实地区一季度经济运行分析暨县(市)委书记月例会精神有关事宜进行研究部署
第 24 次	4 月 30 日	召开阿克苏市社会消费品零售总额协调会议。会议听取阿克苏市关于社会消费品零售总额统计有关问题情况汇报及地区财政局、统计局、市场监管局关于阿克苏市第一季度社会消费品零售总额大幅下降调研情况汇报，并就有关事宜进行研究部署

续表

次别	时间	内容
第25次	5月2日	召开交通项目建设专项会议，听取国道314线阿克苏过境段（南外环）、G219线阿温同城北外环公路工程建设项目进展情况汇报，研究讨论两个项目推进过程中存在的问题，并就下一步工作进行安排部署
第26次	5月2日	召开地区广播电视中心和“多浪明珠”广播电视塔项目推进工作领导小组会议，听取项目建设进展情况汇报，并就项目建设推进有关事宜进行研究部署
第27次	5月2日	召开阿温同城规划管理委员会2019年第一次会议，对经阿克苏市规委会审查、阿温同城规划管理委员会办公室技术审查，并提请阿温同城规划管理委员会审议的《阿克苏金桥御苑小区修建性详细方案》等10个项目规划建设方案，以及《阿温同城规划管理委员会组成人员调整方案》和《阿克苏地区城市居住区规划管理技术导则（送审稿）》进行审议
第28次	5月6日	召开地委综合办公区电力、电讯排管工程建设协调会议，听取地区机关事务管理局、住建局关于该工程建设情况汇报，并就有关工作进行研究部署
第29次	5月11日	召开阿克苏地区机场大道占用94116部队（空军和田场站）军用土地有关事宜协调会议，听取新疆红旗坡农业发展集团有限公司（以下简称红旗坡集团公司）关于阿克苏机场大道占用军用土地情况汇报，并就有关事宜进行研究部署
第30次	5月30日	召开阿克苏艾西曼湖再生水利用与生态修复工程评审会议，听取北京市环境保护科学研究院和中国市政工程西北设计研究院有限公司关于阿克苏艾西曼湖再生水利用与生态修复工程评审方案的汇报，并就有关事宜进行研究和评审
第31次	6月2日	召开阿克苏地区与中国石化西北油田分公司座谈会，会议通报1~5月地区经济运行情况，中国石化西北油田分公司通报油田生产经营情况，中国石化塔河炼化有限责任公司通报企业生产经营情况，安东石油技术（集团）有限公司、武汉天鸣集团有限公司阿克苏兴科服饰有限公司、中国石化长城燃气投资有限公司分别介绍企业情况。会议还就油地合作有关事宜进行座谈交流
第32次	6月7日	召开阿克苏纺织工业城（开发区）建设专题会议，会议听取阿克苏纺织工业城（开发区）管委会2019年各项重点工作落实情况汇报，并就有关事宜进行研究部署

续表

次别	时间	内容
第 33 次	6 月 22 日	召开阿克苏地区医疗废物处置中心项目建设推进会，会议听取阿克苏（南疆）危险废物管理中心和中新联合环境治理有限责任公司关于危险废物及医疗废物处置中心项目建设情况汇报，并就相关工作进行研究部署
第 34 次	6 月 23 日	召开地区机关事务管理工作专题协调会议，听取地区机关事务管理局工作情况汇报，并就地区机关事务管理涉及的项目建设、人员聘用、经费审批审核、公务接待等工作进行研究部署
第 35 次	6 月 25 日	召开安东石油技术（集团）有限公司在阿项目有关事宜协调会议。会议听取安东石油技术（集团）有限公司（以下简称安东集团）在阿克苏相关项目进展情况，就安东集团所需协调事项进行座谈交流和安排部署
第 36 次	8 月 8 日	召开阿克苏纺织工业城（开发区）有关事宜专题会议，会议听取阿克苏纺织工业城（开发区）和地区发改委、工信局、财政局、人社局、纺就办、人民银行等有关部门情况汇报，并就阿克苏纺织工业城（开发区）发展建设有关事宜进行研究部署
第 37 次	8 月 19 日	召开阿克苏良信粮油购销集团有限责任公司债权诉讼案件执行协调推进会，会议听取良信粮油购销集团债权案件执行进展情况汇报，并就下一阶段相关工作进行研究部署
第 38 次	8 月 23 日	召开专题会议，听取新疆红旗坡农业发展集团有限公司与北京汇源控股有限公司拟合资合作建设年产 30 万吨果蔬饮料加工项目工作进展情况汇报，并就下一步工作进行研究部署
第 39 次	9 月 27 日	召开新疆金晖兆丰能源股份有限公司 100 万吨 PVC 循环经济项目建设暨司法重整执行工作推进会，听取金晖兆丰管理人关于项目建设和重整计划执行情况汇报，分析当前工作中存在的困难和问题，并就下一步项目建设和司法重整推进工作进行研究部署
第 40 次	10 月 10 日	召开阿克苏迎宾馆建设项目竣工决算及后续有关事宜协调会议，听取地区财政局、多浪龟兹旅游公司关于阿克苏迎宾馆工程决算初审、二审情况和项目建设资金使用情况汇报，并就有关事宜进行研究部署
第 41 次	10 月 27 日	召开专题会议，协调解决地区 2018 年度涉及石油天然气用地违法占用基本农田问题。会议听取地区自然资源局工作汇报，就抓实问题整改工作进行研究部署

续表

次别	时间	内容
第 42 次	10 月 29 日	召开阿克苏市 2018 年度执法监测违法用地整改工作专题会议，听取阿克苏市关于 10 个违法用地图斑情况汇报和涉违法用地 3 个单位的表态发言，并就切实做好整改工作进行研究部署
第 43 次	11 月 20 日	召开 G314 线阿克苏过境段（南外环）公路工程建设项目第四合同段（阿克苏河大桥、南疆铁路大桥）征迁协调会，听取阿克苏地区交通运输局关于项目进展情况的汇报，研究讨论阿克苏河大桥、南疆铁路大桥项目推进过程中存在的公路用地、临时用地的征迁、资金及环保等问题，并就下一步工作进行研究部署
第 44 次	12 月 22 日	召开国道 314 线阿克苏过境段（南外环）公路工程建设项目征迁协调会，听取南外环项目征迁工作进展情况汇报，研究协调征迁过程中树木砍伐、建筑垃圾清运、倾倒场地确定、征迁资金拨付等问题，并就下一步征迁工作进行安排部署
第 45 次	12 月 24 日	召开中泰金晖 100 万吨 PVC 循环经济项目司法重整计划执行暨项目建设工作推进会，听取金晖兆丰管理人对项目司法重整计划执行、项目建设推进情况及 2020 年工作计划、各相关成员单位工作落实情况汇报，就有关问题进行充分讨论，对下一阶段工作进行研究部署
第 46 次	12 月 25 日	召开徐州矿务（集团）俄霍布拉克煤矿煤炭保供暨核增产能后续手续办理有关事宜协调会议。会议听取徐州矿务（集团）俄霍布拉克煤矿（以下简称俄矿）2019 年煤炭产销供应及核增产能后续手续办理情况，并就下一阶段有关工作进行安排部署

·地区行署办公室·

【办文、办会工作】 2019 年，地区行政公署办公室（以下简称地区行署办公室）始终坚持“文不过夜、事不隔天、会不超时、首办担责”的要求，严把公文拟稿关、双人校核关、公文制发关，抓好会前充分准备、会中准确记录、会后及时制发纪要，力争办文零差错、办会零失误、办事零缺陷。发挥办公室职能，及时研究协调重大工作安排，认真做好行署每月重要会议、重要活动安排、组织和服务保障工作。先后承办行署全体会议、党组会议、常务会议等各类会议 28 次，起草领导讲话、发言材料等 1 239 份，转发转办领导批示件 1 803 份。公文流转及时高效，累计接收各级文件 6 018 件，制发各类公文 697 件，文件交换率 100%，所有文件均未出现积压、泄密、漏发、错发等现象。保密工作扎实有效，接收各类涉密文件、机要信件 1 116 份，文件办结率 100%，实现失泄密零控制。

【议案、提案办结工作】 2019 年，行署办公室办理十三届全国人大代表建议 1 件，办理国务院“互联网+督查”平台留言信息 9 件，办理自治区第十三届人民代表大会第二次会议议案 9 件，办理地区人大工委组成人员提出的审议意见和建议 52 件，办理政协阿克苏地区工作委员会第二十八次会议提案 35 件。

【信息调研】 2019 年，行署办公室浏览、审阅各类信息、文件、通知、新闻稿件等 3 800 多件 130 多万字。地区9 个县(市)、经机构改革后的 30 多个政府部门均有专兼职信息员，负责管理协调政务信息采编、报送工作，同时维护好政务信息管理与报送系统，确保信息传输畅通，发挥好政务信息沟通情况、交流经验等作用。全年上报自治区信息 1 000 多篇，被自治区采用 220 篇。全年采取书面、电话约稿等方式约稿 90 多件 110 多篇，向自治区上报约稿信息 93 篇（3 000 字左右专报信息 70 多篇）。根据自治区政府办公厅每月下发的信息采用情况通报，结合地区政务信息工作实际，编辑《阿克苏政情》67 期，其中编辑 12 期对每月地区政府系统政务信息采用情况进行通报。

【应急管理】 2019 年，地区共修订政府综合应急预案 10 个、部门专项应急预案 24 个，开展地区级综合应急演练 2 次，多部门联合灭火实战演练 2 次，县级综合安全生产和防灭火应急演练 30 多次。特别是安全生产“四项指数”(事故起数、受伤人数、死亡人数、经济损失)均下降近 50%；“1+X”风险隐患排查机制获得自治区认可并在全疆推广；率先在全疆构建地区事故灾害应急管理体系，健全事故灾害应急管理工作机制；成功应对柯坪县苏巴什水库 20 年一遇的洪水；组织转移阿克苏市柳园镇洪水被困群众 126 人；成功应对乌什县“10·27”5.0 级地震、成功防范 25 次风雹自然灾害。

【督查工作】 2019 年，地区行署办公室对行署系统内部工作检查指导 6 轮，专项查办 2 次，调研指导 1 次；下发督办通知 57 件，向行署分管领导发送提醒函 10 份，起草督查通报 3 期、督查汇报 7 期、查办专报 2 期；核实行署主要领导批办件 289 件；签到服务地委、行署各类会议会务工作 50 多次。

【电子政务】 2019 年，地区行署办公室完成政府网站集约化建设，建立地、县两级政府门户网站信息协同联动发布机制，转发各大主流媒体等党和国家领导人重要活动及政治、经济新闻 1 732 篇，发布阿克苏新闻 4 871 篇，全地区政府信息网上主动公开率、向查阅点移交率、依申请备案率均达 100%。在全疆率先启动政务信息资源共享管理项目建设工作，全地区 376 个部门完成资源目录提交，初步建立地区政务信息资源目录体系。大数据中心机房、政务云平台建成投用。行署部门、县(市)网上协同办公试点运用全面铺开，提高行政效率。

（李　斌）

政协地区工委

【政协工委第二十八次会议】 2019 年 2 月 25 日至 26 日，自治区政协阿克苏地区工作委员会(以下简称政协阿克苏地区工委)召开第二十八次委员会议，会议听取并审议《政协工作报告》、第二十六次委员会议以来的提案工作报告，听取 2018 年地区行署工作报告。会议还听取政协阿克苏地区工作委员会第二十八次会议提案审查情况报告，审议通过政协阿克苏地区工作委员会第二十八次委员会议关于《政协工作报告》《提案工作情况报告》的决议及政治决议。会议充分发挥人民政协作为协商民主重要渠道的作用，体现社会主义民主政治的生机和活力，与会同志通过大会和小组讨论、提出提案、反映社情民意信息等方式，开展协商议政，广泛建言献策，提出许多建设性意见和建议。

【调查研究和视察工作】 2019 年，政协阿克苏地区工委将调研视察作为参政议政的重要形式。紧紧围绕全力打赢精准脱贫攻坚战、全力打赢污染防治攻坚战和乡村振兴战略、推进丝绸之路经济带核心区建设和打造商贸物流及农产品加工区域中心、大力发展旅游业等工作进行调研，并形成 10 篇专题调研报告报送自治区政协、地委有关部门参考决策。协助自治区政协对“关于农村富余劳动力转移”“厕所革命”等 6 项工作进行专题调研，提出建议对策；积极参加自治区政协各项会议 7 次，保障自治区政协的安排部署落到实处。先后组织政协委员、机关干部和政协参加单位负责人赴浙江、北疆对农村人居环境整治以及全域旅游工作进行考察学习，形成高质量的两篇学习考察调研报告呈报地委参考，为地区实施乡村振兴战略贡献政协智慧和力量。

【提案工作】 2019 年，政协阿克苏地区工委组织各界政协委员和基层政协开展自治区政协十二届二次会议、地区政协工委第28次会议期间提案征集、转办和督办工作。向自治区政协十二届二次会议报送集体提案28件、向地区行署转办地区政协工委第28次会议提案35件，并召开地委行署提案交办会，提案办复率达100%。根据提案类别，形成《提案目录》汇编。同时，各县（市）政协向同级政府转办提案500多件，推动一些重要决策施政。为加强政协提案工作规范化管理，开展提案工作座谈会，专题调研、督查、提案重办、征求意见、联合办案、领衔督办、加强制度建设等工作，对《关于进一步加强农村综合整治工作的提案》《关于为民营企业发展营造环境的提案》等2件重点提案进行督办。

【建言献策、社情民意反映】 2019年，政协阿克苏地区工委通过组织召开政协委员约谈会、情况通报会、重大决策听政、组织专题调研视察、约谈走访政协委员等形式，使委员知情明政；引导政协委员积极建言献策，参与地区社情民意收集反映工作，政协委员和政协干部在参与行业监督、行风评议工作中反映社情民意；搭建定期约谈、电话征询等社情民意反映平台；从委员提案、建议案、调研报告和群众来信来访案件中提炼信息。全年共编发《委员建言》17期，形成反映基础设施建设等方面有价值的社情民意信息30条，并形成《阿克苏建言集》汇编，有效发挥政协委员收集社情民意职能作用。

【民主监督工作】 2019年，政协阿克苏地区工委深入贯彻落实中共中央关于加强和改进人民政协民主监督工作的意见精神，坚持以地委重大方针政策和重要决策部署的贯彻落实为重点，坚持在参与中支持、在支持中服务、在服务中监督的理念，把民主监督贯穿于政协经常性工作中，充分运用调研、视察、提案、反映社情民意信息、会议发言、推荐委员担任有关部门特邀监督员，履行民主监督职责。全年先后组织政协委员参加座谈会、听证会等履职活动5次，提出意见建议20多条，促进作风建设，推进工作落实。开展民主评议、委员视察、行风评议和行业监督、参与重大决策听证、重要活动巡视等监督工作。引导各县（市）政协对10多个政府职能部门开展民主评议，建立和规范民主评议活动办法和程序。组织政协委员参与公职人员招考考录、学生升学考试等巡视监督；组织政协委员参加司法审判听政、重大决策听政等民主监督活动；引导政协委员和政协干部担任部门、单位的行风评议员和义务监督员，政协民主监督领域进一步拓展、民主监督形式不断丰富，政协民主监督更加切实有效。

【指导基层政协工作】 2019年，地区各县（市）乡（镇）大部分已建立政协联络组，阿克苏市建立城镇政协工作站，政协基层组织进一步健全。推动各县（市）政协开展协商民主建设，基层政协月度协商、季度协商、提案办理协商、专题协商等活动制度化。继续开展县（市）政协“争先创优”活动，印发争创工作方案和具体内容，开展自查自评工作，推动县（市）政协工作竞相发展。修改完善《委员履职管理办法》，政协委员积极参与文化下乡、科技下乡、送教下乡、对口帮扶、抗震救灾、教育帮困、“爱心工程”、慈善事业、司法援助、“结对认亲”等公益活动，自觉服务社会，增进民生福祉。

【协商议政工作】 2019年，政协工委领导分工联系地区经济、意识形态、政法、民族宗教、教育卫生等工作，并做好地委交办的重要事项。政协工委各专委会针对专题调研、视察和督办重点提案了解到的信息情况，及时组织召开专题协商会、专门议政会、座谈研究会等，开展议政建言和研究协商，有针对性地提出一些重要的议政建言成果，有效地配合党政中心工作。同时，建立与民主党派、工商联密切联系机制，为党派团体和工商联更好发挥作用搭建平台、创造条件。各族各界团体积极主动履职，提交会议发言13篇、提案51件，协商议政作用充分发挥。同时，加强同党外知识分子、非公有制经济人士、新的社会阶层人士的沟通联系，及时反馈意见诉求。深入开展侨情调查和联谊活动，邀请阿克苏籍海外侨胞代表列席政协全体会议。

【政协文史】 2019年，政协阿克苏地区工委严把文史资料政治关、史实关、文字关。加大对文史资料的征集、抢救和挖掘工作力度，全年征集文史资料50多万字，进一步发挥存史资政、团结育人功能。2019年政协工委机关开展“情系阿克苏—庆祝中华人民共和国成立七十周年暨人民政协成立七十周年”当代中国书画名家送文化基层结亲帮扶采风系列活动共 4 次，使基层群众感受到中国传统文化的魅力，丰富人民群众的文化生活。

（吾日也提·吾斯曼）

·机关事务服务·

【机构改革】 2019 年 11 月由原地区机关事务管理局更名为阿克苏地区机关事务服务中心，为行署直属正县级事业单位。地区机关事务服务中心主要负责公务接待、办公用房管理、公务用车管理、公共机构节能、后勤保障等工作。

【公务接待】 2019 年，地区机关事务服务中心接待疆内外省（市）党政考察团、代表团来阿考察调研 202 批次，其中接待省部级以上 71 批次；接待人员 5 643 人次；累计制作各类接待手册 4 386 份；印制用餐桌签 7 380 多个。累计完成接待出车任务 1 480 台次；接待宾客 16 825 人；安全行驶 28.58 万千米。顺利完成各项接待用车任务；完成公务车辆行驶里程、油耗、维修统计和报送、审核等工作；定期保养车辆 53 台次，维修车辆 27 台次，确保车辆始终处于良好状态。

【办公用房管理】 2019 年，地区机关事务服务中心将地直 70 多个单位整合为四大综合办公区，以建设集中办公区为目标，累计腾退办公用房 30 多万平方米，实现地区本级 3 000 多名党员干部职工，集聚在“四大综合办公区”办公；建立机构改革办公用房管理台账和资产移交清单，实现办公资产统一调配、资源共享，提高党政机关行政运行效率和国有资产的保值增值。做好办公区运行保障工作，各集中办公区组建后，实施停车场、国旗台、会议中心、图书室、导向标识、绿化、LED 楼体名牌等一系列配套设施建设工作，使集中办公区管理不断迈向规范化、制度化轨道。组织 7 县 2 市相关人员进行办公用房统计培训，完成本级统计上报数据 87 条，指导、审核 7 县 2 市完成统计上报数据 1 878 条。做好项目建设工作，建设 30 万元以上项目 4 个，项目资金累计 359.4 万元。

【公共机构节能】 2019 年，地区机关事务服务中心深入推进地区公共机构节能管理工作，组织召开阿克苏地区公共机构节约能源资源工作领导小组成员会议，印发《地区 2019 年公共机构节能工作要点及工作目标》及《地区公共机构重点用能单位节能管理实施方案》，对各县（市）2018 年度公共机构节能工作进行考核评价，并对各县（市）公共机构节能组织体系建设、制度建设、能力建设、工作推进等方面加强指导；督导节约型示范单位创建，组织专人赴各创建单位进行精心指导，确保地区 11 家创建单位均通过自治区现场验收。2018 年全地区公共机构人均能耗、单位面积能耗、人均用水量较上年度比上年下降 14.61%、6.01%、4.17%。

【公务用车管理】 2019 年，地区机关事务服务中心建立健全相关管理制度，对地区各级党政机关事业单位公务用车的配备、使用、管理作出规范。为全面、准确掌握地区本级各党政机关事业单位车辆情况，联合地区纪委监委、财政部门，对地直 103 个党政机关事业单位 536 辆公务用车情况进行全面摸底，将各部门实有车辆数量、车型、车况等进行逐一核实、登记，并统一整理造册，做到地区公务用车情况一口清。组织开展违规配备使用公务用车问题专项整治活动，针对整治范围内的“超标准配备、超编制配备、挂靠单位和个人、摊派、借用”等违规行为进行清理规范、分类处置。规范公务用车配备、处置、报废等审批流程，严明管理制度，积极推进公务用车信息平台建设，逐步实行公务用车编制、标准、购置经费、采购配备管理“四统一”，促进党政机关事业单位公务用车规范化、标准化管理。

【后勤服务】 2019 年，地区机关事务服务中心重点保障地区综合办公区正常运行。截至年底，累计完成各集中办公区各类维修 3 200 多次，安检来访人员 3.7 万人次，检查车辆 9 100 台，登记来访人员 2.65 万人次，保障干部就餐 14 万人次，做好临时性服务 35 次，会场服务 1 257 次，接待参会人员 7 万人次。做好办公资源调配工作，利用统一管理办公设备资源为 27 个单位（部门）解决办公设备566件(套),节约财政资金约100多万元。

【房产管理】 2019年，地区机关事务服务中心继续加强房产管理工作,营造安心留人良好环境,完成224套周转房日常管理维修,调整周转房9户、新安置8户。对人才公寓131套周转房室内物品分批次优化配置，配套绿化和餐厅等设施，努力实现服务标准达到星级水平,截至年底,安排入住45户92人。收集整理协议、维修基金、税票等相关资料2 624套,47 480份。完成地委28层、行署28层、地委17层集资楼451户房产证办理工作。

(王申玉)

·行政审批·

【机构改革】 阿克苏地区政务服务和公共资源交易中心（以下简称地区政务服务和公共资源交易中心）原名阿克苏地区行政服务中心，挂地区政务服务和公共资源交易管理办公室牌子,2019年11月更名为地区政务服务和公共资源交易中心,机构职能不变。

【"放管服"改革】 2019年,地区政务服务和公共资源交易中心结合党政机构改革，动态调整权责清单,8项权力事项取消或下放县(市),推行事项办理标准化,组织地县两级单位对权责事项实施清单进行规范化、标准化和精细化梳理，认领权责事项4 300多项，梳理公布实施清单5 689项,发布率106.3%。对"5+X"(行政许可、确认、奖励、给付、裁决、其他行政权力）事项办事指南进行修订完善，按照"八统一"(统一全地区同一项政务服务事项的事项名称、事项类型、事项编码、法律依据、业务办理项、材料清单、办结时限、办事流程)标准,明确办理条件、办理材料、办理流程等,推进同一事项"无差别受理、同标准办理"，地区37家单位522项事项制定、发布办事指南。

【减证便民】 2019年,地区政务服务和公共资源交易中心深入开展"减证便民"专项行动,对行政审批事项办理时需企业和群众提交的各类证明和盖章环节进行清理,地区本级37个单位509项审批事项,各类证明材料在2017年4 778项的基础上清理减少3 182项,精简率达66.6%，最大限度地解决困扰企业、群众"办证多、办事难"和"奇葩证明、循环证明、重复证明"等问题。

【智慧监管】 2019年,地区政务服务和公共资源交易中心加强市场监管领域"双随机、一公开"监管。强化涉企信息归集,引导11.5万户市场主体公示年报信息,公示涉企信息35 650条,公示行政处罚信息3 851条,发送并接收联合惩戒109条。推进"互联网+监管",实现综合监管、"智慧监管"，完成"智慧监管"系统大数据中心的部署工作，入库各类数据1.2亿条。

【优化服务】 2019年,地区政务服务和公共资源交易中心全面推进"只进一扇门",按照"应进尽进"原则,地区本级53家单位(企业)620项事项进驻,单位进驻率100%,事项进驻率达98%;县(市)部门进驻率均在90%以上。协调涉及民生的水、电、气、暖、通信等企业在各级政务服务大厅增设便民服务点,为企业群众办事提供便利。加快推进"一网通办",做好与自治区一体化平台的无缝对接工作,开通

2019年,地区为民服务中心设立导办,为办事群众提供快捷高效的优质服务(地区政务服务和公共资源交易中心/提供)

网上申报事项5 474项,网上可办事项4 030项,实现网上可办率96%,网上办理率达88%,居全疆第一。完成乡(镇)、街道、村(社区)两级服务事项规范梳理,并以阿克苏市、温宿县为试点,将政务服务向基层延伸。推行“一窗受理”,打造“分类一窗”“联合一窗”“综合一窗”3种模式,地区本级33家单位472项事项初步实现“一窗受理、集成服务”。梳理群众眼中“一件事”套餐45项。19个单位(企业)283项事项实现地市“同城通办”,部分业务实现“异地受理”,政务服务更加高效便利。梳理公布地县两级“四个办”清单、100个“最多跑一次”高频事项清单,地区本级梳理公布“最多跑一次”事项266项;县(市)平均达210项。完善咨询导办,提供帮办代办,为企业群众“免费快递送达”审批结果文书、证书937份。推行满意度评价,不断拓宽电子监察应用范围。全年督办超期办件24件,受理网上咨询45件,群众测评满意率98%以上,电话回访满意率达99%以上。

【营商服务】 2019年,地区政务服务和公共资源交易中心深入推进“13345”(构建一个平台一网通办,3个工作日内开办企业,3个工作日内获得不动产登记,45个工作日内取得工业建设项目施工许可证)专项改革,企业开办平均时长1.8个工作日,居地(州)首位;整合注册登记、公章刻制、银行开户等业务,打造企业开办“套餐”,可在0.5个工作日办结。投资项目3个工作日内获得不动产登记,一般登记、抵押登记压缩至10个、5个工作日以内完成。工程建设项目审批制度改革试点完成8个项目线下审批获得施工许可,最短用时42个工作日;完成1个项目联合验收,用时30个工作日。将7个部门13项招商项目审批前置中介服务纳入“一卡通”范围,实行“政府购买,规范管理”;通过招标形式确定承载主体,在国家核定收费标准基础上平均下浮30%。

【公共资源交易平台】 2019年,地区政务服务和公共资源交易中心抓好地区公共资源交易电子平台的深度运用,推进水利工程项目开评标全流程电子化。规范开标过程,采用信息化手段,严把报名、专家抽取、评标等关键环节,最大限度杜绝人为干预。全年,受理各类业务22.37万件,办结率100%。进场交易项目875个,总中标价90.17亿元。实施采购项目354笔,完成采购预算2.67亿元,采购节约率9.46%;网上超市采购648笔,金额1.1亿元。

(邵繁荣)

·电子政务·

【政务动态信息发布】 2019年,地区积极推进阿克苏政府门户网站PC端与APP、微信公众号等政务新媒体融合发展,整体发声,发布信息、解读政策、回应关切,弘扬主旋律,传播正能量。全年阿克苏政府网站转载中国政府网、新华网、人民网、天山网、《新疆日报》、自治区人民政府网等官方媒体重要动态信息1 732篇;发布阿克苏新闻4 871篇;编发县(市)、部门政务动态信息1 946条。

【政府网站集约化建设】 2018年9月,地区政府网站集约化建设开始组织实施。2019年3月地区政府网站集约化建设工作基本完成,初步实现地、县两级政府网站资源优化融合、数据互认共享、管理统筹规范,以信息资源共享共用带动地区政府网站整体服务水平。

【政务信息资源目录共享】 2019年,阿克苏地区深化开展政务信息资源目录体系建设工作。对地区本级和7县2市进行两轮资源目录调研和梳理,截至2019年年底,全地区376个部门完成资源目录提交,其中地区本级53个、县(市)323个,需求资源信息342项,需求信息目录2 555项。初步建立地区政务信息资源目录体系,基本实现政务信息资源目录统一编制和管理,为地区“互联网+政务服务”“最多跑一次”提供数据支撑。

【网上协同办公试点应用】 2019年6月,依托自治区人民政府统一云平台和自治区电子政务内网(非涉密域)建设的地区网上协同办公系统搭建完成。2019年9月初,地区网上协同办公系统在7县2市人民政府、45个地直单位、2个地区管委会正式启用。

【网络安全风险隐患排查】 2019年,地区为保障政府网站及政务专网、政务外网安全稳定运行，严格政府网站密钥和密码等身份信息管理，对工作人员进行严格政治审查，层层签订保密责任书，确保信息安全责任到人。聘请第三方评测公司进行安全风险评估，查找网站、网络隐患点，有针对性进行安全风险加固。年内成功组织开展电子政务机房及政府网站安全突发事件应急演练2次，达到检验预案、发现问题、锻炼队伍的预期效果。全年阿克苏政府网站未发生安全事故，电子政务专网、政务外网基础网络畅通率达100%。

（王 喆）

·信访工作·

【信访工作概况】 2019年，阿克苏地区信访局（以下简称地区信访局）共接待信访案件1 119件2 118人次，其中个体访1 059件1 574人次，集体访60批544人次，全部办结化解。收集矛盾隐患24 800条，基层当场回复14 690条，帮助就地解决10 110条，98%化解在乡村。

【领导包案】 2019年，地区3名地厅级领导对9件重大信访问题带头包案，亲自协调推动解决问题。各县（市）党政领导加大接访下访和包案力度，深入基层和矛盾最突出的地方，包案155件特殊疑难复杂信访问题，严格落实信访案件“四包”（包：合理诉求解决、思想疏导、困难帮扶、人员稳定），化解137件。中央和自治区交办攻坚信访问题7件全部化解，地、县交办27件化解27件，化解率100%。管好用好148万元信访补助资金，妥善化解45件特殊疑难复杂信访问题。

【“互联网+信访”新模式】 2019年，地区信访局推进“一微一端”。“新疆信访”手机APP和微信客户端的普及率普遍逐步提高，1.1万名乡村干部、支教教师和大学生村干部下载使用，全地区领导信箱全部纳入信访系统，成功搭建信访领域“最多访一次”改革的主平台。截至11月10日，网上信访总量为1 935件，网上投诉总量为1 637件，占信访总量的84.6%，重复信访比上年下降11.6%，群众的满意度达99.69%，比上年增长0.45%，信访事项及时受理率、按期办结率、参评率群众满意率均在全疆名列前茅。

【信访法治建设】 2019年，地区信访局下发规范的告知书、决定书、裁决书、复议书、强制审核单，累计审核信访问题560多件，纠正纠偏问题78个。充实完善《地区信访工作人员业务手册》，开展“信访业务大讲堂”，培训基层信访干部670人次，指导960个村（社区）设立群众调解室。

【扫黑除恶】 2019年，地区信访局全年共移交线索6批162条（来电110条、来信52条），全部高质量处理完毕，其中查实90条、查否72条，回复投诉人154条，由于匿名无法回复8条，最大限度地促进矛盾问题有效化解，消除矛盾隐患促进社会和谐稳定，维护群众的合法权益。

（赵 磊）

·民族宗教事务·

【机构改革】 2019年3月，地区民族宗教事务局完成机构改革工作，将原“阿克苏地区民族宗教事务委员会”更名为“阿克苏地区民族宗教事务局”，由阿克苏地区民族宗教事务委员会承担的语言文字工作职能划转至地区教育局负责。机构改革后，地区民族宗教事务局核定编制18名（行政编制13名、事业编制3名、机关工勤事业编制2名），其中2名从事语言文字工作职能的人员及编制划转至地区教育局、5名从事宗教工作职能的人员及编制转隶至地委统一战线工作部，县级领导职数4名（正县级2名、副县级2名），内设综合科、民族事务科（民模创建办）、宗教事务科、监督检查科4个科室。

（石玉亮）

【民族团结进步创建】 2019年，地区创建民族团结进步示范点2 073个，打造民族团结“好楼栋”“好邻居”“好庭院”“好科室”共计7.29万个；阿克苏市红桥街道红桥社区居民委员会、库车市齐满镇甬库团结村村民委员会和自治区党委组织部、老干部局驻阿克苏地区乌什县前进镇托万克麦盖提村“访惠聚”工作队等4个单位获得全国民族团结进步模范集体称号，库尔班·尼亚孜、陈耀平、牛怀东等6人获全国民族团结进步模范个人称号。截至年底，全地区累计创建国家级民族团结进步教育基地2个，民族团结进步示范单位2个；创建地区级民族团结进步教育基地6个、民族团结进步示范单位93个。国家级民族团结进步模范单位19个、模范个人21人；自治区级民族团结进步模范单位53个、模范个人108人；地区级民族团结进步模范单位619个、模范个人1571人。

（张君珍）

【扶持少数民族项目】 2019年，地区民族宗教事务局建立完善财政专项扶贫资金（少数民族发展支出方向）项目监管长效机制，制定下发《关于进一步做好地区2019年少数民族发展资金项目管理工作的通知》，每月定期对各县（市）少数民族发展资金项目落实情况进行动态核实、实时跟进、强化监管。年内，自治区分两批下达地区少数民族发展项目资金共计7 110万元，实施项目44个，44个项目开工率100%，竣工（验收）44个，竣工率100%，实际支出项目资金6 965.03万元，支出进度97.96%。抓好各类巡视反馈问题整改工作，主动认领涉及财政专项扶贫资金（少数民族发展支出方向）34项问题均已整改完毕。积极争取浙江省民宗委对口援助资金120万元，用于地区7个村脱贫攻坚工作。

（李永新）

【宗教事务管理】 2019年，地区民族宗教事务局积极引导宗教与社会主义社会相适应。加强对宗教教职人员的关心关爱，扎实开展与宗教教职人员友好活动，帮助宗教教职人员解决实际困难和问题，落实“四保一险”和生活补贴等政策，医疗保险、人身意外伤害保险、养老保险实现全覆盖；加大培养培训力度，提升宗教教职人员的政治素质、法律意识和宗教造诣；发挥宗教界代表人士在参政议政、民主监督、经济建设和社会发展中的积极作用。依法依规保护宗教活动场所、宗教人士和信教群众的合法权益，尊重和保护公民宗教信仰自由权利，正确把握正常信教和宗教极端的界限，依法保障信教群众正常宗教需求和正常宗教活动的开展。

（艾力·居马洪）

2019年12月12日，“全国民族团结进步模范个人”受奖仪式（地区民族宗教事务局/提供）

·外　事·

【机构改革】 2019年，地区外事侨务办公室更名为阿克苏地区行政公署外事办公室（以下简称地区外事办），是地区行署工作部门（正县级）。设置科（室）2个，核定编制13名，其中行政编制7名、事业编制4名，机关工勤事业编制2名。下设地区人民对外友好协会办公室，核定事业编制4名。地委外事工作委员会办公室设在地区行政公署外事办公室。

【外事工作】 2019年，地区外事部门受理因公出国（境）10批16人次。做好因公护照管理和收缴工作，收缴率100%。4月，外交部驻外使节团（副省级）一行35人到阿克苏，对阿拉尔屯垦纪念馆、阿克苏市英巴扎幼儿园、阿克苏市朝阳社区、柯柯牙绿化工程纪念馆进行考察调研。8月，外交部青年干部团一行45人到阿克苏开展“根在基层”学习调研。10月14~17日，香港特区驻京办主任一行7人到阿克苏参观访问。

【边界工作】 2019年，地区外事办联合内部踏查组圆满完成温宿县、乌什县中国与吉尔吉斯斯坦、中国与哈萨克斯坦边界内部踏查工作。地区外事办投入边界专项资金90万元，用于修建中国与吉尔吉斯斯坦边界第一条上界步道，8月底竣工交付使用。

（王　量）

脱贫攻坚

【综述】 阿克苏地区辖7县2市、88个乡(镇、场),行政区域总面积13.13万平方千米,总人口256.44万人,其中农村人口170.50万人,是国家“三区三州”深度贫困区域之一,其所辖2个深度贫困县,9个深度贫困乡(镇),269个贫困村,建档立卡贫困人口6.54万户24.66万人,贫困发生率14.2%。2014年至2018年累计实现192个贫困村退出,4.87万户18.85万人脱贫,贫困发生率降至0.5%以下。2019年,乌什、柯坪2个深度贫困县脱贫摘帽,77个贫困村退出,16 676户58 114人脱贫,全地区实现整体脱贫退出。

【地区扶贫开发机构设置】 阿克苏地区扶贫开发办公室主要负责全地区扶贫开发、移民工程管理等工作,有行政编制12名、参公事业编制10名,机关工勤事业编制1名。县级领导职数9名,(正县级2名、副县级7名,其中副县级挂职领导2名),科级领导职数11名(正科级4名、副科级7名),内设综合科、业务科、统计监测科、专项扶贫科。

地区移民工程管理办公室,属事业单位,有事业编制8名,核定科级领导职数3名(正科级1名、副科级2名),与扶贫办合署办公。

【扶贫资金】 2019年,地区深入推进全面落实精准扶贫、精准脱贫基本方略,按照“六个精准”(扶持对象精准、项目安排精准、资金使用精准、措施到户精准、因村派人精准、脱贫成效精准)“六个一批”(通过转移就业扶持一批、通过发展产业扶持一批、通过土地清理再分配扶持一批、通过实施生态补偿扶持一批、通过转为护边员扶持一批、通过综合社会保障措施兜底一批)“三个加大”(加大教育扶贫力度、加大健康扶贫力度、加大基础设施建设力度)脱贫路径,紧扣贫困人口“一超过”(家庭当年人均纯收入稳定超过国家扶贫标准)“两不愁、三保障”(不愁吃、不愁穿,义务教育、基本医疗、住房和饮水安全有保障)和贫困村“五通七有”(通水、通电、通路、通广播电视、通宽带或通信,有村“两委”班子且发挥作用、有支撑稳定增收的产业、有村集体经济收入、有村级党组织阵地、有双语幼儿园、有便民服务中心、有卫生室)脱贫标准,严格规范和管理使用财政专项扶贫资金,落实自治区财政专项扶贫资金和项目管理办法,形成“地区有监督管理办法,县(市)有实施管理细则,乡(镇)、行业部门有项目实施方案,村有落实计划”的项目监督管理工作体制。2019年,累计实施扶贫项目672个,投入资金24.84亿元,截至年底,项目开工率100%、完工率100%;支出项目资金24.32亿元、支出进度97.9%。扶贫项目的精准实施,为完成年度减贫目标任务奠定坚实基础。

【大数据建设平台】 2019年,地区充分发挥脱贫攻坚大数据平台功能作用,地、县、乡、村四级按照“4321”配置管理员,成立脱贫攻坚大数据平台管理应用工作专班,及时制定《阿克苏地区脱贫攻坚大数据平台应用管理办法(试行)》,建立完善脱贫攻坚大数据平台“旬推送月通报”制度,组织专门力量定期开展大数据平台核查和网络巡查,及时将自治区大数据平台发现的各类疑似问题数据推送各县(市)修正完善。按照项目录入工作流程和要求,及时将2018年实施的847个项目32.1亿元和2019年实施的 915 个项目 33.82 亿元准确录入自治区脱贫攻坚大数据平台，做到扶贫资金、项目监管事前预警、事中监控，事后评估。健全包联帮扶工作机制，动员地区 1 866 个帮扶单位、61 740 名帮扶干部使用手机扶贫 APP 终端，及时下载使用精准扶贫手机 APP 进村入户开展帮扶，及时上传走访记录和扶贫日志，做到“每月一走访、次次能达标”。

【精准脱贫】 2019 年，地区围绕“六个精准”，深入推进“六个一批”“三个加大力度”攻坚举措，把转移就业、发展产业作为精准脱贫的关键抓手，强力推进实施，因村因户因人施策，完成乌什、柯坪 2 个深度贫困县脱贫摘帽，77 个贫困村退出，16 676 户 58 114 人贫困人口脱贫，全地区实现整体脱贫退出。

【转移就业】 2019 年，地区始终坚持就业是最大的民生、民心工程，采取“跨县整建制输出转移就业、县内就地就近转移就业、农业内部转移就业”三种主要方式，确保有就业能力的贫困家庭有 1 人稳定就业，全年转移贫困劳动力 38 302 人。采取“订单式培训、整建制就业、干部带队住厂管理”模式，提高稳定就业率。加大农产品加工企业培育力度，全地区规模以上农产品加工企业 38 家，农产品初加工类的农民专业合作社 461 家，解决就业 10.1 万人，其中贫困人口 2.26 万人。

【棉花产业扶贫】 2019 年，地区围绕纺织服装产业发展、提升棉产业竞争力，依托订单销售，优化区域布局和品种结构，实施高效节水滴灌，推进机采棉技术规模应用和良繁体系建设，粮棉生产实现双增产双增收目标，粮棉种植分别受益贫困户 4.11 万户、3.21 万户，受益面积 2.86 万公顷。

【林果业扶贫】 2019 年，地区推动林果业提质增效，制定扶持农民专业合作社发展专项资金、资产管理办法，加大对林果业技术服务、林果产品初加工类农民专业合作社的扶持培育力度，吸纳入社贫困人员 2 万多人。采取政府购买服务的方式，对 1.98 万贫困户的 6 666.67 公顷果园开展果树修剪、病虫害防治、田间管理等服务，贫困户全程参与，掌握技术，实现户户都有技术明白人。采取“以奖代补”方式，为贫困户果园增施林果专用肥，同时以废弃菌棒、农家肥、绿肥为原料沤制有机肥 30 万立方米，实现年均增施有机肥 3 立方米/亩(0.07 公顷)。

【畜牧产业扶贫】 2019 年，地区鼓励发展以牛羊为主的农区畜牧业，推行“家庭养殖”和“合作社+贫困户”两种模式，做好托管收益机制建立和分散养殖技术跟踪服务。在牛羊入户项目上，制定“良繁牛羊标准”，贫困户自行市场选购，及时验收打耳标建档，通过扶贫资金“以奖代补”给予补贴。全地区畜牧行业扶贫项目立项 118 个 2.56 亿元，完成 114 个，资金支出 2.29 亿元，其中发放扶贫牛 7 086 头，受益贫困户 2.7 万户次。将贫困户防疫员占防疫员队伍总数的比例提高至 12%，新增贫困户防疫员 116 名，人均增收 12 300 元，合计约 142.6 万元。

【特色经济作物扶贫】 2019 年，地区坚持以订单生产模式为主，种植

2019 年 8 月 28 日，新疆鲁泰丰收棉业有限责任公司积极发挥产业优势，吸纳阿瓦提县当地 240 余户建档立卡贫困群众就业。图为纺纱厂员工在操作纱线纺织工序(王延琪/摄)

订单蔬菜886.67公顷,覆盖贫困户1.06万户，带动户均增收2 500元;种植黑木耳1 084万棒,覆盖贫困户5 000多户,带动户均增收3 400元左右；组织贫困户种植鹰嘴豆、加工番茄、加工辣椒、黄芪等小宗特色经济作物2 173.33公顷,带动贫困户1 366户。

【旅游扶贫】 2019年,地区建设乡村旅游扶贫示范点22个，提供就业岗位166个,带动贫困户101户142人,人均增收1 500~2 000元;开展旅游企业帮扶贫困村专项行动,10家旅游企业结对帮扶10个贫困村,累计投入帮扶资金507.88万元,帮扶396户2 036人。

【电商扶贫】 2019年,地区创建国家级、自治区级电子商务进农村综合示范县(市)9个,累计搭建电商、微商平台648个,搭建农村电商孵化、运营服务中心1 000多家。2019年新建农村电商服务网点53个,覆盖17个深度贫困村,开展电商培训2 600人次，培训贫困户272人次。

【政策扶持】 2019年，地区稳妥开展农村土地清理工作。依法依规清理农村土地8.43万公顷,由县(市)国有土地经营管理公司统一经营，土地收益主要用于开发民兵、保安、协警等17类公益性岗位，安排5 687名建档立卡贫困人员上岗就业，带动7 943人脱贫。强化政策兜底支撑,落实生态补偿政策,建立生态工程、生态就业、生态产业、生态补偿“四位一体”扶贫模式,落实国家新一轮草原生态保护补助奖励政策,4 242名贫困人口成为草原管护员和生态护林员。落实护边员补助政策，优化调整护边员岗位，帮助2 991名贫困护边员稳定脱贫。落实农村低保标准与扶贫标准“两线合一”兜底保障政策,将10 763名老弱病残、鳏寡孤独、丧失或部分丧失劳动力的贫困人员应纳尽纳、应兜尽兜。

【教育扶贫】 2019年，地区改善义务教育办学条件,争取“三区三州”教育脱贫攻坚项目1.27亿元,为2个深度贫困县新(改、扩)建校舍21个。落实15年免费教育政策,3 370名贫困大学生得到资助,发放资助金1 187.01万元,实现建档立卡学生资助全覆盖。

【医疗扶贫】 2019年，地区将贫困人口全部纳入基本医疗保险、大病保险和医疗救助等制度保障范围,9个县(市)公立医院、91所乡镇卫生院、1175个村卫生室全部达到标准化建设要求,常见病、慢性病在县乡村三级医疗机构获得及时诊治,“先诊疗、后付费”和一站式结算机制得到落实,大病、重病患者基本生活有保障，防止因病致贫返贫。

【基础设施建设】 2019年,地区加强住房安全保障,完成农村安居富民房建设32 743户,其中建档立卡贫困户548户,实现建档立卡贫困户安全住房全覆盖，水电配套完善,达到标准、满足需求。解决和改善185户577人贫困人口饮水安全问题。新改建农村公路2 526千米，实现具备条件的建制村100%通硬化路。6.6万户贫困户生活用电全覆盖,1 231个村全部通动力电,动力电安装入户9 941户。实现269个贫困村全部通光纤、通宽带。

【金融扶贫】 2019年,地区加强对小额信贷工作的监督管理,规范贷款使用方式,用于贫困户发展本地区特色优势产业,突出发展以户为单位的种植业、养殖业。全地区累计发放扶贫小额信贷9.71亿元,支持建档立卡贫困户32 091户,实现贫困户应贷尽贷。截至年底,地区金融精准扶贫贷款余额248.82亿元，比年初增加77.24亿元，增长44.87%，其中产业扶贫贷款余额189.62亿元，比年初增加78.16亿元,增长70.79%。生源地助学贷款发放量领跑全疆，累计发放1 255笔,719万元,余额2 201万元。《通过扶贫再贷款促进纺织服装企业带动(贫困户)就业管理办法(试行)》有效执行,用扶贫再贷款资金向12家纺织服装企业发放产业扶贫贷款6.6亿元。

（陈　艳　晋文强）

【援疆扶贫】 2019年,浙江省对口支援阿克苏地区实施项目196个(不含兵团一师)，总投资14.13亿元，安排159个项目用于民生领域,涉及投资金额13.07亿元,占全年投入援疆资金的92.5%，其中涉及脱贫攻坚项目103个,安排援疆资金10.55亿元,占2019年援疆资金的74.66%。

【产业化扶贫】 2019年，地区推进“十城百店”为主的农业产业化工程，充分依托浙江市场优势和援疆优势，创新构建“疆果东送、浙产西进”的双向现代流通体系。建设完成“百十一”特色林果基地7.4万公顷，粮食基地1.21万公顷，畜牧基地牛肉6 000吨，羊肉4 000吨。推进“百十一”基地创建“全国绿色食品原料标准化生产基地和绿色食品”申报，获得全国绿色食品原料标准化生产基地认证4.53万公顷，其中林果基地1.33万公顷，粮食基地3.2万公顷。

建设“十仓百企”加工流通联合体，把质量管理贯穿于生产、加工、储存和销售全过程，全面提升阿克苏优质特色农产品品质，积极吸纳118家企业（合作社）加盟百企，组建地、县（市）联合营运公司10家，公共仓总仓储能力达9.75万吨。

建设“十城百店”农产品营销网络，集中整合“阿克苏苹果”“阿克苏红枣”“阿克苏核桃”“柯坪羊肉”等区域品牌，打造“阿克苏好果源”区域大品牌。建成横跨浙阿两地、直通产销两端、覆盖新旧渠道的“十城百店”市场网络，覆盖浙江全省80%以上县级城市，设立直营店和加盟店等网点614个，在浙江市场累计销售阿克苏农产品23.44万吨，销售额36.62亿元。

全地区完成本地农产品收购128.88万吨，外销农产品总量53.46万吨。总销售额85.29亿元。订单带动农户24.31万户，带动贫困户1.86万户。全面推进“民营企业南疆行”活动，地区先后3次召开赴浙江省开展扶贫领域招商推介工作，共签约投资项目48个、涉及投资金额131.62亿元。

【行业扶贫】 2019年，地区加大行业扶贫力度，激励各方助力扶贫。落实国有企业扶贫责任，47家国有企业通过发展产业、对接市场、安置就业等方式，帮助贫困户脱贫。地区各社会组织结合自身专业优势，累计投入700多万元为贫困户解决生产生活困难。160多家社会组织参与脱贫攻坚，服务残疾家庭及贫困学生近500人次，帮助1 000多名困难群众解决生活难题。推进扶贫志愿服务，参与扶贫志愿服务团队1 437个，参与扶贫志愿服务活动达4.4万人。

2019年，阿瓦提县多浪乡克其克拜什艾日克村卫星工厂运行情况(阿克苏日报社/提供)

【易地扶贫搬迁】 阿克苏地区2016~2017年易地扶贫搬迁实际规模为2 503户8 896人，其中2016年180户770人；2017年2 323户8 126人。涉及库车市、乌什县、柯坪县、温宿县、沙雅县、拜城县、新和县。结合每个易地扶贫搬迁安置点实际情况和搬迁户自身需求，制定搬迁户“一户一策”脱贫方案，针对“搬迁是手段、脱贫是目的、产业是路径”的原则，通过配套实施暖圈、扶贫车间、分配耕地、转移就业等帮扶措施，提升搬迁户的自我发展能力。

【技能培训】 2019年，地区各县（市）实施建档立卡贫困户就业创业、致富带头人、农牧业实用技术等培训项目29个，投入扶贫资金1 007.17万元，培训建档立卡贫困户21 973人。同时，全面落实雨露计划政策实施对2018~2019学年7 068名符合条件的建档立卡贫困学生实施雨露计划，投入扶贫资金2 120.4万元。

【社会扶贫】 2019年，地区加大区内协作扶贫力度。哈密市伊州区、吐鲁番市高昌区、鄯善县三个支援县（区）向乌什县、柯坪县、阿瓦提县三个受援县累计投入援建资金702.5万元，投入援建项目3个，带动受益贫困村34个、贫困户2 276户；培养7名受援县干部及

沙雅县红旗镇古再勒村扶贫车间负责人给车间工人讲解缝纫技术要领(孟照鹏/摄)

专业技术人员；选派56名干部及专业技术人员到受援县开展工作；实现5名贫困人口转移到支援县开展就业，累计获得劳务收入22.31万元。

【定点扶贫】 2019年,中央、自治区、地区、县(市)共有943家定点扶贫单位,各级定点扶贫单位直接投入资金及各类帮扶资金14 400万元，帮助购买农产品金额达1 828.48万元,帮助销售农产品金额达3 049.36万元。

【结对帮扶】 2019年，地区印发《关于做好地区2019年脱贫攻坚全覆盖包联及实名制台账摸底核实工作的通知》《阿克苏地区脱贫攻坚大数据平台应用管理办法(试行)》,要求各县(市)、各单位要把脱贫攻坚全覆盖包联工作和大数据平台管理运用工作列入年度工作计划,确保每名建档立卡贫困户至少有一名帮扶责任人,做到结对帮扶贫困户工作全覆盖。截至年底,脱贫攻坚大数据平台中已录入全地区各级帮扶单位1 866个,帮扶责任人6.17万人,累计走访贫困户次数95.22万次，累计走访贫困户77.83万户次。

【消费扶贫】 2019年，地区聚焦深度贫困村和建档立卡未脱贫贫困户，实施贫困村以蔬菜为主的农副产品订单生产增收脱贫工程。以77个贫困村为主体,形成“龙头企业+合作社+贫困户”订单生产、销售模式,逐步引导专业合作社生产的农副产品走向市场化经营，确保通过订单生产可实现贫困人口人均增收350元、户均增收1 500元以上。

【“互联网+”扶贫】 2019年,地区积极组织动员县(市)、乡(镇)、村开展社会扶贫APP的下载和注册工作,并积极引导“爱心人士”和“贫困户”的实名信息认证,为开展搭建帮扶需求与社会资源对接做好基础保障。地区拥有县(市)、乡(镇)、村三级信息管理员队伍共计1 138人。累计注册爱心人士8.83万人,累计注册贫困户4.85万人;全地区通过社会扶贫网线上累计发布需求116项,对接成功6 124次,捐助资金总额12.27万元。

【“扶贫日”活动】 2019年,地区各县(市)、各部门单位以及广大扶贫干部积极开展不同形式的扶贫帮困活动，累计捐款捐物折合资金197.33万元,累计购买贫困户农产品金额3.2万元，帮助销售贫困户农产品1.2万元。向各级媒体报刊报送新闻报道60多篇、信息80多篇,各县(市)、乡(镇)开展“扶贫日”宣传动员、义诊、捐赠等活动320次。

【水库移民】 2019年，地区抓好大中型水库移民后期扶持政策落实，为12 935名水库移民后期扶持人员发放后期扶持直补资金776.1万元,实施完成大中型水库移民后期扶持资金(基金)项目27个,完成投资2 240万元,通过直补资金发放和移民后期扶持项目实施，提升移民群众的生产生活条件。

(陈　艳)

援阿工作

【对口援阿概况】 2019年，浙江省省市援疆指挥部全力实施援疆“3138”工程（“3个1”就是要瞄准3个目标精准援疆：始终紧扣社会稳定和长治久安总目标，谋划推进落实对口援疆工作；打造一个援疆标杆省份，在对口援疆工作中全面落实“秉持浙江精神，干在实处、走在前列、勇立潮头”的新要求；努力打造一支过得硬、靠得住、打得赢的援疆铁军，为对口援疆工作提供干部人才保障。“3个8”就是要处理好援疆工作中稳定与发展、硬件与软件、继承与创新等8对关系，突出产业援疆、扶贫援疆、维稳援疆等8个重点，践行精准援疆、长效援疆、廉洁援疆等8项要求）。地、县两级均成立以主要领导任组长的对口支援工作领导小组，加强指导、督促和推动对口支援工作。建立支援方与受援方“两结合”工作机制，定期召开援疆工作协调联席会议，研究重大事宜，协调落实援疆工作任务，解决援疆项目实施中的困难，开展援疆工作交流，充分发挥各方面的积极性、主动性和创造性，齐心协力抓落实，形成地区援疆工作的整体合力。认真贯彻第七次全国对口支援新疆工作会议的新要求，密切配合、加强协作，认真落实《浙江省对口支援新疆阿克苏地区总体规划》《浙江省对口支援新疆阿克苏地区、兵团一师（阿拉尔市）综合规划》。

【援阿资金分配】 2019年，浙江省计划援阿资金总额为141 343.2万元。分配方案是：地区统筹9 335万元、阿克苏市20 071万元、库车市18 733万元、拜城县11 182.2万元、沙雅县13 058万元、柯坪县10 312万元、阿瓦提县12 506万元、温宿县12 674万元、乌什县22 995万元、新和县10 477万元。

【援阿项目实施】 2019年，地区全年实施项目196项，落实年度援疆资金141 343.2万元。根据第七次全国对口支援新疆工作会议和中央东西部扶贫协作座谈会议精神，坚持援疆资金80%投向基层、80%投向民生。其中产业就业项目56项，落实援疆资金22 082万元；民生保障项目36项，落实援疆资金59 304.2万元；基层维稳类项目30项，落实援疆资金16 824万元；教育援疆项目38项，落实援疆资金36 072万元；智力支援项目23项，落实援疆资金4 711万元；交流交往项目13项，落实援疆资金2 350万元。项目开工率和竣工率均为100%。

【产业援疆】 2019年，省市援疆指挥部产业援疆工作紧紧围绕社会稳定和长治久安总目标，立足实际，统筹兼顾。大力推进“十城百店”“百村千厂”“万亩亿元”工程建设以项目促产业、产业促就业、就业促稳定，较好地完成了各项任务。

“十城百店”工程：形成统一标识、统一物流、统一追溯的营销网络体系，在浙江市场设立销售网点600个，累计销售农产品近22万吨、销售额近27亿元；带动建立标准化种植基地30个，种植面积7 680公顷，推动设立农产品精深加工企业10家，总投资7.6亿元，带动了订单农业发展。

“百村千厂”工程：共在111个乡（镇）（村）建设“百村千厂”工程项目136个，总投资近13亿元，建设厂房（车间）538座，解决就业岗位20 948个，其中建档立卡户近4 000人，成效明显。

“万亩亿元”工程：春季生产1 000万个黑木耳菌棒，在100个贫困村5 000个贫困家庭开展试种示范，积极发挥了精准扶贫脱贫作用。

招商引资工作:认真做好“浙治会”参展工作,争取免费展位24个,浙江企业与阿克苏地区及一师共达成合作项目57个,协议资金104.61亿元,实际到位资金86.35亿元,创造就业岗位0.88万个。

旅游援疆工作:建立长三角旅游援疆联盟,推动地区和一师旅游产业发展,全年地区共接待国内外游客621.32万人次,比上年增长83.2%;实现旅游总收入33.57亿元,比上年增长98%。完成3趟旅游专列和5架旅游包机招标工作。启动实施阿克苏地区旅游行业培训“千人计划”,在2019年度开办10个培训班,学员1 100人。举办2019长三角旅游援疆暨南疆旅游扶贫会,签约旅游投资项目6个,协议资金19.11亿元。

【教育援疆】 2019年,省市援疆指挥部教育援疆安排项目42个,投入5.01亿元,占浙江援疆投入的28.95%。围绕受援地教育改革发展需要,创新实施组团教育援疆“331”模式(即“3全”全链式推进、全学科覆盖、全员培育提高,“3名”名人引领、名师带徒、名校结对,“1个空中课堂”)。2019年,打造从幼儿园到大学的全链式“组团式”教育援疆模式。实施助推幼教提升“111工程”,在10所援疆示范性幼儿园创建的基础上,提升改造100所幼儿园,分批分级培训1 000名幼教骨干教师和园长。继续实施对考入内地高校的新疆籍贫困大学生补助政策,每人每年补助6 000元。继续开展高教援疆工作,年内新疆大学科技学院阿克苏校区在岗援疆教师63人,以南疆发展研究院为依托,建立6个研究所21个研究室,吸纳135个年轻教师开展50多次教学科研活动,获省级立项课题2项,指导青年教师获自治区自然科学立项项目4项。浙江援建的新疆大学科技学院阿克苏校区成功转设为“新疆理工学院”并挂牌。为受援地再争取到10名浙江高校定向招生指标,使浙江高校定向招生指标从340名增至350名。

【医疗援疆】 2019年,省市援疆指挥部围绕受援地卫生事业发展需要,创新实施医疗“三大两远程”援疆模式(大卫生、大组团、大帮带、远程智慧医疗、远程网络教育)。增加项目资金3 050万元,安排医疗援疆资金2 760万元,购置2辆巡回体检车,救护车18辆。在“大卫生”方面,由原来纯粹医疗技术和医院管理,扩大到涵盖基层巡回义诊、卫生知识社会普及教育、地方疾病调查研究和预防等内容的“大卫生”格局。在“大组团”方面,队员由35名“组团式”医疗专家,扩大到浙江省市医疗队96名援疆医疗人才组成的18个“专科联盟”的“大组团”,支援对象由2家受援医院,扩大到地区、兵团、县(市)全覆盖的“大组团”。在“大帮带”方面,由原来传统的师傅带徒弟,扩大到涵盖“以院包科”、专家团建院、院帮院、浙阿跨省新型医联体建设等内容的“大帮带”模式,补充非受援专科帮带实力弱的短板,构建了13家支援医院五级联动、双向转诊、多方受益的医疗援疆新模式。在“远程医疗”方面,建立四级上下联动信息化远程医疗平台,针对特殊、疑难病历,即时连线浙江省后方医院知名专家,让疑难复杂疾病患者在边疆就能享受到内地优质三甲医院的规范化、同质化治疗。在“远程培训”方面,建立电子图书馆、空中课堂、“掌E课堂”,促成援受双方远程双向交流和多维度融合,边疆医疗人才随时享受到后方医院的同质化教学培训。“浙阿跨省新型医联体”模式已初步形成。开展新技术新项目36项、254例,二尖瓣置换术、主动脉瓣置换术等12项技术填补了地区空白,开展义诊454次,诊疗18 381人次,培训当地医务人员28 686人次,地区第一人民医院手术量比上年增长3.3%,危重症患者抢救成功率增至88.9%,住院转诊率下降2.9%。兵团第一师医院收治疑难危重患者增长3.2%,抢救成功率上升1.3%,转诊率下降10.26%,手术量比上年增长31.12%。

(徐　静)

干部人才援疆

【援阿人才概况】 2019年,浙江省第九批援疆干部人才(含支教教师)738人,其中援疆干部132人(中组部计划内干部126人、计划外6人)、援疆人才606人(中组部计划内人才200人、计划外支教教师387人、自主选派19人)。中央和国家机关、中央企业援疆干部人才10人。新疆大学科学技术学院阿克苏校区计划外选派教师8人;温州大学拜城县实验高中计划外选派教师11人。

【援疆干部人才服务管理】 2019年,地区召开第九批浙江援疆工作总结表彰暨第十批浙江省援疆干部骨干欢迎大会。根据自治区印发的《关于援疆干部人才享受新疆地区津贴的通知》《阿克苏地区援疆干部人才医疗费用管理暂行办法》,为第十批援疆骨干办理本地任职手续,落实南疆同职级津补贴、定期体检、核报医疗费用、子女高考入学等各项政策待遇。通过自治区拨款为330名援疆干部人才发放南疆工作补贴388.2万元,为330名援疆干部人才报销医疗费用73.63万元。做好援疆干部人才中秋节、元旦、春节等节日的走访慰问和年休假返回有关服务工作。

【援阿人才“传帮带”工作】 2019年,宁波市在库车市率先启动教育人才“组团式”援疆工作,“全链式”支持幼儿园、小学、中学师资队伍建设,全额投资8 000万元建成的库车市阳明小学。医疗人才“组团式”援疆医疗队推进构建“浙阿跨省医疗联合体”,建成南疆首个医学类院士工作站,填补地区空白。新疆理工学院援疆教师团队助力学院成功转设公办二本院校,建成国内首个专门研究南疆历史文化和发展问题的学术机构——南疆发展研究院,成为智力援疆升级版典范工程。

【援疆工作先进集体和优秀个人】 2019年,为期三年的第九批浙江省援助阿克苏工作结束,浙江省先后选派1 140名援疆干部人才、支教教师到阿克苏服务。经请示地委、行署主要领导同意,于2019年12月31日地区召开第九批省市援疆工作总结表彰暨第十批省市援疆干部骨干欢迎大会,会上对130名优秀援疆干部、200名优秀援疆人才、387名优秀援疆支教教师、15个“四比四创”(比创新、创品牌;比实干、创业绩;比效率、创进度;比团结、创形象)活动先进集体、“四比四创”活动优秀个人、50名“最美援疆人”进行表彰。经地区推荐,新疆维吾尔自治区对浙江省12个援疆工作先进集体、149名优秀援疆干部人才进行表彰。

(刘 猛 卫 涛 邹立慧)

行业援疆

【中央组织部援阿工作】 2019年,中央组织部援疆干部围绕地委中心工作,调整优化地区高等教育布局,助力新疆大学科学技术学院成功转设公办新疆理工学院、阿克苏职业技术学院新校区落成。指导推进公立医院改革,优化多元办医格局,指导建成西北五省唯一一家集现代医疗、仓储、销售为一体的药品集散中心。积极推进分级诊疗、家庭医生签约、远程医疗服务、取消药品加成等改革措施落实落地,建立“医联体”2个,“医共体”17个,群众看病难、看病贵、看病远的问题得以解决。加大传染疾病防治力度,重点救治存量、遏制增量,地区传染病疫情平稳可控。推进招录内招干部工作,连续4次带队赴内地广泛宣讲、沟通协调,完成招录任务。

【公安部援阿工作】 2019年,国家公安部援疆干部发挥专业特长和技术优势,参与案件核查侦破工作,协助发现情报信息、办理危安团伙案件,组织编撰《阿克苏地区公安局网安支队业务工作规范》《侦查技巧小窍门》等培训资料,制定多个符合当地实际的业务系统建设方案。

【中国国电集团公司援阿工作】 2019年,中国国电集团公司援疆干部指导库车市发电供电企业管理,杜绝各类影响社会稳定的安全事故的发生。加强对新兴产业、信息通信行业管理,推进煤炭资源集约开发、建材冶金产业健康发展。落实社会面安全防范体系,开展道路危险化学品运输违法行为和综合性稳定安全生产大检查,对危险化学品、石油化工、煤矿矿山等重点区域进行专项整治。开展安全培训教育,提高广大群众的安全意识和应急处置能力。

【中石化集团公司援阿工作】 2019年,中石化集团援疆干部加快对外开放步伐,搞活流通,推进南疆商贸物流集散中心和“十城百店”工程建设,加快商贸物流产业集群发展。截至年底,全地区拥有电商活跃用户50万人,活跃电商卖家(淘宝网店)超过3 000家,电子商务交易总额超过28.7亿元。深入实施招商引资“一号工程”,落实招商引资项目341个,到位资金352.23亿元,完成落实区外到位资金350亿元目标任务的100.6%。按照“介入上游、发展中游、深化下游”的工作思路,深化油地融合共赢发展。塔河炼化PX项目、中泰化学和金圣胡杨公司拟建设PTA和乙二醇等配套产业有序推进。协调两大油田公司累计供应民用天然气4.2亿立方米,全年预计达5亿立方米。全地区累计实现天然气入户27万户,地区超百万各族群众用上了清洁、高效的天然气。

(刘 猛 卫 涛 邹立慧)

自治区总工会阿克苏地区办事处

【工会组织概况】 2019年,自治区总工会阿克苏地区办事处(以下简称地区工会)辖县(市)总工会9个,地直机关工会1个,地区教育工会1个,阿克苏纺织工业城(开发区)总工会1个,乡(镇、街道)工会114个;全地区共有基层工会2 366个,职工241 285人,工会会员228 614人(其中农民工会员47 564人)。

【工会组建与会员发展】 2019年,全地区新组建基层工会组织168个,发展会员21 623人,其中发展农民工会员11 126人,超额完成自治区总工会下达的组建发展任务。全地区货车驾驶员等"八大群体"从业职工15 670人、入会13 790人、入会率88%,地区工会"八大群体"入会工作在8月25日自治区工会系统专题培训班上交流工作经验。全地区132家百人以上正常生产企业100%建立工会,在职职工44 904名,发展会员37 990名,入会率85%。全地区111个乡(镇、街道)、8个开发区全部建立工会组织。2019年,地区工会重点推进"小三级"基层工会建会入会工作,打通服务职工群众的"最后一公里",指导乌什县总工会在阿克托海乡库木奇吾斯塘村组建成立地区首家村级工会,首批工会会员83人。

【文化宣教】 2019年,地区工会广泛开展宣传教育和"中国梦·劳动美·新疆好·感党恩"主题教育活动,将"民族团结从我做起"的理念植根于广大职工内心、融入企业文化内涵。各级工会组织结合驻村走访工作,深入田间地头、群众家中,开展"三言五语"讲政策、结亲联谊话党恩、升国旗树信仰、学法规明事理、学国家通用语言强素质等宣讲活动,有力促进工会系统"冬季万人大宣讲"活动落地见效。各县(市)基层工会开展各类宣讲活动350场次,受教育17万人次;地区教育系统各级工会累计开展宣讲活动6 800场次,覆盖教职工、学生及家长22万人。"地区工会"微信公众号平台作为劳模宣传、职工"去极端化"教育的宣传主阵地,发布微信信息75期323篇。发挥工会组织网军作用,乌什县依麻木镇国语小学校长库尔班·尼亚孜以9.8万票当选新疆"最美职工"。

【干部职工运动会】 2019年4月27日,地区工会开展庆祝建国70周年城区单位第二届干部职工运动会。运动会为期5天,全城区63个单位的1 831名干部职工参加4个团体项目、4个个人项目15个小项的角逐,通过比赛,运动会各项赛事共有24个集体、132名个人获奖,并颁发10个优秀组织奖、5个体育道德风尚奖。

【职工劳动竞赛】 2019年,地区工会组织351家企业、1 188个班组、39 773名职工开展"安康杯"竞赛活动。全年累计有541家企业、1 192个班组、41 194名职工开展劳动竞赛活动。

【工会维权服务】 2019年,地区各级工会向646家企业发放书面邀约函，承诺协商并签订工资集体协商专项合同的企业630家。其中公有制企业83家、非公有制企业547家，覆盖职工47 149人。地区各级工会始终坚持职工群众利益无小事，督促各县（市）总工会积极协助当地人社、住建等部门，认真开展好农民工工资治欠保支工作。统筹协调资金123万元，在重要节假日、盛夏寒冬等时节，开展各项慰问帮扶活动，走访慰问困难职工、劳动模范、退休老干部、生活困难党员、老党员及“访惠聚”驻村工作队队员、驻村管寺干部家属等5 000多人次。

【非公有制企业调研】 2019年，地区工会领导班子积极深入非公企业开展调研活动，先后深入阿克苏纺织工业城、库车经济技术开发区、库车市、阿瓦提县开展调研，归纳需要整改的具体问题9个，逐条制定整改措施，为库车经济技术开发区总工会增加社会化工会工作者名额2人；帮助阿克苏纺织工业城（开发区）总工会、库车经济技术开发区总工会7家企业补充职工书屋图书、添加职工文化活动器材价值13万元；补助阿克苏职业技术学院工会职工文体活动专项经费10万元。

【系统推优表彰】 2019年，地区工会坚持“政治立场坚定、工作实绩突出、代表职工风貌、倾斜基层一线”评选原则，对全地区各行各业中涌现出的60个先进集体、70名先进个人进行表彰奖励，充分调动基层工会和干部职工工作热情；成功申报全国五一劳动奖章1人、“开发建设新疆奖状”集体2个、“开发建设新疆奖章”4人、“自治区工人先锋号”班组2个。

【困难职工帮扶】 2019年，地区各级工会准确掌握困难职工详情，落实分类帮扶工作。各级工会累计审核调配困难职工帮扶资金548.35万元，在全地区841户2 081人次困难职工中开展帮扶救助活动，其中生活救助712户1 946人次、医疗救助4户5人、金秋助学121户121人次、其他类救助4户9人次。

（岳志辉）

2019年9月26日，地区工会组织各级劳模开展了“庆七一、游家乡”活动（地区工会/提供）

共青团阿克苏地区委员会

【团组织概况】 2019年，阿克苏地区有各级团组织6 410个，其中团的领导机关9个，团委252个，团工委37个，团总支193个，团支部4 096个，毕业生团组织1 823个。乡（镇、街道）团委103个；学校领域有团支部3 631个，其中教师支部156个，混合支部10个，小学支部373个。团的领导机关团干部92人，基层团干部19 176人。地区有团员117 445人，其中党政机关4 188人，事业单位（不含公立学校）5 535人，普通高等院校12 466人，职业教育学校4 729人，普通高中24 551人，初中8 553人，小学5 429人，国有企业375人，集体企业9人，非公企业1 530人，新社会组织（不含民办学校）360人，城市社区5 686人，农村41 698人，其他2 336人。地区有少先队员273 694名，少先队大队668个，配备县（市）级总辅导员13名、少先队大队辅导员668名。

【改革攻坚】 2019年，共青团阿克苏地区委员会（以下简称团地委）深入推进改革试点工作和学校共青团、少先队改革工作。

【地区共青团工作会议】 2019年3月19日，组织召开2019年地区共青团工作会议。团地委党组书记、团委书记分别与各县(市)团委责任人签订2019年分项工作责任书。明确2019年度工作着力于“三个回归”(组织定位由“活动团”向“政治团”回归，工作方式由抓面上向抓支部回归，管团治团由宽松软向严紧实回归)、“三个贯穿”(每月1次主题团日要贯穿全年，“3214”基础团务要贯穿全年、从严治团真督实导要贯穿全年)、“四大工程”(实施“红心向党”工程，“青蓝提升”工程，“暖心阳光”工程，“融入实践工程”)，有效推动共青团改革和从严治团向基层延伸。推动阿克苏市入选为全国9个省18个县(市、区)基层团组织改革综合试点之一。顺利迎接团中央基层建设部调研基层组织改革试点工作。团地委召开共青团基层组织改革综合试点工作推进会，强化组织领导，各成员单位主动认领改革任务，推进改革任务向纵深发展。印发《阿克苏地区中学共青团改革实施方案》《阿克苏地区少先队改革实施方案》，督促学校共青团、少先队加大改革力度。多次深入基层开展少先队工作座谈交流，积极探索创建少先队辅导员“临时”工作室，携手打造精品课程。参与指导6个县(市)少先队如期完成换届工作，承办自治区第十二届少先队辅导员专业技能大赛暨2019年少先队活动课专题培训班。

【从严治团】 2019年，团地委深化软弱涣散团组织整顿工作。完成“智慧团建”录入工作，并依托运行“智慧团建”系统，推动团员组织关系网上转接工作。建立团建指导员制度，选派70多名团建指导员，常态化开展团建指导工作。在非公企业和园区，采取就近联建的方式，强化组织覆盖。全年地区新建团组织397个，发展团员9 500名。

2019年9月16日，团地委组织4 000余名团员师生开展“我与祖国共奋进——国旗下的演讲”特别主题团日活动(团地委/提供)

【“十大杰出青年”表彰】 2019年4月30日，团地委举办阿克苏地区首届“十大杰出青年”颁奖典礼。典礼上，对10位评选的维稳先锋模范、民族团结模范、见义勇为模范、勤劳致富模范、自强不息模范、无私奉献模范、孝老爱亲模范、志愿服务模范、爱岗敬业模范、大爱援疆模范进行颁奖。

【民族团结一家亲】 2019年，团地委坚决贯彻落实开展“民族团结一家亲”和民族团结联谊活动。全年地区各级团组织累计开展912场次集体爱心生日会，覆盖68 752名儿童；开展融情夏令营19期、其中夏令营8期、周末营11期，覆盖715名青少年；组织24所1.6万名学生共向内地发信7万多封，内地26所中学1.5万名学生回信6.5万封。

【志愿服务】 2019年，团地委依托地区各级团组织在“志愿中国”系统搭建地、县、乡、村四级管理网络，新建组织1 657个、注册志愿者16万多人、发起活动740多次，注册量和活跃度均居全疆第一，全年累计开展志愿服务活动2000多场，团员青年3万多人参与。

【青少年服务】 2019年，团地委心系青年，关心基层，坚持做好青少年服务工作。全年，组织各地返乡大学生开办“红领巾小课堂”，累计覆盖584个村(社区)，惠及基层少年儿童32 500多人。每月定点为76所学校(儿童福利院)开展“共青团爱心集体生日会”活动。筹划举办多场单身青年交友联谊活动，为地区公安干警、教师、医生、护士、内地招录大学生、机关干部等行业领域单身青年搭建交友平台。

【预防青少年犯罪】 2019年,团地委以综治宣传月为契机,依托地区律师志愿分团开展"法制365大讲堂"活动。全年,"法制365大讲堂"分别走进地县、乡(镇)、中小学校,进行法律知识讲座活动1 260场次,覆盖青少年达12万人次。

【希望工程建设】 2019年,团地委落实柯坪县、乌什县(深度贫困县)150名建档立卡贫困学生享受"自治区团委教育扶贫专项党费"学生资助项目和2019年中国农业银行"金穗圆梦"深度贫困地区大学生助学项目,助学金额达25万元。落实83名2019年考入本科院校建档立卡贫困子女享受"中国茅台·国之栋梁"——2019年希望工程圆梦行动大型公益助学项目,助学金额达41.5万元。落实乌什县1所村级中心小学享受中国建设银行"积分圆梦快乐音乐教室"项目,金额达2.25万元。落实69人享受"向阳花基金"脱贫攻坚助医行动,资助金额14.54万元。

【西部计划大学生志愿者服务管理】 2019年,团地委常态化抓实西部计划大学生志愿者待遇保障和教育管理工作。全年地区共招募大学生西部计划志愿者317名,其中2019年新招募志愿者180名,2018年、2017年分别续签大学生西部计划志愿者117名、20名。按照岗位类别划分317名大学生西部计划志愿者中,基础教育273人、基层社会管理27名、研究生支教团11名、服务三农4名、基层青年工作1名、医疗卫生1人。截至年底,大学生西部计划志愿在岗273人,离岗44人,其中留疆志愿23人,离岗留疆率52.3%,留阿志愿者13人,离岗留阿率29.5%。

(王　琼)

阿克苏地区妇女联合会

【妇女组织概况】 2019年,阿克苏地区有县(市)妇女联合会9个,乡(镇)街道妇女联合会102个,村(社区)妇女联合会1 443个,新兴组织中成立妇女组织627个。

【系列活动】 2019年,地区妇联开展系列活动,引领各级妇联为全面建设小康社会贡献巾帼力量,3月6日开展"巾帼风貌 树文明新风"庆祝国际劳动妇女节109周年座谈会,地区各族各界妇女代表200人参加;落实《新疆维吾尔自治区去极端化条例》,召开阿克苏地区妇联系统持续深化发声亮剑活动电视电话会议,地、县(市)、乡(镇、街道)、村(社区)5 000多人参加此次视频会议,地区各界7名妇女代表发声亮剑,各级妇联党员领导干部在阿克苏日报、阿克苏零距离、阿克苏女声等各种媒体带头发声亮剑10次;在"科技强国·科普惠民"为主题的科技周期间,各级妇联共发放2万份宣传单,受益群众1.3万人;开展"争做巾帼好网民"主题活动,地区各级妇联积极组织约12万名妇女群众收看2019年"争做巾帼好网民"主题活动暨"巾帼好网民行动"启动仪式,充分利用全国妇联"妇联通"上开发的"女性与网络"系列公开课内容,积极发挥阿克苏女声的宣传作用,持续转载,不断提高女性网民网络素养教育;地区各级妇联在第六个扶贫日期间,累计开展各类宣传宣讲活动1 300场次,25万名妇女群众参加。组织巾帼志愿帮扶活动300多次,开展慰问活动10多次,累计金额5万多元。

【妇女创业就业】 2019年,阿克苏地区妇女联合会(以下简称地区妇联)通过各种平台引领妇女创业就业,组织专场招聘89场次,提供免费服务10 531人,成功介绍女性就业3 378人,其中农村妇女1 891人,跨地区组织劳务输出女性678人,职业技能培训女性3 443人,劳动维权和法律援助女性1 655人;对2016年以来组织实施的47个星火项目、36个拓展和4个全国巾帼脱贫示范基地等项目进行逐一自查;抓好"靓发屋"项目实施,累计建立靓发屋54个、糕点屋5个、便民餐厅5个,累计帮助64名妇女实现门前就业增收。

【维权服务】 2019年,地区妇联做好妇女维权工作,完善婚姻家庭纠纷四级调解网络。地、县(市)两级妇联共接待群众信访案件371件,婚姻家庭类仍占信访首位。面向广大民警开展婚恋家庭观知识讲座1场,引导广大青年民警树立正确的婚恋家庭观。开展“平安家庭”标兵户评选活动，评选地区级“平安家庭”标兵户50户，提高妇联干部调解家庭矛盾纠纷的工作能力。累计组织妇联系统1045名维权干部参加司法部人民调解大讲堂视频培训活动7场次。

【民生项目】 2019年，地区妇联联合社会力量关心妇女、儿童身心健康，利用“母亲微笑行动”项目，在全地区征寻唇腭裂患儿127名，经过严格筛查，最终为地区30名符合手术条件的贫困唇腭裂儿童进行免费修复手术。做好“春蕾助学”项目，为本地区36名春蕾女大学生及贫困学生获得春蕾助学款共计15.12万元(2016~2019年)；3月20日启动“国奶扶贫工程”公益项目，本地区共接收到2 358罐全额资助奶粉，价值69.8万元，收到差额资助奶粉1 697桶罐，公益资助额33.6万元。

【家庭教育】 2019年，地区妇联加强家庭教育工作，实施“家家幸福安康工程”方案，开展“书香飘万家·阅读伴成长”亲子阅读、“家庭学校进农户”活动；各级妇联开展寻找“最美家庭”活动，授予65户家庭为阿克苏地区2019年“最美家庭”荣誉称号，向自治区妇联推荐全国级“最美家庭”1户，推荐自治区级最美家庭45户。

【基层妇联工作】 2019年，地区妇联深入县(市)、乡(镇)(街道)和村(社区)开展实地指导工作，帮助基层查找和解决改革工作中存在的困难和问题。截至年底，全地区成立县级婚姻家庭纠纷调解委员会9个、乡村两级婚姻家庭纠纷调解室1 400多个，专兼职人民调解员5 000多人。

【儿童工作】 2019年，地区妇联实施“家家幸福安康工程”，在全地区弘扬新时代家庭观，各级妇联积极组织儿童开展“给妈妈写一封信”、收看《家风传万家》专题节目、举办绿色环保主题实践等活动，引导儿童表达他们对党的感恩、对祖国的感恩、对父母的感恩；开展“讲最美家庭故事传好家风家训”为主题的宣传教育活动50场次，“家庭教育专题讲座”10场次；开展“书香飘万家.阅读伴成长”亲子活动，为60个家庭发放价值6 000元的经典书籍和学习用品。

【关爱活动】 2019年，地区妇联积极依托自治区妇联教育关爱专项资金，在全地区组织开展家庭妇女教育关爱帮扶活动2 000多次，为1 000多个家庭、5 000多名家庭妇女、贫困妇女、残疾妇女、留守妇女儿童从思想教育、生活生产帮扶，心理疏导，矛盾纠纷调处等方面提供第一时间帮扶，促进家庭关系和睦、维护社会和谐稳定。

（殷婉寒）

阿克苏地区工商业联合会(总商会)

【工商联组织概况】 2019年，阿克苏地区工商业联合会（总商会）[简称地区工商联(总商会)]地区范围内有工商联组织10个，其中地区级工商联1个、县(市)级工商联9个。所属商会28个，其中异地商会15个、行业商会(协会、联合会)11个、综合类协会2个。县(市)级工商联所属基层商会49个，其中异地商会2个，乡(镇)商会47个。

【工商联会员】 2019年，地区工商联（总商会）有团体会员28个（即地区各商会）、直属企业会员265个；地区各商会所属会员3 290个，其中企业会员1 653个、个人会员1 637个；各县(市)工商联直属企业会员590个，所属基层商会企业会员273个，个人会员2 156个。全地区工商联有会员6 651个，其中团体会员77个、企业会员2 781个、个人会员3 793人。

【民营经济发展】 2019年，全地区登记注册个体工商户125 688户，比上年增长21.5%；从业人员25.276万人，比上年增长14%；注册资金77.402亿元，比上年增长39.8%。民营经济为主体的专业合作社4 991户，比上年增长0.9%；从业人员5.79万人，比上年增长0.38%；出资总额8.23亿元，比上年增长2.2 %。民营企业20 978户，比上年增长12.7%；从业人员19.11万人，比上年增长23.8%；注册资金3158.49亿元，比上年增长21.23%；2019年阿克苏地区民营经济上缴税收约23.55亿元，比上年增长15.9%，在全地区上缴税收前50名企业中民营企业占到28家。

2019 年阿克苏地区工商联(总商会)所属商会(协会、联合会)基本情况一览表

商会名称	成立时间	会员数量	企业会员	个人会员
地区河南商会	2006.4	173	96	77
地区温州商会	2008.8	139	81	58
地区川渝商会	2010.12	408	194	214
地区安徽商会	2011.4	153	73	80
地区台州商会	2011.5	89	47	42
地区浙江商会	2011.5	101	71	30
地区甘肃商会	2012.6	119	56	63
地区江苏商会	2013.5	78	39	39
地区湖南商会	2013.9	96	58	38
地区陕西商会	2014.5	135	71	64
地区福建商会	2014.5	88	47	41
地区北京商会	2019.10	68	27	41
地区山东商会	2016.11	135	56	79
地区临海商会	2017.8	71	39	32
地区泸州商会	2019.11	67	28	39
地区 MBA 企业家协会	2013.6	228	127	101
地区建材家居商会	2015.10	125	35	90
地区文化产业商会	2016.6	112	47	65
地区特色产业企业联合会	2016.12	116	58	58
地区自驾游协会	2017.3	55	17	38
地区包装行业联合会	2018.1	87	51	36
地区门窗行业	2018.11	65	50	15
地区冷链仓储联合会	2018.12	57	29	28
地区香梨产业联合会	2018.12	106	41	65
地区青年企业家联合会	2019.10	140	55	85
地区电商企业家协会	2019.11	135	47	88
地区物业管理协会	2019.12	65	57	8
地区汽车行业商会	2019.12	79	56	23

【商会建设】 2019年,地区工商联(总商会)发展壮大商会组织,鼓励引导民营企业围绕经济建设和产业行业发展需求,自主发起成立商贸物流、高新技术产业、制造业、电子商务、文旅产业等行业商会组织。按照“政府推动、市场运作、互惠互利、合作共赢”的原则,在地区工商联(总商会)的指导筹备下,相继在阿克苏地区成立了一批各省市驻阿异地商会和行业商会、企业家协会(联合会)。年内,新成立阿克苏地区青年企业家协会、地区北京商会、地区泸州商会、地区电商企业家协会、地区汽车行业商会等非营利性法人社团。

【服务经济建设】 2019年,地区工商联(总商会)建立联系协调机制,保护非公有制经济合法权益,会同阿克苏检察分院联合印发并深入落实《依法平等保护非公有制经济健康发展工作方案》《关于依法支持和保障非公有制经济健康发展的联系协调机制》等文件,推动依法平等保护非公有制企业合法权益,促进非公有制经济健康发展。

【调查研究】 2019年,地区工商联(总商会)开展营商环境评价,优化非公有制经济发展政务环境。组成调研组每季度深入商会及民营企业,围绕营商环境、企业减负、经营困难、减税降幅、吸纳就业、优惠政策落实、构建“亲”“清”新型政商关系以及对口扶贫、脱贫攻坚等专题开展实地调查研究,收集第一手资料进行问题筛选、原因分析并提出建议意见,形成专题报告提交相关部门。

【经贸交流】 2019年,地区工商联(总商会)组织地区、各县(市)及各商会155家民营企业随地区代表团参加2019年“西洽会”“浙洽会”“投资贸易洽谈会”“西博会”“第六届新疆特色果品交易会暨全国农产品(阿克苏)产销对接扶贫行活动”等区内外经贸交流活动,协助举办并邀请区外300多家商会及民营企业参加各类展会期间举办的“阿克苏地区招商推介会暨项目签约仪式”等活动,积极推动招商引资工作。加强与浙江省(市、区、县)工商联、商会组织的交流联系,以对口援疆为契机,产业援疆为抓手,在浙阿两地举办经贸交流活动,促进浙阿民营经济合作交流。邀请全国各地170多家商会组织及800多个会员企业负责人到时阿克苏地区考察项目、洽谈合作,签约及达成意向约39亿元。

地区工商联举办“2019民营企业南疆行浙江招商项目推介会”(地区工商联/提供)

【融资服务】 2019年,地区工商联(总商会)积极加强与各金融机构的联系协作,拓宽民营企业融资渠道,缓解民营企业融资难、融资贵的困难,先后与建设银行、杭州联合银行、交通银行、乌鲁木齐银行、邮储银行等金融机构签订《银企合作协议》并联合举办银企对接交流会,各金融机构对授信企业积极予以相关资金支持,提高民营企业获取贷款的比例。全年地区金融机构各项贷款余额比上年增长11.5%。

【参政议政】 2019年,地区工商联(总商会)强化政企交流沟通,畅通民营经济发展参政议政渠道,组织召开2次商会会长、民营企业家座谈会2次。推荐近200名商会负责人、民营经济代表人士参加地、县(市)党委(扩大)会议、经济工作会议以及人大、政协会议。地、县(市)民营企业人大代表、政协委员积极提交议案、提案70多件。

【精准扶贫】 2019年,24个直属商会、协会、联合会及民营企业与187个贫困村建立对口帮扶关系,覆盖受益人数6 700多人,累计投入帮扶资金1 219.13万元,其中产业帮扶917.5万元，公益帮扶301.65万元，就业帮扶2.05万人。组织各商会会长赴柯坪、乌什两个贫困县开展"民营企业消费扶贫乌什、柯坪行"活动，签订消费扶贫购销协议和合同，投入消费扶贫资金256万元。配合浙江省工商联、地区扶贫办、商务局合作组织"浙江省民营企业南疆行"扶贫招商活动，达成15个共计59.7亿元投资合作意向项目并签约。

【促进就业】 2019年，地区工商联(总商会)推动民营企业参与就业再就业工程，开展"民营企业招聘周""春风行动""校企就业对接会"和"民营企业乡(镇)(村)招聘会"等活动，协助民营企业完成就业安置1 800人，在职职工岗位培训1 200人。推动民营企业在园区、乡(镇)投资建设织袜、服装、刺绣和农产品加工等产业，就地吸纳6 000名富余劳动力就近就业。组织实施农村富余劳动力转移就业技能培训、纺织服装企业岗前培训等分层分类精准培训和职业培训2 000人次，全年地区民营企业新录用员工2.2万人次。

(周忠董雷)

阿克苏地区科学技术学会

【科协基层组织概况】 阿克苏地区科学技术协会(以下简称地区科协)由7县2市科协和15个地级学(协)会组成。

【科学普及】 2019年，地区科协发挥科技群团优势，立足实际，坚持科学知识始终服务于基层、服务于群众，联合自治区科协、县(市)科协，发挥县(市)科技局、教育局等成员单位作用，开展"三级联动"科学普及宣教活动。深入乡村，进学校、进巴扎、进村委会，开展各类科普宣传活动1 360场次，参与群众59多万人次，展出科普挂图11 580张、科普宣传板报3 368块、设立咨询服务台56个、发放宣传资料20万份。

【"基层科普行动计划"项目】 2019年，地区科协按照"基层科普行动计划"项目评审的要求，对2个科普示范基地、3个科普示范社区和10个科普带头人共15个先进单位和个人进行奖补，下拨奖补资金79万元。按照公正、公平、公开的原则，对全地区医院、学校、社区、公园、景点等25个单位申报材料进行审核，推荐申报自治区科普教育基地单位25个，其中获自治区命名科普教育基地12个。

【青少年科技教育】 2019年，地区科协组织地区各中小学优秀科技辅导员、教练员、学生60多人先后参加"第33届自治区青少年科技创新大赛"和第9届自治区青少年科技节竞赛。为阿克苏地区荣获各类竞赛奖项70项。10月26日在天杭实验学校成功举办地区第33届青少年科技创新大赛，7县2市科技辅导员及学生300多人参赛、共征集参展作品科技小发明、小论文、科幻画等作品480多个，评选出一等奖73项、二等奖93项、三等奖254项。

【"科技之冬"活动】 2019年，地区第三十届"科技之冬"活动于2018年11月中旬全面启动，2019年4月25日结束。活动期间共举办各类培训班4 800期，累计培训基层干部、农牧民、社区居民59万人次。

【科技馆建设】 2019年，阿克苏科技馆共计9个展厅，其中新增3个禁毒展厅（展厅面积600多平方米)，1个科普影院。全年阿克苏科技馆接待群众7.3万人次，其中参观团体205个1.2万人次，散客6.1万人次。

【科技创新工作】 2019年，地区科协全面推进"中国科普e站"推广落地实施。链入全地区乡(镇)、社区、乡村站点1 687个(科普触控屏49个)、学校站点588个，全地区乡(镇)、社区、乡村站点观看群众100多万人。持续推进"科普中国·新疆云视"平台电子科普画廊项目建设，争取到"科普中国·新疆云视"平台电子科普画廊建设项目(二期)，在人流密集区建设电子大屏32块(5平方米)，播放科普视频1 000小时，科普群众10万人次。联合地委宣传部借助地区广播电视台、阿克苏日报社、阿克苏零距离点多、面广的优势，推广"科普中国""科普新疆"手机APP的运用，地区7县2市关注量达到3万人。

【基层科协工作】 2019年，地区科协制定《阿克苏地区提升基层科协组织力"3+1"试点工作方案》，与组织部门联合开展提升基层科协组织力"3+1"("3"指吸纳"院长、校长、站长”进入县乡（镇）科协领导机构兼职挂职、发挥作用，“1”指加强上级科协指导）试点工作。要求未实施3+1试点工作的所有县、乡（镇）科协组织吸纳同级医院院长、学校校长、农技站站长（农业服务中心主任）进入县、乡（镇）科协班子兼职挂职、发挥作用，通过“三长”和上级科协加强指导，联系在基层的教师、医生和农业技术人员，参加科协活动，使地区基层科协组织真正接长手臂、扎根基层，更好地履行“四服务”（为科技工作者服务、为创新驱动发展服务、为提高全民科学素质服务、为党和政府科学决策服务）职能职责。地区所有县、乡（镇）科协组织通过改选任命等形式，全部配备“三长”。

（张豫州）

阿克苏地区归国华侨联合会

【机构改革】 2019年，根据地委办公室关于印发《阿克苏地区归国华侨联合会职能配置、内设机构和人员编制规定》的通知（阿地党办发〔2019〕101号），新疆维吾尔自治区阿克苏地区归国华侨联合会（以下简称地区侨联）是地委领导下的由归侨、侨眷组成的人民团体，是地委、行署联系广大归侨侨眷和海外侨胞的桥梁和纽带。归口地委统一战线工作部管理，为正县级。

【送温暖活动】 2019年，地区侨联开展春节、国庆归侨侨眷慰问活动，关心慰问归侨侨眷60人，发放慰问金5.5万元。开展送温暖活动，邀请乌鲁木齐市爱尔阿迪娅眼科医院开展侨爱心——送温暖医疗队义诊活动，共接待咨询患者500多名，免费发放治疗眼疾药品1万元。争取中国侨联思利及人公益基金会为阿克苏地区捐赠价值626.4万元的生活用品及食品8 000套。组织10名归侨侨眷、侨属分3批次参加新疆“侨爱心——归侨侨眷”技能培训班。争取“黄土高原/中国偏远山区助学计划”项目，帮助11名贫困大学生如期入学，受资助学生每年可获得2 000元，直至大学毕业。

【侨爱捐赠】 2019年5月，中国侨联向阿克苏地区援建扶贫项目资金200万元，其中65万元在归侨侨眷相对集中的乌什县亚曼苏乡、温宿县博孜墩乡、库车市新城街道办事处、阿克苏市英巴扎街道巴格其社区分别建立1所包括图书室、健身室和多功能文化活动室等设施的“侨胞之家”，为归侨侨眷提供免费文化娱乐和侨法咨询等方面的服务；65万元在侨联对口扶贫点阿克苏市阿依库勒镇兰杆村修建1座300平方米的“侨爱文化活动中心”；70万元在乌什县亚科瑞克乡皮羌村建设“侨爱巴扎”。

【侨联外宣】 2019年，地区侨联组织广大归侨侨眷参与各类弘扬中华文化活动，在自治区侨联开展的“我与改革开放共成长”征文活动中，1名侨眷获二等奖，2名侨眷获三等奖，地区侨联获优秀组织奖。在中国侨联举办的“第二十届世界华人学生作文大赛”中，2篇获三等奖。

（史玉雪）

阿克苏地区残疾人联合会

【残疾人补贴】 2019年，阿克苏地区残疾人联合会（以下简称地区残联）加强残疾人“两项补贴”（困难残疾人生活补贴和重度残疾人护理补贴）信息的实时监测和动态管理，使“两项补贴”信息数据准确，发放精准，3.33万人享受残疾人“两项补贴”，发放补贴2 639.28万元。实施“阳光家园”计划，为托养机构246名集中托养的残疾人补助经费73.8万元。

【残疾人康复】 2019年，全地区累计投入康复经费1 026.41万元。425名（完成全年425名任务的100%）3~6岁残疾儿童在16个定点机构接受康复训练与服务；完成盲人定向行走训练20名；开展肢体残疾人康复训练248名；为全地区30名肢体残疾儿童免费实施矫治手术；对89名贫困残疾人家庭进行无障碍环境改造；协调地区康宁医院开展贫困精神病患者免费服药470名；适配残疾人辅助器具2 168件。全地区新办理二代残疾人证9 917本，累计办理78 400本，办证率为80%。

【残疾人特殊教育】 2019年，地区残联准确掌握残疾儿童入学情况，义务教育适龄残疾儿童4 722人，入学率为95%。开展扶残助学活动，积极协助新疆残疾人职业中专学校来地区招生考试工作，宣传对残疾学生的优惠政策，地区共有52名残疾考生参加招生考试，录取9人。为地区10名2018年应届录取残疾大学生每人发放2 000元助学补助。

【残疾人培训】 2019年，地区残联开展以“就业帮扶、真情相助，不让一个困难群众掉队”为主题的就业援助月和“助残日”就业援助专项活动，登记认定就业残疾人117人，帮扶残疾人就业58人，全年新增残疾人就业480人；地区共组织农村残疾人实用技术培训30次，培训人数3 000人，协调华孚纺织对已就业的20名残疾人开展纺织技能提升培训。组织全地区134名贫困视力残疾人开展以推拿按摩为主要内容的职业技能培训，地区2个贫困县的19名建档立卡贫困残疾人赴自治区残疾人职业中专进行职业技能培训。

【残疾人权益保障】 2019年，地区残联共接待来访群众158人次，未发生闹访、缠访现象。对阿克苏市城市无障碍建设工作进行专题调研，形成专题调研报告。为3 254人次发放燃油补贴84.6万元；为残疾人驾驶员发放免费停车牌390张，切实保障残疾人驾车出行相关合法权益。协调地区通信管理办公室推动为视力、听力、言语残疾人信息消费优惠政策的落实。

【自强模范推荐】 2019年，地区残联做好国家、自治区残疾人自强模范推荐工作，通过推荐被评为国家级自强模范个人1名，被评为自治区自强模范个人3名。

（孙素英）

社会科学界联合会

【社科联工作综述】 2019年，地区社会科学界联合会（以下简称地区社科联）资助并完成地区级立项课题11项，撰写调研报告2篇，汇编《我和我的祖国获奖征文集》，组织开展形式多样社科普及活动32场，主题宣讲27场次，资助重点社科普及活动5项，草拟3个管理办法，阿克苏姑墨书画院、沙雅县博物馆被命名为第四批新疆维吾尔自治区社会科学普及基地。

【组织建设】 2019年4月12日，召开地区社科联第一届委员会第二次常务委员会议，补选邓选斌为地区社科联主席，补选李元元、刘绅为地区社科联副主席。5月10日，召开地区社科联工作座谈会，进行工作交流。对各县（市）社科联机构设置、编制人数、人员配备情况等进行摸底调查。

【理论宣传】 2019年，地县（市）社科联发挥各自优势，通过专题研讨、专家解读、基层宣讲等方式，开展具有特色、富有成效的理论宣传普及活动130场次。在全地区开展“庆祝新中国成立70周年·我和我的祖国”征文活动，评选出18篇优秀文章，汇编成《“我和我的祖国”获奖征文集》予以刊发交流。

【课题研究】 2019年，地区社科联围绕自治区党委“1+3+3+改革开放”工作部署和地委（扩大）会议精神，认真梳理地区重点工作，拟定课题指南66个，收集申报课题百余项，确定地区立项课题11项，发放立项课题经费补助10万元。围绕庆祝新中国成立70周年，以“波澜壮阔70年在阿克苏的生动实践——人居环境入佳境”“加强党对意识形态领域的领导”等课题开展实用性研究，完成研究文章2篇。

【社科普及工作】 2019年，地区社科联开展社科专家基层行活动，先后深入柯坪县、阿克苏市、温宿县的17个乡（镇）（场）、街道（社区），推动习近平新时代中国特色社会主义思想和党的十九大精神进农村、进社区。开展科普周活动，组织各县（市）社科联及8个自治区级社科普及基地40多家单位开展社科知识普及，举办专题讲座、红色影片放映周活动，书法、绘画、摄影等各类作品展览，民间乐器表演，“送戏下乡”文化惠民演出，“四馆”科普之夜，“喜迎国庆”主题宣讲等丰富多彩的科普系列活动，满足群众需求。活动期间共开展科普活动32场，各类主题宣讲110场次，制作各类宣传版面80块、发放科普宣传资料1万份、播放科普电影36场次，10万各族群众接受了科普教育。开展“我和祖国共成长——百名与共和国同龄老人共庆生”活动，从各县（市）选出优秀人物代表15名，以典型人物成长历程为主线，用小故事反映大变化，展现人物与时代的变化变革，并在《阿克苏日报》、地区广播电视台进行宣传报道。

（王　婷）

阿克苏地区红十字会

【人道救助】　2019年，新疆维吾尔自治区阿克苏地区红十字会（以下简称地区红十字会）扎实开展各类人道救助活动，累计发放人道救助金3 000元；依托“红十字博爱送万家”“5·8”博爱周活动，共筹资12.3万元，对791户、2373名贫困群众、特困家庭进行慰问。争取浙江省红十字会4万元助学金，帮助13名困难学生进入大学校园。联合红十字医院，为贫困村民开展义诊活动，义诊1 000人，累计发放药品价值5 000元。成功开展先天性心脏病医疗救助行动，累计筛查患儿1 984人，符合手术条件274人，成功实施免费手术230人，手术费用800万元。加大四项基金（嫣然天使基金、天使阳光基金、小天使基金、爱之天使基金）救助宣传力度，全面累计上报申请四项基金人数156人，其中6名宫颈鳞癌患者救助金12万元，3名唇腭裂患者救助金1.65万元，5名先天性心脏病患者救助金2.5万元。

2019年4月28日地区先心病患儿与上海德达医院主治医生合影（地区红十字会/提供）

【应急救护培训】　2019年，地区红十字会加大应急救护知识普及力度，全年地区各级红十字会普及培训应急救护知识2.26万人次。结合“5·12”防灾减灾日，指导县（市）开展不同行业应急演练7场次。

【无偿捐献】　2019年，地区成功捐献造血干细胞3例，其中拜城县红十字会造血干细胞志愿者艾克拜尔·艾买尔是全疆第一例维吾尔族捐献者，并把造血干细胞无偿捐献给一位汉族小伙。积极开展造血干细胞采集工作，全年采集8次，共采集血样738人份，超额完成自治区下达的250人份任务。加大无偿献血的宣传推进力度，全年组织开展无偿献血5次，受益人数达3 300人次。年内，捐献志愿者新增登记20人，累计捐献器官6例，遗体3例。

【项目工作】　2019年，地区红十字会协助柯坪县、阿克苏市、乌什县争取到“博爱家园”和“生命安全健康教育”项目，项目资金为51.8万元，柯坪县“博爱家园项目”已成功通过自治区红十字会验收组验收，阿克苏市、乌什县“生命安全健康教育”项目实施，待自治区红十字会验收。

【结对互助】　2019年，地区红十字会加强与浙江红十字会沟通协作。争取到浙江红会“红十字博爱送万家”活动款4万元，以资助每户慰问金500元标准，救助80户困难家庭；争取到浙江红十字会助学金4万元，救助面临失学的大学生13名；浙江省红十字会援助50万元建成阿克苏地区红十字会应急救护培训基地，并于7月正式投入使用。

【应急救护培训基地建设】　2019年，地区红十字会应急救护培训基地建成，为南疆首个应急救护培训基地，该基地设在地区为民服务中心，建筑面积约230平方米，培训基地由红十字运动、应急救护、地震安全、消防安全、交通安全、家庭安全、综合教学7个模块组成，主要用于提升群众整体安全意识和素质，提高防范技巧和救护技能，预防和减少事故发生。全年开展机关企事业单位干部、社区居民、学生应急救护知识体验40场次，受益群众2 200人。

（王海英）

阿克苏地区文学艺术界联合会

【主题文艺活动】 2019年，阿克苏地区文学艺术界联合会（以下简称地区文联）利用重大节日开展主题文艺活动，弘扬中华传统文化，举办“绿色·家园·中国梦”主题诗歌春晚、“礼赞英雄·我们的清明节”主题文艺活动、“新疆是个好地方”中华传统文化端午节展演、庆祝中华人民共和国成立70周年阿克苏地区第五届书画展、“我和我的祖国——描绘新时代”新疆实力派美术家——刘新平油画展、“新疆是个好地方——美丽阿克苏”摄影作品展；邀请改革先锋库尔班·尼亚孜、西部歌王阿不都拉·阿不都热依木、新疆艺术剧院知名歌唱家阿依吐尔逊·尼牙孜、丝绸之路好声音大赛冠军玉素甫江·米吉提等多名文艺名家及社会各阶层先进代表与地区各族群众共同参与活动，制作成《我和我的祖国》快闪视频在“今日头条”等网络平台进行推广；组织策划具有重要意义的文艺活动，联合地委宣传部、地区教育局、浙江省援疆指挥部、自治区书法家协会共同举办“写好中国字 做好中国人”全国书法名家邀请展暨新疆大中小学生书法大赛活动，邀请50位国内书法名家参展，对全疆大中小学生报送的908件作品进行评选，在自治区书法家协会网站和阿克苏零距离对评选结果给予公示；围绕重大主题组织开展文艺活动，举办“向祖国汇报 向人民汇报”——阿克苏地区文艺界庆祝中华人民共和国成立70周年摄影书画展，共展出摄影、书法、美术作品146幅。

【主题文艺创作】 2019年，地区文联围绕庆祝中华人民共和国成立70周年、柯柯牙荒漠绿化、脱贫攻坚等主题，引导文艺工作者热情讴歌党、讴歌祖国、讴歌人民、讴歌英雄，唱响主旋律，传播正能量。创作完成《决战柯坪——新疆柯坪县脱贫攻坚长篇纪实》《阿克苏地区荒漠绿化主题创作散文集》《阿克苏地区荒漠绿化主题创作诗集》，诗词学会创作诗集《龟兹诗词》等一批优秀文艺作品，充分展示阿克苏地区荒漠绿化、柯坪县脱贫攻坚取得的成就。

【文艺创作成果】 2019年，地区文联结合时代大主题，文艺界创作成果丰硕，涌现出一批丰富精彩的文化作品。文学创作方面，阿克苏作家鞠利的长篇小说《在新疆长大》、柳振师的散文集《我的阿克苏》获得新疆维吾尔自治区第六届“天山文艺奖”。书法创作方面，书法家协会主席杨晓刚书法作品入选全国第十二届书法篆刻作品展、全国第三届社会主义核心价值观书法作品主题创作暨全国巡展，魏世周书法作品入选第五届西部书法篆刻展，魏世周、展啸书法作品入选“中国梦·劳动美”第六届全国职工书画展。美术创作方面，画家张新朗国画作品《乡村记忆》入选中国美协全国作品展，张石柱的扇面画《西域风情》入选中国2019年旅游商品艺术品大赛展并获参赛奖，阿布都如苏力·阿布都热依木获得2019年度国家艺术基金青年艺术创作人才资助项目。民间文艺创作方面，阿瓦提县的农民画家依斯坎达尔·买买提的农民画作品《农村木卡姆》获得2019“壮丽70年·阔步新时代”全国农民画创作大赛金奖，阿瓦提县刀郎农民画协会画家乃比江·阿布都热合曼、肉孜·阿合尼亚孜创作的刀郎农民画《捡棉花》和《丰收年》入选“壮丽70年·阔步新时代”全国农民画创作展。广播电视方面，少儿节目《童心撞地球》获全国少儿节目三等奖，微广播剧《敬礼娃娃》获全国微广播剧三等奖。此外，文学、摄影、美术、书法、诗词各门类200多部文艺作品在自治区级刊物、展示展演活动发表、入展。

【期刊管理】 2019年，地区文联继续加强和完善《阿克苏文艺》三级审稿制和三校一读制，进一步加大文艺作品审核把关力度，在期刊出版发行、展览、展示等活动中，所有文学作品严格执行“三审三校”和审读制度，所有书法、美术、歌舞等文艺作品必须由先审再展，确保所有展览、展演、展示的文艺作品不出任何政治问题，坚决做到守土有责、守土负责、守土尽责。

（詹晓娟）

政法委及综治

【概况】 2019 年，中共阿克苏地区委员会政法委员会（以下简称地委政法委）围绕地委中心工作，坚决落实地委决策部署，聚焦总目标，切实在应对重大风险挑战、加快推进社会治理现代化、抓好各项工作措施的落实上再聚焦、再完善、再加力。扎实工作，主动担当，政法各项工作成绩突出，获第四届自治区“人民满意公务员集体”。

【社会治理】 2019 年，地委政法委推进阿克苏市区域社会治理现代化试点工作。创新实施“小街道、大社区”工作机制，将街道60%以上的工作力量走访到社区网格，将社区整合为“一站三室”(便民服务引导站、综治服务工作室、党群服务工作室、社会事务工作室)，将 35 家具有政务服务职能的部门集中办公，设置 216 个窗口，可办理各类政务服务事项383 项，为社区居民提供“一站式、零距离”服务。加强流动人口服务管理，2019 年实现流动人口走访率 91.04%，内地阿克苏籍人员核查率 100%；“点对点”系统 24 小时协查反馈率 100%、“人证合一”核验率 90.19%、利用“一体化”落地核查率 100%；居住证城区、乡(镇)制发全覆盖，办证率 97.13%。

【网格化服务管理】 2019 年，地区常态开展视频巡查调度，建立“调度+实地”检查指导模式，每日专项或综合调度演练，全年开展应急演练 4 615 次，整改问题 296 个，完成自治区维稳指挥部下达保障任务 41 次。地区辖区内所有便民警务站，落实“1~3 分钟”的刚性要求，对重点部位、治安乱点、重点群体活动区域常态化组织开展混编巡逻，做到“逢疑必查”。全年抓获各类违法嫌疑人 1 072 人。

【化解矛盾纠纷】 2019 年，地委政法委做好涉法涉诉信访工作，创新发展新时代“枫桥经验”，2019 年地、县两级政法委和政法各单位受理涉法涉诉信访案件326 件，息诉化解 283 件，息诉化解率 86.8%；地区督办的 24 件涉法涉诉信访案件 100%息诉化解，排查各类矛盾纠纷 1.5 万件，调处1.4 万件，成功率达到 98.79%。

【执法监督】 2019 年，地委政法委开展卫星电视地面接收设施专项整治工作。专项整治联合执法小组共检查宾馆、小旅馆、家电城等 877 家次，查处非法销售的卫星地面接收设施 249 套。持续开展“扫黄打非”工作。清理收缴违法出版物 1.32 万件，查出网络有害信息 5.74 万条。依法打击非法用工等违法犯罪，共检查用人单位 0.4 万户，涉及劳动者 5.4 万人，补签劳动合同 0.5 万份。加强油气田及输油气管道和电力、电信、广播电视设施安全保护工作。检查废旧金属收购站点 54 家，规范取缔 3 家，清查流动收购废旧物品人员 3 321 人，发现治安隐患430 处，现场整改 50 处。加强物流行业安全管理，落实收寄验视、实名登记、三个 100%制度，全年共配备安检机 232 台，所有分拨中心、营业网点均配备 X 光安检机。

【平安创建】 2019 年，地委政法委不断提高执法司法效果，促进社会公平正义，年内检法两院结案率位居全疆第一；先后对严打案件、218 起重大刑事案件进行逐案评查，评查合格率 99.89%。依法打击各类违法犯罪，保障人民安居乐业，全年立各类刑事案件 4 448 起，破案 4 193 起，破案率 94.3%；立治安案件 2 612 起，查处 2 329 起，查处率 89.2%；破毒品案件 106 起，打掉毒品犯罪团伙 3 个，缴获各类毒品 12 千克。积极推进平安创建活动，申报创建自治区优秀平安乡(镇、街道)12 个，全地区创建自治区优秀平安县（市)8 个、自治区平安县(市)9 个、自治区优秀平安乡(镇、街道)29 个。深入开展“法治阿克苏”建设。全面落实一村一法律服务站、一律师机制，搭建“法律讲堂”，开展“法治文化基层行”活动，组织“双百”(百名法学家百场报告会) 法治宣讲 31 次，受教育干部 1 万人；共举办法治文化活动 1 900 场，受教育群众 86 万人次。

【法学会工作】 2019 年，阿克苏地区法学会和 7 县 2 市法学会组织机构健全，均组建党组班子，配备专职秘书长，法学系统专职干部 23 人（在职)，团体会员 173 个，会员发展到 1 976 名；开展“双百”活动，举办法治宣讲 560 场次，受教育群众 9.52 万人次；精心组织“一场普法演出”活动 503 场次，观众达到 6.73 万人；广泛开展“一场普法宣讲”活动 7.8 万场次，受教育群众达 45.12 万人；为各族群众提供“一次法律服务”1 998 次(件)；借助青少年法治教育示范基地组织开展“一个模拟法庭”活动 21 次，覆盖青少年 24 500 人。

（温　丽）

公安·消防

·公　安·

【反恐怖工作】 2019 年，地区公安局紧紧围绕总目标，始终坚持严打高压态势，以精准打击为核心，以除恶务尽为目的，主动进攻，先发制敌，持续推进“挖减铲”“回头看”、追逃、“防回流、打派遣”等多项攻坚战，全力做好反恐怖工作。相继侦破一批危安团伙积案，抓获一批涉案人员。

【打击刑事犯罪】 2019 年，地区公安局落实反恐维稳系列部署，推进命案积案侦破和追逃攻坚、扫黑除恶、打击电信网络诈骗等各项业务工作。全地区共立刑事案件 3 717 起，其中八类案件立 314 起，破获案件 326 起(破积案 12 起)。全地区立“盗抢骗”案件 2 127 起，破案 2 464 起(破积案 337 起)，抓获 1 520 人(含逃犯 233 人)，打掉组织团伙 48 个，共计追赃 874.48 万元；打掉涉恶团伙 73 个，破获案件 1 716 起，抓获犯罪嫌疑人 689 人，查缴涉案金额 6 477.34 万元;以“飓风”“云剑”2 个专项追逃行动为重点，共抓获网上逃犯 676 名。

【打击经济犯罪】 2019 年，全地区共立经济案件 71 起，破获案件 70 起，抓获犯罪嫌疑人 83 人，涉案资金 10 728 万元，挽回经济损失 2 204.89 万元。在打击涉税涉假行动中，查破涉税案件 22 起，涉案金额 3 000 万元，查破假烟假酒案件一批。

【打击电信网络新型违法犯罪】 2019 年，地区公安局开展打击治理电信网络新型违法犯罪行动，遏制电诈案件高发频发势头。全年立电信诈骗案件 722 起，破案 606 起，抓获嫌疑人 146 人，打掉团伙 5 个，端掉窝点 4 个，追缴赃款 160.53 万元，返还被骗资金 401.22 万元。紧急止付冻结群众被骗金额 3 525.54 万元。

【禁毒工作】 2019 年，全地区查破毒品案件 106 起，抓获犯罪嫌疑人 131 名，刑拘 46 人，打掉毒品犯罪团伙 3 个，缴获各类毒品 12 千克，查获吸毒人员 210 名，强制戒毒 47 人。成功侦破自治区公安厅“2019-11”和“2019-12”目标案件。地区筹集 800 万元分别在阿克苏市、库车市建立禁毒教育基地。

【网络监察】 2019 年，地区公安局坚持从实际出发，切实履行网络安全监管职责，对本地 149 个网站和 257 家单位开展网络安全执法检查，发现整改安全漏洞 1 782 个；开展网上办理行政案件 20 起；监督检查 LED 屏 3267 个，整改安全隐患 180 个，关闭 83 个。

【治安专项治理打击】 2019 年，地区公安局紧盯民生领域违法犯罪活动的形势变化，突出对黄赌毒、食药环、侵财类案件的打击整治，加强治安案件的查处力度。全年共受理、查处治安案件 2 810 起，结案 2 484 起，结案率 88.4%。共办理涉黄、赌案件391起,罚款57.13万元,收缴赌资62.10万元;共查处“食药环”违法犯罪案件204起244人,打掉团伙10个,捣毁窝点8个,侦破厅督案件2起,涉案金额1 200万元;共立侵财类案件5 059起,侦破4 018起,较2018年破案率增长16%。发现整改涉枪涉爆安全隐患507处,查处烟花爆竹行政案件1起3人,收缴爆竹75件125万头;破获涉枪案件9起,刑事拘留12人。2019年,全地区共有旅馆业479家,娱乐场所114家,通过旅馆业治安管理信息系统报警、抓获在逃人员4人。

【常住人口管理】 2019年,地区公安局全力深化改革推进常住人口和“放管服”举措,全地区农业转移人口落户30 929人,非户籍人口落户31 416人;持续开展户口整治清理工作,全年共复核2014年以来注销恢复信息63 256条,清查可疑户口8 547个;梳理核实满16周岁以上未申领身份证人员7 951条。开通5项互联网户籍业务,办理户籍迁移、变更业务22项。

【流动人口和出租房屋管理】 2019年,地区公安局落实“两头抓、双向管”协作配合机制和“369限时工作法”,开展流动人口服务管理工作。全地区共登记流动人口514 841人,出租房屋37 134间,“9小时”走访468 743人,走访率91.04%;共登记内地阿克苏籍人员20 386人,开展流动人口风险隐患排查1 200次,治安处罚60起。利用“点对点”系统接收核查23 790人,24小时内协查反馈23 790人,反馈率100%;开展居住证优惠政策宣传1 103次,受理、制发居住证174 243张。

【便民警务站】 2019年,全地区便民警务站按照“逢疑必查”要求,严格履行常态化巡控职责。全年发现并抓获各类违法嫌疑人1 007人、在逃人员65人,其中阿克苏市便民警务站在街面查控中抓获1名公安部督办二级逃犯;按照“两个30秒”和“1分钟、3分钟”的硬性要求,强化常态化演练,全年共开展各类拉动演练30 260次。

【监所管理】 2019年,地县公安监管场所推进监所规范化建设,及时督导和规范监所执法行为,全年共发现整改各类隐患问题1 462条,开展“六防”(防火、防汛、防地震、防脱逃、防闹事、防外袭)演练151次;定期开展蹲点帮扶工作,及时发现整改隐患问题96条;加强监所深挖余罪工作,通过狱侦获取各类情报线索破案649起。

【出入境管理】 2019年,全地区共审核审批出入境证件19 893人次(省外异地办证1 540人),护照申请8 110人次,往来港澳通行证申请6 597人次,大陆居民往来台湾通行证申请5 186人次,自助签注机办理港澳台签注633枚。办理外国人居留许可7人,签证延期15人,外国人出入境证3人;推进落实“放管服”改革工作,地、县(市)两级为民服务大厅的出入境业务受理窗口均已实现“同城通办”,共受理出入境业务944人次,办理出入境证件1 383本,通过自助照相设备成功受理出入境业务486人次。

【交通管理】 2019年,地区公安局始终把确保地区道路交通安全作为首要任务。查处酒醉驾违法行为1 956起,查获假牌、套牌118起、假证149起,查处超载违法行为1 198起、超限5 328起,农村道路交通违法16.5万起,劝导群众6.7万人次,开展农村道路交通安全警示教育1 670次。全地区共发生道路交通事故521起,死亡127人,受伤602人,直接经济损失101.80万元。比上年事故起数下降12.44%,死亡人数下降6.62%,受伤人数下降16.62%,直接经济损失下降42.73%。

【“110”接处警】 2019年,110报警服务台共受理各类报警573 967起,有效报警140 925起,其中刑事案件322起、治安案件2 923起、交通事故19 702起、火灾事故395起,群众求助11 973起、各类纠纷11 571起、其他93 409起。加强宣传教育,在第34个“110”宣传日活动中,共设宣传点9个,发放宣传材料1万份,解答群众咨询1 300次,收集群众意见和建议60条。

【指挥调度工作】 2019年,地区公安局强化综合协调和服务保障能力,完善工作流程,全力做好指挥调度工作。全地区共保障一级视频会议130场，二级视频会议110场，三级视频会议1 850场，全年应答公安部、公安厅重点五地州点名708次，保障日常演练304次；完成地县两级各类重大安保活动28次，安保勤务保障自治区级20次、地区级7次，参与卫星地面站考核12次，参与公安部动中通考核12次，代表公安厅参与全国动中通通信演练拉动2次。

【法制建设】 2019年，地区公安局聚焦法治公安建设目标，提升公安工作法治化水平。制定印发《阿克苏地区公安机关深化完善受案立案管理工作规定》《常见刑事案件、治安案件取证指引》等文件，推进执法规范化建设。全地区公安机关法制部门审核刑事拘留1 534人，取保候审3 086人，审核报捕1 246人批捕1 113人，移送审查起诉3 688人。协助法院解决裁定、判决执行难案件81件次。开展各类执法培训127次5 500人；查阅基层部门诉讼阶段刑事案卷123起，发现整改执法问题400处。抽考各刑事、行政案件990起，发现整改执法问题2 450处。加强普法宣传，开展民警“六进”活动，接受群众咨询5 865人次，发放宣传资料7 000份，群众受教育面80%以上。

【信访工作】 2019年，地区公安机关信访部门以“减存量、控增量、防风险、促规范”为目标任务，多措并举开展涉访风险防范和涉警信访事项的化解工作，在全区公安信访工作考评中排名第二。全年接处访184件304人(重复访37件，非公安管辖42件)，办结178件；开展领导干部集中接处访81件130人，网上办理信访事项133件，办结117件，妥善处置涉本地网络舆情5起；办结公安厅、地委政法委信访事项32件，化解30件；全年梳理排查各类矛盾纠纷隐患3860条，全部予以消除。

【森林公安执法】 2019年，阿克苏地区森林公安发挥在维护林区稳定、打击破坏森林和野生动植物违法犯罪中的职能作用，全地区共办理各类森林和野生动植物违法案件346起，名列全疆第一；全年打击处理各类违法犯罪人员772人，罚款189.12万元，收回林地47.43公顷，收缴木材84.74立方米，收缴幼树1.33万株，收缴野生动物115只，收缴猎具89件。在“缉枪制爆”行动中查缴枪2支，子弹518发，弓1把。

(邢志礼 王 翠)

·消 防·

【消防执法】 2019年，阿克苏地区消防救援支队(以下简称地区消防支队)认真贯彻新修正的《中华人民共和国消防法》，行业部门整改遗留隐患240处。开展6个重点领域专项治理，整改隐患单位1.7万家，消除隐患1.8万处，拆除彩钢板和外墙保温8万平方米，清理违规停放电动自行车1 600处。2019年，共检查单位1.5万家，督改隐患1.6万处，罚款152万元，火灾指数大幅下降，直接财产损失下降22%，伤亡人数均下降100%。

【消防宣传】 2019年，地区消防支队指战员践初心、担使命事迹被国务院网站、央视新闻联播等20家中央主流媒体专题报道，特勤中队“最美大脚”故事入选2019年全国火焰蓝感动瞬间，主题征文《一名老兵的坚守和奉献》获总队二等奖，微电影《天山下的火焰蓝》获第九届国际网络电影展优秀奖，微电影《抉择》获由中央政法委办公厅颁发的“全国第四届平安中国微电影”优秀奖。

【业务工作】 2019年，地区消防支队开展全员额、全岗位、全领域的练兵活动，建立常委带训、责任捆绑、兑现奖惩“三个机制”。开展督训帮扶32次、片区比训9次。参加全疆消防全员岗位大练兵(南疆片区)比训，获1项第一、2项第二，团体第二。参加全疆消防应急通信比武竞赛，获团体第二。首次参加地区运动会，角逐6个项目，斩获4个冠军，2个季军。

【装备建设】 2019年，地区消防支队斥资300多万元升级改造作战指挥中心，投入115万元搭建智慧营区平台，新购搜救犬2只、无人机2台、GoPro摄像机42部，培训无人机飞手5名。2 168个市政水源全部录入地图慧APP，一张图展示“随调即用”。

【消防接处警】 2019年，地区消

防支队共接警出动 1 231 起，抢救疏散被困人员 526 人，抢救财产价值 6 000 万元，成功处置“8·20”阿克苏市柳园农场、库车天山大峡谷特大洪水、“6·2”阿克苏市鹏丰棉业火灾等灾害事故。

（王 燕）

检 察

【扫黑除恶专项斗争】 2019 年，新疆维吾尔自治区人民检察院阿克苏分院（以下简称阿克苏检察分院）共受理审查逮捕黑恶犯罪 27 件 93 人，受理审查起诉黑恶犯罪 32 件 202 人，其中批捕保护伞 1 人、起诉 3 人。成功办理自治区挂牌督办“雷霆”3 个专案。严格审查把关，坚守法律底线，做到“是黑恶犯罪一个不放过、不是黑恶犯罪一个不凑数”。严厉打击涉及农村地区的刑事犯罪，对长期盘踞基层农村的村霸恶霸、把持基层政权的黑恶犯罪批捕 7 人、起诉 4 人，对利用家族势力横行乡里的黑恶犯罪起诉 16 人。

【维护群众权益】 2019 年，阿克苏检察分院批捕故意杀人、“两抢一盗”（抢劫、抢夺、盗窃）、拐卖妇女儿童、强奸、放火、绑架、爆炸等犯罪嫌疑人 647 人，起诉 1 036 人；批捕涉毒品犯罪 50 人，起诉 101 人。批捕破坏金融管理秩序犯罪 12 人、起诉 21 人，起诉人数比上年增长 162.5%；批捕信用卡诈骗、贷款诈骗、票据诈骗等金融诈骗犯罪 16 人、起诉 22 人，比上年分别增长 45.45%和 100%；批捕非法吸收公众存款、集资诈骗犯罪嫌疑人 9 人、起诉 10 人，比上年分别增长 28.57%和 66.67%。

【刑事检察】 2019 年，阿克苏检察分院积极推进“捕诉一体”，按犯罪类别优化重组刑事检察办案机构。坚持宽严相济的刑事政策，不批捕和决定不捕 266 人，比上年增长 67.3%，不捕率 1.04%；决定不起诉 1 022 人，比上年增长 391.35%，不起诉率 2.52%。全面推进认罪认罚从宽制度，促进社会和谐、化解社会戾气，在审判、公安、司法行政机关的积极配合下，检察机关发挥主导责任，全年适用认罪认罚从宽 14 197 件 16 128 人。做好刑事执行监督，推进羁押必要性审查，对不需要继续羁押的 594 人提出改变强制措施或释放者的书面建议，比上年增长 942.1%，被采纳 563 人，比上年增长 905.4%。全面推进财产刑执行工作，办理财产刑执行监督案件 2 772 人、核查罚金 2 708.68 万元，监督执行 2 503 人、罚金 1 861.07 万元。认真开展查办案件工作，共办理司法人员职务犯罪案件 3 件 3 人。

【民事检察】 2019 年，阿克苏检察分院共受理不服法院生效裁判监督、民行审判活动违法监督、民行执行监督、支持起诉、督促履行职责等各类民事行政检察案件 75 件。对不服法院生效裁判、调解书申请监督案件提出抗诉 2 件。对不服法院生效裁判、调解书案件，提出再审检察建议 1 件，法院采纳 1 件。针对民事执行活动中的违法情形，提出检察建议 7 件，采纳 7 件，采纳率 100%。

【行政检察】 2019 年，阿克苏检察分院行政检察“一手托两家”，既维护司法公正，又监督和促进依法行政。地区两级检察机关依托内设机构改革，推动行政检察，办结行政检察监督案件 3 件，行政检察监督案件实现“零”突破。向行政机关发出改进工作检察建议 3 件，采纳 3 件，采纳率 100%。

【公益诉讼】 2019 年，阿克苏检察分院围绕生态环境和资源保护、食品药品安全、国有财产保护、国有土地使用权出让等领域，扎实开展公益诉讼工作。全年深挖公益诉讼线索 70 件，其中民事公益诉讼线索 7 件，行政公益诉讼线索 63 件。依法审查立案 64 件，发出诉前检察建议 50 件。

【未成年人检察】 2019 年，阿克苏检察分院依法严厉打击拐骗、虐待遗弃伤害、组织乞讨、强迫引诱、性侵猥亵儿童等侵害未成年人权益的犯罪，批捕 181 人、起诉 195 人，比上年分别增长129.11%、85.71%。对未成年犯罪嫌疑人贯彻“少捕慎诉”原则，作出不批捕决定 6 人，比上年下降 12.6%；不起诉 15 人，比上年增长 3.08%。选派两级检察机关 84 名检察官担任法治副校长，开展法治进校园活动 205 场次，涉及中小学校 83 个、幼儿园 18 个，参加师生及家长 23 856 人次。

【涉法涉诉信访】 2019年,阿克苏检察分院落实“群众来信来访7日内程序性答复,申诉案件3个月内实体性答复”要求,全年共受理群众各类举报、控告、申诉等来信来访232件,群众来信来访7日内程序性答复100%,申诉案件3个月内实体性答复100%。提起国家司法救助24件,实际救助29人,发放救助金额51.5万元。

(罗　云　阿达来提·塔依尔)

法　院

【审判】 2019年,阿克苏地区中级人民法院(以下简称地区中院)依法严厉打击故意杀人、故意伤害、强奸、绑架、贩毒等严重刑事犯罪和多发性侵财犯罪,切实增强人民群众安全感;各院领导亲自挂帅、紧盯专案办理。组成专班,规范线索查办,逐线核查,自治区高院转办的7批92条、地区纪委的2条、本级受理“扫黑除恶”举报线索2条,全部按期办结,未发现地区两级法院工作人员有充当“保护伞”或涉黑涉恶等违纪违法问题;创新破产审判机制,积极服务地区供给侧结构性改革。学习借鉴浙江破产审判工作经验,新疆首例百亿破产重整案取得成功,在增加地方财政收入的同时,1.5万人实现稳定就业。加强环境资源审判,在新疆率先成立“环境与资源审判庭”,实现专案专办;规范办理司法救助案件,为32件司法救助案件的申请人发放司法救助金99.7万元。

【执行】 2019年,地区中院组织两级法院开展执行攻坚专项行动,集中力量查人找物,依法采取强制措施。围绕“努力让人民群众在每一个司法案件中感受到公平正义”目标,受理63 279件案件,结案61 661件,结案率97.44%。

【深化司法改革】 2019年,地区完成9个县(市)法院内设机构合并重组、挂牌、人员调整。积极引导调解,强化诉源治理,同步联合行业调解组织、村民自治组织等社会调解力量,助力多元化解。设立律师调解室,协同诉调对接部门调处纠纷。对不适宜调解的民事案件,分配至速裁团队通过小额诉讼程序、简易程序快速化解。两级法院共设立诉前调解室14个,常驻人民调解员19人,调解成功达成协议申请司法确认的,予以立案速裁。推进刑事诉讼制度改革,完善非法证据排除程序,细化证人、鉴定人出庭规范,加强证人的安全保护。推进远程视频提审和视频作证工作,以庭审视频直播等多种方式,以案说法。

【智慧法院】 2019年,地区中院打造“智慧法院”,为司法为民提速。推进一站式多元解纷机制、一站式诉讼服务中心建设,完成移动微法院、一体化智能送达中心2个项目建设。开展远程视频庭审、视频提讯、视频质证、视频调解等司法审判活动,拓展流程公开、文书上网、“12368”诉讼服务热线等司法公开活动。

【社会监督】 2019年,地区中院不断加大庭审公开工作力度,实现庭审直播案件类型全覆盖、员额法官全覆盖。拓展接受监督的渠道,专题听取特邀廉政监察员、人民陪审员和律师等意见建议,开展法院公众开放日活动32次,参与群众2 972人次;及时回应社会关切,主动通报法院工作,发布法院工作信息2.5万条。

(唐露露)

司法行政

【机构改革】 2019年3月,机构改革后行署法制办合并到地区司法局,地区司法局内设科室调整为办公室、法治科(全面依法治阿秘书组)、行政复议应诉与执法监督科(法制办)、普法与依法治理科(法治宣传科)、人民参与促进法治科(基层科)、监狱工作科(安置教育科)、社区矫正科(戒毒科)、公共法律服务科(司法鉴定、公证与法律援助科)、律师工作管理科(法律职业资格管理科)、科技信息化科(司法行政指挥中心)、政治部11个机构。

【人民调解】 2019年,地区司法局积极开展“警调对接”工作,按照“周、月、季”制度化开展矛盾纠纷排查化解。全年地区共建立各类人民调解组织1 630个,人民调解员6 378人,各级人民调解组织共排查调解各类矛盾纠纷14 142件,调解成功14 106件,调解成功率99.7%。

【地监合作】 2019年，地区司法局坚持关口前移，严格落实刑释人员出狱前后衔接、“四个一”(解决一个群众难题、挽救一个灵魂、减少一次犯罪、为依法治区多做一次贡献)和“必接必送”工作要求，确保无缝衔接、零差错。发挥“四位一体”(谈话教育、分类培训、过渡安置、推介就业)安置帮教小组作用，健全完善实名制包联机制，制定“一人一策”“一户一策”帮扶措施。常态化开展远程视频探监和“七个一”活动，强化亲情感召，提升服刑人员及其亲属的转化实效。

【社区矫正】 2019年，地区司法局抓实社区服刑人员分类管理，按照“宽、严、普”三级，对社区服刑人员精准分类，提高教育矫正水平，促进社区服刑人员更好融入社会。用好社区服刑人员信息化管理平台，准确掌握社区服刑人员分类管理变动情况，确保反馈问题第一时间得到处理。

【律师管理】 2019年，地区司法局开展一村(社区)一法律顾问工作，为全地区88个乡(镇)1 470个村(社区)配备法律顾问。推进律师参与扫黑除恶专项斗争工作，做好案件报备、旁听庭审工作，规范律师代理扫黑除恶案件。成立地委法律服务行业党工委，加强对律师行业党建工作的指导和监督。

【普法与依法治理】 2019年，地区司法局组织开展“服务总目标普法行”主题实践活动，落实“谁执法谁普法”责任制，加强国家工作人员学法用法工作，全地区1 670个单位8.2万名学员建立学法账号，参学率100%，参考率达85%以上。抓好青少年法治教育，推进法治教育进课堂，全地区959所中小学校配备法制副校长，配备率100%。深化基层群众法治宣传教育，对村“两委”班子开展法治教育和培训，提高依法治村、依法办事的能力。

【公共法律服务体系建设】 2019年，地区司法局制定《关于进一步推进公共法律服务体系建设的实施方案》，完善公共法律服务实体、网络和热线三大平台建设，实现地、县(市)、乡(镇、街道)、村(社区)、便民警务站五级公共法律服务实体平台全覆盖。做好“12348”信息管理平台日常信息维护和制度建设，筛选44名专家进驻热线平台解答咨询，加大“12348”公共法律服务热线宣传，提升群众满意度。

【公证管理】 2019年，地区司法局深化公证体制机制改革，指导县(市)推进公证体制改革过渡期工作，在阿克苏市试点开展司法辅助公证，完成资格申报、公证员换证及资格恢复等工作。组织开展职称评定工作，做好公证管理和行业管理信息平台日常维护。全地区办理各类公证25 075件。

【法律援助】 2019年，地区司法局在全疆率先试点开展刑事案件指定辩护法律援助全覆盖工作，加大对残疾人、未成年人、低收入家庭、农民工等群体的援助力度，为农民工讨薪、工伤赔偿开通绿色通道，做到“应援尽援”。全年共指派法律援助案件4 506件。

【司法鉴定】 2019年，地区司法局加强司法鉴定监督管理，开展司法鉴定行业警示教育和专项整治工作，促进依法规范执业。完成投诉处理2起、新设立司法鉴定所名称核准1家、司法鉴定人执业延续登记4名、鉴定所许可证延续登记及变更法人代表1家。全地区办理司法鉴定案件1 688件。

【行政调解】 2019年，地、县(市)两级共有行政调解组织460个，专(兼)职行政调解员1 962名，各级行政调解组织共受理调解案件3 976件，调解成功3 560件，调解成功率89.5%。

【行政复议、应诉】 2019年，地区司法局受理行署机关转办的行政复议案件8件(1件撤销、5件维持、2件责令履行)，办结8件，结案率100%。办理行政应诉案件1件。

(曾凡伦)

综述

【机构改革】 2019年，阿克苏地区农业农村局是在原地区农业局基础上，划入原地委农办、地区农机局、农业综合开发办、地区农经局、地区种子站、地区农技推广中心、地区渔政管理站及地区发改委、地区水利局等相关职能及相关人员重新组建的行署工作部门。地区农业农村局及所管理的11个事业单位(县级6个、科级5个)共有各类编制222名，其中行政编制26名、参公编制69名、全额事业编制127名（含6名工勤)。县级领导职数17名(正县级4名、副县级13名)。

地区农业农村局核定各类编制数67名，其中行政编制26名、参公编制35名，机关工勤事业编制6名，县级领导职数4名(正县级2名、副县级2名)，内设12个科室，科级领导职数34名(正科级12名、副科级22名)。

地区农业农村局管理的单位11个，核定事业编制155名，其中全额事业单位8个。正县级事业单位1个：阿克苏地区农业技术推广中心，编制数58个；副县级事业单位3个：地区农广校，编制数7名；地区农业产业化服务办公室，编制数15名；地区农机推广站，编制数19名；科级事业单位4个：农业信息中心，编制数5名；地区农环站，编制数5名；地区农产品质量安全中心，编制数8名；地委农办信息中心，编制数4名，核定科级领导职工9名；参公事业单位3个：地区农村经营管理局(副县级)，编制数8名；地区种子管理中心站(副县级)，编制数14名，核定副县级领导职数4名；地区农机监理所(正科级)，编制数12名，核定科级领导职数2名。

【农业行政执法】 2019年，地区农业农村局明确以种子、农药、化肥、农膜及滴灌带等主要农资产品为监管的重点产品。全年地、县两级农业农村局累计检查化肥2.5万吨、地膜700吨、种子5 000吨、农药160吨。查处假劣肥料136吨，封存包装不合格、假劣过期种子27.7吨；抽样农药50个样品；调解处理投诉举报案件3起；系统内共查处案件41起，罚没款总计18.74万元。

【一村一品建设】 2019年，地区推进特色产业发展培育“一村一品”专业村镇，将资源优势转化为产业优势、产业优势转化为经济优势，加快农村一、二、三产业深度融合。积极申报示范村10家，示范镇4家，专业村537家，专业镇19家，最终阿克苏地区柯坪县阿恰勒镇(恰玛古)被国家农业农村部评为“一村一品”示范镇、阿克苏市依干其乡尤喀克巴里当村(林果)、库车塔里木乡英达雅村(塔里木草湖小山羊)被国家农业农村部评为“一村一品”示范村。

【设施农业生产】 2019年，全地区设施农业总面积已达5 600.6公顷，其中智能温室面积7.27公顷、日光温室面积2 560公顷，大小拱棚面积3 033.33公顷。种植种类有蔬菜、瓜果、食用菌、花卉等。全年反季节蔬菜产量达到33万吨以上，智能温室年育苗量1.3亿株。

【农机新技术推广】 2019年，地区农业农村局围绕“稳粮、优棉、强果、促畜、兴特色”要求，不断加大

2019 年,库车市建设现代化蔬菜育苗中心,助力设施农业发展(蔡蔬/摄)

水稻机械化育秧插秧、精量播种、卫星导航自动驾驶、林果业开沟施肥、修剪整枝、畜牧饲草料加工、作物秸秆回收利用等技术的示范推广力度。引进推广精量播种机 1 941 台、玉米收获机 33 台,完成小麦播种 12.8 万公顷、玉米播种 9.4 万公顷、水稻插秧 0.79 万公顷;引进推广自动驾驶导航仪 384 台(套)、采棉机 234 台、机采棉 10+66 播种机 332 台、残膜回收机 198 台,完成机采棉种植面积 29.1 万公顷、棉花机械化采收面积 22.06 万公顷;引进推广果树开沟施肥机 220 台、电动果树剪刀 960 把、风送式打药机 189 台、青饲料收获机 170 台、马铃薯播种机 216 台、打瓜播种机 5 台、甜菜播种机 31 台、番茄移栽机 18 台。

【农机购置补贴项目】 2019 年,地区争取中央农机购置补贴资金 2.2 亿元,实施农机购置补贴项目资金 2.2 亿元,补贴机具 9 289 台,受益户 6 141 户。

【农机安全生产】 2019 年,地区农业农村局严格落实农机安全生产目标责任管理,开展农机安全生产检查、隐患风险排查治理、农机年度检验等工作,确保地区农机安全生产形势平稳。全地区累计在册农业机械 12.98 万台,在册农机驾驶员 10.03 万人,新增农业机械 4 972 台,新增农机驾驶员 4 078 人,完成农机检验 11.7 万台,检验率 94.68%;累计在册大型工程机械设备 8 522 台,在册大型工程机械设备操作人员 3 212 名。发生农机事故 1 起,直接经济损失 40 万元,无人员伤亡。拜城县、阿瓦提县先后被评为国家级“平安农机”示范县和自治区级“平安农机”示范县。

【农村能源建设】 2019 年,地区农业农村局防控“白色污染”培育农田废旧地膜回收合作社 31 个,购置残膜回收机械 410 台。完善废旧地膜回收网点建设,建设回收网点 274 个,实现农田废旧地膜回收全覆盖。推进农田地膜回收,回收地膜 3.65 万吨,地区当季地膜回收率达到 81.59%。开展秸秆沤制农家肥和种植绿肥,因地制宜地指导农户采取秸秆留高茬还田、直接粉碎还田、沤制腐熟后还田和果园套种绿肥等形式,提升耕地质量,全年在粮田、露地菜田、设施菜田、果园示范推广积造农家肥 1 360.5 万立方米,秸秆还田 35.07 万公顷,绿肥种植 7.25 万公顷。

【农业项目建设】 2019 年,地区高标准农田建设项目分布在 7 县 2 市,项目资金 8.25 亿元(中央财政补助资金 7.39 亿元、中央预算内补助资金 0.76 亿元、自治区配套 0.1 亿元),其中新建高效节水建设项目实施滴灌面积 4.47 万公顷;实施土地平整面积 1.35 万公顷。

【农产品质量监测】 2019 年,地区农业农村局开展覆盖全地区的监督抽查和例行监测 32 次,抽检样品 4 958 批次、合格率 99.5%。开展产地蔬菜快速检测 2.03 万批次,合格率 100%。依法查处农产品质量案件 12 起,行政处罚 6.5 万元。

【渔业监督】 2019 年,地区农业农村局加强渔政执法监管力度,维护渔业产业生产秩序,督促养殖企业和个体养殖户严格落实渔业养殖“三项纪录”(《养殖生产记录》《用药记录》及《销售记录》)。对辖区内养殖单位监管率达 100%、地区水产品监测合格率达 98%以上；全年共投放各类鱼种 765.11 万尾；水产品总产量达 2.10 万吨、渔业产值 3.60 亿元、渔民人均纯收入超过 5 万元。

【乡村振兴】 2019 年，地区坚持农业农村优先发展，实施乡村振兴战略，印发《阿克苏地区乡村振兴战略规划(2019~2022 年)》阿克苏市依干其乡和阿克苏市依干其乡尤喀克科克巴什村被中央农办、农业农村部、中央宣传部、民政部、司法部认定为全国乡村治理示范乡(镇)和全国乡村治理示范村。

【人居环境整治】 2019 年，地区制定农村人居环境整治 2019~2020 年工作方案、年度行动方案和工作重点，将农村人居环境整治纳入地委单项考核指标，实行“月督查、季调度、年考核”，全年召开各级现场观摩推进会 200 次。推行农村垃圾集中收集处理，按照每 4 户配备一个外置垃圾桶的标准，建设生活垃圾处理设施 258 座，984 个行政村生活垃圾得到有效处理，占地区行政村总数的 79.94%。推进“厕所革命”，新(改)建农村卫生户厕 14.16 万户，累计建成农村卫生户厕 27.23 万户，人口较集中区域建立公共厕所 2 366 个。加大生活污水治理，新增污水处理设施 26 967 座，地区生活污水排入城市管网 8 572 户，生活污水排入集中处理设施的 9 879 户，分户处理或联户处理设施农户 4.6 万户。完成农户“三区分离”(生活区、种植区、养殖区)26.41 万户。

(张亿华)

种植业

【粮食生产】 2019 年，全地区小麦播种面积 12.65 万公顷，比上年增加 1 066.67 公顷，单产 447.1 千克，比上年单产减少 4.7 千克，总产达到 86.5 万吨，比上年增加 1.5 万吨。其中冬麦面积 11.9 万公顷，比上年增加 0.57 万公顷；总产 82.36 万吨，比上年增加 4.5 万吨；亩(0.07 公顷)均单产 461 千克，比上年增加 4 千克；春麦面积 7 466.67 公顷，比上年减少 4 600 公顷；亩(0.07 公顷)均单产 393.2 千克，比上年减少 5.8 千克；总产 4.2 万吨，比上年减少 3 万吨。

全地区秋粮种植面积（不含青贮玉米）9.87 万公顷，其中玉米种植面积 8.53 万公顷(正播玉米 6.72 万公顷，复播玉米 1.81 万公顷)；青贮玉米 4.21 万公顷，其中正播青贮玉米 1.7 万公顷、复播青贮玉米 2.51 万公顷。水稻种植面积 1.25 万公顷。

【棉花生产】 2019 年，全地区棉花种植面积 51.69 万公顷，比上年减少 1.1 万公顷，棉花产量达 100.94 万吨，减少 1.28 万吨，其中陆地棉 45.97 万公顷，增加 1.09 万公顷，长绒棉 5.72 万公顷，减少 2.19 万公顷。果棉套种面积 3.08 万公顷（其中长绒棉果棉套种面积 0.69 万公顷），减少 0.9 万公顷；节水滴灌种植面积达到 29.82 万公顷，增加 0.6 万公顷，占棉花总播面积的 57.68%。

(王　峰)

·种子工作·

【种子储备】 2019 年，地区有种子企业 13 家，从事棉花种子生产经营 12 家，储备棉花种子 4.63 万吨，其中库存种子 1.05 万吨、新加工种子 3.58 万吨。玉米种子储备 1.68 万吨，其中库存种子 0.68 万吨、新加工种子 1 万吨。小麦种子储备 3.88 万吨。水稻种子储备 2932 吨。

【种子田间检验】 2019 年，地区种子管理中心站在企业自检的基础上，会同县(市)种子管理部门共同开展种子田田间质量检查，共计检验合格种子田 2.33 万公顷。检验农作物种子田 2.33 万公顷，其中小麦种子田 7 000 公顷，玉米制种田 1 489 公顷，棉花种子田 1.44 万公顷，水稻种子田 488.67 公顷。

【种子纯度鉴定】 2019 年，地区种子管理中心站对棉花、玉米种子加工情况进行质量抽查，抽取样品 45 份(其中玉米 10 份、棉花 35 份)，送至海南进行纯度鉴定，同时进行净度、发芽率、水分等指标的室内检验，抽检合格率达 100%。

【市场监督】 2019 年，地区种子管理中心站地区对 1 489 公顷玉米制种田(其中乌什县 88.33 公顷、拜城县 1 400.67 公顷)父母本、自交系及品种展示，

【质量管理】 2019 年，地区种子管理中心站对 488.67 公顷制种水稻

进行100%转基因检测，共检测218个样品，未出现转基因品种。对各种子加工企业生产加工棉花种子进行随机抽查，抽查5家种业10个批次样品，代表数量21.35吨，现场复核跟班质量检验情况；扦取各种子销售门店棉花种子样品63份，代表数量1 575吨，全部达到国家标准。

【"三圃田"建设】 2019年，地区从品种提纯复壮基础工作入手，开展单株（穗）、株（穗）行、株（穗）系和原种圃工作，繁育落实小麦"三圃田"37.5公顷，其中穗行圃4.1公顷，穗系圃21.33公顷，原种圃12.07公顷。棉花"三圃田"46.17公顷，其中株行圃2.58公顷，株系圃11.92公顷，原种圃31.67公顷。水稻"三圃田"12.57公顷，其中株行圃0.23公顷，株系圃0.67公顷，原种圃11.67公顷。共计繁育"三圃田"面积96.24公顷。

【良种推广】 棉花：根据地区自然、光热条件及品种的生育特点，划分"宜棉区、次宜棉区、长绒棉区、机采棉区"四个棉花生态区域。阿瓦提县、沙雅县、阿克苏市、库车市、新和县突破或接近"双30"的抗病品种。沿314国道两侧，包括阿克苏市、库车市及温宿县部分乡（镇），光热条件相对稍差，年≥10℃活动积温在3 400℃以上至4 000℃以下，为次宜棉区，适宜种植早熟细绒棉品种。长绒棉区在阿瓦提县、阿克苏市、沙雅县南部区域光热充足，有效积温高地带。长绒棉筛选推广种植比强45以上，绒长36以上，棉花纤维抱合力跟PIMA棉相近的品种。机采棉棉区推广种植早熟性好、株型紧凑，叶片大小适中，对脱叶剂敏感，抗倒伏，中上部结铃性好，吐絮集中，含絮力适中，优质高产的中长绒陆地棉品种。2019年，地区棉花种植面积51.69万公顷，其中陆地棉45.97万公顷，长绒棉5.72万公顷。

小麦：拜城县、乌什县冷凉山区及靠北山区推广冬性较好的强筋小麦品种，平原县（市）主栽冬性、半冬性小麦品种为主。

玉米：发展青贮玉米和粮饲兼用玉米，拜城县、阿克苏市等冷凉山区及阿克苏市部分乡（镇）为适宜种植区。

水稻：推广优质水稻栽培技术及有机质恢复工程，温宿县、一师部分为适宜种植区。

马铃薯：重点推广菜用型、专用加工型品种。拜城县位于天山中端南麓，气候冷凉，农作物生长周期长，日照充足，昼夜温差大，土壤疏松富含钾，为适宜种植区。

（杨 云）

·农业科技·

【棉花生育动态监测】 2019年，地区农业技术推广中心定时、定点监测棉花生育动态，对34个陆地棉监测点、4个长绒棉监测点的生物学性状和病虫害发生情况进行调查，及时汇总、分析数据，撰写、发布监测报告8期次，开展棉花生产技术服务16期，并在"阿克苏农技服务"微信公众平台上推送。

【机采棉高产高效示范】 2019年，地区推广机采棉种植模式29.1万公顷，比上年增加8.51万公顷，增幅41.35%。

【病虫害防控及预测预报】 2019年，地区农业技术推广中心开展病虫害发生关键期系统调查48次、大田普查13次，普查面积5万公顷次；各类农作物主要病虫草害发生95.47万公顷次，防治面积74.42万公顷次，挽回经济损失4.36亿元。其中粮食作物防治面积3.78万公顷次，棉花36.77万公顷次，蔬菜1.27万公顷次，草害27.28万公顷次，农田鼠害3.1万公顷次，其他作物2.22万公顷次；完成《农林业病虫害情报》28期，网络和电视发布《农作物病虫害电视预报》28期；做好粮食安全生产服务，加强小麦锈病的监测与防治，落实小麦锈病普查4次、2.02万公顷次，推动地区小麦优质良种及药剂拌种全覆盖。

【检疫办理】 2019年，地区农业技术推广中心简化产地检疫流程，累计开展田间检疫36次，涉22个种业的小麦、玉米、棉花、水稻品种294个。及时开通绿色通道服务，确保产品检疫合格当日签发调运检疫签证书，累计签发检疫证书805批，调运数量2.42亿吨。

【测土配方施肥技术普及】 2019年，地区围绕棉花、小麦、玉米和果树实施测土配方施肥技术推广面积53万公顷（完成目标任务的100.6%）。配方肥施用面积30.05万公顷，配方肥施用量10.73万吨

(折纯),配方肥施用量占测土配方施肥技术推广面积的56.7%。

【秸秆还田技术推广】 2019年,地区推广秸秆还田面积35.04万公顷(小麦秸秆还田10.79万公顷、水稻秸秆还田0.8万公顷、棉花秸秆还田23.45万公顷);种植绿肥油菜7.25万公顷(其中春季正播绿肥油菜3.62万公顷,夏季复播绿肥油菜3.63万公顷),相当于减少尿素施用2.1万吨、磷酸二铵0.8万吨、硫酸钾(K20≥50%)2万吨。

【农技信息化服务】 2019年,地区农业技术推广中心以“阿克苏农技服务”微信平台作媒介,为基层百万农民开展农技服务。累计发布资讯240期;资料库包含种植业技术、植保技术、土肥技术及各类生产技术材料800多万份、视频589部;打通农民群众信息化服务“最后一公里”。

【贫困户蔬菜种植】 2019年,地区共建成50亩(3.33公顷)以上集中连片种植基地124个、新建蔬菜生产拱棚27 215个,贫困户覆盖率100%;蔬菜种植贫困户参股农民专业合作社100%。全年完成订单蔬菜生产887.41公顷,覆盖贫困户1.06万户,实现贫困户户均增收2 650元。其中春季蔬菜种植599.17公顷,销售量11 236吨,销售额1 823万元,户均收入1 679元;复播蔬菜种植288.24公顷,总产量7 750吨左右,销售总额834万元,户均收入929元。

【黑木耳产业规划和技术服务】 2019年,地区推广贫困户种植黑木耳,落实贫困户黑木耳种植1 081.37万棒,覆盖贫困户5 406户。累计制干木耳达421.60吨,销售总额2 725.1万元,其中收入最高的阿瓦提县可实现贫困户户均纯收益9 497.85元。

【技能培训】 2019年,地区农业技术推广中心加大农技干部、种植大户、农民合作社、农民和贫困户的技能培训力度,深化扶智+扶志的扶贫产业发展。冬季攻势期间,集中式培训地县乡黑木耳、蔬菜技术骨干各20天、培训骨干2 224人次,推进各级专题培训157场次、2.49万人次;生产季节,落实贫困户现场技能演示教学培训96场次、3.72万人次;组织召开农业生产现场会6次、发放“黑木耳栽培管理技术要点”“贫困生蔬菜种植技术要点”等生产技术资料6 000多份,培训贫困户、农民1.7万人次。

(柯 艳)

2019年地区积造农家肥数据统计情况表

县(市)	完成积造(万立方米)	完成率(%)	培训场次(场次)	培训人数(人)	发放宣传资料(份)	现场会、面对面指导(场)
阿克苏市	274.7	137.5	38	7604		6
温宿县	370.2	123.4	13	2487	13800	10
库车市	156.6	130.5	12	4200	3000	8
沙雅县	140.4	127.6	16	15000	10000	6
新和县	122.5	111.4	3	2400		3
拜城县	50	125.0	12	2011	1980	18
乌什县	115.7	105.2	26	7000	500	3
阿瓦提县	115.4	115.4	34	5400		16
柯坪县	15	150.3	9	681		210
地区合计	1360.5	123.7	163	46783	29280	280

·农业产业化·

【产业规划】 2019年，地区制定《阿克苏地区推进农业产业化暨农产品加工业高质量发展行动方案（2019~2020）》《阿克苏地区推进农业产业化“十城百店”工程2019年行动方案》《关于支持阿克苏地区扩大消费促脱贫的扶持办法》等各类相关政策、方案，联合浙江援疆指挥部修订《浙江市场援疆“十城百店”工程扶持办法》，配合地区财经委制定《关于支持温宿国家农业科技园区农业产业化发展扶持办法（试行）》。为地区农业产业化发展筑牢政策基础。制定《农业产业化工作单项考评奖励办法(试行)》，把农民专业合作社培育、农产品精深加工招商引资、推进农业产业化“十城百店”工程建设、农产品品牌培育等作为考核县（市）和相关部门“三农”工作的重要内容，为农业产业化快速发展提供支持。

【十城百店工程】 2019年，地区完成特色林果“百十一”基地7.41万公顷，粮食基地1.3万公顷，畜牧基地产肉1万吨。组建地、县(市)联合营运公司10家，吸纳企业(合作社)共118家加盟，建成公共仓总仓储能力达9.75万吨，新建公共总仓3.02万吨。在浙江省各市共有14家“十城百店”工程运营企业，761个销售网点，销售端累计销售各类阿克苏农产品23.44万吨，销售额达到36.6亿元。

【招商引资】 2019年，地区共引进农业项目78个，签约资金90.38亿元，到位资金35.53亿元，引进投资3 000万元以上农副产品精深加工项目42个，签约资金51.64亿元，到位资金19.97亿元。

【龙头企业】 2019年，地区成功创建国家级农业产业化重点龙头企业2家、完成53家自治区级农业产业化重点龙头企业监测，对107家地区级农业产业化重点龙头企业进行实地核查。截至年底，地区级及以上龙头企业162家。

【园区建设】 2019年，温宿县农业科技园区被评为国家级农业创业创新园区，拜城县创建为全国一、二、三产业融合发展先导区。

【品牌创建】 2019年，地区各县（市）围绕特色产业建立农产品展示中心、门店集中展示、推介8家。加盟企业(合作社)通过“企业品牌+区域公用品牌”把区域大品牌印制在包装箱（包装袋)上捆绑使用。通过“十城百店”专项资金支持，约束、推动外销农产品全部使用“阿克苏好果源”标识、防伪二维码。各县(市)联合营运公司分别应用“驿疆南”“阿克苏好果源”2个区域大品牌和企业自有品牌进行农产品销售，各县(市)联合营运公司及加盟企业共有水稻、小麦、葡萄酒、恰玛古制品、红枸杞等45类农产品共38个品牌使用。

【农产品外销】 2019年，地区以展会为平台，着力开展产地和销地产业的对接，建立阿克苏特色果品外销平台，采取鼓励本地企业、依托浙商、政府投资等模式，分别在对口支援市建立形态各异的县(市)级农产品展销平台(配送中心)、营销网点761个，逐步形成以阿克苏为生产加工基地，以上海、浙江为中心辐射长三角、珠三角地区的营销网络。

【农产品展销】 2019年4~12月，地区先后参加了“三区三州”贫困地区农产品产销对接专场活动、2019年中国—东盟农业国际合作展、第七届四川农业博览会、第十七届中国国际农产品交易会、第六届新疆特色果品（阿克苏）交易会暨2019年全国农产品产销对接扶贫行活动、第十届农产品北京交易会等展销活动。

【休闲农业】 2019年，地区有国家级“最美乡村”示范村2个，自治区级休闲观光示范县2个，自治区级休闲观光示范点10个，全地区休闲农业经营主体总数达到282家；休闲农业从业人数4 145人，接待人次数达339.44万人次，完成营业收入3亿元，利润总额6 068万元，上缴税金196万元，带动农户数1.32万户。

【产业化统计】 2019年，地区有农产品加工企业（含个体)465家，从业人员3.2万人，完成增加值37.65亿元，实现营业收入247.45亿元，完成总产值239.53亿元，实现利润总额9.83亿元，上缴税金2.75亿元。产业化组织 1974 个,带动农户数 34.44 万户，其中订单带动 23.2 万户,带动农户增收总额达 2.07 亿元;自治区级龙头企业组织销售收入达到 47.2 亿元;农业产业化从业人数 10.22 万人；全地区有农村经纪人 1 363 人,专业大户 1 071 人。

（刘　红）

·农村经济·

【农村经济收入】 2019 年,地区农村经济收入（含农牧场）546.31 亿元,其中乡(镇)农村经济收入 532.83 亿元。

【农民人均纯收入】 2019 年,地区农民人均纯收入（不含农牧场)16 224 元。

【农村产权制度改革】 2019 年,阿克苏市被列为全国农村集体产权制度改革试点县，沙雅县被列为自治区农村集体产权制度改革试点县，阿克苏市顺利通过第三方法人评估验收。沙雅县在承担自治区农村集体产权制度改革试点的基础上调整为国家农村集体产权制度改革试点县。截至年底,全地区成立村级经济组织股份合作社 169 个,其中挂牌 88 个。

【农村土地承包】 2019 年 1 月 23 日，地区 7 县 2 市农村土地确权登记全部通过自治区验收,共完成农村土地确权面积 38.07 万公顷，其中家庭承包面积 30.9 万公顷,涉及 84 个乡(镇)、1 066 个村、27.31 万户农民。各县(市)严格按照农村土地承包经营权确权颁证工作要求，组织开展农村土地承包经营权颁证工作。截至年底，地区 7 县 2 市共颁发农村土地承包经营权证 1.5 万本。

【新型农业经营主体】 2019 年,地区有农民专业合作社 4390 家,按登记行业划分，有种植类 818 家,林果类 1 159 家,畜牧养殖类 1 317 家,农产品加工类 61 家,农机服务类 288 家，水资源利用类 176 家,其他行业类 571 家。

【新型农业经营主体培育】 2019 年，地区农村经营管理局组织开展农民合作社清理规范。按照“清理退出一批、规范提升一批、扶持壮大一批”的工作原则,地县两级农业农村、市场监督管理、畜牧兽医、林草、供销等部门联合,开展农民合作社清理规范工作。截至年底,共清理注销合作社 823 家,规范提升合作社 2 525 家。积极做好农民合作社组建和家庭农场认定,全年新增农民合作社 502 家,新认定家庭农场 56 家。

【“三资”管理】 2019 年,地区农村经营管理局完成 1 167 个村集体资产清产核资工作。全地区农村集体资产 44.92 亿元，其中经营性资产 9.47 亿元,非经营性资产总额 35.45 亿元；固定资产 29.15 亿元;资源性资产集体土地总面积 144.78 万公顷。

（木合塔尔·牙生）

2019 年地区农村经济总收入、农民人均纯收入情况表

县(市)	农村经济总收入(元)	农民人均纯收入(元)
阿克苏市	809453	19321
温宿县	799010	19025
库车市	1032686	15884
沙雅县	608915	17074
新和县	524902	16502
拜城县	440298	14905
乌什县	296274	11254
阿瓦提县	737339	17313
柯坪县	79469	11186
地区乡(镇)合计	5328346	16224

畜牧业

【机构改革】 2019 年,全地区畜牧兽医系统单位纳入机构改革,按照《新疆维吾尔自治区畜牧兽医局职能配置、内设机构和人员编制规定》(新党厅字〔2018〕182 号)文件精神,地区畜牧兽医局保留机构及人员编制,各县(市)畜牧兽医局撤销合并到县(市)农业农村局，在县（市）农业农村局保留畜牧兽医局的牌子，工作由县（市）农业农村局统一管理。根据《关于〈阿克苏地区机构改革方案〉的实施意见》精神，阿克苏地区草原站全部职能及人员划转转录到阿克苏地区林业和草原局；地区草原监理所按照职责、人员编制分别划转转录到阿克苏地区林业和草原局6人，阿克苏地区自然资源局3人，阿克苏地区应急管理局3人，阿克苏地区畜牧兽医局2人，4名退休人员划转地区畜牧兽医局，至此阿克苏地区不存在地区草原监理所机构；地区畜牧兽医局归口地区农业农村局统一管理和协调，为地区行署工作部门，正县级单位，将畜产品质量安全监督所纳入到地区畜牧兽医局的内设机构（编制7人），设立了5个内设科室（分别是办公室（科技与法规科）、产业发展科、防疫检疫科、畜产品质量安全监督科及畜禽废弃物资源化利用科），科级领导职数10名（正科级5名、副科级5名）。

【畜牧业生产】 2019年，地区畜牧业总收入达到107亿元，较上年增长14.48%；畜牧业人均纯收入增收374元，人均畜牧业纯收入达到3 204元。牲畜存栏624.92万头（只），比上年增长0.64%；牲畜出栏684.58万头（只），比上年增长3.46%；肉产量、奶产量、禽蛋产量分别为33.83万吨、16.71万吨、8.72万吨，比上年增长4.83%、3.59%、2.38%。

【畜产品质量安全】 2019年，地区规范动物卫生检疫监督，全部实现动物检疫电子出证，开展牲畜产地检疫305万头只。强化屠宰场整合与治理活动，瘦肉精抽检合格率均达到100%，生鲜乳、畜产品兽药残留检测合格率达99%以上。加大对非法收购、加工、贩卖病死畜禽打击力度，严格查处违法行为，查处违法案件135件。

【牛羊产业】 2019年，地区畜牧兽医局推行“合作社+养牛场（小区）+农户”、“合作社+农户”发展模式，大力发展养牛业，年末牛存栏达50万头，比上年增长16.36%，出栏42万头，比上年增长8.8%，地区农区户均1头牛以上，存栏千头以上牛场达14个。通过品种改良和多胎繁育技术，优化羊品种，稳定养羊业，全地区羊存栏539.55万只。

【猪禽产业】 2019年，地区稳步发展猪禽业，全地区生猪存栏28.29万头，出栏500头以上的生猪养殖场达55家。养禽业持续健康发展，全地区出栏家禽3 604.74万只。

【特色养殖】 2019年，地区畜牧业产业发展按照“稳定肉羊产业、扩大肉牛产业、因地制宜发展奶牛、驴、特禽等特色养殖”的总体定位产业发展方向，以“合作社+农户”的模式，扩大养殖规模，新和鸽、拜城油鸡养殖取得成效，年末新和鸽年存栏突破90万羽，拜城油鸡有机认证已完成注册。

【畜牧养殖环境治理】 2019年，地区畜牧兽医局积极实施粪污资源化利用，推广林木一体，生态循环、集成堆肥还田、水肥一体化、有机肥加工等模式，科学配置畜牧养殖发展空间，改进养殖方式和配套粪污处理设施，提升地区规模化养殖场粪污治理能力。全地区畜禽粪污产生量677.31万吨，其中规模养

2019年8月27日，农民收获青贮玉米，为牲畜越冬提供饲料保障（尼亚孜·热合曼/摄）

殖场粪污产生量75.56万吨。畜禽粪污资源化利用量529.08万吨,其中规模场粪污资源化利用量62.38万吨,粪污资源化利用率达78.12%,规模养殖场粪污设施设备配套率达92.08%。

【动物防疫社会化服务】 2019年,地区畜牧兽医局规范提升动物防疫合作社运行,推行政府购买兽医公共服务,拓展服务范围,稳定动物防疫基层兽医队伍。全地区已注册成立动物防疫技术合作社87个,其中县级3个,乡(镇)级84个,服务覆盖率达100%。

【农牧民补助奖励政策】 2019年,地区草原禁牧面积55.67万公顷,其中水源涵养区3.33万公顷,草畜平衡面积252.93万公顷,发放草原奖补资金1.67亿元,发放率100%。

【饲草料收储】 2019年,地区畜牧兽医局积极争取粮改饲项目,推广饲用甜高粱2 400公顷。提高机械打包收储技术,完成饲草和农作物秸秆收储744.89万吨,其中粮食作物秸秆收储417.15万吨;引导推广专用青贮玉米种植,提高青贮制作水平,青贮饲料330.71万吨。

【品牌创建】 2019年,地区加快畜产品品牌创建步伐,鼓励"百十一"生产基地积极开展绿色食品生产基地认证创建,新和鸽取得地理标识认证,拜城油鸡完成地理标识申报受理,组织绿色畜产品认证6个,完成注册商标34个。

【招商引资】 2019年,地区通过招商引资成功签约的畜牧业项目2个(新和正缘牧业公司5万头生猪养殖循环一体化建设项目、5万套拜城油鸡原种鸡生态养殖及农业产业化扶贫建设配套项目),签约资金2.46亿元,到位资金0.44亿元。

【"非洲猪瘟"防控监测】 2019年,地区落实非洲猪瘟防治决策部署,建立联防联控机制和定期会商制度,坚持"外堵内防"措施,完善养猪场、屠宰场干部包联责任制,落实屠宰环节"两项制度",强化生猪及其产品调运流通环节和餐厨剩余物监管,将非洲猪瘟检测关口前移至产地检疫环节,建立活畜运输车辆集中洗消制度,做好非洲猪瘟排查工作,防止非洲猪瘟疫情传入。开展非洲猪瘟监测共计9 405份(预警监测2 222份,外调生猪抽样监测7 183份)。

(史莉萍)

·畜牧技术推广·

【黄牛改良】 2019年,地区加强黄牛冷配人员技术队伍建设和冻精质量监管,指导各县(市)做好新增配种员跟班学习、技能考核等工作,97名人员通过考核,开展技术培训26期,培训黄牛改良配种员591人次。委托自治区畜牧总站抽检各县(市)13头供精种公牛65剂冻精,涉及生产企业3家。全地区完成黄牛冷配14.2万头。

【肉羊改良】 2019年,地区在饲草料缺乏,农民投入有限的区域,主推地方良种多浪羊、新疆羔皮羊的提纯复壮和选育提高。在农村农民比较富裕,饲草料供应充足的区域,主推进口肉羊为父本,本地羊为母本进行杂交改良。在山区或前山地带,以德国肉用美利奴羊为父本,低等级细毛羊为母本进行杂交。在规模化多胎羊养殖场(小区),做好多胎肉羊本品种繁育,以杜泊羊为父本,多胎羊为母本进行经济杂交。完成肉羊改良72.03万只。

【接羔育幼】 2019年,地区做好牲畜接羔育幼工作,努力提高牲畜产羔率和繁殖成活率,组织农牧民抓紧牲畜越冬度春饲草料储备,产羔期间,畜牧技术推广中心专门派出技术人员深入农牧区,为农牧民提供产前、产中、产后全程服务,保证接羔育幼工作顺利开展。指导各县(市)开展牲畜安全越冬和接羔育幼工作,全地区产羔240.56万只,成活羔羊234.08万只,成活率97.31%。

【绒山羊改良】 2019年,地区对南疆绒山羊7群核心群进行羊绒采样工作,共采样1 124份,共对18群核心育种群3 808只南疆绒山羊开展抓绒鉴定工作,平均产绒量433克,鉴定种公羊41只,平均产绒量610克,最高产绒量1 140克。完成绒山羊育种核心群人工授精配种4 254只。

【种畜禽管理】 2019年,地区对13个场(站、公司)良种供种单位的9个品种种羊进行鉴定,共鉴定合格种羊3 672只，其中肉用种羊2 006只。实施畜牧良种补贴项目，对2 076只活体种公畜进行良种补贴。对2016~2017年南疆肉羊良繁体系建设项目实施情况进行复验，有20个养殖场通过地区复验，其中拜城县种羊场成为全疆唯一通过验收的国家肉羊核心育种场。

【良种补贴】 2019年，地区畜牧兽医局继续实施良种冻精补贴政策，分四个标段实施，按照每个标段50万元的标准采购牛良种冻精28.84万支共计200万元。

（任庆华）

·动物疫病防控·

【动物疫病防控】 2019年，地区落实重大动物疫病防控工作责任制和责任追究制，全年共计完成动物防疫、驱虫、治疗3 207.6万头（只）次，其中口蹄疫免疫1 004.6万头（只）次，小反刍兽疫免疫406万头（只）次，猪瘟免疫45.2万头次，高致病性猪蓝耳病免疫41.4万头次，炭疽防疫208.4万头，羊痘防疫340.2万只次，羊三联四防287.9万只次，其他873.36头（只）次。禽流感免疫1 852.2万羽次。

【疫病疫苗供应】 2019年，地区共计调运牛、羊双价口蹄疫苗1 140万毫升，猪O型口蹄疫苗105万毫升，禽流感H5H7双价苗970万毫升，新禽二联冻干苗本年未调运，小反刍兽疫疫苗450万头份，羊布病M5号苗210万头份，牛布病A19号苗10万头份，包虫病基因工程苗8万头份，羊三联四防苗315万头份，羊痘冻干苗350万头份，无毒炭疽苗24万毫升，Ⅱ号炭疽苗124万毫升，气肿疽疫苗6万毫升。

【人畜共患病防控】 2019年，地区畜牧兽医局认真开展布病、包虫病强制免疫工作及结核病监测工作。分级发放布病疫苗和防护物资，及时印发《人畜共患病强制免疫工作的通知》，开展布病免疫工作，加强对外调扶贫畜的布病免疫，全年完成布病免疫213.3万头（只），包虫病免疫15.4万头（只）。开展结核病监测4.8万头（只）。

【畜产品安全监测】 2019年，地区开展生鲜乳抽样42份，检测包括三聚氰胺等在内的7个项目266份样品，合格264份，合格率为99.6%，完成动物源性畜产品安全监测采样153份，检测包括盐酸克仑特罗等在内的9个项目的856份样品，合格856份，合格率为100%。

【“非洲猪瘟”监测】 2019年，地区严格按照《阿克苏地区非洲猪瘟疫情应急预案》，强化非洲猪瘟采样、送样和实验室监测工作，每季度开展一次覆盖全地区的生猪养殖场的病原学监测，提出预警。做好生猪“点对点”调运非洲猪瘟委托监测工作。按照外调生猪每批比例不低10%数量进行采样监测，外调生猪共计检测7 183份。

（王新丽）

·动物卫生监督·

【产地检疫】 2019年，地区规范产地检疫，严格执行动物检疫各项规程和有关规范性文件，特别是新修订的《生猪产地检疫规程》和《跨省调运种用乳用动物产地检疫规程》。地区制定动物产地检疫负面清单和产地检疫流程图，规范检疫申报、受理、现场检疫、畜禽标识查询、检疫记录、合格出证等行为，坚决杜绝“隔山开证”、不检疫就出证等违法违规行为发生。

【屠宰检疫监管】 2019年，地区督导屠宰企业落实动物疫病防控和畜禽产品质量安全的主体责任。严格执行宰前和宰后检疫制度、巡监抽检等制度，规范检疫操作。强化对检疫不合格动物及动物产品无害化处理的监管，坚决堵住未经检疫、检疫不合格的动物产品流向市场。全年开展“瘦肉精”自检11 458份，开展屠宰环节“瘦肉精”尿样检测8 313份。

【动物检疫监管】 2019年，地区加强公路动物卫生监督检查站能力建设，严格履行法定职责，确保引入动物及动物产品查证验物、车辆消毒、信息登记的及时性、准确性和完整性。四个公路检查（库车二八台公路检查站、北山牧场公路检查站、乌什县奥特贝西公路检查站、柯坪县阿恰公路检查站）消毒站共监督检查、消毒畜禽运输车辆19 484辆，畜禽1 397.8万头（只），畜禽产品

790.82 吨。

【检疫证章标志管理】 2019 年，地区严格执行国家和自治区有关动物卫生监督证章标志管理办法，全年发放各类证书证章 13 271 本，动物检疫标签 12.25 万枚。做好动物标识及动物产品追溯信息采集上传，征订动物标识 468.5 万枚，其中猪 48 万枚、牛 81.5 万枚、羊 339 万枚，全部通过追溯系统进行动物标识的发放、使用、注销。

【兽药监管】 2019 年，地区全面实施兽药“二维码”管理制度，利用兽药二维码追溯系统，规范兽药经营企业追溯数据上传。全地区 78 家兽药经营企业实现兽药的可追溯，追溯率达 100%。加大对养殖环节兽药使用和休药期执行的监督检查力度，指导规范养殖场落实休药期制度，确保安全用药。全年开展 27 次专项整治行动，对地区 78 家兽药经营企业和规模养殖场的兽药、生物制品使用情况进行检查，对销售、使用假劣兽药进行清缴。

【监督执法】 2019 年，地区严厉打击运输未经检疫动物，收购、屠宰、加工病死畜，转让、伪造或者变造动物检疫证明、检疫标志、畜禽标识，通过互联网买卖动物检疫证明，为非法来源动物违规出具检疫证明或佩戴畜禽标识等违法违规行为，对执法检查和案件查办过程中发现涉及刑事案件线索的及时向公安机关通报、移交。全年办理案件 176 件，其中 1 起移交公安机关处理，2 起申请法院强制执行。

（张　苗）

林　业

【机构改革】 2019 年，原地区林业局撤销，地区林业和草原局（以下简称地区林草局）成立，主要以地区草原相关职能以及地质公园、申遗等职能并入林业和草原局，森林公安、森林灭火、林权登记等职能移出林业和草原局。地区林业和草原局共设办公室、森林资源管理和法规科、组织人事科（党建工作办公室）、生态保护修复科（地区绿化委员会办公室）、草原管理科、野生动植物保护和湿地管理科 6 个科室。

【生态建设】 2019 年，全地区春季完成造林 37 724.16 公顷，其中人工造林完成 28 057.49 公顷（经济林 18 099.67 公顷，防护林 9 957.82 公顷），封育 9 666.67 公顷，完成计划任务的 103%。持续推进阿克苏市空台里克区域荒漠造林工程，全地区完成工程绿化面积 2.38 万公顷，其中完成人工造林面积 0.71 万公顷、完成封育面积 1.67 万公顷。

【退耕还林】 地区林业和草原局负责组织完成2018 年度新一轮退耕地还林计划任务 1.27 万公顷的自查验收工作，共涉及 7 个县（市）、62 个乡（镇）场、3 343 个造林小班地块，惠及 1.16 万户退耕农户，完成率为 100%。完成 2018 年度自治区林草局下达森林抚育补贴项目任务 2.97 万公顷 4 490 万元自查验收工作。

【林草资源管护】 2019 年，地区林草局与县（市）签订森林资源管理责任书，确定年内采伐限额。全地区林木采伐限额为 20 万立方米，全年共使用采伐限额 5.81 万立方米，占限额的 29.06%。地区全年共上报征占用林地项目 321 起，其中长期占用 120 起，临时占用林地 201 起，收缴临时占用林地森林植被恢复费 5 600 万元。依法开展打击野生动物保护、绿卫 2019 专项行动，全年地区累计办理林业行政案件 319 起。其中滥伐林木 77 起、盗伐林木 4 起、违法使用林地 75 起、毁坏森林（林木）案件 55 起、非法运输木材 15 起、非法经营加工木材 2 起、违反野生动物保护法规 60 起、违反森林防火法规 23 起，其他案件 8 起。办理毁草开荒案件 1 217 件，立案处罚面积 3.99 万公顷。查办违反草畜平衡案件 3 起，违反草原禁牧休牧案件 12 起，其他案件 3 起。全年地区共落实天然林资源保护 46 353.33 公顷。

【林业有害生物防控】 截至 2019 年年底，全地区主要林业有害生物发生面积 22.69 万公顷，防治作业面积 22.56 万公顷，防治率 99.43%。林业有害生物成灾面积为 0 公顷、测报准确率 93%，共检疫苗圃 77.67 公顷，受检种苗 707.72 万株，产地检疫率 100%。

阿克苏地区风景名胜区一览表

保护地名称	县(市)	类型	保护级别	面积(公顷)
阿克苏市多浪河国家湿地公园	阿克苏市	湿地公园	国家级	1291.4
乌什县托什干河沙棘林湿地公园	乌什县	湿地公园	国家级	30082.71
库车大龙池森林公园	库车市	森林公园	自治区级	8460
阿克苏地区天山森林公园	温宿县	森林公园	自治区级	2008
天山神木园森林公园	温宿县	森林公园(风景名胜区)	自治区级	4641
托木尔大峡谷风景名胜区	温宿县	风景名胜区	自治区级	29905

【林业重大项目】 2019年,地区林草局共争取国家、自治区重点退耕还林、经果林、保障性苗圃等27个项目,争取资金总额6.26亿元。其中重点防护林资金1.29亿元;退耕还林1.21亿元;森林生态效益补偿资金1.23亿元;贫困林场扶贫资金652万元;森林公安转移支付资金68万元;第一批中央财政林业有害生物防治补助48万元;第一批中央财政森林抚育补助资金3 000万元;第一批中央农业生产救灾(林业病虫害防治)资金800万元;自治区森林植被恢复费6 612万元;中央财政林业生态保护恢复(天然林保护)资金988万元;中央预算内投资天然林资源保护二期工程资金30万元;林业生态保护恢复资金(草原生态修复治理)1 872万元;第二批中央财政林业改革发展资金-林木良种补助203万元;第二批中央财政林业改革发展资金——有害生物防治补助1 098万元;第二批中央财政林业改革发展资金——林业贷款贴息补助1 815.17万元;第二批中央财政林业改革发展资金——湿地补助250万元;第二批中央财政林业改革发展资金——林业国家级自然保护区补助230万元;第二批中央财政林业改革发展资金——沙化土地封禁补助1 250万元;第二批中央财政林业改革发展资金——林业科技推广示范补助80万元;退牧还草工程4 055万元;中央预算内林业基本建设投资600万元;重点生态功能区转移支付预算(生态护林员补助)1 543万元,2018年中央财政林业改革发展资金森林生态效益补偿补助(退耕还林工作经费)102.5万元。

【新疆托木尔峰国家级自然保护区管理局】 2019年,新疆托木尔峰国家级自然保护区管理局根据中央环保督察及"2019绿卫"行动环境问题整治工作要求,对中央环保督察反馈意见中保护区内7处人类活动痕迹、4处煤矿地质生态修复、功能区勘界立标整改工作均已达到验收要求。对自治区《托木尔峰卫星判读疑似图斑》认真摸排核实,对涉及的66个图斑165栋违章建筑,完成补办手续和拆除工作。年内,地区保护区野生动物疫源疫病监测站挂牌成立,以森林资源监测、野生动植物栖息地、野生动物疫源疫病监测为主要职能,启动了保护区站、所、局三级智能管护网络。

【草原质量监管】 2019年,地区林草局完成三个优势种蝗区孵化盛期、三龄盛期、成虫盛期的39个样地156个样方定位常规调查工作,经统计阿克苏地区虫害发生面积为2.85万公顷。采取有效洞口法和夹日法相结合的调查方法统计,全地区春季鼠害发生面积为2.56万公顷。

【草原奖补项目】 2019年,全地区实施天然草原禁牧55.73万公顷,其中严重退化区和风沙源区禁牧52.33万公顷,重要水源地和保护区禁牧3.33万公顷。落实天然草原草畜平衡252.93万公顷,发放到户草原补助奖励资金16 692.5万元。

【林果产业发展】 2019年,地区林

阿克苏地区自然保护区一览表

全称	所在县（市）	总面积（公顷）	主要保护对象	类型	级别	批准机构
托木尔峰国家级自然保护区	温宿县	380480	冰川、野生动植物等	综合性	国家级	国家林业局
塔里木河上游湿地自然保护区	沙雅县	256840	水资源，生态，野生动植物	湿地类型	自治区级	自治区人民政府
阿瓦提县胡杨林野生动植物自然保护区	阿瓦提县	345000	胡杨、塔里木马鹿、鹅喉羚等	野生动物栖息地	地级	阿克苏地区行署
温宿县早让自然保护区	温宿县	26700	兽类、鸟类、高山植物	湿地类型	县级	温宿县人民政府
库车市大龙池自然保护区	库车市	174467	水资源，生态，野生动植物	湿地类型	县级	库车市人民政府
库车市草湖湿地自然保护区	库车市	340000	水资源生态，野生动植物	湿地类型	县级	库车市人民政府
拜城县木扎提河流域湿地自然保护区	拜城县	17575.83	自然环境和自然资源	湿地类型	县级	拜城县人民政府
新和县依坎库勒河湿地自然保护区	新和县	13529	湿地野生动植物	湿地类型	县级	新和县人民政府

阿克苏地区地质遗产地一览表

保护地名称	县（市）	类型	保护级别	面积（公顷）
新疆库车大峡谷国家地质公园	库车市	地质公园	国家级	10800
新疆温宿盐丘地质公园	温宿县	地质公园	国家级	7649

果总面积 30 万公顷，其中红枣 8.74 万公顷、核桃 15.4 万公顷、苹果 2.53 万公顷、香梨 1.2 万公顷、杏子 1.46 万公顷、葡萄 0.54 万公顷、其他 0.13 万公顷，挂果面积 27.93 万公顷，果品产量 244 万吨，林果总产值 141.8 亿元，人均林果收入 5 015 元，占农民人均纯收入的 30.91%。全地区共建成“百十一”林果基地 7.4 万公顷，落实各级领导干部示范园 767 个、1.03 万公顷。完成核桃、红枣疏密 2.08 万公顷，退出果粮、果棉间作 5.6 万公顷。

【市场开拓】 2019 年，地区在北京世界园艺博览会“新疆日”活动阿克苏专场推介会上签订招商引资协议金额 7.2 亿元。在第十二届 iFresh 亚洲果蔬产业博览会上，阿克苏苹果进入“2019 年度中国最受欢迎的苹果区域公用品牌 10 强”。在 2019 年第五届中国果业品牌大会上，苹果区域公用品牌的品牌价值排行榜上位于第七。

（姚颜强）

【机构改革】 2019年，根据《中共阿克苏地委办公室 阿克苏地区行署办公室关于印发〈阿克苏地区水利局职能配置、内设机构和人员编制规定〉的通知》（阿地党办发〔2019〕36号），地区水利局内设办公室、水利工程建设管理科、水资源与水利工程运行管理科（地区节约用水办公室）、河湖管理科、水旱灾害防御科、组织人事科6个科室。下设5个事业科室（地区水政监察支队、农村饮水安全工作办公室、水利水电规划设计管理中心、水利建设管理与质量安全中心、新疆大头鱼地区级自然保护区中心保护管理站）。核定地区水利局行政编制14名，事业编制8名，机关工勤事业编制5名。将地区水利管理总站（地区水资源管理中心）承担的河湖管理行政职能划归地区水利局，同时划入从事此项工作的人员6名。

【防洪】 2019年，地区完成河流、水库、山洪沟等11项各类防洪应急预案修编；完成水毁修复39处，全年完成堤防维修加固271.28千米，新建永久性防洪堤57.83千米。做好主汛期防洪抢险工作，主汛期召开汛情研判会议12次，及时研判、发布汛情。加强督导检查及隐患整改，开展水库、河道、堤防险工险段检查指导6次，督促指导各有关县（市）整改各类隐患90处。发挥山洪灾害监测预警作用，汛期山洪灾害监测站点共发出水雨情预警信息300多条。2019年，全地区主要河流河道来水情况与历年持平，属平水年，汛期共发生洪水灾害3次，投入了3 308万元，2 920人次抢险人员、915辆抢险机械。战胜了柯坪县苏巴什水库"9·10"暴雨洪水险情。

【水资源管理】 2019年，地区水利局落实"灌溉面积、灌溉定额、用水总量、灌水时间"四控制措施，做好灌区灌溉用水管理各项工作，确保最严格水资源管理制度。完成"三条红线"（水资源开发利用控制，用水效率控制、水功能区限制纳污）指标任务。完成14个典型灌区140个典型地块灌溉水利用系数测算分析，并组织各县（市）进行技术审查，测算出地区灌溉水有效利用系数为0.55万元。国内生产总值用水量973.1立方米/万元，万元工业增加值用水量为57立方米。推减耕地9 406.67公顷。2019年，地区经济社会用水总量为80.75亿立方米，其中：农业灌溉实际用水量为77.82亿立方米，比2018年农业灌溉用水量78.5亿立方米减少0.68亿立方米，下降0.84%。

【水利前期工作】 2019年，地区水利局启动《阿克苏地区水资源安全保障规划》《阿克苏地区水利发展"十四五"规划》《水土保持规划（2018-2030年）》，完成《河湖水域岸线管理利用规划》《河道采砂规划》；完成地区级17条河流、2个湖泊水域岸线管理利用规划及河道采砂管理规划编制工作，管理范围划定成果已向社会公告；指导各县（市）完成《地下水资源评价报告》《地下水超采区评价报告》的编制工作；全面完成7县2市《县级农田水利规划》复核并出具审查意见；《渭干河流域规划环境影响评价》得到自治区生态环境厅批复，为推动温泉水库的可研批复提供了前提条件；洼地水库、温泉水库可研成果得到自治区发改委的批复，并开展了初步设计阶段工作。完成大、中型灌区农业高效节水、防洪工程等10类26.6亿元的前期审批工作。2019 年，争取国家和自治区水利投资共计 10 类 45 项总投资 15.68 亿元，其中中央水利发展资金 9.75 亿元，中央预算内资金 5.73 亿元，债券资金 0.2 亿元。

【农田水利基本建设】 2019 年，地区完成防渗渠 850 千米。深入推进农业高效节水灌溉技术，指导沙雅县增收试点项目建设，全年完成农业高效节水建设面积 4.74 万公顷。全年改善 5.34 万人农村安全饮水问题。

【农村饮水安全】 2019 年，地区水利局积极开展农村饮水安全“脱贫攻坚”工作。完成贫困户未通自来水 185 户、577 人、新建安居房 548 户贫困户通水任务全面完成；全面完成 25 个投资 7 913 万元农村饮水安全巩固提升项目建设任务。

【农业高效节水】 2019 年，地区完成农业高效节水建设面积 4.74 公顷，其中棉花滴灌 3.85 万公顷，果树滴灌 0.32 万公顷，果棉间作 0.05 万公顷，小麦、玉米、苜蓿等其他作物 0.52 万公顷。累计建成的农业高效节水面积已达到 40.58 万公顷，其中棉花 32.3 万公顷，果树 3.32 万公顷，果棉间作 2.53 万公顷，番茄、辣椒等 2.43 万公顷。

【大型灌区节水改造与续建配套】 2019 年，国家给木扎提河、渭干河大型灌区下达了 1 批 530 65 万元建设任务，其中中央预算内资金 41 428 万元，地方配套 11 637 万元。项目建设防渗渠道 255 千米，并建设阿瓦提县、渭干河流域管理局信息化工程 2 个。

【中小河流治理工程】 2019 年，地区实施中小河流治理项目 4 个，投资 9 764.05 万元（中央投资 5 936 万元），建成永久性堤防 24.5 千米。

【水土保持】 2019 年，地区全面完成国家下达的拜城县克孜尔乡喀日嘎依买里村及大桥乡坦斯坎力克村小流域水土保持重点工程(一期)500 万元、阿瓦提县喀什噶尔河末端小流域水土保持重点工程(一期)500 万元、温宿县吐木秀克镇黄羊滩小流域水土保持重点工程(一期)500 万元建设任务，治理水土流失面积 42 平方千米。2019 年征收水土保持补偿费 543.31 万元，其中：地区水利局征收 170.84 万元，各县(市)水利局征收 372.47 万元。

【水利工程建设管理】 2019 年，地区水利局完成 89 个项目设计、施工等招投标备案，并进行开评标全过程监督；加快推进项目验收，完成 80 个项目验收（阶段验收 38 项，竣工验收 42 项）。全年共完成 10 类 45 项投资 156 778 万元的水利工程建设任务，其中大型灌区 6 项，投资 53 065 万元；农业高效节水 9 项，投资 44 786 万元；沙雅县试点县项目 4 项，投资 40 063 万元；农村饮水安全工程 2 项，投资 4 227 万元；防洪工程 10 项，投资 6 331 万元；水土保持工程 3 项，投资 1 500 万元；中型灌区 5 项，投资 5 146 万元；牧区水利项目 1 项，投资 1 300 万元；河长制补助资金 1 项，投资 120 万元；小型水库维修养护 4 项，投资 240 万元。

【水政执法】 2019 年，地区水利局开展河湖采砂、河湖清“四乱”等专项整治活动，对各河流入河排污口进行摸底调查，对地区机电井数量进行排查，封填、封停机井 199 眼，完成 8 834 眼机电井取水许可证换发、补发工作，清查梳理出 4 类 61

2019 年，拜城县木扎提河大型灌区防渗渠道(地区水利局/提供)

个河湖“四乱”问题全部整改销号。对水库、河道、堤防险工险段进行执法检查，整改各类隐患90处。对地区在建和完工的69个生产建设项目进行水土保持执法监督检查；对49个生产建设项目水保方案进行审查批复，严格执行水土保持方案与主体工程同时设计、同时施工、同时投产使用的“三同时”管理制度。

【水利规费征收】 2019年，地区征收水费和水利规费总额度达到92 255.59万元，水费征收率达到93.2%，比上年83 259.66万元超出8 995.53万元。其中：实收农业水费总额87 754.17万元，水费征收率达到93.6%；征收水资源费3 965.95万元；征收水土保持补偿费535.47万元。

【农业水价综合改革】 2019年，地区水利局制定《地区农业水权水价综合改革试点工作方案》，推进农业水价综合改革试点工作，选定沙雅县为地区水权水价综合改革试点区，各县(市)农业水价综合改革实施意见全部出台；督促指导各县(市)完成各灌区2015年水利工程供水成本测算工作；牵头制定《渭干河流域管理局水价调整方案》《克孜尔水库管理局水价调整方案》，加快推进农业水价综合改革。

【小型水利工程产权制度改革】 2019年，地区水利局为明晰工程所有权，转换小型农村水利工程管理运行机制，按照《新疆小型农村水利工程管理体制改革实施意见》，制定《小型农村水利工程管理体制改革实施方案》，以沙雅县为试点，推进地区小型水利工程产权制度改革各项工作。沙雅县注册登记农民用水合作社150家，实现试点区域全覆盖。试点项目区涉及面积4.19公顷(含2017年之前建成的8 566.67公顷)，2019年底已完成97个行政村3.03公顷滴灌工程的产权界定工作。

【河湖长制工作】 2019年，阿克苏地区河湖长制覆盖境内151条河流及10个湖泊，河流总长9 487千米，流域面积19.78万平方千米，湖泊水域面积59.82平方千米。地、县、乡、村四级河湖长体系全面建立，设立地县总河湖长20名，四级河长624名，湖长46名，设立河湖长公示牌627块；通过地区行政编制机构改革，地、县(市)水利部门正式将河湖管理职能纳入本部门并先后成立河湖管理科，履行河湖长制领导小组办公室职责。地区及各县(市)设立河(湖)长制办公室10个，配备人员40人(专职)；地区境内151条河“一河一策”方案及10个湖泊“一湖一策”方案均编制完成。组织完成各级河湖长巡河工作，共开展河湖巡查3 752次4 952人次。

【水污染整治】 2019年，地区水利局完成3个地区级河流、2个湖泊、各县(市)15个重点河湖三年整治行动方案编制，地区8个污水集中处理厂污水处理能力达到23.72万立方米/日，污水处理率97%以上。重点对阿克苏河、渭干河流域河道管理范围内63家采砂厂进行关停整顿，沿西大桥阿克苏河两岸集中清理拆迁私搭乱建大小企业及各类加工厂206家，居民散户656户；拆除柯柯亚河沿线私搭乱建小散乱企业26家，沿河新建水冲式厕所8处，新增垃圾投放点240处。排查整治库车河沿岸矿山企业9家，查封砂石料厂5家。组织实施河湖生态应急补水，全年生态输水3.01亿立方米。

【高效节水增收示范项目】 2019年，沙雅县试点项目规划建设高效节水面积3.33万公顷，防渗渠道530千米，新建计量设施4 435处，总投资12.92亿元。年底到位资金合计10.21亿元，其中：中央补助资金到位8.2亿元，自治区配套资金到位1亿元，县级配套资金到位1.01亿元。已完成投资10.5亿元，完成3.26万公顷农业高效节水滴灌工程建设并投入运行，防渗渠道535千米，建成自动化量测水设施2 561处(渠道量测水设施512处，滴灌首部619处，井电双控计量设施1 430处)。

(张学荣)

渭干河流域管理

【许可事项管理】 2019年，地区渭干河流域管理局严格审阅各单位申报材料，依法办理取水许可证3本(库车市、新和县、沙雅县)，科学、合理分配水，提高水资源利用率，办理采砂许可证3本(渭干河-沙雅大河内3家筛分厂)，规范采砂。

【水资源管理】 2019年，渭干河流域管理局管辖两个灌区，渭干河灌区和帕满水库灌区。

渭干河灌区是全国大型灌区，是地区重要粮棉生产基地，主要供水范围库车市、沙雅县大部分，新和县全部。2019年灌区三县农业用水量22.6亿立方米，灌溉面积27.87万公顷，下泄洪水3.2亿立方米。2019年渭干河未出现超讯线洪水，顺利完成渭干河灌区安全度汛工作。

帕满水库是塔里木干流北岸的一座中型水库，水库总库容4 800万立方米，从塔里木河引水进行灌溉，从塔里木河引水口到灌区末段总长70千米。灌区农业用水量1.5亿立方米，灌溉面积1.67万公顷。主要向沙雅县塔里木乡、托依堡勒迪镇、地区库车种羊场、库车哈尼喀塔木乡等库车市和沙雅县交界的灌区供水。2019年帕满水库灌区严格执行科学调度水资源，完成引水指标1.5亿立方米，保证了灌区农业生产丰收。

【重大项目储备】 2019年，渭干河流域管理局重大项目1个，为新疆渭干河下千佛洞引水枢纽除险加固工程，该枢纽为拦河式，是渭干河流域最重要的控制性枢纽之一，以灌溉为主，兼顾防洪，生态和发电工程。工程批准总投资5 850.2万元，完成工程初步设计审查及审批。

【水利工程建设】 2019年，渭干河流域管理局实施渭干河大型灌区骨干工程节水改造2019年度项目（信息化）工程。项目工程总投资784万元，5月20日至10月31日完成信息采集与监控系统、信息传输系统、灌区信息化平台建设数据存储和管理系统、改建和完善管理局的办公环境、硬件设备配置及相关软件系统基本建设内容。

新和县渭干河灌区鸟瞰（陈川/摄）

【水利科研】 渭干河管理局水盐监测站是阿克苏地区唯一一个从事水利科研灌溉监测的单位。2019年完成对渭干河灌区38眼地下水观测井水位、水质监测：监测地下水位数据910个，水质检测117次，全年共完成渭干河灌区14条排渠的含盐量和排水量的监测。

（游曼轩）

塔里木河流域阿克苏管理

【许可事项管理】 2019年，塔里木河流域阿克苏管理局办理水许可、采砂许可、凿井许可、涉河建设项目、排污许可等5项行政许可审批事项，根据地区“放管服”工作要求，塔里木河流域阿克苏管理局将5项行政许可审批事项全部纳入地区政府行政审批平台，实行前台受理、审核、发证，后台审批的管理方式。全年核发取水许可证16本，审批涉河建设项目11个，采砂审批2件，临时采砂审批4件。

【采砂管理】 2019年，塔里木河流域阿克苏管理局对管理范围内的河道采砂厂进行全面调查及清理整顿工作，发现乱堆乱采问题88处，其中采坑38处，料堆50处；清理整治79个，其中采坑39处，累计约28.2万立方米；料堆40处，累计约278.3万立方米；拆除违规采砂筛分机械5组。

【执法工作】 2019年，塔里木河流域阿克苏管理局认真开展水事违法行为的查处，拆除非法架泵9

个,潜水泵井1眼,查处水事案件1起,办结1起。清理料堆19处,共计约91.6万立方米;回填采坑13处,共计约16万立方米;平整拆除采砂道路4条,共约1630米;回填沟渠2处,约650米;清除垃圾约0.6万立方米;拆除筛分机械设备设施(机械、电力)4组。

全年累计完成河道巡查398次,巡查人数973人次,河道巡查16 405千米。

【水资源管理】 2019年,塔里木河流域阿克苏管理局依法对阿克苏河流域(含阿克苏河托什干河、库玛拉克河、柯柯牙河等)行使管理范围内流域水资源管理、流域综合治理和监督职能。强化水资源许可管理,认真落实取水许可管理制度。全年发放取水许可证16本,完成1.1亿立方米生态输水任务。

【汛旱灾害防治】 2019年,塔里木河流域阿克苏管理局编制《重点水利工程度汛方案》,汛前测试协合拉引水枢纽等洪水预警点汛情自动测报,对全局闸门启闭设备进行专业维护保养。本年度极端天气频发,流域多次出现暴雨山洪,责任段多次发生险情,均及时排除,未造成大的损失。针对部分灾情和旱情,年内实施应急输水2次。

【重大项目储备】 2019年,塔里木河流域阿克苏管理局筹备召开拱拜孜水库水利枢纽可行性研究初步审查会,并报塔管局完成审查。多浪龙口除险加固工程初步设计已报水利厅完成审查。完成英尔等3座病险水闸水文分析报告审查。完成多功能用房项目前期工作和招标工作。

【水利工程建设】 2019年,塔里木河流域阿克苏管理局完成维修养护工程建设任务及标准化站房建设项目预定任务。艾里西引水枢纽除险加固项目进行道路、水保项目施工,弥补了阿克苏河老大河灌区引水保证率低、防洪压力重的短板。柯克亚河中型灌区节水改造项目完成投资1 000万元。托北干渠山洪整治工程,通过首次暴雨山洪考验。2016年站房工程、2017~2018年维修养护工程通过竣工验收。

2019年9月5日,俯瞰托什干河联合引水枢纽(塔里木河流域阿克苏管理局/提供)

【预警预防机制】 2019年,塔里木河流域阿克苏管理局坚持隐患排查治理"闭环"管理,先后开展消防安全、工程建设安全等专项检查近10次,发现、整治风险30处,投入资金71万元。成立应急指挥机构,建全应急救援体系,修订应急预案并组织演练。全年开展维稳、消防、防汛等演练20次。加大警示教育,制作、张贴宣传、警示牌(版)800块,实现全年零事故,并顺利通过水利厅"安全生产标准化达标"复审。

【水利科研】 2019年,塔里木河流域阿克苏管理局顺利完成科研项目《面向绿色生态的阿克苏河流域生态需水估算与调度分析系统开发研究》《新疆阿克苏河流域平原灌区典型作物需水量研究》《变化环境下的阿克苏河流域水资源安全与河流健康评价》的招标工作。完成《塔里木河流域阿克苏典型灌区地下水资源调控研究(之阿瓦提灌区)》的结题验收工作。

(王 枫)

水文勘测

【水文勘测】 2019年,地区共布设有不同等级和功能的水文勘测站共有32处，其中国家基本驻地水文站19处、巡测站16处、新建中小河流水文站5处、专用站1处，共有水文监测断面48处；遥测站28处，其中水位遥测站14处、雨量遥测站14处，主要负责地区7县2市、兵团农一师16个农牧团场、阿拉尔市及克州的阿合奇县范围内塔里木河流域干流、阿克苏河流域、渭干河流域以及和田河流域各项水文信息的勘测、收集、上报、地区水环境监测以及各类水文项目建设工作，控制总面积14.47万平方千米。

【水文基础设施建设】 2019年，阿克苏水文勘测局完成新疆大江大河水文监测（一期）工程卡木鲁克站建设，该工程勘察设计由河南黄河水文勘测设计院承担。2015年12月新疆大江大河水文监测（一期）工程完成实施方案的编制。2017年9月12日自治区发改委以《自治区发改委关于新疆大江大河水文监测（一期）工程建设项目实施方案的批复》（新发改农经〔2017〕1240号）批准实施。项目2018年至2020年分三年实施，卡木鲁克水文站建设工程列入2019年计划。2019年9月23日，阿克苏水文勘测局主持并通过土建合同工程完工验收。2019年11月8日，阿克苏水文勘测局主持并通过设备采购、安装合同工程完工验收。2019年12月25日，由自治区水文局主持在阿克苏市召开卡木鲁克水文站建设工程完工验收工作总结会。

【水文情报预报】 2019年，阿克苏水文勘测局共发布地区各河流汛期洪水黄色预警1次。共接收22个水文站水雨情信息8 000份，给水文局总台VPN发送水情信息2 470份；给地委、行署、地区防洪办及15家服务单位相关人员发送水情短信20 322条；水库转发300次。

【水质监测】 2019年，阿克苏水文勘测局严格按照《水环境监测规范》（SL219-2013）的要求，对流域内主要河流的40个水质监测站点的44项参数进行监测，全年共监测各主要河流水质总计203站次，其中丰水期监测次数76次，平水期监测次数61次，枯水期监测次数66次。定期开展31个国家地下水监测井和地区54眼地下水常观井网监测、运行和监测资料的收集、整理分析工作，做好土壤墒情监测和站点维护。

【水文监测】 2019年，阿克苏水文勘测局积极推进水文巡测改革，提高水文资料质量。围绕“建得起、能运转、成示范”目标，推动中心管理站，以驻巡结合、站队结合的模式正常开展试点工作。做好水文测验、整编、分析工作，落实各水文测站水文测验、资料整编。搭建阿克苏水文局水文信息综合平台，实现遥测数据实时传输、入库，并通过与人工观测数据的比测分析，将遥测数据应用到资料整编中。发展水文现代化，自筹资金25万余元，分别对依玛帕夏、西大桥、阿拉尔站等8个水文站13处监测断面换装雷达水位计，增设11处自动遥测雨量站，1处水位视频监测站和流量自动监测侧扫雷达站。继续增加对自动气象站、泥沙即时测算设备的安装，逐步扩大冬季有人看管、无人值守站数量。推进CAD定线、资料审核软件的广泛应用，全部测站达到在站电算整编。

（赵丹阳）

2019年主要河流基本情况表

河名	集水面积（平方千米）	河道总长度（千米）	年径流量（亿立方米）
台兰河	1324	90	5.947
木扎提河	2845	282	11.37
卡普斯浪河	1834	65	8.604
台勒外丘克河	1639	95	1.218
卡拉苏河	1350	70	3.642
黑孜河	3342	110	5.130
渭干河	16660	168	31.41
库车河	3118	221.6	5.778

综 述

【工业经济综述】 2019年,地区坚持以习近平新时代中国特色社会主义思想为指导,深入贯彻落实“聚焦总目标,当好排头兵”要求,按照自治区党委“1+3+3+改革开放”部署,坚持稳中求进工作总基调,牢固树立新发展理念,实施“76331”战略,优化产业规划布局,改善提升营商环境,引导产业转型升级,加快产业集聚发展,努力当好推动实体经济高质量发展的排头兵,积极融入丝绸之路经济带核心区建设,优势产业转型升级步伐加快,阿克苏纺织工业城出口监管仓库、保税仓库封关运营,石墨烯电采暖等一批新兴产业项目成功落地。2019年,全地区规模以上工业增加值预计完成240亿元,比上年增长15.2%,超出年初目标任务(9%)6.2个百分点;企业“小升规”完成29家,比年初目标任务(20家)多完成9家;园区工业增加值占比82%以上,超出年初目标任务(80%)2个百分点。实现地区工业经济稳定增长、稳中向好。

工业经济总量稳定增长。2019年,地区241家规模以上工业企业实现增加值229.74亿元,比上年增长12.4%,增速比上年同期提高3.2个百分点。重工业占比较高,轻工业增长较快。重工业完成工业增加值208.97亿元,占规模以上工业比重90.9%,轻工业增长14.4%,快于重工业2.2个百分点。非石油工业增长较快,占比高。非石油工业增加值占规模以上工业比重62.9%,比上年增长14.5%。八大行业全面增长,规模以上八大重点行业实现工业增加值214.79亿元,比上年增长11.92%,占地区规模以上工业比重93.5%。其中农副产品加工业增长最快,比上年增长44.3%,石油、煤炭及其他燃料加工业占比最高,占八大行业比重达44%。

产业结构调整趋于优化。1~12月,重工业累计完成工业增加值208.97亿元,占规模工业比重90.9%,增长12.2%;轻工业实现增加值20.77亿元,增长14.4%。非石油工业实现增加值144.54亿元,增长14.5%。规模以上工业原煤产量1 712.01万吨,比上年增长2.9%;规模以上工业发电量96.6亿千瓦时,比上年增长18.3%;规模以上工业原油产量14.08万吨,比上年增长9.8%;天然气产量1.21亿立方米,比上年增长22.8%;规模以上工业所属的8个大类行业实现全部增长,八大重点行业支撑作用突出,占地区规模以上工业比重93.5%,累计实现工业增加值214.79亿元,增长11.92%,拉动地区工业增长11.2个百分点。

六大产业集聚发展。全面推进石化产业链延伸及下游产品开发,编制《地区石油和化学工业“十四五”发展规划(草案)》,重点抓好煤盐化工一体化项目(中泰-金晖100万吨PVC)开工建设,高位推动中泰·金晖司法重整取得积极成果;纺织服装产业高质量发展,积极争取自治区产能转换,有序推进沙雅利华棉业、华孚色纺、新爵纺织、协益纺织等重点企业189万锭建成投产,力争年底新增80万锭棉纺投产,全年完成纱30万吨,织布5 200万米,服装90.6万件,纺织工业城海关监管库项目已于9月30日封关运行;建材冶金重点企业发展质量提升,8家水泥企业错峰生产与行业自律运行良好,1~11月累计生产水泥517万吨,比上年增长 22%；建筑钢构、防火材料重点项目建设进展顺利；战略性新兴产业大力发展，纺织工业城和阿克苏市经济技术开发区两个石墨烯产业项目填补了地区新兴产业项目的空白，大型专业无人机、粉垄深松深耕机、新型防火建材等项目成功落地，推动了地区新兴产业向新材料、新技术、高附加值方向延伸。

（赵燕萍）

【能源工业综述】 2019 年，地区能源供给结构持续改善，截至年底，地区电力装机 437.335 万千瓦（含农一师），其中火电装机 246.6 万千瓦、水电装机容量 81.24 万千瓦、光伏装机 96 万千瓦、生物质能发电 1.2 万千瓦、余热余压余气等自备电厂装机 12.3 万千瓦。最大用电负荷 213.35 万千瓦，累计发电 130.32 亿千瓦时（含农一师），其中火电发电 91.18 亿千瓦时、水电 27.53 亿千瓦时、太阳能 11.61 亿千瓦时。

国家、自治区发展改革委先后批复地区矿区总体规划 5 个，分别是：拜城矿区、阿艾矿区、博孜墩矿区、俄霍布拉克矿区、苏拉合马矿区。煤炭资源勘查开发速度加快，煤矿建设顺利实现上大压小，地区有煤炭生产企业 14 家，生产矿井 15 个，设计（核定）产能 1 728 万吨/年，年生产煤炭 1 712 万吨，有效保障南疆五地（州）、兵团电厂、供暖、建材企业和居民煤炭供应。石油、天然气探明储量达 17.5 亿吨、1.8 万亿立方米，占塔里木盆地的 88.58%、93%以上。截至年底，基本建成以炼油、化肥和天然气精细化工为主，以石油精加工、改性沥青为补充，以原油、天然气、成品油运输管线为配套的石油天然气化工产业体系。

地区有国家、自治区发展改革委已批复煤炭矿区五个，规划总产能 3 355 万吨/年。2019 年，地区煤炭产量居全疆第四位、南疆第一位，共分为 3 个产煤县 5 个矿区，分别为俄霍布拉克矿区、库车阿艾矿区、拜城矿区、苏拉合马矿区和温宿博孜墩矿区，全地区形成以动力煤、焦煤和民用燃料全面开发的生产格局。

拜城矿区：《新疆拜城矿区总体规划》于 2014 年经国家发展改革委审查批复，批准文号“发改能源〔2014〕1056 号”。《新疆拜城矿区总体规划环评报告》，于 2019 年 2 月 14 日年经国家生态环境部批复，批准文号：环审〔2019〕12 号。全矿区规划 24 处煤矿，其中生产煤矿 6 处、新建煤矿 7 处，改扩建矿井 11 处。矿区规划能力 16.80 Mt/a。该矿区煤种主要以焦煤、配焦煤、贫煤、瘦煤、贫瘦煤（动力煤）为主。

（文 剑）

【工业固定资产投资】 2019 年，地区固定资产投资比上年增长 18.96%（以统计年鉴数据为准），完成年初目标任务的 103%。其中项目投资增长 15.20%、房地产开发投资增长 51.38%；工业固定资产投资比上年增长 14.6%，其中采矿业下降 0.7%，制造业增长 4.3%，电力、热力、燃气及水生产和供应业增长 76.9%。

按县（市）分：阿克苏市完成投资比上年增长 6.4%；库车市完成投资下降 18.1%；沙雅县完成投资下降 8.4%；新和县完成投资下降 50.7%；拜城县完成投资增长 24%；温宿县完成投资增长 95.7 %；阿瓦提县完成投资下降 20.5%；乌什县完成投资下降 3.1%；柯坪县完成投资增长 36.2%；纺织工业城完成投资增长 14.8 %。

（刘亭廷）

【新兴产业】 2019 年，地区着力培育战略新兴产业发展，加快新旧动能转换，整体实力不断增强，产业规模逐步扩大，效益明显提升。嘉轮轮胎年产 120 万条项目进入试生产，中润达年产 5 000 辆专用汽车项目、吉尔特电器项目进入设备安装。地区重点引进纺织工业城和阿克苏市经济技术开发区两个石墨烯产业项目填补了地区新兴产业项目的空白，大型专业无人机、粉垄深松深耕机、新型防火建材等项目成功落地，推动地区新兴产业向新材料、新技术、高附加值方向延伸。

2019 年 24 家规模以上战略新兴企业实现工业增加值 4.5 亿元，增长 23.5%，占规模以上工业增加值比重 2.4%；增加值增速高于全年计划目标 3.5 个百分点。重点企业产品产量稳步增长：1~10 月，12 家规模以上光伏发电企业累计发电量 6.54 亿千瓦时，比上年增长 12.3%；沙雅钵施然智能农机生产采棉机 240 台，增长 2.2 倍；拜城鑫隆玻纤生产玻璃纤维棉 964.4 吨，增长 70%；富沃药业甘草浸膏产量 1 065.55 吨，增长 3%。

（胡 鑫）

【工业节能降耗】 2019年，全地区万元GDP能耗下降3.72%，完成年度目标任务的206.67%；年度能源消费总量为1 097.49万吨标准煤，完成年度目标任务的119.88%，增量为28.2万吨标准煤，完成年度目标任务的171.74%，超额完成自治区下达的能源消费总量和强度"双控"目标任务。

（周 莹）

【重点产业项目】 2019年，地区积极推动一批重点产业领域项目健康持续发展。全力推进上海源晗能源化工有限公司40万吨乙二醇项目、金晖兆丰能源100万吨/年PVC和循环经济后续项目一期75万吨/年电石、50万吨/年PVC、40万吨/年烧碱、拜城县25万吨/年乙炔联产30万吨/年乙二醇等项目开工建设；全力攻关百万吨聚酯化纤前期工作，华孚二期52万锭色纺、久久棉纺有限公司40万锭纺纱、阿克苏鸿宣针织一期年产2 750万件针织服装项目等重大项目建设进度。围绕煤电化等上下游产业一体化经营、农副产品精深加工、建材冶金、装备制造、电子信息等方面，推进一批重大工业项目建设，扩大工业投资。

新疆金晖兆丰 年产100万吨PVC循环经济项目是新疆维吾尔自治区及阿克苏地区重点项目，2019年项目建设初具规模，循环经济产业园区格局初步呈现，建设完成年产130万吨焦化、100万吨水泥、180万吨选煤、2×350MW自备电厂、8.8万吨焦炉煤气制LNG、园区供水工程6个项目。后续工程100万吨PVC、80万吨烧碱、150万吨电石将分两期建设。一期工程50万吨PVC、40万吨烧碱、75万吨电石，计划投资81.24亿元，建成后年均营业收入可达52.4亿元、年均利润总额12亿元、实现年均利税总额17亿元，可提供约6 000个就业岗位，计划2020年5月初启动工程建设，预计2022年5月投料试车。

（陈 勤）

塔河炼化公司 截至2019年底，公司用工总量1 121人，其中合同制员工1 027人(内退、离岗调研共25人)。在岗员工1 002人，平均年龄36.7岁，经营管理50人、专业技术267人、技能操作685人。现拥有炼油生产装置17套，原油加工能力500万吨/年，焦化处理能力340万吨/年，汽柴油混合加氢精制能力240万吨/年，航煤生产能力30万吨/年，催化重整能力75万吨/年，汽油异构化能力37万吨/年，A级沥青生产能力40万吨/年，硫磺生产能力8万吨/年。主要加工塔河油田的重质原油，可生产92号、95号无铅汽油，0号、-10号、-20号、-35号柴油（全部达到国Ⅵ标准)，符合交通部石油沥青标准JTG F40-2004、石化行业标准NB/SH/T 0522以及国家标准GB/T 15180的各牌号石油沥青，3号喷气燃料，化工轻油，石油液化气，石油焦，硫磺等10多种产品。

（许建忠）

【产业园区】 2019年，地区坚持以工业园区为载体，以基础设施建设和项目推进为重点，以推进"千亿产值、百亿园区、百亿产业"为目标，加快推进地区工业园区建设。截至年底，地区现有国家级经济技术开发区1个(库车经济技术开发区)；自治区级园区5个(阿克苏纺织工业城(开发区)、阿克苏经济技术开发区、沙雅县循环经济工业园区、拜城产业园区、温宿产业园区)；地区级园区4个(新和县工业园区、阿瓦提县工业园区、乌什县工工业园区、柯坪县光伏产业园区)，地区工业园区从小到大、逐步发展壮大，形成以石油、天然气精细化工产业为主导的库车经济技术开发区，以纺织服装产业为主导的阿克苏纺织工业城，以煤盐化工产业为主导的拜城产业园区、以天然气化工产业为主导的沙雅县循环经济工业园区、以新型建材、商贸物流、新兴产业为主导的阿克苏经济技术开发区、以新型建材为主导的温宿产业园区，新和县、阿瓦提县、乌什县、柯坪县四个地区级工业园区按照"突出特色、各有重点"的原则，与重点园区形成了错位发展、互为补充支撑的产业发展布局。

（周 莹）

工业和信息化

【工业概况】 2019年，地区完成规模以上工业增加值240亿元，比上年增长15.2%，超出年初目标任务(9%)6.2个百分点；完成"小升规"企业28家，比年初目标任务(20家)多完成8家；园区工业增加值占比82%以上，超出年初目标任务(80%)2个百分点。规模以上工业企业单位工业增加值能耗比上年下降2.49%。

【机构改革】 2019年3月18日，中共阿克苏地委办公室、阿克苏地区行署办公室印发《阿克苏地区工业和信息化局职能配置、内设机构和人员编制规定》的通知，明确“阿克苏地区经济和信息化委员会”正式更名为“阿克苏地区工业和信息化局”（以下简称地区工信局），是地区行署工作部门，为正县级。地区工信局核定编制48名，其中行政编制20名，机关事业编制23名，机关工勤事业编制5名。县级领导职数4名（正县2名、副县2名），科级领导职数25名（正科11名，副科14名）。共设置机构11个。分别为：办公室、产业政策科、经济运行科、规划与投资科、招商协作发展科、节能与综合利用科、信息化科、行业管理科、园区管理科、煤炭管理科、安全生产科。

（陈　雷）

【工业安全生产】 2019年，地区工信局认真落实商贸流通专委办职责，督促各成员单位积极履行安全生产监管职责。累计排查隐患379项，整改率100%。狠抓民爆企业生产销售领域的安全生产监管工作，先后组织安全生产大检查11次，排查整改隐患36项；督促国网公司对90处影响电网运行安全隐患进行整改；聘请专家积极配合自治区高风险煤矿“安全体检”工作，做到每月安全例行检查，狠抓隐患排查治理，确保煤矿企业“安全体检”全覆盖和生产运行绝对安全。

（魏宏亮）

【新兴组织党建】 2019年，地委工信行业党工委结合自身职能及实际工作，加强理论及业务培训，健全完善组织机构，3个社会组织（协会），37家煤炭、建材、工程机械行业非公有制企业开展党建指导，设立党支部3个，选派党建指导员10人，社会组织党组织覆盖率由之前的33.3%提高到100%，非公企业党组织覆盖率由之前的0，提高到50%。

（段连武）

【示范企业】 2019年，地区工信局成功培育并认定“专精特新”企业5家，复审2016年认定的“专精特新”企业3家。组织新疆协益纺织科技有限公司、新疆峻新化工股份有限公司2家企业积极申报自治区专精特新“小巨人”培育企业。组织阿克苏联发纺织有限公司成功申报自治区第三批绿色制造企业（绿色工厂）。

（李　毅）

【企业技改】 塔河炼化引进顺北原油适应性改造项目。2019年7月，中石化集团公司正式同意塔河炼化引进顺北原油适应性改造项目按照烯烃方案编制可行性研究报告，建设100万吨/年乙烯。2019年12月，可研报告正式上报中石化集团总部，并通过内部相关部门的论证。该项目总投资175亿元，新增定员1 200人，占地约253公顷。

天山环保库车石化有限公司“渣油和煤焦油综合深加工技术改造及下游聚酯一体化”项目“400万吨渣油和煤焦油综合深加工技术改造及下游聚酯一体化”项目为天山环保库车石化有限公司技改项目，项目具有原料成本低、经济效益好、油品质量高、大气污染少的优势，特别是项目产业链长，带动力强，项目建成后可为地区百万吨乙烯项目提供原料。2019年，完成项目申报，并编制可行性研究报告。

（刘亭廷）

【服务管理】 2019年，地区工信局加大联系服务企业工作力度，完善服务企业工作机制，印发《阿克苏地区领导联系服务企业责任分解方案》，地区四套班子领导联系43家重点企业和30家小微企业。实施重点企业挂牌保护，分别给43家企业颁发保护牌。落实服务企业管理办法，实施企业“绿色通道”服务，制定“地区企业绿色通道”服务名录，为地区117家企业负责人办理机场VIP贵宾待遇服务、28家企业办理车辆机关通行和快速通行服务。梳理更新地产品名录，将新梳理的石油化工、建材、服装等八类682家企业纳入地产工业品目录，帮助企业扩大地产工业品在地区范围内的销售份额。

（雷攀飞）

【经济运行监测】 2019年，地区工信局坚持每月对工业经济运行情况进行科学调度和分析研究，加强对重点企业和主要工业产品的日常监测和分析研判，把握工业经济运行态势。1~12月，地区规模以上工业增加值229.74亿元，比上年增长12.4%，工业经济保持稳定增长态势。

（胡　鑫）

【重点要素保障】 2019年，地区工信局持续做好重点要素保障工作。

电力保障:1~12月,地区21家规模以上工业发电企业累计发电量130.32亿千瓦时，全社会用电量120.34亿千瓦时,增长12.12%,其中工业用电量76.03亿千瓦时，增长12.78%,占总用电量的63.18%。石油天然气保障:1~12月,两大油田公司在地区境内生产油气当量3 200万吨(原油1 033.95万吨、天然气267亿立方米)，地区石化企业加工原油410万吨，加工天然气6.8亿立方米。煤炭供应保障:1~12月,地区15个煤矿稳定生产,累计生产原煤1 693.13万吨,比上年增长10.40%,销售原煤1 638.45万吨，增长8.38%;其中俄矿由去年的400万吨产能恢复至2019年750万吨,截至12月31日，累计生产原煤740.44万吨,销售量743.65万吨。

（胡 鑫 文 剑）

【清欠账款】 2019年，地区工信局推进清理拖欠民营企业中小企业账款工作。坚决确保完成“年底前清欠账款总额50%以上”硬目标。截至年底,偿拖欠民营企业中小企业账款14.22亿元。

（胡 鑫）

【环保设施建设】 2019年，地区工信局抓好中央环保督察反馈园区环保设施整改工作，提升园区环境承载能力，抓好园区污水集中处理设施建设,全地区10个工业园区有6个工业园区产生的污水依托城镇污水处理厂集中处理(沙雅、阿克苏市、新和、乌什、阿瓦提、柯坪工业园区);3个园区污水处理厂正常运行（阿克苏纺织工业城、拜城、温宿工业园区);库车经济技术开发区污水处理厂现已达到通水试运行条件。抓好3个园区固废集中处理处置设施建设。库车、阿克苏经济技术开发区固废填埋场完成前期手续；温宿产业园区完成固废填埋场前期相关工作。

（阿迪力·亥米提）

石油化工工业

【石油化工概况】 阿克苏地区是塔里木油田油气勘探开发的主战场、西气东输的主气源地、国家油气资源重要接替区和南疆重要的石油石化基地。在地区境内累计探明油气田(含油气构造)28个，石油地质储量23.91亿吨,凝析油储量26 002万吨,天然气储量2.1万亿立方米,占塔里木盆地探明石油储量的87%以上、天然气储量的90%以上。其中中石油塔里木油田分公司境内累计探明石油储量10.4亿吨、凝析油储量25 852万吨、天然气储量2万亿立方米。其中中石化西北油田分公司境内已累计探明石油储量13.51亿吨、凝析油储量150万吨、天然气储量1 030亿立方米。两大油田公司在地区境内生产原油1 033.95万吨、天然气272.34亿立方米,完成全年目标任务112%、117%。全力做好民生用气保供工作，全年签订大民生用气合同量12.56亿立方米,气量充足、保供平稳、杜绝气荒。地区石化企业加工原油410.45万吨,完成全年目标任务360万吨的113%，加工天然气6.8亿立方米，完成全年目标任务6亿立方米的112%。

【油气生产】 2019年,塔里木油田公司、西北油田公司在地区境内生产原油1 033.95万吨（去年975.1万吨)，比上年增长6.04%，天然气272.34亿立方米（去年249.81亿方),比上年增长9.02%。

【油气勘探】 2019年，地区境内新布井384口,其中塔里木油田公司233口、西北油田公司125口、中曼18口、新能6口、油气资源调查中心1口、申能在柯坪南区块1口；地区石油税收收入累计73 0145万元。

【城乡气化建设】 2019年，地区油区服务协调中心对接民生用气保供合同签订事宜，共签订2019年4月至2020年3月民生用气合同量12.56亿立方米，其中天销公司9.26亿立方米、塔指运销2.28亿立方米、中石化1.02亿立方米。4~12月,地区民生实际用气量7.21亿立方米，其中居民1.62亿立方米、非居5.59亿立方米,民生用气保供平稳、气量充足。

【服务协调管理】 2019年，地区油区服务协调中心窗口共受理项目750宗,办理项目563宗(上年356宗),同期增长58.14%,占受理项目750宗的75.06%。地区企业承揽303宗,占53.8%,埠外企业承揽260项,占46.2%。在地区境内油建工程总投资额18.56亿元,地区企业承揽工程额3.42亿元、占总额的18.4%,埠外企业承揽工程额15.14亿元、占总额的81.6%。

（高文祥）

煤炭工业

【煤炭工业概况】 2019年，地区煤炭预测储量358.7亿吨、规划备案煤炭地质储量82.86亿吨、已查明储量55.32亿吨，至2019年12月31日，地区有国家、自治区发展改革委批复煤炭矿区5个，根据地区煤炭“十三五”总体规划，全地区共分为3个产煤县5个矿区，分别为俄霍布拉克矿区、库车阿艾矿区、拜城矿区、苏拉合马矿区和温宿博孜墩矿区，有煤矿企业21家，共38处煤矿，其中井工煤矿36处，露天煤矿2处，全地区形成以动力煤、焦煤和民用燃料全面开发的生产格局，是南疆五地州及兵团、边防、驻村工作队、扶贫煤炭供应和煤电煤化工生产重点保障供应基地。

【机构改革】 2019年1月，根据自治区党委、自治区人民政府批准的《阿克苏地区机构改革方案》(新党厅字〔2019〕11号)和地委办公室、行署办公室印发的《关于〈阿克苏地区机构改革方案〉的实施意见》(阿地党办发〔2019〕2号)，原阿克苏地区煤炭工业管理局的煤矿行业和安全生产监督管理职责划入地区工业和信息化局，对应编制及人员划入7人(3名为办公室人员，2名工勤人员，2名监管人员)，并成立煤炭管理科，划入5个编制岗位，2019年4月，通过公务员招录形式补充1人，实有人数为3人。

【煤矿产能】 2019年，地区有各类煤矿企业21家，矿井38处，合计总规模3 039万吨/年。其中正常生产矿井15处(其中拜城县7处、库车市8处)，合计生产规模1 728万吨/年。建设矿井15处(拜城县9处，产能585万吨/年；库车市3处，产能420万吨/年；温宿县3处，产能135万吨/年.)，合计规模1140万吨/年；其他煤矿8处(库车市2处、拜城县6处，包括长期停产停建矿井、2020年底以前淘汰关闭的30万吨/年以下小煤矿和未纳入自治区“十三五”规划的煤矿)合计规模186万吨/年。

2019年退出煤炭产能矿井1处，退出产能15万吨/年(拜城县峰峰煤焦化公司托克逊煤矿)。

【安全监管】 2019年，地区工业和信息化局组成联合检查组对辖区正常生产煤矿和长期停产(停建)煤矿开展形式多样安全执法检查，检查矿次228矿次，下发行政执法文书23份，查出各类隐患及问题2 711条，已整改2 695条，整改率为99.4%，累计行政处罚437.7万元，关停生产工作面12处，截至年底，辖区煤矿企业未发生生产安全事故。

【重大项目建设】 2019年，地区工信局重点加强库车市夏阔坦矿业开发有限责任公司榆树田煤矿和库车市榆树岭煤矿有限责任公司榆树岭煤矿建设达标建设，其中库车市夏阔坦矿业开发有限责任公司榆树田煤矿建设项目设计总投资52 039.2万元，累计完成投资5.2亿元，2019年3月下旬通过复工复产验收正式投入生产，生产系统、安全设施建设齐全，2019年12月19日正式通过国家煤矿安监局安全生产标准化验收，达到一级安全生产标准化标准，并正式生产；库车市榆树岭煤矿有限责任公司榆树岭煤矿120万吨/年改扩建项目，原设计总投资为60 871.14万元，2018年12月底累计完成投资52 871万元，2019年底累计完成投资83 209万元(含24 277万元建设期利息)。截至年底，矿建一期工程、二期工程全部完工，三期工程剩余2 200米。

【煤矿质量标准化】 2019年，地区工信局先后2次对辖区15处正常生产煤矿开展煤矿安全生产标准化达标创建检查工作，地区有国家一级安全生产标准化煤矿4处，分别是徐矿(集团)天山矿业有限责任公司俄霍布拉克煤矿、新疆龟兹矿业有限公司东井、新疆龟兹矿业有限公司西井和库车市夏阔坦矿业开发有限责任公司榆树田煤矿；二级安全生产标准化煤矿5处，分别是新疆凯领阿尔格敏矿业有限公司、拜城县铁热克煤业有限责任公司东兴泰煤矿、拜城县峰峰煤焦化有限公司弘扬煤矿、拜城县众维煤业有限公司众维煤矿、库车市墩阔坦镇煤矿；三级煤矿安全生产标准化煤矿5处，分别是拜城县新兴矿业开发有限责任公司苏拉合马煤矿、库车市科兴煤炭实业有限责任公司榆树泉煤矿、库车市永新矿业有限责任公司、库车市伟晔矿业有限责任公司克孜库坦煤矿、新疆拜城音西铁热克煤业有限公司；未定等级煤矿1处：新疆一成投资有限公司一成煤矿。

【煤矿企业管理】

徐州矿务(集团)新疆天山矿业有限责任公司 徐州矿务(集团)新

疆天山矿业有限责任公司是徐矿集团于2001年在新疆独资组建的全资子公司,下属俄霍布拉克煤矿(简称俄矿)位于库车市阿格乡阿格村境内,距库车市城北100千米,与217国道相邻。2002年9月开工建设,井田走向长8.63千米,面积33.05平方千米,可采经济储量5.02亿吨,是南疆最大的整装煤田。2019年2月新疆自治区发改委下发俄矿750万吨产能核定批复文件,成为新疆自治区最大的生产井工矿井。

新疆龟兹矿业有限公司 新疆龟兹矿业有限公司位于库车市,距离市区110千米。2008年6月由永煤集团以收购股权的方式正式接管,下辖东、西两对矿井,2008年龟兹矿业从东、西井3万吨/年,至2010年完成9万吨/年技改,直到2012年东、西井先后通过自治区63万吨/年、90万吨/年生产能力核定。2016年为河南能源新疆公司下属子公司。

(文 剑)

电力工业

【电网运行】 2019年,国网阿克苏供电公司拥有750千伏变电站2座,变压器2台,变电容量3 000兆伏安。220千伏变电站10座,变压器19台,变电容量3 360兆伏安。变电站220千伏输电线路39条,长度2 317千米。110千伏变电站53座,变压器90台,变电容量3 975.5兆伏安;110千伏线路103条,线路总长度2 633.64千米;35千伏变电站84座,变压器138台,变电容量1 040.6兆伏安,35千伏线路139条,线路总长度2 585千米。10千伏变压器7 572台,变电容量1 085兆伏安,10千伏线路511条,长度12 095千米。阿克苏公司共有营业厅77个,分布在各县(市)和所有乡(镇)。

【电网建设】 2019年,国网阿克苏供电公司完成电网投资11.5亿元,完成年度计划的100%。2019年12月8日,阿瓦提县乌鲁却勒110千伏输变电工程成功投运,标志着地区15个"三区两州"(西藏自治区,青海、四川、甘肃三省藏区,南疆和田地区、阿克苏地区、喀什地区、克孜勒苏柯尔克孜自治州四地区;四川凉山州,甘肃临夏州)电网项目全部如期投运,改善了深度贫困地区生产生活条件,为打赢脱贫攻坚战提供电力供应保障。220千伏库车化工园等4项输变电工程取得项目核准批复文件,110千伏丝绸变电站工程荣获国网输变电优质工程银奖,创全疆之首。

【经营管理】 2019年,国网阿克苏供电公司完成售电量110.49亿千瓦时,比上年增长15.1%,全疆排名第三位,首次突破百亿售电量大关。完成综合线损率6.03%,比上年下降2.93%。警企联合开展反窃电专项行动,全年查处窃电及违约用电781起。指导客户实施电能替代或节能改造,完成电能替代电量3.46亿千瓦时,拉动地区电量增长2.96个百分点。与12家接收单位完成"两供一业"(两供一业:供水、供热(供气)和物业管理)分离移交协议签订。落实地区政府降价政策,全年累计为用户让利12.22亿元,受益用户79.86万户。

【市场营销】 2019年,国网阿克苏供电公司主动跟踪对接落实用电项目需求,顺利完成地区重点项目华孚30万锭纺纱、联发纺织50万锭纺纱、职业技术学院整体搬迁、新疆红旗坡云农贸物流产业园等项目送电投运。优化改善电力营商环境,做好"三零""三省"(零上门、零审批、零投资;省力、省时、省钱)服务;利用小微企业专项资金,投资401.17万元解决14户小微企业用电问题。开展一师电价测算工作,引导兵团一师范围内27家大用户参与双边交易试点。梳理中石油、中石化电网网架结构,摸清经营区外电力市场,及时跟进电网投资建设。

【用电保障】 2019年,国网阿克苏供电公司完成2018年行署第九次常务会议通报的90项高危及重要用户涉电隐患整改。落实重点化工企业、重要用户用电安全检查,并就隐患下发整改通知书督促落实整改。积极做好暴风、沙尘暴、地震等自然灾害天气预警管控,及时有效应对3月19日至20日期间和8月15日大风沙尘天气,有效保证电网安全平稳运行。

【供电服务】 2019年,国网阿克苏供电公司做好地区重大项目供电服务,认真梳理地区30个、各县(市)176个重点建设项目。加大农配网改造力度,全年完成10千伏新建及改造线路1 088.6千米、400伏线路955.8千米、安装配电变压器850台,缓解电力供应中存在的供电问题。开辟用电企业业扩报装接电“绿色通道”,全年完成新装、增容 6.41 万户,容量 130.96 万千伏安,比上年增加 45.6%。稳妥推广电费远程充值业务,累计完成 2.34 万户,足不出户电费缴纳。完成 2 个深度贫困县、8 个深度贫困乡(镇)、59 个深度贫困村电网提升改造任务,精准建立 275 户未通生活用电贫困户实名制清单,确保贫困户 100%通电生活用电。完成低压客户报装“零投资”2.91 万户。

(李学坤)

纺织工业

【纺织工业概况】 2019 年,阿克苏纺织工业城(开发区)全年新增入园企业 73 家,累计达 544 家,其中纺织服装企业 101 家;全年实现工业总产值 1 00.5 亿元,比上年增长 9.71%;工业增加值 26.28 亿元,比上年增长 15.3%,其中纺织服装产业增加值 12.91 亿元,比上年增长 4.4%;完成固定资产投资 58.18 亿元,比上年增长 16.77%;新增纺纱 103 万锭。实现纱线产量 20 万吨,比上年增长 3.19%,坯布 8 000 万米,比上年增长 60.73%,家纺服装 750 万件(套),比上年增长 24.17%,印染 1.34 万吨;纺织服装产业总产值比上年增长 4.44%,增加值 12.91 亿元,增长 4.4%。

【重大项目建设】 2019 年,阿克苏纺织工业城(开发区)重大项目建设。实行“领导包联企业”和在建项目“日督周研月评”工作机制,年初制定《重点项目倒排工期表》,明确节点任务,挂图作战;有效推进了新爵 1.5 万头、华孚 15 万锭、联发 7.5 万锭纺纱 300 台织机等项目建成投产;推动宏海纺织 40 万锭气流纺 3 000 台织机项目 10 月签约。

【第一笼大红色筒子纱】 2019 年 1 月 1 日,阿克苏纺织工业城(开发区)第一笼大红色筒子纱在阿克苏标信纤维有限公司出笼,筒子纱染色填补了地区成品纱染色空白,促进了纺织全产业链发展,对地区逐步形成纺织服装产业集聚区具有重要的示范和带动作用。

阿克苏纺织工业城(开发区)纺织服装产业新增就业情况表

企业名称	2019 年新增就业人数	企业名称	2019 年新增就业人数
阿克苏华孚色纺有限公司	2275	阿克苏一帆纺织有限公司	98
阿克苏联发纺织有限公司	754	阿克苏疆渝纺织有限公司	427
阿克苏雅戈尔纺织有限公司	276	阿克苏德润鑫纺织有限公司	39
新疆凯家纺织有限公司	163	新疆锦丽源服装有限公司	453
阿克苏天竹纺织有限公司	180	阿克苏阿乐兴业针织有限公司	301
阿克苏胜达纺织有限公司	105	新疆依翎针织有限公司	221
阿克苏心孜造纺织有限公司	146	阿克苏巨鹰服装有限责任公司	228
阿克苏新爵纺织有限责任公司	232	阿克苏俊佳针纺有限公司	22
阿克苏弘康棉业有限公司	104	新疆科宁针纺科技有限公司	632
阿克苏明和纺织有限公司	90	新疆楚和服饰有限公司	336
新疆康瑞欣纺织有限公司	29	阿克苏佳棉纺织纤维有限公司	9
阿克苏鸿宣针织有限公司	403	阿克苏倍福来纺织有限公司	25
新疆佳绣纺织有限公司	71	新疆新格雅纺织品有限公司	115
阿克苏锦华城纺织有限公司	217	阿克苏标信纤维有限公司	197
合计	8148		

阿克苏纺织工业城（开发区）纺织服装产业固定资产投资情况表

项目名称	总投资	建设规模及内容	截至2018年底完成投资	2019年计划投资		1-12月份	
				投资额	形象进度	投资额	形象进度
纺织服装类项目（38个）	1609678		650224	477309		478529	
续建项目（26个）	1326531		618755	384678		386298	
阿克苏华孚色纺有限公司73万锭色纺织项目	346692	建设北区3号、4号、5号、6号、7号车间共计37万锭；南区9号、10号车间，共计30万锭；以及另安装6万锭纺纱	264850	46692	57万锭纺纱建成投产	46692	15万锭纺纱已试生产，剩余22万锭暂缓实施
阿克苏欧琪诗服饰有限公司20万锭纺纱、1000台织机及1000万件套服装项目	90000	建设20万锭纺纱生产线、1000台织机、年产1000万套服装及配套设施	37905	29800	一期剩余8万锭纺纱设备调试生产，二期10万锭纺纱设备到位安装	30800	18台气流纺设备已到厂安装，50台经编布设备到厂安装
阿克苏兰之梦纺织科技有限公司20万锭纺纱、1000套服装及1000台织机项目	80000	建设20万锭纺纱、1000台织机、1000套服装生产线及配套设施	38450	23500	一期剩余5万锭纺纱设备调试生产，二期10万锭纺纱设备到位安装	23500	14台气流纺设备已到厂安装
阿克苏新爵纺织有限公司一期30万锭纺纱项目	36816	建设30万锭纺纱生产线及配套设施	25600	11216	剩余15万锭纺纱设备到位安装	11216	24台气流纺机安装调试
阿克苏乔自白纺织有限公司25万锭纺纱项目	60000	建设25万锭纺纱生产线及配套设施	24000	20000	厂房建成，一期10万锭纺纱设备安装到位	20000	前纺16台梳棉机、4台气流纺机到厂安装
新疆凯家纺织有限公司二期20万锭纺纱项目	40000	建设20万锭纺纱生产线及配套设施	13200	19000	厂房建成，15万锭纺纱设备到位安装	19000	厂房外墙及辅房施工
阿克苏佳凯安纺织有限公司一期20万锭纺纱、1000台喷气织机、60万件套家纺项目	49000	建设一期20万锭纺纱、1000台喷气织机、60万件套家纺及配套设施	5100	16500	厂房建成，5万锭纺纱设备到位安装	16700	1栋厂房建成，1栋厂房钢结构完成
阿克苏锦华城纺织有限公司二期15万锭纺纱项目	40501	建设15万锭纺纱生产线及配套设施	5000	8000	厂房主体	8000	正在厂房主体施工
新疆新棉纺织有限公司30万锭纺纱项目	70284	建设30万锭纺纱及配套设施	1000	35550	一期厂房建成，15万锭纺纱设备到位安装	35550	2栋厂房钢结构已完成，准备外墙施工
阿克苏弘康棉业有限公司二期5万锭棉纺项目	14000	建设5万锭纺纱生产线及配套设施	4500	5000	厂房建成，5万锭纺纱设备到位安装	5000	厂房主体施工

续表

项目名称	总投资	建设规模及内容	截至2018年底完成投资	2019年计划投资		1–12月份	
				投资额	形象进度	投资额	形象进度
新疆锦纬纺织有限公司1032台喷气织机生产线项目	60000	建设1032台喷气织机及配套设施	11200	29000	一期厂房建成，部分设备安装到位	29000	厂房已完成,设备已订购起运
阿克苏同茂纺织有限公司2000万米提花布(民族地毯)、3000万米棉布项目	38000	建设2000万米提花布(民族地毯)、3000万米棉布生产线及配套设施	4500	18000	厂房建成,300台织机设备安装到位	18150	2栋厂房钢结构已完成,正在封顶及厂房外墙施工
阿克苏一帆纺织有限公司508台喷气织机项目	30000	建设508台喷气织机及配套设施	20200	9800	308台喷气织机设备安装到位	9800	厂房已完成,设备安装调试
新疆愉锦纺织科技有限公司520台喷气织机生产线项目	30000	建设520台喷气织机及配套设施	29300	700	200台喷气织机设备安装到位	700	设备安装投产
阿克苏玖地纺织品有限公司年产12000万米坯布建设项目	32070	建设600台喷气织机及配套设施	12400	12000	300台喷气织机设备安装到位	12000	1栋厂房已建成,配套宿舍完工,设备已订购起运,1栋厂房高内钢结构完成
新疆源禾凌彩纺织科技有限公司210台针织大圆机生产线项目	12000	建设210台大圆机生产线及配套设施	4550	7450	项目建成，部分设备安装到位	7450	已安装70余台圆机,剩余设备订购起运
阿克苏鸿宜针织有限公司一期年产750万件针织服装项目	40000	建设2750万件针织服装及配套设施	20400	17200	一期项目建成，设备安装到位	17470	2栋厂房已投产,2栋厂房附属施工,2栋厂房钢结构完成
新疆依翎针织有限公司年产各类针织服装960万件(套)项目	48933	建设960万件针织服装生产线及配套设施	15900	15000	自建厂房1栋投产，设备安装到位	15000	2栋厂房建成,9条吊挂生产线陆续安装投产
新疆锦坤融纺织有限公司年产5万吨喷胶棉和700万件(套)服装项目	35035	建设喷胶棉、纺丝棉、填充棉5万吨，年加工服装700万件	5300	12000	一期项目建成，部分设备安装到位	12000	1栋厂房建成,设备安装
阿克苏苏纺纺织科技有限公司年加工1000万件针织服装项目	15000	建设1000万件针织服装生产线及配套设施	8500	6500	一期项目建成，部分设备安装到位	6500	1栋厂房已建成,1栋厂房正在封顶,设备已订购起运
阿克苏迪派服饰有限公司年加工800万件针织服装项目	10000	建设800万件针织服装生产线及配套设施	9300	700	项目建成，设备安装到位	700	厂房厂房建成已投产
新疆锦丽源服装有限公司二期800万件套部队服装建设项目	20000	建设800万件套部队服装生产线及配套设施	14700	5300	项目建成，设备调试生产	5300	厂房建成设备已安装

续表

项目名称	总投资	建设规模及内容	截至2018年底完成投资	2019年计划投资		1–12月份	
				投资额	形象进度	投资额	形象进度
新疆楚和服饰有限公司年生产600万件服装建设项目	10000	建设600万件服装生产线及配套设施	8100	1770	一期项目建成，设备安装到位	1770	1栋厂房投产,1栋厂房封顶设备订购
新疆苏旺服装有限公司年产800万件服装项目	18000	建设800万件服装生产线及配套设施	8800	7000	一期项目建成，设备安装到位	7000	1栋厂房投产,1栋厂房主体完成,待封顶
阿克苏新艺地毯有限公司300万平方米地毯项目	40000	建设300万平方米织机地毯及配套设施	19400	12000	2栋厂房建成,部分生产线调试投产	12000	2栋厂房建成正在安装设备,4栋厂房钢结构完成
阿克苏瑞泓纺织科技有限公司年产660万平方米织机地毯项目	60200	建设660万平方米地毯生产线及配套设施	6600	15000	2栋厂房建成,部分设备到位安装	15000	4栋厂房钢结构
新建项目(8个)	232647			76600		76200	
阿克苏联发纺织有限公司16万锭紧密纺,400台喷气织机项目	62547	建设16万锭紧密纺,400台喷气织机生产线		46000	建成11.5万锭紧密纺及200台织机生产线	46000	5万锭纺纱、200台织机已投产,正在安装新增2.5万锭纺纱和100台织机
阿克苏标信纤维有限公司1万吨散纤维染色、1万吨筒子纱染色项目	24800	建设1万吨散纤维染色、1万吨筒子纱染色生产线、污水预处理系统及配套设施		16800	项目全部建成	16800	正在设备安装调试
新疆川泰纺织有限公司700台喷气织机及300台大圆机项目	35000	建设700台喷气织机及300台大圆机生产线及配套设施		5000	厂房建成	5000	正在厂房主体施工
新疆贤鹏纺织科有限公司毛毯、毛呢面料、涤纶纺丝生产项目	70000	年产3.6万吨毛毯、1200万米毛呢面料、5万吨涤纶纺丝及配套流水生产线及配套设施		1000	场地平整，厂房基础完工	600	正在场地平整
新疆疆之爱卫生用品有限公司年生产1.6亿片卫生用品项目	12000	年产8000万片卫生巾和8000尿不湿		3200	部分设备安装到位	3200	设备已安装
阿乐兴业3000万件针织服装、1000万件泳衣项目(新丝路)	25000	3000万件针织服装、1000万件泳衣		1300	部分设备安装到位	1300	正在安装设备
新疆振源鑫针织有限公司年产3000万双高档袜生产线项目	2500	建设年产3000万双织袜生产线及配套设施		2500	项目建成投产	2500	正在安装织袜设备

续表

项目名称	总投资	建设规模及内容	截至 2018 年底完成投资	2019 年计划投资		1-12 月份	
				投资额	形象进度	投资额	形象进度
阿克苏福月纺织有限公司劳保手套生产线建设项目	800	建设年产 660 万双劳保手套生产线及配套设施		800	项目建成投产	800	正在安装针织设备
其他纺织服装类项目(4 个)	50500		31469	16031		16031	
阿克苏纺织工业城(开发区)浙江织造产业园(二期)标准厂房建设项目	7000	建设标准厂房面积 35146.9 平方米;	6300	700	项目完工使用	700	项目完工
阿克苏纺织工业城针织服装产业园标准厂房建设项目	16500	建设 10 万平方米针织服装标准厂房	15500	1000	项目完工使用	1000	项目完工
阿克苏纺织工业城地毯织造园标准厂房建设项目	20000	建设标准厂房面积约 99000 平方米;综合办公楼、宿舍 2 栋等配套设施;配套道路及地面硬化等附属工程。	7800	9200	部分地毯标准厂房建成	9200	正在吊装钢结构,厂房主体施工
阿克苏纺织工业城(开发区)服装标准厂房建设项目(二)	7000	建设服装标准厂房总建筑面积 7 万平方米及配套设施。	1869	5131	项目完工	5131	项目完工

【第三次项目开复工】 2019 年 5 月,阿克苏纺织工业城(开发区)举行阿克苏五丰机械有限公司粉垄深松深耕机产业化项目暨纺织工业城 2019 年第三次固定资产投资项目集中开工奠基仪式。纺织工业城第三次固定资产投资集中开(复)工 14 个项目,涵盖纺纱、织布、服装、机械制造产业及基础设施等多个领域,项目总投资 39.6 亿元。

(迪丽阿热·艾尼)

工业园区建设

【工业园区概况】 2019 年,地区有工业园区 10 个,其中国家级 1 个,为库车经济技术开发区(正县级);自治区级 5 个,分别为阿克苏纺织工业城(开发区)(正县级)、阿克苏经济技术开发区、拜城产业园区、沙雅县循环经济工业园区、温宿产业园区(副县级);地区级 4 个,分别为新和县工业园区、阿瓦提县工业园区、乌什县工业园区、柯坪县光伏产业园区(正科级)。以石油、天然气精细化工产业为主导的库车经济技术开发区,以纺织服装产业为主导的阿克苏纺织工业城,以煤盐化工产业为主导的拜城产业园区、以天然气化工产业为主导的沙雅县循环经济工业园区、以新型建材、商贸物流、新兴产业为主导的阿克苏经济技术开发区、以新型建材为主导的温宿产业园区,新和县、阿瓦提县、乌什县、柯坪县 4 个地区级工业园区按照“突出特色、各有重点”的原则,与重点园区形成了错位发展、互为补充支撑的产业发展布局。

【库车经济技术开发区】 库车经济技术开发区是“国家级石油天然气化工高新技术产业化基地”“国家新型工业化产业示范基地”,是自治区两化融合试验区之一,总体规划面积 47.97 平方千米。全年实现工业总产值 240 亿元,比上年增长 6.5%;实现工业增加值96 亿元,比上年增长 9.9%;完成固定资产投资 25 亿元,争取上级资金 6.6 亿元。新增入园企业 10 家,培育“小升规”企业 2 家,累计入园企业 192 家。

2019 年,库车经开区做好政策、要素保障和经济运行监测服务,加大对重点领域和项目的支持,推进工业经济健康发展。协助果然好水果酵母开发及产业化科技、心连心复合肥项目进入“科技新阿”项目库；新疆协益纺织科技有限公司成功被认定为“高新技术企业”，实现开发区高新技术企业零突破。新疆天河化工有限公司被认定为首批次国家级精特新“小巨人”企业，库车中科特种油脂有限责任公司申报为“小企业基地”。

2019年，库车经开区果然好生物科技酵素及早餐粉项目、鼎力达纺织1号车间、协益纺织2号车间及织布车间、阏阑雅200万套家纺、心连心复合肥扩建等项目建成投产；鼎立达、丝路金通等项目试生产；敦华气体节能一体化项目实现单体试车；塔河炼化公司引入顺北原油适应性改造项目（100万吨乙烯）各项前期准备工作正在积极推进。加快推进中央预算内项目和专项债项目建设，污水处理厂、林果业扶贫厂房等项目如期建成。

2019年，累计招商引资签约项目53个，主要涉及能源化工、装备制造、新型建材、战略新兴等产业，签约金额达104.4亿元。开展小分队外出招商7次，借助“丝博会”“浙洽会”等展会平台宣传推介库车及开发区，考察重点项目80多个，对接有意向企业400多家。

2019年，库车经开区建成六横六纵道路12条，通达里程79千米，安装路灯2 500盏，总绿化面积约10平方千米，供排水管网68千米，110千伏变电站2座，10千伏线路21条，总长度294.4千米。完成北环路等8千米供水贯通工程，幸福路、经一路小游园秋季13.33公顷绿化工程开工建设。开发区安置房、公租房及附属设施按计划如期施工；工业污水处理厂于10月底完成竣工验收，固废填埋厂项目已开工建设，环境空气质量监测站正在安装设备。

【阿克苏经济技术开发区】 2005年阿克苏工业园区成立，2009年经自治区人民政府批准升格为自治区级工业园区，2011年5月经自治区人民政府批准更名为阿克苏经济技术开发区，规划面积为70平方千米。2019年注册成立阿克苏众志市政工程建设公司。截至2019年底，开发区基础设施建设累计完成投资约72.55亿元，一期30平方千米的给水、排水、电路通信等“七通一平”建成。建成铁路专用线2条及220千伏、110千伏、35千伏变电站各1座；一期3G通讯网络工程20千米建成并投入使用；建成道路九纵十一横145千米；铺设生活饮用水供水管网35千米；铺设排水管网55千米；铺设供暖管网28千米；铺设天然气管网20.4千米；绿化供水管网22千米，绿化面积328公顷。西园区建成污水提升泵站1座，企业产生的污水排入阿克苏水务集团已建成的污水处理厂；南园区建成污水提升泵站1座、铺设管网11千米，南园企业污水排入纺织工业城污水处理厂。

截至2019年底，阿克苏经济开发区入园企业达193家，其中投产企业131家。2019年实现工业总产值28亿元；实现工业增加值10.5亿元；完成固定资产投资20.01亿元，比上年增长22.38%；新签约项目60个，签约金额达71.71亿元，完成招商引资到位资金29.67亿元。

【阿克苏纺织工业城（开发区）】 阿克苏纺织工业城（开发区）2010年10月经自治区人民政府正式批准成立，为自治区级开发区，规划区域面积54.58平方千米。2019年，阿克苏纺织工业城(开发区)实现新增纺纱103万锭和多元化发展“零”突破。全年新增入园企业73家，累计达544家，其中纺织服装企业101家；全年实现工业总产值100.5亿元，比上年增长9.71%；工业增加值26.28亿元，比上年增长15.3%，其中纺织服装产业增加值12.91亿元，比上年增长4.4%；完成固定资产投资58.18亿元，比上年增长16.77%。

【温宿产业园区】 温宿产业园区始建于2006年，2011年升级为自治区级园区，园区总控制面积107平方千米，已规划开发面积35平方千米(含方向发展区)。重点发展以盐、煤、油、气为原料的精细化工产业，配套发展新型建材业、新兴产业、仓储物流等产业。园区共落户企业64家，其中投产有产值企业25家(新投产企业2家)，在建项目15个，拟建项目9个。2019年，温宿产业园区实现工业总产值9.4亿元，工业增加值3.95亿元，累计销售收入8.85亿元；完成全社会固定资产投资10.53亿元，招商引资到位10.1亿元，完成税收2 300万元。

【拜城产业园区】 拜城产业园区是自治区煤电、煤化工、盐化工、天然气化工、钢铁冶炼、农副产品精深加工基地之一，阿克苏地区四大园区之一。拜城产业园区于2005

年规划兴建,于2009年1月17日经自治区人民政府批准成立;拜城产业园区采用“一园三区”规划模式,北区重点发展钢铁冶炼及相关配套煤化工等产业项目,打造南疆钢铁产业配套基地;新区依托县域天然气资源、煤炭资源,重点发展煤盐化工、天然气化工及下游建材产业发展,布局天然气/煤联合产业链、煤电盐产业链及相关配套下游建材产业链;西区重点以农产品及冷链物流、商贸及城市配送物流、工业物流为发展方向。2019年,拜城产业园区“一区三园”(钢铁工业园、农产园、化工园)入园企业总数37家,完成工业总产值42.55亿元,工业增加值完成8.8亿元,完成固定资产投资12.64亿元。

【阿瓦提县工业园区】 阿瓦提县工业园区按照“五园一区”(阿瓦提县拜什艾日克镇棉纺织造产业园、穆萨莱斯产业园、光伏产业园区、幸福创业园区、商贸物流园)进行规划布置。2019年,工业园区共有企业98家,“五园一区”工业总产值累计完成5.88亿元,比上年增长10.1%;工业增加值累计完成1.97亿元,比上年增长14.5%;园区总投资累计完成4.96亿元,比上年增长50.7%;基础设施投资累计完成1.14亿元,比上年增长142.9%;企业项目投资累计完成3.82亿元,比上年增长20.9%。

【沙雅县循环经济工业园区】 沙雅县循环经济工业园区2010年8月批准为全疆首家自治区级循环经济工业园区,为自治区工业领域第四批循环经济试点园区。园区规划用地面积14.5平方千米,建成区域7.3平方千米。园区内基础设施配套逐步完善,先后建成“四纵七横”11条道路,道路总长32千米,供排水主管线和支管线26千米,铺设完成天然气主管线三条230千米,供气规模为24亿立方米/年。建成日处理4万方污水处理厂1座;日处理100吨垃圾处理厂1座,220千米变电站1座,110千伏变电站2座。园区有各类企业48家。2019年,实现工业总产值35.94亿元,工业增加值8.34亿元。园区完成固定资产投资12.4亿元,其中基础设施投资1.49亿元、企业投资10.9亿元。

【新和县工业园区】 2004年3月新和县工业园区获批建设。2009年6月升格为地区级工业园区。新和县工业园区按照“一区两园、分园建设”规划建设,规划建设面积9.98平方千米。园区总体规划分为新材料产业园和纺织服装园,其中新材料产业园规划面积8.13平方千米,纺织服装规划建设面积1.85平方千米。新和县工业园区规模以上企业实施的项目有汉能集团20MWP光伏电站、竭智达15万吨/年煤焦油深加工、丰源12万锭纺织项目、健鹰8万锭纺织项目、都派500万套服装生产等项目,形成以纺织服装、油气化工、新能源等三大产业为主导,其他产业为辅的工业产业体系。2019年建成纺纱规模达到35万锭,服装规模700万套。

【乌什县工业园区】 乌什县工业园区于2007年规划建设,2010年12月升格为地区级园区。乌什县工业园区总规划建设面积9.5平方千米。形成“一园两区”的发展模式,共入驻企业18家,规模以上企业6家。2019年,园区完成总投资145亿元,投资建设289个项目。其中产业项目227个,完成投资112亿元;从行业分类完成情况看,能源化工业投资52个项目,完成投资21.53亿元;纺织服装产业投资58个项目,完成投资62.37亿元;农副产品加工业投资11个项目,完成投资5.47亿元;建材冶金业投资40个项目,完成投资8.5亿元;新兴产业投资66个项目,完成投资14.89亿元。

【柯坪县光伏产业园区】 柯坪县农副产品加工工业园区于2011年3月份经阿克苏地区园区管委会批准成立,园区按照“一园两区”(柯坪(启浪)光伏产业园区和柯坪(阿恰)农副产品加工园区)的模式进行规划,规划面积5平方千米。2016年5月19日通过地区行署批准,正式更名为柯坪县光伏产业园区,规划占地面积40平方千米。园区有企业12家,其中石油化工产业1家、光伏发电7家、农副产品加工2家、棉花加工企业2家。规模以上企业4家。2019年完成工业总产值2.9亿元,实现工业增加值1.72亿元,完成固定资产投资1.61亿元。

(阿迪力·亥米提)

道路运输

【概况】 2019年，阿克苏地区交通运输局(以下简称地区交通运输局)紧抓交通建设不放松、强化行业服务不动摇、严守交通安全不懈怠,全力攻坚交通出行便利化,扎实推进“四好农村路”(建好、管好、护好、运营好农村公路)建设,积极构建更加安全、便捷、高效的“大交通”格局,把“六型”政府建设贯穿于交通运输工作始终,各项工作稳步推进。

【机构改革】 2019年,根据《阿克苏地区交通运输局职能配置、内设机构和人员编制规定》(阿地党办发〔2019〕67号)地区交通运输局内设机构:办公室、综合规划科、运输管理科（交通战备办公室）、建设管理科、安全监督科,机关行政编制11名,事业编制10名,机关工勤事业编制3名。将地区农村公路管理办公室承担的行政职能划入地区交通运输局，同时划入从事此项工作的人员6名。根据《关于地区纪委监委驻(派出)纪检监察机构设置及划转编制等事宜的通知》(阿地编委发〔2019〕7号)要求划转行政编制1名,调整后机关行政编制10名，事业编制11名,机关工勤事业编制3名。事业单位编制无变化。

【国道、省道建设】 2019年,地区交通基础设施建设投资完成21.3亿元，其中公路建设完成20.6亿元，客运站点建设完成5 058万元，小修养护项目完成投资1 632万元。国省干线项目前期工作进展顺利,国道314阿克苏过境段公路(南外环）建设项目纳入交通运输部“十三五”中期调整规划类正选项目,总投资21.98亿元,已开工建设。国道579库车—拜城—玉儿滚(二期)、国道580线阿克苏—阿瓦提项目纳入交通运输部“十三五”中期调整研究类正选项目，国道579项目环评、社稳、用地预审和项目选址完成,可行性研究报告通过行业审查;国道580线已完成可行性研究报告编制。开展国道314二八台—新和、省道508西立交—新和、省道308柯坪—阿恰勒、省道338尉犁—轮南—沙雅、省道253神木园(英沿)—温宿县、省道208线阿瓦提—丰收三场、省道211新和—沙雅等项目的国土空间规划工作。国道219线阿温同城(北外环)公路项目及乌什县亚曼苏乡—别迭里边防公路建成通车。以“四好农村路”为抓手,续建、新改建农村公路903千米，危桥改造工程98延米，生命防护工程1 127千米,全部完工通车。地县两级筹措各类资金11.2亿元，全面完成年初确定恢复1 623千米农村公路“半拉子”工程任务。推进客运站场建设项目，争取资金7258万元将库车市一级客运站、拜城县二级客运站及沙雅县哈德墩镇客运站列入2019年建设计划并开工建设;阿瓦提县二级客运站、阿克苏市拜什吐格曼乡、托普鲁克乡客运站、温宿县佳木镇客运站施工进展顺利;16个续建乡(镇)客运站全部完工,8个投入运营。

【富民工程】 2019年,地区交通运输局力促交通脱贫，坚持资金、项目向贫困地区倾斜,全面完成地区77个贫困村322千米农村公路建设任务；地区77个拟退出贫困村班车全部通车,地区范围内具备条件的建制村100%通硬化路、100%

通客车目标实现，提前一年完成交通脱贫攻坚托底性任务。开通“公铁联运”“地空联运”服务模式，开通阿瓦提县、乌什县、拜城县、阿拉尔市四条客运班线直达阿克苏机场的空地联运接驳服务，公路、民航间旅客运输方式实现“零换乘”；开通阿克苏铁路、公路、机场三大客运枢纽之间的公交专线。规范公交和出租汽车行业管理，开展集中整治出租汽车领域非法营运和行业乱象治理；加大公交运力投放，新增新能源公交车 110 辆，新增出租汽车 240 辆，延长公交首、末班次时间，缓解乘车难、候车时间长等问题。

【交通+旅游】 2019 年，地区交通运输局构建交旅融合发展新格局，促进“交通+旅游”融合发展，加强旅游客运服务保障能力建设，构建方便快捷的道路客运集疏运网络，依托城市公交、城乡客运开通连接周边景区的旅游班线，利用营运车辆推出“旅游包车”“游客合乘”等个性化旅游运输服务；搭建交旅企业合作平台，推进阿温路客运站与旅游集散中心一体化建设；针对旅游旺季开展旅游运输专项治理，维护旅游运输市场秩序；提升道路通行效率，协调推进解决“旅长游短”、交通限速等制约问题；投入 3 800 万元实施独库公路“交通+旅游”服务品质提升工程，完善停车区、观景台、景区标志牌、旅游厕所等设施建设，打造“最美旅游公路”；加快旅游道路建设，筹集资金 2.87 亿元建设旅游公路 280.3 千米，助推旅游产业发展。

【公路养护管理】 2019 年，地区交通运输局抓好公路养护，投入 1 632.24 万元，采取季节养护与专业养护相结合，提升农村公路养护水平。实施农村公路“路长制”管理机制，覆盖县、乡、村的路长管理体系初步建立，探索农村道路交通安全管理与社会综合治理网格化管理有效衔接工作模式，将县、乡、村、组四级农村道路交通安全预防纳入网络化管理中。畅通交通出行，清理农村公路不规范、测速值不准确标识标牌 194 处，清理国省干线规格形式、设计速度不符合规范标识标牌 27 处，联合公安部门复核 379 处测速设备，关停不安全、不规范、不合理测速取证设备 288 处，清理农村公路减速带6 000 多处。

2019 年 10 月 16 日，地区组织召开“交通+旅游”融合发展旅游运输产品推介会(地区交通运输局/提供)

【客运市场监管】 2019 年，地区交通运输局强化运输服务保障，做好重要节点的服务保障工作，全年未发生旅客滞留和安全责任事故。全地区完成营运性道路旅客运输量 1 840 万人次，完成客运周转量 109 420.25 万人千米，完成营运性道路货物运输量 5 706.32 万吨，完成货物周转量 886 663.06 万吨千米。

开展道路运输“打非治违”活动，严厉打击道路运输领域非法营运、非法运输等扰乱市场秩序行为，建立交通、运管、旅游、公安交警执法联动机制，做好交通运输行业机动运力调用、人员疏散、道路运输供给保障等应急准备工作。突出治理行业乱象，查处出租车拼客、宰客等违规行为 654 起，非法经营 260 起，线路非法营运车辆 171 起。推行道路运输第三方动态监控，全年纳入第三方监控道路运输企业 184 家、车辆6981 辆，其中客运企业 26 家、车辆 1 353 辆，客运企业进入第三方监控率 89.6%。

【ETC 推广工作】 2019 年，地区交

2019 年 9 月 18 日，新建成的阿克苏中心运输站(地区交通运输局/提供)

通运输局推进 ETC 推广发行，协调统筹安排，压实责任，采用“地毯式”发行模式和以加油加气站发行模式推广 ETC。全地区累计完成 ETC 车辆安装 300 861 辆。

【专项行动】 2019 年，地区交通运输局狠抓车辆超限超载治理专项行动，建立路警联合治超机制体制，强化对车辆超限超载的管理力度，全年依法查处、办理各类路政案件 519 起，查处违法超限运输车辆 547 辆，卸载、分流、转运货物 10 850 吨。

(孙炳乾)

【道路运输概况】 2019 年，全地区完成客运量 2 420 万人次，客运周转量 143 693 万人千米；完成货运量7 347 万吨，货运周转量 1 138 973 万吨千米，与上年同期相比客运量减少 9.61%，客运周转量减少 9.57%，货运量减少 1.01%，货运周转量减少 3.92%。

【道路运输安全】 2019 年，地区运管局开展“抓深化、强重点、促全局”安全生产专项治理行动。安全检查一般隐患 3 549 项，整治 3 549 项，整改率 100%，打击严重违法违规行为 343 起，下达执法文书 340 份，关闭取缔 2 家，停产整顿 31 家，暂扣吊销证照5 本，处罚罚款 191.2 万元。开展“防风险、保平安、迎大庆”消防安全执法工作，检查 10 次，检查场所 35 家次，排查火灾隐患 25 处。

【运管业务】 2019 年，地区运管局开展企业汽车租赁承租人身份查验、承租人信息推送审查工作，督导客运站落实“人证合一”系统。开展“两客一危”车辆专项整治行动，对辖区 64 家“两客一危”企业开展全覆盖检查，累计检查 336 次，排查各类安全隐患 290 条，移交执法支队立案调查处理 30 多起。开展源头治超工作，制定源头治超工作方案，签订安全生产承诺书和超载超限责任书，走访货运企业 60 家，走访 140 次，走访谈话 1 000 多人。依托联网联控系统监管平台加强重点营运车辆动态监管，推进第三方监控，做好事前预防、事中事后监管工作。

【建制村通班车】 2019 年，地区 7 县 2 市下辖 89 个乡（镇)，1 180 个建制村。总客车数 2 766 辆，其中农村客车 1 952 辆、总客运班线 396 条；其中农村客运班线 313 条，乡(镇)通班车率达 100%，建制村通班车率 99.5%。

【班线开通】 2019 年，地区运管局推动交通+旅游协同发展，新增旅游客运企业 1 家，对县旅游包车只做车辆报备；开展“公铁联运、地空联运”工作，库车市火车站至沙雅、拜城班线开通；新和火车站至沙雅县班线开通；截至年底，阿克苏市至阿合奇县、乌什县公铁联运、库车机场至沙雅县地空联运班线有序推进。

【货物监管】 2019年，地区运管局加强道路货物运输企业监管力度。加大对危爆物品、液化气、货运场、零担货物运输等重点产品及行业的监管，掌握重点行业状况，加强经营主体宣传教育，货运代理企业配备X光安检仪，严格落实验视制度，确保做到100%收寄验视、100%实名登记、100%过机安检；完成1家货运企业国际货物运输资质备案工作。

【运输污染防治】 2019年，地区运管局贯彻落实行业污染防治工作，鼓励运输企业在新增车辆时购买天然气或新能源汽车，要求各维修企业推进绿色诊断技术，降低维修成本；推动车辆年审、年检和尾气排放检验“三检合一”工作，地区13家综合性能检测机构完成“三检合一”，在办理货运车辆新增、年审业务时，对未完成“三检合一”综合性能检测机构出具的检测报告不予采信。

（闫莉莉）

公路

【公路管理概况】 阿克苏公路管理局（原阿克苏公路总段），下辖8个公路分局，21个收费站（其中1个收费站停运），9个服务区（其中2个未运营）。截至2019年12月31日，阿克苏公路管理局管养里程共计2 192.82千米，其中高速公路1条501千米，国道1 175.14千米，省道308.26千米，专用公路208.42千米。公路桥梁49 128.56延米/1 053座，其中特大桥3座，大桥91座，中桥211座，小桥748座；涵洞3 884道；公路隧道3 447延米/4座。

【公路建设】 2019年，阿克苏公路管理局实施公路大中修项目7个，路网结构改造项目19个，共投入资金16 360.13万元，共完成六批次15个合同段的公路养护工程招标工作。

【公路养护管理】 2019年，阿克苏公路管理局与自治区交通运输厅同步启动国道217线独库段公路病害处治提升服务品质工程项目，共设置10处停车区（其中包括5处观景台），增设小客车停车位1 389个，新增5处环保公厕，设置垃圾箱、垃圾桶等20个，减轻和缓解了独库公路“停车难、如厕难、扔垃圾难”的问题，国道217线游客量比上年同期增长40%。

开展路域环境治理对大中修工程及小修养护工程中的废旧材料进行回收及循环利用，对阿克苏东立交、温宿立交、乌什立交开展绿化美化投入及养护管理工作，对乔木及草坪进行补植、对灌溉管网进行维修改造、水泵电缆进行更换；全年共计投入67.61万元，投资497万元对8个收费站进行环保锅炉改造。

【应急抢险】 2019年，阿克苏公路管理局不断提高应急抢险保障能力，截至12月31日，地区国省干线发生水毁25次，经济损失高达594.69万元，阿克苏公路管理局投入人工14 413工日、机械3 893台班。水毁发生后及时抢修恢复路况，保证了公路安全畅通。

【高速公路管理】 2019年，阿克苏公路管理局同步实施国家公路网命名编号调整工程，新建交通标志352处，其中新建旅游标志65处、外文标志14处、其他标志273处。共涉及1条国家高速公路，该工程涵盖阿克苏地区7个县、2个县级

国道3012（库车至阿克苏段）线全景（阿克苏日报社/提供）

市，穿越13.25万平方千米的地域面积，惠及255万人出行问题。

【收费站管理】 2019年，阿克苏公路管理局收费稽查科协同技术人员对一二级公路收费站移动支付设备进行安装调试，于2019年8月1日，阿喀高速4个收费站，一二级公路5个收费站全线开通移动支付业务。推动地区高速公路ETC应用发展，启动ETC车道，局属16个高速公路收费站ETC车道使用率为入口59.73%，出口57.16%。

（赵肃雅）

2019年，阿克苏火车站新站乘务员帮助乘客完成自助检票（阿克苏日报社/提供）

铁 路

【铁路概况】 中国铁路乌鲁木齐局集团有限公司阿克苏车务段（以下简称阿克苏车务段）管辖南疆铁路东起铁门关站，西至恰尔巴格站，包括库俄新线，地跨喀什地区、巴音郭楞蒙古自治州，营业里程774.77千米。段管理范围内共有1个区段站，25个中间站，主要负责运输组织和客运组织工作。其中轮台、库车、新和、阿克苏为客货运站，库尔楚、雅克拉、库车西站、库台克力克、俄霍布拉克站、喀拉玉尔滚、三角地、金银川为货运站。段所辖26个车站按等级划分有二等站2个：阿克苏站、库车站；三等站4个：轮台、雅克拉、新和、俄霍布拉克站；四等站5个：库台克力克、三角地、金银川、喀拉玉尔滚、库车西站；五等站15个：铁门关、库尔楚、策达雅、阳霞、伊斯克苏、羊塔克库都克、夏马勒巴格、康村、克孜勒亚站、柯坪、一间房、萨特玛、科那、塔拉肖尔、恰尔巴格。2019年，阿克苏车务段荣获新疆维吾尔自治区“安康杯”优胜班组。

【安全管理】 2019年，阿克苏车务段认真落实安全生产总体部署，坚持关口前移，有效防控各类安全风险，共计研判风险91项，排查整治一般隐患12项，重大隐患1项。实现无责任一般A类及以上行车事故7 897天，无责任一般B1类事故7 867天，无责任一般B2类事故3 974天，无责任一般C类事故3 456天，无责任一般D类事故2 808天，无责任轻伤事故4 266天，无责任火灾事故7 897天，无责任道路交通事故5 252天，连续实现第7个自然安全年。

【运输生产】 2019年，阿克苏车务段实现货物发送1 513.84万吨，比上年1 285.72万吨，增长17.7%。全年实现旅客发送298.57万人，比上年285.17万人，增长4.7%。旅客运输收入4.45亿元，比上年5.29亿元，减少15.9%。

【阿克苏火车站】 阿克苏火车站新站于2019年9月30日建成，建筑面积为9 947.83平方米，其中旅客用房5 014平方米，站前安检房建筑面积为361.56平方米，启用了5台自动人证核验闸机，设置5条安检通道，实现旅客进站更快、更便捷，候车室面积增加至4 706平方米，聚集人数最多可达到2 000人，安设检票闸机6台。

【运输组织】 2019年，阿克苏车务段对盯控人员及盯控重点进行明确，全段百辆列车编组136列拆组238列、万吨列车编组613列拆组555列；阿克苏车务段、车站不断规范循环车集结、检修、货扣、运用及考核要求，提高循环列装车占比，全年全段开行循环车组1 764列。

【职工队伍】 2019年，阿克苏车务段共有职工601人，其中女职工103人，党员158人。干部74人，其中中级职称9人、初级职称46人。工人技术等级：工人技师42人，高级工98人，中级工214人，初级工

50 人。主要技术工种:车站值班员 106 人,助理值班员 59 人,信号员 15 人,车号员 14 人,车站调度员 30 人,调车长 38 人,连接员 46 人,列尾值班员 6 人,货运检查员 8 人、客运值班员 24 人、客运员 60 人、售票员 23 人、行李 4 人、上水工 8 人,其他工种 58 人。

(郑立薇)

民　航

【概况】 2019 年,阿克苏(图木舒克)机场紧紧围绕机场集团“1123377”总体工作思路(履行一个服务承诺,秉承一个服务宗旨,突出两个服务重点,推进三大建设,促进三个提升,坚持七个并重,用好七个抓手,扎实推进机场集团航班正常和服务工作高质量发展),坚决贯彻落实自治区、机场集团的各项重大决策部署,完成全年各项工作任务。全年完成旅客吞吐量 1 711 216 人、货邮吞吐量 8 253 吨、起降架次 17 356 架,比上年分别增长 32.4%、24.4%、49.7%,均创历史新高。

【机场服务】 2019 年,阿克苏机场实现全流程“无纸化”乘机,发挥运行监管部门班班跟踪、预先评估作用,提高整体运行效率,确保航班放行正常;开展“岗位行为规范”专项整治行动,提高机场整体服务质量;打造“平安行”中转服务品牌,做好跨航司“大中转”服务和华夏航“通程登机”服务;推出“关怀通道”服务品牌,践行真情服务理念;引导商家增加同城同质同价产品种类;协调地方交管部门建设机场、铁路、公路三大客运枢纽公交专线于一体的“空地联运”,实现服务的“最后一公里”。

【航空市场】 2019 年,阿克苏机场有 7 家航空公司运营,开通航线 24 条,通航点达到 23 个,引进华夏航空成立阿克苏基地。新增阿克苏至疆内 11 条串飞航线,连通博乐、阿勒泰、石河子、塔城、库车、吐鲁番、哈密、莎车、和田、伊宁、库尔勒、克拉玛依、图木舒克、喀什共 14 个疆内支线城市。阿克苏机场托管的图木舒克机场有 2 家航空公司运营,开通航线 4 条,通航点 6个。

【基础基本建设】 2019 年,阿克苏机场改扩建项目作为地区重点建设项目,对加快地区航空事业发展、提高地区综合交通能力、改善旅客出行条件、促进旅游业发展具有重要意义,加快机场改扩建工程建设,配套区工程投入使用,民用站坪已投入使用,此项目预计 2020 年底竣工投用。

(李忠民)

【库车龟兹机场概况】 2019 年,库车龟兹机场共有中国航空、南方航空、天津航空、东方航空、乌鲁木齐航空、华夏航空 6 家航空公司运营,通航乌鲁木齐、和田、库尔勒、阿勒泰、阿克苏、克拉玛依、伊宁、吐鲁番、哈密 9 个城市。疆外直飞航线 2 条,疆内互通航线 9 条。1~10 月,库车龟兹机场共保障航班起降 4 761 架次,旅客吞吐量 356 409 人次,货邮吞吐量 420.7 吨,比上年分别增长 36.77%、34.6%和 10.7%。1~10 月累计收入 16 37.72 万元,累计支出 3 837.82 万元,占全年成本支出计划的 83.43%;累计亏损 2 200.09 万元,占全年计划亏损额的 73.36%。

(库车龟兹机场/提供)

路政海事

【路政海事概况】 2019 年,阿克苏路政海事局实施路政管理国省干线公路共有 18 条,总里程 2 053.47 千米,其中国道 4 条,共计里程 1 277.7 千米;省道 8 条,共计里程 591.27 千米;专用线 5 条,共计里程 184.5 千米。实施海事监管水域 6 处,分别是阿克苏多浪河二期、阿瓦提县刀郎部落水域、库车市跃进水库、库车市大龙池、乌什县沙棘林湿地公园、拜城县克孜尔水库,监管水域面积约 66.59 平方千米,监管航道全长 3 千米;在册登记船舶 13 艘,摩托艇 3 艘,船员 19 名。

【路域管理】 2019 年,阿克苏路政海事局履行公路管理职责,依法保护路产、维护路权,累计投入公路管理人员 18 370 人次(含巡查、治超),5 306 车次(含巡查、治超),巡查里程累计 45.84 千米;向公路养护部门送达《公路、公路附属设施修复及隐患排查告知单》280 份,其中告知公路养护部门修复 143 项,安全隐患 137 处,公路养护部门已修复 71 项、处置安全隐患 81 处。配合公路养护、交警部门疏导交通 67 次,自行处置安全隐患 449 处,配合养护部门抗灾、清雪保畅 5 次,参与自然灾害救援 8 次,救援 7 人,救援 1 车辆。管辖路段涉路设施依法办理行政许可27处;依法治理非公路标志77块、平交道口136处、广告牌68块、穿跨越公路设施2处,依法拆除公路控制区内建筑物、地面构筑物16处共236平方米,依法清理摆摊设点、打谷晒场6处。

【水域监管】 2019年,阿克苏路政海事局累计出动执法人员65人次,出动车辆25车次,对每艘船舶相关证书的有效性及船舶船体、外观标识、消防、救生、电器设备的安全性及乘客救生衣、儿童救生衣、逃生通道、安全出口应急设施配备等方面进行检查,共检查航运企4家,船舶21艘,查处隐患37处,已整改37处。完成船舶所有权登记3艘,船舶国籍3艘,船舶最低安全配员3艘,最低安全配员证书换发8艘,营运备案船舶3艘,检验船舶8艘。

【行政执法】 2019年,阿克苏路政海事局依法查处、办理各类路政案件910起,共收缴公路赔(补)偿费540.33万元、收取行政处罚金额17.2万元,两项费用合计557.53万元。行政处罚案件389起:损坏路产、侵占路权的行政处罚案件386起,破案386起,破案率100%,结案386起,结案率100%,罚款17.2万元;受理行政许可364起,办结364起;涉路行政许可受理37起,办结37起,收缴补偿费338.52万元;载运不可解体物品超限运输车辆行驶公路的许可受理327起,办结327起,路产损坏赔偿案件157起,结案157起,应收缴赔偿费201.81万元,实际收缴赔偿费201.81万元,路产损失回收率100%。

(潘 丽)

邮 政

【邮政概况】 2019年,中国邮政集团公司阿克苏地区分公司(以下简称地区邮政分公司)主要负责阿克苏地区以及南疆四地州邮件的运输和处理,承担普遍服务和特殊服务义务。服务网点142处,其中城市网点37处、城乡结合4处、农村网点101处(农村自办网点49处,农村代办网点53处)。内设9个职能部室、5个专业局。服务全地区7县3市(含阿拉尔市)、各乡(镇)、农一师各农牧团场,服务人口达250多万人。有省际进、出口一级干线汽车邮路3条,省际出口火车邮路1条,省内一级干线汽车邮路2条,省内二级干线邮路5条,市趟邮路14条日均邮路总里程4 723千米,邮运车辆安全行驶172.4万千米。全年累计处理邮件1 864.5万件,比上年增长332%。

【邮政基础设施建设】 2019年,地区邮政分公司先后投入230万元对全地区142处普服网点的安防、外观、店招、局名牌(营业时间)、信箱(信筒)、内部布局进行全面改造,推进营业网点标准化建设。以"时限大提升"为中心,投入350万元上线最新邮件封拣设备,其中阿克苏邮区中心局安装分拣设备1套、购置笼车60多辆;阿拉尔邮政分公司购置辅助分拣设备1套,库车邮政分公司购置分拣设备1套;其他各县配备小型皮带机,提高邮件承运能力,加快邮件处理速度。

【包裹速递业务】 2019年,地区邮政包裹优化陆运网络,增加处理频次。突出重点县(市),选择重点线路,组开市内转趟二频、标快转趟、阿拉尔二频、库车-沙雅、新和二频邮路。公开时限承诺,在阿克苏与周边县(市)之间实现标快"今日收,明日达"承诺服务。实现干线运输网由单一型向复合型转变,开通阿克苏出疆直达航线7条,中转航线7条,疆内航线和库车至乌鲁木齐航线3条。通过航陆结合,打造航陆立体复合运输网,为广大用户提供快速、高效、便捷的用邮服务。

【集邮与文化传媒业务】 2019年,地区邮政分公司加强集邮文化培育氛围,举办形式多样的宣传活动。在阿克苏地区博物馆、温宿、阿瓦提举办"壮丽七十年阔步新时代"大型邮展3场。开展首发式40多场、评鉴会16场、集邮巡展13场次。同时,做好党报党刊的发行征订,开展好"党报党刊""结亲报"的投送,第一时间把党的声音及时传递到千家万户。

【渠道平台业务】 2019年,地区邮政分公司提升普遍服务水平,加大电商扶贫力度。全年新建10个阿克苏邮乐地方馆,成功上线18类78款助农产品,开通邮掌柜193个。借助新邮寄、邮乐小店线上平台,帮助农民销售黑木耳、吊干杏等农产品3968件,实现销售额17.51万元。巩固发展代办税务业务,通过合理配置TAM机、优化布局代开发票网点等各种途径,提高邮政代办国税业务的市场占有率;代收农一师有线电视费、代办电信、移动、联通等便民服务型业务。

(贾启丹)

信息产业及信息化

网络安全和信息化建设

【机构改革】 2019年，中共阿克苏地区委员会网络安全和信息化委员会办公室（以下简称地委网信办）贯彻落实党中央、自治区党委和地委关于党政机构改革的工作部署，组织完成地、县（市）两级党委网信办机构改革。根据2019年1月中共阿克苏地委办公室、阿克苏地区行署办公室印发的《关于〈阿克苏地区机构改革方案〉的实施意见》，将地委网络安全和信息化领导小组改为地委网络安全和信息化委员会，作为地委议事协调机构。地委网络安全和信息化委员会办公室为地委网络安全和信息化委员会的办事机构，作为地委工作机关，对外加挂地区互联网信息办公室牌子。设立地委网络安全和信息化工作委员会，作为地委派出机关，设在地委网络安全和信息化委员会办公室，主要负责地区网信领域党的建设和人才队伍建设，领导各网站党组织工作，实现网信领域党的组织全覆盖。2019年3月，中共阿克苏地委办公室关于印发《中共阿克苏地区委员会网络安全和信息化委员会办公室（中共阿克苏地区委员会网络安全和信息化工作委员会、阿克苏地区互联网信息办公室）职能配置、内设机构和人员编制规定》的通知，明确中共阿克苏地区委员会网络安全和信息化委员会办公室是地委工作机关，为正县级，加挂阿克苏地区互联网信息办公室牌子，与中共阿克苏地区委员会网络安全和信息化工作委员会，一个机构、三块牌子，并对其职能配置、内设机构和人员编制作出规定。

【网络安全】 2019年，地委网信办落实网络安全工作责任制，树牢正确的网络安全观，全面落实《中共阿克苏地委网络安全工作责任制实施方案》，夯实各级党委（党组）网络安全工作责任，用好联合保障工作机制，强化部门技术支持保障联动，形成工作合力。加强地区关键信息基础设施和重要信息系统网络安全保护，强化关键信息基础设施的管理、检查。着眼识别、防护、检测、预警、响应、处置等环节，切实加强关键信息基础设施安全防护，加大重点行业关键信息基础设施安全检查和风险评估，以防攻击、防病毒、防篡改、防渗透、防泄漏为重点，发现隐患、堵塞漏洞，防止遭受攻击破坏。利用自治区、地区态势感知平台常态化开展网络安全保障应急保障工作，发布安全预警、提醒11期。参与自治区“天山固网——2019全区网络安全攻防演习”，圆满完成演练任务。组织公安、经信等联合保障成员单位，在地区电子政务办和阿克苏新闻网开展地区电子政务机房（政府网站）和新闻网站突发事件应急演练，提升安全防护能力。加强网络安全宣传教育。组织开展全民国家安全教育日宣传活动，用好网络平台载体，宣传《中华人民共和国网络安全法》《中华人民共和国保守国家秘密法》《中华人民共和国互联网组群信息服务管理规定》等法律法规，推进网络安全宣传进农村、进机关、进校园、进社区、进军营、进网站、进企业，依托“访惠聚”驻村工作、“民族团结一家亲”等活动，将网络安全宣传延伸至基层末梢神经，确保宣传范围全覆盖、无死角、无盲区，提升地区广大群众网络安全意识和防护技能。共举办

2019 年 9 月 16 日，地区开展以“网络安全为人民 网络安全靠人民”为主题的国家网络安全宣传周活动(吐尔松·托胡提/摄)

各类宣传活动 3 187 场，组织网络安全“七进”(进社区、进校园、进企业、进机关、进农村、进军营、进家庭)2 326 场，属地三大通信运营商集中发送公益短信 28 万条，宣传活动覆盖地区 250 万人。

【网站工作】 2019 年，地委网信办认真贯彻《关于进一步做好属地网站和新媒体账号管理工作的通知》精神，抓好属地网站和新媒体账号管理，强化梳理摸排、建档立卡，累计梳理登记网站 275 家，体制内微信公众号 378 个，官方微博账号 58 个，今日头条号 26 个，基本做到底数清、情况明、责任清。坚持属地管理原则，督促辖区内各网站、平台和群组自觉履行主体责任，认真落实总编辑负责制、内容管理审核、强化跟帖评论管理、提升信息内容安全技术保障、严格注册账号和用户信息管理、加强内容采编和审核人员队伍建设、做好违法不良信息举报受理工作。办好网上各类专题专栏，持续宣传习近平新时代中国特色社会主义思想和党的十九大精神、党中央、自治区党委和地委重要决策部署，宣传阿克苏荒漠绿化、旅游文化、民生改善、脱贫攻坚、团结和谐成效，指导属地新闻、政务、党建网站和零距离平台设置议题，推送正向传播引导稿件 11.7 万篇，阅读量 1 288 万次，点赞 12.74 万次。开展网络文化活动，做好“新时代·幸福美丽新边疆·新疆是个好地方”“网络中国节”等网络主题活动；指导拜城县委网信办拍摄“70 年 70 城”宣传视频，持续开展“我是一颗石榴籽”网络文化活动，积极参与“达人西游”第七届系列活动，相关稿件阅读量达 3 030 万多次。

【网站党组织工作】 2019 年，地委网信办始终坚持把加强党对互联网的绝对领导作为聚焦总目标、服务总目标、落实总目标的重大原则，牢牢掌握党管互联网的领导权、主动权、决胜权。将互联网领域党建工作纳入绩效考评体系，制定《地区互联网领域党建工作联系点制度》，推动工作规范化开展。严格落实网站党建备案制度，地区 284 家网站主体建立党组织 99 个，派驻党建指导员 117 名、指导网站 174 家。强化组织指导，新创建地区级示范点 4 个，组织拍摄示范点专题宣传片 1 部，入选中央网信办评奖。扎实开展“不忘初心、牢记使命”主题教育，组织地区网信系统开展“党旗映天山”等各类主题活动 50 场次。组织开展党务培训 10 场次；培养入党积极分子 10 名、发展党员 11 名。互联网领域基层党组织整合社区服务资源，设立互联网领域便民窗口、服务专岗，做到服务“零距离”。督促指导党建指导员落实“七个一”工作法，登陆巡查网站 1.4 万次，服务企业、网站 1 000 次。

(何昶宏)

无线电

【无线电管理】 2019 年，阿克苏地区无线电管理局(以下简称地区无线电管理局)为解决重点景区及沿线“三难一不畅”(停车难、加油难、上厕所难、通讯不畅)问题，3 家公众移动通信公司新建基站 59 个。赴地区农业农村局对无线电技术在农机作业定位等精准农业领域中的应用进行调研，并组织 4 家农用北斗导航终端经销商召开座谈会。规范和指导 5G 基站与卫星地球站等其他无线电台(站)的干扰协调，组织相关单位召开地区3000~5000MHz频段第五代移动通信基站与卫星地球站等无线电台(站)干扰协调工作会。科学配置合理利用频谱资源,依法加强频率台站管理,全年受理无线电行政许可申请86件,核(换)发频率许可59个,核(换)发电台执照412个。

【无线电服务与监管】 2019年,地区无线电管理局完善“双随机一公开”(监管过程中随机抽取检查对象,随机选派执法检查人员,抽查情况及查处结果及时向社会公开)工作规范,通过自治区一体化在线政务服务平台认领、梳理、录入政务服务事项共23项，其中行政许可主事项2项、子事项8项;行政处罚主事项1项，子事项9项;行政检查1项,行政强制1项,行政征收1项。组织执法人员赴乌什县对2G、3G公众移动通信32个基站开展“双随机一公开”无线电执法检查。持续加大对非法用频、设台的查处力度,主动走访、监督检查设台单位43家，核查设备255部,立案9起,责令改正22起,没收设备34部。开展无线电发射设备销售市场专项检查3次,在全国备案信息平台完成无线电发射设备经营主体备案和审核162家,对12 079个取得型号核准的无线电发射设备进行网上销售备案。

【无线电安全保障】 2019年,地区无线电管理局做好重要节点期间无线电安全保障工作。“春运”和“两会”时期,投入人员26人次,自动监测1 536小时，人工监测128小时。70周年大庆期间投入18人次,自动监测720小时,人工监测136小时，其间未收到伪基站、“黑广播”等无线电干扰申诉。协助民航排查空中交通管制工作用频安全隐患,协助地区公安边防支队成功排查在用的短波电台通信故障。持续开展“黑广播”违法犯罪活动高压严打,出动“黑广播”监测人员119人次,监测时长1 247小时,启用监测定位设备数量119台次,未发现“黑广播”信号。

【无线电监测查处】 2019年,地区无线电管理局充分发挥技术设施支撑作用,常态化坚持24小时监测值班制度，加强日常无线电不明信号查处力度，重点对公安武警、民航铁路、广播电视等重点频段进行保护性监测，确保地区重点行业用频安全。全年累计监测时间51 398小时，发现不明信号269个,排查不明信号22个,检测设备98部；参与考试保障13场，累计派出保障人员131人次,派出车辆51车次，启用设备111台(套),确保各类考试的公平公正。

(董　燕)

中国移动

【业务服务】 2019年,中国移动通信集团新疆有限公司阿克苏地区分公司(以下简称中国移动地区分公司)始终把服务工作作为提高企业整体素质和市场竞争能力的有效载体,为客户创造方便、快捷、优质的服务感知。地区各类移动服务网点近2 000个，服务人员超过1万人,实现“一村一点”全覆盖;搭建功能强大的电子渠道,为客户提供7*24小时全天候服务，用户足不出户即可实现业务查询、办理;先后提出“便捷服务、满意100”“为民服务、创先争优”“提速降费”等服务目标和惠民举措,针对宽带业务发展率先提出“当天装、当天修、慢必赔”服务承诺,持续开展服务质量监督员、总经理接待日活动,狠抓业务服务基础管理,坚决贯彻实名制管理要求。

【通信服务】 2019年,中国移动地区分公司积极响应“互联网+”战略,提升网络接入能力,加快4G网络建设、开展5G试点建设,持续开展“惠民工程”建设,重点开展“畅游阿克苏”专项活动,对地区涉及的16个3A级以上景区、南疆之星铁路以及独库公路进行网络覆盖与质量提升,游客平均网速提高26倍以上，上网流量比上年提升9.5倍;推进宽带进社区、进农村,推广百兆宽带、试点千兆宽带,光纤宽带占比达100%,加快“智慧家庭”建设,持续开展“提速降费”,推出专属扶贫资费,全地区移动流量单价降幅达54.31%,50M以上高带宽客户占比达到95%。

【5G试验基站】 2019年，中国移动地区分公司使用中国自主通信标准和国产(华为)通信设备开通南疆首个5G试验基站，搭建阿克苏地区第一人民医院远程5G眼科诊室,并与温州医科大学附属眼视光医院，进行5G+4K高清视频连线实现远程眼科会诊；积极打造阿克苏“智慧旅游”平台,借助大

数据分析，通过5G+VR和物联网等先进技术，实现大屏、电视、手机多屏合一的“智慧旅游”信息门户，真正实现“一部手机游阿克苏”；搭建智慧城管、智慧监管信息化平台，辅助提升监管效能，强化政务服务，突出风险防控，提升监管现代化水平，为地区“2019年中国新疆阿克苏药品博览会”提供综合信息化服务；争取新疆移动政策扶持，践行地区打造“区域性教育人才高地”的重大决策，助力地区职业技术学院新校址信息化建设项目。

（李琴）

中国电信

【经营业绩】 2019年，中国电信阿克苏分公司(以下简称电信阿克苏分公司)主营业务收入完成59 652万元，比上年增长7.87%。收入份额持续提升2.52个百分点。新兴业务转型成效逐步显现，比上年提升11.42%。宽带用户累计净增6.27万户，比上年增长1.72PP；天翼高清用户累计净增6.1万户，比上年提升1.01PP。

【业务发展】 2019年，电信阿克苏分公司发挥行业引领作用，带动市融媒体中心签约、统计局视频会议建设、行署OA系统等重点项目落地。强化校园365营销工作，在规范1+1+N合作模式的基础上引入战略合作方4家，优化社会渠道121家；统筹协调全地区校园市场均衡发展，实现一卡通院校签约11所，项目实施8所，完成全地区县(市)教育局光纤进班签约施工，实现光纤50M进班、100M进校全覆盖。拓展物联网业务，与国电、浩源燃气公司签约，拓展物联网卡7 312张。聚焦农村零低光端口释放和户户通工程，“旭日行动”有序、高效开展，规模拉动农村市场业务拓展，零低占端口数量较年初减少2.25万个，35个低占包片反转28个，占比达到80%。其间，新建工程三方合作引资81个建设项目，投资总额达到519万元，同时完成12个信息化标杆乡(镇)建设、96个智慧乡村的签约。开展农村微推会1451场、走访3.5万户老用户、比算（对比和友商销售产品价格、内容差异等)3 000多户、三情摸排(客情、友情、我情摸排)3 000多户、解决用户服务问题1 000多个。

【提质拉新】 2019年，电信阿克苏分公司持续提升在网客户服务质量。通过线上短厅，打造流量经营主渠道，与线下深度融合，通过流量体验、流量激活、畅享升级、互联网权益应用等目标场景客户细分，开展线上线下一体化运营。畅享用户占比60.2%，比上年提升20.2PP，大流量用户(10G/月)占比22.4%，比上年提升15.5PP。截至年底，合约覆盖率20.7%，比上年末提升11.2PP，获得2019年区公司客户经营“提质拉新”劳动竞赛团队亚军。

【网络能力建设】 2019年，电信阿克苏分公司重点聚焦网络效能提升、感知提升和网络规划与建设，以建设响应时间快、资产效益高、运营效率高、客户感知好、负面清单管控为抓手，全面提升移动网端到端质量。通过800M重耕板卡调配、内地调拨、拆闲补盲等方式，扩容CHD326块、CHV367个，C网设备盘活复用资产12套，资产价值约144万。LTE动态扩容85套基站，解决拥塞和超忙问题；根据3G用户向4G迁转进度和3G网络负荷分流情况，制定清频率计划，加快800M重耕工作，农村区域网络覆盖不足问题得到改善。开展RRU运营率整治提升工作，在投资不足的情况下盘活资产1145台，运营率从89%提升至98.8%。

【光网建设】 2019年，电信阿克苏分公司高效布局光网建设，光网覆盖率不断提升。FTTH/O接入总端口数85.53万个、实占42.30万个、实占率49.46%，比上年末新增光端口9.56万个；新增5个千兆PON小区试点，120个千兆PON端口。光衰合格率由年初93.43%提升到97.03%、iTV卡顿率由0.65%降低到0.17%；IPRAN成环率从34.41%提升至52.46%。

【5G首发体验活动】 2019年9月8日，电信阿克苏分公司联合华为、小米、京东公司在阿克苏大十字营业厅同步开启中国电信5G网络体验首发活动。通过线上二维码预约、客户服务部电话邀约，来自社会各界报名参加5G体验活动人员达60人。预约客户在首发营业厅现场体验了“超高清视频”“云游戏”“云VR”“云电脑”四个场景，亲身体验中国电信5G网络高速率、低时延、全覆盖的网络优势。

（祝　敏）

中国联通

【经营发展】 2019年,中国联合网络通信有限公司阿克苏地区分公司(以下简称中国联通阿克苏分公司)推进互联网化运营,做广做轻接触网、二级店面、能人能点、权益商家招募、地推合伙人场景化地推组织大队营销、升旗营销、巴扎营销和夜校营销等专项市场营销,拓展农村市场;利用电子围栏、花呗、招联分期等渠道提升收益。强化政企倒三角支撑体系建设,培养充实政企支撑团队,以区地项目联动增强效能;以集中培训、视频会议、现场支撑培训等多种形式,提升政企线业务能力。加强创新业务商机储备,通过派单制日常监督执行,划小网格CEO作为首席客户经理制有效落实,保证商机持续获取和储备。聚焦重点行业及领域,成功实施视频监控、智慧工地、智慧法院、智慧医疗等项目。

【网络建设】 2019年,中国联通阿克苏分公司开展精品网络建设工程,完成投资9 000多万元,新增L900M站点300多个,L1800站点近200个。开展"移动用户感知提升活动"阶段性活动,开通4G基站1 000多个、4G行政村覆盖率由65%提升至87%;对200多个载频进行拆闲补盲,拥塞问题投诉539起,投诉率降低50%,网络覆盖与友商差距进一步缩小。

【降本增效】 2019年,中国联通阿克苏分公司实施以提质增效、实现资产保值增值为目的的"七张网"(营销网、移动网、宽带网、创新网、IT网、人力网、综合网)27个项目资产资源价值提升工作,实现公司基础管理全面改善。全年价值提升取得明显成效项目8个,实现增收降本139万元,节约投资400万元。有效盘活闲置房屋,提高资产利用率,实现全年房租预算目标收入。通过主动与江苏分公司联系沟通,接收并盘活江苏分公司下线退网资产,节约投资。通过自主更换设备和拆闲补盲,节省投资300多万元。扎实推进三方核对,关闭电路100多条,释放传输网资源,保障公司利润。

(钟 奕)

广电网络

【概况】 新疆广电网络股份有限公司阿克苏分公司(以下简称新疆广电网络阿克苏分公司)隶属于新疆广电网络股份有限公司。新疆广电网络阿克苏分公司有线电视网络,能承载数字电视、高清电视、3D电视、互动点播、回放、宽带、VR、智慧城市等业务。实现全地区7县2市及兵团第一师全部联网,覆盖收视收听人群100多万人。经过不断发展,全地区有线电视网络光缆传输干线超过950千米,覆盖地区7县2市全部县城住户。

【经营管理】 2019年新疆广电网络阿克苏分公司将广播、电视、报刊等与基于互联网的新兴媒体有效结合,实现资源通融、内容兼容、宣传互融的新型媒体。形成以有线、无线、卫星、互联网等多种协同承载为依托,云计算、大数据、物联网及IPv6等综合技术为支撑,以融合媒体智能传播为目标,以全面提升广播电视管理、网络、业务及服务能力为指标的广播电视系统。年内结合工作实际,梳理规范绩效、流程、制度等65项。制定分公司绩效考核制度,突出平时利润、收现、网络质量考核,按月、季进行明确责任考核。全年累计安全播出1 669 730小时。

【客户服务】 2019年,新疆广电网络阿克苏分公司拓展电子营业厅、社交化媒体监督、电视便民及电商、产业链服务;开启电话、电视、电脑、手机、短信等电子营业厅;开启查询天气、查询股票和网上缴费等电视便民服务,让用户足不出户就能体验到便捷服务;同时通过微博微信等社交化媒体进行监督。伴随广电网络整合进程的加快,"天山云"全媒体数字业务全面展开,为全地区各族群众带来多样化、专业化、个性化有线电视服务,丰富各族人民群众的精神文化生活。

【网络建设和维护】 2019年,新疆广电网络阿克苏分公司按照全疆"一张网"模式,实现数字化、双向化整体改造。新疆广电网络阿克苏分公司组织对省干巡线9 289千米,124人次,62车次,盯防4次,及时排除安全隐患8处,北斗机房巡检8次,季度巡检3次,全年零中断。

(张国新)

生态环境保护

自然资源

【机构改革】 2019年3月1日成立阿克苏地区和7县2市新的自然资源机构，同时举办揭牌仪式。因机构改革单位职能职责重新划分，在原自然局和规划局的基础上，叠加水利、农林等方面的部分职能，由原来的8个科室增设到12个科室。下辖7县2市自然资源局，3个园区自然资源分局(库车市经济技术开发区、阿克苏纺织工业城、阿克苏市经济技术开发区)。

【不动产登记】 2019年，地区自然资源局完成地区7县2市不动产登记大厅统一标识、统一制度、统一业务流程图上墙工作。不动产制度、业务流程图、收费标准等挂牌共计80份、设置意见箱、意见本共计26份；针对不动产登记群众反映的问题，通过完善规章制度、压缩办理时间、优化工作流程、落实一次性告知制度、开展窗口作风专项整治和人员业务培训等措施，全部完成整改。全年地区证书颁发94 998本，证明颁发61 841份。

【国土空间规划】 2019年，地区自然资源局为开展好地区国土空间规划编制工作，先后邀请24家疆内外国土空间规划团队及中国城市规划设计院在内的诸多专家来阿克苏进行专题讲座和详细洽谈，地、县两级四套班子领导积极参与学习交流，召开研讨评审专题会议4次，初步编制《阿克苏地区国土空间规划发展大纲》。为发挥规划刚性约束作用，确保地区重大建设项目顺利实施，重点完成阿克苏地区城镇体系规划调整、库车经济技术开发区规划调整、纺织工业城(开发区)总体规划修改和温宿县土地利用总体规划调整上报审批工作。

【资源调查】 2019年，地区自然资源局高质量推动“三调”(第三次全国国土调查)工作。组织开展7县2市121个乡(镇)场、1 323个行政村、87.2万块作业图斑调查，率先完成县级成果数据上报，并通过国家“三调”核查组抽检。积极配合农业农村部门对全地区历经20年形成的“大棚房”问题进行实地核查，核查图斑8 360个，核查确认309件三类问题全部自行纠正，整改率达100%。推动农村地籍调查，加快集体建设用地使用权确权登记发证工作，对全地区92个乡(镇)、约50万宗地进行权属调查，截至年底，20个乡（镇)、8万宗地通过第三方监理内外业验收。做好国有农牧场确权登记工作，完成164.67万公顷国有土地确权发证工作。开展自治区耕地精准核查专项工作，实地调查摸清除农村土地承包经营权确权颁证以外的所有耕地面积、使用归属情况，率先完成1 204个行政村核查任务。

【资源保障】 2019年，地区自然资源局做好重大项目建设用地的报批、服务和跟踪，为阿克苏职业技术学院、阿克苏市南外环、北外环、阿克苏机场二期扩建等项目提供用地保障。全年全地区供地515宗，供应土地总面积2 747.75公顷，其中出让土地264宗、出让总面积999.05公顷，出让成交总价款达31.04亿元。推动矿业权市场建设，依据发证权限，组织招拍挂出让采矿权52个，收取采矿权价款1 193.56万元，办理矿业权延续74个，办理矿产资源压覆查询151个。

【资源保护】 2019年,地区自然资源局严守耕地红线,落实主体责任,签订耕地保护责任书,全地区完成耕地59.57万公顷、基本农田40.19万公顷保护目标任务,在自治区2018年度耕地保护责任目标履行情况考核中获得优秀等次。积极申报山水林田湖草生态保护修复项目,组织报送覆盖塔里木河上游生态保护修复工程、塔里木河流域水环境保护治理工程等山水林田湖草生态保护修复项目26个,共计59.07亿元。积极推进耕地占补平衡补充耕地工作,争取国家统筹补充耕地经费1.06亿元,拟增加乌什县、温宿县储备补充耕地1 416.67公顷。

【服务民生】 2019年,地区自然资源局落实地质灾害防治管理制度,签订责任书97份,申报地质灾害防治和地质环境修复项目6 000多万元。用好城乡建设用地增减挂钩节余指标跨省调剂政策,2018年申请增减挂钩项目26个,产生结余指标336.34公顷,其中自治区批复乌什县、柯坪县12个城乡建设用地增减挂钩项目规划报告,落实交易指标123.79公顷,共产生收益6.96亿元,到位4.87亿元。用好差别化用地支持政策,自治区共下达建设用地指标567公顷,对国家级贫困县乌什县、柯坪县专项安排新增建设用地80公顷。扎实推进易地扶贫搬迁迁出宅基地复垦工作,颁发易地扶贫搬迁安置房不动产权证书2 425本。

【执法监察】 2019年,地区自然资源局严格查处违法用地,完成2018年度1486个卫片图斑的核查、判定、查处工作,顺利通过自治区验收,结案率达到100%。开展2019年季度卫片及重点区域疑似图斑的核查工作,完成2110个季度卫片图斑及1 652个重点区域疑似图斑的实地核查任务,做到"发现在初始,解决在萌芽"的要求。开展全区无证开采专项整治,持续整顿矿产资源开发市场,规范开发秩序,发现违法违规行为25起,立案25起,共处罚没款186.93万元。

2019年6月14日,《新疆国土空间规划编制(2019~2035年)》编制工作调研座谈会召开(地区自然资源局/提供)

【深化改革】 2019年,地区自然资源局开辟"绿色通道"及延时服务,为地、县重点工程、重大招商引资项目等开辟"快速通道",确保资料齐全的企业及招商引资项目在3个工作日内完成不动产登记手续办理。不动产一般登记、抵押登记业务,分别压缩至10个和5个工作日,个别县(市)实现当日办结。减少行政审批,优化审批流程,提高办事效率,梳理地区自然资源局行政服务大厅审批事项22项,按照地区"精简证明材料60%以上"目标任务,审批事项清理前284项,清理187项,清理证明材料达到65.85%。

(肖国玺)

环境监测与管理

【概况】 2019年,阿克苏地区生态环境局(以下简称地区生态环境局)牢固树立"绿水青山就是金山银山"的理念,以改善生态环境质量为核心,推动大气、水、土壤污染防治工作,落实中央环保督察反馈意见整改,推动绿色发展,加强生态环境保护,打好污染防治攻坚战,严守生态底线红线,实行最严格的生态环境保护制度,严禁"三高"(高污染、高能耗、高排放)项目进入地区,坚决淘汰落后产能,严格空间管控,采取源头治理、精准治污、科学治污、依法治污等方式，推动绿色发展方式和生活方式的形成，推动地区生态环境质量持续好转。

【机构改革】 阿克苏地区生态环境局原名为阿克苏地区环境保护局，于2019年1月23日正式更换单位名称、挂牌。2019年3月19日《阿克苏地区生态环境局职能配置、内设机构和人员编制规定》(以下简称《编制规定》)经地委机构编制委员会办公室审核，地委、行署批准印发。《编制规定》明确地区生态环境局是地区行署工作部门，为正县级。地区生态环境局内设办公室、生态环境综合业务科、污染防治科和环境影响评价和排放管理科4个科室，同时将地区农村能源环境监测站、地区全社会节能监察局承担的部分行政职能及从事此项工作的3名人员划入地区生态环境局。地区生态环境局有行政编制14名，事业编制3名，其中县级领导职数4名(正县级2名、副县级2名)、科级领导职数9名(正科级4名、副科级5名)。

【水环境和土壤环境监测】 2019年，地区环境监测站对11条河流18个断面水质进行地表河流水质监测，并分析31个水质项目(其中水温、总氮、粪大肠菌群不参评)，监测指标浓度均值达到Ⅱ类，与上年水质保持稳定；辖区河流监测断面水质达到或好于Ⅲ类水质比例100%；阿克苏市集中式饮用水水源地水质监测分析39个水质项目，水质类别为Ⅱ类~Ⅲ类优良，达到地下水饮用水标准。监测的13个集中式饮用水地下水源地（包括柯坪县启用的新水源地）水质类别为Ⅱ类~Ⅲ类，水质为优良；地区监测多浪水库、上游水库、胜利水库、克孜尔水库4座水库5个断面水质监测分析32个项目，水质均为Ⅲ类，达到或优于Ⅲ类水质比例100%；2019年地区监测38个土壤点位，类型包括耕地、园地、草地、林地，监测分析11个项目，监测值均低于《土壤环境质量农用地土壤污染风险管控标准》(GB15618-2018）风险筛选值，土壤环境质量总体保持稳定良好。

【城市空气质量】 2019年阿克苏市环境空气质量优、良天数达到197天，占53.9%；轻度、中度污染136天，占37.3%；重度、严重污染32天，占8.8%。与2018年同比，优良天数比例增加7.7个百分点；1~12月阿克苏市环境空气质量同比上升(见图1和图2)。比上年主要污染物可吸入颗粒物(PM_{10})、细颗粒物（$PM_{2.5}$）分别下降19.5%、16.9%；二氧化硫(SO_2)、臭氧(O_3-8h)持平；二氧化氮(NO_2)、一氧化碳（CO）分别上升14.8%、12.5%(城市机动车数量增加，机动车尾气排放对环境空气中NO_2、O_3-8h浓度升高产生一定影响)。

【能耗管理】 2019年，地区生态环境局推进能源节约与结构优化，推动可再生能源发展。加快低碳产业体系建设，推动低碳发展，加强工业领域控排，推进城乡建筑、交通运输领域和公共机构能耗管理和控制，开展低碳试点示范县建设，积极应对气候变化。年内，全地区单位生产总值能耗比上年下降1.8%以上；能源消费总量比上年增加48.43万吨标准煤以下，能源消费总量控制在1 364.12万吨标准煤以内。全年新增新能源纯电动公交车110辆，建设公交自用充电桩71个，其余所有公交、出租车辆均使用天然气清洁能源，公交、出租汽车气化率为100%。

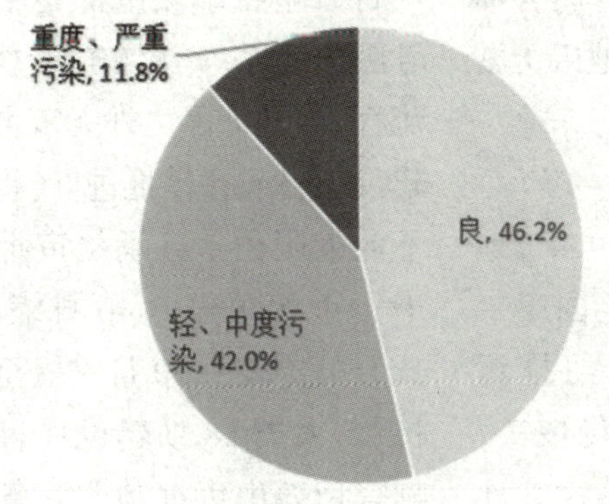

图1 2018年阿克苏市空气质量级别比例

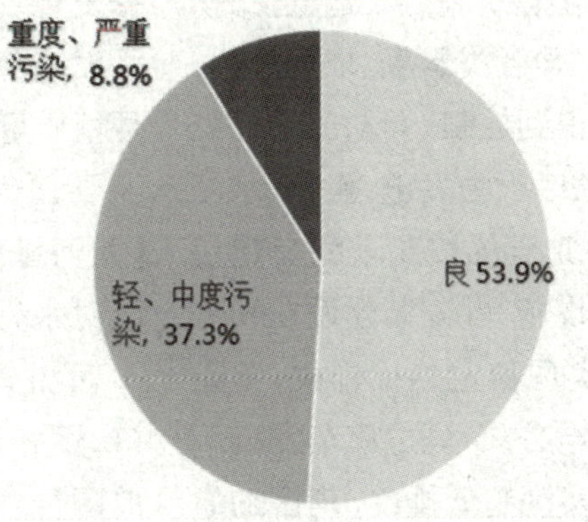

图2 2019年阿克苏市空气质量级别比例

【污染物减排】 2019年，地区按照“应治尽治”原则，落实污染减排工作。经核算，二氧化硫、氮氧化物污染物排放量实现较2015年排放量不增加的目标，化学需氧量、氨氮排放量较2015年排放量下降10%的目标。超额完成自治区下达的二氧化硫、氮氧化物、化学需氧量、氨氮排放量分别较2015年重点工程减排量减少1 325.96吨、1 994.5吨、5 405.2吨、412.74吨的污染减排目标任务（属阶段性目标，十三五年份完成指标情况均对照十二五收官之年指标情况）。

【大气污染防治】 2019年，地区认真贯彻落实《阿克苏地区打赢蓝天保卫战三年行动计划实施方案（2018~2020年）》《阿克苏地区扬尘污染专项整治方案》《阿克苏地区“十三五”挥发性有机物污染防治实施方案》，将打赢蓝天保卫战作为污染防治攻坚战的重中之重进行全面部署落实。积极推进燃煤设施综合整治，通过“集中供热”“煤改电”“煤改气”，对燃煤设施进行综合整治，并严格管控新建燃煤锅炉，阿克苏市政府划定并公布高污染燃料禁燃区，城区燃煤污染得到控制。强化建筑施工工地、道路扬尘治理，加强各类料场、堆场管控，扬尘污染得到控制。推进工业污染源治理，辖区火力发电、焦化、水泥等重点企业全部按要求配套建设污染防治设施，并安装建设在线监控设施，实现稳定达标排放；浙能阿克苏热电公司、国电库车发电厂机组提前实现超低排放。辖区加油站、油库和中石化塔河炼化公司等企业实施挥发性有机物治理。

【水污染防治】 2019年，地区推进工业园区和城镇污水集中治理，地区6个自治区级及以上工业园区的污水和各县（市）城市生活污水全部实现二级生化处理。推进水资源综合利用，地区3家电厂均已综合利用城镇污水处理厂中水。加强工业污水综合治理工作，地区重点工业企业全部配套建设污水处理设施。推进加油站地下油罐防渗改造工作，在用249家加油站全部完成地下油罐防渗改造工作。

【土壤污染防治】 2019年，地区持续实施《阿克苏地区土壤污染防治工作方案》，制定印发《2019年阿克苏地区土壤环境管理工作要点》，加强对土壤污染重点工作的调度，推动土壤污染防治工作的开展。落实重金属污染防治工作，经自治区评估，地区超额完成重金属减排目标任务。加大土壤环境重点污染源监管，组织开展土壤重点行业企业地块环境状况信息调查工作，督促土壤环境重点监管企业对其用地开展土壤环境自测，开展对土壤环境重点监管企业监督性监测。编制印发《阿克苏地区土壤污染治理与修复规划》，对油田区域开展含油污泥综合治理工作。年内地区土壤环境质量保持稳定。

【入河排污口管理】 2019年，地区对水行政主管部门、全国第二次污染源普查统计的入河排污口，逐一进行核查。经现场核实，地区符合条件的入河排污口共计3个，分别是阿克苏水务集团有限公司污水处理厂阿克苏河排口、新疆恒丰糖业废水排放口、阿瓦提县丰收三场入河排污口，按照污水综合利用的原则，推进排污口整治，严格控制入河排污口，年内未批准新增入河排污口。

【环境执法】 2019年，地区生态环境局落实环境保护法律法规，对各类环境违法行为“零容忍”。实施按日计罚、限产限排、停产治理、查封扣押、案件移送等手段严厉打击偷排偷放、非法排放有毒有害污染物、非法处置危险废物等恶意违法行为。加大执法检查力度，打击不法排污企业环境违法行为。截至年底，全地区办理行政处罚案件77个，罚款371.7万元；运用新环境保护法及四个配套办法办理案件10个（查封扣押案件8个，行政拘留2个）。

【生态环境行政审批】 2019年，地区生态环境局全面深化“放管服”改革，提高行政许可工作效率。积极承接自治区下放的45大类146项审批权限，保证环境保护行政许可事项效率不减。优化规范行政审批流程，推进使用“互联网+政务服务”网上办理环评业务系统，将5项行政审批事项全部集中进驻政务服务大厅，实施AB岗，优化服务流程，做到大厅之外无审批。加快建设项目环评审批进度，将自治区下放权限由地区承接审批的报告书，审批时限由40日缩短至20日，报告表由30日缩短至15日。将25大类58项建设项目环境影响登记表由审批制改为备案登记制，实行网上受理，由项目业主自行做好网上备案手续,全年网上登记备案的项目约 1 500 个。

【排污许可管理】 2019 年,地区生态环境局加强环评与排污联动管理,完成 49 家排污单位排污许可证发放。按照办理排污许可证必须先办理环评要求,严查企业非法排污、无证排污等行为,组织召开 3 次违法案件调查专题会议,研究处罚决定。全面启动 9 个行业 73 家企业排污许可证核发工作,同时加强督查监督,对超总量、超标准排污的企业严格查处。以危险固体废物处置、尾矿库整治、重点行业土壤详查为重点,争取项目资金 10 万元,推进土壤污染防治稳步推进。严把环境准入关口,做好排污许可、危险废物经营许可、核与辐射经营许可的审核把关,发放医疗废物经营许可证 68 个,排污许可证 65 个。

【建设项目环评审批】 2019 年,地区生态环境局为解决发展与环境保护的难题,撰写南疆四地州差别化政策请示,提出合理化建议,向自治区生态环境厅和国家生态环境部协调项目审批,国家生态环境部出台《关于在南疆四地州深度贫困地区实施〈环境影响评价技术导则大气环境(HJ2.2-2018)〉差别化政策有关事宜的复函》。差别化政策,放宽了涉大气污染建设项目环境影响报告的受理审批门槛。使库车致本化学 40 万吨乙二醇项目、金晖兆丰 100 万吨/年 PVC 综合配套循环经济、库车沭阳化工有限公司 20 万吨新型保暖防火材料项目(一期)等一大批涉气重大项目环评报告获得审批,为地区后续涉气重大项目环评审批工作开辟了“绿色通道”。

2019 年,地区生态环境局围绕地区 178 个重点项目主动跑办,跟踪服务,协调解决难点重点问题。对涉及民生、扶贫领域的建设项目开辟“绿色通道”,实行即来即办。截至年底,共参与审批建设项目环评 801 个、办理辐射安全许可事项 65 项、发放排污许可证 62 份。

【环境应急管理】 2019 年,地区生态环境局落实环境应急工作措施,强化应急预案备案,完善环境应急预案体系建设。地区及 7 县 2 市突发环境事件应急预案均在行署、县(市)人民政府备案实施,各县(市)全年累计备案企事业单位突发环境事件应急预案 32 家。开展应急物资储备调查,参与调查的行政、事业单位 14 家,企业 56 家。共汇总统计应急物资 937 件,主要包括监测仪器设备、防护服、呼吸机、定位仪等,以及一般个人防护装备。加强对应急管理平台系统的维护和管理,完成风险源企业信息更新 101 家。年内地区未发生突发环境事件。

【农村环境整治】 2019 年,地区全面启动“千村整治、百村示范”工程,中央、自治区拨付农村环境整治专项资金 403.13 万元,用于 8 个县(市)10 个行政村农村生活污水治理项目建设,与脱贫攻坚、人居环境整治等专项资金配套使用,撬动近 3.6 亿元资金投入农村人居环境综合整治,累计清除淤泥和垃圾 4 万多吨;开展农村生活污水治理项目 63 个,其中 37 个村项目在建、26 个村生活污水治理设施建成并投运。

【生态环境建设】 2019 年,地区持之以恒推进绿化造林,打造“生态治理先行区”,先后实施以“四个百万亩”为主的大规模荒漠绿化工程,柯柯牙绿化面积由原来的 1.67 万公顷增加到 7.69 万公顷,阿克苏河、渭干河两个百万亩生态治理工程相继完工、植树造林 15.92 万公顷,2018 年启动实施的阿克苏空台里克百万亩荒漠绿化工程完成植树造林 3.95 万公顷。截至 2019 年,全地区植树造林总面积 115.81 万公顷,森林覆盖率由 6.5%提高到 8.8%。

【危险废物管理】 2019 年,阿克苏(南疆)危险废物管理中心强化危险废物污染防治和监督管理,地区共有县级以上危险废物监管重点单位 62 家。重点工业企业危险废物产生量 311 679.36 吨,自行利用 68 337.27 吨,委托处置 242 766.03 吨,处置利用率为 99.8%。做好医疗废物过渡性处置工作,地区有各级各类医疗卫生机构 1 757 家,床位 11 788 张,20 张床位以上医疗机构医疗废物产生量 1 711.89 吨,过渡性处置率为 100%。中石油塔里木油田分公司历史遗留油泥 4.07 万立方米、中石化西北油田分公司历史遗留油泥数量 19.5 万立方米全部规范化处置完成。

(贾 雯)

城乡建设

住房和城乡建设

【机构改革】 2019年3月，根据自治区党委、自治区人民政府机构改革方案，阿克苏地区住房和城乡建设局）与阿克苏地区人民防空办公室合并，为地区行署工作部门（以下简称地区住建局）（正县级）继续加挂阿克苏地区人民防空办公室牌子。核定编制33名（其中行政编制18名、事业编制10名、机关工勤事业编制5名）。设立内设科室6个。

职责划转：城乡规划管理职责划入地区自然资源局。同时划出从事此项工作的3名工作人员；风景名胜区、自然遗产管理职责划入地区林业和草原局；地区公安局指导建设工程消防设计审查职责划入地区住房和城乡建设局；地区经济和信息化委员会的墙体材料革新与建筑节能领导小组办公室职责划入地区住房和城乡建设局。同时划入从事此项工作的2名工作人员；地区人民防空办公室职责整体划入地区住房和城乡建设局；地区工程抗震办公室、地区房地产业管理办公室（地区城镇住房保障管理办公室）承担的行政职能划归地区住房和城乡建设局。

机构撤销、合并情况：撤销地区城乡规划服务中心；地区城市建设管理办公室、地区村镇建设管理办公室、地区建筑行业劳保统筹管理站撤销，组建阿克苏地区城乡建设服务中心，机构规格相当副县级。

【保障性住房建设】 2019年，地区以解决中低收入群体和居民住房问题为出发点，完善工作机制，落实工作责任，采取召开棚改推进会、下发督办通知、建立棚改进度月通报制度等手段强化目标管理，适时研究分析工作中出现的新问题，并提出工作建议和改进措施。积极破解资金难题，加快城镇棚户区改造和公租房建设，2019年自治区下达阿克苏地区棚户区改造任务18 255户，全地区完成棚户区改造19 258户，完成率105%，完成投资38.4亿元；公租房计划建设任务9 215套，开工9 267套，开工率100%，完成投资2.79亿元。

【城乡基础设施建设】 2019年，地区住建系统以中央环保督查反馈问题整改为目标，围绕加大补短板、惠民生工程建设，提升城市基础设施水平。立足行业本职，与县（市）对接年度城镇基础设施建设项目，更新完善城镇基础设施建设项目库，申请中央预算内资金4 696万元，及时分配下拨，做好项目协调跟踪服务工作，及时解决项目规划、手续办理相关问题；持续加大基础设施建设投资力度，加快水系、公园等设施建设，完善城市路网、管网和公共交通体系，实施亮化美化净化工程，加快阿克苏东城区产业新城、幸福公园，库车河城区河段生态恢复等工程建设，稳步推进沙雅县、拜城县、新和县污水处理厂提标改造和地区静脉产业园（东、西）区垃圾焚烧发电项目，阿克苏市应急热源、温宿县龙泉湖改造提升、阿瓦提县刀郎故里滨河绿廊二期、拜城县西城区基础设施建设等项目进展顺利。地区新建、续建城镇基础设施项目88个，完成投资32.53亿元，完成年初计划任务的162.65%。地区用水普及率达99.55%、燃气普及率达97.83%、污水处理率达98.82%、生活垃圾无害化处理率达87.62%、

城市棚户区改造项目计划和完成情况表

项目名称	改造项目开工和竣工时间		2019年度改造计划完成情况(套)		
	开工	竣工	计划	完成	差额
阿克苏市	2019年3月	2019年11月	5000	5000	0
库车市	2019年3月	2019年12月	1000	1103	103
沙雅县	2019年1月	2019年12月	4000	4755	755
新和县	2019年3月	2019年12月	3555	3555	0
拜城县	2019年1月	2019年11月	500	645	145
温宿县	2019年4月	2019年11月	2500	2500	0
阿瓦提县	2019年3月	2019年12月	1200	1200	0
总计	——	——	18255	19258	1003

2019年阿克苏地区绿地建设分布情况表

县(市)	建成区绿地面积(公顷)	建成区绿化覆盖率%	其中城市新增绿地(公顷)	街头绿地(公顷)		新增街头绿地		公园绿地面积(公顷)		其中新增公园	
				个数	面积(公顷)	个数	面积(公顷)	公园绿地面积(公顷)	城市人均公园绿地面积	个数	公园绿地面积(公顷)
阿克苏市	2649.8	41.38	47.87	82	84.10	40	34.87	793.93	19.63	1	13.00
库车市	1209	44.36	11.50	31	27.59	10	4.28	232.12	14	0	0.00
沙雅县	323.27	40.20	1.07	19	4.40	6	1.70	109.86	12.73	0	0.00
新和县	290	36.34	2.82	5	19.99	3	2.83	93.78	14.06	1	19.85
拜城县	370.66	43.15	1.60	18	2.40	3	0.37	178.78	26.25	0	0.00
温宿县	352.29	36.82	4.76	14	6.40	13	1.59	88.68	14.93	1	3.94
阿瓦提县	183.5	30.58	1.20	6	7.50	1	1.10	58.2	12.23	0	0.00
乌什县	189	57.86	6.00	6	15.20	0	0.00	32	9.55	0	0.00
坷坪县	85.75	36.33	1.00	7	1.80	2	0.60	25	11.81	0	0.00
地区合计	5653.27	41.40	77.82	188	169.38	78	47.34	1612.35	16.92	3	36.79

人均道路面积达 23.57 平方米、集中供热面积达 3 114.64 万平方米。加强城市生态建设，将绿色定为城市发展总基调，见缝插绿、缺绿补绿，加大社区公园、街头游园、绿廊等规划建设，推动生态园林城市建设。地区城市建成区新增绿地面积 77.82 公顷，完成地区年初下达目标任务的 155.64%。城市建成区绿化覆盖率达到 41.4%、人均公园绿地面积达 16.92 平方米。

【房地产业发展】 2019 年，地区围绕住有所居，以稳地价稳房价稳预期为目标，稳步推进房地产市场平稳健康发展。加大房地产市场监管力度，1~10 月地区累计开发商品房面积 493.25 万平方米，销售面积 125.1 万平方米，销售额 49 亿元，其中住房开工建设 427.53 万平方米(续建 68.35 万平方米)，竣工 61.04 万平方米，销售面积 106 万平方米，销售额 35 亿元。1~10 月地区商品房累计完成投资 85.9 亿元，其中住房累计完成投资 72.3 亿元，并针对房地产中介市场中的 11 种乱象加大巡查和监管力度，共对 133 家房地产中介服务机构进行，共对 133 家房地产中介服务机构进行拉网式排查。通过检查下发整改通知书 32 份，停业整顿 4 家。

【政府投资建设项目】 2019 年地区住建局认真负责开展代建工作。代建“多浪明珠”广播电视塔、阿克苏大数据中心、阿克苏监狱第五期改扩建等地直建设项目及改造项目 11 个，总建筑面积 215 217.5 平方米，投资 94 587 万元。

2019，新建成的街头绿地(段小毛/摄)

【建筑业安全生产管理】 2019 年，阿克苏地区受监工程项目 1 513 项，面积 985.33 万平方米(其中 2019 年新受监项目 1233 项，面积 751.62 万平方米，全部签署法定代表人授权书和项目负责人质量终身责任承诺书)，报建工程质量安全受监率 100%。全年竣工验收 447 项，面积 158.91 万平方米，合格率 100%，竣工验收备案 417 项（面积 209.75 万平方米），设置永久性标识牌 417 项，建立质量终身责任信息档案 417 份，全年未发生较大以上质量安全生产事故。

【建筑节能】 2019 年，阿克苏地区住建局发展建筑节能与绿色建筑，落实新建建筑节能强制性标准，居住类建筑设计全部推广应用低能耗建筑节能标准（节能 75% 标准），公共建筑达到 50%。受理新建建筑节能项目施工图审查 2 904 项，建筑面积 9 396 086.53 平方米，居住类建筑工程应用低能耗节能标准(执行节能 75%)项目共计 756 项，建筑面积 3 904 269.49 平方米，公共建筑执行节能 50% 的标准共计 2 430 项，建筑面积 8 068 745.92 平方米；共计审查新建民用一星级绿色建筑 756 项，建筑面积 390 469.49 平方米；执行率 100%。

【安居富民工程建设】 2019 年，自治区下达地区农村安居工程建设任务为 32 743 户，其中一般户 27 755 户、“4 类重点对象”4 988 户(建档立卡贫困户 609 户、低保户 4 341 户、农村分散供养特困人员 38 户)。截至年底，地区全年开工建设 32 743 户，竣工 32 743 户，网上档案录入 32 743 户，入住 32 743 户，开工率、竣工率、电子档案录入率、入住率均达到 100%。

【安居富民工程补贴】 2019年，地

区累计投入建设资金15.51亿元，其中各级财政补助投资10.2亿元，包括：中央补助0.9亿元，自治区补助5.53亿元，援疆补助3.76亿元，农民自筹5.32亿元。

【行政执法】 2019年，地区执法监察工作管理逐步推进数字化城市管理平台建设，其中阿克苏市已建成并投入使用，库车市召开政府会议已纳入建设议题。完成执法体制改革，充实城市管理执法人员数量，各县（市）地区城市行政执法支（大）队678人，其中行政编制20名、事业及参公编制245名、聘用制413名，基本完成城市执法人员满足城市人口3%的配置。开展停车秩序专项整治，整改停车场90多处，下发车辆乱停乱放整改通知书10多起，对20多处不适合作为停车场的场所进行设桩隔离。查处违章建筑。共查处120多起，其中依法拆除各类违法建筑50多起，拆除面积约7 500平方米，围墙500多米；责令停止建设违建50起，涉及面积2万平方米。加强渣土运输车辆管理，查处大型车辆抛洒行为1 100多辆，拉运渣土不按清运路线行驶行为30多起，违规乱倒工程渣土行为20多起，开出行政罚款共计58万余元。

【人民防空概况】 2019年5月，地区住建局（人防办）根据《关于调整人防工程审批权限和管理权限的通知》（新人防办〔2019〕23号），自治区人防办将权限内修建（易地建设）防空地下室审批、权限内人防工程拆除审批权限、权限内地下空间开发利用兼顾人民防空要求的3项行政审批事项调整为地、州、市人防部门审核；同时将自治区人防办委托自治区人防工程质量监督机构实施的人防工程（不含人防指挥工程）质量监督管理事项，调整为地、州、市人防部门实施”。地区住建局（人防办）按人防工程审批程序和内容审批人防工程33项，地区住建局（人防办）办理人防工程质量监督手续5项。

【人防指挥信息建设】 2019年，地区住建局（人防办）常态化开展指挥通信执勤和应急训练，完成短波电台训练、固定指挥所电信专网、卫星专网和机动指挥所互联互通训练共计520次。完善人防基础数据采集，开展2019年国防动员潜力统计调查，完成组织指挥、人员防护、目标防护、专业力量、支援保障5大体系、34个类别、323个数据项的采集核查工作。8~9月开展阿克苏城区防空警报设备巡检，完成设备设施检修维护。9月18日12时00分至12时19分阿克苏地区人民防空办公室在阿克苏城区鸣放防空袭警报，警报鸣响率100%，音响覆盖率98%。

【人防系统腐败问题专项治理】 2019年，地区住建局（人防办）制定人防系统腐败问题专项治理工作方案，有序开展专项治理整治。对2002年至2018年本辖区人防工程建设、人防国有资产管理、人防工程（资产）租赁使用、人防行政执法、人防重点建设项目招投标和专项资金使用中存在的违反法律法规问题进行全面核查、梳理。核查问题线索39项，涉及建设单位32个。截至12月31日，专项治理工作核定补建人防工程3项，补缴人防工程易地建设费项目6项。

（朱良瑞）

住房公积金管理

【概况】 2019年，阿克苏地区住房公积金管理中心（以下简称地区住房公积金管理中心）归集住房公积金27.16亿元，累计归集住房公积金178.38亿元；提取住房公积金17.27亿元，累计提取住房公积金发放住房公积金贷款105.39亿元；发放住房公积金贷款0.46万笔12.27亿元，累计发放个人住房公积金贷款5.68万笔80.72亿元。

【住房公积金归集】 2019年，地区住房公积金管理中心新开户单位174家，实缴单位2 741家，净增单位49家，新开户职工1.93万人，实缴职工14.69万人，净增职工0.98万人；缴存额27.16亿元，比上年增长13.45%。2019年年末，缴存总额178.38亿元，比上年末增加17.96%；缴存余额72.99亿元，比上年末增加15.67%。

【住房公积金提取】 2019年，地区住房公积金管理中心提取额17.27亿元，比上年增长33.36%；占当年缴存额的 63.59%，比上年增加 9.5 个百分点。2019 年末，提取总额 105.39 亿元，比上年末增加 19.60%。

【住房公积金个人贷款】 2019 年，地区住房公积金个人住房贷款最高额度 50 万元，其中单缴存职工最高额度 50 万元、双缴存职工最高额度 50 万元。地区住房公积金管理中心发放个人住房贷款 0.46 万笔 12.27 亿元，比上年分别增长 53.33%、59.35%。截至年底，回收个人住房公积金贷款 5.3 亿元。全年累计发放个人住房贷款 5.68 万笔 80.72 亿元，贷款余额 38.62 亿元，分别比上年增加 8.81%、17.93%、22.02%。个人住房贷款余额占缴存余额的 52.91%，比上年增加 2.75 个百分点。受委托办理住房公积金贷款业务的银行 6 家，比上年增加 1 家。

【住房公积金增值收益】 2019 年，地区住房公积金管理中心增值收益 1.12 亿元，比上年增加121.18%。其中增值收益率 1.62%，比上年增加 0.74 个百分点。收益分配：提取贷款风险准备金 905.9 万元，提取管理费用 1 619.88 万元，提取城市廉租住房（公共租赁住房）建设补充资金 8 700 万元。截至年底，上交财政管理费用 1 619.88 万元。上缴财政城市廉租住房（公共租赁住房）建设补充资金 7 150 万元。截至年底，贷款风险准备金余额 5 019.87 万元，累计提取城市廉租住房（公共租赁住房）36 006.86 万元。

2019 年 10 月 22 日，全区住房公积金从业人员培训班在阿克苏召开(李一凡/摄)

【住房公积金业务政策调整】 2019 年，地区住房公积金管理中心确定月缴存基数上限 16 701 元，月缴存额上限为 4 008 元；住房公积金存贷款利率未作调整，贷款五年期以上年息 3.25%，五年期以下（含五年）年息 2.75%；住房公积金个人贷款逾期不良记录时限进行调整，将原来连续逾期 12 个月或累计 24 个月不能申请住房公积金贷款，调整为连续逾期 6 个月或累计 12 个月不能申请住房公积金贷款。

【信息化建设】 2019 年，地区住房公积金管理中心统一规范地区住房公积金业务系统基本信息，针对因业务操作、软件等历史原因造成部分缴存职工“一人多户”等历史遗留问题，认真开展账户信息核对工作，对 10 169 户“一人多户”进行合并。根据电子化检查结果，认真开展基础数据的核对清理工作。对照下发的电子化稽查报告，开展分析、核查和整改等工作。开通个人住房公积金余额变动短信提醒服务，为全地区 16 万名缴存职工免费推送余额变动短信。

【服务工作】 2019 年，地区住房公积金管理中心利用信息化建设成果，持续推动地区住房公积金“互联网+政务服务”建设，方便办事群众。率先完成全疆住房公积金业务“通存、通提、通贷、通还”“四通”业务测试工作。在市区范围内推进地、市“同城通办”模式，将中心地（市）直管理部拆分，实现“一网办、就近办”，所有业务实行“同城通办”。

（黄昌谋）

宏观经济管理

【综述】 2019年，阿克苏地区发展和改革委员会（以下简称地区发改委）坚持以总目标统领经济工作，落实自治区党委“1+3+3+改革开放”工作部署，贯彻新发展理念,多渠道筹措建设资金，争取中央及地方项目资金34.93亿元、援疆资金14.66亿元、利用外资1.03亿美元、PPP项目完成投资25.2亿元。突出抓好地区年度178个重点建设项目，新拜铁路、阿温同城南外环、温泉水库、阿克苏市垃圾焚烧发电、大平滩240万吨煤矿、致本化学40万吨乙二醇、金晖兆丰100万吨PVC等能源化工项目顺利推进；纺织工业城出口监管仓库、利华棉业、协益纺织等新增纺纱产能40.8万锭，标信1万吨筒子纱染色建成投产，实现地区成品纱染色新突破；成功引进石墨烯、粉垄深松深耕机生产组装等项目落地，填补了地区高新技术产业项目空白，产业结构优化升级。

（周　莹）

【机构改革】 2019年，根据自治区党委、自治区人民政府机构改革方案，地区发改委为地区行署工作部门（正县级），继续加挂阿克苏地区能源局牌子。核定编制79名（其中行政编制46名、事业编制33名），机关工勤事业编制7名。设立内设科室17个。

职责划转：将地区油区工作委员会办公室的油气管道安全监管职责、原地区煤炭工业管理局煤炭规划发展职责、地区商务局对外开放领导小组办公室职责、对口援阿工作领导小组办公室职责、全社会节能监察局职责、地区西部开发领导小组办公室（重点项目管理办公室）职责划入地区发展和改革委员会，同时划入从事相关工作的人员34名。将地区价格监督检查局整建制划转到地区市场监督管理局，同时划入从事相关工作的人员13名。将原地区发展和改革委员会粮食流通监管科、粮食购销科、粮食仓储科、地区军功中心划转到地区粮食和物资储备局，同时划入从事相关工作的人员37名。

机构撤销、合并：撤销阿克苏地区投资项目评审中心；撤销阿克苏地区西部开发办公室（项目建设管理办公室）；撤销阿克苏地区援阿领导小组办公室；撤销阿克苏地区全社会节能监察局；撤销阿克苏地区军粮供应管理中心（军供中心直属军粮供应站）；撤销阿拉尔军粮供应站；撤销阿克苏军粮供应站；撤销库车军粮供应站；撤销拜城军粮供应站；撤销乌什军粮供应站。

将“阿克苏地区价格认定局”更名为“阿克苏地区价格认证中心”；将“阿克苏地区发展和改革委员会经济研究院”更名为“阿克苏地区发展和改革委员会发展规划院”。

设立阿克苏地区投资项目服务中心，机构规格相当于副县级。

（任　艺）

【宏观经济指标】 2019年，地方生产总值（含一师）1 222.43亿元、增长8%，其中第一产业275.54亿元、第二产业384.2亿元、第三产业562.69亿元，三次产业结构比为22.54:31.43:46.03。完成全社会固定资产投资553亿元、下降9.8%。城镇居民人均可支配收入32 812元、增长7.1%；农牧民人均纯收入16 224元、增长8.7%；全社会用电量增长 12.9%；居民消费价格指数控制在 3.5%以下。

（朱　疆）

【重点项目建设】 2019 年，全地区 178 个重点项目开（复）工 168 个，开复工率 97.67%（不含预备项目）；累计完成投资 289.89 亿元，完成年度计划投资 314.69 亿元的 92.09%。其中续建项目 80 个，年度计划投资 121.12 亿元，复工 80 个，完工 20 个，累计完成投资 129.57 亿元；新建项目 92 个，年度计划投资 193.57 亿元，已开工 88 个，完工 22 个，累计完成投资 159.9 亿元。

（朱　疆）

【固定资产投资】 2019 年，全地区实施固定资产投资项目 1 075 个（预备项目 37 个），总投资 2 073.19 亿元，年度计划完成投资 603 亿元。其中新建项目 752 个，年度计划投资 387.46 亿元；续建项目 286 个，年度计划投资 215.54 亿元。全年累计完成投资 552.98 亿元，比上年增长 18.96%；开（复）工 1 035 个，开工率 99.71%（不含预备项目）；完工项目 577 个，完工率 55.59%。

（朱　疆）

【民生建设】 2019 年，自治区累计下达阿克苏地区以工代赈项目资金 14 080 万元，共实施以工代赈项目 40 个，涉及村级道路、农田水利、小流域治理等农村基础设施项目，截至年底，40 个项目全部完工，发放劳务报酬 1 561.54 万元，占下达资金的 11%；参与项目建设人数达 3 349 人，其中建档立卡贫困人口 1 852 人，占比 55.3%。自治区下达阿克苏地区“十三五”易地扶贫搬迁任务 2 496 户 8 519 人，截至年底，所有搬迁户全部搬迁入住并脱贫。

社会事业类共争取中央预算内投资项目 35 个，开工 35 个，落实中央预算内资金 34 676 万元。其中卫生领域方面争取中央预算内投资项目 7 个，落实中央预算内资金 10 590 万元；教育领域方面争取中央、自治区预算内投资项目 6 个，落实中央预算内资金 8 081 万元；社会兜底方面争取中央预算内项目 7 个，落实中央预算内资金 5 105 万元；公共体育方面争取中央预算内项目 6 个，落实中央预算内资金 2 700 万元。文化旅游方面争取中央预算内项目 9 个，落实中央预算内资金 8 200 万元。

（张　扬　侯晶哲）

【经济体制改革】 2019 年，地区发改委着眼“六型政府”，深化“放管服”改革，提升服务意识，树立窗口新形象，助推地区优化政务服务营造良好营商环境。截至年底，受理办结行政审批事项 4 141 项。行政服务中心推动实现“最多跑一次”，优化改善营商环境。梳理公布地县两级“四个办”清单、100 个“最多跑一次”高频事项清单；推行“一窗受理”，推动“同城通办”“异地受理”，创新打造“套餐服务”。梳理“套餐”服务事项 45 项，地区本级 33 家单位 472 项事项初步实现“一窗受理、集成服务”，并逐步在阿克苏地区范围内全面推广。落实审批结果“快递免费送达”，推动实现“最多跑一次”“不见面审批”。推行并联审批、容缺受理等创新服务，审批时限大幅压缩，平均在法定时限基础上压缩不少于 40%；55.4% 的办件 1 天内办结，30%左右承诺件实现“即来即办”。

（韩英群）

【减税降费】 2019 年，地区支持实体经济高质量发展，落实减税降费各项措施。全地区累计减税降费 12.23 亿元，贯彻执行低电价政策，电价累计让利 6.8 亿元。加大小微企业融资担保支持力度。受理转贷应急资金业务 9 笔，金额 14 190 万元；受理解困周转资金业务 2 笔，金额 3 500 万元。落实普惠型金融政策加大融资支持，地区普惠型小微企业政策减税 0.94 亿元；52 760 户纳税人享受个人所得税改革减税 0.2 亿元。落实社保降费政策，机关事业单位养老保险降费减免 1.21 亿元，企业养老保险、失业保险费、工伤保险减免合计减免降费 3.61 亿元。

（韩英群）

【价格工作】 2019 年，地区发改委完成地区天然气销售价格调整工作，取消居民天然气气表到期更换收费政策（居民到期气表更换不再单独收费），对于前期收取更换费用的用户，由燃气经营企业做折气量清退。放开车用天然气价格，销售价格实行市场调节价。落实自治区 2 次降低全区一般工商业及其他类用电销售电价政策，将降价红利及时全额传导到终端用户，2 次降价释放政策红利达 2 521.63 万元，涉及用户80 295户。落实自治区水电上网电价下调政策，水电上网电价下调释放政策红利达395.76万元。推进农业水价改革，配合沙雅县渭干河灌区农业高效节水增收试点项目组工作，组织沙雅县相关部门开展农业水价农民承受能力相关调查。开展粮食安全县(市)长负责制考核工作中涉及农业水价综合改革评分工作。督促各县(市)稳步推进农业水价改革。完成克孜尔水库管理局和渭干河流域管理局农业供水价格调整工作，上报地委财经委员会审议通过并执行。

完成供热价格调整工作。指导阿克苏市、沙雅县、新和县、拜城县按照相关规定和程序做好热力价格调整工作。规范机动车检测收费管理。按照自治区有关营运货车年审、年检和环检“三检合一”收费政策，及时与相关部门对接，并召集行业主管部门、检测机构、检测协会及运输经营企业就地区营运货车“三检合一”收费标准进行座谈，初步确定地区营运货车“三检合一”收费标准，并上报行署审批执行。加强景区价格管理。在阿克苏政府网上公示阿克苏地区范围内20个旅游景区政府定价的景区门票及服务价格，提高政策透明度。完成阿瓦提刀郎部落、温宿县天山神木园、新和沙漠花海旅游景区门票价格成本监审工作。加强市场价格监测分析，掌握居民消费价格指数变动情况。密切关注市场价格变化，做好市场价格采价工作，按期向自治区发改委报送价格监测数据与分析。重点加强节假日重要商品及生猪、猪肉市场价格应急监测，提高数据准确性。

(王敏花)

【收费管理】 2019年，地区发改委做好地区年度收费单位收费情况统计报告和公示公告制度工作，加强收费事中事后监管力度，提高收费管理水平。通过“新疆收费管理信息网”公示单位有850个(其中地区本级152个)，并全部实行收费统计报告制度，公示统计报告率达100%。落实国家及自治区降低、减免、免征等行政事业性收费相关政策。在地区范围内开展涉企收费自查。地区本级8个行政事业性单位(地区市场监督管理局所属计量检定所、特种设备检验检测所、产品质量检验所、粮食安全检测中心、药品检验所；地区住建局属人防办；地区林草局；地区无线电管理局)涉及企业收费，涉企收费额6 081.9万元。完成医疗废物处置费收费测算工作。

(王敏花)

【价格指数】 2019年1~12月，阿克苏居民消费价格指数(CPI)当月比上年涨幅未达到3.5%，食品价格当月比上年涨幅未达到6%。全年未启动联动机制。

(王敏花)

市场监督管理

【机构改革】 2019年1月23日，地区市场监督管理局挂牌成立，地区市场监督管理局前身将地区工商行政管理局、地区质量技术监督管理局、地区食品药品监督管理局的职责，以及地区发展和改革委员会的价格监督检查与反垄断执法职责，地区商务局的相关反垄断职责，地区知识产权局的职责等整合，组建地区市场监督管理局，作为地区行署工作部门，加挂地区知识产权局牌子，地区食品安全委员会的具体工作由地区市场监督承担。下辖地区检验检测中心(正县级)，地区药品检验所两个事业单位。地区市场监督管理局机关行政编制105名，其中县处级领导职数4名、科级领导职数63名，机关工勤事业编制7名。11月20日经地委机构编制委员会2019年第二次会议研究，组建地区市场监管综合执法队，在地区市场监督管理局挂牌，实行“局队合一”体制。

【商事制度改革】 2019年，地区市场监督管理局全面推进“二十六证合一、一照一码”改革，严格执行28项登记前置审批事项，告知承诺制7项、优化服务26项，向新设立、变更经营范围企业发放告知书，实现涉企登记事项数据“一次采集、共享共用”减少办理流程、提高办事效率。实现企业登记平均办理时长1.8个工作日、全疆用时最短。推行“互联网+政务”服务模式，提高注册登记便利化水平，全地区办结全流程网上登记16 722户。实施直接核准、一审一核制度，打造“一网覆盖、一次办好”线上线下相结合的审批服务新模式，梳理出“马上办”事项11项，“最多跑一次”服务事项8项，实现权限内审批服务事项90%以上网上办理，6家银行机构、城乡98个营业网点代办登记注册业务。同步启用全国市场监管动产抵押登记业务系统，通过互联网完成在线审核、公示、查询，对手续齐全符合规定的当天受理、当天审核、当天登记，实现动产抵押登记全流程网上登记、无纸化登记，共办理动产抵押登记 184 件，帮助企业融资 80.61 亿元。推行市场主体名称全程电子化，开放市场主体名称库，实现市场主体名称自主申报，自主选择，提高市场主体名称登记效率，地区市场主体名称 99% 以上是通过网上自主申报、核准。实施企业简易注销登记改革，简化注销程序，全地区 1 375 户企业走简易注销程序办理注销登记，企业“进门容易出门难”的问题得到改善。简化“个转企”流程，促进个体工商户“个转企”工作开展，全地区共办理个体工商户转型升级为企业 87 户，注册资本共计达 6 166 万元。2019 年，地区市场主体总量 15.31 万户，新增 34 338 户、比上年增长 32.9%，注册资本共计 2 889.02 亿元，比上年增长 11%，新增注册资本 219.35 亿元，比上年增长 22%。

【行政许可】 2019 年，地区市场监督管理局全面启用自治区行政许可系统，实现全程网上办理。全年共办理“药品经营许可证”筹建 84 家、核发 91 家、变更 187 家、延续 7 家、注销 49 家，药品 GSP 认证 101 家，麻醉药品和第一类精神药品运输证明 1 家；“医疗器械经营许可证”核发 37 家、变更 28 家、延续 3 家、注销 1 家，第一类医疗器械生产备案 1 家、变更 1 家，二类医疗器械备案 205 家、变更 33 家；“食品生产许可证”核发 60 家，变更 30 家、注销 2 家。同时，按照行政许可信息公开要求，每月初定期在行署官网公示上月食品、药品、医疗器械许可信息 33 期。发布核发“药品经营许可证”公示公告 45 期、GSP 认证 30 期，注销公告 21 期，主动接受社会各界的监督。

【知识产权保护】 2019 年，地区市场监督管理局加大知识产权保护工作，引导企业和农民走商标发展之路，实施商标品牌战略。截至年底，地区注册商标 9 643 件，其中农产品商标 2 531 件，拥有农产品地理标志证明商标 16 件。全年完成专利申请 805 件、发明专利授权 177 件，注册商标 9 643 件、新申请商标 1 194 件，拥有农产品地理标志证明商标 17 件。

【广告监管】 2019 年，地区市场监督管理局开展重点广告市场监管工作，强化广告导向管理，增强媒体广告发布责任意识，建立审查员制度落实内部审查。联合公安、财政等部门开展防范和打击非法集资、金融犯罪集中宣传日活动，共出动执法人员 330 多人次，检查各类企业 107 家，走访群众 500 多户次，监测各类平面媒体广告 104 条次，户外广告 203 条次，发放宣传单 1 500 多份，提供咨询 32 人次，未发现涉嫌非法集资行为及非法集资广告资讯信息内容。

【网络交易监管】 2019 年，地区市场监督管理局开展“网剑行动”，以网上销售社会反映集中、关系健康安全的消费品为重点强化监测监管。专项行动以来，系统各市场监督管理局共线上检查网店、网站 97 个次，线下实地核实 33 个次，督促网络交易平台删除违法商品信息 12 条，提请关闭网站 3 个。依托自治区网络商品交易监管平台，对地区在册的 600 多家网站（网店）进行网上巡查，对经营主体已经注销但网站未注销、涉及黄赌毒等 8 家网站，分别联系当事人、网信部门进行处理。在春节、五一、十一等节点，开展网络交易定向监测工作，随机抽取地区境内在淘宝、京东注册的部分网店进行线上检查，共计检查网店 23 家。

【价格监督检查】 2019 年，地区市场监督管理局落实好国家出台各项降费减负政策，完成清理规范涉企行政事业性收费项目，对不合法不合规、重复设置等收费项目坚决予以取消。开展涉企收费专项检查，对行业协会、公章刻制行业、中介服务、汽车检验检测机构、银行等相关行业进行涉企服务收费专项检查；对存在问题的辖内银行机构，涉及业务金额 635.41 亿元违规收费 10.21 万元退还企业。在地区范围内对医疗服务、殡葬行业、景区门票、停车收费、物业公司等收费情况开展检查，对存在问题的地区第二人民医院、地区妇幼保健院及阿克苏市殡仪馆违规收取的 23 8064 元服务费全部罚没上缴地区财政，物业公司多收取的 52 670.37 元服务费用退还住户。

【信用监督管理】 2019 年，地区市场监督管理局向社会宣传年报公示意义，对市场主体实地指导和教报、助报。全地区完成市场主体年报公示 114 811 户，年报率 93.83%。综合年报率位居全疆首位。开展长期停业未经营市场主体清理工作，吊销市场主体 184 户，引导注销 6 296 户，唤醒规范 244 户。制定"双随机、一公开"实施方案和实施细则，建立"一单两库"和年度抽查计划，下派双随机计划 30 项，检查并公示各类市场主体 3 260 户，到期任务检查率、公示率 100%。依规列入异常经营名录和标记异常市场主体 2 355 户，列入严重违法企业名录 154 户，移出异常名录 804 户，移出严重违法企业名录 17 户。

【反垄断和反不正当竞争】 2019 年，地区市场监督管理局经第四次行署常务会议审议通过，批准建立由地区市场监督管理局牵头的公平竞争审查联席会议制度，联席会议办公室设在地区市场监督管理局。地区公平竞争审查联席会议成员单位及各县(市)人民政府所属各部门及时建立内部审查机制，确立本部门审查制度及实施方案，组织开展清理工作，对本地区 2017~2018 年制发的存量政策文件是否含有地方保护、指定交易、市场壁垒等进行清理排查，共审查行署文件 19 件，成员单位及各县(市)人民政府所属各部门文件 9 411 件，清理本部门限制、排挤竞争、违背全国统一市场内容文件 3 件。办理地区电梯行业涉嫌行业定价限制竞争案件 1 件。

【药品和医疗器械管理】 2019 年，地区市场监督管理局狠抓中药饮片专项整治，严厉查处中药饮片生产流通环节违法违规行为，共查处中药饮片违法案件 53 起，罚没款 6.24 万元。重点查获 3 起非法经营复方地芬诺酯片案件和 1 起无证经营中药饮片违法行为，查扣违法销售复方地芬诺酯片 2 576 瓶，涉案金额约 11 万元，均移交公安机关处理。狠抓执业药师"挂证"行为，将药品零售企业"挂证"整治与规范进货渠道、严格票据管理等内容相结合，督促药品零售企业提高质量管理和药学服务水平，保障人民群众用药安全。全年共检查企业 806 家，下发责令改正通知书 123 份，注销"药品经营许可证"药品零售企业 17 家，吊销"药品经营许可证"1 家，注销执业药师资格证 4 人，变更注册单位 5 人。

【药品集散中心项目】 2019 年，地区市场监督管理坚持民生优先导向，保障临床用药需求，健全药品供应保障机制建成药品集散中心(一期)，占地面积 22.83 公顷、仓库 25 栋，成为西北五省唯一集现代化物流、仓储、销售为一体的区域性交易平台。发挥中心招标采购、质量监管、信息发布、运营管理、招商引资"五大平台"功能，引入药品批发企业 17 家、医疗器械批发企业 73 家，药品种类 6 500 多种、医疗器械 8 000 多种，药械招标采购 243 次、采购规模达到 13 亿元，整体药价比上年下降 11%。6 月 15 日在药品集散中心成功举办首届"药博会"，全面展示地区医药业发展和经济建设新成就，洽谈意向性合作协议 50 多个，协议金额 2.49 亿元，助推医药产业集聚发展和转型升级。

【食品安全】 2019 年，地区市场监督管理局健全完善食品安全治理体系，履行监管职能，提升人民群众满意度。严格落实食品安全"党政同责"，调整充实地区食安委成员、

2019 年 6 月 15 日，"2019 年中国新疆阿克苏药品博览会"在阿克苏药品集散中心举办，图为群众及相关企业参观室内展厅
(地区市场监督管理局/提供)

行署主要领导担任食安委主任，修订完善地区食安委工作规则和食品安全专家委员会，签订《食品安全目标责任书》，行署常务会议每月听取食品安全工作汇报并及时协调解决重点难点问题，将食品安全和质量工作纳入绩效考评和综治维稳考核体系。狠抓小作坊专项整治，探索具有本地特色的小作坊监管方式，完善“采购台账、生产台账、检验台账、销售台账”四本台账，对全地区食品加工小作坊进行登记建档管理，解决小作坊“脏乱差”和无照经营问题，规范生产加工行为。2019 年，备案登记 168 家、发放登记证 125 张，责令整改 253 家次，立案 16 起，罚没款 18.3 万元。开展校园周边食品安全整治，共检查食品销售 6 655 家次，检查餐饮服务 6 215 家次，清理取缔摊贩 152 个，下发整改通知书 1 934 份，没收下架 1 513 公斤，立案查处 83 家，罚没款 25.63 万元。

【餐饮食品安全监管】 2019 年，地区市场监督管理局组织 9 839 家持证餐饮单位开展等级评定，张贴等级公示牌公示投诉举报电话，让消费者参与评价、实地感受量化分级实际效果。全地区有餐饮单位 10 305 家，含学校食堂（含托幼机构），完成 7 346 家餐饮单位量化分级工作，其中 A 级 1 507 家、B 级 5 352 家、C 级 487 家，覆盖率达到 71%以上。推进“阳光厨房”建设，以各类学校（含托幼机构）食堂、大中型餐饮和餐饮集中消费区为重点，建立从原料采购到加工过程直至消费者信息的可追溯体系。2019 年，676 所幼儿园、456 所中小学、8 家大型餐饮业建成“阳光厨房”。确保各项重大活动餐饮服务食品安全，完成自治区脱贫攻坚工作座谈会、全区疾病预防控制工作会议、“丝绸之路经济带核心区”记者采访活动、乡村教师队伍建设援疆工作推进会、高考等 15 项重大活动餐饮服务食品安全保障。

【化妆品监督管理】 2019 年，地区市场监督管理局加强对化妆品生产经营企业的监督管理，对地区化妆品生产经营单位进行一次系统性摸底调查。对所涉及的营业执照含“化妆品”经营范围、美容美发机构、三星以上旅馆及旅店经营使用化妆品情况都纳入统计范围。通过摸底，掌握地区化妆品经营单位基本情况，全地区共有化妆品经营单位 3 250 家。组织全系统开展美容美体行业专项执法检查活动，共检查美容美体美发店 499 家，对出现问题的门店要求限期改正，通过整治行业经营进一步规范。

【风险监测抽检】 2019 年，地区市场监督管理局全面掌握食品药品质量安全总体状况，有效预防食品药品安全事故发生，确保公众饮食用药安全。在地区市场监管系统投入食品抽检经费 965.55 万元，抽检 5 601 批次，抽检量接近 22 批次/万人。4 月底完成国家药品抽检任务 152 批次，自治区药品、医疗器械、化妆品监督抽检工作提前 2 个月完成，国家药品监督抽检任务总量位居全疆第一、完成任务量超出比例位居全疆第二。针对食品和药品监督抽检不合格产品，采取及时调查核实、依法处置、跟踪检查等方式，强化食品药品抽检不合格产品的处理工作，确保每份不合格检验报告有调查、每批问题产品处置到位。检出不合格产品 29 批次，立案核查处置 29 件、处置率 100%。

【质量发展监督管理】 2019 年，地区市场监督管理局突出重点领域强化质量监管，发挥质量强阿领导小组办公室牵头抓总作用，召开质量强阿工作推进会，将质量工作纳入地区目标责任绩效管理考核，制定县（市）质量工作考核指标和考评细则，组织沙雅县创建“全国质量强县示范城市”，推荐申报“政府质量奖”企业 3 家，“质量兴县（市）”活动覆盖率 100%。强化农资产品监管，抽查 20 家化肥生产企业 27 批次、不合格 5 批次，抽查 33 家 33 批次滴灌带和 9 家 10 批次农用地膜、不合格 16 家 17 批次，召开农资生产企业产品质量分析会暨约谈会，企业代表签定产品质量承诺书。积极开展危险化学品及其包装物监管，采取日常监管和重要节点、节假日全覆盖监督检查相结合方式，抽查危险化学品及其包装物生产企业 9 家 10 个产品 17 批次，责令 6 家问题企业限期整改；加大车用汽柴油监督抽查，抽查 38 家加油站 2 类产品 62 批次，不合格产品 1 家 2 批次，严防不合格产品流入市场。

【标准化工作】 2019 年，地区市场监督管理局为全面实施标准化发展战略，以标准化工作为引领提升地区产品质量的提升。修订自治区地理标志产品（阿克苏苹果 DB65/T 3503-2013、阿克苏核桃 DB65/T

3504-2013、阿克苏红枣DB65/T 3505-2013)地方标准。审核温宿金丰源有限公司单产籽棉高产栽培、优质长绒棉纤维品质保优栽培技术等7个规程标准文本合法性。审核和发布地区农业地方标准7个。对红旗坡苹果地理标志产品专用标志使用规则等6项标准进行多次审核、审定。开展对标达标活动,向35家纺织、纱线企业发放《企业执行标准摸底表》并建立登记台账,其中13家纺织企业执行国际标准、8家执行行业标准、8家执行国家标准,6家企业将标准与国家标准对标方案进行对标,通过对标提升阿克苏地区纺织产品的质量水平。

【计量工作】 2019年,地区市场监督管理局加强对重点用能单位能源及能源消耗数据的检测和管理,为经济运行决策提供科学、准确、可靠的依据,对辖区32家重点耗能单位进行统一梳理和规划。为服务当地企业,减轻企业负担,出具强检器具备案表,将13家企业150多台件计量标准器送往自治区计量测试研究院免费检定,为企业减免费用8万多元。对辖区8家法定计量检定机构的40项社会计量标准开展计量标准、计量授权考核。加强认证认可检验检测事中事后监管,规范检验检测机构经营行为,对辖区取得资质认定的检验检测机构、定量包装商品生产企业进行监督抽查工作。

【特种设备安全监察】 2019年,地区市场监督管理局协调自治区特检院专家对电梯维保单位开展为期2个月的维保质量监督抽查,抽查维保单位备案驻点65个、使用管理单位134家,推动落实隐患排查和风险管控双预防机制。依托新疆特种设备安全智能管理系统,每周将超期未检特种设备推送至县(市)局,特种设备检验率97.38%、居全疆第三;坚持日常、专项监督检查和"1+X"提级管理单位每月隐患排查综合推进,全年共检查特种设备使用单位1 348家、设备12 324台,发现隐患2 159条,隐患整改率98%,下发监察指令书272份。

【纤维质量监督管理】 2019年,地区市场监督管理局开展护农、护产业、护秩序三护行动,对异性纤维和混类混等质量问题,棉花收购、加工、监管仓库环节使用计量器具和棉检仪器等相关问题进行检查整治,共出动执法人员442人次,检查企业162家,覆盖率100%,对存在问题的23家棉花企业责令整改,维护了地区棉花市场秩序。开展2017~2018年度阿克苏地区棉花收购量、加工量、公检量允差超标准核查工作,分别对14家棉花收购、加工、公检量允差较大的重点企业进行现场监督核查。联合教育部门加强学生校服质量监测,通过对生产销售不合格校服案、异形纤维超标案胶长绒棉掺杂细绒棉案的立案查处,打击不良企业,营造放心消费环境。

【检验检测】 2019年,地区检验检测中心全年完成业务收入3 020.35万元,比上年2 784.26万元,增长8.5%。其中特检所完成业务收入1 945万元,食品安全检测中心完成业务收入254.25万元,计量检定所完成业务收入560万元,产品质量检验所完成业务收入261.1万元。纤检所棉花公证检验阿克苏实验室完成棉花公检13 483批,246.07万包,55.8万吨;库车实验室完成棉花公检2 912批,55万包,12.3万吨。自用棉检验1 951批,公定重量8.31万吨;监管库检验1 505批,6.26万吨。棉花公检量及检验质量位居全国首位;检验纺织品、纱线类、纤维类产品919批次;检验电梯、车用气瓶、场内机动车、安全阀等特种设备3.33万台(件)、压力管道746.59千米;完成水果、食用油、大米、干果等食品类委托检验样品2 871个批次;完成轻工类、化工类、建材类、珠宝类等样品检验14 902批次;检定、校准计量器具3.9万台(件)。

【科技信息化建设】 2019年,地区市场监督管理局在疆内率先建设智慧监管平台。"智慧监管"信息化平台建设工作,以"一中心十系统"(一中心即智慧监管大数据中心,十系统即公共信息服务(含行政审批)、大数据分析决策、食品溯源、药品医疗器械溯源、移动执法监管、检验检测信息、风险应急预警、消费环境分析、视频监控、维稳联动)为总体架构,实现全程溯源、主体分析、应急处置、集成调度、视频巡查等多种功能,数据在纵向能够上报区局、横向与"智慧城市"互联,成果服务于监管队伍和各类经营主体。全年录入数据1.2亿条,开通云计算主机14

台、存储 90TB，接入视频监控图像 1 097 路。

【行政执法案件办理】 2019 年，地区市场监督管理局加大行政执法案件办理审核把关力度，案件办理做到“四个统一”（统一程序、统一文书、统一案号、统一审核标准），做好案件登记、审核管理，全年发放一般程序案件案号 71 件，简易程序案件案号 13 件，提出审核整改建议 246 条。严格落实重大案件集体讨论制度，局案审委员会审理重大执法案件 9 起，并形成处理决定。对行政复议、行政诉讼案件做好法务对接工作，对县（市）局 2 起案件组织行政复议，均对原处罚决定予以撤销。针对 2 起行政诉讼案件，作为我方代理人先后 3 次出庭应诉工作，均胜诉。2019 年全地区市场监督管理系统查处行政案件 887 起，罚没款 632 万，无败诉案件。

【消费者权益保护】 2019 年，地区市场监督管理局加大消费维权力度，将原工商 12315 投诉举报平台、食品药品 12311 投诉电话进行整合，统一集中受理投诉举报，共受理、转办、分流各类投诉举报案件 3 163 件，比上年增长 44.7%，其中投诉（申诉）2 732 件，占受理总量的 86.4%，比上年增长 41.1%，办结 2 637 件，办结率 96.52%；举报 426 件，占受理总量的 13.5%，比上年增长 71.8%，办结 425 件，办结率 99.76%；咨询 5 件，占受理总量的 0.16%，全年共为消费者挽回经济损失金额 1 023.13 万元。

（陈淑娟）

应急管理

【机构改革】 2019 年 1 月 23 日，阿克苏地区应急管理局正式挂牌成立。根据地区机构改革工作统一部署，将地区地震局、行署应急管理办公室、民政局减灾委办公室、草原监管所、航空护林站（地区护林防火指挥部办公室）、防汛抗旱总指挥部办公室等承担的全部或部分职能划入地区应急管理局。涉改人员转隶工作全面完成。3 月 16 日，《阿克苏地区应急管理局职能配置、内设机构和人员编制规定》正式印发执行。机构改革完成后，地区应急管理局局机关共有编制 54 名，内设科室（中心）10 个。局机关下属 3 个事业单位：安全生产执法监察支队、应急救援和事故调查中心和地区矿山救护队。

【安全生产事故】 2019 年，地区应急管理局不断构建完善“1+X”安全生产专业委员会组织体系，推进安全生产领域改革创新，开展安全生产大检查，打非治违和专项整治行动，严查彻改各类事故隐患。全年地区发生各类经营性生产安全事故 114 起，其中较大事故 1 起，未发生较大以上安全生产事故，死亡 24 人，受伤 132 人，直接经济损失 56.63 万元。

【“1+X”安全生产】 2019 年，地区应急管理局持续推进“1+X”安全生产专委会组织体系，制定印发《阿克苏地区贯彻落实〈自治区实施地方党政领导干部安全生产责任制规定细则〉实施办法》，明确各级党政主要领导安全生产职责。及时调整地区安委会及消防工作联席会议组成人员，明确安委会、消防工作联席会议成员单位安全生产、消防工作职责。逐级签订安全生产和消防安全目标管理责任书，压实安全生产责任。坚持把安全生产考核控制指标纳入经济社会发展考核评价指标体系，纳入社会主义精神文明、党风廉政建设和社会管理综合治理体系中，对成效显著的予以表彰奖励，对落实不力的给予以通报警示。严格按照“四不放过”（事故原因未查清不放过、责任人员未处理不放过、整改措施未落实不放过、有关人员未受到教育不放过）和依法依规、实事求是、权责一致、科学有效的原则，严肃查处各类生产安全事故原因及相关责任人的失职、渎职行为，坚决做到有责必究、追责必严。

【安全监管】 2019 年，地区应急管理局坚持把安全生产工作纳入每月行署常务会议的首要议题，专题研究、专题部署、专题推进。针对机构改革实际，制定印发《关于进一步完善“1+X”分级管理运行体系，构建大风险隐患排查工作机制的通知》，将“管行业必须管安全”延伸为“管行业必须管风险”，实现风险管控工作规范化、制度化管理。投入专项资金 80 万元，采取政府购买安全生产服务的方式，聘请专家对 24 家危化企业进行隐患排查治理，排查事故隐患 709 条，其中重大隐患 35 条，全部整改落实。采取“以奖代补”的方式，开展安全技术托管服务工作，对 200 家小微企业实施奖补，共发放奖补资金 50 万元。选定 2 家规模以上工贸企业开展双重预防机制试点，推动双重预防机制建设在各企业中有效落实。引导 700 多家人员密集场所安装使用“智慧用电监管服务系统”2 000 多套，通过物联网技术对用电设备实施全时监控。积极探索车辆动态监控第三方服务模式，运用科技手段扫除监管盲区，实现监管“全覆盖”。落实企业安全生产标准化与银行、证券、保险等挂钩制度，提高企业开展安全生产标准化创建的主动性。截至年底，全地区已有 571 家企业通过安全标准化达标验收，其中一级 1 家、二级 177 家、三级 393 家。坚持动态监管，按照重点危化企业和规模以上工贸企业的性质、规模、危险程度将企业分为 3 大类 A、B、C、D 四个等级，并按照“巩固 A 级、提高 B 级、整治 C 级、淘汰 D 级”的原则，实行动态监管。

【应急管理】 2019 年，地区应急管理局制定并发布安全生产事故应急救援预案，强化各县(市)及行业部门应急预案编制修订和演练。全地区共修订政府安全生产综合预案 10 个、部门安全生产专项应急救援预案 24 个，100 多家企业应急救援预案按要求进行备案。开展地区级综合应急演练 2 次，多部门联合灭火实战演练 2 次，县级综合安全生产和防灭火应急演练 30 多次。组建成立地区应急指挥中心，投入专项资金 330 万元，建成地区应急救援指挥平台，实现事故灾害应急救援工作信息化管理。按照“一专多能、一队多用”要求，组建具备应对矿难、交通、洪灾、地震、危化品泄露等突发事件综合能力的专业救援队伍，提升地区整体综合应急救援能力。严格落实 2 小时上报事故信息制度，跟踪上报事故处置结果，建立事故信息管理档案；落实安全生产预警分析制度，定期发布安全生产预警信息，分析大风、强降雨、强降雪、沙尘暴等恶劣气候对安全生产工作的影响，及时提醒相关部门提前做好各项防范工作，全年地区气象部门通过手机短信方式发布预警信息 200 多次，印发综合预警信息 4 次；严格落实事故信息直报和综合事故月报制度，定期采集事故信息，发布安全生产形势分析通报，为各级领导提供决策依据。

【培训教育】 2019 年，地区应急管理局举办各类企业安全管理人员培训班 9 期，培训 1 829 人；举办特种作业(低压电工、金属焊接)培训班 5 期，培训 275 人；举办特种作业(高压电工)培训班 13 期，培训 1 345 人。乌鲁木齐天信顺益注册安全工程师事务所（有限公司）举办企业安全管理人员培训班 8 期，低压电工、煤气作业、熔化焊接与热切割、高压电工、高处作业、防爆电气培(复)训班 12 期，共计培训 2 292 人。

(何　昌)

统　计

【统计调查】 2019 年，地区统计局扎实完成常规性统计工作任务。顺利推进农业、工业、建筑业、批零住餐业、房地产业、服务业等国民经济各行业以及固定资产投资、城乡居民生活、社会科技文化、能源资源环境、贸易外经旅游、月度劳动力调查、妇女儿童发展规划监测等各领域常规统计调查工作。实现地区生产总值(GDP)(含一师)比上年增长 8.1%，地方规模以上工业增加值增长 12.4%；固定资产投资增长 18.96%；社会消费品零售总额增长 10.1%。调查地区两项收入(城镇居民人均可支配收入、农村居民人均可支配收入)数据，共调查 110 个小区，1 100 户。2019 年 9~12 月开展人口变动抽样调查工作，被抽中的 12 个调查小区涉及 5 个县(市)2 个街道、6 镇、4 乡，共 945 户，3 931 人，其中常住人口 3 564 人、户籍人口 3 532 人、户口待定 1 人，出生 25 人，出生率 7.0‰，死亡 16 人，死亡率 4.5‰。

【统计服务】 2019 年，地区统计局不断提高统计服务能力，按时完成 2018 年统计公报、2019 年统计年鉴、阿克苏地区 2019 年国民经济和社会发展一览表、2019 年领导干部手册、2018 年全面建成小康社会统计监测、妇女儿童发展规划监测、绿色评价体系等综合性的统计产品；组织县(市)统计局和局各科室编撰完成《建国七十年 数说阿克苏》综合书籍。围绕地委“76331”战略，抓好“六大产业+旅游”、十大统计指标监测、28 个专业统计和企业升规入统等经济发展重点任务，强化统计预警预判能力，设计《点线面投资项目汇总表》《点线面投资项目明细表》和《六大产业完成情况表》，做好“点线面”机制运行及“六大产业+旅游”的统计监测和预警工作。落实好“一月一通报、一季一分析”的预警预测机制，为地委、行署科学决策提供优质统计服务。

【制度改革】 2019年，地区规模以上服务业统计范围有较大调整。将年营业收入和年末从业人员双标准调整为年营业收入单标准；将交通运输、仓储和邮政业，信息传输、软件和信息技术服务业，水利、环境、公共设施管理业和卫生行业大类调查单位确定标准，从年营业收入1 000万元提高到2 000万元；社会工作行业大类调查单位确定标准，从年营业收入1 000万元降到500万元。

【经济运行统计分析】 2019年，地区统计局认真开展统计调查分析、研究，对地区经济运行情况进行统计监测和综合分析研究，共撰写统计资料快报135期，统计工作研究31期。各县(市)统计局通过统计内网积极报送政务类信息291篇，经济类统计信息289篇。

【全国第四次经济普查】 2019年，地区第四次全国经济普查自2019年1月1日正式登记启动，全面登记二、三产业法人单位19 985家、产业活动单位25 931家、个体经营户82 155家，第四次经济普查数据经自治区反馈为核增单位，完成地区2002~2019年度16个年度GDP平滑工作。经自治区综合评比，阿克苏地区在全疆获得第一名，12月16日被国务院第四次全国经济普查领导小组评为全国经济普查“先进集体”。

【依法治统】 2019年，地区统计局贯彻落实《防范和惩治统计造假、弄虚作假督查工作规定》重要精神，坚决查处各类统计违法行为。加强数据生产全过程管控，加强事前检查、事中监控、事后审核，加大统计执法检查力度。针对阿克苏市2019年1~3月商贸数据下降幅度较大问题，对阿克苏市的25家批发零售住宿餐饮企业、大个体进行联合执法检查，依法查出1家企业和7家大个体瞒报行为。对139家单位进行统计执法检查，立案调查处理13起，下发统计检查查询书23期。

（郭志军）

审 计

【概况】 2019年，地区各级审计机关完成审计项目307个，查处各类违规资金1.1亿元，损失浪费资金1 623万元，审计促进已上交财政资金1.28亿元、已归还原渠道资金2 883万元、拨付资金到位1 664万元，审计后挽回损失701万元，核减投资额1亿元，向司法机关、纪检监察机关和有关部门移送事项26件，审计提出建议692条，被采纳550条。

【机构改革】 2019年，根据《阿克苏地区审计局职能配置、内审机构和人员编制规定》(阿地党办发〔2019〕59号)，地区审计局是行署组成部门，为正县级。地委审计委员会办公室设在审计局，接受地委审计委员会的直接领导，承担地委审计委员会具体工作。地区审计局内设机构：办公室、法制审理科、财政金融审计科、文教社保审计科、农业农村审计科、企业审计科、经济责任审计科、自然资源和生态环境审计科、固定资产投资审计科、整改督察科、电子数据审计科。地区审计局机关行政编制41名，机关事业编制6名，其中局领导职数4名、科级领导职数27名(正科级11名、副科级16名)，机关工勤事业编制2名。

【重大政策措施落实跟踪情况审计】 2019年，地区审计局做好重大政策措施落实情况跟踪审计，重点关注地区惠农补贴“一卡通”管理和减税降费等政策措施落实情况，出具《阿克苏地区审计局关于地区七个非贫困县在扶贫审计中涉及“一卡通”财政惠农补贴情况审计专报》《2019年地区减税降费政策措施落实情况的审计报告》。

【2018年地区本级预算执行和其他财政收支情况审计】 2019年，地区审计局完成地区本级2018年预算执行和其他财政收支情况审计，出具2期《2019年地区清理拖欠民营企业中小企业账款工作落实情况审计专报》，在地区第二次人大工委会议上代行署作2018年本级预算执行和其他财政收支情况的审计工作报告；在地区第四次人大工委会议上代行署作关于2017年度地区本级预算执行和其

他财政收支审计查出问题整改情况的报告。

【经济责任审计】 2019年，地区审计局完成地区残疾人联合会、地区中医医院、统计局、水利局、生态环境局、红十字会、阿克苏工业技师学院、原质监局、原工商局、原地区国兴公司和温宿县温宿镇经济责任审计。完成地区生态环境局资源资产审计。

【住房公积金审计】 2019年，地区审计局对地区住房公积金管理中心2018年度住房公积金归集、计划使用、增值收益情况进行就地审计，审计结果表明2018年地区住房公积金管理中心按照《住房公积金管理条例》《住房公积金财务管理办法》等制度、办法，管理核算全地区住房公积金，记载职工个人住房公积金的缴存、提取，办理公积金贷款等业务，记载清晰翔实，财务成果较真实地反映了住房公积金的收支状况。

【扶贫专项审计】 2019年，地区审计局把扶贫审计工作作为重点，组织全地区审计机关对地区7个非贫困县2016~2018年脱贫攻坚政策贯彻落实、扶贫资金分配管理使用情况进行审计；对地区7县2市2019年上半年脱贫攻坚政策贯彻落实、扶贫资金分配管理使用情况开展交叉审计；对地区有易地扶贫搬迁任务的7个县（市）开展2016年1月至2019年7月易地扶贫专项审计调查。并上报《阿克苏地区审计局关于地区2018年脱贫攻坚政策贯彻落实、扶贫资金分配管理使用及效益情况专项审计汇总报告》《关于对地区七个非深度贫困县扶贫资金专项审计发现问题整改落实情况报告》《阿克苏地区审计局第一季度对地区七个非贫困县2016至2018年脱贫攻坚政策贯彻落实、扶贫资金分配管理使用及效益情况专项审计汇总报告》等报告，集中反映扶贫领域审计发现的主要问题，地区领导多次对扶贫审计专题报告作出重要批示，要求正视问题、加强整改。

【浙江援阿项目审计工作】 2019年，地区各级审计机关实施审计项目162个，项目总投资27.41亿元（其中浙江援建资金13.05亿元）；由援建方实施审计项目16个，项目总投资3.4亿元。项目建设地点涉及地区7县2市，项目主要用于安居富民、卫生、医疗、教育、就业培训、产业发展等重点领域。

【地区城镇保障性安居工程跟踪审计】 2019年，地区审计局对阿克苏市、库车市、阿瓦提县2018年保障性安居工程计划、投资、建设、分配、运营及配套设施建设资金投入和使用绩效情况进行审计，并对相关事项进行了追溯和延伸。审计结果表明，2018年3县（市）人民政府积极贯彻落实中央部署和各项政策要求，强化政府主体责任，加快公租房和棚改安置住房建设和分配，调整完善棚改货币化安置政策，加强公租房运营管理，改善住房困难群众居住条件，保障中低收入家庭基本住房需求，对稳增长、促改革、调结构、惠民生、防风险发挥了重要作用。

【固定资产投资审计工作】 2019年，地区审计局为规范地区政府内投资项目，加大对建设项目的审计工作，使项目资金在使用上更加规范、合理，切实提高项目的经济效益和社会效益，根据地区项目建设特点，2019年对地区本级固定资产投资项目开展审计6项，核减工程造价0.19亿元。

（张松龄）

阿克苏海关

【机构改革】 阿克苏海关原为阿克苏出入境检验检疫局。阿克苏出入境检验检疫局于1999年11月18日获批成立，同年12月8日，明确原阿克苏出入境检验检疫局规格为县（处）级，实行垂直管理体制。2018年4月20日起，按照国家机构改革方案要求，暂时以“海关”（原阿克苏出入境检验检疫局）为名称对外开展工作。2019年3月28日，阿克苏海关正式揭牌成立，为乌鲁木齐海关隶属正处级海关，结束了阿克苏地区无海关机构的历史。

【通关业务】 2019年，阿克苏海关以开办海关监管业务为突破口，优化监管服务。指导帮扶阿克苏地区申请设立出口监管仓库和保税仓库，并于8月份顺利通过验收。开办海关监管业务，辖区7票出口危险品顺利出境结关。实现涉及食品特定资质企业备案项目网上办理，阿克苏1家企业获得进口肉类收货人资质。探索危险化学品及其包装检验监管模式，通过采取提前预约查验模式，合理调配查验人员，确保快速、安全。全年赴外查验危包 19 次。

【检验检疫】 2019 年，阿克苏海关共完成出口货物检验检疫 282 批次，2.85 万吨，1.63 亿元；检验出口危化品包装 44 批，45.9 万件；完成入境货物检验 24 批次，1.71 亿元。主要出口品种为食品（浓缩苹果清汁、番茄酱、杏酱、干红枣），危险化学品及其包装（硫氢化钠、塑料编织袋、开口钢桶），植物产品（苹果、鲜梨、核桃、接穗）。共出具各类检验检疫证书 532 份。出具出口原产地证书 28 份，394.4 吨，货值 2 105.21 万美元。办理进出口收发货人备案 128 家，报关企业 2 家。阿克苏独自办理 15 家，共计 143 家。

【实验室建设】 2019 年，阿克苏海关综合实验室共完成 1 195 批食用农产品安全抽样和 100 批食品和餐具安全抽样工作，其中阿克苏市食用农产品 793 批、食品和餐具 100 批、温宿县食用农产品 402 批。撰写并上报质量安全监督抽检评价分析报告 2 篇。完成检测任务 24 批，其中红枣 16 批、糖果 4 批、浓缩苹果清汁 2 批、核桃 2 批。检测项目涉及常规理化和微生物共 210 项，检测收入合计 13 680 元。按照新版 17025 准则的要求重新整理实验室档案 19 件。

【科研工作】 2019 年 5 月 15 日，阿克苏海关首次承担地区“科技兴阿”项目——农副产品中多残留快速检测体系的建立及示范应用，经地区科技局验收通过，该项目实施帮助阿克苏地区出口红枣、核桃共 15 批、108 吨、65.9 万美元，出口国家包括美国、土耳其等地，实现辖区红枣、核桃出口国际中高端市场零的突破。该项目输出科研成果为实用新型专利 1 项，科技论文 3 篇。

（王建陆）

2019 年3 月 27 日，阿克苏海关举行揭牌仪式（阿克苏海关/提供）

国有资产监督管理

【国有企业效益】 2019 年，地区国有企业累计资产总额 795.3 亿元，比上年增长 10%。实现营业收入 51.9 亿元，比上年增长 47.6%。实现利润 3.6 亿元，比上年增长 21.2%。净资产 359.6 亿元，比上年增长 20.7%。已交税费 2 亿元，比上年增长 28.1%；阿克苏地直监管企业累计资产总额 200.9 亿元，比上年增长 34.4%。实现营业收入 20.1 亿元，比上年增长 27%。实现利润 1.6 亿元，比上年下降 3.8%。净资产 124.9 亿元，比上年增长 57.5%；已交税费 4 989 万元，比上年增长 69.9%。

【国资国企改革】 2019 年，阿克苏地区国有资产监督委员会（以下简称地区国资委）深入多元化经营，鼓励和支持监管企业与央企、民营企业融合发展，助推地区国有企业经济结构不断优化和多元化；强化改革政策落地，制定出台《地直国有企业资产负债约束管理规定》《阿克苏地区直属国有企业负责人履职待遇、业务支出管理办法》等制度，加快推进“1+N”（《中共中央国务院关于深化国有企业改革的指导意见》，若干与之配套的专项改革意见或方案）系列改革政策落实落地；壮大企业资本，推动农牧场土地入股公司，壮大企业资产，完成新疆红旗坡农业发展集团有限公司第二批 5 680 公顷土地作价出资评审工作，推动西域牧业开展第一批5 733.33公顷土地作价出资评估工作。

【产业结构】 2019年，地区国资委围绕地区“76311”战略发展布局，发展实体经济，加快推进农副产品精深加工，优化国有资本布局结构，提升企业市场竞争能力。新疆红旗坡农业发展集团有限公司总投资7.9亿元，建设冷链物流及果品深加工项目(二期)。阿克苏西域牧业发展有限责任公司投资0.6亿元，建设阿克苏市屠宰场项目。阿克苏鹏达投资有限责任公司投资3亿元，建设输气管道建设项目；投资1.9亿元，建设地区广播电视中心和多浪明珠广播电视发射塔项目，年底主体工程均已完成。阿克苏良信粮油购销集团有限责任公司完成生产黑木耳菌棒859.46万棒，销售761.96万棒。

【国资监管】 2019年，地区国资委加强企业预算管控，核定企业投资计划、经营指标，并跟踪企业预算执行情况。出台《监管企业工资总额预算管理办法》，建立职工工资与企业经营效益和劳动生产率提升相联系的收入机制；指导企业投资项目实施“目标后评价、效益后评价、影响后评价、持续性后评价、管理后评价”5个后评价流程，加强项目投资事前、事中、事后监管；加强风险防控，建立地直监管企业工作例会制度，对企业经营管理、安全生产等方面建立风险预警管控清单，有针对性下发风险提示函，推进企业规范经营管理。

2019年5月25日，阿克苏地区国资系统招商引资工作座谈会（地区国资委/提供）

【国企党的建设】 2019年，地区国资委制定下发《地区国资系统2019年党建工作责任分解方案》，指导地直8家国有企业完善《企业党委(组)议事规则》《企业重大问题联席会议制度》等制度；成立国有企业经营管理人才工作专项组，建立国有企业2 395名基础人才信息库；按照党建工作领导体制，由地区国资委党委直管、托管的国有企业共计18家，管理企业党组织152个，党员2 205名。

（王丰明）

企业选介

·新疆红旗坡农业发展集团有限公司·

【集团化改革】 2019年，新疆红旗坡农业发展集团有限公司（以下简称红旗坡集团公司）为推进集团公司深化改革及上市日程，聘请国内具有丰富经验的北京长财咨询管理有限公司进行辅导，初步完成战略目标规划、组织架构梳理、岗位权责梳理、目标绩效考核管理、职业生涯规划、薪酬激励设计等六大模块工作，为上市内控标准打下基础。

【经济发展】 2019年，红旗坡集团公司拥有分(子)公司8个，形成以特色林果业生产、特色果品经营及深加工为主，涉及物流、生态旅游、水资源开发、农业科技研发、畜牧业等多方面产业为一体的综合性集团公司，核心产业重点突出(红富士苹果)，品种齐全(香梨、葡萄、核桃、红枣)，具有较强抵御市场风险能力的特色林果业，年产果品约30万吨。截至2019年年底，红旗坡集团公司总资产103.11亿元，营业收入近4亿元。

【产业发展】 2019年，红旗坡集团公司积极学习"洛川经验"，加强林果管理，提高果品品质，推动特色林果业健康发展。组织开展技术培训，提高职工林果管理水平，累计开展179场10 068人次培训。积极应对恶劣天气，提高防风险能力，防雹作业12次，发射防雹弹72枚。抓好苹果基地标准化生产，提高果品商品率，实施10万亩(6 666.67公顷)苹果基地建设，完成"百十一"基地建设任务；种植新果园273.33公顷，其中樱桃73.33公顷，成活率90%，林果产业结构逐步完善。

【农业产业化】 2019年，红旗坡集团公司强化"十仓百企"运营公司内部管理体系建设，规范加盟企业运营，强化平台运作、仓储服务、区域品牌、物流配送、质量追溯等"五统一"体系建设，巩固完善400多家销售门店网店，扩大销售农产品范围。增强与京东、中粮我买网、盒马鲜生、本来生活网、每日优鲜等企业的产品营销战略合作，巩固线上线下相结合的销售网络。完成新疆汇宗农产品电子交易市场有限责任公司股权转让和增资扩股，交易市场平台初步上线，销售专区、采购专区开始挂牌。

【果品交易会】 2019年，红旗坡集团公司积极提升阿克苏特色农产品知名度，成功承办"第六届新疆特色果品（阿克苏）交易会暨2019年全国农产品产销对接扶贫行活动"。组织573家企业、合作社参加交易会，邀请疆外省(市)领导、客商500多人，参会媒体38家。交易会达成购销协议148项，交易各类农产品63万吨，活动总成交额71.07亿元，实现"阿克苏好果源"区域大品牌全面推介和产销对接签约扶贫总体目标。

【农产品深加工】 2019年，红旗坡集团公司持续推进农产品深加工基地建设。金物联农产品深加工基地二期项目顺利开工建设，3万吨保鲜库采用国内先进储藏方式一相温气调保鲜，联合天津科技大学，共同建设全新工艺智能化果品分选线1条，初级鲜食果品自动化分选能力得到提升，日处理能力将提高到500吨。强化特色农产品深加工研发，开发果品深加工产品34个；引进北京汇源控股有限公司，计划投资4亿元，建设果浆厂、果汁厂及果汁饮料灌装厂，项目完成前期手续办理。

（李旭峰）

·阿克苏良信粮油购销集团有限责任公司·

【经营效益】 2019年，阿克苏良信粮油购销集团有限责任公司（以下简称良信粮油购销公司）累计实现营业收入84 155万元，比上年增长31.11%；发生营业成本76 571万元，比上年增长31.53%；销售费用3 146万元，管理费用3 517万元，财务费用1 794万元，营业外收入1 871万元；全集团公司利润总额1 229万元，比上年增长83.98%。

【经济模式】 2019年，良信粮油购销公司做强粮食主业，逐步延长产业链。认真履行粮食安全主体责任，共收购小麦25.4万吨，收购水稻5 700吨。推进粮食产业一体化发展，开发生产"金粮源"水饺，已销售26.4吨，实现销售收入55.3万元。拓宽经营渠道，与天玉种业合作，代销小麦和玉米种子。截至年底，共销售小麦种子6 483.9吨，实现销售收入2 470.5万元。销售玉米种子48.37吨，实现销售收入79.8万元。引导各子公司基层粮站转变经营思想，依托农村生产、生活消费市场和现有基层粮站库区资源优势，开展多种经营，实现利润135万元。

【脱贫产业】 2019年，良信粮油购销公司助力产业扶贫，与43个蔬菜专业合作社9 826户种植蔬菜贫困户签订托市收购合同，共收购贫困户种植蔬菜1 299吨，支付资金191万元。向财政保障食堂配送贫困户蔬菜373吨，其他市场销售490吨。黑木耳菌棒生产项目顺利完工，阿克苏市和库车市2座菌棒厂相继投产运营，共生产菌棒859.46万棒，销售763.49万棒。按地区要求，托市收购黑木耳128.5万吨，支付资金642.5万元，销售黑木耳43吨，助力3 909户贫困户增收。

（贾洪新）

·阿克苏水务集团股份有限公司·

【概况】 阿克苏水务集团股份有

限公司(以下简称水务集团)是集城镇自来水生产、销售、污水处理、集中供热、市政管材生产加工,市政公用行业发展投资,供排水和供热管网系统建设、维护管理,水质检测、建材检测等多项民生基础产业为一体的市政公用综合产业集团。资产规模15.72亿元。公司在册员工380多人,其中管理人员51人。有6个基层党支部;内设综合管理部(党群工作部、人力资源部)、安全监察部、工程管理部、证券事务部、财务核算部、生产运行部(污水厂、自来水厂)、审计部7个职能部门;客户服务中心、设备维管中心2个中心;有阿克苏市政工程建设有限公司(工程施工总承包贰级资质)、阿克苏水务集团金昇建材检测有限公司公司、阿克苏水质监测有限公司3个全资子公司和阿克苏阳光热力公司、新疆天山天山振兴管业有限公司2个控股子公司。

【经营业绩】 2019年,水务集团累计完成供水3 540万吨,比上年增长8.7%;城市供水水质综合合格率达99.9%;处理污水2 410万吨,污水排放达标率100%;新增供热面积100万平方米,总供热面积达1 100万平方米;管业生产力量持续向好,生产螺旋钢管、保温管、涂塑钢管、PE供水管等各类管材共计约135千米;生产路沿石等各类预制产品25万块,集团公司资产总额15.68亿元。

【保障改善民生】 2019年,阿克苏市城区、依干其乡、经济技术开发区及水源地共敷设供水管网18.7千米,排水管网19千米,砌筑阀门检查井215座;水源地泵房改造5个,给排水接户120户,提升了城区供水高峰期输水能力,确保城市用水高峰期安全供水。第二污水厂于今年6月底按时投入运行,设计能力6万吨/日,出水水质一级A。建设换热站19座,敷设供热主管网7.2千米。新建应急热源厂2×116MW循环流化床锅炉正常投入运行,保障了居民冬季供暖需求和城区新增面积供热。

(王志军)

·阿克苏文化旅游发展集团有限公司·

【概况】 阿克苏文化旅游发展集团有限公司(以下简称文旅集团)原为地区国兴资产投资经营有限责任公司,成立于2000年7月,属于地直一类国有企业,由新疆维吾尔自治区阿克苏地区国有资产监督管理委员会独资组建。由多浪龟兹旅游公司、国兴物业公司、富源矿业公司、多浪龟兹国际旅行社、丝路印象传媒公司、文投旅游客运公司、温宿大峡谷旅游公司、天山托木尔森林公园旅游公司等9个独立核算的法人实体共同组成。

2019年,文旅集团获得第六届新疆特色果品交易会暨全国农产品产销对接扶贫行活动最佳组织奖、第十四届新疆冬季旅游产业交易博览会暨新疆冬季旅游产品展示交易会最佳组织奖与优秀布展奖、新疆旅游协会2019年度“市场创新年度大奖”。

【文化旅游】 2019年,文旅集团按照“大旅游、大产业、大发展”的全域文化旅游战略定位,以国家AAAA级旅游景区天山托木尔大峡谷、国家AAA级旅游景区天山托木尔平台子为核心,推进景区提质增效。加快温宿县塔格拉克村振兴规划,推进旅游酒店联盟;研发阿克苏好礼文创产品同时配合推进康养产业和社会福利园区一期规划建设,延伸旅游+扶贫产业链条;通过丝路印象文旅传媒公司发展新兴媒体,加大宣传力度;依托文旅夜市、景区景点及外出交流巡演,统筹推进全域旅游。

【资产经营管理】 2019年,文旅集团管理出租房屋297户,其中行政事业单位移交房屋137户、公司本级95户、行政事业单位移交的办公用房共39户、电影公司9户、糖业烟酒公司14户、糖业烟酒物业公司3户。文旅集团通过市场化的运作,公开对行政事业单位经营性资产(主要是门面房资产)以及清退的办公用房14.4万平方米进行招租,盘活国有资产。作为地区投融资平台,先后参股库车国电有限公司、新疆玉象胡杨化工有限公司、新疆科新重装有限公司等8家企业,总投资规模3.5亿元。

【物业服务】 阿克苏国兴物业服务股份有限公司(以下简称国兴物业公司)是文旅集团下属控股子公司,2019年为响应地委、行署关于整合地区办公管理系统,实行集中化办公所发起成立的一家以办公物业为主,逐步拓展住宅物业及商业物业市场的物业服务企业。国兴物业公司管理地区10个办公区,27个住宅小区,4个商业区,总管业面积

66.71 万平方米，服务业主 3 810 户，其中办公区服务面积 22.15 万平方米、27 个住宅小区物业服务面积 42.9 万平方米、4 个商业区服务面积 1.7 万平方米。

【宾馆服务】 阿克苏迎宾馆是文旅集团下属新疆多浪龟兹旅游发展股份有限公司经营管理部门，该酒店于 2017 年 9 月正式投入营运，位于多浪河景观带，总投资 1.8 亿元，占地面积 77 333.45 平方米，是集餐饮、住宿、会议、康乐等为一体的园林式宾馆。迎宾馆内部有高档客房 231 间，大型清餐包间 17 个，宴会厅 3 个，能同时容纳 1 000 人用餐；功能厅 1 个、接待厅 2 个，多个大、中、小型会议室，能同时满足各类会议、培训需求；康乐中心 1 个，能容纳 300 人休闲、健身。

【资产经营】 2019 年，文旅集团始终坚持精细管理、开源节流，使资产保值、企业增效。累计实现营业收入 9 498 万元，比上年 7 077 万元，增加 2 421 万元，增长 34%；实现利润总额 2 144 万元，资产总额达 15.8 亿元。管理出租房屋 297 户，收取租金 3 429 万元，增长 22%。

【重点项目】 2019 年，文旅集团与中石油阿克苏分公司合资组建中油国兴能源公司，延伸拓展成品油批发零售、天然气销售等业务，纺织工业城西加油站、“好果园”专柜项目进展顺利。阿克苏迎宾馆、立体停车楼、旅游集散中心、平台子景区道路工程完成决算，迎宾馆改造提升工程并投入使用。《温宿大峡谷总体规划修编暨创建国家 AAAAA 级旅游景区整改提升规划》完成评审和专家论证会。天山托木尔平台子旅游景区成功命名为国家 AAA 级旅游景区，启动塔格拉克村乡村旅游规划编制，同步加大招商投资，先后引进玻璃栈道、滑雪场、木屋民宿等项目。完成大峡谷自驾车营地、生态停车场、低空飞行基础设施建设项目前期手续。

（徐洋洋）

·阿克苏天山神木果业发展有限责任公司·

【概况】 阿克苏天山神木果业发展有限责任公司（以下简称天山神木果业公司）2016 年 7 月 29 日在阿克苏地区实验林场经营性资产基础上成立。公司有土地面积 2 983.33 公顷，其中地区实验林场改制后划拨土地面积 2 200 公顷（经济林面积 1 848.26 公顷），地区天玉种业移交土地 773.33 公顷，公司新厂区 10 公顷。公司下设 4 个分场，3 个子公司（阿克苏天山神木果品销售有限公司、阿克苏天山神木农林科技有限公司、阿克苏天山神木生态农业科技有限公司）。公司有在职人员 94 人，其中高管 6 人，管理人员 60 人，外聘企业工人 28 人。有党支部 1 个，党员 29 名。

【质量管理】 2019 年，天山神木果业公司着力建设高标准林果精品示范园。推广标准化示范园 123.67 公顷，其中红枣 56.67 公顷、苹果 67 公顷。种质资源库面积 4 公顷，汇集红枣、核桃、榛子、黑核桃、杏、桃、杏李、樱桃、山楂 9 大树种；按鲜食区、观赏区、制干品种区、高活性种质引种区、引种试验区分区栽植，汇集红枣品种 336 个；汇集黑核桃、杂交核桃 4 个，榛子品种 5 个，樱桃品种 5 个，杏李品种 4 个，杏品种 5 个，桃品种 5 个，山楂品种 1 个。

【产品研发】 2019 年，天山神木果业公司组建 10 人产品研发团队，在干果类、深加工类、糖果类、流通类、礼品类等研发 100 款产品。完成糖果类 14 个产品生产系统构建，其中 12 个糖果产品在阿克苏本地生产、2 个糖果产品在四川都江堰天旺食品公司生产加工。完成浓缩膏类产品发明专利申报。

【品牌推广】 2019 年，天山神木果业公司为适应市场需要，围绕“建基地、创品牌、强特色、壮规模”发展思路，取得“天山神木”全品类 R 标 43 个，办理 SC 证、条码证，同步推进“氧果”“西域王”2 个副品牌，申报阿克苏地理标志产品。出口食品 iso9001 质量管理体系、iso22000 食品安全管理体系、Haccp 认证取得证书，成功办理出口资质，红枣类有机食品认证取得证书。

【市场销售】 2019 年，天山神木果业公司根据与浙江世纪联华签订的战略框架协议，在世纪联华开设 8 家 40~60 平方米“天山神木”专卖店，“天山神木”系列产品顺利进入 150 家联华超市销售，实现销售 1 078 万元。与山西佳鑫达食品有限公司（台湾合资公司）

签订供应3 000吨订单，实现销售1 650万元。向昆明“洋叔叔”商贸公司供货，实现销售41.7万元。由吾家添丁设计产品包装标识，代加工产品已推向市场，实现销售15万元。向宁海县果品批发商供货形成销售22.7万元。委托研发的梨膏无人售卖机上市，借助第六届阿克苏果品交易会面向全国招商。积极拓展干、鲜果销售，销售红枣1 500吨、核桃1 200吨、干杏60吨、葡萄干20吨、苹果1 000吨，实现销售2 600万元。

【重点项目】 2019年，天山神木果业公司有重点项目3个。中央财政国有贫困林场防渗渠道建设项目，总投资120万元，上级补助资金120万元，年底项目完工。阿克苏地区林业棚户区（危旧房）改造及配套基础设施建设项目，总投资351.89万元，上级补助资金351.89万元，年底完成项目施工进度的85%。核桃、红枣（优势特色产业）疏密项目，项目资金1 250万元，完成整体进度的85%。投入650万元对果酱生产线进行技术升级改造，添置榨出渣螺旋、曲面筛、旋转筛螺旋等压榨取汁设备，增加巴氏杀菌机、无菌灌装机、浊汁罐、酶解罐、清汁罐等设备，年底改造完成，年产各类果汁12 000吨。

（许 伟）

·阿克苏鹏达投资有限责任公司·

【概况】 阿克苏鹏达投资有限责任公司（以下简称鹏达公司），2015年7月重新组建成立，属地区国资委直属国有独资企业，公司注册资金40亿元。有阿克苏聚源农业发展有限责任公司、阿克苏方兴建筑工程技术咨询有限责任公司、阿克苏净源环境科技有限责任公司、阿克苏天蓝环保工程有限责任公司4个全资子公司；新疆鑫源融资担保有限责任公司、新疆鹏安能源科技有限责任公司、阿克苏博览中心管理有限责任公司、阿克苏众薪能源综合开发有限责任公司、新疆丝路数聚信息技术有限责任公司5个控股子公司。鹏达公司已基本形成股权投资、油气能源综合开发利用、第三方中介服务、农业生产四大主导产业。

【生产经营】 2019年，鹏达公司及各家子公司实现国有资本保值增值，完成各项收入9 415万元，比上年增长29%，利润总额4 598万元，比上年增长3%；上缴利税981万元，上缴国有资本收益789万元（含鑫源担保公司256万元，占地直各国有企业上缴总额的41%），上缴国有资产出租出借收入522万元。

【融资担保服务】 2019年，鹏达公司完成阿克苏农商行5.5亿元的融资贷款工作，解决沙雅县顺北基地建设项目和大数据中心流动资金不足难题。申请政府专项债1亿元用于众新能源公司顺北5号联合站至沙雅输气管道建设项目；发挥绿色公司AA+平台作用，开展公司债、中期票据、PPN等融资融券，累计发行30.6亿元。协助纺织城开展债务化解，提供11亿元担保，推动纺织城解危解困。

【油气产业】 2019年，鹏达公司积极拓展油田技术服务市场，经过油地高层会议推动，鹏达公司与安东石油、惠博普、深圳白勤联合组建新疆鹏顺油田技术服务公司，专门负责地区境内西北油田分公司油田技术服务业务，年底公司注册注资完毕。入股新疆鹏达胜采油气技术服务有限公司。组建阿克苏众薪能源公司，将中石油、中石化放空天然气及零散能源进行集中回收加工。控股雅龙公司51%股份，开拓高含硫天然气回收净化处理市场。加强与中石油合作的塔中西部公司事务的参与度，提高塔中西部公司原油、天然气生产能力，实现销售收入5.56亿元，利润7 900万元。

【资本市场运作】 2019年，鹏达公司出资3 363.6万元，参与拜城县农村信用合作联社并购重组，持股1 336万股，持股比例9.89%；参与40亿规模的阿克苏振兴产业基金前期准备，开展基金管理人遴选、对接和招募工作，与10家基金管理机构进行对接，及时将符合具备运营资质和有募集能力的机构上报地区金融办，履行国有出资代表职责。

【支持企业发展】 2019年，鑫源担保公司发挥融资担保功能，积极为地区中小企业服务。全年受理担保业务22笔，金额27 570万元。为符合条件的15户中小企业提供贷款担保及委托贷款服务，金额16 910万元；为290户中小企业提供担保资金33.5亿元。开展转贷应急周转资金业务和解危解困资金业务，受理转贷应急资金业务 15 笔，金额 22 340 万元，向 6 家企业提供应急周转资金 11 060 万元；为天山神木果业公司、西域牧业公司、纺织工业城等累计提供担保及委托贷款 6 000 万元。

【重点项目建设】 2019 年，鹏达公司坚持实施项目驱动战略，在重大民生工程、重要平台和关键行业上优化配置国有资本，助推地区经济发展。推进地区广播电视中心和“多浪明珠”电视发射塔建设项目，该项目总投资 2.23 亿元，广电中心已基本完工，“多浪明珠”广播电视发射塔主体已经完成，达到结构设计高度 268 米。地区大数据中心建设项目，投资约 2.5 亿元，大数据中心机房建设已完工，进入运行调试阶段；10 千伏配电工程完工，实现三路电源及柴油发电机供电；完成一体化联合作战平台、政务信息资源共享交换平台设计、监理和造价审计的招投标工作。推进顺北五号联合站至沙雅县输气管道建设项目，项目概算投资 4.8 亿元，设计供气规模 20 亿立方米/年，管道总长 92 千米，完成塔里木定向钻穿越，完成布管 35 千米，达到通气条件。沙雅县顺北油气田生产科研基地建设项目，项目总占地面积约 20 公顷，计划投资 1.2 亿元，2019 年 12 月与西北油田分公司、施工单位完成主体交接。推进中石化油田分公司 T705 项目，该项目含油污泥设备安装调试完毕，场站建设全部完成，取得危废经营许可证。

（鹏达公司供稿）

·阿克苏西域牧业发展有限责任公司·

【概况】 2019 年，阿克苏西域牧业发展有限责任公司(以下简称西域牧业公司）公司在册职工 1 034 人，其中在职职工 536 人、离退休职工 498 人；各类专业技术人员 39 名。土地总面积 5.38 万公顷。农业节水滴灌泵房 68 座，机井 73 口。建有种羊标准化养殖场 3 个，肉牛标准化养殖场 1 个，耕地 5 733.33 公顷、天然草场 4.53 万公顷，存栏牲畜 16 458 头(只)。2019 年，公司资产总额 62 530 万元，比上年增长 305.4%；总收入3 911 万元，实现利润 257 万元。

【农业生产】 2019 年，西域牧业公司将利用率低下、耕地面积较小的相邻地块，推平地埂合并地块，增加耕地使用面积，降低种植成本。实行化肥、种子、农药、农膜等生产资料贷款支付，确保农户农业生产资金、生产资料到位，保证农业生产正常运行。强化水利服务工作组人员管理，加强水资源调度、灌溉、机井维修等工作，确保水资源合理调度，5 733.33 公顷耕地应灌尽灌。引导农户购买农业保险，参保耕地达 5 533.33 公顷，密切关注天气变化过程，及时开展人工影响防雹，累计投入 85 万元，发射炮弹 273 发，有效控制了灾害性天气发生。

【畜牧业】 2019 年，西域牧业公司按照加快传统畜牧业向现代畜牧业转变的总体部署，因地制宜抓好畜牧业工作，年末羊存栏 13 010 只（其中卡拉库尔羊 62 58 只、绒山羊 5 410 只、杜泊等其他种羊 1 342 只），比上年增加17.12%。完善肉牛养殖场基础设施建设，加系西门塔尔肉牛年末存栏 1 440 头，累计出售西门塔尔牛 307 头。投入 1 000 万元，牵头收购扶贫羊 4 218 只、扶贫牛 400 头。面向全地区累计出售优质种羊 716 只。

【重点项目】 2019 年，西域牧业公司重点项目稳步推进。屠宰场项目：西域牧业吸纳社会资本对 2 个屠宰市场进行整合升级，在阿克苏打造年产量 1.4 万吨牛羊肉屠宰加工、3 500 吨牛羊肉储藏基地。熟食标准化项目：西域牧业与浙江衢州一粒志公司达成合作意向，于温宿县产业园就用地达成协议建成投产。西域牧业公司堆粪场项目：项目总投资 85 万元，补助资金 60 万元，企业自筹 25 万元。新建 1 栋堆粪场，建设用地面积 1 800 平方米，总建筑面积约 1 800 平方米，项目的竣工标志着西域牧业标准化养殖场达到国家级环保要求。绒山羊良种场建设项目：项目总投资 625.2 万元，中央预算内资金 300 万元，企业自筹 325.2 万元，项目引进种羊选育信息管理系统 1 套、半场监控系统 1 套、纯种绒山羊种公羊 20 只、绒山羊母羊 280 只，标志着西域牧业种羊现代化、规范化繁育基地落成。

【卡拉库尔羊繁育基地】 卡拉库尔羊是羔皮用绵羊品种，所产羔皮在国际市场上称为波斯羔皮，与水貂皮并称为国际裘皮业两大支柱。

原产苏联中亚四国的荒漠和半荒漠草原地区，以乌兹别克斯坦布哈拉的一个羔皮贸易中心村镇卡拉库尔得名。中国自1951年引进种羊，在新疆等西北五省（区）试养，与当地粗毛羊杂交，育成中国的卡拉库尔羊。阿克苏西域牧业发展有限责任公司（阿克苏地区库车种羊场）是中国目前唯一的卡拉库尔羊繁育基地。

（陈甲林）

·阿克苏供销投资（控股）集团有限责任公司·

【概况】 阿克苏供销投资（控股）集团有限责任公司（以下简称供销集团公司）成立于2016年2月，集团注册资本金1亿元，内设科室6个，党委班子成员6人，职工30人，隶属管理的党支部2个，旗下有独资、控股、参股公司共计18家。截至年底，供销集团公司本部资产总额2.15亿元，负债总额2.02亿元，所有者权益总额0.13亿元，实现利润总额480万元，社会贡献总额352万元，上缴各项税费167万元。

【黑木耳购销】 2019年，供销集团公司发挥服务“三农”优势，推进地区扶贫工程黑木耳项目发展，完成黑木耳菌棒生产及种植任务。加快乌什县菌棒厂投产运行，产出合格菌棒293.55万棒，下地231.19万棒（库存62.36万棒）。成立集团公司市场营销部，开展黑木耳托市收购，收购阿克苏市阿依库勒镇干木耳23.86吨，收购柯坪、乌什和温宿干木耳6吨，全年总计收购黑木耳29.86吨。线上建立阿克苏地区供销e家特产商城，通过互联网推动黑木耳产品销售；线下对接深圳润泰丝路公司、商超、批发市场、浙江“十城百店”等销售渠道。

【重点项目】 2019年，供销集团公司推动阿克苏华疆公铁物流项目运营，全面启动多式联运运输方式。截至12月，铁路累计到达量49.74万吨，累计发运量6.11万吨；汽运累计出库量10.7万吨，皮棉累计收储量为13.6万吨。货物（棉花）主要发往山东、湖南、四川等地区。支持阿克苏市棚户区改造工程，与39户农户签订拆迁协议并按期搬离，完成博览中心区域附近2个果园资产评估及拆迁补偿安置工作，补偿资金318万元。

【深化改革工作】 2019年，供销集团公司对原有制度进行修订，新增8项制度，共29项制度装订成册，从制度层面规范公司会议、决策、请示、汇报程序。盘活人才吸引、培养、选拔、使用、激励、保障等环节，细化员工考核管理办法。根据农资公司财务及经营现状，推进农资公司改制，决定与新疆国农农业科技开发有限公司及个人按照股权比例以现金实缴出资，确定资产重组改制方案。对不符合条件并且长期亏损扭亏无望的僵尸企业，启动审计、清算、关闭、注销程序，对僵尸企业阿克苏新田园农产品有限责任公司、温宿县佳木镇枣满园红枣种植农民专业合作社启动注销程序。妥善处理历史遗留问题，加大应收账款收缴，并做好相关涉诉工作，全年涉法涉诉案件28宗（含子公司），清理应收账款400多万元。

（张 苗）

·阿克苏交通建设投资股份有限公司·

【交投公司】 2019年，阿克苏交通建设投资股份有限公司（以下简称交投公司）资产总额2.23亿元，较年初1.43亿元，增加0.8亿元，增长56%；负债总额1.06亿元，较年初0.28亿元，增加0.78亿元，主要为南外环拆迁资金贷款3 000万元，地区财政资本金出资5 000万元；所有者权益1.17亿元，较年初1.16亿元基本持平，资产负债率为47%，实现营业收入521万元，主要为结构性存款收入及项目管理费收入，支出各项费用332万元（其中人工费用146万元、缴纳各项税金58万），实现利润总额189万元（不含国道314线项目前期支出20.8万元），上缴国有资本经营收益19.9万元。成功收购北新迪赛勘察设计院60%股权，完成招商引资任务400万元，实现国有资产保值增值目标。

【南外环项目】 2019年，国道314线阿克苏过境段（南外环）公路项目是交通运输部“十三五”中期调整规划类正选项目，交投公司作为南外环项目管理主体，承担项目前期运营、征地拆迁等融资任务。地区财政首期配套资金2 000万元，乌商行贷款2.9亿元。拆迁范围涉及阿克苏市、温宿县、纺织工业城、红旗坡集团公司及电信、国电等公司的管网设施，拆迁评估征迁预算资金总额共计35 843万元。

（何 峰）

商贸流通

【商贸概况】 2019年，全地区实现全年社会消费品零售总额175.41亿元，比上年增长10.14%。全年完成外贸进出口总额3.05亿美元（21.1亿元人民币），比上年增长36%。全年落实招商引资项目586个，到位资金482.01亿元，在全疆实施招商项目到位资金总量排名第三，增速排名第五。

【机构设置】 地区商务局是行署工作部门，为正县级。内设：办公室、对外贸易科、市场建设和运行科、电子商务和流通秩序科、招商经济合作科。行政编制15名，事业编制14名。其中县级领导职数4名（正县级2名、副县级2名）、科级领导职数15名（正科级5名、副科级10名）。机关工勤事业编制3名。

【电子商务】 2019年，全地区共有电子商务服务站点477个，其中新建电子商务服务站点53个。电子商务站点具备充值缴费功能367个，电子商务站点实现网上代购代销326个。加强培训提高电商从业人员的知识水平和技能，全年累计培训县、乡、村电子商务从业人员3 000多人次。成功举办中国（新疆）贫困地区特色农产品品牌阿克苏站推介洽谈会暨电商扶贫天山行、浙里有情·疆爱进行"浙–疆"电商扶贫协作资源对接会活动。截至年底，全地区有淘宝店铺2 000多个，从业人数3 000多人，网络交易额99.38亿元，其中网络零售额18.08亿元，服务建档立卡贫困户2 944人次，帮助49名建档立卡贫困户稳定就业。

【农产品营销】 2019年，"第六届新疆特色果品（阿克苏）交易会暨2019全国农产品产销对接扶贫行活动"在阿克苏红旗坡农贸物流园举行。此次活动吸引370家企业参展，疆内外200家采购商洽谈签约。120家农业产业化龙头企业、专业合作社与内地客商达成148项购销协议，交易各类农产品近63万吨，协议金额71.07亿元。

【对外贸易企业】 2019年，地区商务局积极实施"走出去"战略，共组织13家企业分别参加第十七届哈萨克斯坦—中国商品展洽会、第53届俄罗斯联邦轻工纺织服装及设备博览会等展会。展会上地区企业共签订贸易合同1 000多万美元，意向订单13个，展会现场签约订单1份。意向客户130多家，设立服装销售分公司1家，计划设置商务网点1个。

【南疆货运班列】 2019年，地区商务局贯彻落实自治区党委、政府关于南疆五地州开行"中欧班列"工作部署。9月1日，在阿克苏火车站铁路运输中心举办"南疆集拼集运货运班列（阿克苏站）发车仪式。首发仪式上，新疆恒通果汁有限公司168.3吨浓缩果汁（8个20英尺标箱）从阿克苏站装箱至首发"南疆集拼集运货运班列"发往俄罗斯。首发仪式后，地区商务局继续强化政策宣传力度，深入地区外向型企业调研和解读优惠政策，让更多的企业产品搭上"南疆集拼集运货运班列"销往俄罗斯及西欧国家。全年地区共有9 000吨出口货物通过此班列运往境外。

【商贸物流】 2019年,地区商务局围绕《阿克苏地区重点商贸物流产业规划布局意见的通知》(阿行署办〔2018〕22号)精神,继续推进商贸物流产业重点项目建设,阿克苏市电商产业园、阿克苏市电商快递物流分拣中心、红旗坡农贸物流园、新疆农产品交易中心(阿克苏农产品批发市场)、恒鑫建材城、翰沃建材城、阿克苏药品集散中心、华疆公铁联运物流园、浙源国际农机产业园、开发区二手车交易市场、开发区大型机械租赁市场、开发区钢材交易市场、阿克苏纺织工业城出口监管仓库和保税仓库14个商贸物流园区项目和5个县级综合物流园项目全部建成投入运营。

【招商投资结构】 2019年,地区商务局对地区实施的586个招商引资项目及到位资金482.01亿元进行分析,从投资产业看:第一产业项目25个,落实到位资金15.73亿元,占3.26%;第二产业项目341个,落实到位资金248.19亿元,占51.49%;第三产业项目220个,落实到位资金218.09亿元,占45.25%。从投资领域看:石油、化工项目21个,落实到位资金38.39亿元,占7.96%;能源、矿业开发及冶炼加工项目30个,落实到位资金37.82亿元,占7.85%;轻工、农副产品加工项目80个,落实到位资金32.14亿元,占6.67%;纺织服装项目88个,落实到位资金97.97亿元,占20.33%;机械电子项目30个,落实到位资金9.97亿元,占2.07%;建材项目57个,落实到位资金19.81亿元,占4.11%;环保、节能项目31个,落实到位资金14.54亿元,占3.02%;商贸物流项目61个,落实到位资金52.72亿元,占10.94%。

【会展招商】 2019年,地区商务局组织参加第四届丝绸之路国际博览会暨中国东西部合作与投资贸易洽谈会、首届中国—中东欧国家博览会暨国际消费品博览会、第二十一届浙江投资贸易洽谈会、2019厦门国际投资贸易洽谈会暨丝路投资大会、第三届中国西部国际博览会进出口商品展暨中国西部(四川)国际投资大会及2019克拉玛依投资贸易洽谈会,累计签约项目62个,签约金额151.65亿元。

【重大招商活动】 2019年,地区商务局发挥各驻阿商会的桥梁纽带作用,借助落户企业,引进上下游产业项目落户阿克苏,阿克苏地区川渝商会会长、安徽商会会长、中玉矿业有限公司董事长等10名企业家主动参与招商、服务招商,自发引进与其相配套的上下游关联企业。全年地区累计对接考察企业318家,签订合同27个,签约金额101.25亿元。

【招商引资基础工作】 2019年,地区商务局围绕地区产业基础和资源优势,积极组织各县(市)和地区有关单位,策划包装100个招商引资项目,充实到《阿克苏地区招商指南》。制定出台《温宿国家农业产业科技园区农业产业化发展扶持办法(试行)》《阿克苏地区医疗康养项目招商引资扶持办法(试行)》《阿克苏地区社会福利园区康养项目招商引资扶持办法(试行)》等政策,吸引客商投资。

【招商与产业援疆合作】 2019年,地区商务局赴浙江省宁波市参加首届中国—中东欧国家博览会暨国际消费品博览会、第二十一届浙江投资贸易洽谈会,突出展示地区资源、产业、政策、投资成本、援疆工作等主题,并召开阿克苏地区(兵团第一师阿拉尔市)·浙江省产业援疆对接会暨合作项目签约仪式,成功签约项目24个(其中地区23个),签约金额61.84亿元(其中地区58.84亿元)。

(张 博)

地区邮政、快递情况表

企业名称	营业网点数	员工数
邮政快递	131	800
中通快递	28	110
申通快递	10	43
圆通快递	21	86
韵达快递	30	110
京东物流	12	130
顺丰速运	13	131
天天快递	7	25
优速快递	3	31
百世快递	9	40
德邦物流	8	60
袋鼠速递	1	18
合计	273	1584

地区 2019 年招商引资区外合作项目一览表

项目名称	区外投资方名称	所属省份	项目所在园区	项目计划总投资(万元)	在阿注册企业名称
天然气回收项目	新疆博瑞能源有限公司	四川	沙雅县	45000	哈得天然气回收站
16 万锭紧密纺,400 台喷气织机项目	江苏联发纺织有限公司	江苏	阿克苏纺织工业城(开发区)	60000	阿克苏联发纺织有限公司
红旗坡冷链物流及果品深加工基地(二期)工程建设项目	阿克苏优能农业科技股份有限公司	陕西	温宿县农业科技园区	79000	阿克苏优能农业科技股份有限公司
洗煤厂、物流园及矿区基建工程建设项目	自然人	甘肃	拜城县产业园区	128000	新疆凯领投资有限公司
12 万吨 LNG 项目	瑞诚源清洁能源有限公司	山东	沙雅县	30000	新疆瑞诚源清洁能源有限公司
中、高密度纤维板项目	新疆金泽源木业有限公司	河北	温宿县产业园区	35000	新疆新泽源木业有限公司
石油液化气综合利用项目	北京红藏投资有限公司	北京	库车经济技术开发区	160000	新疆朔漠石化科技有限公司
10 万吨 A 级防火材料项目	四川广益磷化工有限公司	四川	库车经济技术开发区	100000	库车沐阳化工有限公司
喀普斯浪河温泉水利枢纽项目	中矿联合投资集团有限公司	北京	拜城县	130000	拜城阳光水务发电有限公司
音西煤矿副平硐建设项目	自然人	上海	拜城县铁热克镇	37260	新疆拜城音西铁热克煤业有限公司
二期 2 万吨纤维染色项目	华孚控股集团	浙江	阿克苏纺织工业城(开发区)	25000	阿克苏标信纤维有限公司
120 万吨洗选厂项目	自然人	山东	拜城县产业园区	18000	拜城县华瑞洁净煤有限公司
年产 200 万件服装生产项目	卡迪丹集团有限公司	浙江	阿瓦提县	18000	新疆卡迪丹科技服饰有限公司
年产 5000 万米织布项目	南通鑫马国际贸易有限公司、江苏梦享优家纺织科技有限公司	江苏	沙雅县	30000	阿克苏正伦实业有限公司
浙商商贸城项目	浙江世纪控股集团有限公司	浙江	新和县	50000	新和浙商房地产开发有限公司
仓储冷链物流建设项目	新疆盛世金辉投资有限公司	四川	温宿县农业科技园区	35000	新疆盛世金辉投资有限公司
建设年产 40 万吨乙二醇装置	上海源晗能源技术有限公司	上海	库车经济技术开发区	400000	新疆致本精细化工有限公司
钻井磺化泥浆处理项目	巴州山水源工程技术有限公司	山东	沙雅县	15000	阿克苏山水源工程技术有限公司
增量烷烃气回收加工项目	中石油燃气有限公司	浙江	沙雅县	14950	沙雅县中囤吉硕石油科技有限公司
苏拉合马煤矿下煤层露天开采项目	自然人	浙江	拜城县铁热克镇	28000	拜城县新兴矿业开发有限责任公司
年产 120 万套斜交工程轮胎项目	山东恒锐轮胎有限公司	山东	阿克苏经济技术开发区	50000	阿克苏圣驼轮胎有限公司

供销合作

【机构改革】 2019年，地区批准成立地区供销合作社联合社企业发展服务中心，机构规格正科级，核定科级领导职数2名（正科级1名、副科级1名），原阿克苏国际博览中心6名全额事业编制连人带编整体划转到地区供销合作社联合社企业发展服务中心。

【供销系统改革】 2019年，阿克苏地区供销合作社联合社（以下简称地区供销社）全面深入推进供销系统综合改革。继续实施“乡（镇）基层供销社振兴工程”，把乡（镇）基层供销社新建、恢复、改造作为改革发展的基础点，全系统完成12个乡（镇）基层社，9个为农社会化服务中心改造提升任务，培育试点村级基层供销合作社1个，成功申报全国供销合作社系统农村综合服务社五星级1家，四星级农村综合服务社15家。

【供销系统经营】 2019年，供销系统收购各类果品20 000吨，销售8 000吨。地区供销社系统累计实现购进总额79 134万元，其中从农业生产者购进农产品44 988万元；实现累计销售总额96 611万元。截至年底，供销集团公司营业总收入19.2万元，所有者权益1 211.4万元，负债20 242.7万元，利润总额599.1万元。

【供销集团公司运营】 2019年，阿克苏供销投资（控股）集团有限责任公司加大重组步伐，对下属企业实行一企一策、一事一议，推进农资公司改制，对不符合条件并且长期亏损扭亏无望的僵尸企业，启动审计、清算、关闭、注销程序，对僵尸企业阿克苏新田园农产品有限责任公司、温宿县佳木镇枣满园红枣种植农民专业合作社启动注销程序；积极参与地区扶贫工程，全年收购黑木耳23.71吨。开展土地流转托管服务，新增加流转土地面积44.67公顷，流转总面积260公顷。完成新疆新农通托管贫困县（柯坪县）扶贫开发近666.67公顷土地对外发包工作。全年供销集团公司营业总收入19.2万元，所有者权益1 211.4万元，负债20 242.7万元，利润总额599.1万元。

【项目建设】 2019年，地区供销社系统优先组织实施农田废旧地膜回收利用类项目，与地区农业农村局联合下发《阿克苏地区2019年创建农田废旧地膜回收利用项目实施方案》。率先在全疆供销系统实施农田残膜回收工作，建立地膜回收补贴和激励机制，乡（镇）基层供销社作为受益主体，补助资金作为供销社股份参与合作，培育领办残膜回收农民专业合作社24个，发动合作社自筹资金1 000多万元购置回收设备，确定残膜回收示范区作业面积4.87万公顷，争取到位补助资金1 066万元，作业面积2.47万公顷。

【基层供销社建设】 2019年，地区供销社继续实施“乡（镇）基层供销社振兴工程”，通过劳动合作、资本合作、土地合作等多种合作制，采取盘活资产、资本引进、能人引进等方式，因势利导，加快基层社分类改造。对经济实力薄弱的基层社，采取政策引导方式，争取援疆资金350多万元，用于恢复、改造提升乡（镇）基层社；对经济实力较强的基层社，引进社会能人，通过引进社会经营主体，以共同投资入股的方式合作办社，带动基层社提升改造；对基层社空白的乡（镇），集中优势，盘活资产、发展主营业务，激发内生发展动力，提升基层社为农服务水平。全年改造提升基层社12个（新建3个），其中引进援疆资金改造基层社4个，引进社会经营主体改造基层社7个，引进加工线改造基层社1个。

【农民专业合作联合社建设】 2019年，地区供销社对全地区105个登记在册在线的农民专业合作社进行细致摸排工作，对其中69个无实质经营业务的“空壳社”进行清理停用、注销。坚持农民自愿、民主管理、互助互利、开放办社、经营性与公益性相结合的原则，由县（市）供销社牵头，以乡（镇）基层社为基础，联合社会能人和种植、农机、农产品加工储存等合作社组建“为农社会化服务中心”，提供为农服务全程社会化综合服务。2019年，建设为农社会化服务中心25个。

（赵富贵）

粮食和物资储备

【机构改革】 2019年1月23日，地区粮食和物资储备局挂牌成立，为地区行政公署工作部门，为正县级，由地区发展改革委员会统一管理和协调。内设办公室、储备科、规划发展科、监督检查科；下设军粮供应管理中心及5个军粮供应站。局机关核定行政编制17名，工勤事业编制2名；军粮供应管理中心核定参公事业编制4名；5个军粮供应站共核定差额事业编制35名。

【政策性粮食库存数量和质量大清查】 2019年，地区粮食和物资储备局按照国家和自治区政策性粮食大清查工作要求，加强组织保障、人员培训，狠抓工作落实，完成企业自查、督导检查和全面普查工作，按照有仓必到、有粮必查、查必彻底原则，对全地区9个国有企业的23个粮站（点）、111个货位、21.7万吨粮食进行全面检查，摸清地区粮食库存底数和质量，做到库存粮食数量账账、账实相符。抽取121份样品，委托自治区粮油质检站和中储粮新疆分公司粮粮油质监中心进行质量检测。经过检测，地区各级储备小麦均达到国家质量标准。

【夏粮收购】 2019年，地区各级粮食部门认真履行责任，确保“有人管粮、有钱收粮、有人收粮、有仓收粮、有人种粮”的要求落到实处，守住不发生农民“卖粮难”底线。夏粮收购期间，各县(市)国有粮食购销企业科学预判市场购销形势，制定市场化收购预案，第一时间入市收购，发挥收购主导和价格形成引导作用，稳定市场价格，保护农民利益。2019年，全地区累计收购小麦30.63万吨，其中地方国有粮食企业收购24.81万吨、中储粮阿克苏直属库收购2.97万吨、民营企业收购2.85万吨，全地区收购均价每公斤2.38元，比上年提高0.04元/公斤。累计支付农民售粮款7.2亿元。

【储备粮轮换】 2019年，地区粮食和物资储备局委托食品检测中心对2018年轮换入库的23 615吨自治区储备小麦进行质量检测，小麦水分、容重和等级均达到国家规定要求。报请自治区批准下达2019年自治区储备粮轮换计划8 841吨，其中阿瓦提县3 661吨、拜城县2 500吨、温宿县2 680吨；下达地县级储备粮轮换计划15 000吨，其中阿克苏市5 000吨、沙雅县5 000吨、良信集团5 000吨。加强仓储基础设施建设，推进智能化粮库升级改造项目，争取中央预算内资金1 723万元，对全地区7县2市中心粮库进行智能化升级改造，把阿克苏市粮食购销公司中心储备库作为地区示范库点。

【优质粮食工程】 2019年，地区粮食和物资储备局实施优质粮工程，推动粮食产业高质量发展。引导和鼓励地区8家国有粮食企业和5家民营企业分别开展粮食产后服务体系建设、粮食质量安全监测体系建设和“中国好粮油”行动项目建设，总投资7 319万元；推进军民发展项目建设，启动阿克苏市、库车市军粮区域配送中心项目，全方位覆盖军粮配送范围，推进军民共建发展。

【粮食流通市场监管】 2019年，地区粮食和物资储备局加强市场监管，规范粮食流通秩序。收购前期，及时召集良信集团、中储粮阿克苏直属库以及面粉加工企业召开专题协调会，明确市场管理采取协作收购方式，对外由良信集团与库尔勒等周边地州收购企业协商，开展委托收购；对内以中储粮和县（市）采取划片区收购方式，减少收购摩擦，积极支持中储粮完成轮换任务。全年地区未发生扰乱粮食流通市场行为和设置收购壁垒案件，小麦收购市场平稳有序。

【救灾物资储备管理】 2019年，地区粮食和物资储备局加强救灾物资管理，认真做好救灾物资移交工作，研究制定《关于做好民政救灾物资移交工作方案》，组织人员对自治区下拨以及地区采购的救灾物资进行盘点，逐项进行核实和交接。实物移交工作全面完成。做好救灾物资调拨工作，按照地区应急管理局调拨指令，9月15~16日紧急调拨出库帐篷、棉被、棉褥、折叠床等一批救灾物资，连夜运输到柯坪县，保障柯坪县苏巴什水库防洪救灾物资需要。

（张旭升）

烟草专卖

【营销网建】 2019年，阿克苏地区烟草专卖局与阿克苏地区烟草公司〔以下简称地区烟草专卖局(公司)〕坚持“总量控制、稍紧平衡、增速合理、贵在持续”运行调控方针，在市场信息监测、货源策略调整、品类品牌优化整合等方面深入研究、挖掘潜力，探索运行“档位+区县，档位+商圈”等十种投放模式，在一定程度上缓解供给不平衡、不充分的矛盾，基本实现“一少两增”。规格数减少，全地区在销规格由171个精减至135个；多项销售指标均比上年增长，一类、二类卷烟比上年分别增长20.66%和14.84%，三类以上（含）行业重点品牌销量、低焦油销量、二类以上（含）落地生产品牌销量、国产中高端雪茄烟销售收入等指标比上年实现两位数以上增长；客户盈利水平保持持续增长，全地区零售客户综合毛利率为15.58%，户均盈利额4.07万元，比上年增长7.37%；中低档户均盈利3.07万元，比上年增长13.23%。

按照高标准建设网络，全地区建设现代终端1 470户（占比19%）、拟建现代终端1 169户、普通终端5 921户；各县（市）局有10个协会之家、74个小组之家，574个自律互助小组，574名达标小组长。先后开展“丝路香韵我相伴”流通品牌宣传、“终端陈列之星”评比、品牌知识竞赛、明码实价座谈会、爱心帮扶等的小组活动。培养客户内训师41名，建立内训课程（含微视频、微课程）共46个。

【营销管理】 2019年，地区烟草专卖局（公司）不断优化营销流程，强化规范管理。在新办证定档、货源投放、新品引入退出等关键环节，完善集体讨论流程，公布货源投放、客户分档、信息公开等6个规范1个细则，使各项决策更加科学。营销中心、各县（市）局严格落实各项制度，并且按照工作规范做好对内、对外营销信息公开工作。形成营销管理中心内部监督、内管办监督、纪检监察再监督的三级监督体系，在营销中心和各县级局均设置内部监督岗，加强对关键业务流程、关键岗位的日常监管。营销中心、联合内管办和监督科先后组织各县（市）局开展“天价烟”自查、市场化取向改革“回头看”以及“卷烟营销在基层”等活动，增强营销岗位规范意识。

【专卖管理】 2019年，地区烟草专卖局共查获各类卷烟违法案件211起，涉案卷烟3 236条，比上年增长21%；涉案金额70万元，比上年增长4%。完成1起区标涉烟犯罪案件的追刑工作，涉案金额50万元。查获3起5万元以上莫合烟案件，涉案金额共计43万元。共受理新办证1 939户，注销1 066户。截至年底，零售客户共计8 683户。

【专项行动】 2019年，地区烟草专卖局（公司）启动“春雷2019”打假（加热不燃烧）专项行动。联合工商、公安、邮政、商务等部门开展联合执法行动8次，自行组织专项检查8次，合计出动执法人员210人次。专项行动期间，全地区共查处违法涉烟案件40起，查获各类卷烟870条，案值16万元。

【内管工作】 2019年，地区烟草专卖局（公司）共产生预警信息116条，涉及卷烟营销部门及10个县（市）局，由地区烟草专卖局内管办及各县（市）局调查核实处理。未发现超限量供货情况，未发现虚假订单、拆单分摊，搭配销售等违法违规行为。

（魏玉明）

盐业专卖

【经营业绩】 2019年，中盐新疆阿克苏盐业有限责任公司实现销售收入2 611.4万元，实现利润总额167.6万元。净利润155.7万元；三项费用占主营业务收入的22.3%，上缴税金129.4万元。

【碘盐销售】 2019年，中盐新疆阿克苏盐业有限责任公司以供应合格碘盐、消除碘缺乏病为己任，全面落实盐产品销售计划任务，在全地区84个乡（镇）及农一师团场设立食盐委代批发网点138个、食盐零售网点5 185个；全地区销售各类盐产品20 905吨，其中食盐11 942吨（含扶贫碘盐436吨），食盐完成全年销售任务的97%，工业盐4 104吨，牧业盐4 526吨，肠衣盐333吨。

【碘盐宣传】 2019年，中盐新疆阿克苏盐业有限责任公司继续提高群众食用中盐品牌碘盐健康防病意识，在“3·15”消费者权益保护日、“5·15”防治碘缺乏病宣传日和食品安全宣传周，通过发放宣传资料、图片展览、展示中盐牌食盐样品、现场解答等形式，宣传食用中盐品牌碘盐防治碘缺乏病的益处。

（袁海应）

中石油新疆销售有限公司阿克苏分公司

【概况】 中石油新疆销售有限公司阿克苏分公司(以下简称中石油阿克苏销售公司)共有员工839人,设有5个职能部室、8个销售片区、10个党支部,实际运营加油(气)站101座,其中五星级加油站1座、四星级加油站3座、三星级以上加油站6座。2019年,中石油阿克苏销售公司持续做大油气非业务规模、做实服务,实现成品油销量52.28万吨。获得中共阿克苏市南城街道工作委员会阿克苏市南城街道办事处模范集体称号、中石油新疆销售有限公司质量安全环保节能先进单位称号。

【市场营销】 2019年,中石油阿克苏销售公司坚持以纯枪增量为核心,创新各类联合促销活动,组织开展劳动竞赛,每季度进行评选表彰。根据"一站一策"方案推进油气卡非润一体化营销,提高运营率保障站前销售。掌握市场需求变化形势,淘汰滞销商品、引进旺销新品、潮品,研究客户群体消费差异性,结合10惠购物节活动优化组合兑换商品,创新开展组合式礼包销售。做大燃气整体战略目标,统一气源供应,打破存量气限制,拓展燃气市场,加气站运营天数、设备故障率和母站充装能力得到管控,实现公司加气网点份额和市场份额双提升。

【加油站管理】 2019年,中石油阿克苏销售公司发挥加油站运营指挥中心的监督指导作用,开展服务质量监测和达标创星考评,将"95504"客服管理、非现场巡查、客户综合满意度调查等考核项量化为具体考核指标,帮助加油站提升管理软实力。实现加油卡网上、移动充值,以高效优质的服务促销量、增效益,公司非现场巡查排名位列新疆公司前三,服务质量综合评价成绩稳步提升。围绕"旅游兴疆"战略,新建4座旅游沿线加油站,有效缓解"三难一不畅"问题。

【网络建设】 2019年,中石油阿克苏销售公司树立"渠道为王""终端致胜"理念,强化网络开发,了解辖区市场情况,主动向各县(市)政府部门汇报企业发展成果、交换网络发展规划、争取投资建设项目和政策支持,年度梯次开发计划严格执行,落实规划、土地等手续,为加大与地区优势企业和其他社会经营单位战略合作,提升市场竞争力,依托中国石油品牌、技术和管理优势,推进项目攻坚,新增加油(气)站13座,投运10座。

(刘馨宇)

中国石化销售股份有限公司新疆阿克苏石油分公司

【概况】 中国石化销售股份有限公司新疆阿克苏石油分公司(以下简称中石化阿克苏分公司)辖7县2市区域,主要经营汽油、柴油、润滑油、天然气和非油品。下设6个县(市)片区,阿克苏市片区、库车片区、温宿(乌什)片区、阿瓦提(柯坪)片区、拜城片区、新和(沙雅)片区;拥有阿克苏和库车2座油库,库容分别为3.2万立方米和5.6万立方米;日处理10万立方米的库车CNG母站1座;在营加油(气)站67座。固定资产共计5.72亿元。有干部员工523人,委托管理保安326人。公司设9个基层党支部,党员79名,储备发展培养对象26名。

【石油销售】 2019年,中石化阿克苏分公司将全年目标工作计划融入年度各项工作全过程、对标任务凝聚合力,经营、发展质量不断提高,企业保持安全稳定。经营网点分布在7县2市主要交通干道和乡(镇),主要经营92号汽油、95号汽油、98号汽油、0号柴油、-35号柴油、车用天然气以及各种规格的润滑油,2019年成品油经营和非油品销售实现持续提升。

(何 静)

银 行

·中国人民银行阿克苏地区中心支行·

【概况】 2019年，中国人民银行阿克苏地区中心支行（以下简称中国人行阿克苏中支）按照“增设机构、恢复职能、充实力量、改善环境”的指导思想，加强县支行建设，在政策、人员、经费上积极向县支行倾斜。下辖库车市支行、沙雅县支行、拜城县支行、新和县支行、阿瓦提县支行、乌什县支行6个县支行。全辖有在职干部职工268人（含总行聘用制员工29人），其中中支机关135人（含总行聘用制员工8人）、县支行133人（含总行聘用制员工21人）；男职工171人、女职工97人；退休职工111人；党员148人。

【货币政策执行】 2019年，中国人行阿克苏中支拓宽融资渠道降低融资成本，按照金融支持实体经济要求及全疆社会融资规模新增的目标任务，优化改善货币政策传导机制，用足用好货币政策工具，在多元化融资上求突破，推动银行间市场债务融资工具、企业债、公司债等领域融资，不断丰富债务融资品种，拓宽融资渠道，提升资金供给效率。全年地区金融机构本外币各项存款余额1 687.32亿元，较年初新增143.11亿元，增长9.29%；本外币贷款余额1 158.64亿元，较年初新增109.68亿元，增长10.94%。

【小微企业金融服务】 2019年，中国人行阿克苏中支组织开展小微企业金融服务创新案例征集评选活动，调动辖区金融机构金融产品和模式方式创新的积极性。不动产抵押贷款首创“不见面审批”，实现“最多跑一次”。辖区法人金融机构开发运用线上适合小微企业的贷款产品，提高贷款发放率和服务便利度。地区小微企业贷款余额322.64亿元，较年初增加42.75亿元，比上年增长14.50%，高于各项贷款增速3.46个百分点。

【金融稳定】 2019年，中国人行阿克苏中支认真落实地区防范化解金融风险季度联席会议制度，及时向地区汇报辖区金融风险形势、风险提示，妥善做好风险化解处置工作；针对辖区邮储银行资产质量下降、高风险机构不良资产处置进展缓慢、多家信用社进入改制进程等新情况和新问题，加强与监管部门的协调沟通，建立专项监测机制，督促存在风险的机构做出风险化解措施和计划，有效处理经营发展与风险防范的关系；建立证券保险监测联系机制，会同保险业协会定期召开联席会议，做好风险监测工作，及时反映证券保险业运行中存在的风险、问题；持续提高反洗钱监管有效性，发挥阿克苏地区反洗钱情报研判中心职能，牵头组织召开重点可疑交易线索研判会，与地区公安局、地区监委等部门及各家线索报告机构开展线索会商研判12次。

【金融服务】 2019年，中国人行阿克苏中支打通个人征信查询“最后一公里”，在辖区布放征信自助查询设备11台，县域 人民银行全覆盖。开展“移动支付便民示范工程——智慧公交”活动，实现市区及个别县域公交车非现金支付，为辖区居民出行带来便利；推进农村助农取款示范服务站建设，选取辖区 21 个助农取款点进行试点，以村为面，辐射四周，改善农村支付环境。

【普惠金融】 2019 年，中国人行阿克苏中支开展助农取款补贴试点工作推广，辖区共设立助农取款点超过 1466 个，已基本消除农村金融服务空白村，其中乌什县、沙雅县、温宿县、新和县、阿瓦提县均实现助农取款村级行政区全覆盖。建立起支农、惠农、便农的“支付绿色通道”，农户“足不出村能缴费、支付结算在村口、金融服务零距离”。年内，温宿县被确定为移动支付便民示范县，20 个惠农站机具已经布放到位并实现功能升级，部分超市、商圈等已实现云闪付支付功能，辖区移动便民示范县建设取得阶段性成果。

（晋文强）

·中国银行保险监督管理委员会阿克苏监管分局·

【银行监管】 2019 年，阿克苏银行业运行平稳，资产负债规模总体呈现平稳增长态势。截至年底，资产总额 2 089.52 亿元，较年初增长 10.21%；负债总额 2 016.04 亿元，较年初增长 10.04%。各项存款余额 1 637.46 亿元，较年初增长 8.83%。各项贷款余额 1 160.42 亿元，较年初增长 11.11%。其中涉农贷款余额 859.1 亿元，较年初增长 9.11%；小微企业贷款 427.39 亿元，较年初增长 14.06%。

2019 年 12 月 25 日，阿克苏市支持民营和小微企业“政银保担企”合作示范洽谈会暨“百行进万企”启动仪式举行（阿克苏银保监分局/提供）

【支持地方经济】 2019 年，中国银行保险监督管理委员会阿克苏监管分局（以下简称阿克苏银保监分局）破解小微民营企业融资难题，在新疆银保监局年初试点的基础上，及时在阿克苏市推进合作试点，并开展“百行进万企”活动。年末普惠型小微企业贷款增速高于全辖各项贷款增速 15.99 个百分点；有贷款余额的户数较年初增加 3 108 户；贷款平均利率和不良贷款率较上年分别下降 0.24 个百分点和 0.54 个百分点。不断加大金融扶贫力度，全年累计发放扶贫小额信贷 9.72 亿元，满足 3.21 万户建档立卡贫困户的贷款需求，其中向 2 个国家级贫困县 1.06 万户贫困户，发放扶贫小额贷款 3.27 亿元。

【银行改革】 2019 年，阿克苏银保监分局，稳妥推动农信社改革工作，按照“成熟一家、组建一家”原则，推动乌什、沙雅、阿瓦提县 3 家联社改制农商行工作。针对 3 家联社改制过程中出现的股东资质不合格、指标不达标等问题，多次现场指导，积极与新疆局沟通联系，使改制工作取得积极进展，其中 2 家获批筹，1 家在整改中。扎实推进普惠金融“村村通”建设，引导农业银行服务重心向基层倾斜，在阿瓦提县乌鲁却勒镇设立大型银行首家支行，年末行政村基础金融服务覆盖率达 100%，提前实现“全覆盖”目标。

【风险防控】 2019 年，阿克苏银保监分局持续督导各银行业机构加大清收处置力度，处置不良贷款 14.97 亿元，比上年增加 6.83 亿元，逾期 90 天以上贷款全部纳入不良贷款管理；年末不良贷款余额 22.05 亿元，较年初减少 0.18 亿元；不良贷款率 1.9%，较年初下降 0.23 个百分点，不良贷款实现“双降”。开展“巩固治乱象成果、促进合规建设”自查和监管检查工作，完成 13 家机构现场检查工作，检查发现各类问题 97 个，涉及金额 4.61 亿元，对发现严重问题的 1 家机构进行“双罚”，罚款 21 万元。向存款偏离度超 4%的 14 家银行业机构发送“提示单”和“警告单”28 份，向发现存在风险隐患的机构下发风险提示书 20 份，提出针对性监管要求 47 条；积极配合政府相关部门处置阿克苏财员外信息科技有限公司“暴雷”事件。

【保险业概况】 2019 年，地区共有 21 家保险公司分(中心支)公司，其中财产险公司 13 家、寿险公司 8 家。有 155 家县(市)支公司，分布在 7 县 2 市及生产建设兵团第一师阿拉尔市各团场。保险从业人员 1 0751 人(其中少数民族保险从业人员 3 124 人)，实现保费收入52.78 亿元，比上年增长 20.87%。其中财险公司保费收入 28.56 亿元，比上年增长 25.31%；寿险公司保费收入 22.22 亿元，比上年增长16.03%。全年共处理理赔案件 415 864 件，共支付赔款和给付金额 26.14 亿元，比上年增长 87.09%，其中财产保险公司共处理赔案 373 434 件，支付赔款 22.74 亿元，增长90.66%；寿险公司共处理赔案 42 430 件，给付保险金额 3.4 亿元，比上年减少 66.28%。

【农业保险】 2019 年，地区保险业落实国家农业保险政策，开展棉花、特色林果业、养殖业等惠农保险，实现保费收入 12.84 亿元，比上年增长 37.52%；支付农业性灾害赔款 14.5 亿元，比上年增长 177.25%。

【商业保险】 2019 年，根据地区开展城乡居民大病商业补充医疗保险相关试点工作部署，地区保险业积极参与该项惠民工程，解决城乡居民因病返贫，因病致贫困境。截至年底，承保 205.4 万人，受理 14 038 人理赔，支付赔款 1.1 亿元，赔付率达 80.20%。加大全民意外伤害保险宣传，全民意外伤害保险新单承保 25 914 件，受理各类赔案 9 438 件，赔款金额 7 096.84 万元。

【信访投诉案件调解】 2019 年，地区保险行业协会积极维护会员公司和保险消费者权益，开展交通事故车辆保险诉前调解工作，全年共受理道路交通事故民事损坏赔偿调解案件 398 起，成功率 86%，涉案经济损失 980.94 万元。做好业内外信访、投诉和咨询工作，受理信访投诉 136 件，其中财产险 55 件，理赔纠纷占 76.36%；人身险 81 件，涉及注销执业证号约占 69.14%。

(武路路)

·中国工商银行股份有限公司阿克苏分行·

【经营业绩】 2019 年，中国工商银行股份有限公司阿克苏分行(以下简称工商银行阿克苏分行)实现拨备前利润 35 487 万元，比上年增加 4 873 万元，增长 15.92%；实现净利润 30 823 万元，比上年增加 310 万元、增长 1.02%；全部人民币存款余额 197.12 亿元，比上年末增加 9.42 亿元，增长 5.02%；各项人民币贷款余额 66.38 亿元、比上年末减少 9.79 亿元、下降 12.85%；实现中间业务收入 10 366 万元，比上年增加 2 099 万元，增长 25.39%；不良贷款余额为 2 550.4 万元，不良率 0.38%。人民币总资产 202.36 亿元，比上年末增加 8.38 亿元，增长 4.32%；总负债 200.43 亿元，比上年末增加 9.47 亿元，增长 5%。

【信贷业务】 2019 年，工商银行阿克苏分行把握政策导向，调整分布结构，提升实体经济服务能力。将公共事业、幸福产业、水利、煤炭、农业、化工、清洁能源确定为公司信贷重点拓展领域，全年新增贷款客户 11 户，累计申报贷款 44.75 亿元，成功投放贷款 15.37 亿元。

【核算基础管理】 2019 年，工商银行阿克苏分行以“无案件、无重大风险事件”为目标，把好重点业务风险和关键环节风险防控水平稳步提升；强化网点运营风险分级管理，防范业务运营风险。截至年末，17 个核算网点，A 类风险等级 2 个、B 类风险等级 6 个、C 类风险等级 9 个。

(盖 云)

·中国银行股份有限公司阿克苏地区分行·

【经营效益】 2019 年，中国银行股份有限公司阿克苏地区分行(以下简称中国银行阿克苏分行)实现营业收入 19 220.86 万元，比上年减少 1 077.05 万元，减幅 5.31%；实现拨备前利润 12 586.88 万元，比上年减少 675.53 万元，减幅 5.09%；经营效益因贷款质量改善大幅上升，实现考核净利润 5 536.03 万元，比上年增长 10 879.02 万元，增幅 203.61%。

【存款工作】 2019 年，中国银行阿克苏分行日均存款 86.06 亿元，较年初增加 4.35 亿元，比上年增长 5.33%。其中对公日均存款 34.22 亿元，较年初减少 0.62 亿元；储蓄日均存款 51.84 亿元，较年初增加 4.97 亿元。

【贷款工作】 2019 年，中国银行阿克苏分行贷款余额 34.45 亿元，较年初增加 2.08 亿元。其中公司贷款 21.1 亿元，较年初增加 0.56 亿元；零售贷款 13.34 亿元，较年初增加 1.52 亿元。普惠金融贷款余额 17 599.75 万元，较年初增加 5 309.98 万元；累计贴现额 12 亿元，国内信用证项下福费廷 13 844 万元。

（曲永红）

·中国农业发展银行阿克苏地区分行·

【信贷业务】 2019 年，中国农业发展银行阿克苏地区分行（以下简称农发行阿克苏地区分行）全年累放各项贷款 158.47 亿元，占全疆农发行系统 17.58%。年末贷款余额 301 亿元，比上年增加 44 亿元，增幅 17.12%，占全疆农发行系统贷款余额的 17.48%，占阿克苏地区金融机构贷款余额的 25.98%，位居新疆农发行系统第二位。全年累计发放精准扶贫贷款 144.11 亿元，年末扶贫贷款余额 192.55 亿元，累计发放额和余额在阿克苏金融机构中均位列第一。累计发放粮棉油购销储贷款 106.92 亿元，年末贷款余额 104.15 亿元，其中 2019 年度棉花收购贷款累计发放占全系统的 23.31%。全年累计发放各类中长期贷款 40.78 亿元，年末贷款余额 187.29 亿元。

【经营业绩】 2019 年，农发行阿克苏地区分行各项存款余额 50.27 亿元，日均存款 49.40 亿元。中间业务收入 279 万元。信贷资产质量明显提升，年末实现不良贷款零余额。实现盈利（剔除贷款减值损失）2.41 亿元，比上年增加 0.98 亿元。

【支付渠道建设】 2019 年，农发行阿克苏地区分行完成网上银行人员配备、上岗考试、方案制定、宣传推广等工作，确保网上银行业务如期落地。全年累计签约客户 359 户，发生业务累计 11.22 万笔，累计金额 275.20 亿元。加大系统运行管理力度，规范各类系统操作。扎实开展培训、精心进行演练，并配合上级行做好集中授权、集中后督系统、新核心系统安全运行工作。

【支持实体经济】 2019 年，农发行阿克苏地区分行围绕地方基础设施补短板部署，重点支持农村交通、水利、城乡一体化、生态环境建设与保护等重大民生项目。全年累计投放各类基础设施中长期项目贷款 38.66 亿元，贷款余额 184.61 亿元，比上年增加 27.55 亿元。累计获批农业农村基础设施建设类贷款 54.53 亿元，累计发放 28.57 亿元。累计新营销民营小微企业 11 户，授信总额 4 054 万元；累计实现投放 10 户，投放贷款 2 994 万元，贷款净增 2 954 万元，为民营小微企业降低融资成本近 72 万元。

【风险防控】 2019 年，农发行阿克苏地区分行运用 CM2006 系统，加强对贷款展期和粮棉购销企业贷款监测和预警，定期分析风险状况，及时发出预警。开展信贷管理专项检查，发现问题 6 个，涉及问题金额 30.25 亿元，全部整改完毕。加强集团客户管理，对符合集团客户特征的客户纳入集团客户管理。全行成员企业 95 家，占全疆成员企业数的 24.36%、贷款余额为 197.33 亿元，占全疆所有集团客户贷款余额的 25.82%。

【财务管理】 2019 年，农发行阿克苏地区分行合理分配费用指标，从严控制各项费用支出，规范大额费用审批制度。全年实现各项财务收入 12.03 亿元，各项财务支出 9.62 亿元，业务经营形成账面盈利 2.41 亿元。加大闲置固定资产处置力度，及时做好账务处理，全年组织实施集中采购 11 次，采购金额 315.50 万元；固定资产项目支付 40.35 万元。

（徐永刚）

·中国建设银行阿克苏地区分行·

【概况】 中国建设银行股份有限公司阿克苏地区分行（以下简称建行阿克苏分行），属中国建设银行股份有限公司下设二级分行，有营业机构 15 个，其中县支行营业部 4 个、城区支行 8 个、分行直属营业部 1 个、县支行所属支行（分理处）2 个；本部内设部门 12 个，即综合管理部、人力资源部、驻行纪检组、风险管理部、财务会计部、公司业务部、机构业务部、小企业经营中心、个人金融部、信用卡中心、个人贷款中心、网络金融部。全行在岗员工 289 人，离退休及内部退养人员 66 人。全行现有 19 个党支部，在岗党员 116 名，离退休党员 27 名。

【负债业务】 2019 年，建行阿克苏分行一般性存款日均余额 192.72 亿元，较年初新增 23.09 亿元，增速 13.61%。其中对公存款日均余额 111.88 亿元，较年初新增 7.84 亿元；个人存款日均余额 80.84 亿元，较年初新增 15.26 亿元。

【资产业务】 2019 年，建行阿克苏分行各项贷款余额 98.03 亿元，较年初减少 0.76 亿元。其中公司业务类贷款余额 58.68 亿元，较年初减少 1.17 亿元；个人类贷款余额 39.35 亿元，较年初新增 0.41 亿元。普惠金融小微企业贷款余额 6.44 亿元，较年初新增 1.06 亿元。

【中间业务收入】 2019 年，建行阿克苏分行实现中间业务毛收入 1.44 亿元，比上年增长 2 766 万元。其中公司条线毛收入 1 773 万元，比上年增长 410 万元；个人条线毛收入 12 600 万元，比上年增长 2 357 万元。

【客户基础建设】 2019 年，建行阿克苏分行对公结算账户余额、新增同行业排名第一；公司机构和个人加权客户数量涨幅明显；全行新增借记卡发卡 19.55 万张，社保客户 7.56 万户，信用卡全年累计发卡 16.28 万张，当年新增 2.68 万张，实现中收 9 231.11 万元。ETC 市场占比 26.89%。

（于 萱）

·中国农业银行阿克苏地区分行·

【概况】 中国农业银行阿克苏分行（以下简称农行阿克苏分行）是地区唯一 1 家在 7 县 2 市（阿克苏市、库车市）均设有分支机构的大型国有控股上市银行。全行设有 15 个分行机关部室、9 个一级支行、31 个营业网点。配备科级干部 60 名，其中机关本部 33 名，县支行 27 名。有员工 627 人，基层党组织 67 个。在岗党员 315 人。

【经营业绩】 2019 年，农行阿克苏分行各项存款增长 5 676 万元；各项贷款连续实现正增长，支持实体经济能力明显提升，全行贷款比上年多投 7 100 万元。持续加强风险管控，不良贷款余额较年初下降 1 211 万元，贷款不良率较年初下降 0.31 个百分点。加快不良贷款处置，累计处置不良资产 11 623.7 万元。全行营业收入增加 147 万元，净利润增加 5 279 万元。

【金融扶贫】 2019 年，农行阿克苏分行加大扶贫贷款投放力度，累计投放 10.75 亿元特色农产品收购贷款，向雅戈尔等纺织行业企业投放贷款 6.08 亿元，带动建档立卡贫困人口增收超过 2 500 人；投放农户贷款 4.4 亿元，其中投放小额农户贷款 732 笔、0.43 亿元。延伸、拓宽服务渠道，在国家收费政策调整、支出成本有增无减的情况下，全区 42 个自助网点，保持总量不减。全行布放“金穗惠农通”工程电子机具 1 260 台，设立服务点 1 260 个，电子机具行政村覆盖率 82.91%（其中乌什、柯坪县电子机具覆盖率 100%），服务点累计金融交易13.78 万笔、发生交易金额 73 894.83 万元。

【贷款业务】 2019 年，农行阿克苏分行贷款余额较年初增加 3 716 万元，累计发放各项贷款比上年多投 0.71 亿元，其中自然人贷款比上年多投 1.54 亿元。持续加大实体经济支持力度，完成新增雅戈尔纺织贷款投放工作和昊泰燃气、泓晟污水项目贷款审批工作，推进西区垃圾焚烧发电项目永安水电项目贷款审批，持续跟进温泉水库、库玉拜公路等项目。支持地区“早春行”活动，全行累计投放法人贷款 25.32 亿元。推进个人贷款投放（不含农户贷款），扩大个人贷款规模，个人贷款比上年增加 9 800 万元。全量信用卡分期交易额比上年增加 1.58 亿元。

【存款业务】 2019 年，农行阿克苏分行各项存款余额较年初增加 5 676 万元，增速 0.34%。持续开展“春天行动”综合营销竞赛活动，推动个人存款日均余额突破百亿元大关。全行个人存款余额较年初增加 1.26 亿元。受专项资金使用、大额资金归集、同业在县域增设一级支行、机构改革账户转移等因素影响，机构存款较年初下降 3.21 亿元。通过 CMM 系统大额变动等模块，对公司存款进行监测，掌握资金动态，公司存款余额较年初增加 2.52 亿元。

【中间业务】 2019年,农行阿克苏分行实现中间业务收入比上年增加862万元,增幅13.46%。持续推进经营转型发展,阿克苏分行营业部成功创建为中国银行业“五星级”示范网点。全面提升以新一代超级柜台为核心的网点设备智能化水平,超级柜台业务替代率提升3.95%,智能+综合业务分流率82.09%,高柜压降率提升25.86%。95599客服投诉量下降13.6%,客户平均等候时间压降11.17分钟,柜员服务满意度评价率提升0.13%。将掌上银行作为县域支付结算主渠道,积极开展“决战掌银”活动,全行掌上银行总规模342941户。持续加大信用卡发卡量,满足地区公众消费需求,新发放有效信用卡13 940张。

【服务“三农”】 2019年,农行阿克苏分行积极履行社会责任,主动加强普惠金融和“三农”服务工作力度。全行累计投放涉农贷款29.42亿元。加大农户贷款投放,支持地区乡村振兴战略实施,累计投放农户贷款1 242笔、34 302.7万元。加大“新棉通”贷款投放力度,累计为12户涉棉企业投放贷款8.87亿元。全辖小微企业贷款增加15户、金额增加4 927万元,增速高于全行贷款平均增速79.87个百分点,全行未形成小微企业不良贷款。

(李冬芳)

·新疆阿克苏农村商业银行股份有限公司·

【概况】 2019年,新疆阿克苏农村商业银行股份有限公司(以下简称阿克苏农商银行)内设部门17个:下设营业网点33个(含2个分理处)。实现利润(净利润)29 464.93万元,比上年增加5 273.54万元,增长21.80%;资产利润率1.34%,增加0.17个百分点;资本利润率15.76%,增加1.37个百分点;成本收入比率28.31%,增加0.5个百分点。

【经营业绩】 2019年,阿克苏农商银行营业收入109 051.77万元,比上年增加13 820.99万元,增长14.51%。其中利息收入75 086.5万元,增加8 993.11万元,增长13.61%;手续费及佣金收入2 476.24万元,增加905.43万元,增长57.64%;其他业务收入226.42万元,增加30.98万元,增长15.85%;投资收益31 182.68万元,增加4 286.74万元,增长15.94%;资产处置收益79.93万元,减少389.8万元,下降82.98%。营业支出74 175.67万元,比上年增加8 286.44万元,增长12.58%。其中利息支出36 295.04万元,增加5 544.67万元,增长18.03%;手续费及佣金支出761.56万元,增加398.39万元,增长109.70%;业务及管理费用20 261.93万元,增加2 641.76万元,增长14.99%;其他业务成本97.16万元,增加16.86万元,增长21%;资产减值损失16 314.73万元,减少392.03万元,下降2.35%;营业税及附加445.25万元,增加76.79万元,增长20.84%。

(李红霞)

【应用系统建设】 2019年,阿克苏农商银行主动担当社会责任,开展普惠金融服务,先后启动阿克苏地区第二人民医院“银医社”项目、阿克苏便民移动互联网“云物业缴费平台”项目。“银医社”通项目整合聚合支付、线上线下同步服务渠道,满足医院挂号手段多样化要求,患者可依托微信公众号、支付宝等互联网应用平台,也可使用医院自助设备服务一体机,办理就诊卡、充值、挂号、缴费、查询、打印、结算等业务。“云物业缴费平台”为收费企业和缴费企业或个人提供专业的收费、缴费服务,为客户提供开放便捷缴费服务,与当地燃气、水务、电力、热力及物业公司合作,搭建涵盖燃气费、水费、电费、暖气费、物业费、停车费等“云端”物业管理系统平台,推出支持水、电、燃气的多功能读写卡设备,市民足不出户即可在APP、小程序中完成各项费用的缴纳。

(郭彤昱)

【网上银行】 2019年,阿克苏农商银行企业网上银行累计开户3 022户,新开户1 027户,交易笔数56.16万笔,交易额381.63亿元,分别比上年末增长59.97%和38.15%。各项交易中,行内转账24.78笔,交易金额150.99亿元;跨行转账23.23笔,交易金额228.84亿元;代发业务笔数5.15万笔,代发金额1.6亿元;集团资金归集25笔,金额1 979.46万元,全年电子银行平均替代率73.14%。个人网上银行累计开户63 508户,新开户15 463户,交易笔数117 857笔,交易额684 107.15万元,交易额较上年同期下降 7.75%。

（程国英）

【手机银行】 2019 年，阿克苏农商银行手机银行累计开户 51 981 户，新开户 10 221 户，增幅 126.33%，交易 145 147 笔，交易额 359 559.73 万元，增幅 124.93%和 150.73 %。财付通和支付宝交易 999.2 万笔，金额 695 971.7 万元，增幅 153.53%和 184.51%。

（程国英）

【信贷工作】 2019 年，阿克苏农商银行积极培育发展消费金融，不断满足不同客户群体多元化服务需求，新开发公职人员消费贷款、个人汽车消费（第三方担保）贷款、“安居贷”拆迁安置户购房贷款等信贷产品。截至年底，农商银行各项贷款余额 128 亿元，比上年末增加 24.89 亿元，增长 24.14%。从贷款期限结构看，短期贷款余额 51.6 亿元，占比 49.61%；中长期贷款余额 64.5 亿元，占比 50.39%。从贷款组织方式看，自营贷款余额 100.75 亿元，占比 78.71%；社团贷款余额 27.25 亿元，占比 21.29%。

（陈蓉）

【存款工作】 截至 2019 年年底，阿克苏农商银行各项存款余额 175.94 亿元，增加 20.4 亿元，增长 13.12%，其中对公存款余额 619 998 万元，比上年增加 111 950 万元，增长 22.04%；储蓄存款余额1 139 390 万元，增加 92 049.6 万元，增长 8.79%。 在阿克苏地区金融机构存款市场份额排名第一。

（朱怡潇）

·中国邮政储蓄银行股份有限公司阿克苏地区分行·

【经营业绩】 2019 年，中国邮政储蓄银行股份有限公司阿克苏地区分行总资产 107.53 亿元，比上年末增加 5.28 亿元，增幅 5.17%；总负债 107.5 亿元，比上年末增加 7.03 亿元，增幅 7%；各类存款 100.41 亿元，其中个人储蓄存款 92.29 亿元，比上年末增长 2.67 亿元，对公存款 8.12 亿元，比上年末增长 1.85 亿元。全年投放贷款 6.04 亿元，信贷结余 14.32 亿元。

【信贷工作】 2019 年，中国邮政储蓄银行股份有限公司阿克苏地区分行主动对接阿克苏地区产业经济金融政策，聚焦“三大攻坚战”，坚守金融服务实体经济本质，落实“三区三州”扶贫再贷款政策，加大“三农”和小微领域信贷投放力度，推进战略落地。加大金融精准扶贫贷款投放力度，金融精准扶贫贷款结余 9 082.22 万元（含已脱贫人口）；在服务“三农”方面，投放 1.34 亿元，结余 6.24 亿元。继续支持中小微企业发展，创新信贷产品，解决小微企业融资难、融资慢问题，给予利率优惠，优化小微企业信贷审批手续，小企业法人贷款结余 4 495.69 万元。加大对地区重点企业和项目的金融支持，成功放款 6 393 万元，公司信贷结余 2.51 亿元。

【普惠金融】 2019 年，中国邮政储蓄银行股份有限公司阿克苏地区分行拥有营业网点 49 个，分布在县域及以下乡（镇）网点占 73.91%，通过在乡（镇）增设定时定点服务站等形式填补金融服务空白乡（镇），设立自助银行配备 ATM 机 128 台，在乡（镇）、商圈布放自助机具 1761 台，为当地百姓生活提供优质的金融服务；在满足特定人群金融需求方面，先后发行+薪卡、青年卡、乡情卡等卡品种，每种卡根据客户的金融需求，不同程度享受手续费组合优惠。

【内控管理】 2019 年，中国邮政储蓄银行股份有限公司阿克苏地区分行着力防范化解金融风险，从内控制度完善、贷后管理、资产保全、员工行为排查、开展专项检查等方面，夯实内控管理基础，全年共处置不良资产 4476 万元。加大固定资产投资力度，全年基础建设投入 324.1 万元。

（王 真）

·杭州联合农村商业银行股份有限公司阿克苏分行·

【经营业绩】 2019 年，杭州联合农村商业银行股份有限公司阿克苏分行（以下简称杭州联合银行阿克苏分行）各项存款余额 9.2 亿元，对私存款余额 1.61 亿元，对公存款余额 7.59 亿元。各项贷款余额 7.73 亿元，其中个人贷款余额 1.33 亿元、公司贷款余额 6.4 亿元，1 000 万元以下小微企业贷款余额 1.79 亿元，产业精准扶贫贷款余额 0.66 亿元，涉农贷款余额 6.7 亿元。不良贷款余额 706.53 万元，不良率

0.93%，低于地区平均水平。积极开展投行业务，向阿克苏地区国有平台投放公开市场信用债 2.62 亿元，重点支持地区民生工程和浙江援疆纺织工业城园区等。

【助力地方经济】 2019 年，杭州联合银行阿克苏分行积极争取优质地区级融资平台授信。完成阿克苏信诚投资集团有限公司 1 亿元、阿克苏纺织工业城有限公司 6 200 万元信用债认购；完成绿色信贷 1.2 亿元投放，推动地区相关产业发展以及环境治理工作。积极支持联络来阿克苏投资援疆企业，为援疆企业授信 1.2 亿元，涉及纺织业、特色林果业等重点行业。完成对地区绿色公司、地区水务集团、市城投集团、市公交集团、市水投集团、市商贸物流园等国有平台的授信，合计授信额 5.61 亿元。加大小微企业贷款投放，完成企业用信户 102 户。1 000 万元以下小微企业贷款 1.79 亿元，较年初增长 20%。

【平台营销】 2019 年，杭州联合银行阿克苏分行制定平台营销宣传专项活动方案，组织开展平台营销宣传 42 次，围绕家居建材、农资农机、服装电脑等商业平台，重点营销经营性贷款产品、理财、POS 机等。突出网格化服务，开展走千访万活动，采取团队营销模式，摸清平台商户底数，以优势产品为突破口，建立平台数据库，通过走访收集整理 1 800 多户商户基本信息。拓展新营销平台，年底有平台 29 个，其中 10 户以上平台 11 个，全年净增 5 个。

（李 敬）

·交通银行股份有限公司阿克苏分行·

【负债业务】 2019 年，交通银行股份有限公司阿克苏分行（以下简称交行阿克苏分行）集中优势资源，向有助于地区经济社会发展、化解金融风险、解决扶贫攻坚等重点、上下功夫，实现存款规模的稳定增长。存款余额 40 亿，较年初增加 15.3 亿元，增幅 61.9%。

【两项利润】 2019 年，交行阿克苏分行两项利润(经济利润、经营利润)实现同增长、同完成，贡献度实现双提升，完成全年计划 126%；经济利润完成全年计划 216%。同时，坚持向不良资产要效益，持续加强对问题类资产的关注及处置，对 1 户不良企业进行重组，企业经营转为正常，仅此一项回拨利润 1 176 万元。

【客户群建】 2019 年，交行阿克苏分行持续做好对公新开户，坚持“多开户、开好户”，完成全年新开户计划任务的 158%，对公达标账户完成全年计划任务的 408%。个金业务加强日常督导与监督，按季度开展劳动竞赛，实行每日推进、每周通报、按人考核的方式，开展多场人机相结合企业行、商圈行，并且结合厅堂营销、外呼、线上线下、面访等多种营销方式，增加产品销售机会，实现客户稳定增长。

【创新业务】 2019 年，交行阿克苏分行加深与重点客户合作，以客户需求为营销出发点，抓住企业客户需求，成功上线现金管理平台系统、银卫安康系统，加快企业结算速度，实现项目联动。做好政府专项债对接工作，邀请上级行专家团队为地区及各县（市）开展政府专项债培训工作，为地区专项债申报提供智力支持，积极参与专项债项目收益平衡方案申报材料撰写工作，解决方案中遇到的金融难题。

【风险内控管理】 2019 年，交行阿克苏分行加强不良及逾期贷款管理工作，逾期及不良贷款较年初减少 257 万元，不良贷款率 1.54%。落实减退加固政策，压降企业 2 户、1.53 亿元贷款，确保减退加固政策刚性执行，强化风险缓释有效性。持续加强风险案件防范意识，全年共计堵截风险事件 3 起。

（李艳）

·上海浦东发展银行股份有限公司阿克苏分行·

【经营业绩】 2019 年，上海浦东发展银行股份有限公司阿克苏分行（以下简称浦发银行阿克苏分行）一般性存款日均 20.23 亿元，较年初新增 8.47 亿元，其中公司日均 4.62 亿元，零售日均 15.6 亿元。基础性存款日均余额 13.12 亿元，新增 4.99 亿元。营业净收入 4 979 万元；中间业务净收入 1 371 万元；结构性存款日均余额 3.26 亿元，新增 2.11 亿元。浦发银行阿克苏分行各项存款在地区 22 家金融机构新增排名第一名。

【亮点工作】 2019 年，浦发行阿

克苏分行在中国人民银行对22家金融机构征信管理督导检查中，被评为A级机构；浦发行阿克苏分行零售一般性存款余额17.2亿元，比上年增加8.4亿元，增长95.4%，占乌鲁木齐分行新增额的26.6%；个人一般性存款日均余额15.64亿元，比上年增加7.4亿元，增长89.95%，完成预算进度的120%；社区支行综合指标在分行辖区排名第一；客户经营成效显著，私行客户新增在各家经营机构排名第一；成功争取到在阿克苏市办理"工商注册通"的业务资格，并在业务推进过程中，启用南疆地区"营业执照自助打印终端"，真正实现工商、金融"一站式"服务；公司类存款增幅明显，实现年日均存款完成率109%，在全行各级经营机构中排名第一；在维护好存量公司优质客户的同时，拓展地区龙头企业业务，成功认购地区绿色实业开发有限公司PPN9000万元，成为优质客户的主办银行。

（李 媛）

·天津滨海农村商业银行股份有限公司阿克苏支行·

【存贷款】 2019年12月31日，天津滨海农村商业银行股份有限公司阿克苏支行（以下简称天津滨海农商行阿克苏支行）各项存款72 461.02万元，比年初增加16 751.56万元，增幅30.07 %，其中个人结构性存款余额为26 343.9万元，比年初增加2 188.80万元，增幅8.31%；其他储蓄存款余额为46 117.12万元，比年初增加14 562.76万元，增幅46%；贷款余额13 821.28万元，其中个人按揭贷款合计768万元；新开立银行卡1 479张；新开立对公账户32户。

【安全保卫】 2019年，天津滨海农商银行阿克苏支行共计开展消防教育培训2次，培训参加人数44人次；开展安全保卫专项学习7次，参加人数154人次；结合预案组织开展防暴、防抢演练各3次，消防演练3次，消防疏散演练3次，全年共计12次演练，演练共参加人数250人次。10月底，根据银行业营业场所安全防范要求（GA38—2015），阿克苏塔北路分理处正式完成监控系统改造；11月顺利通过地区公安局和阿克苏银保监分局组织开展的第六轮安全评估。

（汪芳）

保 险

·中国人民财产保险股份有限公司阿克苏分公司·

【保费收入】 2019年，中国人民财产保险股份有限公司阿克苏地区分公司（以下简称人保财险阿克苏地区分公司）下辖8个县支公司和阿克苏市中心支公司，并在新疆生产建设兵团第一师阿拉尔市设立支公司，在地区7县2市及兵团第一师阿拉尔市设有40个营销服务部。

2019年，人保财险阿克苏地区分公司实现保费收入188 881.55万元，其中车险保费收入57 630.06万元、非车非农险保费收入42 306.88万元。

【机动车辆保险】 2019年，人保财险阿克苏地区分公司实施"报行合一"（保险公司报给银保监会的手续费用取值范围和使用规则需要与实际使用保持一致），严格执行和落实阿克苏银保监分局、新疆分公司各项决策部署，车险业务稳步发展。推行"车驾管"服务，健全交通管理社会服务网络，开展交通管理便民服务；落实《理赔八项服务承诺》，深入推进车险理赔标准化服务体系建设。全年共计承保48.36万辆机动车，承担风险1 842.51亿元，赔案件数46 883次，赔付金额28 857.73万元。

【政策性农业保险】 2019年，地区政策性农业保险实现持续健康发展，基本实现棉花统保，积极拓展小麦、玉米、油料、水稻、甜菜、马铃薯、葵花、特色林果业及畜牧养殖业保险及农业商业保险等业务，为地区各族人民群众生产增收，转嫁农业风险，促进地方经济社会发展等工作发挥积极作用。

2019年，人保财险阿克苏地区分公司农险种植业保险承保作物51.93万公顷，其中棉花37.53万公顷，小麦9.63万公顷，玉米2.61万公顷，水稻0.33万公顷，政策件林果1.18万公顷，商业性林果552.93公顷，油菜0.19万公顷，葵花0.19万公顷，马铃薯60.66公顷，露地蔬菜0.12万公顷，瓜84.33公顷，加工番茄538.66公顷，蔬菜大棚250.8公顷。养殖业保险承保奶牛、能繁母猪和育肥猪共计39.37万头。

2019年，阿克苏地区天气过程频繁发生，从4月底开始先后发生了“5·3”雹灾、“8·15”风灾、“10·10”雹灾等损失较大的自然灾害，累计受灾面积达17.59万公顷。全年全地区农险赔付金额10.17亿元，综合赔付率114.32%。

【农网建设】 2019年，人保财险阿克苏地区分公司组建全疆最大农村保险事业部，实施农业保险承保、理赔、财务和人员封闭运行、垂直管理、单独核算和单独考核，不断优化农业保险经营管理体制机制，推动公司农业保险持续健康发展。并下辖各县（市）支公司9个农村保险事业部（保险扶贫事业部）。完善农网建设，全地区建成三农营销服务部38个，实现7县2市乡村保险服务全覆盖，方便农牧民就近参保、理赔，实现“乡乡有人保点、村村有人保人，网络连成片、服务面对面”的经营格局。

【非车非农保险】 2019年，人保财险阿克苏地区分公司非车非农保险涵盖意外健康险、责任险、企财险、家财险、大病保险等多个领域。民政救助保险覆盖人群进一步扩大，将建档立卡贫困户、困难残疾人等困难群众一并纳入参保范围。基于医保基本医疗大病保险、医疗救助、深度扶贫保险一体化经营服务模式的完善，服务能力及业务衔接性得到提升；积极配合地区医保部门，将医疗救助补充医疗保险和深度扶贫补充医疗保险业务由以往的“一站式”即时结算方式合并到基本医疗系统中“一单式”即时结算，再次优化结算流程，提高结算效率和准确率。推动建设工程履约保证保险业务发展，为地区建筑企业减轻负担，提高资金利用效率。涉及68家建筑企业，137个工程项目，释放保证金6 244.3万元。

（欧阳婷）

·中国人寿保险股份有限公司阿克苏分公司·

【经营业绩】 2019年，中国人寿保险股份有限公司阿克苏分公司（以下简称人寿保险阿克苏分公司）实现总保费收入9.62亿元，比上年增长8.45%，占阿克苏地区寿险公司市场份额40.35%，位居地区寿险行业首位。发挥保险经济补偿、资金融通和社会管理功能，全年公司新单承保数量25 914件；受理各类赔案9 438件，赔款金额7 096.84万元；处理自治区人身意外伤害保险2 794件，赔付4 537.95万元。公司累计缴纳税金921.61万元，全年解决就业岗位2 000多个。

【合规经营】 2019年，人寿保险阿克苏分公司坚决打好防范化解重大金融风险攻坚战，开展销售乱象整治、重点业务风险排查以及预防非法集资风险等工作。加强销售人员依法合规诚信销售教育，落实内控标准执行和关键岗位人员定期轮岗工作制度，促进公司合规经营。

（景巨学）

·新华人寿保险股份有限公司阿克苏中心支公司·

【保险收入】 2019年，新华人寿保险股份有限公司阿克苏中心支公司（以下简称新华保险阿克苏中心支公司）实现累计保费5.24亿元，其中首期保费11 311万元、续期保费41 071万元；在当地各家寿险公司中占有市场份额22%，位居市场排名第二。累计上缴税款352万元，提供就业岗位2 000个。

【风险合规管理】 2019年，新华保险阿克苏中心支公司加强对金融政策及监管文件的学习，合规开展各项业务，从源头上杜绝风险隐患，防患于未然。强化风险意识，坚持依法合规经营，加大全员风险管控意识。开展销售误导、风险提示、侵害消费者权益乱象整治等合规宣导155次，内外勤参与人数13 650人次；举办新人班、主管班、绩优班、衔接班、新人晋升班等各类培训班25次，参与人数1 630人次；开展非法集资及资金案件风险、违规销售非保险金融产品、保险中介市场乱象等专项排查，累计排查20次，参与人数3 200人次。

【理赔服务】 2019年，新华保险阿克苏中心支公司秉承“快理赔优服务”的品牌特色从客户需求出发，为客户提供全方位保障，不断提升理赔效率与服务体验。全年新华保险赔付件数2 109件，赔付金额2 935.92万元。小额理赔获赔率100%。

（于燕红）

·永安财产保险股份有限公司阿克苏中心分公司·

【经营情况】 2019年，永安财产保险股份有限公司阿克苏中心支公司（以下简称永安财险支公司）实现保费收入940.31万元，比上年增长 173.41 万元，财产险及意健险均有大幅增长，在车险费改导致保费缩水的情况下，发展非车险业务，积极与代理行业及行业主管部门沟通，实现年度非车险业务占比 31.26%。

【理赔服务】 2019 年，永安财险支公司在阿克苏市区有销售团队、理赔团队 4 支，分别在库车市、阿瓦提县、拜城县设立营销服务部，并在其他县设立理赔服务网点。截至年底，永安财险共计支出赔款 322.1 万元，投入市场费用 376.72 万元，实现净利润 59.07 万元。

【合规工作】 2019 年，永安财险支公司积极宣导“报行合一”相关政策及规定，接受银保监局抽查 1 次，未发现违反规定的聊天工具信息及短信，客户抽查中未发现违规问题。按时参加人民银行、监管部门、政府部门会议，按时报送各类文件报表，本年度未出现监管通报及处罚。

（李 娜）

·泰康人寿保险有限责任公司新疆阿克苏中心支公司·

【业务发展】 2019 年，泰康人寿保险有限责任公司新疆阿克苏中心支公司（以下简称泰康人寿阿克苏中心支公司）累计承保 10 755 件，期末有效 8 743 件，全年保费合计 24 359.96 万元，其中个险首期保费 4 979.05 万元、个险续期保费 18 419.49 万元、银保首期 293.5 万元、银保续期 667.92 万元。同期保费合计 21 583.5 万元，比上年增长 12.86%，涨势良好。

【理赔服务】 2019 年，泰康人寿阿克苏中心支公司全年理赔结案 1 222 件，赔付 1 183 件，赔付金额 766.38 万元，申请支付时效 1.79 天，获赔率 97.19%。理赔结案案件均按法定或者合同约定时限进行定核损，作出理赔核定、赔款支付。未赔付案件均为不履行如实告知义务、不符合保险合同约定及责任免除，未有拒不履行赔偿义务情况。

（王 纪）

证 券

·华融证券阿克苏营业部·

【经营情况】 2019 年，华融证券阿克苏营业部将工作重点聚焦在渠道维护上，引导和鼓励员工树立“走出去”的工作思路，增强员工主动营销的自信心。截至 11 月 30 日，营业部合计新增开户数 2 119 户，与上年同期相比增长122.7%，新增 KPI 有效户 570 户，比上年增长 184%，新增客户资产 2 084.47 万元，比上年减少 5.7%。产品销售额 8.22 亿元，比上年增长 127%，产品标销 2.85 亿元，比上年增长 130%。托管资产 21.73 亿元，比上年减少 12.5%，累积账户数 41 515 户，全年交易量 118.76 亿元，比上年增长 102%。

【合规风控】 2019 年，华融证券阿克苏营业部认真贯彻公司总部、分公司合规部相关工作部署，坚持每周例会合规学习制度，定期与不定期开展每月合规检查，将合规工作贯穿业务始终。加强反洗钱工作力度。对身份证过期、职业信息不全，或职业与资产有明显逻辑问题的客户，采取相应措施，并做好客户的沟通留痕工作，避免引起的客户流失现象的发生。

（李 悦）

·申万宏源证券阿克苏营业部·

【经营情况】 2019 年，申万宏源西部证券有限公司阿克苏东大街证券营业部（以下简称申万宏源西部证券阿克苏营业部）有客户 4 万多户，其中新开客户 4 800 多户，客户资产 46 亿元；实现 A 股、基金交易金额约 170 亿元，交易金额市占率万分之 0.64。同时开展期货、期权、债券投资及债券投顾等创新业务。通过精细化客户分类，更新和升级客户服务手段，依托公司完善的产品体系，采用精准服务，做大产品型客户群，加强客服服务团队建设，提高客户服务水平。

【反洗钱工作】 2019 年，申万宏源西部证券阿克苏营业部开展反洗钱宣传培训及系列反洗钱工作。安装证券风险监控管理平台，实现人工识别和系统监控双向机制。对反洗钱工作进行行业技术规范化管理，依托申万宏源证券反洗钱监控系统对营业部客户反洗钱工作进行监控。反洗钱专员及合规专员通过监控系统每日对反洗钱工作进行监督检查，通过人工识别进行批注，并不定期通过现场调阅客户资料做好反洗钱工作。

（赵 洁）

财 政

【机构改革】 2019 年，根据《中共阿克苏地委办公室、阿克苏地区行署办公室印发<阿克苏地区财政局职能配置、内设机构和人员编制规定>的通知》(阿地党办发〔2019〕66号)规定，地区财政局机关行政编制 48 名，机关事业编制 47 名，其中县级领导职数 4 名（正县级 2 名、副县级 2 名)、科级领导职数 51 名(正科级 17 名、副科级 34 名)。机关工勤事业编制 6 名。局机关内设 17 个职能科室（办公室、综合科、预算科(法治税政科)、国库科、行政政法科、科教和文化科、经济建设科(企业科)、农业农村科、社会保障科、资产监督管理科、对外财经合作科、金融工作科、扶贫资金管理科、政府采购管理科、财政内控监督科(会计科)、政府债务管理科、组织人事科)，下设 8 个事业机构，其中 6 个参照公务员管理(地区国库支付中心、信息中心、预算审核中心、外资贷款项目服务中心、投资评审中心、统发工资管理中心)2 个全额事业管理(会计事务管理办公室、地区 PPP 实施中心)。

【财政收支】 2019 年，地区一般公共预算收入完成 115.75 亿元，比上年增长 6.3%，增收 6.86 亿元。政府性基金预算收入完成 36.21 亿元，比上年增长 161.3%，增收 22.36 亿元。国有资本经营预算收入 1.55 亿元，比上年增长 7.5%，增收 0.11 亿元。社会保险基金收入 83.91 亿元，其中保险费收入 63.42 亿元，财政补贴收入 17.06 亿元，其他收入 3.43 亿元。

2019 年，地区一般公共预算支出完成 430.06 亿元，比上年增支 21.0 亿元，增长 5.1%。政府性基金预算支出完成 61.09 亿元，比上年增支 45.13 万元，增长 283.7%。国有资本经营预算支出 1.57 亿元，比上年增支 0.7 亿元，增长 81.8%。社会保险基金支出 73.95 亿元，完成预算的 102%。

【国库集中支付】 2019 年，全地区纳入国库集中支付改革单位共 1 215 个，其中地区本级 130 个、县(市)1 871 个；全地区纳入国库集中支付资金 446.66 亿元，占地方财政支出的比例为 92.3%，其中财政直接支付笔数 30.98 万笔，资金量 368.12 亿元，授权支付笔数 15.79 万笔，资金量 78.54 亿元；全地区银行机构累计发放公务卡 2.13 万张，公务卡报销金额 3 718 万元。

【财政监管】 2019 年，地区财政局持续推进预决算公开制度化，除涉及国家秘密的信息外，全地区 2 124 家部门单位在政府门户网站公开部门预算，主动接受社会各界监督。将会计管理、内部控制建设、预决算信息公开、资产管理、“三公”经费监控等工作以及贯彻落实中央八项规定实施细则等纳入财政监督检查范围，完成 9 个乡(镇)和 7 个地直预算单位财务监督检查工作。强化行政事业单位资产管理，规范资产处置程序。全年下达资产处置批复 163 个，处置资产价值 10.5 亿元(含机构改革划转资产)，上缴处置收入 0.13 亿元。严把工程评审关口，全年完成工程项目评审 102 个，送审造价合计 4.77 亿元，节约资金 0.41 亿元。

【政府采购管理】 2019 年，地区财

阿克苏地区各县(市)2019年地方财政收支情况表

单位:万元

县(市)	地方财政收入	上年同期数	比上年增减额	比上年增长%	地方财政支出	上年同期数	比上年增减额	比上年增长%
地区汇总	1,519,493	1,227,381	292,112	23.8	4,910,498	4,250,205	660,293	15.5
本级	74,566	55,856	18,710	33.5	507,799	458,047	49,752	10.9
区县合计	1,444,927	1,171,525	273,402	23.3	4,402,699	3,792,158	610,541	16.1
阿克苏市	365,110	271,123	93,987	34.7	791,343	686,527	104,816	15.3
库车县	537,914	410,604	127,310	31.0	901,808	764,748	137,060	17.9
拜城县	167,939	155,692	12,247	7.9	413,606	358,971	54,635	15.2
新和县	56,298	56,833	–535	–0.9	338,193	310,722	27,471	8.8
沙雅县	175,762	168,940	6,822	4.0	540,901	447,383	93,518	20.9
温宿县	76,288	54,667	21,621	39.6	412,180	369,064	43,116	11.7
乌什县	22,669	18,844	3,825	20.3	442,815	356,381	86,434	24.3
阿瓦提县	35,049	26,532	8,517	32.1	409,916	345,819	64,097	18.5
柯坪县	7,898	8,290	–392	–4.7	151,937	152,543	–606	–0.4

阿克苏地区各县(市)2019年一般公共预算收支情况表

单位:万元

县(市)	一般公共预算收入	上年同期数	比上年增减额	比上年增长%	一般公共预算支出	上年同期数	比上年增减额	比上年增长%
地区汇总	1,157,450	1,088,814	68,636	6.3	4,300,565	4,090,567	209,998	5.1
本级	59,573	48,322	11,251	23.3	477,873	450,822	27,051	6.0
区县合计	1,097,877	1,040,492	57,385	5.5	3,822,692	3,639,745	182,947	5.0
阿克苏市	208,900	204,349	4,551	2.2	617,811	617,938	–127	0.0
库车县	414,937	386,296	28,641	7.4	710,823	736,466	–25,643	–3.5
拜城县	161,362	152,190	9,172	6.0	385,317	355,261	30,056	8.5
新和县	50,532	50,016	516	1.0	301,832	301,531	301	0.1
沙雅县	158,595	153,829	4,766	3.1	485,095	439,001	46,094	10.5
温宿县	51,603	48,561	3,042	6.3	367,882	354,554	13,328	3.8
乌什县	18,138	15,100	3,038	20.1	419,365	350,109	69,256	19.8
阿瓦提县	26,805	23,638	3,167	13.4	384,341	334,886	49,455	14.8
柯坪县	7,005	6,513	492	7.6	150,226	149,999	227	0.2

阿克苏地区各县(市)2019年政府性基金收支情况表

单位:万元

县(市)	政府性基金收入	上年同期数	比上年增减额	比上年增长%	政府性基金支出	上年同期数	比上年增减额	比上年增长%
地区汇总	362,043	138,567	223,476	161.3	609,933	159,638	450,295	282.1
本级	14,993	7,534	7,459	99.0	29,926	7,225	22,701	314.2
区县合计	347,050	131,033	216,017	164.9	580,007	152,413	427,594	280.5
阿克苏市	156,210	66,774	89,436	133.9	173,532	68,589	104,943	153.0
库车县	122,977	24,308	98,669	405.9	190,985	28,282	162,703	575.3
拜城县	6,577	3,502	3,075	87.8	28,289	3,710	24,579	662.5
新和县	5,766	6,817	–1,051	–15.4	36,361	9,191	27,170	295.6
沙雅县	17,167	15,111	2,056	13.6	55,806	8,382	47,424	565.8
温宿县	24,685	6,106	18,579	304.3	44,298	14,510	29,788	205.3
乌什县	4,531	3,744	787	21.0	23,450	6,272	17,178	273.9
阿瓦提县	8,244	2,894	5,350	184.9	25,575	10,933	14,642	133.9
柯坪县	893	1,777	–884	–49.7	1,711	2,544	–833	–32.7

政局为适应加快建立现代财政制度和深化政府采购制度改革的新要求,推进政府采购信息化建设工作,阿克苏地区率先实施“互联网+政府采购”的重大举措。阿克苏地区“政府采购云平台”包括网上超市、协议供货、定点服务、在线询价、反向竞价模块。同时,对采购当事人的职责和义务、供应商及商品维护管理、采购程序及成交规则,履约验收和监督管理等方面进行了规定。截至年底,全地区在“政采云”平台创建采购计划 31 892 笔,涉及采购金额 29.66 亿元,完成交易 24.65 亿元,共计 1 300 多家供应商入围,上传商品 60 万多种。

【地方财政专户清理】 2019 年,地区财政局严格遵照财政专户管理相关规定,清理财政专户,共撤销财政部门、乡(镇)和村级账户 936 个,年底有财政专户 123 个。

【扶贫资金拨付】 2019 年,地区共拨付各类扶贫资金 24.84 亿元,其中财政专项扶贫资金 13 亿元(扶贫发展资金 10.83 亿元、少数民族发展资金 0.71 亿元、以工代赈资金 1.35 亿元、国有贫困农场扶贫资金 271 万元、国有贫困林场扶贫资金 652 万元、国有贫困牧场扶贫资金 159 万元),乌什、柯坪两个贫困县用于脱贫攻坚的涉农整合资金 3.24 亿元,用于脱贫攻坚政府债券资金 8.6 亿元。

【社会保障经费运行】 2019 年,地区共拨付社会保障专项资金 35.4 亿元,是 2018 年专项资金规模的 117%,其中养老、医疗等社会保障资金 15 亿元、就业培训资金 2.57 亿元、社会救助及社会福利事业 9.38 亿元、优抚及退役安置 1 亿元、医疗卫生及计划生育补助资金 5.7 亿元、安居富民工程补助资金 1.45 亿元、残疾人事业补助资金 0.3 亿元。

【农村综合改革】 2019 年,中央财政和自治区本级财政资金共计安排农村综合改革资金 12 432.2 万元,其中一事一议财政奖补资金 1 747 万元,美丽乡村建设试点资金 2 824.2 万元,农村公益事业财政奖补资金3 063万元，扶持村级集体经济发展资金2 526万元，地方国有农牧场农村税费改革转移支付资金2 272万元。

【国有资产管理】 2019年，地区财政局加强资产配置管理，严格控制资产增量；加大对行政事业单位国有资产处置规范化力度，杜绝随意处置行为，最大限度减少账实不符、账卡不符、账账不符情况，全年通过非税系统上缴处置收入1 292.7万元；深化国有资产管理改革创新，开展地区行政事业性国有资产月报试编工作，推动资产条码化管理，在地区本级安装资产条码打印设备64套，覆盖130家行政事业单位，实现资产信息化、规范化和标准化管理。

【预算管理】 2019年，地区财政局将绩效理念和措施融入预算编制、执行、监督全过程，逐步建立“预算编制有目标、预算执行有监控、预算完成有评价、评价结果有反馈、反馈结果有应用”的预算绩效管理机制，真正实现“花钱必问效、问效必问责”。完善以预算绩效管理结果为导向的预算编制机制。加强预算执行的监督管理，强化支出责任，按项目将监管责任落实到每个部门单位和每个责任人。建立财政预算“编制、执行、绩效、公开、监督”闭环管理体系，对财政资金实行全过程监督，防止财政资金挤占、截留、挪用、闲置，有效防控财政风险。

【支持经济发展】 2019年，地区坚持将财政支出向社会事业重点民生项目倾斜。全年下拨2019年中央及自治区专项资金130笔，涉及资金55亿元。拨付基建项目364个，拨付基建项目资金6.67亿元，涵盖地区重大项目机场二期改扩建、国道314线南外环、火车站站房建设等项目。加强浙江省对口支援新疆阿克苏地区项目补助类资金管理，严格执行拨付审查程序，规范补助资金申报审核流程，实现资金高效运行和安全使用；截至年底地区本级已到资金1.04亿元，资金涵盖卫生、教育、文化、公检法、基础设施等一系列民生项目。落实棉花目标价格改革补贴工作，下达各县（市）2018年度棉花目标价格改革补贴资金28.3亿元；对地区42.46万公顷棉花种植面积和籽棉交售23.96亿公斤进行补贴，惠及地区24.95万户棉农。

【深化财政改革】 2019年，地区创新增收渠道，助力税收征管，增加财政收入。在全疆率先推行“互联网+有奖发票”平台，全年共开具发票149.63万份，开票金额20.29亿元，间接增加税收8 283.2万元；推行政府“云采购”，让群众“最多跑一次”，对所有商品明码标价，采购人、供应商、代理机构只需在平台操作即可完成采购；推行“非税+”，非税缴费“一网通办”，收缴渠道由柜台向银行的自助终端、手机银行、智能POS机、微信、支付宝云缴费等方面延伸，实现“非税一网办、群众零跑腿”；推行行政事业单位固定资产“条码化”全生命周期管理，有效解决行政事业单位资产管理中账、卡、物不符，资产盘存不清、闲置浪费和流失等问题。

【投资评审】 2019年，地区财政局投资评审中心严格按照《地区财政投资评审工作规程》开展项目工程概（预）、结算评审，规范项目评审行为，强化财政评审在项目支出管理中的作用。2019年共完成工程项目评审102个，送审造价合计47 735.38万元，节约资金4 142.97万元。其中评审中心人员评审概算、预算、结算项目28个，送审工程造价5 237.43万元，审减造价944.85万元；委托造价咨询单位主审由评审中心监督复核预算、结算项目74个，送审工程造价42 497.95万元，审减造价3 198.12万元。

【金融工作】 2019年，地区银行业金融机构22家，保险机构20家，证券公司营业部3家，各类金融机构运行平稳。全地区人民币各项存款余额1 065.21亿元，比年初增加70.84亿元，上升7.12%；人民币各项贷款余额752.44亿元，存贷比为70.64%。通过开展金融“早春行”活动、召开“政银企”对接会、设立转贷应急周转金等多种举措支持实体经济发展，其中“政银企”对接会在各县（市）召开11场，为47家企业解决融资金额20亿元。通过融资平台发行公司债、中票、PPN等为地区融资32.72亿元。持续加强“7+4”类机构风险防控，开展非法集资宣传月和常态化宣传教育工作。扎实做好处置非法集资工作。截至年底，地区非法集资存量案件22件，涉案金额13.3亿元，涉案人数6 144人。存量案件司法审结共计 11 件，存量案件司法审结率 50%，比上年增长 57%。

（曾垂涛）

税 务

【税务收入】 2019 年，国家税务总局阿克苏地区税务局（以下简称地区税务局）累计组织各项收入 2 398 314 万元，增长 12.3%，增收 263 586 万元。其中税收收入 2 322 045 万元，增长 12.7%，增收 261 052 万元；非税收入 70 031 万元，增长 1.3%，增收 878 万元；其他收入 6 238 万元，增长 36.1%，增收 1 656 万元。

本级收入 1 663 695 万元，增长 29.7%，增收 381 101 万元（本级税收 1 608 497 万元，增长 30.9%，增收 379 793 万元；非税收入48 959 万元，下降0.2%，减收 87 万元；其他收入 6 239 万元，增长28.8%，增收 1 395 万元）。第二税务分局（直征局）分配的石油收入 734 619 万元，下降 13.8%，减收 117 515 万元(税收收入 713 548 万元，下降 14.3%，减收 118 741 万元；非税收入 21 071 万元，增长 4.8%，增收 1 226 万元)。

【税收征管】 2019 年，地区税务局按照商事制度改革工作要求，按照准入准出的原则，不断强化税务登记工作，有管辖纳税人 89 692 户，其中单位纳税人 22 871 户、个体纳税人 66 821 户；增值税一般纳税人 7 613 户；民营企业 21 220 户；注销 9 658 户。

【税务登记】 2019 年，地区税务局通过健全制度推动创新发展，以落实征管 2.0 版征管规范为抓手，建立健全本地配套制度办法，动态完善岗责体系，优化分类分级管理和实名办税，推进征管制度归口审核，着力提升征管工作质效，以全面实施征管质量 5C 监控评价为指引，强化税款征收管理。依托征管基础平台，抓严抓实征管基础事项扎口管理，确保征管基础工作显成效、有亮点。积极拓展阿克苏“互联网+有奖发票”新模式，通过以票促管、以票促收，服务地方经济发展。

阿克苏地区纳税额前 20 强企业一览表

单位：万元

纳税人名称	行业名称	上税额	纳税人名称	行业名称	上税额
中国石化塔河炼化有限责任公司	原油加工及石油制品制造	586381.37	新疆玉象胡杨化工有限公司	其他肥料制造	9224.54
新疆龟兹矿业有限公司	烟煤和无烟煤开采洗选	98052.86	库车县科兴煤炭实业有限责任公司	烟煤和无烟煤开采洗选	7820.41
徐州矿务(集团)新疆天山矿业有限责任公司	烟煤和无烟煤开采洗选	46182.80	拜城县众维煤业有限公司	烟煤和无烟煤开采洗选	7809.63
新疆维吾尔自治区阿克苏地区烟草公司	烟草制品批发	31129.84	库车红狮水泥有限公司	水泥制造	7211.02
新疆凯领阿尔格敏矿业有限公司	烟煤和无烟煤开采洗选	19682.87	阿克苏华锦化肥有限责任公司	氮肥制造	6946.20
库车县伟晔矿业有限责任公司	烟煤和无烟煤开采洗选	14693.03	国电库车发电有限公司	火力发电	5875.50
库车县永新矿业有限责任公司	烟煤和无烟煤开采洗选	13482.41	库车县天缘煤焦化有限责任公司	炼焦	5567.92
拜城县峰峰煤焦化有限公司	炼焦	10763.52	拜城县新兴矿业开发有限责任公司	烟煤和无烟煤开采洗选	5531.81
新疆阿克苏农村商业银行股份有限公司	商业银行服务	10066.51	中国人民财产保险股份有限公司阿克苏地区分公司	财产保险	5339.50
新疆库车县夏阔坦矿业开发有限责任公司	烟煤和无烟煤开采洗选	10013.64	新疆拜城音西铁热克煤业有限公司	烟煤和无烟煤开采洗选	5333.44

阿克苏地区税收收入完成情况表

单位：万元

县(市)/开发区	税收收入	第一产业	第二产业	批发和零售业
阿克苏市	302617	2140	84828	215649
温宿县	66721	1086	29350	36285
库车县	1187153	474	1096463	90216
沙雅县	272723	639	242178	29906
新和县	67833	293	54935	12605
拜城县	294965	95	271280	23590
乌什县	22663	103	11125	11435
阿瓦提县	31663	1327	13186	17150
柯坪县	5790	94	3553	2143
阿克苏纺织工业城开发区	30726	231	18582	11913
库车经济技术开发区	39191	378	25330	13483
阿克苏地区合计	2322045	6860	1850810	464375

【税收执法】 2019年，地区税务局通过税收执法督察发现阿克苏市税务局存在问题43类，温宿税务局存在问题37类，库车税务局存在问题49类，对企业相关责任人提出责任追究106人次，补收税款715.65万元，加收滞纳金4.9万元，退抵税款0.55万元，合计720万元。全面推行三项制度，认真落实行政执法信息公示制度、执法全过程记录制度和重大执法决定法制审核制度，不断规范公平执法。

【税务稽查】 2019年，地区税务局立案检查146户，审结106户，结案97户；累计稽查查补15 574.76万元，稽查入库13 345.31万元。开展“双随机，一公开”，随机抽查46户，查补入库4 125.77万元。收到协查案件66起，涉及增值税发票473份，涉及发票金额8 400.16万元，税额1 252.64万元；发出委托协查函19起，全部收到回函，涉及增值税发票156份，涉及发票金额1 504.78万元，税额116.86万元，收到回复发票156份。受理各类举报案件31件，入库税款157.67万元，罚款10.4万元，滞纳金16.97万元。

【税收专项检查】 2019年，地区税务局会同公安部门重点查处“3·18”纺织企业骗税团伙专案，应追回骗取出口退税款561.93万元，应查补税款277.49万元，查补入库税款202.88万元。

【微信公众平台使用】 2019年，新疆税务局将系统各单位微信公众号进行统一管理，阿克苏地区税务局无实际管理权限，全年通过“新疆税务”微信矩阵发布277期，条数1 225篇，阅读次数171 278次，阅读人数87 096人。

【票证规范化管理】 2019年，地区税务局为配合国地税征管体制改革，于1月1日起使用新版税收票证，新版税收票证保留15种税收票证，分别是税收缴款书(银行经收专用)、税收缴款书(税务收现专用)、税收缴款书(代扣代收专用)、税收电子缴款书、税收收入退还书、税收收入电子退还书、税收完税证明(表格式)、税收缴款书(出口货物劳务专用)、出口货物完税分割单、印花税票销售凭证、印花税票、税务代保管资金专用收据、当场处罚罚款收据、车辆购置税完税证明、中央非税收入统一票据，根据税务工作需要阿克苏使用了保留票证种类中的10种，分别是税收缴款书(银行经收专用)、税收缴款书（税务收现专用)、税收缴款书(代扣代收专用)、税收收入退还书、税收完税证明(表格式)、出口货物完税分割单、印花税票销售凭证、印花税票、税务代保管资金专用收据、车辆购置税完税证明，7月，配合车辆购置税法的实施，车购购置税完税证明完成使命退出历史舞台。截至年底，阿克苏在用税收票证9种。

【重点税源监控】 2019年，根据国家税务总局监控重点税源企业标准，2018年税收单税种收入在500万元以上的企业，经过层层筛选最终确定98户纳税人纳入总局监控重点税源企业，5月根据兵团企业划转的要求，将乌什县酒厂的重点税源企业相关数据移交到阿拉尔，后几个月监控97户重点税源企业。

(费　翔)

科技·气象

科 技

【机构改革】 2019年，中共维吾尔自治区阿克苏地区科学技术局（以下简称地区科技局）经机构改革，将地区人社局的外国专家管理职责、地区科技兴阿领导小组办公室的职责划入地区科技局，划出地区知识产权局职责至地区市场监督管理局。根据划转职责，对相应编制和科室实有人员也进行了调整。

【项目管理】 2019年，地区科技局围绕地区“76331”战略和中心工作，以重点领域、重点产业为主，立项实施科技计划项目23项，支持经费301万元。其中实施重大项目2项（阿克苏地区农村“户户都有科技明白人”培育工程整体推进项目；南疆林果工程研究中心、生物技术研究中心建设项目）；申报自治区级区域协同创新专项、科技特派员扶贫专项、自治区创新环境基地建设专项共12项，支持经费304万元。加强地区本级科技计划项目管理工作，实现项目管理规范化、制度化和科学化，共验收地区项目97个，协助科技厅完成地区承担的自治区级科技计划项目验收8个。

【科技宣传培训】 2019年，地区科技局组织开展“科技活动周”系列活动，共举办实用技术培训班126期，培训10 950人次，开展科普宣传活动173场次，向群众发放各类农村实用技术图书资料7 600份，发放各类宣传资料1.38万份。

【技术创新体系建设】 2019年，地区科技局全面落实《地区深化科技体制改革三年行动方案（2018~2020年）》，制定《阿克苏地区深化科技体制改革2019年推进计划》，围绕加强技术创新体系建设等6个方面提出40项重点任务，明确科技体制改革的工作举措、目标成效、时间进度和责任单位。定期进行指导督促，狠抓各项工作落实。加强技术创新体系建设。在符合条件的县（市）加快推进生产力促进中心建设，已成立县级生产力促进中心6家，通过整合科技资源，增强企业技术创新能力和市场竞争力。完善人才引进、培养、评价和激励机制，加大科技人才培养，阿克苏地区第一人民医院5人入选自治区基层青年科技人才。地区科技智库成功组建，入库专家100人，涉及农业、林业、畜牧、工业、医疗卫生和社会事业发展等相关行业。

【创新创业】 2019年，地区科技局成功举办第四届阿克苏地区创新创业大赛，从25家参赛企业中评出一、二、三等奖共8项。对获奖企业、团队给予80万元中小型科技企业技术创新项目经费支持。推荐其中5家企业入围自治区行业赛，自治区行业赛中，2家企业获行业组第一名，2家企业获第三、四名；1家企业入围自治区总决赛，地区科技局获优秀组织奖；4家企业入围第八届国家创新创业大赛行业赛，创历届最好成绩。

【科技创新】 2019年，地区科技局加大高新技术企业培育力度，建立高新技术企业培育库，全年入库企业10家，其中新成功申报4家。发挥地区创新创业产业园引领作用，打造地区综合性创业孵化平台和科技、人才聚集基地。不断加大“双创”培育力度，增强创新活力，推动乌什县闻远科技有限公司、阿克苏龙缘企业管理服务优先公司、新疆永鑫丰盈电子商务有限公司成功备案为自治区级“众创空间”;阿瓦提刀郎众创空间、戈壁枣业星创天地、傻农憨果星创天地3家企业成功申报2019年自治区创新基地建设专项,累计支持经费38万元。

【重大科技工程】 2019年,地区科技局重点抓好“科技援疆万亩亿元”增收工程项目的示范推广,建设“万亩亿元”暨食用菌工程技术中心研发平台,推广种植黑木耳1 000万棒,覆盖100个贫困村,辐射带动贫困户5 000户。加快推进乌什县“吉格代力克村优质肉牛规模化高效养殖科技示范基地建设”科技精准扶贫项目实施,指导柯坪县推进实施“柯坪县肉羊示范养殖及精深加工精准扶贫示范基地建设项目”。深入实施农村“户户都有科技明白人”培育工程,充分运用科技下乡、科技精准扶贫项目实施,通过集中培训、现场指导、专题讲授等措施,持续加大“科技明白人”培育工程力度,截至年底,全地区拥有“科技明白人”家庭36.36万户,占有劳动力农村家庭总数的96.4%。

【科技园区】 2019年,地区科技局加大对科技园区指导扶持力度,组织温宿国家农业科技园区、阿克苏纺织工业城高新技术产业园、库车高新技术工业园成功申报自治区创新环境基地建设专项3项,争取经费30万元。指导协助温宿国家农业科技园区顺利通过科技部第七批国家农业科技园区验收,并列入优秀行列,增强地区科技创新基地创新能力和示范引领带动作用。

【科技合作】 2019年,地区科技局持续深化院地院企科技合作,促成地区行署与中国科学院新疆生态与地理研究所签订《科技战略合作协议》,组织并提名《柯柯牙生态工程建设技术集成与应用》项目申报自治区科技进步奖,加快推动阿克苏地区荒漠绿化生态治理工程建设步伐。组织企业、温宿国家农业科技园区参加“第十届中国科学院—新疆科技合作洽谈会”“第二十六届杨凌农高会”。

【科技特派员】 2019年,地区科技局加大科技特派员、“三区”人才服务力度。深入推行科技特派员“包村联户”服务模式,全地区下派科技特派员615名,实现深度贫困村科技特派员全覆盖。积极选派“三区”人才、科技特派员及县(市)科技人员120名参加自治区科技服务能力培训班和浙江对口支援科技管理创新人员培训班,并从中选派12名“三区”人才根据专业特长赴乌什县、柯坪县开展科技服务工作,带动深度贫困地区贫困人口加快脱贫。

(李梦冰)

气　象

【气候概况】 2019年,地区气候较为异常,气温高、降水多。春季5月多大风天气;夏季多高温、暴雨、冰雹天气,给地区农业及林果业生产带来一定影响。2019年地区年平均气温11.2℃,较历年偏高0.5℃。年平均降水量119.7mm,较历年偏多35%,各县(市)年降水量均较历年偏多。拜城、乌什、柯坪年降水量165.1mm~199.1mm;库车、阿克苏降水量113.4mm~135.8mm;温宿、阿瓦提、阿拉尔93mm~96.6mm;新和、沙雅60.6mm~69.9mm。

地区平均气温较历年偏高0.5℃。1月和2月气温低于历年0.1℃,开春后气温迅速回升,3月较历年偏高1.7℃,4月偏高2.9℃,5~6月低于历年1.1℃~1.2℃,7~12月偏高0.2℃~1.3℃。降水量4月、9~10月较历年明显偏多1~2倍,5~6月偏多51%~58%,1月偏少91%,7~8月偏少6%~58%,2~3月、11~12月无降水。

一、春季气候情况

(一)气温

2019年,地区春季平均气温14.9℃,比历年偏高1.1℃,其中库车、新和、柯坪偏高1.3℃~1.8℃,其余各县(市)气温偏高2.6℃~5.8℃。3月、4月地区平均气温分别偏高1.7℃、2.9℃,5月较历年偏低1.2℃,各县(市)气温较历年偏低0.6℃~2.0℃。

(二)降水

春季地区平均降水量25.1mm,较历年偏多34%,主要集中在4~5月,乌什、拜城较历年偏少11%~43%,其余县(市)均偏多10%~147%。3月地区无降水;4月地区平均降水量9.6mm,较历年偏多124%,仅柯坪较历年偏少2%,阿拉尔较历年偏多488%,阿克苏、库车偏多1~2倍,其余县(市)偏多37%~92%;5月地区平均降水15.5mm,较历年偏多51%。

二、夏季气候情况

(一)气温

夏季阿克苏地区平均气温23.8℃,比历年偏低0.9℃。6月受降水影响平均气温比历年偏低1.1℃,各县(市)气温较历年偏低0.3℃~2.2℃;7月各县(市)较历年偏高0.1℃~2.2℃;8月平均气温较历年偏高0.7℃,柯坪较历年偏低0.5℃,其余县(市)偏高0.1℃~1.5℃。

(二)降水

夏季地区平均降水量46.3mm,比历年偏少3%,乌什夏季降水量85mm,柯坪69.5mm,阿克苏62.7mm,拜城53.7mm,温宿45.8mm,阿拉尔45.5mm,库车33.6mm,阿瓦提33mm,新和19mm,沙雅15.4mm。6月地区平均降水量25.4mm,比历年偏多58%;7月地区平均降水量7mm,较历年偏少58%,各县(市)降水均偏少(7%~99%);8月地区平均降水量14mm,较历年偏少6%,乌什降水量57.8mm,较历年偏多193%,阿拉尔偏多23%,其余县(市)偏少9%~88%。

三、秋季气候特点

(一)气温

秋季阿克苏地区平均气温11.0℃,比历年偏高0.6℃。其中9月地区平均气温较历年偏高0.2℃,柯坪、库车气温较历年偏低1.0℃~1.5℃,新和偏低0.1℃,其余县(市)较历年偏高0.1℃~1.3℃;10月地区平均气温较历年偏高0.7℃,库车、柯坪偏低0.4℃~0.5℃,其余县(市)0.1℃~1.9℃;11月平均气温较历年偏高0.8℃,库车、柯坪偏低0.1℃~0.4℃,其余县(市)偏高0.3℃~1.8℃。

(二)降水

秋季地区平均降水量48.2mm,比历年同期偏多197%,主要集中在9月和10月。9月地区平均降水量33.4mm,较历年偏多240%,柯坪、阿拉尔、阿瓦提较历年偏多480%~559%。10月地区平均降水量14.8mm,较历年偏多212%。库车、拜城、新和、乌什较历年偏多311%~584%,其余县(市)偏多25%~65%,阿拉尔无降水;11月地区无降水。

四、冬季气候特点

2018年12月至2019年2月平均气温-6.1℃,较历年偏低1.1℃。地区冬季平均降水量0.2mm,较历年偏少96%。入冬略早于常年、气候干冷、降雪明显偏少,呈现"前冬冷、后冬略暖"的气候特征。

五、积雪情况

2019年,阿克苏地区积雪覆盖率为5.34%,五个流域积雪覆盖率与历年同期均值相比:昆马力河偏少近30%,台兰河偏少近60%,渭干河和托什干河偏少50%,库车河偏少80%。

六、其他气象数据

2019年,阿克苏市年日照时数2 728.9小时,林果生产区≥10.0℃、≥15.0℃和≥20.0℃稳定积温分别为4 403.9℃.d、3453.7℃.d和1 733.9℃.d;开春期2月19日,较历年偏早2天;初霜冻10月25日,较历年偏早2天;入冬期11月25日,与历年持平。

(谭甜甜)

【气象灾害】 2019年1~3月、7月阿克苏地区(阿拉尔除外,下同)无灾情,2019年1~10月共计52条灾情记录。全地区造成灾情的灾害类型主要有大风、冰雹和暴雨洪涝。其中大风致灾14次,经济损失94 949.87万元,受灾面积73 143.06公顷;冰雹致灾18次,经济损失53 398.47万元,受灾面积74 691.8公顷;暴雨洪涝致灾14次,经济损失32 871.19万元,受灾面积38 149公顷。

各县受灾情况:地区北部拜城县与温宿县受灾次数最多,分别为14次和12次,东部沙雅县受灾次数7次,其余县(市)受灾次数在1~5次;地区因气象灾害经济损失最多是阿克苏市经济损失75 072.21万元,其次是沙雅县56 915.63万元,温宿县27 644.41万元,其余县(市)经济损失在1亿元以下;沙雅县受灾面积最多,受灾57 806.5公顷,第二是阿克苏市31 444.4公顷,第三是阿瓦提县25 850.36公顷,第四是库车市17 060.54公顷,其余县(市)受灾面积200至6 000公顷。

一、大风

2019年4月6~7日,拜城县出现大风天气过程,部分乡(镇)设施拱棚不同程度受灾,其中克孜尔乡50座蔬菜拱棚、9座温室拱棚棚膜受损,托克逊乡30座拱棚受损,亚吐尔乡13座拱棚受损,老虎台乡17座拱棚、13座拱架受损。经济损失7.9万元。

2019年4月25~26日,拜城县出现大风降雨天气过程,经济损失1.27万元,涉及农户12户。米吉克乡阿尔其格村、希尔尕塔依村、老虎台乡科白克吐尔村、拜城镇1公顷玉米地受灾，受灾人口36人，经济损失1.27万元。

2019年4月25日21时至26日14时，阿瓦提县普遍出现5~6级偏北风，个别乡（镇）风力7级，并伴有短时扬沙。此次天气造成阿瓦提县多浪乡、拜什艾日克镇、英艾日克镇、塔木托格拉克镇、乌鲁却勒镇、巴格托格拉克乡等乡（镇）1 067.5公顷棉花受灾、85座大棚薄膜受损、经济损失171.94万元。

2019年4月25~28日，阿克苏市拜什吐格曼乡、喀拉塔勒镇、托普鲁克乡、库木巴什乡、阿依库勒镇受大风影响。全市受灾农户1 637户，人口8380人，受灾面积1 541.9公顷，经济损失1 099.52万元。

2019年4月26~29日，新和县渭干乡、尤鲁都斯巴格镇、排先拜巴扎乡、依其艾日克镇、新和镇等乡（镇）部分村棉花、玉米、蔬菜、瓜子、西甜瓜等农作物遭受不同程度大风灾害，农作物受灾总面积2 111公顷，其中棉花受灾面积1 997.1公顷、玉米受灾面积78.3公顷、蔬菜受灾面积1.2公顷、瓜子受灾面积33.3公顷、西瓜甜瓜受灾面积1.1公顷。直接经济损失588.6万元。

2019年6月2~3日，温宿县出现大风天气，并伴有短时扬沙和沙尘暴，克孜勒镇、古勒阿瓦提乡、托甫汗镇受天气影响，棉花、小麦、林果等作物不同程度受灾，温室大棚、大拱棚不同程度受损，全县棉花受灾面积162.7公顷，小麦受灾面积55.3公顷，林果业受灾面积2 198.2公顷，1座温室大棚、17座大拱棚坍塌，经济损失575.93万元。

2019年6月3日，温宿县大部出现雷雨大风等强对流天气，其中依希来木其乡、阿热勒镇、共青团镇、柯柯牙镇出现灾情。全县棉花受灾面积88.3公顷，小麦受灾面积32.8公顷，林果业受灾面积3 858.8公顷，经济损失323.49万元。

2019年6月2~4日，阿瓦提县普遍出现5~6级偏北风，个别乡（镇）风力7级，并伴有短时扬沙。此次大风天气造成阿瓦提县叶南管委会、阿克切克力管委会棉花、辣椒、香梨等102.7公顷农作物受灾，经济损失140.46万元。

2019年6月8日2时至6时，阿克苏市受大风、大雨影响，依干其乡、阿依库勒镇农业生产受损，其他乡（镇）未受影响。受灾农户601户1 989人，受灾总面积673.1公顷，经济损失1 384.49万元。

2019年6月8~10日，拜城县出现大风降雨天气过程，受持续降雨大风影响，个别乡（镇）出现不同程度灾情，小麦倒伏7.2公顷，玉米受灾4公顷，涉及农户97户，经济损失5.44万元。

2019年6月10日晚至11日，拜城县出现大风大雨天气过程，受持续降雨大风影响，个别乡（镇）出现不同程度灾情，小麦倒伏8公顷，涉及农户46户（1户贫困户），经济损失9.6万元。

2019年6月8日18时至9日13时，沙雅县古勒巴格镇、红旗镇、努尔巴克乡、海楼镇遭受大风灾害，农作物受灾面积730.1公顷，成灾面积266.5公顷，经济损失206.64万元。

2019年6月23日14时至24日，拜城县出现大风降雨天气过程，个别乡（镇）出现不同程度灾情，小麦倒伏46.2公顷，玉米受灾2.3公顷，经济损失21.85万元。

2019年8月15日22时至16日03时，沙雅县努尔巴克乡、海楼镇遭受大风灾害，林果作物受灾面积15.2公顷，经济损失22.08万元。香梨受灾面积13.6公顷，落果率1.6%，减产比例1.3%。红枣受灾面积1.6公顷，落果率1.3%，减产比例1.1%。

2019年8月15日晚，拜城县出现大风天气过程，受灾害天气影响，康其乡36.8公顷玉米倒伏，涉及农户226户；拜城镇18.3公顷玉米倒伏，涉及农户37户，经济损失33.06万元。

8月16日晚至17日，拜城县出现大风天气过程，受灾害天气影响，康其乡、亚吐尔乡、米吉克乡、黑英山乡的玉米与油菜倒伏，受灾人口3 948人，受灾面积319.4公顷，经济损失222.11万元。

8月15日19时40分至22时，阿瓦提县普遍出现7~9级偏北大风，并伴有沙尘暴，最小能见度960米。此次天气造成玉米、棉花等农作物，苹果、香梨、红枣、核桃等林果2 406.9公顷受灾，经济损失1 631.8万元。

2019年8月15日19时至16日08时，温宿县普遍出现大风天气，共造成11个乡（镇）受灾，受灾面积30 785.5公顷，其中核桃受灾19 089.5公顷，红枣受灾8 022公顷，苹果受灾2 943.2公顷，香梨受灾289.5公顷，其他林果受灾164.7公顷；玉米受灾

218.6 公顷，棉花受灾 52.7 公顷，水稻受灾 5.3 公顷，大棚损坏 161 座，杨树损坏 500 棵，死亡羊 3 只、鸵鸟 1 只，经济损失 19 226.21 万元。

2019 年 8 月 15 日 19 时至 23:30 时，阿克苏市受大风影响，依干其乡、拜什吐格曼乡、喀拉塔勒镇、托普鲁克乡、库木巴什乡、阿依库勒镇等乡（镇）农业生产均受损。受灾农户 18 351 户 63 615 人，棉花、玉米、水稻、核桃、苹果、香梨、红枣等作物受灾，受灾总面积 22 926.8 公顷，经济损失 68 200 万元。

2019 年 8 月 15 日 20:00 时至 16 日 10:15 时，库车市大部出现 8~10 级西北或偏北大风，风口 11 级，局部区域伴有短时沙尘。大风造成玉其吾斯塘乡、比西巴格乡、齐满镇、牙哈镇、阿克吾斯塘乡等 91.3 公顷玉米、2.1 公顷蔬菜瓜果、3 849.7 公顷林果（核桃、红枣、香梨）不同程度受灾，受灾面积 3 943.1 公顷，经济损失共计 1 077.48 万元。

二、冰雹

2019 年 4 月 27 日午后，温宿县佳木镇戈壁新村、博孜墩乡博孜墩村、库尔干村遭受冰雹袭击，6.7 公顷棉花、4.5 公顷小麦受到损毁，损坏设施农业小拱棚 124 个，经济损失 13.74 万元。

2019 年 4 月 25 日 19 时，温宿县吐木秀克镇 4 个村遭受冰雹袭击，核桃受灾面积 16.7 公顷，约 2%核桃果子被击落，经济损失 1.5 万元。

2019 年 4 月 27 日 17 时至 28 日 10 时，阿瓦提县部分乡（镇）出现阵性降雨天气，并伴有雷暴，个别乡（镇）出现软雹。冰雹造成英艾日克镇、多浪乡、乌鲁却勒镇、塔木托格拉克镇等乡（镇）棉花、孜然、辣椒等 1 797.4 公顷农作物受灾，525.5 公顷绝收，经济损失 466.77 万元。

2019 年 5 月 3 日 16 时 50 分至 21 时 00 分，乌什县出现强对流天气。阿合雅镇、奥特贝希乡等乡（镇）出现短时强降水、冰雹等天气。冰雹造成阿合雅镇、奥特贝希乡小麦、油菜、玉米、蔬菜、棉花、瓜类、核桃、杏树等农作物1 242.8 公顷受灾，102 个小拱棚棚膜受损，经济损失 381.97 万元。

2019 年 5 月 4 日 13 时至 5 日 00 时，沙雅县受到冰雹天气影响，6 664.6 公顷农作物受灾，其中棉花受灾面积 6 564.6 公顷（成灾面积 1 870.2 公顷、绝收面积 1 053.2 公顷），小麦 83.3 公顷，玉米 16.7 公顷，经济损失 2 605 万元。

2019 年 5 月 3 日 20 时后至 23 时，阿瓦提县普遍出现阵性风雨天气，并伴有雷暴，个别乡（镇）出现冰雹。此次天气造成塔木托格拉克镇、拜什艾日克镇、英艾日克镇、多浪乡、阿依巴格乡、乌鲁却勒镇、巴格托格拉克乡、丰收三场等乡（镇）棉花、玉米、小麦、孜然、甜瓜、蔬菜等 20 475.9 公顷农作物受灾，7 498.3 公顷绝收，经济损失 5 216.4 万元。

2019 年 5 月 3~4 日，阿克苏市出现雷电、短时强降雨、冰雹及短时大风等对流天气。除依干其乡农业生产未受影响，其他乡（镇）农业生产均受灾。受灾农户 2 881 户 10 716 人，受灾总面积 6 302.6 公顷，经济损失 4 388.20 万元，其中棉花 5 865.8 公顷，经济损失 4 048.32 万元；香梨 184.1 公顷，经济损失 198.14 万元；红枣 46 公顷，经济损失 27.6 万元；玉米受灾面积 94.1 公顷，经济损失 40.25 万元；小麦受灾面积 21.6 公顷，经济损失 13.2 万元；其他 91 公顷，经济损失 60.69 万元。

2019 年 5 月 6 日，新和县受强对流天气影响，部分乡（镇）出现冰雹天气，多种农作物受灾，其中玉米 38.2 公顷、小麦 107.7 公顷、棉花 1 979.8 公顷、蔬菜与瓜类 3.2 公顷，大棚受损 1 座，经济损失 658.4 万元。

2019 年 5 月 4 日 16 时 30 分至 23 时，库车市出现雷雨、大风天气，部分乡、镇出现冰雹，造成乌恰镇、伊西哈拉镇、比西巴格乡、齐满镇、哈尼喀塔木乡、墩阔坦镇、牙哈镇、乌尊镇、阿克吾斯塘乡、塔里木乡及辖区种羊场、二八台镇棉花、蔬菜瓜果、林果业（核桃、香梨）等受灾，受灾总面积为 9 611.3 公顷，经济损失 5 810.62 万元。

2019 年 5 月 7~9 日，库车市出现强降雨、局地冰雹，造成乌恰镇、二八台镇、墩阔坦镇、乌尊镇、齐满镇、塔里木乡等棉花、蔬菜瓜果、核桃、香梨等 3 203 公顷受灾，经济损失 1 528.74 万元。

2019 年 6 月 7 日 23 时至 8 日 01 时，温宿县吐木秀克镇、克孜勒镇、佳木镇、托甫汗镇出现冰雹强对流天气，冰雹持续最长时间约 10 分钟，最大直径 1 厘米，冰雹强对流天气造成 1 323.8 公顷核桃、棉花、小麦等农作物不同程度受灾，经济损失 2 120.67 万元。

2019 年 6 月 7 日 12 时至 17 时，沙雅县英买力镇、塔里木乡、央塔克协海尔乡、盖孜库木乡、海楼镇、托依堡镇遭受冰雹灾害，棉花、小麦、西瓜等农作物受灾面积 3 028.8 公顷，成灾面积 1 633.4 公顷，绝收面积 438.8 公顷，经济损失 3 584.98 万元。

2019 年 6 月 22 日 15 时 30 分，新和县渭干乡、塔木托格拉克乡、玉奇喀特乡、塔什艾日克镇、央塔克片区管委会等乡（镇）遭受冰雹灾害，棉花受灾面积 1 690.7 公顷，经济损失 740.9 万元。

2019 年 6 月 29 日 18 时~18 时 50 分，温宿县阿热勒镇、古勒阿瓦提乡相继出现冰雹天气，造成 3 050.7 公顷农作物受灾，其中棉花受灾 3 017 公顷、小麦受灾 7 公顷、玉米受灾 6.7 公顷、水稻受灾 20 公顷，经济损失 4 254.17 万元。

2019 年 9 月 2 日 16 时至 3 日 01 时，沙雅县央塔克协海尔乡、英买力镇遭受冰雹、强降水、大风灾害，黑木耳受灾 1 吨，玉米 5.7 公顷，经济损失 1.15 万元。

2019 年 9 月 5 日 22 时 10 分至 22 时 35 分，温宿县博孜墩乡出现冰雹，造成油菜、大麦农作物受灾，受灾面积 230.5 公顷（受灾程度达 100%），经济损失 192.48 万元。

2019 年 10 月 10 日和 10 月 13 日，沙雅县出现强对流天气，伴随出现大风、冰雹灾害，造成塔河管委会、盖孜库木乡、红旗镇、央塔克协海尔乡、努尔巴克乡、英买力镇、海楼镇受灾，受灾作物包括棉花、蔬菜、林果，受灾面积 13 604.1 公顷，绝收面积 6 806.3 公顷，经济损失 21 397.28 万元。

2019 年 10 月 10 日 19 时至 11 日 12 时，库车市出现强降雨、局地冰雹灾害天气，造成齐满镇红枣 236.4 公顷、棉花 66.7 公顷受灾，经济损失 35.5 万元。

三、暴雨洪涝

2019 年 4 月 28 日 1 时 30 分，温宿县共青团镇受暴雨天气影响，全镇托万克佳木村、千亩地村、吉日木苏盖特村、阿孜干布拉克村、萨叶科普村、铁路新村 6 个村不同程度受灾。棉花受灾面积 1 012.7 公顷，经济损失 303.8 万元。

2019 年 4 月 28 日 19 时至 29 日 07 时，温宿县受暴雨影响出现灾情，共青团镇、博孜墩乡、克孜勒镇棉花、核桃等农作物受灾，受灾面积 1 915.3 公顷，经济损失 507.75 万元；死亡马 11 匹，经济损失 1.66 万；防渗渠损毁 15 米，经济损失 0.7 万元。

2019 年 5 月 3 日 18 时至 22 时，温宿县局地出现短时强降水天气，导致棉花、小麦、玉米，苹果等农作物受灾。共青团镇、克孜勒镇、古勒阿瓦提乡、恰格拉克乡、阿热勒镇等出现灾情，农业受灾面积 4 371.4 公顷，经济损失 1 788.31 万元。

2019 年 5 月 6 日凌晨至 6 日白天，拜城县出现降雨灾害天气，山区部分区域降雪，导致部分农作物和牲畜受灾，玉米受灾面积 6 公顷，死亡羊 2 只，经济损失 3.4 万元。

2019 年 5 月 6 日 18 时至 7 日 00 时，沙雅县出现暴雨天气，33 758 公顷农作物受灾，其中棉花受灾面积 33 199.3 公顷（成灾面积 15 702.1 公顷、绝收面积 10 968.1 公顷）、玉米 64.7 公顷（绝收 49.1 公顷）、小麦 433.8 公顷（绝收 119.6 公顷）、蔬菜 60.2 公顷（绝收 29 公顷），经济损失 29 098.5 万元。

2019 年 6 月 12 日至 13 日，拜城县出现大风降雨天气过程，个别乡（镇）出现不程度灾情，小麦倒伏 38.8 公顷，涉及农户 515 户（1 545 人），经济损失 29.1 万元。

2019 年 6 月 22 日 14 时至 23 日 13 时，拜城县出现暴雨天气过程，个别乡（镇）出现不同程度灾情，小麦倒伏 39.1 公顷，玉米受灾 67.7 公顷，油菜受灾 21.8 公顷，涉及农户 388 户（1 164 人），经济损失 115.95 万元。

2019 年 6 月 29 日 15~17 时，温宿县博孜墩乡克孜布拉克村出现短时强降水，致使克孜布拉克村与吾斯塘博依村之间桥梁及过桥梁后约 50 米柏油路被严重冲毁，经济损失 5 万元。

2019 年 8 月 19 日，拜城县出现大雨天气过程，受灾害天气影响，米吉克乡 40.3 公顷玉米倒伏，涉及农户 180 户 720 人，经济损失 39.33 万元。

2019 年 8 月 20 日 18 时 50 分至 21 日 09 时，温宿县局地出现暴雨，造成佳木镇、克孜勒镇、共青团镇出现灾情，受灾面积 603.5 公顷，其中棉花受灾 547.3 公顷，玉米受灾 10.9 公顷，水稻受灾 43.3 公顷；林带受损 2 公顷，防洪坝受损 20 米，死亡羊 4

只,经济损失 117.31 万元。

2019 年 9 月 6~10 日, 柯坪出现暴雨洪涝,造成水利设施、基础设施、交通、农业、电力等不同行业受灾。受暴雨影响苏巴什水库导流堤地基受损 100 米, 防洪坝 267 米,防渗渠 800 米,防洪渠 20 米,防洪坝坝体水泥板冲毁;排水管网损坏 570 米, 受损井盖地基 28 处,通信电杆冲倒 20 多根;农村公路受损 3 千米, 公路受损路基 9.34 万立方米, 路面 3.79 万平方米,导流设施 3 800 米,过水路面 100 米,中桥 1 座;萝卜、棉花、玉米等 205.2 公顷农作物受灾; 玉尔其乡临时转移群众 1.4 万人, 盖孜力克镇临时转移群众 150 人,经济损失 2 265.35 万元。

2019 年 9 月 8 日, 拜城县铁热克镇出现大雨天气过程, 受灾害天气影响,57.4 公顷油菜受灾,涉及农户 50 户 132 人,经济损失 43.08 万元。

2019 年 9 月 9 日 12 时至 10 日 17 时,拜城县出现大雨天气过程,受灾害天气影响,部分乡(镇)出现不同程度灾情。赛里木镇、布隆乡亚麻乡、温巴什乡、康其乡阿热勒村共计受灾人口 2 387 人, 玉米、糜籽、小麦、亚麻等农作物受灾面积 203.9 公顷,羊圈破损 5 个、路段受损 650 米、水渠受损 600 米、鱼塘冲毁 2 个,经济损失 100.3 万元。

2019 年 10 月 12 日至 13 日, 受冷空气入侵影响,拜城县出现连续降雨天气过程,造成 4 个乡(镇)发生灾情。冬小麦、玉米、青贮玉米等农作物 181.3 公顷受灾,1 吨色素辣椒、137 吨玉米被洪水冲走,30 只鸡、5 只羊被淹死,2 户农户葡萄架倒塌,1 座羊圈倒塌,洪水冲毁防洪坝 850 米、防渗渠 1 020 米、水渠 80 米, 洪水淤积防渗渠 200 米, 受损桥梁 4 个,经济损失 199.86 万元。

(谭甜甜)

【气象服务】 2019 年,阿克苏气象台发布各类服务信息 399 期,其中天气过程 30 期、重要气象情报 18 期、联合会商材料 4 期、实况汇报 17 期、春耕春播等气象周报 47 期、短期气候预测 12 期、春运气象专报 40 期、临时气象服务材料 36 期、其他服务产品 58 期。组织、参与多部门联席会商 4 次、接受电视媒体专题采访 15 次,广播直播连线 20 多次。阿克苏日报刊发专题气象服务信息 49 篇。发布灾害性天气监测预警信息 140 期: 其中大风预警 19 期、暴雨预警 23 期、雷电预警 58、沙尘暴预警 5 期、霜冻预警 2 期、冰雹预警 24 期、高温预警 9 期、霜冻预警 2 期。

(曲良璐)

【气象装备保障】 2019 年,地区有气象自动站 122 个,天气站 69 个,国家级站点 10 个, 土壤水分自动站 13 个, 农田小气候站 16 个,交通站 3 个,雷电观测站 4 个,全部运转正常。

(伊尔凡)

【人工影响天气】 2019 年,地区出现 94 次强对流天气过程,7 县 2 市共作业炮弹 41 211 发、火箭弹 16 625 枚,同时新购置火箭发射架 50 具,完成沙雅雷达购置安装。开展专项检查 3 次,完成 800 多人火器审验、人员培训等进点准备工作。2018 年 11 月至 2019 年 2 月期间,配合自治区人影办飞机人工增雪作业,对靠山区的乌什县、温宿县和拜城县等区域进行地面人工增雪作业指挥, 共出动流动作业车辆 26 辆/次,合计作业火箭弹 265 枚,4 月 15 日至 10 月 16 日期间, 开展专项增雨 35 次, 作业火箭弹 1 021 枚、高炮弹 12 310 枚,增雨效果明显。

(谢文菲)

【气象行政管理】 2019 年,地区气象局完成"互联网+政务服务"一体化在线平台 4 项行政审批事项录入,实现并联审批,对 4 项行政许可进行"一窗受理"精细化梳理, 开通网上申报事项, 实现电子证照办理,减少行政许可办事材料 5 项,达到精简 60%的要求,更新服务指南和办事指南资料; 完成 4 项服务事项的审核、修改及梳理工作。按照"管行业必须管安全"的要求, 加强防雷安全社会监管职能,下发《关于开展全地区防雷安全专项检查的紧急通知》,成立地区气象局防雷安全专项检查领导小组, 全年共计检查企业 235 家, 占地区气象局权限范围内监管重点企业的 82.5%;排查风险隐患 186 项,完成整改 186 项,全年无雷击安全事故发生。

(田 甜)

【综述】 2019年，地区教育局全力推动教育改革发展，不断强化学校基层党组织建设，地区教育系统成立党组织1 726个，覆盖率达100%；年内投入学前教育专项资金1.39亿元，在市区、县城和新增人口密集区域新建、改扩建公办幼儿园24所；加大城镇小区配套幼儿园治理推进力度，完成9所幼儿园治理任务；争取各类学前教育发展资金5 191万元，完成168所幼儿园办园条件提升改造；推进城乡义务教育一体化发展；督促各级各类学校加强中小学学籍管理及疑似辍学失学学生核查劝返工作。截至年底，地区小学、初中适龄儿童少年入学率分别为99.9%、99.5%。

温宿县、乌什县、柯坪县顺利通过自治区义务教育均衡发展实地评估验收；开展常规教学管理指导评估工作，完成10所中小学规范国家通用语言文字教学管理示范性创建工作。多次组团赴内地省（市）高校开展专项招聘活动，年内净增合格教师7 000多名；累计拨付教育类专项资金26亿元，比上年增长14.6%，落实“三区三州”教育脱贫攻坚项目43个，落实项目资金1.27亿元，全面落实15年免费教育，争取各类学生资助资金12.77亿元，惠及学生64.2万名，其中建档立卡学生6.53万名，享受资助资金2.03亿元。

（耿华峰）

【机构改革】 2019年2月，经地委研究，决定成立中共阿克苏地委教育工作领导小组，领导小组为地委议事协调机构，在地委领导下开展工作，负责落实地委对教育工作的领导。领导小组设组长1人，由地委领导担任；副组长和成员若干人。领导小组下设办公室（地委教育工作领导小组办公室，以下简称领导小组办公室），负责处理领导小组日常事务工作。领导小组办公室设在地区教育局，办公室主任由地委教育工委常务副书记担任。领导小组副组长和成员所在单位设联络员，负责同领导小组办公室联系。

地区教育局是地区行署工作部门，为正县级，加挂地区民族语言文字工作委员会牌子，与中共阿克苏地区委员会教育工作领导小组办公室（简称地委教育工作领导小组办公室）、中共阿克苏地区委员会教育工作委员会（以下简称地委教育工委），一个机构、四块牌子。内设机构11个，分别为办公室、组织人事科（党建工作办公室）、思想政治工作科、发展规划科、维稳工作科、基础教育科、职业教育与成人教育科、教师工作科、学生工作科、教育督导科（行署教育督导委员会办公室）、语言文字工作科，核定行政编制20名、事业编制20名，其中县级领导职数4名（正县级2名、副县级2名）、科级领导职数23名（正科级11名、副科级12名）。将地区行署教育督导团办公室、教育经费审计办公室、双语教学工作办公室、教师安全稳定管理办公室、教师工作办公室承担的行政职能划入地区教育局，同时划入从事此项工作人员3名。

（黄新城）

【学校概况】 2019~2020学年，地区有各级各类学校1 837所，其中幼儿园1129所、普通小学569所、特殊教育学校2所、普通中学125所、中等职业学校8所、普通高等院校2所、成人高等院校2所。在校生 701 974 名，其中学前教育 173 181 名、小学 307479 名、初中 115 722 名、普通高中 53 446 名、中等职业学校 25 662 名、高等教育 26 125 名、特殊教育 359 名。地区各级各类学校现有教职工 51 600 人,专任教师41 357 人(学前 7 917 人、小学 17 628 人、初中 9 235 人、高中 4 514 人、中职 991 人、高等教育 1 012 人、特教 60 人)。小学适龄儿童入学率 99.9%,初中适龄少年入学率 99.5%。

全地区基础教育学校校舍建筑面积 601.5 万平方米，其中幼儿园 132.3 万平方米、小学 207.2 万平方米、初级中学 89.9 万平方米、九年一贯制学校 54.3 万平方米、完全中学 25.9 万平方米、高级中学 90.1 万平方米、特殊教育学校 1.8 万平方米。普通高等院校学校产权校舍建筑面积 53.4 万平方米,成人高等院校学校产权校舍建筑面积 7.6 万平方米，中等职业教育学校产权校舍建筑面积 41 万平方米。全地区基础教育学校图书 945.1 万册，其中幼儿园 40.4 万册、小学 489.5 万册、初级中学 196.6 万册、九年一贯制学校 113.7 万册、完全中学 33.6 万册、高级中学 70 万册，特殊教育学校 1.3 万册。高等院校图书 120.8 万册，中等职业教育学校图书册数 17.2 万册。全地区中小学校固定资产总值 79.6 亿元,其中小学 35 亿元、初级中学 11.8 亿元、九年一贯制学校 8.5 亿元、完全中学 4.3 亿元、高级中学 20 亿元。中等职业教育学校固定资产总值 6.3 亿元。

(刘成杰)

【基础设施建设】 2019 年,地区实施的重点教育工程项目主要为农村义务教育学校校舍安全保障长效机制补助资金建设项目、中央补助资金改善普通高中学校办学条建设项目、农村义务教育薄弱学校改造计划项目(地债资金)、农村义务教育学校校舍安全项目(地债资金)。全年地区争取到学前及中小学项目建设资金 4.9 亿元，批复校舍建设面积 13 万平方米，项目建设开工率达 100%。高等学校投入资金 7.91 亿元，建筑校舍 14.5 万平方米,完工率 100%。

(耿华峰)

【教师招聘】 2019 年，阿克苏地区招聘教师 6 890 人,其中核增中小学编制 2 800 人（小学 1 600 人、初中 1 000 人、高中 200 人),面向社会公开招聘教师 4 090 人(幼儿园 1 089 人,小学 1 888 人,初中 913 人,高中 200 人)。地区教育局多次组团赴内地省市高校开展专项招聘活动，签约合格教师 7 000 多名。通过实施“大学生实习支教计划”等途径补充支教教师 5 000 多名。

(章应宏)

阿克苏地区 2019 年各级各类学校、学生及教职工数情况表

单位:所、人

项目	学校数	招生数		毕业数学生数		在校		教职工数		专任教师	
			民族		民族		民族		民族		民族
合计	1837	192273	159530	164142	137632	701974	592204	51600	25735	41357	17103
一、普通高等院校	2	5585	3324	3354	1842	16461	6505	1100	315	824	221
1.理工学院	1	2655	961	1428	592	8206	3795	490	53	377	39
2.职业技术学院	1	2930	2363	1926	1250	8255	5759	610	262	447	182
二、成人高等院校	2	1216	534	1415	728	9664	5748	222	122	188	110
1.教育学院	1	0	0	0	0	172	147	189	106	159	95

续表

项目	学校数	招生数		毕业学生数		在校		教职工数		专任教师	
			民族		民族		民族		民族		民族
2.电大	1	1216	534	1415	728	9492	5601	33	16	29	15
三、中等专业学校	8	9589	9447	5891	5545	25662	24986	1127	539	991	461
1.普通中专	2	4824	4687	3360	3014	13677	13010	421	141	380	141
2.职业中学	6	4765	4760	2531	2531	11985	11976	706	398	611	320
四、普通中学	125	58476	46438	52788	41585	169168	134483	15998	7402	13749	5434
1.高级中学	33	16070	10482	20497	15104	53446	37396	5152	2008	4514	1468
2.初级中学	92	42406	35956	32291	26481	115722	97087	10846	5394	9235	3966
五.小学	569	60090	52574	43310	36817	307479	267732	19880	9482	17628	7459
六.特殊教育	2	36	33	14	11	359	310	72	15	60	15
七.学前教育	1129	57281	47180	57370	51104	173181	152440	13201	7860	7917	3403

注:1.以上数据为2019/2020学年初数据;2.以上数据不含技工类

【免费师范生就业安置】 2019年，地区教育局安置免费师范生300名，其中自治区定向培养免费师范生定向阿克苏263名（本科176名、大专87名），教育部直属师范院校免费师范生定向阿克苏37名，涉及汉语言文学、化学、数学与应用数学、物理学、小学教育、英语、地理科学、计算机科学与技术、思想政治教育等专业，按照《定向培养免费师范生教育协议书》规定，将免费师范毕业生安排至乡(镇)及以下中小学或幼儿园就业。

（黄新城）

【选树先进典型】 2019年，地区教育局表彰教育系统先进基层党组织16个、优秀共产党员40名、优秀党务工作者24名。在第35个教师节，表彰地区级先进集体22个、地区级优秀教师80名、地区级优秀教育工作者34名，其中阿克苏市托普鲁克第二小学、地区中等职业技术学校获得“全国教育系统先进集体”称号，孔文燕、阿依古丽·艾比不力、杨岳山、周卫平4名教师获得“全国教育系统先进个人”称号，阿瓦提县英艾日克镇中心小学获得“自治区教育系统先进集体”称号，刘茵等14名教师获得“自治区教育系统先进个人”称号。

（黄新城）

【教师队伍建设】 2019年，地区有在编专任教师30 849人，其中幼儿园教师3 434人、小学教师13 982人、初中教师8 693人、高中教师4 740人；共有特岗教师9 476人，其中幼儿园教师2 885人、小学教师4 560人、初中教师2 031人；有自聘教师3 210人，其中幼儿园教师876人、小学教师1 688人、初中教师543人、高中教师103人。

（章应宏）

【支教工作】 2019年，地区教育局落实“自治区边远贫困地区农村学校人才支持计划教师专项计划”，选派112名专职骨干教师赴乌什县、柯坪县开展为期1年的支教工作，帮助贫困地区教师提升教学能力。地区第16期支教工作，共选派1 016名城镇教师赴农村学校、薄弱学校开展为期1年的对口支教工作，实现城乡优质资源共享，促进城乡义务教育均衡发展。

2019年，地区共有1 499名

大中专院校学生在各学校开展为期1个学期的实习支教工作，其中春季西北师范大学师范生584名、新疆理工学院语言系汉语言专业46名、阿克苏教育学院学前教育专业652名；秋季西北师范大学师范生63名。

2019年，地区共有学前双语教育支教干部4 680人，其中上半年2 531人（自治区选派196名，地区选派420名，新招录公务员738名，北疆新招聘特岗教师586名，兵团选派591名），覆盖91个乡（镇），837个村，780所幼儿园，惠及幼儿101 075名；下半年2 149人，高校组团式精准支教67人，学前支教2 082人[自治区选派219人、北疆新录用公务员196人、北疆新招聘教师445人、兵团选派591人、地区选派420人，地区新招录公务员211人]，覆盖87个乡（镇），753个村，734所幼儿园，惠及幼儿83 004名。

（章应宏）

【南北疆双向挂职】 2019年，地区教育局完成对2018年南北疆校（园）长双向挂职总结、考核工作。2018年北疆到地区挂职校（园）长共144名，其中幼儿园园长103名、中小学校长41名。2019年，南北疆互派84名中小学校长、幼儿园园长挂职，北疆到地区84名校园长于8月30日全部到岗任职。

（黄新城）

【教师资格认定】 2019年，地区教育局教师工作办依据相应法律法规，严格按照教师资格证办证流程及申请条件，认真审核教师提交的办证材料，共认定高级中学、中等职业学校教师资格证书532本，其中高级中学教师资格证书467本、中等职业学校教师资格证书65本。

（章应宏）

2019年10月17日，浙江名师工作室援疆教师赴柯坪县送教（地区教育局/提供）

【校园文化建设】 2019年，地区教育局不断强化校园文化建设，结合公民道德建设、文明校园创建等，各学校在教室、走廊、操场等显著位置制作社会主义核心价值观永久性“24字”宣传版面、黑板报、画廊、班级板报等，加强校园文化建设；引导学校利用校园广播、电子屏、校园微信公众号平台、班班通设备进行社会主义先进文化、中华优秀传统文化和革命文化宣传；开展文明校园创建活动，全地区创建自治区级文明校园45所。

（王建武）

【法制教育】 2019年，地区教育局深化法治宣传教育，开展宪法、国家安全等法律法规学习。通过开展“千师访万家”、家长会、家校联系卡等方式，送法入户，面向家长宣传《中华人民共和国未成年人保护法》《中华人民共和国义务教育法》和有关青少年保护的相关法律法规；在阿克苏市实验中学设立全国教育系统宪法直播地区分会场，通过视频连线与全国2 000多万青少年共同开展宪法晨读，地区同步参与活动学校总数1 209所，参与学生49.7万人。开展“聚焦总目标 百名法官进校园”活动，加强与政法、司法、检察院等部门沟通联系，调整充实各级各类学校法制副校长，将法制副校长列为学校德育工作领导小组副组长，定期深入校园面向师生开展法治教育。截至年底，全地区中小学法制副校长配备率100%。

（王建武）

【家庭教育】 2019年，地区教育局制定《阿克苏地区教育系统2019

年家庭教育工作要点》,对全年地区教育系统家庭教育工作进行安排部署。开展自治区中小学、幼儿园家庭教育主讲教师集中面授，南疆四地州400多名教师参加；建立地区家庭教育讲师团人才库20人；推荐12名地区家庭教育讲师团成员参加自治区家庭教育管理者、主讲教师培训班,其中2名学员入选自治区家庭教育讲师团。

（王建武）

【专业技术职务评审】 2019年,自治区向南疆四地州下放职称评审权,实行定向评价、定向使用,首次打破岗位限制，在南疆实行评聘分离。年内中小学(幼儿园)教师专业技术职务任职资格评审网上申报1 686人，通过教师共计1 545人,其中一级教师1 141人、副高级教师386人、正高级教师自治区评审通过18人。

（方丽清）

【普通高考】 2019年，地区普通高考报名资格审查工作，采集普通高考报名考生信息27 023人，其中普通类考生8 711人、单列类考生2 393人、民语言类考生7 817人、双语类8 102人。

2019年，地区普通高考单独招生录取2 349人,普招录取19 667人,普招录取率79.71%。本科录取8 831人，录取率35.79%;高职(专科)录取10 836人,录取率43.92%。600分以上118人，考取清华大学和北京大学学生14名,考入“985”“211”院校1 494人,比上年1 464人增加30人。

（翟魁元）

【成人高考】 2019年,全疆成人高考继续实行网上报名,地区教育局认真做好成人高校招生报名与资格审查、学历认证、信息确认、电子信息采集等工作。组织进行2019年全国成人高考统一考试工作。全地区报名人数7 460人。

（翟魁元）

2019年9月14日,库车市第八小学举办首届家长节(地区教育局/提供)

【高等教育自学考试】 2019年，地区教育局组织完成自学考试2次，上半年考试人数和科次分别为6 007人、13 037科次，下半年考试人数分别为6 935人、14 875科次。组织实施英语四、六级考试2次,上半年英语等级考试的人数和科次分别为8 048人、8 048科次;做好2019年自治区面向社会公开招聘学前、中小学、普通高中、特殊教育学校教师笔试考试数据汇总、编排考场、组织考试工作,报考人数3 766人。

（翟魁元）

【内学工作】 2019年，地区区内初中班招生测试参加考试报名学生8 125名，完成1 734名考生体检、思想品德考核和建档工作,最终1 621名考生被正式录取,其中阿克苏本地内初班录取600人、乌苏市录取200人、昌吉州录取821人;审核认定建档立卡家庭困难学生300人，由办班学校免除每生每年500元生活费用。地区内地新疆高中班报名学生4 158人,完成1 200名考生体检、思想品德考核和建档工作，最终963人被正式录取；审核认定建档立卡家庭困难学生300人，由办班学校减免每生每年450元或900元生活费用。地区内地新疆中职班报名4 952人,进入体检、思想品德考核和建档人数1 149人,最终749人被正式录取。地区教育局暑期运输工作从6月9日开始至9月2日结束，组织完成内高班、内职班、内初班学生暑期返乡8 150人次；组织完成护送1 880名内初班新、老生入校报到，护送1 808名内高班、内职班新生到乌鲁木齐、昌吉两地7个培训点报到培训。

（刘宝军）

【学生资助】 2019年，地区教育局推动各学段学生资助政策落实，对家庭经济困难学生建立资助台账，实施精准资助，确保不让1名学生因家庭经济困难而失学。自治区下达农村学前三年免费教育保障机制经费35 354万元（不含县级配套资金5 359.67万元），惠及农村学前三年在园幼儿16.4万名。自治区下达义务教育阶段公用经费29 066.27万元，惠及学生39.6万名；下达义务教育阶段寄宿生生活补助12 499.45万元，惠及学生8.1万名；下达农村义务教育学生营养改善计划资金21 768.53万元，惠及学生27.1万名。自治区下达普通高中免学费资金8 964.72万元、国家助学金11 910.15万元，惠及普通高中学生5.6万名；下达中央彩票公益金“滋蕙计划”资金130.8万元，资助普通高中品学兼优家庭困难学生654人。下达中职免学费3 764.37万元、免住宿费教材费1 245万元，惠及学生2.22万名，下达中职国家助学2 618.56万元，惠及学生1.6万名。自治区下达普通高校家庭经济困难入学资助项目25.9万元，按照疆内普通高校500元、内地普通高校1 000元标准，资助家庭经济困难大学新生442名。完成“浙江援疆大学生入学资助金”资助工作，对内地普通高校就读的阿克苏籍家庭经济困难（农村建档立卡贫困户家庭学生、农村低保家庭学生、城镇低保家庭学生、烈士、伤残军人、伤残公安干警子女及孤儿学生）本科生、专科生和预科生按照每生6 000元标准予以资助，共发放资助金706.8万元，惠及家庭经济困难学生1 178名；争取地区慈善总会“2019年大学新生福彩爱心慈善助学”项目资金30万元，按照每生3 000元标准，资助疆内普通高校家庭经济困难大学新生100人。

（畅亚波）

【规范办学】 2019年，地区教育局持续推进县域内义务教育一体化发展，制定《阿克苏地区关于统筹推进县域内城乡义务教育一体化改革发展实施方案》，明确工作目标和重点，积极推动县域内城乡义务教育一体化发展。持续推进消除大班额治理工作，通过加快义务教育学校标准化建设，优化调整中小学布局，治理“择校热”。秋季学期，全地区义务教育阶段66人以上超大班额全部消除，大班额治理工作效果明显。规范民办学校（幼儿园）办学行为，落实监管责任，加强民办教育办学许可审批工作，做好民办教育机构（幼儿园、中小学、校外培训机构）办学许可证换证工作。巩固校外培训机构专项治理整顿成果，制定《阿克苏地区校外培训机构专项治理“回头看”工作方案》，开展校外培训机构专项治理“回头看”工作，依法依规严肃查处隐蔽违法违规培训行为，全面规范校外培训秩序。

（王平）

【教育专项督导】 2019年，地区教育局全面开展幼儿园办园行为督导评估工作。地区有1 104所幼儿园，其中自评数据及报告均已提交幼儿园869所、督评数据及报告提交并审核通过幼儿园599所。

（刘玉泉）

【教学常规管理】 2019年，地区教育局制定《中等职业学校国家通用语言文字学业水平标准》，加强对中职学校国家通用语言教学工作指导；对阿克苏地区各县（市）教学管理与质量情况进行调研，共组织座谈会11场，总结经验做法，梳理存在问题。制定《阿克苏地区中小学教学管理实施细则》，给各学校教师印发3万册，规范办学行为、加强学校管理，促进地区中小学教学管理制度化、科学化和规范化；制定《阿克苏地区薄弱学校教育教学质量提升工作方案》，确定24所薄弱学校为试点学校，有效提升地区薄弱学校的教育教学质量；制定《阿克苏地区中小学教学管理评估办法》，对各县（市）16所学校进行评估，最终评选出10所学校为教学管理示范校。

（李　瑛）

【教学能手工作室】 2019年，地区教育局印发《关于做好2019年自治区级、地区级教学能手工作室工作的通知》，对各工作室上报的工作计划进行审核；选派6名教研员和自治区级教学能手工作室主持人参加自治区第三批教学能手工作室培训；创建自治区教学能手工作室6个，地区级教学能手工作室15个。

（李 瑛）

【网络研修】 2019年，地区教育局加快推进信息技术与教育教学融合，组织完成2018~2019年度“一师一优课、一课一名师”教师网上晒课活动。全地区报名学校697所，报名老师14 556人，晒课教师10 586人，其中获得自治区级优课58节、国家级优课10节；共晒课11 171节，排名全疆第一。实施中央电化教育馆“教研共同体协同提升项目”新疆试点项目。依托互联网技术，开展跨区域教学实践。通过“异步+同步”教研方式，解决试点地区教师日常教学难点，帮助县域名师团队提升教学质量，库车市、沙雅县2所试点县20所中小学共计240个班级，参与示范课208节，教研课102节。实施浙江省“互联网+教育”教育援阿试点项目，引进浙江省优质教育资源，试点开通30所中小学1 665名教师在浙江省基础教育资源公共服务平台注册，共享浙江省优质教育资源；组织各县（市）推选教研员或学科带头人、骨干教师（每个县20名左右）209人加入浙江名师网络工作室，帮助阿克苏地区培养一批优秀教师；在地区组织开展“阿克苏地区名师课堂展播”远程示范课展播活动，全年播出289节优质示范课。

（豆辉艳）

【课堂教学改革】 2019年，地区教育局为提高教师业务素质及课堂教学能力，促进学校深入推进课堂教学改革，对乌什县180名乡村小学语文、数学教师进行区培送教活动，完成对参训教师教学能力培训考核；对新和县8所学校“一校一品”阳光体育、社团活动、“智趣五环”课堂教学改革工作进行指导，现场听课24节，评课12场；对柯坪县、阿瓦提县、新和县、沙雅县、拜城县开展“送教下乡”活动，送课10节，专题培训10场。通过活动开展，转变教师教学观念，提高教师把握教材、设计教学的能力，凸显学生学习主体地位，提高课堂教学效率。

（李 瑛）

【课题研究】 2019年，地区教育局完成地区级小课题52个、自治区级小课题13个结题评审工作；组织申报以校为本小课题，各县（市）、地直学校上报小课题199个，组织专业人员进行评审，上报自治区80个，确定地区级课题50个；地区教育局教研中心承担自治区校本课题“提升少数民族国家通用语言文字水平的实践研究——以乌什县乌什·衢州小学为例”结题。

（李 瑛）

【教学质量监测】 2019年，地区组织参加自治区中小学质量监测工作，全地区共抽测学校41所，参加监测学生9 874人，9个县（市）每年级抽测学生300~500人，其中小学26所，一年级4 295人（7县2市）、二年级828人（阿克苏市、阿瓦提县），中学15所，七年级4 151人（7县2市）、八年级600人（阿克苏市、阿瓦提县）。阿克苏地区选派21名巡视员落实地州、县（市）之间交叉巡考，承担42个县（市）网上阅卷工作，汇总分析上报质量监测成绩，总结经验，查找不足。指导库车市完成国家义务教育质量监测工作，阿克苏地区20所学校20个班级600名学生参与国家质量检测，主要监测四年级和八年级语文、音乐、美术3个学科。5~6月，组织参加自治区2018~2019学年第二学期义务教育质量监测，8 882人参加监测，其中小学一、二年级5 398人，初中七、八年级3 484人。6月，地区组织九年级初中学业水平监测，监测学生32 222名。从监测成绩看，与2018年中考的成绩相比，少数民族学生的数学、理综成绩持续提升，两科平均分分别提高4.3分、4.7分。组织开展阿克苏地区2019~2020学年第一学期质量监测，抽测二年级、七年级语文、数学两个学科，小学抽测91所学校，七年级抽测49所学校，学生3 600名。从监测参加看，各县（市）国家通用语言教学质量明显提升，但县（市）之间、城乡之间、民汉学生之间成绩差距较大，城区学校成绩明显高于乡（镇）及村级。

（李 瑛）

【教材审定】 2019年，地区教育局制定《阿克苏地区中小学教材管理实施办法》，对2019年秋季教材教辅征订工作进行周密安排。按照自治区文件精神在《自治区中小学教材目录》内选定和使用2019教材，做好2019春秋两季中小学教材征订及结算工作。春季教材征订人数 453 918 人，秋季教材征订人数 474 133 人。

（豆辉艳）

【教育信息化建设】 2019 年，地区教育局继续推进“三通两平台”（宽带网络校校通、优持资源班班通、网络学习空间人人通、教育资源公共服务平台、教育管理公共服务平台），不断加大投入力度，加强教育信息化基础设施建设。截至年底，地区各级各类中小学校有计算机教室 877 间，录播教室 249 间。拥有多媒体班班通设备 13 350 套，九年义务教育阶段班班通覆盖率 98%。中小学互联网接入率 100%。全地区有班级 16 090 个，已完成光纤进班建设工作 11 583 个，光纤进班覆盖率 72%。

（豆辉艳）

【学校体育】 2019 年，地区教育局举办阿克苏地区首届中学校园足球、篮球、排球联赛活动。乌什·衢州小学、天杭实验小学等 5 所学校被教育部命名为“全国青少年校园足球特色学校”。抽调由教育、卫健、医务人员及学校体育教师组成调研检测队伍，抽取阿克苏市第二小学、四中、地区二中等 6 所学校 6 至 18 岁汉族学生共 2 000 个调研样本，完成 2019 年地区学生体质与健康调研及国家学生体质健康标准抽查复核工作。

（邓 禹）

【学校健康】 2019 年，地区教育局深入实施健康中国战略，培养学生健康意识、观念和生活方式，提高学生健康素养，印发《2019 年阿克苏地区“师生健康中国健康”主题健康教育活动实施方案》。组织完成全地区大中小学校学生健康体检工作，全地区应参检学生 507 475 人，实际参检学生 504 958 人，参检率 99.5%。会同地区卫健委，对 55 名教育、卫生医疗相关人员进行学生常见病和健康影响因素监测培训，抽取阿克苏市、温宿县 3 440 名大中专、中小学、幼儿园学生对常见病及健康影响因素进行监测。

（邓 禹）

【青少年科技工作】 2019 年，在第三十三届自治区青少年科技创新大赛中和第十九届自治区青少年机器人竞赛中地区有 14 所学校、67 名学生、55 名指导教师获奖。组织各学校师生开展校园科普联合行动，通过校园班班通观看科普节目，举办科普讲座、科学实验、科普剧等系列活动。推荐申报阿克苏市少年宫、拜城县青少年校外活动中心为自治区科普教育基地。制定《阿克苏地区教育系统 2019 年知识产权宣传周活动方案》，组织开展“知识产权进校园”活动。

（邓 禹）

【安全专项整治行动】 2019 年，地区教育系统坚持问题导向、目标导向，建立健全校舍安全生产大检查长效机制，重点加强未取得消防验收合格手续校园建筑物、实验室过期废弃危险化学品专项治理，常态化开展安全自查体检，对发现的校园安全隐患严格按照“整改项目、整改措施、资金投入、整改时限和责任人”五落实的要求进行重点跟踪、限期督办、对账销号。完成地区挂牌督办校园建筑消防验收 178 栋；筹措 60.1 万元，完成各县（市）和地直相关院校 3.55 吨过期废弃危险化学品处置工作。地区教育系统共组织各类检查组 128 个，检查各级各类学校 2 052 个/次，学校自查发现隐患 3 000 多项，整改率 100%，安全生产投入 6 000 多万元，安全生产专项行动成效显著。

（周贵军）

【校园安全检查】 2019 年，地区教育局坚持“问题导向、标本兼治、密切协作、综合施策”的原则，加大校园安全风险隐患排查整治，对学校食堂、宿舍、实验室、实训基地、校园消防等重点部位、重点场所和校园风险隐患进行地毯式摸排，并抓好隐患问题整改落实。通过督查自查共发现隐患问题 4 000 多处，整改率 100%。积极做好校园周边综合治理，联合政法、公安、市监等部门对学校及周边环境治理工作进行督导检查和巡查，彻底整治校园周边治安隐患、治安乱点和饮食流动摊点等突出隐患问题，对违规场所、商店、餐馆坚决予以查封。地、县（市）两级联合相关部门对校园周边小饭桌、商店、流动摊点、网吧等场所进行检查，共出动 114 次，检查 1 426 家次，发现隐患 3 000 多处，整改率 100%。

（周贵军）

【推普脱贫攻坚工作】 2019 年，地区教育局成立以教育局主要领导为组长的推普脱贫攻坚专项小组，明确攻坚目标、落实攻坚责任、细化攻坚措施，确保推普攻坚各项工作稳步推进。规范化常态化开办村(居)民夜校。坚持把国家通用语言文字学习培训作为农牧民夜校的重要内容，农牧民和社区居民国家通用语言文字学习培训常态化开展。完成2019年县域普通话调查工作，共调查样本4 109个，完成率114.14%。

推荐各县(市)使用人民教育出版社出版的全国通用小学一、二年级语文教材或教育部、国务院扶贫办、国家语委编印的《普通话1000句》、自治区党委组织部编印的《教你学国家通用语言》和自治区民语委编印的《农牧民学国家通用语言读本》作为学习培训教材。发挥"访惠聚"驻村工作队的力量，各县(市)从"访惠聚"驻村干部、村(社区)党员干部、大学毕业未就业学生中择优选派国家通用语言文字水平高、经验丰富的人员担任培训教师，确保每村(居)民夜校都有专兼职授课教师。发起冬季推普攻坚总攻势，落实地区院校包联县(市)开展技能培训和县(市)各中小学校包联村(社区)协助开展农牧民(社区居民)国家通用语言文字学习培训的工作机制，提高农牧民(社区居民)国家通用语言文字学习培训成效。

(王云东)

基础教育

【概况】 2019~2020学年地区有基础教育类学校1 825所，其中幼儿园1 129所、普通小学569所、特殊教育学校2所、普通中学125所。在校生650 187名，其中学前教育173 181名、小学307 479名、初中115 722名、普通高中53 446名、特殊教育359名。地区基础教育学校有教职工49 151人，专任教师39 354人，其中学前7 917人、小学17 628人、初中9 235人、高中4 514人、特教60人。小学适龄儿童入学率99.9%，初中适龄少年入学率99.5%。全地区基础教育学校校舍建筑面积601.5万平方米，其中幼儿园132.3万平方米、小学207.2万平方米、初级中学89.9万平方米、九年一贯制学校54.3万平方米、完全中学25.9万平方米、高级中学90.1万平方米，特殊教育学校1.8万平方米。全地区基础教育学校图书945.1万册，其中幼儿园40.4万册、小学489.5万册、初级中学196.6万册、九年一贯制学校113.7万册、完全中学33.6万册、高级中学70万册、特殊教育学校1.3万册。全地区中小学校固定资产总值79.6亿元，其中小学35亿元、初级中学11.8亿元、九年一贯制学校8.5亿元，完全中学4.3亿元，高级中学20亿元。

(刘成杰)

2019~2020学年阿克苏地区幼儿园园数情况表

单位：所

县(市)名称	合计	城区	镇区	乡村
阿克苏地区合计	1129	75	211	843
阿克苏市	193	70	22	101
温宿县	116	0	24	92
库车市	210	5	55	150
沙雅县	115	0	21	94
新和县	72	0	20	52
拜城县	133	0	18	115
乌什县	119	0	12	107
阿瓦提县	142	0	30	112
柯坪县	29	0	9	20

【学前教育】 2019~2020学年，阿克苏地区共有各级各类幼儿园1 129所，其中公办幼儿园1 036所、民办幼儿园91所、部队办2所。在园幼儿172 886人(其中汉族幼儿20 512人、少数民族幼儿152 374人；公办幼儿园158 662人、民办幼儿园14 006人、部队幼儿园218人)。学前阶段共有教职工13 201人，其中专任教师7 917人、保育员3 414人。

(白伟峰)

【义务教育】 2019 年，地区教育局扎实推动义务教育均衡发展，深入开展义务教育“阳光招生”工作，坚决治理义务教育阶段“以钱入学、以分入学、以权入学”现象，坚决防止人为因素造成大班额。持续抓好控辍保学工作，强化义务教育控辍保学联保联控责任，不断完善控辍保学“一县（市）一案”工作机制，加强中小学生学籍管理及疑似辍学失学学生核查劝返工作，坚决防止学生因转学流动发生失学辍学。截至年底，地区小学、初中适龄儿童少年入学率分别为 99.9%、99.5%，九年义务教育巩固率 96.1%，控辍保学成效显著。

（王　平）

2019~2020 年阿克苏地区义务教育学校情况表

单位：所

县（市）名称	义务教育				小学				初中			
	合计	城区	镇区	乡村	合计	城区	镇区	乡村	合计	城区	镇区	乡村
阿克苏市	80	24	9	47	58	13	6	39	22	11	3	8
温宿县	62	—	18	44	49	—	11	38	13	—	7	6
库车市	123	3	29	91	116	2	25	89	7	1	4	2
沙雅县	69	—	18	51	60	—	11	49	9	—	7	2
新和县	65	—	21	44	55	—	14	41	10	—	7	3
拜城县	102	—	13	89	86	—	8	78	16	—	5	11
乌什县	70	—	12	58	66	—	8	58	4	—	4	
阿瓦提县	77	—	20	57	68	—	13	55	9	—	7	2
柯坪县	13	—	5	8	11	—	3	8	2	—	2	
合计	661	27	145	489	569	15	99	455	92	12	46	34

【普通高中教育】 2019 年，地区教育局紧紧围绕打造区域性教育高地目标要求，积极推动普通高中优质发展，统筹高中阶段普职学校资源，加强普通高中招生管理工作，优化普通高中生源质量，完成普通高中招生 16 501 人，中等职业院校招生 15 721 人，实现普职比大体相当，为普通高中学校提质发展奠定基础。推进普通高中多样化办学，将温宿县第二中学打造成地区普通高中体艺生培养培训基地。制定《阿克苏地区优质普通高中评估方案》《阿克苏地区优质普通高中评估指标及评分细则》，开展优质普通高中评估创建，完成 6 所地区级优质普通高中创建工作，全面提高普通高中教育质量，优质普通高中集群初步形成。

（王　平）

2019~2020 年阿克苏地区普通高中情况表

单位：所

县（市）名称	高中				完全中学				高级中学			
	合计	城区	镇区	乡村	合计	城区	镇区	乡村	合计	城区	镇区	乡村
阿克苏市	4	3	1	—	—	—	—	—	4	3	1	—
温宿县	2	—	2	—	—	—	—	—	2	—	2	—
库车市	15	1	7	7	12	1	4	7	3	—	3	—

续表

县(市)名称	高中				完全中学				高级中学			
	合计	城区	镇区	乡村	合计	城区	镇区	乡村	合计	城区	镇区	乡村
沙雅县	3	—	3	—	1	—	1	—	2	—	2	—
新和县	1	—	1	—	—	—	—	—	1	—	1	—
拜城县	2	—	2	—	—	—	—	—	2	—	2	—
乌什县	2	—	2	—	1	—	1	—	1	—	1	—
阿瓦提县	1	—	—	1	—	—	—	—	1	—	—	1
柯坪县	1	—	1	—	—	—	—	—	1	—	1	—
直属	2	2	—	—	—	—	—	—	2	2	—	—
地区合计	33	6	19	8	14	1	6	7	19	5	13	1

【特殊教育】 2019年,地区教育局切实提高残疾儿童少年入学率,牵头成立阿克苏地区特教委员会,遴选教育、卫健、民政、残联及相关院校29名专家组成5个专家组,指导地区残疾儿童少年义务教育入学“一人一案”工作,保障适龄残疾儿童少年接受义务教育的权利。2019年秋季学期,全地区共有7~15岁适龄儿童少年4 347人(失能854人),特殊教育学校就读255人,普通学校随班就读2 668人,送教上门510人,适龄残疾儿童少年入学率98.3%。

(王 平)

【社会力量办学】 2019年,地区教育局规范民办教育发展,坚持党对教育工作的全面领导,主动做好民办教育机构党组织建设工作,指导帮助民办教育机构有3名党员以上的成立党支部,对不具备条件的民办教育机构,指导学校、社区等单位联合选派党建指导员,切实履行党建责任。持续做好民办教育机构集中治理工作,建立黑白名单制度,实施失信联合惩戒机制,保障监督举报渠道畅通,发现问题及时进行处理,利用各大媒体平台公布校外培训机构白名单109所。开展校外培训机构(含线上培训机构)教材使用情况专项检查工作,做好校外培训机构教材读本审读工作。

(王 平)

【校外教育】 2019年,地区教育局加强中小学研学实践工作,推动地区青少年课外研学实践基地建设,推荐地区科技馆等11个基地参加自治区中小学课外实践基地(营地)遴选工作。地区4所少年宫申报为中央彩票公益金支持校外活动场所发展项目,争取中央彩票公益金200万项目支持资金。选派18名校外教育管理人员参加自治区南疆五地州青少年校外活动中心管理人员培训,提升校外教育管理队伍能力和水平。

(王 平)

国家通用语言教育

【学前教育】 2019年,地区教育局深入贯彻落实国家《关于学前教育深化改革规范发展的若干意见》精神,紧紧围绕地区“76331”战略部署,打造区域性教育人才高地,推进学前教育普及普惠安全优质发展。统筹管理,投入1.39亿元,重点在市区、县城和新增人口密集区域新建、改扩建公办幼儿园24所,逐步解决城乡幼儿园分布不均和城区公办幼儿园数量不足问题,优化城乡幼儿园布局结构。投入资金5 191万元,对168所幼儿园办园条件进行提升改造,推动老旧幼儿园办园条件提档升级,提升学前教育公共服务水平。落实农村学前三年免费教育保障经费43 824万元,强化资金保障,定期对资金使用情况和使用效益进行绩效监控，确保资金使用规范，保障农村幼儿园正常运转。建立城镇小区配套幼儿园建设长效管理机制，率先完成阶段性治理任务 9 个，可销号率 60%，新增城市普惠性学前学位供给 4 530 个。积极争取援疆支持，起草印发《浙江援疆助推阿克苏地区幼教提升“111 工程”实施方案》，并组织实施。举办幼儿园园长、骨干教师培训班 2 期、培训 400 人；选派赴浙江挂职培训 44 人、能力提升培训 160 人，召开参训返岗教师座谈会，了解培训实效，听取教师对培训工作的意见建议，改进提升培训方式和质量。发挥县(市)培训主体作用，督促指导县(市)分类培训学前保教人员 2 012 人，推动学前保教人员全员参训，提升保教人员专业素养和综合能力。

组织开展“小学化”专项治理，坚持小学起始年级零起点教学，树立科学的学前教育发展理念。全面叫停豪华幼儿园建设，从源头上消除“择园热”。加大民办园管理，依法取缔关停办学条件不达标民办园 18 所，妥善分流幼儿 1 290 名，对办园条件达标的 18 所民办园颁发办学许可证。压实安全管理“一岗双责”和属地管理责任，确保幼儿园绝对安全。开展幼儿园优秀游戏活动案例征集，推动幼儿园坚持以游戏为基本活动形式，评选出 7 个优秀案例上报自治区，其中 3 个通过自治区专家评审，被推荐至教育部。以教育部幼儿园办园行为督导评估系统为载体，全面开展幼儿园自评，督促县(市)开展督评，以评促建，强化幼儿园办园行为监管，规范办园行为。

坚持把国家通用语言教育、幼儿良好习惯养成、身心健康发展贯穿学前教育发展始终，奠定坚实幼小衔接基础。强化学前教育教研体系建设，推动构建县(市)教育局、城区幼儿园、乡村幼儿园三级教研网络。加大保教质量监测，建立“地区考核、县(市)监测、园所自评”的质量动态监管机制，对阿克苏市、温宿县学前大班幼儿国家通用语言听说能力进行抽测，根据监测结果，指导幼儿园针对性改进，促进各类幼儿园向优质园发展。积极推动集团化办园、捆绑式发展，以城带乡、以强带弱，缩小城乡学前教育发展差距。

【组织 MHK 考试】 2019 年，地区教育局组织 MHK 考试 2 次，有 23 129 名考生参加。上半年全地区设 4 个考区、11 个考点（其中三级考点 9 个、四级考点 2 个）、14 055 人报名（其中三级考生 10 105 人、四级考生 3 950 人）。下半年全地区设 3 个考区、7 个考点(其中三级考点 5 个、四级考点 2 个)、9 074 人报名（其中三级考生 5 770 人、四级考生 3 304 人）。

（白伟峰）

职业教育

【综述】 2019 年，阿克苏地区共有 9 所中等职业学校，地区直属 3 所，分别是阿克苏教育学院(中专部)、地区中等职业技术学校、地区库车中等职业技术学校；县级职业学校 6 所，分别在沙雅、新和、拜城、温宿、阿瓦提、乌什 6 个县。校园占地面积 216.41 万平方米，校舍建筑面积 66.95 万平方米，教学仪器设备总值 2.41 亿元，专业实训设备总值 2.46 亿元。建设中职、技工系列专业 56 个(104 个专业点)，全日制在校生总数达 35 529 人，教职工总数为 1 152 人。

【中等职业教育】 2019 年，地区争取中央财政专项资金合计 3 545 万元，支持职业院校改善办学条件及实训基地建设，完成 2020 年质量提升工程有关项目申报工作，推进职业院校办学能力逐步提升。

2019 年，地区职业教育办学规模逐步扩大，普职比为 5.1:4.9，发挥职业教育兜底功能，保障本地初、高中毕业未升学未就业学生，全部进入职业学校接受职业教育和技能培训；沙雅县职业技术学校顺利升格为沙雅县中等职业学校，面向社会开展中等职业学历教育；优化专业结构，指导地区各职业院校申报旅游服务与管理、电子商务等专业；加强师资队伍，安置自治区中等职业教育定向培养免费师范生 7 人，各学校自主引进、聘任教师近 200 人，从企业行业或其他渠道聘请兼职教师 204 人(地区教育局统筹拨付外聘兼职教师补助专项资金 80.5 万)。组织协调各学校先后选派近 800 人次参加自治区教师专项能力提升、“双师型”教师、教学能力提升、继续教育等培训，专业课教师赴企业实践锻炼 160 人次，人均 45 天。

2019 年，各中等职业学校同 91 家企业签订校企合作协议，联合培养 3 528 名，实现学校和企业优势互补，深化校企合作；中职毕业生 6 174 人,就业率 87.3%。各职业院校组织 232 名师生,积极参加自治区及国家级各类技能大赛,荣获一等奖 5 个,二等奖 17 个,三等奖 51 个。

(李 丽)

成人教育

【综述】 2019 年,阿克苏地区有成人教育院校 2 所,分别是阿克苏地区广播电视大学、阿克苏教育学院。

阿克苏地区广播电视大学创建于 1982 年,是地区教育局直属的独立设置的正县级成人高等学校,2019 年 3 月加挂国家开放大学(新疆)阿克苏学院牌子,在阿克苏地区 7 县 2 市建立学习中心,形成以地区电大为中心覆盖全地区的现代远程教育教学网络。学校内设办公室、组织人事处(纪检监察室)、教务处、学生处、信息处。在编教师 36 人,研究生学历 3 人,中级职称 10 人,高级职称 2 人。2019 年,招收成人学历教育学生 2 520 人,其中本科 1 046 人、大专 1 474 人;毕业学生 1 216 人,有在校生 18 480 人。

阿克苏教育学院成人学历教育分函授大专和函授本科两种层次,大专有小学教育专业,本科有计算机科学与技术、中国少数民族语言文学、体育教育、学前教育、汉语言文学、数学与应用数学、汉语言、美术、音乐 9 个专业。2019 年,毕业生人数为 223 人,其中本科 91 人、大专 132 人,在校学生 267 人,本科生 48 人,大专 219 人。

【培训调查】 2019 年,阿克苏地区成人教育院校面向社会、单位开展各类培训,培训人次 2 304 人;阿克苏广播电视大学开展社区干部培训 3 期 217 人次,岗前就业素质培训、职业能力提升培训各 1 期共 190 人次;同时开展社区国家通用语言夜校教育,每周三次免费送教到 10 个教学点,培训国家通用语言初级合格社区居民学员 520 人次,为地区推普工作作出积极贡献。

(李丽)

重点学校介绍

·新疆理工学院·

【学院转设】 2019 年 6 月 10 日,教育部下发《教育部关于同意新疆大学科学技术学院转设新疆理工学院的函》(教发函〔2019〕51 号),批复同意新疆大学科学技术学院转设为公办普通本科院校新疆理工学院。学院的转设结束了阿克苏地区没有本科院校的历史。

【学科专业】 2019 年,新疆理工学院设有理学、工学、经济学、管理学、文学、法学 6 个学科门类,25 个本科专业,分别为信息与计算科学、机械设计制造及其自动化、过程装备与控制工程、电气工程及其自动化、通信工程、计算机科学与技术、软件工程、数字媒体技术、物流工程、土木工程、能源化学工程、食品营养与检验教育、金融学、国际经济与贸易、信息管理与信息系统、工商管理、物流管理、市场营销、旅游管理、社会工作、汉语言、中国少数民族语言文学、英语、俄语、法学。其中自治区一流专业建设点 3 个,分别为过程装备与控制工程、通信工程、物流工程。

【教师学生】 2019 年,新疆理工学院有专任教师 500 人,其中副高级以上专业技术职称教师 97 人、研究生以上学历教师 386 人、专任教师中“双师型”或“双师素质型”教师 134 人。学院面向疆内外 14 个省区招生,截至年底,在校生 8 200 多名。

【校园建设】 新疆理工学院校园占地面积 190.4 公顷,规划建筑面积 68.7 万平方米,分三期建设。其中一期已建成图书馆、文、理科实验楼、教学楼 4 栋、校医务室、体育馆、运动场,学生食堂 2 栋、教职工食堂、大学生活动中心、学术交流中心、教师公寓 3 栋、后勤服务中心、学生宿舍 12 栋等,占地面积 113.33 公顷,建筑面积近 30 万平方米,规划在校生 8 000 人。二期规划建筑面积 21.7 万平方米,规划在校生 1 万~1.2 万人。远期规划建筑面积 17 万平方米,规划在校生 1.2 万~1.5 万人。

【思政教育】 2019 年,新疆理工学院成立马克思主义教学研究室,深入开展思政课教学研究;优化教学组织形式,试行“中班上课、小组研讨”教学模式;严格集体备课制度,推进案例式教学改革;加强师德师风建设,运用入职培训、专题培训、专业研讨等方式,提升思政课教师教学水平;实施思政课柔性教授聘任工作，邀请有较高理论素养和丰富实践经验的校外专家学者、社会知名人士、党政干部来校讲课，努力把思政课建设成为优秀课程。

【科研竞赛】 2019 年，新疆理工学院组织大学生参加各级各类学科竞赛百余项，参与学生 200 多人次。在大学生数学建模大赛、计算机设计大赛、电子商务"创新等各级各类大赛中获自治区级以上奖项 158 项。全年申报项目累计 162 项(不包括院级项目)，纵向立项 13 项，其中国家社科基金 1 项、自治区科技项目 4 项，累计获纵向科研经费 98 万元整，实现国家社科、自治区科技两类项目双零突破。教师发表学术论文 49 篇，其中 SCI 收录 5 篇、EI 收录 2 篇、核心期刊收录 2 篇，发表专利 6 项。

【招生就业】 2019 年，新疆理工学院录取大一新生 2 883 人，录取率达到 100%，报到 2 656 人，报到率为 92.1%，报到率比上年增加 3.5 个百分点，高于全疆高校平均报到水平。为切实做好学院毕业生就业工作，邀请兄弟院校和院内专家，为全体毕业生做就业指导系列讲座，同时学院于 3 月 17 日举办首届毕业生招聘会，85 家参会单位提供岗位超过 3 500 多个，使学院首届毕业生能够在阿克苏就业。

(邱　凯)

·阿克苏职业技术学院·

【学生情况】 2019 年，阿克苏职业技术学院招生实际报到学生 4 058 名，其中中职新生 1 042 人，高职新生 2 595 人，高职扩招 421 人，全日制在校生 11 349 人。2019 年毕业生 2 868 人，其中高职 1 613 人，中职 1 255 人，毕业率 95.61%。通过"技能节"活动平台，以赛促学、以赛促教，组织师生参加各级各类技能竞赛活动，师生在技能竞赛中获得 187 个奖项，其中国家级奖项 1 项，自治区级奖项 47 项，地厅及院级奖项 139 项。

【师资建设】 2019 年，阿克苏职业技术学院教职员工 593 人(含人事代理教师 55 人)，专任教师 455 人，其中研究生学历 102 人(博士 2 人，在读博士 2 人)，副高以上职称 45 人，其中教授 4 人，"双师型"教师 130 人。学院拥有自治区级专业教学团队 3 个、国家"万人计划"教学名师 1 名，自治区教学名师 2 名、教学能手 2 名，行业教学名师 1 名，地区驼峰英才 6 名，科技英才 5 名，设立院级优秀人才(技能大师)工作室 4 个，系级工作室 4 个。全年共选派教师外出学习进修 210 人次，专任教师到企业实践锻炼 64 人次。引进人才招聘教师 46 人，其中引进研究生学历 17 名。

【专业建设】 2019 年，阿克苏职业技术学院专业涵盖:农林、制造、资源开发与测绘医药、财经、土建、教育、电子、信息、轻纺、食品、旅游、安全、体育、艺术 14 个大类 29 个全日制高职专业和 16 个中职专业，联合培养应用型本科试点专业 4 个(护理、畜牧兽医、教育技术、学前教育)。2019 年成功申报石油工程技术三年高职专业；成功申报舞蹈表演中职专业；持续推进现代纺织技术、康复治疗技术、护理三个现代学徒制试点专业建设，顺利通过教育部和自治区教育厅组织的中期验收工作。

【项目建设】 2019 年，阿克苏职业技术学院成功申报第一批现代职业教育质量提升计划改善办学

阿克苏职业技术学院学生在纺织企业跟岗实习(唐华容/摄)

条件建设项目，获批建设资金 245 万元，用于教务管理系统升级项目和教学整改管理平台系统；争取地区财政专项资金 936.25 万元，用于采购护理、旅游管理、畜牧兽医、思政教育 4 个专业实训室设备的相关工作；积极申报 2020 年中央财政支持职业教育建设项目，共计 499.45 万元，用于智慧园实训基地和改善办学条件。

【课题建设】 2019 年，阿克苏职业技术学院修订《阿克苏职业技术学院科研成果绩效管理办法（暂行）》，立项全国高校思想政治工作培育建设项目 1 项，资金 10 万元；立项自治区天山青年人才项目 1 项，资金 5 万元；立项自治区职业教育科研课题 3 项，资金 2 万元；立项自治区高校思想政治工作创新发展中心项目 1 项，资金 1 万元。

【基础设施建设】 2019 年 8 月，阿克苏职业技术学院由原校址阿克苏市迎宾路 59 号，迁建至新校区阿克苏地区温宿县温宿镇学府路 041 号。学院占地面积为 1 391 公顷，总建筑面积 13.1 万平方米。新校区建设有行政图书楼 1 栋、教学楼 4 栋、实训楼 3 栋、医学系实训楼 2 栋、艺术系实训楼 1 栋、学生食堂 1 栋、学生宿舍 9 栋、教师周转房 1 栋、后勤服务中心 1 栋，主大门和次大门及室外场地，总建筑面积 13.1 万平方米，建筑密度为 3.24%，容积率为 0.14。校内实训室数达到 210 个，实验实训设备 6 583 台（套）校外实训基地 157 个，固定资产总值 3.83 亿元。

【社会培训、成人教育及鉴定工作】 2019 年，阿克苏职业技术学院共计培训 6 861 人次；成人在籍在册学生 4 295 人（其中校本部在校生 1 125 人，联合办学在校生 3 170 人）；开展初中级保育员、育婴员技能鉴定 532 人。

【扶贫助学】 2019 年，阿克苏职业技术学院共有 6 959 人次高职生享受国家及自治区资助，共计 1 152.8 万元。有 9 名高职学生获得国家奖学金，共计 7.2 万元；185 名学生获得国家励志奖学金，共计 92.5 万元；215 名学生获得自治区人民政府励志奖学金，共计 129 万元；发放国家助学金 4 141 人次，共计 683.1 万元；发放自治区人民政府助学金 2 409 人次，共计 241 万元，合计共发放学生资助资金 2 305.6 万元。

（陈秋燕）

·阿克苏地区中等职业技术学校·

【地区中职学校概况】 阿克苏地区中等职业技术学校（以下简称地区中职学校）成立于 2013 年，是自治区重点建设的八所中职学校之一，2018 年 3 月与阿克苏技师学院合并办学，2019 年 11 月又与阿克苏技师学院分开办学。学校位于阿克苏市阿温大道 121 号，总占地面积 62.47 公顷，固定资产 3.93 亿元，建筑面积 13.9 万平方米，绿化面积 40.6 万平方米，绿化面积占总面积的 65%。学校开设农林牧渔、土木水利、加工制造、轻纺服装、信息技术、交通运输、财经商贸、旅游服务八个专业大类，共 26 个专业；有 12 个实训基地，84 间实训室。截至年底，学校共有党员 75 人，党支部 6 个，党小组 15 个。有教职工 227 人，其中专业技术岗教师 204 人、教学服务及管理人员 23 人；高级讲师 1 人，讲师 7 人，理实一体化教师 81 人，研究生学历 5 人。2019 年 9 月被人力资源和社会保障部、教育部授予全国教育系统先进集体称号。

【专业设置】 2019 年，地区中职学校共开设农林牧渔、土木水利、加工制造、轻纺服装、信息技术、交通运输、财经商贸、旅游服务八个专业大类，涉及果蔬花卉生产技术、设施农业生产技术、农业机械使用与维护、农村经济综合管理、计算机平面设计、建筑工程施工、建筑装饰、焊接技术应用、机械加工技术、机电技术应用、机电设备安装与维修、农村电气技术、制冷和空调设备运行与维修、电气技术应用、电子电器应用与维修、汽车运用与维修、汽车车身修复、汽车美容与装潢、汽车整车与配件营销、会计、电子商务、物流服务与管理、高星级饭店运营与管理、旅游服务与管理、中餐烹饪与营养膳食、纺织技术及营销 26 个专业。

【校企合作】 2019 年，地区中职学校贯彻服务市场理念，深化校企合作。结合地区就业创业趋势，建立校内、校外实训基地，把专业办到工厂，与企业用工需求相结合，使合作企业成为学生的实训基地、教师能力的提升基地、企业员工的技能培训与鉴定基地。截至年底，学校拥有合作企业 99 家，在专业设置、人才培养、学生实习实训、教师下企业实践锻炼等方面探索深度合作方式。2019 年与新疆锦丽源服装有限公司在服装设计与制作方面开展深度校企合作，主要在学用结合、双导师培养、学生参与企业生产过程等方面提升学生技能水平，缩短学生与企业的用工差距，提升学生就业能力。

【教学管理】 2019 年，地区中职学校全面贯彻党的教育方针，坚持社会主义办学方向，坚持党委领导下的校长负责制，推进以德育教育为主体，国家通用语言教育和技能教育为两翼的一体化教育，培养社会主义事业合格建设者和可靠接班人。狠抓教学质量，树立良好师德师风，在期初、期中、期末 3 次教学大检查的基础上，强化日常检查、随机督查，将督查、检查结果作为年终考核、奖金发放、职务晋升及聘任等的重要依据；不断加大教师培训力度，选送教师 137 人参加自治区及地区组织的各类培训，组织 95 名专业教师进行校内技能提升培训，组织 75 名教师下企业实践锻炼，促进教师更新教育理念，提高专业技能水平。

【实训教学】 2019 年，地区中职学校围绕地区人才强阿战略，修订专业人才培养方案，推进“青蓝工程”，以老带新、以强带弱，各专业新老教师结成师徒对子，落实专业教师下企业实践制度，提高“双师型”教师数量和质量；以岗位能力为导向，确定培养目标，优化各专业课程结构，删减不必要的理论课程，保留 4~5 门核心技能实训课，将理实比控制在 3:7，教学形式上减少理论灌输，增加结合岗位实操的强化训练，培养适合社会发展具有一技之长的技术工人；鼓励学生参加各级各类技能大赛，遴选一批专业技能突出，综合素质高的学生，对标技能大赛标准实行定向小班化授课。2019 年，学校师生获得国家级奖项 3 个，自治区级奖项 19 个，其中教师组获得二等奖 1 个、三等奖 4 个、优秀奖 1 个；学生组获得二等奖 2 个、三等奖 8 个、优秀奖 3 个；学校获得团体奖 2 个。

【学生顶岗实习】 2019 年，地区中职学校开展就业指导宣讲 5 场次，组织学生参观企业 1 场次，组织双选会 4 场次，联系实习岗位近 4 000 多个。利用 5 月 23~30 日 7 天时间完成 1 843 人实习安排任务。优先安排建档立卡贫困户子女赴洁丽雅参加实习，并给予不少于 3 次的推荐实习机会。严格落实顶岗实习管理办法，抽调 19 名教师成立顶岗实习指导教师小组，划分片区驻厂管理学生，解决实习生各类大小问题 300 多件，协助二次安排实习学生 450 人，三次安排实习学生 63 人，四次安排实习学生 10 人。同时学校安排实习班主任每周联系学生 1 次，做好学生跟踪指导工作。

（王 莹）

·阿克苏技师学院·

【阿克苏技师学院概况】 阿克苏技师学院位于阿克苏市南工业园区纺织工业城嘉兴路，总占地面积 16.73 公顷，固定资产 1.92 亿元，建筑面积 5.1 万平方米。是一所培养初、中、高、预备技师（技师）层次学制教育、社会培训和职业技能鉴定于一体的综合性技工院校。2019 年 11 月，经地委第三十八次地委委员（扩大）会议研究，阿克苏技师学院与地区中等职业技术学校分校办学，搬迁至阿克苏职业技术学院纺织工业城校区，将阿克苏职业技术学院部分中职类专业并入阿克苏技师学院，组建新的阿克苏技师学院。

【师资情况】 2019 年，阿克苏技师学院有教职工 241 人，其中少数民族 152 人，少数民族占教职工总人数的 63%；男 130 人，女 111 人，女教职工占总人数的 46%；副教授 1 人、高级讲师 28 人，讲师 43 人，初级及以下 125 人；研究生 7 人，本科 202 人，大专及以下 32 人。

【学生情况】 2019 年，阿克苏技师学院有学生总人数 4 842 人，其中技师系统在校 2 164 人、顶岗实习 806 人（男生 1 806 人，女生 1 164 人，女生占学生总数的 39%；少数民族 2 832 人，汉族 138 人，少数民族占学生总数的 95%）。11 月 27 日，阿克苏职业技术学院转入学生总人数 1 872 人，其中在校 1 219 人、顶岗实习 653 人（男生 681 人，女生 1 191 人，女生占学生总数的 64%；少数民族 1 783 人，汉族 89 人，少数民族占学生总数的 95%）。

【专业设置】 2019 年，阿克苏技师

学院有12个大类32个专业，其中农林牧渔类专业2个，分别是果蔬花卉生产技术（中职类）、畜牧兽医（中职类）；加工制造类专业4个，分别是机电技术应用（中职类）、机电设备安装与维修、焊接加工、电气自动化设备安装与维修；电工电子类专业1个，是电梯工程技术；石油化工类专业1个，是化工工艺；医药类专业2个，分别是药物制剂、药品营销；轻纺食品类专业7个，分别是纺织技术与营销（中职类）、服装制作与生产管理（中职类）、服装设计与制作、食品加工与检验、纺织技术、纺织保全、服装制作与营销；交通运输类专业3个，分别是汽车运用与维修（中职）、汽车维修、汽车电器维修；信息技术类专业5个，分别是计算机应用（中职类）、会计电算化（中职类）、物联网应用技术 、计算机网络应用、计算机应用与维修；财经商贸类专业2个，分别是电子商务、市场营销；旅游服务类专业3个，分别是烹饪（中式烹调）、烹饪（中西式面点）、饭店（酒店）服务；公共管理与服务类1个，是物业管理；司法服务类1个，是保安专业。

【教学成果】 2019年，阿克苏技师学院教师在自治区技能大赛上获奖6人,其中二等奖4人、优秀指导教师奖2人；在国家级技能大赛中获三等奖1人。学生在自治区技能大赛上获组织奖1项及获奖16人，其中一等奖1人、二等奖3人、三等奖8人、优秀奖4人。

【培训鉴定】 2019年，阿克苏技师学院完成各级各类社会培训28班次1 363人，完成职业技能鉴定89批次，鉴定人数4 387人，鉴定量占地区总鉴定量的44.3%。实现自2016年阿克苏技师学院挂牌以来第一次自主开设技师培训班，也是地区首次自主开设技师培训班，地区高技能人才培训任务全部由阿克苏技师学院完成。

（窦振兴）

·阿克苏地区库车中等职业技术学校（阿克苏工业技师学院）·

【概况】 阿克苏地区库车中等职业技术学校（阿克苏工业技师学院）（以下简称阿克苏地区库车中等职业技术学校）始建于2007年，2014年12月上划地区，更名为阿克苏地区库车中等职业技术学校，属地区管理的正县级事业单位；2013年5月挂牌成立库车市技工学校，2016年5月命名为阿克苏地区库车高级技工学校，2017年6月升格为阿克苏工业技师学院。实行“一套班子，两块牌子”管理机制。学校位于库车国家级经济技术开发区内，占地面积23.33公顷（教学区13.33公顷，实训区10公顷），总投资约1.6亿元，拥有标准田径场、篮球场、排球场等体育设施及舞蹈房、琴房、班班通等教学设施。开设护理、汽车运用与维修、旅游与酒店管理和焊接技术应用等4个精品专业在内的23个专业，根据市场用工需求，新增美容美发、导游等专业。建有车身修复、数控、焊接工艺、中式烹饪、平面设计、纺织服装等各专业实验实训室30个，实训设备14 640台套，总投资4 664万元。学校内设党政管理机构15个，党支部12个，教学系部9个。2019年被评为地区教育工作先进集体，11月通过自治区文明校园复验。

【师资力量】 2019年，阿克苏地区库车中等职业技术学校有教师242名，“双师型”教师121名，占比50%，专任教师本科以上学历97.39%，硕士以上学历3.91%，专任教师高级职称教师1.3%。有在校生8 171人，比上年度增加33.3%，毕业生2 407人，学生巩固率99.84%。

【教学工作】 2019年，阿克苏地区库车中等职业技术学校以《职业教育改革实施方案》为指导，深化推进案例教学、分层教学等教学改革。成立尖子班，加强专业技能训练；成立实验班，鼓励参加三校联考或普通高考。严格按照国家相关政策、自治区要求，统一选用、征订、使用教材主动适应区域产业结构优化升级要求，适时进行专业调整，新增美容美发专业，停招学前教育专业，并对保安、电焊等专业招生名额进行调整。

开展“师徒制”传帮带为年轻教师提供学习交流平台，提升教师综合素质和专业能力。采用“走出去、请进来”模式，选派教师参加“双师型”培训，与对口支援和联合办学院校开展交流学习，邀请对方到学校开展讲座、专题指导。选派骨干教师下企业实践锻炼，开展集体备课、教学经验交流分享等各类教研活动，鼓励教师互帮互助、互学互鉴。

【学生教育管理】 2019年，阿克苏

地区库车中等职业技术学校坚持“稳定为先,学生为本,管理为重”的教育理念,紧扣立德树人根本任务,以班级文化建设为载体,激发学生兴趣爱好,营造积极、健康向上的文化氛围,强化军事训练和集体主义、纪律意识等教育;成立学生劝返工作小组,提高学生在校巩固率,借助“三进两联一交友”活动、心理咨询室定期辅导、“春蕾爱心”活动等,关注建档立卡贫困生思想动态、生活困难。每周离校前进行集中安全教育,学校联系调度车辆,分年级、分时段放学,并进行重点路段护送、安全疏导,确保学生离校后及时、安全回家。

【实训工作】 2019 年,阿克苏地区库车中等职业技术学校创新校校合作,提升教育教学质量。依托宁波智力援助库车,协作建立宁波技师学院库车分院,与余姚职成教中心学校建立校校合作关系,实现学校专业建设、实习实训等方面的多层次交流探讨、培训学习。与新疆建设职业技术学院签订联合办学协议,共享优势教育资源,共同开办学历教育高级工班和短期培训高级工班,提升学生技能、学校实训水平。在自治区技能大赛中,汽车维修专业学生获得自治区一等奖并代表新疆参加国赛。《遨疆之怀》项目在第一届新疆技工院校学生创新创业大赛中,获得自治区优秀展示奖。

【学生顶岗实习】 2019 年,阿克苏地区库车中等职业技术学校招生注册 2 396 人(其中中职类 962 人、技工类 1 353 人、联合办学 81 人)。开展校企合作,先后与库车东城医院、浙开电气、隆美多服饰和塔里木酒店等多家企业单位签订合作协议,涉及“冠名班”“订单”培养、顶岗实习、就业等方面内容。结合实际制定《顶岗实习教师跟踪方案》,明确实习指导教师职责,注重顶岗实习过程管理,建立实习学生信息反馈制度、检查督导制度,加强与用人单位和实习学生的沟通交流,按照每月电话访、季度实地访、特殊时期一周访、特殊事情随时访的要求做好管理。2019 年校企合作培养学生 220 名,参加顶岗实习学生 1 749 名。

(孙渝易)

·新疆广播电视大学阿克苏分校·

【概况】 新疆广播电视大学阿克苏分校(以下简称阿克苏电大),隶属于阿克苏地区教育局管理,正县级事业单位,教学业务接受新疆广播电视大学指导,是阿克苏地区唯一一所招收开放教育本科、专科及成人专科学生的高等教育学校,2019 年 3 月 23 日正式挂牌国家开放大学(新疆)阿克苏学院。内设办公室、学生处、教务处、信息处、组织人事处(纪检监察室),编制 40 人,在职 54 人(外聘 19 人)。

【专业设置】 2019 年,阿克苏电大设置金融、法学、法学试点、小学教育、小学教育试点、学前教育(学前教师教育方向)、汉语言文学、汉语言文学(师范方向)、汉语言试点、计算机科学与技术、土木工程(建筑工程方向)、水利水电工程、工商管理、会计学、行政管理、行政管理试点、护理学、药学、社会工作本科专业 19 个,金融管理、法律事务、法律事务试点、小学教育、小学教育试点、学前教育、学前教育试点、汉语言文学、汉语言试点、计算机信息管理、工商管理、工程造价、水利水电工程管理、会计(财务方向)、行政管理、行政管理试点、护理学、药学、旅游管理、社会工作专科专业 20 个。

【学生情况】 阿克苏电大开放教育是经过教育部批准,由中央电大组织实施的为社会大众提供学历教育的一种教育方式,属于国民教育范畴,教育部网上电子注册,国家承认学历。分开放教育本科、开放教育专科。办学以来,总共招收开放教育学生 27 953 人,共毕业 15 647 人;2019 年招收本、专科学员 2 520 人,其中本科人数 1 046 人、专科人数 1 474 人,共毕业 1 216 人。

【教学活动】 2019 年,阿克苏电大执行“制定学习计划、利用多种媒体学习、学习小组互助学习、指导转变学习观念、指导学习方法、指导如何使用网上学习资源、辅导学习内容、平时作业测评、自学过程测评、网上综合测评、终结性考试测评”为主要内容的“三学、四导、四测评”基本教学模式。在教学上统筹规划,分级办学。国家开放大学制定统设专业的指导性教学计划,制定必修课、限选课和集中实践环节的大纲及教学实施方案、考核说明等,提供相应课程的多种媒体教材和其他学习资源,并负责相应课程的考试、命题等项工作。新疆电大组织考试和阅卷,阿克苏电

2019 年 8 月 28 日，阿克苏电大国家通用语言培训全面启动(阿克苏电大/提供)

大作为基层电大聘请辅导教师，执行实施性教学计划，实施教学过程，提供助学服务。

【社会培训】 2019 年，阿克苏电大立足转型发展实际，坚持学历教育与非学历继续教育双融并驱、全面发展，学校党委迅速成立非学历教育领导小组，制定工作方案，设立继续教育处，明确专人负责、各司其职，推进非学历继续教育向前发展。根据社会需要及企业需要，加大非学历教育人、财、物投入力度，校企合作成立文化艺术培训中心，开办钢琴班、舞蹈班、美术班、吉他班、中小学课外辅导班，培训文化艺术类学员 320 人次；加大社会化培训力度，开展社区干部能力提升培训班 3 期 217 人次；赴内地就业人员岗前素质培训 1 期 53 人次；地区纪检监察干部职业能力培训 1 期 137 人次，建立标准化普通话水平测试站，开展国家普通话水平测试培训 8 期 1.68 万人次。

【国家通用语言文字普及攻坚】 2019 年，阿克苏电大根据《阿克苏地区国家通用语言文字普及攻坚工程三年工作方案（2018~2020 年）》，深入阿克苏市 76 个社区开展大走访、大调研活动，校党委从学校教师队伍中精选十名优秀国家通用语言教师，以统编小教 1~2 年级语文教材和日常生活“听说读”实用 500 句为主要内容进行教学。聘请 3 名地区语文教研专家通过每周辅导、小组研讨、互动示范、集体备课，实现 10 个教学点 560 名学员国家通用语言教育大纲、标准、进度、考核统一，保证教学质量。

（田 婷）

·阿克苏教育学院·

【概况】 新疆阿克苏教育学院、阿克苏地区师范学校分别创建于 1985 年、1934 年，是阿克苏地区唯一一所以师范教育为主的，融教师职前培养、入职教育和职后培训为一体成人高等院校和中等师范学校，是国家教委命名的新疆合格的四所教育学院之一，是新疆 9 所自治区重点师范学校之一。

阿克苏教育学院（地区师范学校）占地面积 13.07 公顷，总建筑面积 7.97 万平方米。有教学楼 1 栋、多功能实训楼 2 栋、综合实验楼 1 栋、行政图书楼 1 栋（含多功能大报告厅 1 间，阶梯教室 8 间），另有体育馆 1 个、附属幼儿园（之江试验幼儿园）1 个、400 米田径运动场 1 个及可容纳 2 000 人的体育看台、篮球场 6 个、排球场 2 个；学生公寓 6 栋学生食堂 3 个、单身教师公寓 1 栋、浴室、超市、活动室等服务性设施齐全。

【学前师范教育】 2019 年，阿克苏教育学院与乌鲁木齐职业大学开展中高职五年一贯制联合办学招生 33 人；与新疆师范大学开展函授本科联合办学，在读人数 46 人。中专生在校总人数 1 784 人（含五年一贯制），其中女生 1 434 人，少数民族学生 1 475 人。学前教育专业招生 675 名，其中女生 547 人。

【继续教育及培训】 2019 年，阿克苏教育学院举办非学历继续教育 52 班次，培训 2 145 人。其中浙江省对口援助阿克苏地区中小学教师教育教学能力提升工程 16 个班 618 人，中小学教师及中职院校教师普通话强化培训 7 个班 331 人，中小学实验员培训 12 个班 382 人，南疆四地州中小学、幼儿园家庭教育培训9个班415人，幼儿园园长及骨干教师培训8个班399人。

【教学常规管理】2019年，阿克苏教育学院扎实做好教学常规工作，本年度召开学科组长例会30次，针对每周教学工作进行督查，共同探讨教学中存在的问题，并提出改进措施；组织2017级共计695人参加见习"走园"工作，让学生将理论运用到实际中，提高自身能力；确保2017级中职生普通话过级率比2016级提高15%。对学生在校的行为举止进行严格督查并及时进行思想政治教育。完善育人机制，构建家校共育新格局，不定期请学生家长到校了解学生在校情况和配合学校做好相关教育工作。

【教育科研】2019年，阿克苏教

2019年新疆阿克苏教育学院科研成果及获奖情况一览表

姓名	期刊号/编号	成果名称	成果依据/展示	级别
李　静	2018-xkt-213	农村双语幼儿园教师的现状及专业发展有效途径研究	新科教研函〔2019〕20号	自治区
高婷婷	2018-xj-01	新疆少数民族参训教师在看图写作中存在的问题及对策研究(以阿克苏教育学院参训教师为例)	阿教院行发〔2019〕41号文件,2018年6月立项,2019年6月结题	校级
普占元	2018-xj-02	废旧材料在幼儿园教育活动中使用方式与意义的实证研究	阿教院行发〔2019〕41号文件,2018年6月立项,2019年6月结题	校级
吴　迪	2018-xj-03	新疆维吾尔自治区南疆公办幼儿园区域活动实施调查研究——以阿克苏市为例	阿教院行发〔2019〕41号文件,2018年6月立项,2019年6月结题	校级
叶　芳	2018-xj-04	中小学信息技术教学中存在的问题与解决对策探究——以阿克苏地区中小学为例	阿教院行发〔2019〕41号文件,2018年6月立项,2019年6月结题	校级
刘爱华	2018-xj-05	新疆少数民族教师汉语阅读概括能力现状调查研究-以阿克苏教育学院为例	阿教院行发〔2019〕41号文件,2018年6月立项,2019年6月结题	校级
西日古力·塔瓦库力	2018-xj-07	通过"综合与实践"活动提高农村小学生数学素质的研究	阿教院行发〔2019〕41号文件,2018年6月立项,2019年6月结题	校级
李　静	2018-xj-09	阿克苏地区农村幼儿园教师专业发展有效途径研究——以阿克苏地区乌什县为例	阿教院行发〔2019〕41号文件,2018年6月立项,2019年6月结题	校级
刘　华	2018-xj-10	在国学经典诵读中提升少数民族教师语文素养的实践研究	阿教院行发〔2019〕41号文件,2018年6月立项,2019年6月结题	校级
温　静	2018-xj-12	以"爱国主义教育"为主题的德育渗透在中职课程教学中的有效运用	阿教院行发〔2019〕41号文件,2018年6月立项,2019年6月结题	校级
贾　渊	2018-xj-13	浅析舞蹈教学中舞蹈人物面部表情的培养	阿教院行发〔2019〕41号文件,2018年6月立项,2019年6月结题	校级
李鹏春	2017-xj-05	浅析学前教育专业动物简笔画教学方法	阿教院行发〔2019〕41号文件,2017年6月立项,2019年6月结题	校级

续表

姓名	期刊号 / 编号	成果名称	成果依据 / 展示	级别
时晓倩	2017-xj-09	中职学前教育专业学生儿歌弹唱能力提升之对策研究	阿教院行发〔2019〕41 号文件,2017 年 6 月立项,2019 年 6 月结题	校级
何 兰	2017-xj-13	新疆少数民族地区双语幼儿园新入职教师职业认同感提升策略研究——以阿克苏地区为例	阿教院行发〔2019〕41 号文件,2017 年 6 月立项,2019 年 6 月结题	校级
张 莉	2017-xj-17	提高少数民族地区中职学校学前教育专业学生普通话水平的研究与策略——以阿克苏地区师范学校为例	阿教院行发〔2019〕41 号文件,2017 年 6 月立项,2019 年 6 月结题	校级
木尼拉·阿布都尼亚孜	2016-xj-05	如何开展好幼儿课间游戏	阿教院行发〔2019〕41 号文件,2016 年 6 月立项,2019 年 6 月结题	校级

育学院积极组织教师申报、承担各级各类科研项目,尤其是自治区校本小课题和本院校级课题的申报工作。截至 12 月 31 日,学院教师各类课题结题 16 项,其中校级课题 15 项、自治区课题 1 项;申报各级各类课题 20 项,其中自治区校本小课题 9 项、地区社科联课题 5 项、校级课题 6 项。学院教师公开发表论文 17 篇。

【教师队伍】 2019 年,阿克苏教育学院新招录 12 名教师,有教职工 197 人,其中少数民族 106 人,占 53.8%;专任教师 167 人(高级职称 9 人,中级职称 63 人,初级职称 95 人);女教职 109 人,占 55.3%;硕士 17 人,占 8.6%;双师型教师 3 人,占 1.5%;引进人才 41 人,占 21%;年龄 50 岁以上教师 65 人,占 33%。转岗分流教师 56 人,新教师办理高校教师资格证 12 人。

【德育教育】 2019 年,阿克苏教育学院立足常规管理,不断打造德育特色。坚持开好每周 1 次主题班会;每周 1 次班主任例会;通过以会代训方式加强对班主任的培训与指导,提高德育水平。丰富德育活动,拓宽德育渠道,开展"书香润青春 经典咏流传"国学经典古诗文传唱活动。开展阿克苏教育学院 2018~2019 学年"迎祖国 70 华诞 展职教时代风采"主题教育成果展。评选 2019 届"优秀毕业生"35 名,2019 年"中职国家奖学金"3 名。推送 4 名学生参加地区及自治区新时代好少年"我为祖国点赞"征文演讲比赛,其中 2 名分别获得一等奖、二等奖。

【升学就业】 2019 年,阿克苏教育学院积极开展就业指导教育,组织职业生涯规划大赛和就业指导培训会,详细解读相关招聘政策、条件、要求,为毕业生搭建就业平台,召开毕业生就业推介会。邀请县(市)公办和民办共 80 多家幼儿园负责人参会,为用人单位和毕业生提供双向选择的平台。学院 2016 级中职毕业生 659 名,升入高等院校 35 名,签约 624 名,直接就业 584 人,对口就业率占 93.50%。

【基础建设】 2019 年,阿克苏教育学院在浙江省援疆指挥部援助下,完成阿克苏教育学院附属之江实验幼儿园、西子楼主体建筑,4 月,浙江省援疆指挥部再次投入 800 万元,用于幼儿园内部装修、设施设备采购及室外附属工程建设内部装修和设备采购。

(王兴龙)

·阿克苏地区第一中学·

【学生情况】 2019 年,地区一中有在校学生 2 752 人(2019 年秋季为准),高一、二、三分别为 834 人、1 055 人、863 人。

【师资建设】 2019 年,地区一中有在职在编教师 334 人。其中专任教师 213 人,专任教师中汉族教师 136 人,占比 63.8%,维吾尔族教师 77 人,占比 36.2%。新引进教师 29 人。

【德育建设】 2019 年,地区一中加

强和改进思想政治工作，用好用实校内“第一课堂”、实践活动“第二课堂”、网络媒体“第三课堂”等“三个课堂”主阵地，推动思想政治工作改革创新。加强队伍建设、教育教学、学科建设，推动习近平新时代中国特色社会主义思想进教材、进课堂、进学生头脑，提高学生学习思政课获得感，打牢青年学生成长成才思想基础。创新思政课教学方法，引导学生从思政课的客人变成思政课的主人。构建社会共育的立德树人协同机制，实现思政体系化，注重家庭教育立德树人，共同开创大思政格局。

【课题研究】 2019年，地区一中申报自治区研究课题立项1个(关于零基础的学生如何提高其英语成绩)，申报地区级研究课题并立项1个，校级研究课题并立项5个。

【基础设施建设】 2019年，地区一中抓好学校搬迁建设结尾整改维修和决算推进工作，对工程建设整改维修和决算工作整改进行部署，推进决算工作顺利开展。加强学校信息技术现代化建设，推进智慧校园和安防系统建设，投入120万元完成高考标准化电子考场建设，投入136万元完成绿色校园建设，投入202万完善学校体育设施建设，推进电子阅览室建设、录播教室建设、一卡通建设等项目。

（胡兴国）

·阿克苏地区第二中学·

【学生情况】 2019年，阿克苏地区第二中学（以下简称地区二中）上半年共有73个教学班，高一24个教学班、高二23个教学班、高三26个教学班；下半年共有76个教学班，高一26个教学班、高二25个教学班，高三25个教学班，共有学生3 855人。

【师资建设】 2019年，地区二中在编教师285人，其中党员教职工114人；教师队伍中具有硕士研究生学历28人、大学本科学历247人，具有正高级职称的教师6人、副高级职称教师38人，自治区级特级教师2人，地区级拔尖人才3人。学校有自治区级高中教师教学能手培养工作室2个、地区级高中教师教学能手培养工作室5个，地区级名校长工作室1个。

【德育建设】 2019年，地区二中组织开展形式多样的思想政治教育活动。通过每学期班主任工作技能大赛、每月班主任培训，增强学校德育工作实效性；宣传鼓励教师参加德育科研活动，2019年班主任撰写德育论文76篇，班主任工作案例76个。通过表彰“优秀班干部”“优秀团干部”和“十个方面之星”，提高学生的道德情操。

【教育教学】 2019年，地区二中不断完善推门听课管理制度，及时对教育教学中存在的问题进行调研和整改，强化教师管理，推进有效课堂教学。2019年高考，地区第二中学摘取地区文科、民考汉两大状元，8名同学考取清华北大，理科地区前10名占5人，文科地区前5名占3人，600分以上69人占全地区的59%，206名同学被“985”大学录取，356名同学被“211”大学录取，达到一本以上人数917人。

【教学研究】 2019年，地区二中大胆探索教研新思路，扎实实践课改新理念，形成“以教带研、以研促教”的良性循环模式。结题自治区级课题1项、地区级2项；5项自治区级课题、7项地区级课题成功立项。33名教师在地区级及以上现场课大赛、教学技能大赛中获奖。120名教师在地区级及以上教学设计、论文评比活动中获奖。学校拥有自治区教学能手称号教师6名，拥有地区级教学能手称号教师2名。在2019年地区首届“十百千”评选活动中，1名教师被评为“学科带头人”、10名教师被评为“教学能手”、7名教师被评为“教学骨干”、4名教师被评为“教学新秀”。邀请浙江援疆教师团开展“同课异构”活动3次、展示课16节、专题讲座9场，开展校际教学交流研讨活动14场次。

【基础设施建设】 2019年，地区二中奋力将学校打造成为一所拥有完善教学设施、先进教学设备、优美校园环境的现代化、高起点、生态型校园。规划建设的多功能大厅、西扩校区10个篮球场、100个标准化考场、大屏会议室、消防水池等18个项目均已建设完成，并正式投入使用。

（李建琪）

文化艺术

·地区文化体育广播电视和旅游局·

【综述】 阿克苏是古丝绸之路文化中心之一，汉唐丝绸之路重镇，历史文化资源丰富，有文物遗址673处（不含第一师文化遗址），国家级非物质文化遗产9项，自治区级非物质文化遗产38项，地区级99项，自治区级各类非物质文化遗产传承、保护、传播、普及、培训等基地9个(不含第一师文化遗址)。

2019年，地区开展各类文化惠民活动8 300多场次，举办群众性体育赛事70项，承办自治区级赛事3项；在全疆首创"四馆"(博物馆、图书馆、文化馆、美术馆)夜间开放，举办文化夜场活动16期，受益群众2万多人次。全年接待游客1 177.79万人次，比上年增长81.4%；实现旅游总收入69.98亿元，比上年增长79.1%。在全疆率先编创完成文旅演艺剧目《千年之约—梦幻龟兹》，累计商演20场次。争取中央预算内投资旅游项目资金7 000万元，支持7个重点项目建设；29个项目纳入自治区旅游项目库；固定资产投资项目完工9个，完成投资8.6亿元。实施文物保护项目15个，新建社会足球场10个，体育公园3个，乡(镇)农民体育健身工程12个，15分钟体育健身圈规划逐步实现。建成77个拟退出贫困村基层综合性文化服务中心。争取援疆资金338.6万元，为贫困户配发数字机顶盒7 060套、液晶电视机2 298台。开展文化扶贫专题演出260场次。年内参加自治区青少年体育赛事获得金牌30枚、银牌19枚、铜牌31枚；沙哈尔地表演项目获得全国第十一届少数民族传统体育运动会一等奖；完成体育彩票销售任务1.16亿元。

【机构改革】 2019年1月，地区文化体育广播影视局、地区旅游局合并为地区文化体育广播电视和旅游局(以下简称地区文旅局)，加挂地区文物保护局的牌子，同时划入地区文物保护管理和旅游局职能，新闻出版和电影职能划归地委宣传部。地区文化体育广播电视和旅游局有行政编制25个，事业编制12个，工勤编制6个，实有37人。内设10个科室，即办公室、组织人事科、公共服务科、艺术科、体育科、广播电视管理科、文物管理科（博物馆与革命文物工作科)、产业发展科、资源开发科、市场管理科。主要负责文化、文物、体育、广播电视和旅游行业的发展规划、组织实施、资源开发、市场监管及指导和承办各类文化、艺术、体育、旅游活动等。

（相　梅）

【浙阿文化交流】 2019年，地区文化体育广播电视和旅游局会同浙江省援疆指挥部选送《柯尔克孜族舞蹈》《最美的还是我们新疆》《新疆之春》《梁祝》4个节目，于2019年8月27日至9月22日在浙江省11个设区市举行巡演活动，浙阿两地艺术家们同台演绎"民族团结一家亲"，展示浙江省多年来对口支援、对口帮扶、对口合作工作成效。

【大型歌舞晚会】 2019年，地区文旅局不断提升舞台艺术创作水平，为喜迎2019年春节、古尔邦节等重

2019 年 5 月 1 日，阿克苏地区四馆点亮夜场启动仪式(地区文旅局/提供)

大传统节日，打造全面展示地区经济发展、社会和谐稳定、各族人民团结奋进为主题的文艺晚会，用主题鲜明、艺术质量上乘的节目，营造“团结、和谐、喜庆、亲心”的节日氛围。圆满完成 2019 年阿克苏地区“春节”文艺晚会及“庆祝中华人民共和国成立 70 周年·喜迎古尔邦节”文艺晚会。

【文艺创作及演出】 2019 年，地区文旅局完善旅游精品景区体系，通过“以文促旅，以旅彰文”来宣传地区地域特色文化、促进文化旅游深度融合发展。历时半年，以塔里木歌舞团为班底，综合运用声光电，融入地区诸多非物质文化遗产元素，创作编排讲述世界古代四大文明在南疆大地交相辉映的辉煌，体现阿克苏特色“龟兹·多浪”文化，大型旅游歌舞演艺剧目《千年之约——梦幻龟兹》1 部，《千年之约·梦幻龟兹》于 5 月 26 日晚，在地区影剧院首演。截至年底，该剧已完成演出 30 场次，观众达 2.5 万人次。

【艺术人才培训】 2019 年，地区文旅局从巩固稳定基层文化艺术类人才队伍、优化基层文艺类人才招聘和定向培养、突出实用型基层文艺人才专业要求等方面入手，选拔培训优秀基层文化人才，组织选派 23 名基层文化文艺骨干到中央文化干部管理学院、上海戏剧学院、上海音乐学院、浙江大学等内地高等文化干部管理院校深造。11 月 5 日至 12 月 18 日，依托地区塔里木歌舞团专业艺术人才，举办阿克苏地区“三区基层文艺骨干培训班”3 期，地区各乡(镇)文艺骨干 150 多人参加培训。

(苏巴提)

【公益广告、优秀纪录片创作展播】 2019 年，地区文旅局严格审查公益广告作品，始终坚持正确的政治方向，舆论导向，价值取向，把握好时效，唱响主旋律，弘扬正能量。截至年底，全地区各级广播电视播出机构制作广播电视公益广告 193 条，制作时长 178.61 分钟，播出公益广告 27.5 万条次，播出时长 26.6 万分钟。

(伍 伟)

【文物遗产】 2019 年 10 月 7 日，国务院核定公布第八批全国重点文物保护单位名单，刘平国石刻、乌什吐尔夏合吐尔遗址和小央达克协海尔古城遗址名列其中，至此地区全国重点文物保护单位达 23 处。

【非物质文化遗产保护和申报】 2019 年，地区文旅局申报国家级非遗项目 2 个(库车维吾尔族民歌和阿瓦提县刀郎麦西热甫)，申报资金 70 万元；审核上报自治区非遗保护专项资金 31.52 万元，项目 2 个（沙雅县维吾尔族传统小刀制作技艺和拜城县维吾尔族开克力克宿库西吐如西)，传承人 23 名。开展国家级非物质文化遗产代表性项目优秀保护实践案例遴选工作，遴选上报阿瓦提县新疆维吾尔麦西热甫（新疆维吾尔刀郎麦西热甫）和新和县维吾尔族乐器制作技艺 2 个项目。通过甄选库车市维吾尔族萨玛瓦尔舞传承人艾合买提·莫来克、维吾尔族顶碗盘子舞传承人努尔萨汗·巴哈吾顿成功入选第五批自治区级非物质文化遗产代表性项目传承人。

【文物保护】 2019 年，地区文物局为发挥烽燧遗址在“一带一路”建设和新疆反恐维稳中的文化支撑功能以及其“证史”作用，经各方面努力，地区烽燧群保护利用设施建设项目被列入国家“十三五”项目库，项目总投资1 500万元，主要用于地区境内43处烽燧遗址的保护围栏、界桩、周围环境整治及排水设施、简易道路和管理用房建设。截至年底，施工方完成库车、沙雅、乌什、柯坪等6处结构封顶。

【文物保护项目】 2019年，地区各县(市)落地实施文物保护项目17个，落实项目资金7 394.52万元。截至年底，完工或基本完工项目6个，已开工项目8个，未开工3个，累计完成投资2 004.747万元。

库车市文物保护项目9个，项目资金5 212.52万元，其中完工项目2个(唐王城遗址抢险加固项目、库车市林基路烈士纪念馆保护修缮工程项目)。新和县文物保护项目3个，项目资金1 356万元，其中完工项目1个(通古斯巴西城址保护利用项目)，开工项目2个（乌什喀特古城保护利用项目、龟兹文化博物馆预防性保护项目），支付项目资金516.76万元。沙雅县文物保护项目1个，项目资金20万元。拜城县文物保护项目1个，项目资金150万元，刘平国石刻保护展示工程方案正在评审中。乌什县文物保护项目2个，项目资金56万元，基本完工2个(钟鼓楼展示利用项目、烽燧遗址加固项目)，支付项目资金15万元。柯坪县文物保护项目1个，项目资金600万元，基本完工1个(阔纳齐兰遗址保护利用项目)，支付项目资金230万元。

阿克苏地区文物古迹一览表

遗址名称	地 址	时代	公布批次
克孜尔千佛洞	拜城县克孜尔乡乌堂村东南约7千米，明屋塔格山南麓的渭干河谷北岸断崖中	唐至宋	第一批
库木吐喇千佛洞	库车市玉奇吾斯塘乡达吾孜牙村北东方红水电站东及北面、渭干河东岸却勒塔格山中	唐至宋	第一批
苏巴什佛寺遗址	库车市阿格乡艾日克阿热斯村北约2千米处	南北朝至唐	第四批
森木塞姆千佛洞	库车市牙哈镇克日希村北约6千米、却勒塔格山南麓	晋至宋	第四批
克孜尔尕哈烽燧	库车市伊西哈拉镇道来提巴格村西北3千米盐水沟台地上	汉	第五批
克孜尔尕哈石窟	库车市伊西哈拉镇道来提巴格村西约3千米	北朝至唐	第五批
通古斯巴西城址	新和县巴格托格拉克乡通古斯巴什农场西南约4千米	唐	第六批
温巴什石窟	拜城县温巴什乡阿瓦提村南约3千米，吉格代力克艾肯沟两岸	唐至宋	第六批
台台尔石窟	拜城县克孜尔乡台台尔村北约500米沙丘上	唐至宋	第六批
阿艾石窟	库车市阿格乡康村北20千米处天山神秘大峡谷内	唐	第六批
托乎拉克艾肯石窟	新和县尤鲁都斯巴格镇尤鲁都斯巴格村西北约30千米，托乎拉克艾肯沟口北约1千米处	晋至唐	第六批
玛扎伯哈石窟	库车县牙哈镇玛扎伯哈村	唐至宋	第六批
库车大寺	库车市热斯坦街道办事处古力巴克社区居民区中部高台上	清	第七批
默拉纳额什丁玛扎	库车市乌恰镇皮浪社区北约1千米	明	第七批
龟兹故城	库车市乌恰镇皮浪社区北天山路南北两侧	西汉至宋	第七批
唐王城遗址	库车市塔里木乡英达雅村东北约5千米荒漠中	唐	第七批
乌什喀特古城	新和县玉奇喀特乡玉奇喀特村	汉至唐	第七批
库车友谊路墓群	库车市新城街道办事处文化路社区友谊路南段	晋、十六国	第七批
阔纳齐兰遗址	柯坪县阿恰勒乡齐兰村东约7千米处的荒漠中	清	第七批
克斯勒塔格佛寺遗址	柯坪县盖孜力乡库木里村东北约3千米，克斯勒塔格山东端，东南距柯坪县城约9.2千米	唐	第七批
刘平国刻石	拜城县黑英山乡玉开都维村北约1.5千米，博孜克日克沟口西侧山体	汉	第八批
乌什吐尔夏合吐尔遗址	库车市玉奇吾斯塘乡、新和县渭干河龙口处	晋至宋	第八批
小央塔克协尔古城	沙雅县英买力镇羊达克协尔村4组西约500米	唐	第八批

【文物考古挖掘】 2019年3月

28~31 日，国家博物馆考古院一行对库车市乌什吐尔遗址及其周边的苏巴什佛寺遗址、博其罕那佛寺遗址和通古斯巴西城址等古文化遗址进行现场考察，确定发掘区域，落实发掘前各项筹备工作，考古发掘面积 600 平方米，发掘工作于 4 月底开始，6 月底结束。库车市乌什吐尔遗址为自治区级文物保护单位，确定为 2019 年国家文物局发掘计划项目，位于库车玉奇吾斯塘乡西，与新和县夏合吐尔遗址隔河相望，遗址北约 1 千米处为库木吐喇石窟。库车市乌什吐尔遗址和新和县夏合吐尔遗址为一体的大型庭院式佛教建筑群，又称都勒都尔阿库尔建筑群，时代为晋至宋代。

20 世纪初，日本、俄国、法国等外国探险家在此进行测绘、调查、发掘，盗走一大批佛教雕塑、壁画、丝织品、简牍和纸质文书等珍贵文物。出土文书中有许多有关安西都护、节度使、副大使等高级官吏，以及新召营、行客营等军事建制的文书。出土佛教雕塑、壁画、丝织品等文物的时代特征和艺术风格与库木吐喇石窟基本一致，大体分为汉风和龟兹风两种，其中汉风较为突出。该遗址是秦汉以来，中华多元一体文化在古代龟兹地区的形成、发展和繁荣的历史见证。

【文物巡查】 2019 年，地区文物局选拔聘用野外文物看护员 150 名，落实文物看护员补助 360 万元；定期开展文物巡护业务培训，严格履行各级文物保护单位安全执法和巡查制度，做到文物日常巡护工作全覆盖，实现文物安全零事故目标。

【大型基本建设行政审批】 2019 年，地区文物局采取多种措施，畅通行政审批渠道，优化服务态度，有效解决办事群众“门难进，脸难看”的问题，全年零投诉，零超时，办理行政审批 6 个，分别是拜城县境内（克孜尔石窟缓冲区内）实施中秋 5 井钻探工程、温宿县博孜墩煤矿东井建设项目改扩建用地方案、温宿县博孜墩乡克孜布拉克煤矿建设项目改扩建用地方案、库车—阿克苏—巴楚 II 回 750 千伏线路工程路径方案、多浪—阿拉尔工业园 220 千伏线路工程、阿克苏市—阿瓦提县段用地选址方案。严格执行地区境内大型基本建设项目涉及野外不可移动文物的行政审批，办理审批事项 3 个，未发现文物破坏行为。

【文物执法】 2019 年，地区文物局对文物保护力度不断加大，树立文物安全永远是“零起点”的思想观念，时刻不忘文物安全是文物保护的底线和红线，各县（市）文旅（文物）部门，按照《文物保护单位执法巡查办法》，累计开展文物执法巡查和安全检查 54 次，执法巡查文物点 835 处，确保辖区内地上地下文物安全。

（孙治中）

【文化体制改革】 2019 年，地区文旅局严格按照自治区印发《关于深化文化市场综合行政执法改革的实施意见》的通知要求，起草《阿克苏地区文化市场综合执法改革实施方案》，通过地区审议审定并实施。指导督促各县（市）全面完成文化市场综合执法队组建任务。自治区编办下发文件将阿克苏地区文化市场综合执法队级别提升至副县级，地区文化市场综合执法队与地区编办沟通，起草修改组建方案，经地委机构编制委员会 2019 年第二次会议研究通过，11 月 20 日下发通知将地区文化市场综合执法队提升至副县级别，编制 16 个，内设科室 2 个。

【文化市场监管】 2019 年，地区文旅局持续深入开展文化旅游行业“扫黑除恶”专项斗争，建立信息互通机制，定期与公安、教育、市场监督部门及县（市）沟通对接，对涉及文化旅游行业的信息及时摸排调查，依法严厉打击文化旅游市场违法违规行为。打击含有宣扬民族分裂思想和宗教极端思想的非法出版物，政治性宗教类非法出版物、淫秽色情出版物、封建迷信出版物；清理音频 7 000 多个，收缴非法出版物 2 662 册(盘)（其中盗版音像制品 1 704 张、盗版图书 958 本），有效防止非法印刷品进入市场流通。

持续深入开展文化和旅游市场专项整治行动、校园周边文化市场专项整治、暑期网吧专项整治行动等各类专项整治行动，依法严厉打击文化市场违法经营行为，净化市场环境，促进文化市场健康有序发展。全年地区共出动执法人员 1.3 万人次，检查经营单位 6 393 家次，责令整改 418 家次，警告 201 家次，发现并整改问题隐患 291 家次；受理举报投诉

13 件，办结 13 件，立案调查 8 件,办结案件 8 件,责令停业整顿 20 家。

（姜晓蓓）

【群众性文化活动】 2019 年,地区组织开展“百日广场文化活动”842 场次、“乡村百日文体活动”8 849 场次、“送戏下基层”演出 1 041 场次、美术书法作品展览展示 278 场次、“全民阅读” 活动 213 场次、知识讲座 171 场次、博物馆馆内展览 2 597 场次、“流动博物馆” 下基层巡展 346 场次，累计服务群众 280 多万人。成功举办庆祝新中国成立 70 周年“我和我的祖国”系列文化活动、地区第二届“乡村文化节”活动和地区农牧民文艺会演活动,共计组织在乡(镇)举办文艺演出、非遗及农民画、摄影展 88 场次,开展村级巡演巡展 460 多场次，活动辐射 120 多万名基层各族群众。

【文化服务站点】 2019 年,地区文旅局持续推进地区基层综合性文化服务中心达标建设工作。通过积极督导,各县(市)按照统筹共建共享的方式，共计投入建设资金 4 689.2 万元,按照“八个一”(一个多功能厅、一个文体广场、一个小舞台、一个图书阅览室、一个宣传栏、一套文化活动器材、一套体育活动器材、一套广播电视器材)标准完成 330 个村(社区)综合文化服务中心达标建设任务。截至年底,共有地、县两级公共图书馆 10 个、文化馆 10 个、美术馆 6 个、博物馆(纪念馆)8 个、乡(镇)(街道)综合文化站 97 个、村(社区)综合文化服务中心 1 399 个为地区各族人民提供各类基本公共文化服务。

（乔燕妮）

·图书馆·

【免费开放】 2019 年,地区图书馆坚持以免费开放为宗旨,持续做好文献的收集、整理、典藏和读者服务工作,积极创新服务模式,传播先进文化,培育读书风尚。免费开馆 363 天,读者流通量 15.84 万人次,图书借阅 15.57 万册次,办理读者证 1 043 张，采编新书 3.29 万册，开展各类读者活动共计 63 场次,其中讲座 27 场(微讲堂 15 场、流动讲座 12 场)、培训 11场、展览 25 场次。

【世界读书日系列活动】 2019 年,地区图书馆在第 24 个世界图书与版权日活动期间,以“读经典·学新知·连接美好生活”为主题,通过新型媒体传播阅读理念,引领阅读风尚,鼓励和引导社会各界共同参与全民阅读活动,给地区范围内所有的电信用户推送“4·23”世界读书日宣传公益短信。邀请新疆大学科学技术学院(阿克苏校区)人文系开展“读经典,学新知”文化讲坛,为读者讲述读经典的重要性和必要性;举办“读经典,挥毫新时代”即兴书法活动和优秀读者表彰会 2 项读者活动;在地区综合办公区举办彰显中国故事、中国形象、中国旋律的主题图书和图片展,并向启明学校的残疾学生赠送阳光听书机 38 台，向阿克苏市第四小学捐赠优秀少儿读物 200 册。

【点亮“夜场”】 2019 年 5 月 1 日,地区图书馆启动错时延时夜场服务,在每周六晚先后推出幸运大转盘、你来看书我有奖励、图书管理员亲子技能竞赛等 17 场不同主题活动，满足群众的精神文化需求，特别是广大人民群众夜间知识学习和休闲阅读的诉求。

【少儿免费培训】 2019 年,地区图书馆利用寒暑假期间,开设 2 期巧巧手工剪纸、我爱阅读口才、朗朗上口英语口语、快速前进速算、金色小话筒主持人等 9 个培训班次,向社会购买服务带领 300 多名孩子完成培训课程,并进行了结业汇报和学习成果展示。

【庆祝新中国成立 70 周年】 2019 年,地区图书馆邀请 7 县 2 市举办庆祝中华人民共和国成立 70 周年中华古诗词擂台赛。擂台赛通过各县(市)报名、海选以及阿克苏地区复赛、决赛,产生唐诗宋词状元、榜眼、探花及集体一等奖 1 名、二等奖 2 名，三等奖 3 名和优秀奖 6 名,并举办红色主题图书、图片展,进一步激发各族群众学习传统文化的兴趣。

【馆外服务】 2019 年,地区图书馆先后在沙雅县朝阳社区、地区财政局驻新和县访惠聚工作队、地委图书室、地区创业创新大厦、阿依库勒镇、地区机关事务管理局驻村点、地区供销社、阿依库勒镇阿克提坎村等地设立图书流动服务点 8 个，更换流动图书 5 000 多册,内容涉及政治、历史、文化、养生保健、专业技能培训、法律法规管理、种植养殖等多种类别书籍,让各族群众享受便捷阅读。

（林秀敏）

·文博院（博物馆）·

【机构改革】 2019年11月20日，中共阿克苏地委机构编制委员会印发《关于调整地区本级部分县级事业单位的通知》（阿地编委发〔2019〕15号）文件，地区博物馆机构调整为地区文博院（博物馆），作为地区行署直属正县级事业单位，归口地区文化体育广播电视和旅游局（文物局）管理，核定县级领导职数3名（正县级1名、副县级2名）。

【免费开放】 2019年，地区文博院（博物馆）共免费开放325个工作日，接待区内外观众39.8万人次，青少年观众12.6万人次，免费讲解2 027批次，其中接待贵宾125批次，流动博物馆赴基层巡展44场次，开展各类社会教育活动104场次，举办主题展览厅。在弘扬中华优秀传统文化，展示阿克苏形象、进行爱国主义教育、青少年研学教育等方面发挥重要作用。

【社会教育】 2019年，地区文博院（博物馆）发挥“全国中小学生研学实践教育基地”作用，弘扬中华优秀传统文化，加强党史、国史、新中国史教育。精心组织“传承红色基因 弘扬革命精神—用延安八路军干部奋斗在新疆的历史推进爱国主义教育”“东西方古文明交汇下的南疆”等专题讲座；开展了“我为博物馆代言——感受魅力年俗冬令营研学”“感知历史 坚定信念——返乡学生走进博物馆”“行走的博物馆研学课堂——亲子DIY陶艺体验”等研学实践教育社教活动。全年累计开展各类社会教育活动96场次，受众达30万人次。

【流动博物馆】 2019年，地区文博院（博物馆）以《建设美丽新疆 共圆祖国梦想—新疆四史图片展》为巡展内容，结合“三个白皮书”内容，以图文并茂的形式，向基层群众阐明新疆自古以来就是祖国不可分割的一部分。“流动博物馆”基层巡展走进阿克苏7县2市，巡展44场次，累计观展群众14.5万人次，讲解员讲解200场次，发放宣传资料13.4万册，巡展车流动宣传30场次。让边远乡村农牧民群众不出家门就能享受到公共文化服务。

【业务研究】 2019年，地区文博院（博物馆）始终坚持人才第一，科研强馆，把学术研究作为博物馆事业科学发展的关键环节，不断深入“龟兹文化”“多浪文化”“新疆钱币”的研究力度，加强与区内外专家学者的联系交流，重现阿克苏古代历史文化发展轨迹。向中国钱币学会申报的“清代新疆各铸钱局铸造额考”学术课题通过立项，并得到资金资助。地区博物馆的年轻学者受邀参加“中国钱币学会学术研讨会”和“新疆钱币学会学术研讨会”，并向大会提交学术论文，进行探讨交流，获得与会专家的高度认可，提升了博物馆的学术水平和影响力。

【文物征集】 2019年，地区文博院（博物馆）开展年度文物征集活动，共鉴定征集文物328件（组）。征集的文物主要有出土历史类文物、佛教类文物、瓷器及革命民俗类文物。征集文物中：有部分出土历史类文物比较少见，如春秋战国时期的草原文化动物纹挂牌、青铜斧、大尺寸的汉代四乳铜镜、魏晋时期的板凳佛造像等，补充了博物馆历史厅的陈展所需；革命文物中55型军用电台、便携式电台、刊登重大事件的《人民画报》《解放军画报》等，补充了馆藏革命文物的缺量，为举办红色原创专题展览提供陈展实物；民俗瓷器文物中，宋代的建窑兔毫盏、元代的钧瓷小碗等文物补充了历史厅宋元时期陈展之所需，充实了阿克苏博物馆馆藏量。

（唐　炜）

·歌舞团·

【文艺晚会】 2019年，地区塔里木歌舞团精心编排地区“春节”文艺晚会、地区“庆祝新中国成立70周年·喜迎古尔邦节”文艺晚会、阿克苏第十五届“多浪·龟兹”文化旅游节开幕式等演出，通过题材各异丰富多彩的文艺节目，展现以爱国主义为核心的民族精神，弘扬中华优秀传统文化，将各族干部群众团结一心、守望相助，共同团结奋斗、共同繁荣发展的精神风貌呈现给观众，宣传“丝路古龟兹·神奇阿克苏”文化旅游品牌，展示地区经济繁荣发展、社会和谐稳定的良好局面。

【情景歌舞剧】 2019年，地区塔里

木歌舞团按照地区塑造特色文化旅游艺术品牌，发展文化旅游产业，创作编排旅游演艺剧目的总体工作部署。历经半年，推出地区文化旅游演艺剧目《千年之约·梦幻龟兹》，综合运用声光电元素，为观众呈现一台颇具梦幻色彩的视听盛宴，演绎了世界古代四大文明在南疆大地交相辉映的辉煌，体现了中华文化的博大精深。为宣传推介“丝路古龟兹·神奇阿克苏”旅游资源品牌增添助力，为打造区域性全域旅游高地奠定坚实基础。全年为来阿旅客、地区重大会议及地直各单位干部职工成功演出20场次。

【送戏下基层活动】 2019年，地区塔里木歌舞团认真开展“我们的中国梦—文化进万家”文化惠民演出，用精彩的文艺演出和贴心的文化服务，与基层人民心手相连，为广大群众送去欢乐与文明，传递党的声音与关怀。“迎五一、庆五四”“庆七一 我和我的祖国暨文化助脱贫攻坚‘送戏下基层’文化惠民演出”活跃乡村，让乡、村老百姓共享文化成果，全年完成送戏下基层演出活动80场次，受益群众37 590人次。

【宣传推介演出活动】 2019年，地区塔里木歌舞团组织演出队伍先后3次前往河南省郑州市、甘肃省兰州市、浙江省杭州、四川省成都市等省市开展文化旅游宣传推介演出活动。为当地群众奉献了独具特色具有民族风情、底蕴深厚的龟兹、多浪文化艺术。展示了阿克苏的民族风情、地域特色、人文底蕴以及地区社会经济发展和谐稳定、美丽富饶的良好局面。通过优秀的本土文艺节目推动阿克苏旅游业健康发展。旅游推介宣传演出8场次，观看演出观众1.6万名。赴上海参加阿克苏特色果品（食品）第二十届上海国际博览会宣传推介活动，通过独具特色底蕴深厚的龟兹、多浪文化题材节目表演，助推阿克苏特色果品（食品）的宣传力和影响力。

（李　斌）

·地区文化馆（美术馆）·

【免费开放】 2019年，地区文化馆（美术馆）拓展免费开放服务内容，在做好免费开放300天以上的基础上，开设舞蹈、绘画、钢琴、书法、古筝、街舞、吉他、戏曲等8个门类教学项目，完成第一期寒假班（1月~2月）；第二期长期班（3月~6月）；第三期暑假班（7月~8月）及第六小学少儿培训4期，春季成人舞蹈培训1期。开展农民画培训活动2期，创作出200多件文创产品，并于2019年8月28日首次举办文创产品拍卖会。

【文艺演出】 2019年，地区文化馆（美术馆）各馆办社团紧紧围绕“优秀传统文化进万家”“庆祝新中国成立70周年”等主题开展“文化下基层”系列活动，深入学校、社区、军营、驻村工作队、乡（镇），开展“送戏下基层”活动30场，参与人数2.72万人次。

【非物质文化遗产传承】 2019年，地区文化馆（美术馆）积极开展非遗讲座、非遗图片展、非遗实物展等活动，收集传承人技艺实物充实非遗展厅，在“文化遗产日”举办非遗传统项目文艺晚会1场，抓好对非物质文化遗产展区及非遗宣传展板审读工作，申报国家级非物质文化遗产项目2项，待批复。

【画展】 2019年地区文化馆（美术馆）按照文旅融合的要求，实施“请进来”战略，加强疆内外文化艺术交流，先后引进举办大庆版画展、道义·新疆——王道强·王尔义新疆写生作品展、况明泉水墨画展、尹舒拉写生作品展等美术作品展览10场，近4万人参观。

（殷雪妮）

·阿克苏日报社·

【系列宣传】 2019年，阿克苏日报社围绕新中国成立70周年、脱贫攻坚、生态文明、弘扬社会主义核心价值观等重大主题和栏目做好新闻宣传报道，加强典型宣传，形成强有力的舆论声势；做好记者践行“四力”（脚力、眼力、脑力、笔力）的宣传报道，开设“记者走基层”栏目，派出多名骨干记者进行实地采访，采写多篇接地气，反映群众生活的新闻稿件。采取国家通用语言、拼音和维吾尔语共排的形式，首次开办“民族团结一家亲”专题版面，使报纸更加贴近受众。2019年，阿克苏日报社多篇优秀稿件被自治区及中央媒体、网站采用，其中中央媒体采用刊发稿件33篇，新疆日报采用刊发稿件159篇，中央级网站转载刊发稿件184篇，自治区级网站转载刊发稿件 520 篇。

（段　勇）

【报业经营】 2019 年，阿克苏日报初步搭建包括“一报(《阿克苏日报》维汉文版)、一网(阿克苏新闻网)、一端(掌上阿克苏小程序)、两微(阿克苏零距离、阿克苏日报微信公众号)、一屏(阿克苏日报融媒体阅报屏)、一栏(阿克苏日报融媒体阅报栏)、抖音视频直播”于一体的全媒体矩阵。《阿克苏日报》发行量 14.3 万份，其中《阿克苏日报》(国家通用语言文字)发行量 3.5 万份，《阿克苏日报》(维吾尔文)发行量 9.8 万份；阿克苏零距离粉丝量 12 万；阿克苏日报微信公众号粉丝量 5 万；阿克苏新闻网官方微博粉丝量 7 万。推进融媒体阅报栏(屏)及新媒体商业广告业务，规范声远彩印公司印刷主营业务，数码印刷分公司完成建设筹划。

（肖付俊）

【获奖新闻作品】 2019 年，阿克苏日报社围绕总目标，讲好阿克苏故事，为建设平安和谐富裕美丽阿克苏营造良好的舆论氛围。积极选送新闻作品参加各类评奖，在第 29 届新疆新闻奖、2019 年度中国报业第三届融合创新大会、2019 年度全国媒体看邯郸版面等评选中，累计 51 件作品获得奖项。在第十四届中国传媒大会上，获得“金长城传媒奖·2019 中国传媒整合发展十大创新力地市党报”奖。

（段勇）

·阿克苏地区广播电视台·

【机构改革】 2019 年，阿克苏地区广播电视台(以下简称地区广播电视台)机构改革后，将 12 个内设部门整合为办公室、总编室、新闻中心、电视节目中心、广播节目中心、技术部(制作室)、传输发射中心、新媒体中心、译制部 9 个内设部门，将阿克苏新丝路广电文化传媒有限公司等具有产业经营性质的部分予以剥离。2019 年广播电视台按照“按劳分配、效率优先、兼顾公平”的分配原则和“同工同酬、优质优酬、优劳优酬、岗变薪变、以岗定酬、业绩定酬”的要求，深入内部收入分配改革，建立与事业单位人事制度改革相适应的分配激励机制。

【栏目调整】 2019 年，地区广播电视台开办电视频道 4 个，广播频率 2 个。开办电视栏目有《法治阿克苏》《在路上》《党建好声音》《卫生与健康》《童心撞地球》《健康生活》《学说普通话》7 档节目，其中《法治阿克苏》《在路上》《党建好声音》《健康生活》为译播节目。全年完整播出《法治阿克苏》《党建好声音》《卫生与健康》《童心撞地球》4 档节目。FM94.0 国家通用语言综合广播开设：交通早高峰、城市服务圈、快乐美食家、交通热线、汽车音乐流行榜、和谐家园、音乐随心、爱车大管家、快乐大冲关、晚高峰快乐下班路、共享蓝天 11 档广播节目。FM101.6 维吾尔语综合广播开设：一起来学普通话、农民之友、新时代、信息服务圈、中华之歌、口腔专题、交通文艺、知识大冲关、健康之友、汽车俱乐部、交通晚高峰 11 档广播节目。

【外宣工作】 2019 年，地区广播电视台抽调 6 名业务骨干成立重报组，并建立对外宣传责任制、协调机制和奖励机制，激励重报组成员多发稿、发好稿。全年在中央广播电视总台播出电视新闻稿件 54 条，广播稿件 30 条，新疆广播电视台电视新闻联播播出稿件 658 条，新疆广播电视台广播新闻播出稿件 220 条。

【安全播出】 2019 年，地区广播电视台安全播出重要保障期时间长、重大节目直播多、任务重、责任大，重要保障期 28 天。广播电视准时准点完成央视春节联欢晚会、全国“两会”、纪念“五四运动”100 周年大会、庆祝新中国成立 70 周年大会及阅兵式等 10 多场次重要节目的直播任务，同时保障每日直转央视新闻联播、新疆新闻联播安全播出，未出现任何播出事故，实现广播电视安全播出零差错目标。

（刘东琳）

体　育

【竞技体育】 2019 年，地区竞技体育工作坚持抓好冬训夏训和赛前备战集训，组队参加自治区 2019 年青少年年度赛航天航模、篮球、足球、田径、乒乓球等 13 个大项比赛，累计获得金牌 34 枚、银牌 21 枚、铜牌 41 枚。举办“喜迎新中国成立 70 周年”暨“足协杯”青少年 U11 足球比赛、国际式摔跤比赛 2 项地区级青少年体育赛事，与地区教育局联合组织举办 2019 年阿克苏地区“保险杯”中学生校园足球、篮球、排球比赛。

圆满承办自治区青少年航天航模锦标赛、自治区青少年跆拳道锦标赛2项赛事。

深入推进体教融合发展。地区周期体育传统项目学校创建和评估认定全面启动，创建自治区级体育传统项目学校5所、地区级体育传统项目学校10所。地区足球特色学校达到73所，“教会、勤练、常赛”使体育运动在校园火热兴起，体育后备人才不断涌现，4名阿克苏籍运动员入选国家高山滑雪队和国家少年篮球队；16岁中学生邓嘉豪荣获全国中学生田径锦标赛男子初中组跳远、三级跳远2项冠军。阿克苏籍运动员南小亨成功入选中超江苏苏宁足球俱乐部。阿克苏飞鱼俱乐部代表新疆参加全国第二届青运会，2名运动员达国家一级运动员等级，1名运动员达国家二级运动员等级，4名运动员选入陕西、宁夏、湖北省队，16岁游泳运动员张琪琪入选国家冲浪青奥队，在2019年首届亚洲暨全国冲浪锦标赛获第四名的好成绩，成为地区第二个国际健将级运动员。

【全民健身体育工程】 2019年，地区有全民健身体育建设项目12个，新建11个，改扩建1个，计划总投资7 547.4万元，其中县级体质监测站1个，体育公园1个、全民健身中心2个，县级体育场田径跑道和足球场8个。

【社会体育】 2019年，地区登记注册地区级单项体育协会14个，县（市）级体育总会9个，老年人体育协会10个，县（市）级单项体育协会42个，体育俱乐部15个，全地区社会体育指导员3 500人常年活跃在地区健身活动站点120个、体育健身辅导站50个，开展健身项目30多种，经常参加体育锻炼人数达到全地区总人口的27%。以政府购买服务方式下拨28万元用于各协会组织活动、参加比赛、开展培训等事宜。

【体育协会】 2019年，地区文旅局召开地区体育总会各单项体育协会业务工作推进会和2019年阿克苏地区老年人体育工作会议，对2016~2018年度老年体育先进集体、先进个人进行评选表彰，推动老年人体育工作。以定期开展协会例会和政府购买社会体育服务等方式，加强并规范对各体育单项协会、俱乐部的监管和服务，提升体育社会组织自我管理能力和水平。主动提供技术服务，督促各单项协会、各体育俱乐部常态持续开展全民健身集中训练培训、展示展演、基层调研、基层服务等活动。指导长跑爱好者协会、自行车协会、足球协会、广场健身运动协会等开展申报工作。

【体育培训】 2019年，地区共培训社会体育指导员587名，其中本级培训人数（二级）275名，各县（市）培训人数（三级）312名，自治区体育局体育彩票公益金补助培训费13万元，其中地区社体中心5万元、库车市4万元、温宿4万元。选派44名体育骨干参加地区疆外培训4班次。

【群众体育】 2019年，地区组织举办第二届浙阿“同心杯”系列体育赛事活动总决赛、“共筑中国梦、快乐迎新春”系列体育赛事、8月8日“全民健身日”系列活动和第七次“中国老年人健步走大联动”等地区级大型活动。全年组织地区级全民健身活动9场次，县（市）级40多场次，乡（镇）级500多场次，参与群众7.5万人次，吸引观众180多万人次。

【全民健身体育事业】 2019年，地区文旅局继续推进公共体育设施免费或低收费开放，提升全民健身公共服务水平和质量。在阿克苏体育馆（体育场）的示范引领下，地县两级体育场、馆升级改造，面向广大群众免费和低收费开放，每天开放时间延迟到11小时，全年开放330天以上。国民体质监测站、体育公园、全民健身中心、体育场田径跑道、足球场、运动馆、基层文体服务中心等全民健身基础设施陆续落地，年底地区拥有体育场地5 012个，体育场地面积427.1万平方米，人均体育场地面积1.71平方米。

（高　斌　依力哈木江·艾则孜）

【综述】 阿克苏历史悠久，是古西域龟兹、姑墨、温宿等“城郭诸国”所在地，是“古丝绸之路”上的重要驿站，拥有世界自然遗产1处(天山托木尔峰)、世界文化遗产3处(克孜尔千佛洞、克孜尔尕哈烽燧、苏巴什佛寺遗址)，维吾尔木卡姆艺术、库车赛乃姆、刀郎麦西来甫等被列入国家级“非物质文化遗产保护名录”。

阿克苏地处南北疆交通要冲，国道314线贯穿全境，国道217线独库公路连接南北，形成国道、省道和县、乡公路纵横交错的快捷交通网络。拥有阿克苏市和库车市2个民用机场，已开通阿克苏至上海、杭州、成都、重庆、西安、郑州、兰州等10多个直航城市航班，每天有近20个航班往返。

2019年，地区共有旅行社24家（含分社），国家A级旅游景区31家，其中AAAA级旅游景区12家；旅游星级饭店30家，其中4星级8家；星级农家乐88家，其中4星级19家。全年接待游客1 250.2万人次，比上年增长81.2%；实现旅游总收入74.3亿元，比上年增长89%。

全地区旅游资源品质属一级的有7个，占资源总数的0.6%，其中地文景观类1处、水域风光类2处、生物景观类1处、古迹与建筑类3处。二级旅游资源有30处，占资源总数的23.8%，其中地文景观类3处、水域风光类8处、生物景观类8处、古迹与建筑类8处、消闲求知类3处。三级旅游资源57处，占资源总数的45.2%，其中地文景观类3处、水域风光类11处、生物景观类11处、古迹与建筑类27处、消闲求知类4处、购物类1处。四级旅游资源26处，占资源总数的22.2%，其中地文景观类7处、水域风光类2处、生物景观类4处、古迹与建筑类12处、消闲求知类1处。自然旅游资源在阿克苏市和温宿县具有优势，而人文旅游资源在库车市、拜城县占据绝对优势。

【旅游产业发展】 2019年，地区将打造“区域性全域旅游高地”，列入阿克苏地区“76331”战略。完善《阿克苏地区创建全域旅游示范区促进旅游业发展奖励扶持办法(试行)》，投入2 000万元专项保障全域旅游发展。旅游基础设施不断完善，“三难一不畅”(停车难、加油难、如厕难、通信信号不畅)问题得到有效缓解，民宿建设任务按期完工。新设立旅游标识标牌305块。深挖地域文化特色开发旅游商品97种，依托“阿克苏好果源”区域公共品牌开发特色农产品旅游商品200多种(类)。21件旅游商品入围“新疆礼物”评选。阿克苏文旅夜市暨旅游商品集散中心开业。建成旅游扶贫重点村18个、乡村旅游和旅游扶贫示范点22个。旅游产业扶贫共带动640户2 356人脱贫。实施旅游行业人才培训“千人计划”，举办主体班次5个，培训学员1 000多名。县乡两级共培训旅游干部人才5 000多人次。

【旅游推介】 2019年，地区创建国家AAAA级景区1家、AAA级景区10家、星级旅游饭店1家、星级农家乐24家。阿瓦提县英艾日克镇恰其村入选首批全国乡村旅游重点村。组织开展阿克苏文化旅游宣传活动30场次，覆盖旅行社600多家，主动拜访座谈重点旅游企业50家，签订送客入阿合作框架协议77份。接待来阿团队1 430个次，包机15架次，专列41列。编制完成《阿克苏全域旅游系列线路丛书》15 册 15 万份，阿克苏旅游地图 5 万份。新开发推出旅游线路 10 多条，形成独库公路自驾游、新和县汉唐文化体验区等一批旅游特色品牌。召开长三角旅游援疆联盟南疆四地州旅游扶贫大会，联合举办冬春季旅游节活动 6 场次；组团参加 2019 西安丝绸之路国际旅游博览会、2019 中国国际旅游交易会、2019 广东国际旅游产业博览会等国内大型文旅展销会、博览会 7 次。

【旅游发展】 2019 年，地区按照"宜融则融，能融尽融，以文促旅，以旅彰文"的工作思路，推动旅游融合发展。

"文化+旅游"，将送戏下乡、群众性文化体育活动舞台搬进景区，在景区搞活动、办赛事，切实凝聚人气，丰富业态。"体育+旅游"，举办中国环塔（国际）拉力赛、首届中国通用航空飞行大会等 10 多项"体育+旅游"品牌赛事，借赛事吸引游客。

"农业+旅游"，实施特色农副产品进景区、进酒店、进农家乐工程；加快发展以馕产业为主的农旅产业，库车市、柯坪县、乌什县、阿瓦提县完成馕产业一条街建设；举办木耳采摘节、小白杏文化旅游节等农旅节庆活动，吸引游客参与，带动特色农副产品销售。

"交通+旅游"，阿克苏火车新站建成投用；实施阿克苏机场改造提升工程，共新增航线 16 条，其中国内航线 4 条、疆内航线 12 条；投资 1.2 亿元修建拜城县铁热克温泉，新和县西域都护府等通景公路 154 千米，全面打通 A 级

A 级旅游景区一览表

县（市）	景区名称	等级	地址
阿克苏市	多浪河景区	AAAA	阿克苏市杭州大道附近
	湿地公园	AAAA	阿克苏市稻香路
	森林公园	AAA	阿克苏市多浪河畔
	凤泉河景区	AAA	阿克苏市乌喀路南侧
	幸福公园	AAA	阿克苏市幸福路以西
	阿克苏地区博物馆	AAA	阿克苏市友谊路北侧
库车市	天山神秘大峡谷	AAAA	库车以北 70 千米国道 217 线独库公路左侧
	库车龟兹绿洲生态园	AAAA	新疆库车市石化大道塔北路东 19 号
	浙商商贸城	AAA	地处国道 314 国道和 217 国道交汇处
	库车王府	AAAA	老城林基路街
	甬库团结村景区	AAA	库车市齐满镇东南方向约 15 千米覆盖英玛铁热克村
沙雅县	沙雁洲景区	AAA	盖孜库木乡盖孜库木村
新和县	沙漠花海景区	AAAA	新和县塔什艾日克镇乔勒潘巴格村
	天籁加依景区	AAA	新和县依其艾日克镇加依村
拜城县	拜城县克孜尔石窟	AAAA	拜城县克孜尔乡
	拜城县卡普司浪河景观带	AAA	拜城县拜城镇
	康其湿地公园	AAA	拜城县康其乡阿热勒村
	铁热克温泉	AAA	拜城县铁热克镇
阿瓦提县	刀郎部落	AAAA	新疆阿克苏地区阿瓦提县刀郎部落景区
温宿县	天山神木园	AAAA	新疆阿克苏地区温宿县萨瓦甫齐牧场天山神木园景区
	天山托木尔大峡谷景区	AAAA	阿温公路九千米处
	天山托木尔平台子景区	AAA	温宿县柯柯牙镇塔格拉克村
	海立方欢乐海世界	AAA	温宿县新城区长兴街与复兴大道交汇处
	龙泉湖公园	AAA	阿温大道与锦绣街交汇处
	帕克勒克景区	AA	温宿县柯柯牙镇帕克勒克村帕克勒克景区
	高老庄西游乐园景区	AA	阿克苏地区温宿县迎宾社区
	阿克布拉克景区	AA	温宿县柯柯牙镇
乌什县	燕泉山景区	AAAA	乌什县公园路 1 号
	沙棘林景区	AAAA	乌什县奥特贝希乡巴什阿克玛 1 村
	天南第一木耳村	AAA	乌什县前进镇
柯坪县	柯坪县人民公园	AA	阿克苏地区柯坪县健康路南

旅游景区“最后一公里”；取消、调整不规范交通标识标牌147个(处)，关停不合理测速取证设备288个(处)；实施独库公路库车段改造提升工程，提升游客满意度。

“乡村+旅游”，建成拜城县康其湿地、库车市独库第一村康村等乡村旅游和旅游扶贫示范点22个；库车市塔里木乡英达里亚村、柯坪县阿恰勒镇等三个村镇获得全国“一村一品”示范村镇称号；拜城县成功创建全国农村一、二、三产业融合发展先导区；申报中国休闲农业与乡村旅游精品企业(园区)8家，“新疆美丽田园”8处。

“商贸+旅游”，借助“2019中国新疆阿克苏药品博览会”“第六届新疆特色果品(阿克苏)交易会暨2019年全国农产品产销对接扶贫活动”等会展商贸活动平台，融入开展旅游商品展销、旅游宣传推介等活动，放大“会展商贸+旅游”成效。

积极探索旅游与工业、康养、气象、地质等全领域、多业态融合发展，形成阿克苏电影小镇“工业+旅游”、拜城县铁热克温泉小镇“康养+旅游”、华夏航空阿克苏基地“航空+旅游”等新业态特色旅游项目和产品。

【旅游基础设施建设】 2019年，全地区加强旅游项目建设。争取中央预算内投资旅游项目7个，累计到位资金7 000万元；申报国家文化和旅游部全国优选文化和旅游投融资项目2个，其中新和县唐安西大都护文化旅游产业园项目纳入国家文化和旅游部产业项目服务平台文化和旅游产业项目库；实施旅游固定资产投资项目29个，累计完成投资8.14亿元；委托北京绿维文旅控股集团开展阿克苏文化旅游资源普查，建立文化旅游投融资项目库，梳理文旅项目100个，其中重点文旅招商项目15个、综合开发类项目46个、重大专项项目22个、文旅扶贫项目10个、其他产业融合项目7个。全年争取到位自治区厕所补贴资金448万元，补助厕所63座。聚焦“三难两不畅”狠抓旅游基础设施建设，新建改建完成旅游厕所52座，加油站9座、停车场22个、通信基站17处、旅游道路11条。

【旅游节庆活动】 2019年，地区发挥世界文化和世界自然双遗产地资源优势，举办2019首届中国(新疆阿克苏)峡谷旅游论坛，率先在国内开设峡谷科考、特色探险旅游品牌；举办2019环塔(国际)拉力赛、中国通用航空大赛等国家级大型节会赛事，持续开展沙雅国际胡杨节、阿瓦提慕萨莱思文化旅游节、“冬日暖阳 风情南疆”长三角旅游援疆联盟·南疆四地州首届冬春季文化旅游节等116项特色旅游节庆活动。编制完成《阿克苏全域旅游系列线路丛书》15册15万份，阿克苏旅游地图5万份。

2019年5月15~22日，举办阿克苏第十五届“多浪·龟兹”文化旅游节。期间举办“多浪·龟兹”文化旅游节开幕式、中国环塔（国际）拉力赛开幕式、环塔之夜晚会、特色美食节、特色文化旅游商品展销活动、环塔拉力赛阿克苏赛段比赛。

2019年阿克苏地区文化旅游活动一览表

活动名称	主办单位	时间	地点
天山水城花灯会 冰火丝路文化节——阿克苏市2019年“一带一路”灯博会	阿克苏市委宣传部	1月1日至2月20日	阿克苏市
2019库车市首届“魅力龟兹·冰雪乐园”文化旅游节	中共库车市委员会、库车市人民政府	1月19日	库车市杏花公园滑雪场
拜城县“铁热克温泉游暨冬泳比赛”	拜城县文旅局	1月	拜城县
第三届阿克苏人游阿克苏活动	新疆多浪龟兹旅游公司	1月	温宿托木尔大峡谷
天山托木尔平台子景区冰雪节	新疆多浪龟兹旅游公司	1至2月	天山托木尔平台子景区

续表

活动名称	主办单位	时间	地点
第二届越野达秀活动	新疆多浪龟兹旅游公司	2月	温宿托木尔大峡谷
库车市“杏花节”	库车市文旅局	3月	库车市
第二届多浪龟兹--醉美旅游摄影大赛	新疆多浪龟兹旅游公司	3月	温宿托木尔大峡谷
印象刀郎歌舞艺术节	阿瓦提刀郎部落	4月	刀郎部落
丝路泉城·泉水文化旅游节	中共乌什县委、县人民政府、浙江衢州援疆指挥部	4月28日至5月6日	乌什县
中国环塔(国际)拉力赛	中共阿克苏市委、市人民政府	5月19日	阿克苏市
阿克苏第二届旅游特色美食大赛	阿克苏市委宣传部、市场监督管理局、旅游局、顺道来文化旅游公司	5月21日	阿克苏市电影小镇文化旅游产业园
库车市“赛杏节”	库车市文旅局	6月	库车市
拜城县“文化和自然遗产日”旅游节	拜城县文旅局	6月	拜城县
首届丝绸之路杯骑行赛	多浪龟兹旅游公司	6月1日	温宿托木尔大峡谷
阿瓦提第七届刀郎美食节	阿瓦提县人民政府	7月1日	阿瓦提慕萨莱思街
众享清凉——草原自驾游活动	新疆多浪龟兹旅游公司	7月	天山托木尔平台子景区
库车市“龟兹文化旅游节”	库车市文旅局	8月	库车市
第二届“慕萨莱思葡萄采摘节”	阿瓦提刀郎部落	8月	刀郎部落
沙雅县“沙漠越野大赛或沙漠徒步探险活动”	沙雅县文旅局	9月	沙雅县
温宿县“第二届大峡谷50KM穿越后山徒步挑战赛”	温宿县文旅局	9月	温宿县
第二届大峡谷50KM穿越后山徒步挑战赛	新疆多浪龟兹旅游公司	9月	温宿托木尔大峡谷
阿克苏市“环多浪河景区自行车公路赛”	阿克苏市文旅局	10月	阿克苏市
沙雅县“第十一届沙雅国际胡杨节”	沙雅县文旅局	10月	沙雅县
第十届阿瓦提慕萨莱思文化旅游节	阿瓦提县人民政府	10月	阿瓦提慕萨莱思街
阿瓦提县“三河交汇·塔河源头”马拉松赛	阿瓦提县文旅局	10月	阿瓦提县
2019中国(阿克苏)体育旅游国际发展峰会暨第二届中国月亮泊(阿克苏)生态徒步大会	阿克苏市委宣传部、文广局、旅游局、顺道来文化旅游公司、姑墨旅游公司	12月	阿克苏市月亮泊戈壁温泉景区
阿克苏市“汽车越野拉力赛”	阿克苏市文旅局	12月	阿克苏市
库车市“冬季冰雪风情节”	库车市文旅局	12月	库车市
拜城县“康其湿地公园冬季冰雪旅游节”	拜城县文旅局	12月	拜城县

【旅游景区管理】 2019年，地区有A级旅游景区31家,其中AAAA级旅游景区12家,AAA级旅游景区15家,AA级旅游景区4家。新增A级旅游景区12家,其中国家AAAA级旅游景区2个,为拜城县克孜尔千佛洞景区、阿克苏市湿地公园,国家AAA级旅游景区10个,分别为阿克苏地区博物馆、拜城县卡普司浪河景观带、康其湿地公园、铁热克温泉、温宿县托木尔平台子景区、温宿县龙泉湖公园、阿克苏市森林公园、阿克苏市凤泉河公园、阿克苏市幸福公园、乌什县天南第一木耳村。

【旅游饭店管理】 2019年,阿克苏地区有旅游星级饭店30家，其中四星级酒店8家。取消星级酒店2家,新增沙雅银桥凯悦大酒店3星级旅游饭店1家。

星级饭店一览表

县(市)	全称	星级	地址	县(市)	全称	星级	地址
阿克苏市	辰茂鸿福大饭店	4	阿克苏市东大街34号	库车市	国际酒店	4	库车市天山中路
	华龙酒店	4	阿克苏市迎宾路14号		丽都大酒店	4	库车市天山中路
	浦东假日酒店	4	阿克苏市交通西路1号		库车饭店	3	库车市天山中路266号
	东方国际酒店	4	阿克苏市东大街26号		库车宾馆	3	库车市解放路北17号
	憶隆酒店	4	阿克苏市东大街26号		宝隆宾馆	3	库车市天山路330号
	天福大酒店	3	阿克苏市解放中路		经贸宾馆	3	库车市友谊路西12号
	峨嵋凯旋酒店	3	阿克苏市英阿瓦提路10号		金桥宾馆	3	库车市胜利路
	中天大酒店	3	阿克苏市环东路4号	温宿县	阿克苏西域春天大饭店	4	温宿县阿温大道1号
	新华世纪酒店	3	阿克苏市新华西路2号	新和县	渝江酒店	2	新和县友谊路1号
	华鑫酒店	3	阿克苏市乌喀路160号		新和饭店	2	新和县新沙路46号
沙雅县	银鹿大酒店	3	沙雅县博斯坦东街	拜城县	万源酒店	3	拜城县交通路62号
	银桥国际酒店	3	沙雅县人民北路8号	阿瓦提县	新华世纪酒店	3	阿瓦提县团结中路2号
	沙雅宾馆	3	沙雅县人民南路9号		棉城酒店	2	阿瓦提县光明中路25号
	沙雅饭店	2	沙雅县其乃巴格路1号	乌什县	燕山宾馆	2	乌什县九泉路2号
	豪锦商务酒店	3	沙雅县人民南路	柯坪县	柯坪宾馆	2	柯坪县团结路1号

【星级农家乐管理】 2019年,阿克苏地区星级农家乐88家,其中四星级农家乐19家、三星级农家乐64家。取消星级农家乐13家;新增农家乐24家,其中四星级农家乐5家，分别为阿克苏市好旺角庄园、风雨林农庄,拜城县康其民宿农家乐、尼格尔休闲庄园、胡麻热木度假村;三星级农家乐19家,分别为阿克苏市还乡农庄、艺和园农庄、苹果小院农庄,温宿县一亩田、托甫汗镇水上漂 、柯柯牙镇萨依巴格我的家乡农家乐，新和县依其艾日克镇河滩农家乐园、塔什艾日克镇白金沙漠公园度假村、江湖驿家生态农庄,沙雅县梨满园农家乐、胡杨密林餐厅、聚贤庄农家乐，库车市亲们农家乐休闲庄、埃莉巴格农家乐休闲庄、白园农家乐,阿瓦提县刀郎沙漠游园农家乐、葡萄村农家乐、恰鲜拜巴扎农家乐，柯坪县草木间农庄。

星级农家乐基本情况一览表

县(市)	农家乐名称	等级	地址
阿克苏市	好望角庄园	四星级	阿克苏市解放南路18号
	风雨林休闲农庄	四星级	阿克苏市巴格其村国家湿地公园南门
	阿克苏市西部农庄农家乐	四星级	阿克苏市柯柯牙路3.5千米
	阿克苏市多浪人家休闲度假村	四星级	阿克苏市依干其乡
	阿克苏市柯柯牙生态园华东农庄	四星级	阿克苏市柯柯牙路3.5千米
	阿克苏市西西湖印象农家乐	四星级	阿克苏市西湖路6号
	和园生态园	四星级	实验林场和园
	苹果小院	三星级	阿克苏市苹果园社区588号
	阿克苏市兴林农庄	三星级	阿克苏市柯柯牙林管站(六千米半处)
	阿克苏市熊熊农庄	三星级	新疆阿克苏市柯柯牙路5千米处
	阿克苏市浏阳河庄园	三星级	新疆阿克苏市柯柯牙路2.5千米处
	阿克苏市亮星休闲园	三星级	新疆阿克苏市实验林场园林社区3组8号
	阿克苏市陇上人家农庄	三星级	新疆阿克苏市实验林场园林社区3组1号
	艺和园农家乐	三星级	电影小镇前行500米铁路桥处左转200米
	阿克苏市嘉鑫休闲农庄	三星级	新疆阿克苏地区阿克苏市依杆其村巴格其村一组
	还乡农庄	三星级	阿克苏市实验林场八队
温宿县	一亩田休闲农庄	三星级	温宿县恰格拉克乡古勒巴格村3组
	水上漂休闲农庄	三星级	温宿县托甫汗镇路南村
	温宿县塔格拉克聚鸿山庄	三星级	温宿县柯柯牙管理区平台子
	温宿县香钰农庄	三星级	温宿县托甫汗管理区
	温宿县假日农庄	三星级	温宿县核桃新村4组
	我的家乡	三星级	温宿县柯柯牙镇萨依巴格村1组1巷62号
新和县	河滩农家乐园	三星级	新和县依其艾日克镇托马村1组
	白金沙漠公园度假村	三星级	新和县塔什艾日克镇吐格曼贝希村
	新和县阿尔曼果园度假村	三星级	新和县排先巴扎乡阿热买里村
	新和县戈壁休闲山庄	三星级	新和县北工业园区
	新和县买买提萨塔尔农家乐园	三星级	排先巴扎乡阿热买里村
	新和县塔什艾日克乡哈喀尼亚农家乐	三星级	新和县塔什艾日克乡排碱渠

续表

县(市)	农家乐名称	等级	地址
新和县	新和县依其艾日克镇蓝天农家乐园	三星级	新和县依其艾日克镇英买里村
	江湖驿家生态农庄	三星级	新和县排先拜巴扎乡排先拜巴扎村
	新和县龙泉生态渔村	二星级	新和县依其艾日克镇提根村
	新和县加依村艾依提依明农家乐	二星级	新和县依其艾日克镇加依村
沙雅县	沙雅县四方农庄	四星级	沙雅县努尔巴格乡 210 省道西侧
	梨满园农家乐	三星级	沙雅县新村园艺二场 10 号
	沙雅县孙氏农庄	三星级	新疆阿克苏地区沙雅县新村园艺二场 18 号
	沙雅县星海农家休闲庄	三星级	沙雅县沙雅镇新村水管站
	胡杨密林餐厅	三星级	沙雅县英买力镇阔什科瑞克村 1 组 31 号
	聚贤庄农家乐	三星级	沙雅县托依堡勒迪镇色格孜勒克村 1 组
	沙雅县杏园农民快乐庄	三星级	沙雅县沙雅镇健康路
	沙雅县开发农家乐休闲庄	二星级	新疆阿克苏沙雅县新村园艺二场
	沙雅县假日休闲农庄	二星级	新疆阿克苏沙雅县新村 1 组
	沙雅县沁香园休闲农庄	二星级	新疆阿克苏地区沙雅县古勒巴格镇阿勒迪尔村 4 组
库车市	库车市桃花苑农家乐	四星级	库车市乌尊镇政府对面
	库车市百味风情园	四星级	库车市齐满镇创业就业园
	亲们农家乐休闲庄	三星级	库车市玉奇吾斯塘乡代尔瓦扎亚村 3 组
	库车市玛江布拉克休闲园	三星级	库车市伊西哈拉镇科克拱拜孜村(福洋路以北、伊西哈拉镇政府斜对面)
	库车市克孜利亚杏花休闲会所	三星级	库车市阿格乡克孜利亚大峡谷对面
	库车市喜仁农家乐	三星级	库车市伊西哈拉镇伊西哈拉一村四组 46 号
	库车市梦归自然农家乐	三星级	库车市福洋路
	库车市春牧农庄	三星级	库车市伊西哈拉镇伊西哈拉一村四组
	库车市泳乐园休闲农庄	三星级	库车市乌尊镇示范基地内
	埃莉巴格农家乐休闲庄	三星级	库车市比西巴格乡乡政府北面
	库车市西部春秋农家乐	三星级	库车市福洋路北 850 米处
	库车市阿斯塔纳美食城	三星级	库车市福洋路北 550 米处
	库车市祖热汗葡萄农家休闲园	三星级	库车市福洋路南 50 米处
	白园农家乐	三星级	库车市伊西哈拉镇库木艾日克村

续表

县(市)	农家乐名称	等级	地址
拜城县	康其民宿农家乐	四星级	拜城县康其乡库尔玛村 1 组
	尼格尔休闲庄园	四星级	拜城县康其乡 9 村
	拜城县牧马人家休闲阁	四星级	拜城县米吉克乡三村二组 033 号
	胡麻热木度假村	四星级	拜城县大桥乡库西提米村 1 组
	拜城县艾合买提库木巴格休闲园	三星级	拜城县米吉克乡
	拜城县红石榴农家乐	三星级	拜城县米吉克乡团结村
柯坪县	草木间农庄	三星级	柯坪县苏巴什路 77 号金戈壁设施农业园区
	柯坪县生态园	三星级	柯坪县健康路 8 号
	柯坪县生态园家常饭店	三星级	柯坪县健康路 8 号
	柯坪县卡伊那木宴会厅农家乐	三星级	柯坪县柯坪镇亚尔巴格路 333 号
阿瓦提县	阿瓦提县博斯坦饮食娱乐城	四星级	阿瓦提镇丰收路
	阿瓦提县红林子餐饮休闲农庄	四星级	阿瓦提县巴格托格拉克乡 6 队
	刀郎沙漠游园农家乐	三星级	阿瓦提县塔木托格拉克镇英买里村 2 组
	阿瓦提县刀郎度假村	三星级	阿瓦提镇库目巴格社区
	阿瓦提县刀郎葡萄园	三星级	阿依巴格乡卡额木什 2 大队
	阿瓦提县恰尔巴格农家乐	三星级	多浪乡 3 大队
	阿瓦提县核桃园农家乐	三星级	阿依巴格乡卡额木什 2 大队
	阿瓦提县乡村土鸡农家鱼庄	三星级	刀郎部落景区
	阿瓦提县艾合买提江多浪胡杨度假村	三星级	阿瓦提县多浪乡塞克孜奥达克村 4 组
	葡萄村农家乐	三星级	阿瓦提县阿依巴格乡玉斯屯克喀格木村 3 组 176 号
	恰鲜拜巴扎农家乐	三星级	阿瓦提县英艾日克镇吐热村 3 组
乌什县	乌什县天逸庄	四星级	奥特贝希乡西北约 1 千米处
	乌什县安家尼休闲园	四星级	乌什县城乌什镇二大队
	乌什县水上绿洲生态休闲园	四星级	乌什县城 6 千米处托什干河沙棘湿地自然保护
	乌什县燕泉山清雅山庄	三星级	乌什县燕山路 1 号
	乌什县卡赞布拉克别墅山庄	三星级	距乌什县城 2 千米，紧临省道 306 道旁，位于阿克托海乡约 1 千米处
	乌什县将军树农家乐	三星级	乌什县城西南 7 千米处奥特贝希乡宫乡村 1 组
	乌什县荷塘月色农家乐	三星级	乌什县英阿瓦提乡 3 村
	乌什县阿克优丽农家乐	三星级	乌什县奥特贝希乡 8 大队 1 小队(路边)
	乌什县玛尔浆湖休闲园	三星级	乌什县奥特贝希乡以北 1.5 千米处
	乌什县水上乐园	三星级	乌什县奥特贝希乡以北 1 千米处
	乌什县皇园休闲园	三星级	乌什县城 1 千米处阿克托海乡喀塔玉吉买村境内

【旅行社管理】 2019年，地区有24家旅行社，其中独立社12家、分社12家。新增旅行社7家，分别是阿克苏市：阿克苏丝路魅力旅行社有限公司、新疆云中漫步旅行社有限公司、新疆酥风旅行社有限公司；库车市：库车西域行旅行社有限公司、库车西域行旅行社有限公司、新疆绿洲驼铃旅行社有限公司；拜城县：拜城县丝路温泉旅行社有限公司。旅行社主要分布在阿克苏市16家（独立社4家，分社12家）、库车市7家、拜城县1家。

地区旅行社及分社基本情况一览表

类别	企业名称	企业法人	经营地址
独立社（12个）	新疆多浪龟兹国际旅行社有限责任公司(阿克苏市)	张　辉	阿克苏市锦绣路11号
	库车文化旅行社(库车市)	杨春梅	库车市文化东路87号
	库车阳光旅行社有限责任公司	赵　兵	库车市商业步行街1期13座
	库车银雁国际旅行社有限公司(库车市)	凌　雁	库车市天山路东8号
	库车锦绣丝路旅行社有限公司(库车市)	朱　勇	库车市宁波大道2号浙商世贸中心A区36号
	库车西域行旅行社有限公司(库车市)	刘志鹏	库车文化路财富中心小区8幢1层30号商铺
	库车丝路龟兹旅行社有限公司(库车市)	张　雪	库车市财富中心一幢39号1—3层商铺
	拜城县丝路温泉旅行社有限公司(拜城县)	满福阔	拜城县团结路17号
	新疆酥风旅行社有限公司(阿克苏市)	朱少剑	阿克市英巴扎区西大街江南商贸城市场A区6号楼106107商铺
	新疆云中漫步旅行社有限公司(阿克苏市)	刘海峰	阿克苏市兰干街道迎宾路25号创业大厦A座11栋1105室
	新疆绿洲驼铃旅行社有限公司(库车市)	马　静	库车市东城天山路东544号综合楼宇东端三单元302室
	阿克苏丝路魅力旅行社有限公司(阿克苏市)	桑亚丽	阿克苏市新华东路35号(原阿克苏日报办公楼)
分社（12个）	港中旅国际新疆旅行社有限责任公司阿克苏分社	焦　虎	阿克苏市小南街6号
	港中旅国际新疆旅行社有限责任公司阿克苏凯旋分公司	马定宏	阿克苏市英阿瓦提路10号
	新疆春秋之旅国际旅行社有限公司阿克苏分公司	李红霞	阿克苏塔北路2号金桥现代城B座15楼
	新疆金桥国际旅行社阿克苏分社	金玉洁	阿克苏塔北路新农世纪城一期底商铺
	中青旅新疆国际旅行社有限责任公司阿克苏第二分公司	费名晗	阿克苏市兰干路上东国际E栋2单元503
	中青旅新疆国际旅行社有限责任公司阿克苏第一分公司	齐东阁	阿克苏市东大街32号辰茂鸿福大饭店1楼
	中青旅新疆国际旅行社有限责任公司沙雅分公司	靳延魁	沙雅县波斯坦西街银桥凯悦大酒店商务中心内
	新疆西域国际旅行社有限责任公司阿克苏北大街分公司	孙　岩	新疆阿克苏地区阿克苏市栏杆区栏杆路金都阳光城D栋2603室
	开化视界有限公司阿克苏分公司	张　伟	阿克苏市友谊路北路12号阿克苏旅游集散中心二楼205号
	新疆高铁国际旅行社阿克苏分公司	石　峰	阿克苏市民主路36号(明悦商务宾馆)
	新疆康辉大自然国际旅行社有限责任公司阿克苏第一分公司	唐晓琳	阿克苏市温州中路1号国际大酒店1楼
	新疆康辉大自然国际旅行社有限责任公司阿克苏分公司	殷占军	阿克苏市英阿瓦提路绿景花园门面房

【教育培训】 2019年,地区文旅局壮大旅游从业人员队伍,提升旅游服务水平,各县(市)旅游人才“冬季攻势”培训乡村旅游经营户、旅游致富带头人、乡村旅游建档立卡贫困村(户)代表1 400多名,全年开展旅游从业人员培训5 700多人。依托人才援疆、智力援疆资源,启动实施阿克苏地区旅游行业培训“千人计划”,开展导游讲解员培训、乡村旅游培训、全域旅游培训、旅游饭店从业人员培训及旅游产业发展高级研讨班5个班次,培训学员956人。

【阿克苏地区2019年新增A级景区】

阿克苏市国家湿地公园 位于阿克苏市友谊北路北延段东侧,占地1 291.4公顷,总投资3亿元,是南疆首个国家级湿地公园。园内种植大量花卉和乔灌木,其中包含多种稀缺花卉品种。公园内,湿地面积581.13公顷,湿地率45%,形成多种类型植物群落,为众多湿地水鸟提供必要栖息地。2019年12月19日,被评为国家AAAA级旅游景区。

阿克苏市森林公园 位于阿克苏市托峰路与欣业街交叉口东南100米处,西邻多浪河湿地公园,东靠柯柯牙生态工程,公园占地面积200公顷,累计投资3亿元,有“城市绿肺、生活氧吧”之美誉。公园内分设密林、滨水、采摘、温室“四大”功能区。公园绿地面积175.33公顷,绿地覆盖面积88%。为居民休闲、避暑、养生提供理想休憩之地。2019年10月25日,被评为国家AAA级旅游景区。

阿克苏市凤泉河公园 位于阿克苏市南郊路旁,属于多浪河景观带尾端,总占地面积138万平方米,累计投资4亿元,公园主要以城市现代科技文化为主题进行打造,主要有休闲广场、鲜氧多功能运动场等工程,其中绿化面积80.3万平方米,占全园面积64%;水域面积达1.62万平方米,驳岸4 500米。园内功能运动场占地1.4万平方米,其中包含足球场1个、网球场2个、篮球场2个、羽毛球场8个。2019年10月25日,被评为国家AAA级旅游景区。

阿克苏市幸福公园 位于幸福路以西,占地13公顷,总投资1.5亿元。公园内工作人员13人,园内建设主要以水系、植物造景为主,设置了休闲娱乐区、文化活动区、健身康养区等。园内种植多种乔灌木和绿篱花卉可供人们观赏。根据群众需求,常设旅游项目有篮球、羽毛球、水上自行车、VR体验馆等项目。2019年10月25日,被评为国家AAA级旅游景区。

阿克苏地区博物馆 位于阿克苏市友谊北路以西前进路以南“四馆一中心”院内,占地面积1.8万平方米,展厅面积9 000平方米,馆内工作人员44人,新馆总投资2亿元,全部为阿克苏地方财政资金。馆内由阿克苏历史文化厅、新疆古代钱币厅、阿克苏自然地理厅、红船启航 逐梦前行——中国共产党党史厅、数字化展厅等组成,是一座集历史、艺术、民俗、自然为一体的综合性博物馆。馆内有馆藏文物1万多件,藏品齐全,以本地出土文物和传世文物为主,时代起自先秦时期、历经两汉、魏晋南北朝、隋唐、宋元明直至清代、民国时期。2019年10月25日,被评为国家AAA级旅游景区。

拜城县克孜尔千佛洞 位于拜城县克孜尔乡东南7千米木扎提河北岸却勒塔格山对面的断崖上,克孜尔是维吾尔语“红色”的意思,是因为却勒塔格山色赭红,在朝晖夕阳的映衬下犹如胭脂,与河水相映成趣而得名。石窟总体走向呈东西向,绵延约三千米。洞窟分为四个区域:谷西、谷内、谷东和后山。景区内正式编号的洞窟有269个,未编号洞窟349个。克孜尔石窟是龟兹石窟中规模最大,保存壁画面积最多的一处石窟群,是龟兹石窟的典型代表。克孜尔千佛洞与敦煌莫高窟、大同云冈石窟、洛阳龙门石窟并称为中国四大佛教石窟,是古丝绸之路文化与艺术的重要组成部分。1961年被国务院公布为第一批全国重点文物保护单位,2014年6月被联合国教科文组织列入世界文化遗产名录。2019年7月19日,被评为国家AAAA级旅游景区。

拜城县喀普斯浪河公园 位于拜城县城区西大桥以北喀普斯浪河东岸,累计投资3亿元。公园总长度3千米,面积约57公顷,其中水体面积约10.3公顷,道路广场面积约14公顷,绿地约3公顷。园内景观建筑有工业展览馆、水上小剧院、龟兹商业街共占地约2.7公顷。喀普斯浪河分滨河游憩区、商业娱乐区、田园风光区和休闲度假区4个功能区,开发了观光游览、水上娱乐、特色餐饮等旅游项目。2019年实施儿童游乐园项目建设,着力打造功能齐全的休闲主题游乐公园。2019年10月25

日，被评为国家AAA级旅游景区。

拜城县康其湿地景区　位于拜城县康其乡阿热勒村，占地333.33公顷，累计投资1 947万元。康其湿地景区主要由康其人家农家乐、康其码头、儿童乐园、拓展训练营、悦景碧天滑雪场、水产养殖渔家乐等项目组成。2019年10月25日，被评为国家AAA级旅游景区。

拜城县拜城温泉　位于拜城县铁热克镇，总占地13.33公顷，一期投资1亿元。拜城温泉历经千年长盛不衰，自古就有“天南圣泉，南疆第一泉”之美誉。拜城温泉主要是以温泉生态旅游为主，集商务会议、酒店、游览、观光度假、休闲娱乐为一体的休闲度假区。温泉由SAP水疗区、室外文化区、室内温泉区、石板桑拿区组成，融汇温泉沐浴风情于一体，地方特色与民俗沐浴文化相结合，苏州园林景观设计，曲径通幽、绿树成荫。2019年10月25日，被评为国家AAA级旅游景区。

温宿县龙泉湖景区　位于阿温大道与锦绣街交汇处，总占地面积24.33公顷，累计投资6 100万元，景区内主要以休闲、娱乐为主题，奇花异树为特色，形成观光游览、度假休闲的生态旅游产业园。景区由游客服务中心商业广场、野趣体验、湖中演艺中心、滨湖观赏区等七大区域构成。景区内主要是以植树造林为主、灌、花、草有机搭配，城郊一体的城市绿化系统。景区内共有旅游资源单体62个，其中地文景观、建筑设施类、人文活动、生物景观类旅游资源占大多数。2019年10月25日，被评为国家AAA级旅游景区。

温宿县天山托木尔平台子景区　位于温宿县塔克拉克村牧场境内，占地53平方千米，总投资3 000多万元。平台子景区青山环绕，层峦叠嶂，翠岭相邻，仪态万千，构成了南疆独具魅力的高山草原景观带，冰山储量及类型丰富，景区内有，木扎特河、台州河、柯柯牙河、塔格拉克苏河等众多河流经过景区。景区所处特殊的地理位置及气候条件，形成种类繁多的生物资源，是一个天然的动植物园。景区内，开发旅游菜品饮食、地方特色旅游商品、民族风情及运动娱乐等项目。平台子景区依托托木尔峰世界级冰川雪峰资源，开发托木尔冰雪运动和探险旅游特种旅游项目，打造中国乃至世界级冰雪探险旅游品牌。2019年10月25日，被评为国家AAA级旅游景区。

乌什县天南第一木耳村景区　位于乌什县前进镇天南第一木耳村境内，占地面积约920公顷，累计投资5 000万元。景区所在的前进镇天南第一木耳村是乌什县基层组织建设和乡村振兴示范村。景区内已开发黑木耳采摘观光、果林生态园精品民俗、汽车自驾营地、花海娱乐基地等多个旅游活动项目。2019年10月25日，被评为国家AAA级旅游景区。

【新增农家乐简介】

阿克苏市还乡农庄　位于阿克苏市实验林场八队祥林社区前300米处，总投资800万，占地面积0.73公顷，其中果园0.67公顷，有各种新鲜蔬菜可供人们品尝采摘，内设棋牌室、KTV、餐饮包厢等基础设施。2019年10月25日，被评为三星级农家乐。

阿克苏市好旺角庄园　位于阿克苏市解放南路派出所旁，累计投资2 000多万元，占地面积2.13公顷，其中有0.67公顷鱼塘、1.33公顷果园，开发有葡萄长廊、棋牌娱乐、小木屋、特色养殖、民族特色餐饮等项目，健身区域有乒乓球桌、羽毛球场、斯诺克台球、篮球等运动场地。2019年10月25日，被评为四星级农家乐。

阿克苏市风雨林休闲庄园　位于阿克苏市巴格其村国家湿地公园南门，总面积6.6万平方米，建筑面积8 000平方米，水域面积1 300平方米、绿地面积4万平方米，累计投资3 000万，园内有果园4.67公顷，可供游客采摘，园内设有特色美食、烧烤、儿童娱乐、垂钓、乒乓球等活动。2019年10月25日，被评为四星级农家乐。

阿克苏市艺和园农家乐　位于阿克苏市依杆旗良种尤喀克乔格塔勒村，总投资1 760万元，占地面积2.4公顷，其中水域面积1 500平方米，建筑面积6 000平方米，绿地面积1.3万平方米，是集采摘、观光、垂钓、餐饮为一体的一站式服务农庄。2019年10月25日，被评为三星级农家乐。

阿克苏市苹果小院农庄　位于阿克苏市红旗坡片区管委会苹果园社区3-588号，累计投资350万元，占地1.07公顷，其中有园林果树0.87公顷。园内娱乐设施齐全，有单独的健身区域。2019年10月25日，被评为三星级农家乐。

库车市白园农家乐　位于库车市伊西哈拉镇库木艾日克村福

洋路500米处，占地面积约4 662平方米，白园农家乐以自制土菜、干菜、本地自养土鸡、小山羊、馕坑肉等农家菜为特色。2019年10月25日，被评为三星级农家乐。

库车市亲们农家乐　位于库车市玉奇吾斯塘乡代尔瓦扎亚村，总投资42万元，占地面积2 666平方米，建筑占地面积330平方米，是集采摘、种植、旅游休闲为一体的绿色生态园。2019年10月25日，被评为三星级农家乐。

库车市埃莉芭各农家乐休闲庄　位于库车市比西巴格乡乡政府北面省道217公路旁，总投资100万元，占地面积0.67公顷，休闲庄内有包厢7间，凉亭6座，快餐厅1间，2019年10月25日，被评为三星级农家乐。

沙雅县梨满园农家乐　位于沙雅县新村园艺二场10号，累计投资100万元，占地面积1.3公顷，其中硬化面积900多平方米，绿地面积11 900平方米。园内有各种水果可以采摘，具有各种不同风味农家餐饮。2019年10月25日，被评为三星级农家乐。

沙雅县聚贤庄农家乐　位于沙雅县托依堡勒迪镇色格孜勒克村，累计投资8万元，占地面积1公顷，其中地面硬化2 600平方米，庄内有各种美食，架子肉、烤鱼、烤肉、土鸡等可供客人享用。2019年10月25日，被评为三星级农家乐。

沙雅县胡杨密林餐厅　位于沙雅县英买力镇阔什科瑞克村，累计投资50万元，占地面积8.67公顷，其中硬化面积600多平方米、农庄内胡杨面积8.67公顷。2019年10月25日，被评为三星级农家乐。

新和县依其艾日克镇河滩农家乐　位于新和县依其艾日克镇托玛村，总投资200万元，占地面积1.33公顷，其中建筑物面积870平方米。果园以种沙玉葡萄为主，有香梨、核桃、苹果、酸梅、无花果等果树。2019年10月25日，被评为三星级农家乐。

江湖驿家生态农庄　位于新和县排先巴扎乡排线巴扎村，占地面积2 000平方米。庄内建有餐厅、鱼塘、特色养殖基地等休闲设施。2019年10月25日，被评为三星级农家乐。

白金沙漠公园度假村　位于新和县塔什艾日克镇吐格曼贝希村，占地面积36.27公顷，累计投入200万元。度假村景色优美、怡人，主要种植观赏类植物花。2019年10月25日，被评为三星级农家乐。

康其乡民宿农家乐　位于拜城县康其乡库尔玛村，占地面积1.53公顷，累计投入230万元。设有主题套房8套，太空舱宾馆1间（14个床位）。标准间2间，单人间3间，最大接待住宿人数100人。配有主餐厅1间，蒙古包4间，露天广场3座，散台40张，可同时接待300多人用餐；建有采摘大棚11座，采摘农田0.33公顷。2019年10月25日，被评为三星级农家乐。

尼格尔休闲庄园　位于拜城县康其乡库尔玛村，占地面积7万多平方米，累计投入1 200多万元。有餐饮区、采摘区、休闲娱乐区、种植区、生产区，是集“自然—生产—休闲—康乐”于一体的庄园。2019年10月25日，被评为三星级农家乐。

胡玛热木度假村　位于拜城县大桥乡库西提米村，占地面积1公顷，累计投入300多万元。度假村有采摘区、休闲娱乐区、种植区、养殖区，具有浓郁的民族特色。2019年10月25日，被评为三星级农家乐。

阿瓦提县恰鲜拜巴扎农家乐　位于阿瓦提县英艾日克镇吐热村，占地面积7 992平方米，累计投入230万元，是集休闲度假，农业观光采摘，餐饮娱乐为一体的郊外休闲娱乐场所。2019年10月25日，被评为三星级农家乐。

阿瓦提县依然巴格农家乐专业合作社　位于阿瓦提县阿依巴格乡玉斯屯克喀格木什村，占地面积3 330平方米，累计投入150多万元，是集种植、养殖、休闲娱乐等为一体的旅游基地。2019年10月25日，被评为三星级农家乐。

阿瓦提县刀郎沙漠游园专业合作社　位于阿瓦提县塔木托拉克镇英买里村，占地面积4 350平方米，累计投入230万元。合作社依托当地沙漠、湖泊和果园等自然资源，发展种植、养殖、休闲娱乐，为消费者提供垂钓、叼羊、斗鸡、斗羊等民俗活动，以及水上游乐、沙浴、骑马、骑骆驼、沙漠理疗、沙漠排球等特色娱乐项目。2019年10月25日，被评为三星级农家乐。

温宿县恰格拉克乡丝路驿站　位于温宿县恰格拉克乡古勒巴格村，占地面积66.6万平方米，累计投入200多万元，是集休闲娱乐、餐饮、度假、观光、游玩为一体的综合性特色农家乐。2019年10月25日，被评为三星级农家乐。

温宿县托甫汗镇水上漂农庄　位于温宿县托甫汗镇路南村，占地面积4万平方米，累计投入150万元。内设娱乐区、农副产品展厅、垂钓区、餐饮区、采摘区等。2019年10月25日，被评为三星级农家乐。

温宿县柯柯牙镇我的家乡农家乐餐厅　位于温宿县柯柯牙镇萨依巴格村，占地面积0.87公顷，累计投入50多万元，是集休闲娱乐、餐饮、度假、观光、游玩、采摘为一体的综合性特色农家乐。2019年10月25日，被评为三星级农家乐。

柯坪县草木间农家乐　位于柯坪县苏巴什路77号金戈壁设施农业园区，由石榴籽田园农民专业合作社经营，占地面积6 676平方米，累计投入91.3万元。园内种植火龙果、香蕉、台湾长果桑、四季药桑葚、杏树等果树，热带、亚热带花卉植物120多种，多肉植物200多种。是集观光、旅游、科普、采摘、休闲、娱乐、运动、餐饮、购物于一体的田园合作社式农家乐。2019年10月25日，被评为三星级农家乐。

【新增旅游饭店简介】

沙雅县银桥凯悦大酒店　位于沙雅县北京街14号，占地面积1.03万平方米，主楼高9层，总投资1 000万元。拥有105间客房及沙雅县最大的多功能宴会大厅，可同时容纳600人就餐，设有商务中心、美容美发、休闲吧、KTV等各种娱乐康养项目。酒店周边景点有塔里木河、世界胡杨公园、金雁河、国际大巴扎、金桥购物中心等。2019年10月25日被评为三星级酒店。

【新增旅行社简介】

阿克苏丝路魅力旅行社有限公司　成立于2019年9月1日，2019年10月26日，取得自治区文化和旅游厅颁发的“旅行社业务经营许可证”，公司注册资本100万元，有员工8人，位于新疆阿克苏市栏杆社区新华东路35号原阿克苏日报社大楼。主要经营范围：入境旅游、国内旅游、旅游咨询等业务。

新疆云中漫步旅行社有限公司　成立于2019年5月20日，2019年7月1日，取得自治区文化和旅游厅颁发的“旅行社业务经营许可证”，注册资本500万元，是由北京天鑫爱通用航空有限公司出资成立，有员工8人，位于新疆阿克苏地区阿克苏市迎宾路创新创业大厦A座11楼1105号。主要经营范围：入境旅游、国内旅游、低空旅游、轻装徒步游、特种旅游等业务。

新疆酥风旅行有限公司　成立于2019年4月，2019年6月1日，取得自治区文化和旅游厅颁发的“旅行社业务经营许可证”，注册资本500万元，有员工4人，位于新疆阿克苏地区阿克苏市江南商贸城A区6号楼106。公司主要经营范围：入境旅游、国内旅游、旅游咨询等业务。

新疆拜城县丝路温泉旅行社有限公司　成立于2018年11月，2019年5月17日，取得自治区文化和旅游厅颁发的“旅行社业务经营许可证”，注册资本100万元，有员工4人，位于新疆阿克苏地区拜城县团结路17号。主要经营范围：入境旅游、国内旅游、旅游咨询、代售飞机票、火车票等业务。

新疆绿洲驼铃旅行社有限公司　成立于2019年5月，2019年7月19日，取得自治区文化和旅游厅颁发的“旅行社业务经营许可证”，注册资金500万，有员工4人，位于库车市东城天山路东544号综合楼宇东端三单元302室。主要经营范围：入境旅游经营服务、导游服务、旅游项目策划服务、票务代理服务等业务。

库车西域行旅行社有限公司　成立于2018年11月，2019年5月16日取得自治区文化和旅游厅颁发的“旅行社业务经营许可证”，注册资金500万，有员工5人，位于库车市库车县财富中心小区西门8–1–30号商铺。公司主要经营范围：国内旅游、入境旅游、旅客票务代理、汽车租赁等业务。

库车丝路龟兹旅行社有限公司　成立于2019年3月，2019年5月16日，取得自治区文化和旅游厅颁发的“旅行社业务经营许可证”，注册资金30万，有员工4人，位于库车市库车县财富中心一幢39号1–3。公司主要经营范围：国内旅游、入境旅游等业务。

（漆建红　张　勇）

卫生健康

【综述】 2019年，地区统筹推进各项卫生健康工作，县域医共体建设和远程医疗全面覆盖，公立医院薪酬制度改革取得进展。人均基本公共卫生人均服务经费标准提高到69元，比上年增加14元，服务内容由19项新增到333项，大病救治率、慢病签约服务率、重症救治率均达到90%以上。全面完成202.96万人全民健康体检工作，乡(镇)卫生院和村卫生室标准化建设工作如期实现。

(马海燕)

【机构改革】 2019年1月19日，经第五次地委委员会议研究，成立中共阿克苏地区卫生健康委员会(以下简称地区卫健委)，由地委统一领导和管理，党委委员按《中国共产党党组工作条例(试行)》相关规定配备。根据《阿克苏地区卫生健康委员会职能配置、内设机构和人员编制规定》的文件精神，将原卫计委、医改小组办公室、老龄委办公室的全部职责和工信部门的烟草控制职责以及安监部门的职业安全健康职责进行整合，把以治病为中心转变到以人民健康为中心。2019年10月24日，阿克苏地区卫生健康委员会由阿克苏市新城街道文化路32号搬迁至阿克苏市新城街道建设路24号。

(马海燕)

【医药卫生体制改革】 2019年，地区卫健委持续推行医共体建设，县域医共体建设实现全覆盖，县域就诊率维持在90%以上，远程医疗服务覆盖率98%以上；落实基本药物使用金额比例动态监测，二、三级公立医院基本药物使用金额比例提高至64.29%、50%，个人负担比例分别降至20.38%、29.54%，门诊次均费用比上年下降12.7元，住院自费药占总药量控制在2.72%，取消药品加成，让利患者8 000万元；公立医院薪酬制度改革提质扩面，一线医务人员薪酬平均提高15.82%；承办2019年中国新疆阿克苏药品博览会、全国2019年“三区三州”中医药健康扶贫工作推进会，建成自治区首个“中药材产业扶贫示范基地”。

(张慧慧)

【疾病防控】 2019年，地区卫健委扎实落实结核疑似患者筛查、诊断转诊、集中隔离治疗、“集中服药+营养早餐”等措施，做好结核病防治攻坚月工作，实行精准管理治疗模式，结核病精准防治管理服务平台工作经验在全疆推广。地区报告肺结核病例数比上年减少3 366例，报告发病率下降28.66%，在治患者占总人口比例51.72/10万；深入实施艾滋病宣传教育、综合干预、抗病毒治疗等措施，感染发病率比上年同期下降46.5%；发病率、新增率均从全疆第一降为第三。

(郭士范)

【医疗服务】 2019年，地区卫健委深入推进“放管服”改革工作，全面落实医疗机构、医务人员电子化注册管理、“互联网+医疗健康”新模式，逐步推进网上预约挂号、在线咨询、交流互动等健康服务，将355项行政事项录入数据库平台，网上受理、审核、批准社会办医、医师多点执业审批打通“最后一公里”，全地

1 月 23 日，中共阿克苏地区卫生健康委员会揭牌仪式（地区卫健委/提供）

区 1 322 家医疗机构、2 960 名医生、3 786 名护士分别完成电子化注册管理，注册率达 100%。

（杨金玲）

【全民免费健康体检工程】 2019 年，地区持续推进全民健康体检工作，优化体检项目和服务，全面实施结核病大筛查等个性化体检服务，全地区完成体检 202.96 万人，体检率 100%，居民健康档案电子建档率 99.86%。

（李奎生）

【基层卫生】 2019 年，地区完成 91 所乡（镇）卫生院和 1 175 个村卫生室标准化建设，达标率均为 100%；投入乡（镇）卫生院和村卫生室业务用房、环境美化亮化等项目资金 16 206 万元，培训乡村医生 2 456 人，开办乡村医生中专学历订单定向免费培养 233 人，配齐乡村医生 2 294 人，落实乡村医生 800~1 200 元财政补助和门诊诊疗费、基本公共卫生经费、基本药物经费绩效补助，乡村卫生一体化管理率 100%；完成 26 个卫生院标准化手术室设置，开展各类手术 5 000 多例，完成社区卫生服务中心、社区卫生服务站标准化建设 15 所，均达到自治区指标要求，建档立卡贫困人口签约 65 860 户，签约率 100%，实施大病集中救治率、慢病签约率、重症救治率分别为 92.99%、97.29%、83.39%，地区建档立卡贫困人口基本医疗保险、大病保险和医疗救助实现全覆盖，“先诊疗后付费”和“一站式”结算服务模式全面推行，医疗惠民政策落地见效。

（李奎生）

【妇幼健康管理】 2019 年，地区卫健委严格贯彻落实母婴安全五项制度，地区孕产妇死亡率 6.86/10 万、婴儿死亡率 5.01‰、5 岁以下儿童死亡率 11.66‰，孕产妇艾滋病病毒检测率 96.55%，婚前医学检查率 98.57%，预防艾滋病母婴传播率 6.38%。

（熊　炬）

【地方病防治】 2019 年，地区卫健委强化地方病防治专项三年攻坚行动措施落实，完成碘缺乏病监测，开展重点人群强化补碘工作，补碘率 99.4%；深入推进城乡居民饮用水水质监测工作，枯水期监测点 304 个（城市 76 个，农村 228 个），合格率 98.03%，完成丰水期采样及阿克苏市 8~12 岁学生饮水型氟中毒监测工作，全面推进沙雅县改水工程，实现饮用水全覆盖。

（李东阳）

【医疗卫生计生项目】 2019 年，地区卫健委积极推进中央预算内项目建设。全年地区卫生健康领域下达中央预算内投资 10 590 万元，投资项目 7 个，涉及医院建设项目 5 个，疾控中心项目 2 个。地区第二人民医院、中医医院、维吾尔医医院 3 家单位 PPP 项目总投资 50 121.12 万元，项目均入库，符合国家关于 PPP 项目相关规定。

（张小鹏）

【医疗人才“组团式”援疆工作】 2019 年，医疗人才“组团式”援疆和对口支援工作扎实推进，将地区级两个重点专科（心内科、眼耳鼻喉科）纳入援疆重点学科精准援建，开展新技术、新项目 89 例，多项技术填补地区空白。提升贫困县医疗服务水平，柯坪县人民医院挂牌成立自治区人民医院—柯坪医院，乌什县人民医院挂牌成立阿克苏地区第一人民医院——乌什县人民医院。

（李开标）

阿克苏地区二级以上医疗机构一览表

县(市)	医院名称	级别
阿克苏地区	地区第一人民医院	三级
	地区第二人民医院	二级
	地区中医医院(地区维吾尔医医院)	二级
	地区妇幼保健院	二级
阿克苏市	阿克苏市人民医院	二级
库车市	库车市人民医院	二级
	库车市中医医院(维吾尔医医院)	二级
	库车市第二人民医院	二级
沙雅县	沙雅县人民医院	二级
	沙雅县中医医院(维吾尔医医院)	二级
新和县	新和县人民医院	二级
	新和县中医医院(维吾尔医医院)	二级
拜城县	拜城县人民医院	二级
	拜城县中医医院(维吾尔医医院)	二级
温宿县	温宿县人民医院	二级
	温宿县中医医院(维吾尔医医院)	二级
阿瓦提县	阿瓦提县人民医院	二级
	阿瓦提县中医医院(维吾尔医医院)	二级
乌什县	乌什县人民医院	二级
	乌什县中医医院(维吾尔医医院)	二级
柯坪县	柯坪县人民医院	二级

【基本药物制度】 2019年，地区卫健委落实基本药物使用金额比例动态监测，二、三级公立医院基本药物使用金额比例提高至64.29%、50%，个人负担比例分别降至20.38%、29.54%，门诊次均费用比上年下降12.7元，住院自费药占总药量控制在2.72%，取消药品加成，让利患者8 000万元。

（王学杰）

【医政服务】 2019年，地区卫健委组织开展国家、自治区、地区级继续教育培训95期，培训学员3 200多人次，培训助理全科医师15人，组织完成4个国家级考试的报名审核及考试考务工作。办理护士延续、护士变更、医师护士首次注册3 831件。完成532人“老人老办法”医师资格信息补录及修改工作。完成1 753人卫生专业技术资格证书及护士执业资格证书办理。

（李开标）

【卫生应急处置】 2019年，地区卫健委组织地区23家二级以上医疗机构、10个疾控中心开展突发事件医疗应急救援能力摸底调查，摸清地区卫生应急能力现状，做好应急准备工作；举办“埃博拉出血热”疫情应急处置演练。提升急救能力，全年地区120急救指挥中心派遣急救车辆21 094次，急救总人数17 695人。

（饶丽丽）

【公共卫生监督执法】 2019年，地区卫健委不断提高卫生执法能力，深化卫生健康综合监督，依法整顿和规范医疗服务市场秩序。对全地区医疗卫生、传染病防治、职业病防治、放射卫生、公共场所卫生、学校卫生、消毒产品、餐消单位、生活饮用水及涉及饮用水健康相关产品、采供血机构实施监督检查。开展日常监督频次10 873户/次，各专业综合监督覆盖率97.24%；全地区查处行政执法案件253起，处罚金额122.37万元，没收违法所得47.23万元。

（孙骁睿）

【职业安全健康管理】 2019年，地区投入46万元采购职业病危害因素检测设备、15万元改造职业病体检中心。对270家有毒有害企业进行摸底调查、完成16家用人单位职业病危害因素现场检测、29家非医疗机构工作人员放射性个人剂量监测、4家非医疗机构放射防护检测。对1986~2018年416例尘肺病患者建立电子档案，随访251例。完成21人职业健康检查、19人职业病诊断。

（张新敏）

计划生育

【综述】 2019年，地区全年人口出生率7.55‰，出生人口政策符合率99.99%。已婚育龄妇女综合避孕率84.46%，长效避孕率79.4%，新发生违法生育5例，新发生违法生育人数比上年同期下降80%。扎实开展孕前型管理及“三查”工作，查环查孕114.71万人次。

（李蜀蓉）

【计划生育宣传教育】 2019年，地区卫健委将计划生育政策宣传与满足群众生活需求相结合，先后投入300万元，用于制作计划生育宣传品，举办各级专题培训班160场次，分级培训率95%；发挥群团组织作用，通过举办集体婚礼、知识竞赛、巡回宣讲等形式，深入开展婚育新风进万家活动1 200场次，宣传计划生育政策，传播婚事新办的文明新风，干部群众对计划生育政策的知晓率达95%以上。

（李蜀蓉）

【计划生育奖励发放】 2019年，地区卫健委落实计划生育特殊家庭关怀关爱，为2 035名特殊家庭（独生子女死亡、伤残家庭）购买意外伤害及住院护理补贴保险，赠送价值40万元生活用品。投入24万元，建立计划生育失独家庭暖心家园项目点3个。累计有72 137人（户）计划生育家庭享受到各类奖扶资金2.79亿元。

（刘新天）

【优生健康检查】 2019年，地区卫健委严格执行“单月访视、双月查孕、季度查环”工作机制，积极落实“国免孕优”项目与婚前医学检查项目。共开展查环查孕156.72万人次，查环查孕率95%，长效节育率79.5%；完成7 232对农牧民计划怀孕夫妇免费孕前优生健康检查，完成率90.79%，婚前医学检查率达98.57%。避孕药具应用率、有效率及信息系统应用率均达100%以上。

（李蜀蓉）

【信息化建设】 2019年，地区卫健

委实施人口信息核查工程，建立人口信息沟通协作机制，动态变更人口信息。建立新生儿长效核查工作机制，每月比对住院分娩、办理出生医学证明、接种乙肝疫苗婴儿信息，加大县（市）之间出生人口信息通报力度，杜绝出生人口漏登现象。

（刘新天）

【流动人口计划生育管理】 2019年，地区强化流入人口婚育登记管理，落实流出人口户籍地与现居住地每月一次信息通报，及时交换并反馈流动人口计划生育婚、孕、育信息。严把外出流动人口跟踪孕前管理关，严格落实外出已婚育龄妇女每3个月寄回孕检证明工作措施，有效降低流出人口计划外怀孕发生率。

（刘新天）

卫生监督

【餐饮业卫生监督】 2019年，地区卫生监督所开展餐饮具集中消毒单位专项监督。对7家单位现场监督量化定等，其中A级1家、B级3家、C级2家、D级1家；现场随机采样105套，合格95套，合格率90.4%，立案查处3家，处罚金额3 000元。

【公共场所卫生监督】 2019年，地区卫生监督所开展住宿场所卫生专项整治工作，共监督检查住宿场所292家，检测单位226家，检测合格单位218家，检测不合格单位8家，责令整改单位187家，立案查处单位7家，罚款金额1.04万元；开展高考期间卫生安全保障工作，对9家考点学校周边52家住宿场所进行巡查；开展二次供水卫生专项整治工作，共检查二次供水单位19家，开展水质委托检测设施17个，责令限期改正设施7个，纳入监督协管服务设施19个。对各县（市）进行公共场所监督检查和量化分级管理，应量化单位2 406家，实际量化单位1 877家，量化率达78.01%；其中A级16家、B级125家、C级1 691家、不予评级45家。办理公共场所卫生许可516件，其中新发340件、变更25件、延续148件、注销3件。

【传染病卫生监督】 2019年，地区卫生监督所扎实开展传染病防治分类监督综合评价工作。传染病防治监督2 197户次，消毒产品108户次；共检查医疗卫生机构1 236家、消毒产品生产企业4家、消毒产品经营使用单位104家、餐饮具集中消毒单位7家；传染病防治立案查处35家，其中警告31家、罚款18家，处罚金额7.12万元；消毒产品立案查处2家，处罚金额0.53万元；餐饮具集中消毒单位立案查处3家、警告2家、罚款1家，处罚金额0.3万元。

【医疗机构监督】 2019年，地区应监督医疗机构1 178户，实际监督975户，监督覆盖率82.77%，总计监督1 492户次；血液安全被监督户3户，应监督户数3户，实际监督户数3户，监督覆盖率100%，监督总计8户次。查处医疗卫生案件42起，结案41起，处罚金额26.81万元，查处无证行医案件39起，结案35起，处罚金额29.65万元，没收非法所得9起，没收金额39.845万元。

【行政处罚】 2019年，地区卫生监督所对全地区医疗卫生、传染病防治、职业病防治、放射卫生、公共场所卫生、学校卫生、消毒产品、餐消单位、生活饮用水及涉及饮用水健康相关产品、采供血机构实施监督检查；依法整顿和规范医疗服务市场，打击非法行医和非法采供血行为。行政处罚案件253起，处罚金额122.37万元，没收违法所得47.23万元。

【生活饮用水监测】 2019年，地区卫生监督所深入推进城乡居民饮用水水质监测工作，枯水期监测点304个（城市76个，农村228个），合格率98.03%。完成丰水期采样及阿克苏市8~12岁学生饮水型氟中毒监测工作。

（孙骁睿）

疾病预防

【传染病防治】 2019年，地区无甲类传染病疫情及突发公共卫生事件，乙丙类传染病21种19 626例，发病率较2018年持续下降。肺结核、艾滋病、乙肝、麻疹、风疹、甲肝等重点传染病疫情呈下降趋势，完成风险评估报告10期。

【疫苗接种和管理】 2019年，地区疾病预防控制中心（以下简称地区疾控中心）严格按照《疫苗流通与预防接种管理条例》等法律、法规，加强疫苗全流程管理。积极开展规范化预防接种建设，强化入托、入学儿童预防接种证查验及疫苗查漏补种工作，配送一类疫苗 5.65 万支，实种人数 5.15 万剂次，地区连续 26 年维持无脊灰状态。

【地方病监测】 2019 年，地区疾控中心顺利通过国家消除疟疾技术评估，布鲁氏菌病发病率持续下降。完成自治区中转项目地方病、寄生虫病防治任务。开展各类调查 14.5 万人，完成碘缺乏病相关检测任务，持续保持消除碘缺乏危害状态。监测城乡水质工程 80 座，督促库车、阿瓦提县和阿克苏市完成水质达标工作。

【综合卫生监测】 2019 年，地区疾控中心按照食品安全风险监测要求，实现监测覆盖 100%，检出异常结果食品 9 份，并上报相关数据。检测食源性疾病病原学标本 120 份。

【慢性病防治】 2019 年，地区居民健康档案电子建档率 96.21%，健康档案使用率 100%。高血压患者健康管理率 30.80%，患者规范管理率 56.11%，血压控制率 48.88%。糖尿病患者健康管理率 25.39%，规范管理率 58.88%，血糖控制率 55%。65 岁以上老年人健康健康管理 127 533 人，管理率69.56%，健康体检表完整率 100%。加强死因监测，截至 2019 年 12 月 31 日 24 时，地区所辖各县（市）累计报告死亡个案 15 721 例，粗死亡率 613.56/10 万。

（陆英杰）

健康养老

【老年优待证办理】 2019 年，阿克苏地区老龄工作委员会（以下简称地区老龄委）贯彻落实《自治区优待老年人规定》，凡是符合条件自愿申请办理老年优待证的老人全部及时办理，共办理老年优待证 6 452 本，累计办理优待证 64 246 本。

【高龄老人待遇】 2019 年，地区老龄委落实 80 周岁以上老年人高龄生活补贴发放制度，按照 80~89 岁每人每月 50 元；90~99 岁每人每月 120 元；100 周岁及以上每人每月 200 元标准，按时足额发放生活补贴，惠及地区高龄老年人 16 070 名。

【银龄行动】 2019 年 8 月 27 日至 9 月 3 日，地区开展首届疆内银龄行动，来自乌鲁木齐的 8 名专家面向基层老年群体讲解心血管疾病预防、老年心理健康、心理减压、健身操等老年保健及疾病预防知识累计授课 164 个课时。

【敬老月活动】 2019 年，地区以“孝老爱亲、向上向善”为主题，积极开展“应对人口老龄化主题宣讲”“人口老龄化国情教育”进街道、乡（镇）、进村居社区、敬老爱老主题教育系列活动，在地区电视台播放《孝道》《陪伴是最好的爱》《感恩父母》等公益广告 25 条，累计播出 2 580 次，在全社会广泛宣传中华民族孝亲敬老传统美德。扎实开展救助慰问贫困、高龄、失能、空巢老人活动；表彰慰问民族团结、老党员先锋模范作用发挥突出老年人 156 名。

【健康养老】 2019 年，地区老龄委推进医疗卫生和养老服务融合发展。打造区域性医疗康养高地，先后在地区、阿克苏市、沙雅县建设康养中心。地区康养中心项目于 2019 年 3 月开工建设，阿克苏市、沙雅县康养中心已投入使用。

推动基层医疗机构健康养老服务功能，鼓励有条件的综合医院和社区卫生服务中心就近在符合条件的养老机构内设医务室。二级以上综合医院、中医医院设置老年病科，开展老年人医疗护理、卫生保健、健康监测等服务。乡（镇）卫生院、社区卫生服务中心结合基本公共卫生服务，为辖区内 60 周岁及以上老年人免费建立健康档案，建档率 96.44%，老年人健康管理率 67%。支持乡（镇）、社区卫生服务院开展中医药馆健康养老服务，共开设中医馆 74 家，覆盖率 72.5%，贫困县实现中医馆全覆盖。

（程 燕）

爱国卫生

【卫生创建】 2019 年，地区创建自治区卫生乡镇 7 个、自治区卫生红旗单位 60 个，地区级卫生乡镇 7 个，地区级卫生示范村 98 个、地区级卫生红旗单位 111 个，县级卫生单位 39 个、县级卫生示范乡镇1个、县级卫生示范村22个。拜城县"双创"实现突破,顺利通过国家卫生县城创建和自治区文明县城创建。

【农村改厕】 2019年,地区认真实施"千村整治、百村示范"工程,坚持把农村改厕作为改善农村人居环境、建设美丽乡村、助力乡村振兴的一个重要抓手,结合实际、科学谋划、综合施策,地区农村改厕工作有序推进。建成农村卫生户厕26.87万户,所有行政村建立公厕1175个,完成率100%。

(李东阳)

医疗保险

【机构改革】 阿克苏地区医疗保障局成立于2019年1月23日(简称地区医保局)是阿克苏地区行政公署工作部门,为正县级。地区医疗保障局下设5个科室和1个服务中心,即行政办公室、待遇保障和法规科、医药服务管理科、医药价格和招标采购科、规划财务和基金监管科、医疗保障服务中心。

【医疗扶贫】 2019年,地区医保局全面落实基本医疗保险、大病保险、医疗救助"三重"保障功能,将建档立卡贫困人口全部纳入三重保障范围,确保参保缴费、缴费补贴、待遇享受全覆盖,有效防止因病致贫、返贫。将建档立卡贫困人口、低保对象、特困人员等困难群体,城乡居民大病医疗保险起付线由9 000元降低为7 500元,取消城乡居民大病封顶线,提高城乡居民医疗保险大病保障制度功能。统一印制城乡居民医疗保险政策明白册12万份,确保建档立卡贫困人口每户1册,提高医疗扶贫政策宣传成效。

【城乡居民基本医疗保险】 2019年,地区城乡居民医疗保险参保人数207.12万人,参保率稳定在95%以上。调整完善城乡居民基本医疗保险政策,将耐多药肺结核住院年限额由8万元提高至22万元,加强对肺结核医疗保障工作。取消将建档立卡贫困人口、低保对象、特困供养人员、计划生育"两证"家庭在一、二级医疗机构住院免收起付线及基本医疗保险住院提高5%的倾斜性医疗保险政策,回归基本医疗保险公平普惠的制度保障功能定位。建立城乡居民高血压、糖尿病"两病"用药保障机制,将未达到门诊特特殊慢性病鉴定标准的参保居民纳入保障范围,高血压年支付限额400元、糖尿病年支付限额500元,支付比例为50%。

【医疗保险改革】 2019年,地区医保局印发《推进生育保险和城镇职工医疗保合并实施工作方案》整合生育保险与城镇职工医疗保险经办流程、提高医保经办效率和医疗保险基金共计能力,推动生育保险和职工医疗保障合并实施。加强对医疗保障信息系统改造,实现建档立卡贫困人员城乡居民基本医疗保险、大病保险、医疗救助"一单式"结算,改变基本医疗保险、大病保险在医保系统,医疗救助在民政系统两个系统流转结算。

【生育保险】 2019年,地区医疗保障局稳步落实医疗保险各项保障措施,将城乡居民生育医疗费用纳入医疗保障范围,参保居民顺产补助500元,剖宫产按照医疗保险住院医疗费用报销。城镇职工生育保险顺产按照4 000元定额补贴、剖宫产按照7 000元定额补贴,定额内据实报销、超出部分由个人承担。

【医疗救助】 2019年,地区医疗保障局充分发挥医疗救助兜底保障功能,将建档立卡贫困人口、低保对象、特困供养人员等困难群体,住院发生的医疗费用由城乡居民基本医疗保险、大病保险报销后,个人自付部分由医疗救助资金按照80%给与补助。对重点救助对象及低收入家庭住院医疗费用个人自负部分超过1万元以上的再由医疗救助资金按照80%给与补助。对建档立卡贫困人口、低保对象、特困供养人员等重点救助对象参加城乡居民医疗保险给予定额补贴,确保应保尽保、应补尽补。

【就医结算】 2019年,地区医疗保障局强化医疗保险地级统筹经办管理,深入推进跨省异地就医直接结算。在采取窗口备案、网上经办、电话备案等多种备案渠道的基础上,增加"钉钉"手机备案。完成城镇职工、城乡居民异地就医直接结算费用清算。全地区参保人员跨省住院直接结算2 190人次,结算费用5 017万元。外省参保人员在地区住院直接结算268人次,结算费用279万元,结算人次、费用比上年增长150%。144家地区定点医疗机构纳入跨省异地就医结算平台，实现跨省异地住院结算全覆盖。

【医疗保障服务】 2019年，地区医疗保障局以医保惠民及“放管服”工作为重点，保障参保群众享受医疗保障待遇，做好医疗保障服务。全面梳理医保各项经办业务，将大病直通车转院备案、医保个人账户家庭共济、异地就医登记备案、基本医疗保险组织器官移植、恶性肿瘤患者直通车专用证办理4项业务纳入同城通办业务的办理事项，实现经办业务“就近办”。积极推行医保服务“钉钉”平台，建立“钉钉”阿克苏地区医疗保障服务平台，除5项基本查询功能外（城镇职工参保查询、城乡居民参保查询、全国定点医疗机构查询、异地就医备案登记查询、国家药品目录查询），已有4项即时办结业务（异地就医登记备案、异地急诊登记备案、异地安置回统筹区、跨县（市）居住证明）和3项限时办结业务（医保视同缴费年限认定、个人账户清退、医保关系转移）可以在服务平台申请办理，实现群众办事“零跑腿”。

【定点医疗机构管理】 2019年，地区医保局共对83家拟准入定点医药机构开展复核准入，纳入定点医药机构77家，其中定点医疗机构11家、定点零售药店65家。

【专项整治】 2019年，地区医疗保障局扎实开展打击欺诈骗取医疗保障基金专项治理工作。通过县（市）间交叉检查、专项检查、智能监控等多种手段，实现两定点医药机构专项治理检查全覆盖，共计检查定点医疗机构300（含村卫生院）家，定点零售药店432家，约谈整改312家，解除医疗服务协议7家，暂停医保结算75家，移送案件7起，配合各部门处理案件4起，向媒体曝光4起，追回违规医保基金597.63万元，受理个人投诉案件8起，解决处理个人投诉案件6起，移交卫健委1起，解除协议药店1家。

【医药价格】 2019年，地区正式启动落实国家组织25个省市药品集中采购和使用试点扩围工作，涉及药品品种25个，为地区范围内农牧民群众提供质优价廉药品，集采药品价格平均降幅68%，最高96%。通过药品集采减轻群众用药负担，让改革成果惠及各族群众。

（热西旦木·阿不都克然木）

医疗机构介绍

·地区第一人民医院·

【医疗质量管理】 2019年，地区第一人民医院围绕医疗、护理、院感等核心制度，全面开展临床路径管理，加强重点指标监控和执业行为监管，严格质量考核，持续改进医疗质量。医院临床路径入径率73%，完成率96%，覆盖率71%。住院患者抗菌药物使用率由41.66%降至39.62%，强度由29.48DDD降至27.87DDD，处方合格率由99.34%上升至99.71%。全年审批超过1 600毫升大量用血46例，用血安全无事故。门急诊就诊61.5万人次，出院病人6.08万人次，手术1.7万台次，平均住院日8.82天，药占比24.11%，耗占比10.11%，危重病人27 028例，占出院病人的44.54%，急危重症病人抢救成功率89.5%，医院年内病床使用率104.1%，住院病人向上转诊率5.17%；开展多学科及疑难病例讨论3 496例，手术病人占比为58.69%，其中三级手术5 754例、四级手术2 491例，三级以上手术占比43.40%。

【远程会诊】 2019年，地区第一人民医院继续与新疆自治区人民医院、新疆医科大学第一附属医院、上海白玉兰网络医院、新疆医科大学附属肿瘤医院和浙江省互联网医院进行远程会诊对接。远程会诊共计2 082例，其中新疆自治区人民医院1 601例、新疆医科大学第一附属医院449例、新疆医科大学附属肿瘤医院28例、上海白玉兰网络医院2例、浙江省人民医院2例。做好下级医院会诊，与沙雅县人民医院、乌什县人民医院、拜城县人民医院、柯坪县人民医院、温宿县人民医院、库车市人民医院、库车市第二人民医院、新和县人民医院、阿瓦提县人民医院和库车市中医医院进行远程会诊对接。对各县乡医院实行免费会诊政策，为各县乡提供免费远程医疗服务。年度下级医院会诊3 597例。

【公共卫生管理】 2019年，地区第一人民医院作为流感重症救治定点医院及流感哨点监测点，共采集流感标本730份，阳性标本132

份,阳性率 18.08%,并按要求将标本送检地区疾控中心。5 月 1 日开设腹泻病门诊,加强腹泻病患者的管理;共采集腹泻标本 253 份送检地区疾控中心。积极开展食源性疾病监测,将食源性疾病患者信息结果进行网络直报,同时送至疾控中心进行病毒分离,完成全年采样工作任务 120 份。

【免疫工作】 2019 年,地区第一人民医院出生新生儿 2 952 人,乙肝接种 2 836 人,接种率达到96.07%;卡介苗接种 2 443 人,接种率达到 82.76%,新生儿听力筛查 2 839 人,筛查率达到 96.17%;新生儿疾病筛查 2 897 人,筛查率达到 98.14%。

【学科建设】 2019 年,地区第一人民医院建成卒中中心、胸痛中心、创伤中心、危重孕产妇诊治中心和儿童诊疗中心"五大中心",五官科学科群、微创外科学科群、急危重症学科群建设稳步推进,学科结构不断优化,专科发展不断健全。

【科研工作】 2019 年,地区第一人民医院成立地区医疗卫生行业首个"院士工作站"并制定《院士专家工作站管理办法》;成功举办"胰"带一路—首届南疆重症急性胰腺炎规范化救治和临床营养实施高峰论坛暨黎介寿院士工作站启动仪式;成立 AP-net 新疆分中心及南疆重症急性胰腺炎诊治中心。全年申报各类科研项目 87 项,获批 37 项,获得项目资金 56.5 万元,医院投入及配套资金 33.5 万元。其中国家卫生健康委技术推广扶贫试点项目申报 8 项,立项 6 项,获批资金 60 万元;自治区科技厅 2018 年天山青年计划项目申报 4 项,获批 1 项,获批资金 5 万元;自治区卫健委青年科技人才专项资金科研项目申报 17 项,获批 1 项,获批资金 1.5 万元;地区科技兴阿项目申报 9 项,获批 1 项,获批资金 5 万元;地区人才项目申报 8 项,获批 6 项,获批资金 15 万元。院级科研项目申报 40 项,立项 22 项,医院财政投入项目经费 17 万元。医院各级各类专业技术人员发表论文 70 篇,其中北大核心期刊 1 篇、科技源核心期刊 3 篇。

【对口支援】 2019 年,地区第一人民医院制定《阿克苏地区第一人民医院 2019~2020 年对口帮扶乌什县人民医院工作实施方案》,安排 10 人(副高 2 人,主治 8 人)分别前往乌什县人民医院和柯坪县人民医院。全年对口支援县医院工作人员完成门诊接诊 1 602 人次,查房 1 911 次;会诊 376 次,科内教学小讲课 97 次,开展理论培训 52 次,累计培训人员 2 000 人次,质控病历 3 000 份,抢救患者 57 人次,手术指导 746 例,开展健康义诊活动8 场次,服务 2 000 人。

【医保服务】 2019 年,地区第一人民医院实现从基本医疗保险、大病保险、医疗救助、贫困人口补充医疗保险"一单式"结算到"一站式"结算的系统升级,顺利推行"床旁一站式"结算;在门诊大厅设置医保服务窗口,收集慢性病资料 6 951 人次,完成初审 6 662 人次;完成异地医保费用核查 122 人次;为异地报销患者提供医院等级证明 131 份;积极推行"先诊疗后付费"工作,将"先诊疗后付费"政策覆盖至本区域内的参保患者。

【援疆工作】 2019 年,浙江省第九批第 2 期"组团式"援疆医疗队集中对口支援医院口腔科、心胸外科、儿科、呼吸内科等 16 个专业,引入援疆资金 1 600 万元,实施"浙阿跨省医联体"项目,挂牌成立"浙江省人民医院阿克苏分院",设立名医工作室 3 个,跨区域临床医学中心 4 个,培养本地学员 50 名、县级学员 16 名。开展新技术新项目 71 项 550 多例,填补地区技术空白 24 项。

【首例医疗】 2019 年,地区第一人民医院先后开展地区首例耳内镜下鼓室成形术与首例听骨植入术、儿童无管化经皮肾镜碎石取石术、先天性心脏病房间隔缺损修补术、线雕美容技术、南疆地区首例"无牙颌数字化导板引导下的精确种植即刻修复 (ALL-ON-6)"手术、无痛支气管镜检查、中医特色疗法膏摩疗法、火疗及耳穴压豆疗法、地区首例室间隔缺损修补术后残余漏介入术、种植义齿植入与修复、超声骨刀微创颌骨修整术、显微镜下面神经减压术、南疆首例眶颅沟通性肿瘤切除手术、超声引导下动静脉内瘘穿刺新技术、直立倾斜试验。

(贺 琛)

·地区第二人民医院·

【专科建设】 2019 年,地区第二人

民医院加强地区重点专科建设，加大对肺科、老年病科两个重点专科建设力度，在成立结核病分院、强化结核病诊疗的基础上，细分肺科相关专业，新增感染二科、呼级三科、综合内科等科室。心内科专业在强化原有冠脉造影、PTCA、PCI基础上，开展永久起搏器植入术、射频消融术、肾动脉造影术等技术，提高心内科诊疗水平。骨科开展肘关节置换术、膝关节骨关节炎膝内翻畸形胫骨高位截骨术等，个别项目填补了地区空白。继续发挥结核病定点医院优势，成立结核病菌阴专家组，对基层医疗卫生机构提供远程会诊等服务。加大对耐药结核、难治性肺结核的诊治力度，多渠道、多方位地协调解决诊疗工作中的问题，最大限度地为患者做好医疗服务。

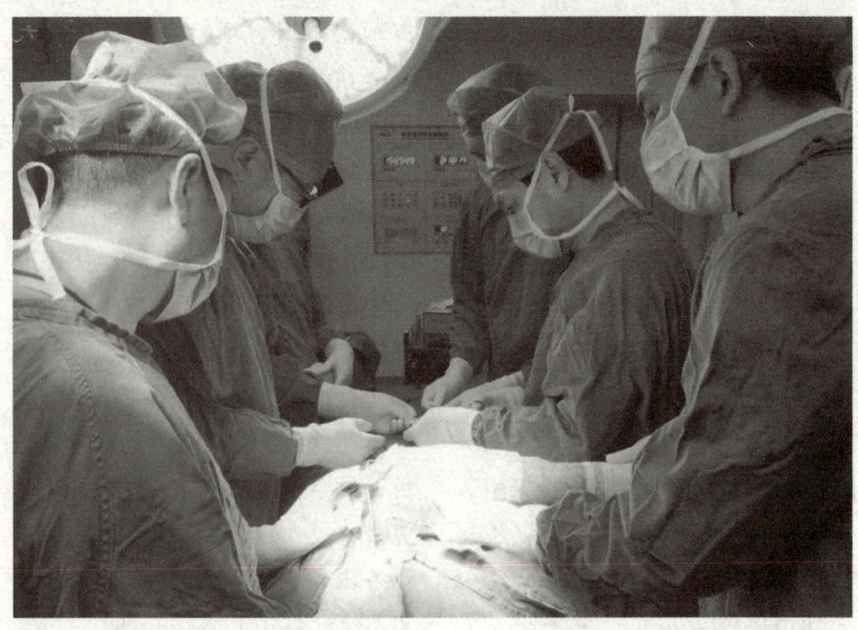

2019年9月13日，地区首例肘关节置换在地区第二人民医院完成(地区第二人民医院/提供)

【学术研究】 2019年，地区第二人民医院积极开展学术交流，加强学术合作，加入上海肺科医院专科联盟，与上海肺科医院建立良好关系。邀请北京协和医院、北京肺科医院、上海肺科医院等专家来院讲学；争取新疆医科大学第一附属医院支持，成功设立王晶博士工作站。发挥地区结核病专科联盟优势，举办地区结核病年会，邀请全国知名专家来院讲课。年内发表医学论文23篇，其中国家级8篇、省部级15篇。举办医学教育项目12项。

【信息化建设】 2019年，地区第二人民医院率先在地区推行社保卡“一卡通”服务，患者在医院可实现使用社会保障卡挂号、就诊、交费、结算、查询等全流程就医服务。实现医保统筹支付、民政救助基金、贫困救助基金实行“一单式”结算，推广床旁结算，让住院患者在病区即可享受“一单式”结算服务。构建全院级综合支付“统一支付对账”平台，平台以线上支付为入口，统一对账管理为核心，实现收费窗口、自助机、微信服务号端微信支付、支付宝支付、银联POS支付一体化，通过扫码即可快速支付门诊、住院费用。

【物价收费】 2019年，地区第二人民医院严格执行《新疆维吾尔自治区医疗服务价格》文件规定，避免超标准收费，自立、分解收费等不合理收费现象的发生。并且定期或不定期下科室对医疗护理收费项目进行质量检查，规范常用护理项目收费频次，提高收费的准确性；规范各科室开展新项目、新技术物价审核程序，明确收费标准；减少分解收费、重复收费等违规行为的发生。

【惠民服务】 2019年，地区第二人民医院全面推行“先诊疗、后付费”制度。对城镇职工、城乡居民医保患者，建档立卡、农村户籍、低保户、贫困户全面实行“先诊疗、后付费”服务，最大限度减轻老百姓看病负担。通过信息系统改造升级，在地区率先推行“社保卡”一卡通服务。

(张学娜)

·阿克苏地区妇幼保健院·

【概况】 2019年，阿克苏地区妇幼保健院（以下简称地区妇幼保健院)门诊155 222人次、住院患者入院7 696人次、手术2 808人次，实现业务总收入5 731万元。先后获得三级甲等妇幼保健院、新疆新生儿专科联盟单位、浙江大学医学院附属儿童医院对口支援单位、地区残疾人康复专科、自治区文明单位等荣誉。

【创建三级甲等妇幼保健院】 2016年地区妇幼保健院启动创建三级甲等妇幼保健院工作，2019年2月27日，正式被自治区卫健委评定为三级甲等妇幼保健院，成为南疆第一所三级甲等妇幼保健院，标志着地区妇幼保健院综合实力、管理水平和保健医疗服务水平迈上新台阶。

【重大公共卫生服务项目管理】 2019年，地区妇幼保健院认真落实重大公共卫生服务项目宣传、培训、管理工作。加强艾滋病、梅毒、乙肝母婴传播项目管理，确保全地区近2万名孕妇接受HIV检测，其中孕早期检测率达70.99%。加强叶酸预防神经管缺陷项目宣传和管理，叶酸服用率97%。加强新生儿疾病筛查、转诊、随访、救助等环节管理，普及新生儿疾病筛查，听力筛查率达到99.55%，转诊率51.67%。落实儿童营养改善项目，参与乌什县、柯坪县实施工作，发放营养包2.4万人次，发放率98.83%。

【儿童保健楼投入使用】 2019年11月22日，地区儿童保健楼正式投入使用，新建成的儿童保健楼主要开展儿童群体保健、儿童生长发育监测指导、儿童营养与喂养监测指导、儿童心理卫生监测指导、儿童眼保健、儿童口腔保健、儿童耳鼻喉保健、儿童康复、高危儿管理及中医儿科、中医推拿诊疗等项目。为周边居民提供更加高效、便捷、优质的医疗保健服务。

【精细化管理】 2019年，地区妇幼保健院为贯彻2011~2020年中国妇女儿童发展纲要，提升医院品位和人员素养，9月20日，正式启动以"7s管理活动、医疗查房竞赛、讲师选拔评聘、精细化护理管理、二级学科专业拓展、妇幼健康知识普及"为核心的精细化管理系列活动，推动全院各项工作向精细化方向发展，提高地区妇幼保健院的医疗质量和核心竞争力。

【医疗质量管理】 2019年，地区妇幼保健院加强医疗质量管理，采用不同方式、办法、措施对临床科室进行监督管理。全年门诊155 222人次，手术2 808人次。强化临床路径管理，引入信息化管理系统，适时开展临床路径变异情况、完成率、医嘱执行情况监控，实施17个病种入径3 347例，出院病例数8 153人，实现全院出院病例占比41.05%。加强抗菌素临床应用的管理，严格执行抗菌素分级管理制度。对全院医师实行抗菌素分级管理，加大查处力度，住院患者抗菌药物使用率45.51%，使用强度比上年33.31DDDS下降2.11DDDS。

【科研创新】 2019年，地区妇幼保健院开展"科技兴阿"——止呕方贴敷治疗妊娠剧吐临床研究项目数据的收集、资料整理及后期总结等工作。加强科研、论文的管理，积极申报继续教育项目，组织自治区级和地区级继续教育培训4次，培训人员266人，专技人员发表国家级和省级论文3篇。针对妇科"海扶刀"聚焦超声诊疗系统项目，制定《地区妇幼保健院海扶工作实施方案》，加强宣传营造浓厚氛围，实行绩效管理，有效提升技术应用率，顺利完成子宫肌瘤、子宫腺瘤、胎盘植入等患者无创治疗120多例；中医科引入"督脉熏蒸"项目，治疗妇科病、月子病、颈肩腰腿疼痛患者250多人次；儿童保健部率先在南疆范围内开展儿童感统训练、孤独症评估及训练、多动症筛查、感统评估、韦氏智力评估等多项儿童认知心理项目和眼科婴幼儿泪囊炎治疗项目720人次。

（王 帅）

·地区中医医院（维吾尔医医院）·

【专科建设】 2019年，地区中医院（维吾尔医医院）为满足群众健康需求，达到专科专治目的，将康复一科更名为康复科，康复二科更名为康复肿瘤科，内二科更名为呼吸脾胃科。医院申报经地区卫健委批准，新成立健康体检中心。重点打造自治区级重点专科，在人力、物力上给予政策上倾斜。突出重点专科特色优势，皮肤科与自治区中医医院签订《新疆银屑病中西医结合诊治联盟合作协议》，充分发挥双方中医、中西医结合的优势，积极开展银屑病临床协作工作；与新疆维吾尔自治区人民医院皮肤性病专业共同组建"新疆维吾尔自治区皮肤性病疾病专科联盟"，加强中医院对皮肤性病的诊疗能力。

【学术研究】 2019年，地区中医院（维吾尔医医院）经地区人才办审批，医院取得《中医草药抗肿瘤活性筛选》《骨关节炎诊治技术的推广》2项科研项目。2项科研项目的全面实施普及，为广大患者带来了福音。全年发表论文15篇，其中国家级核心期刊8篇、省级核心期刊7篇。

【优质护理】 2019年，地区中医院（维吾尔医医院）全面开展优质护理示范工程活动，优质护理病房覆盖率100%，不断提高护理质量与水平，做到让患者满意、社会满意，患者出院随访率98%。各护理单元积极开展康复操、炮制养生茶、中医民族医特色护理等优质护理服务内容，同时通过每月召开1次患者及患者家属公休座谈会，听取患者意见建议，通过一系列优质护理服务，护理合格率100%，陪护率下降30%，住院患者对护理工作满意度98.5%。

【特色治疗】 2019年，地区中医院（维吾尔医医院）皮肤科充分发挥中医民族以特色优势，用传统的中医维吾尔医理论结合先进的治疗技术，主要治疗银屑病、湿疹、白癜风、带状疱疹、荨麻疹、神经性皮炎、激素依赖性皮炎、过敏性皮炎、接触性皮炎、激素依赖性皮炎、手足癣、甲癣、头癣、花斑癣等疑难杂症。医院妇科在诊疗实践过程中，采用阿比赞疗法、帕尔子杰疗法、孜玛地疗法等特色方法治疗盆腔炎、宫颈炎、卵巢囊肿、子宫肌瘤等妇科疾病，为诸多患者解除病痛。

【惠民服务】 2019年，阿克苏地区中医医院（维吾尔医医院）〔以下简称地区中医院（维吾尔医医院）〕落实“先诊疗、后付费”政策，全部住院患者实行免交住院押金，解决患者因交住院押金带来的“看病难、看病贵”的问题；全面实行“一站式”结算，让患者出院结算时最多跑一次路完成所有结算；实行“互联网+医疗健康服务”，从2019年5月份开通微信、支付宝扫码支付等服务，方便患者缴费使患者少跑路；药剂科窗口设置药品使用注意事项咨询服务，为患者指导解答药品使用方面的难题；在门诊楼人员聚集处、住院部各楼层各病房安装智能饮水机，方便患者饮水，同时在住院部病房提供24小时热水洗澡。

（再努热·阿木提）

·阿克苏地区康宁医院·

【救治救助】 2019年，地区康宁医院简化入院流程，与各县（市）康复中心建立转诊绿色通道，实现4级以上精神障碍患者信息互通和出院管理无缝对接，对地区确诊的重性精神障碍患者100%收治。开展风险等级评估和筛查3轮，筛查、评估3 430人次，对基层精防人员开展技术指导工作和业务培训各12场次。

【心理健康诊疗】 2019年，地区康宁医院心理健康志愿者服务队进医院、进机关，先后开展心理健康教育10场次。受益500多人次。开设心理咨询门诊，持续推行心理CT诊疗，开展心理咨询150人次。成立地区精神卫生中心，主动承担地区精神卫生宣传和教育工作。

【康复治疗】 2019年，地区康宁医院结合精神障碍患者康复特点和规律，建立康复心理治疗中心，精神残疾人行为艺术中心，开展特色康复1 500人次，不断实践推进物理治疗与临床治疗相结合的综合康复治疗模式。

【医疗管理】 2019年，地区康宁医院完善医院管理制度，落实医院行政查房制度，组织开展行政查房5次，促进医疗治疗和职能科室管理水平。强化对药品的管理，严格执行自治区药品采购规范，按照《麻醉药品、精神药品管理条例》加强二类精神药品管理。每月对门诊处方进行评价和抗生素检测，编发《药讯》10期。加强院内感染工作管理，成立医院院内感染控制工作领导小组，加强对检验室室内质量管理，开展检验标本采集和检查项目临床意义培训3次。每日质控在控合格率90%以上，标本合格率99%，申请单合格率95%以上。

【医保质控体系建设】 2019年，地区康宁医院成立医院医保领导小组，制定和完善医院医保工作制度9项，规范医疗服务行为。组织医保培训4场次，开展医保考核6次。按照地区医疗卫生行业标准，医院就诊患者城镇职工、城乡居民转诊率控制在1%以内。根据医疗机构基本医疗保险协议，1~4月，医院在院患者的住院目录外费用（含伙食费）控制在规定范围内，5~12月，个人住院目录外费用控制在7%以内；按照国家现行二级医院药品占比控制和地区医保局需求，严格控制患者药占比，住院医保病人药占比控制在20%以内。

（景玉娥）

社会民生

社会经济调查

【住户调查】 2019年，国家统计局阿克苏调查队加快推进住户电子记账“量质齐升”，按照逐人培训、逐户推广原则，通过入户宣传、远程指导、集中培训等方式，确保开户率达到35%（剔除语言因素，开户率达75%），全年住户调查记账笔数比上年增长15%。扎实落实住户办主体责任，联合阿克苏地区统计局，统筹抓好辖区1 100户住户调查工作，促进全地区住户数据质量整体提升。

【农作物遥感测量和对地抽样调查】 2019年，国家统计局阿克苏调查队按时完成阿克苏辖区5个县（市）34个调查区102个300m×300m调查样方的全年种植意向调查、春播面积调查、夏收预产调查、夏收实测调查、夏播面积调查、秋粮预计产量调查、棉花（籽棉）预计产量调查、秋冬播种植意向调查、秋收非放样实测调查、秋收放样实测调查、棉花入户测产、棉花实割实测试点和秋冬播面积调查13项调查任务，确保数据高质量真实准确完整。

【专项调查】 2019年，国家统计局阿克苏调查队配合国家统计局克孜勒苏调查队完成阿克苏地区7县2市4个乡（镇）公众安全感和政法工作满意度调查，抽调业务骨干完成哈密市伊州区公众安全感和政法工作满意度交叉调查，及时准确反映社情民意，为党委政府科学决策提供统计数据支撑。

【数据质量】 2019年，国家统计局阿克苏调查队坚持《日常数据质量登记检查备案制度》，每月组织各专业数据质量自查，开展统计造假专项整治工作，完成5个方面26条问题的整改。对9个专业进行数据质量自查“回头看”，采取电话抽查、实地检查等方式，抽查检查数据231笔。

【信息和分析研究】 2019年，国家统计局阿克苏调查队参与农村快递业和电子商务开展情况、夏粮收购和销售情况、棉花生产和收购情况、季度农村经济形势分析、阿克苏地区纺织业情况、减税降费政策情况等约稿信息调查，累计上报约稿信息8篇。各调查专业累计向国家统计局新疆调查总队上报经济信息、分析103篇，有效发挥统计调查精准服务功能。

【统计法治建设】 2019年，国家统计局阿克苏调查队组织开展公职人员网络学法用法和无纸化考试工作，以宪法宣传月、“9·20”统计开放日等重要节点为契机，采取局队联合宣传、下点入户实地宣传、业务培训+法治宣传等模式，累计向调查对象发放宣传资料300多份。针对PPI、CPI、住户调查、主要畜禽监测调查等专业，组织各专业开展数据质量自查30次、统计执法检查17次、办结统计违法案件1件。

（张　晶）

民政工作

【社会救助】 2019年，地区民政局深入开展居民家庭经济数据信息比对，定期入户核实，摸清低保对象实际情况，做到“建档立卡信息、民政系统信息、农户实情”三者一致，及时纠错，将不符合条件的低保对象按程序退出，符合条件的实名纳入。全地区共有城乡低保对象6.81万户13.93万人，其中城市低保对象1.2万户2.14万人、农村低保对象5.61万户11.79万人，累计正常清退城乡农村低保对象1.75万户3.99万人。累计下拨困难群众救助资金6.2亿元。

2019年5月1日，国家统计局阿克苏调查队干部在阿克苏市开展农作物遥感测量春播面积调查工作(玉素甫·伊利亚斯/摄)

【脱贫攻坚社会保障兜底】 2019年，地区民政局紧盯“两不愁、三保障”目标任务，加强社会救助、特困人员救助供养、临时救助等社会保障制度和扶贫开发政策的有效衔接，发挥社会救助的兜底保障功能。2019年7月1日将农村低保标准提高至3 732元/年。截至2019年12月31日，累计将建档立卡贫困户纳入低保5.3万人，“两线合一”(实行低保标准与扶贫标准统一设定)0~3岁及65岁以上，重病重残纳入低保兜底范围的贫困人口1.7万人，其中2019年脱贫建档立卡贫困户10 763人。累计将单人单户建档立卡贫困户2 099人纳入农村低保，将4 958名建档立卡贫困户给予一年渐退期继续享受低保，将3 795名建档立卡贫困户稳定脱贫一年后予以取消低保。

【精神障碍患者救治】 2019年，地区建立县(市)精神障碍患者赴地区康宁医院转诊绿色通道，4~5级精神障碍患者信息互通和出院管理实现无缝对接。全面落实贫困人口“先诊疗、后付费”“一站式结算”政策，确保国家惠民政策落到实处。

【孤残儿童关爱保护】 2019年，地区民政局全面提高孤儿生活标准，孤儿基本生活利益得到有效保障。2019年1月起提高孤儿基本生活补助，集中收养孤儿基本生活标准提高到1 100元/月、分散收养孤儿基本生活标准提高到800元/月。有意愿的“五保”老人集中供养、孤儿集中收养率分别达到100%和93%。

【困难群众救助】 2019年，自治区共下拨中央及自治区困难群众救助资金6.12亿元，累计支出困难群众救助资金6.12亿元，其中支出临时救助资金2 867.74万元，支出进度100%，县(市)各级财政配套资金3 306万元，地区所有民政救助对象困难群众救助资金全部发放至12月份。累计为8.09万户16.14万名困难群众发放过冬物资6 295万元资，其中为635户低保户每户发放500元供暖补贴(详见表格内容)。

2019年阿克苏地区民政局困难群众物资发放情况一览表

慰问类别	户数(万户)	人数(万人)	大米(吨)	面粉(吨)	食用油(吨)	取暖煤(吨)	过冬衣物棉被(套)
城乡低保户	4.97	9.53	244.16	409.3	111.1	3.72	4683
建档立卡贫困户	1.7	3.5	167.2	264.12	61.32	2.42	1374
困难群众	1.42	3.07	156.52	246.815	73.83	8249.24	2639

【社会福利慈善事业】 2019年,地区民政局地区慈善总会接受社会各界慈善捐款217万元,累计投入247万元开展各类扶老助孤、医疗救助、助学兴教、公益援助等慈善救助活动20场次,10万人次受益。携手阿克苏市同仁眼科医院,在全区启动“慈善复明”项目,为239名家庭贫困的白内障患者支付手术费40.63万元。为20名身患大病的贫困人员提供16万元救助。为地区儿童福利院送去价值1.8万元学习用品。分别深入阿克苏市新和县5个村(社区)6次捐赠20.8万元物资。为新疆理工学院、职业技术学院和地区十三所中小学捐赠103万元教学设备和文体用品。为300名贫困学生各发放3 000元助学金。

【慈善与福彩事业】 2019年,阿克苏地区福利彩票销售额3.7亿元,为地区本级留存福彩公益金2 510.36万元,有力支持社会福利事业的发展。全面落实残疾人“两项补贴”(困难残疾人生活补贴和重度残疾人护理补贴制度)、80岁以上老年人高龄补贴和一次性免费体检补助制度,有效保障特殊群体的基本利益。

【社团组织管理】 2019年,地区民政局社会组织登记管理更加规范、党建工作持续加强。利用福彩公益金以购买服务方式对60家地区本级社会组织开展等级评估。地区本级审核成立社会组织15家、注销社会组织17家、受理变更事项24项,章程修改7项,完成年检事项81件。

【区划地名管理】 2019年,地区民政局区划地名工作稳步推进,完成与伊犁州行政区域界线联检工作;对地区7县2市97万多条标准地址二维码门楼牌地址进行审核及编码;完成《阿克苏地区行政区划图》批量印刷。补充完善《中华人民共和国标准地名词典》254条和《中华人民共和国标准地名志》70条地名词条内容。完成《阿克苏地区地名图志》内容编辑校对的招投标工作。

【社会事务管理】 2019年,地区民政局婚姻、收养登记依法有序推进,准予登记结婚21 271对,补录7.02万份中华人民共和国成立以来现存婚姻登记历史档案数据。公益性生态公墓建设实现所有乡(镇)、村全覆盖。投入56万元用于各救助管理机构办公设备更新、救助基础设施建设,地区救助管理整体水平有力提升。

【重点项目建设】 2019年,地区民政局制定印发《阿克苏地区医养中心规划建设及运行方案》,提请两办印发《阿克苏地区医疗康养项目招商引资扶持办法(试行)》,探索“公办民营”“公建民营”养老产业新模式。地区医养中心项目一期建成,社会福利园区康养项目一期完成招标、顺利实现公建民营。制定实施《地区民政福利设施体系建设三年行动方案(2018~2020年)》,争取上级资金1.26亿元、涉及项目28个。

(陈 瑛)

人力资源和社会保障

【机构改革】 根据地区机构改革工作安排,地区人社局所属地区公务员局职能、机构、人员编制整体划转入地委组织部,地区人社局、地区社会保险管理局医疗、生育保险职能划转入地区医疗保障局,地区人社局军队转业干部安置管理职能划转入地区退役军人事务管理局。地区人力资源和社会保障局人才开发办公室、调解仲裁管理办公室行政职能划入地区人力资源和社会保障局,同时划入此项工作人员9名。根据自治区机构编制委员会《关于阿克苏地区县级事业单位调整的批复》(新党编委〔2019〕67号)设立地区人力资源和社会保障服务中心、地区公共就业服务中心,地区社会保险管理局更名为地区社会保险中心。

【职称评审】 2019年,全地区参评专业技术人员共11 379人,通过职称评审2 407人(正高级46人、副高级547人、中级1 582人、初级232人);初定初级和授予高、中级通过评定7 251人(正高级1人,副高级3人,中级694人,初级6 553人)。加大人才培养选拔力度,拨付19名天山英才工程人员培养经费99万元,推荐48名少数民族科技骨干参加疆内外特殊培养。

【人事考试】 2019年,地区人社局根据自治区、地区统一安排,完成自治区公务员招录考试、阿克苏地区地直机关公开遴选公务员考试、从驻疆部队中招录留疆战士考试、阿克苏地区面向社会公开招聘事业单位工作人员考试、第二、三批“天池计划”考试笔试、自治区公安局事业单位招聘等考试，累计参加考试人数共计 32 529 人，共设置 35 个考点 1 380 个考场。做好 2019 年度各类招录、招聘及职(执)业资格类考试笔试、判卷、成绩公布等工作，全年无人事考试泄密事件和规模化、集团化、高科技作弊等违纪违规行为发生。

【伤病残鉴定】 2019 年，地区组织开展机关事业单位非因工伤或因病(残)劳动能力鉴定工作 2 次，参加鉴定人员 493 人，通过组织体检、专家鉴定、专家评审达到国家鉴定标准完全丧失劳动能力 337 人；组织开展地区企业及灵活就业人员劳动能力鉴定工作 2 次，参加鉴定人员 256 人，通过组织体检、专家鉴定、专家评审达到国家鉴定标准完全丧失劳动能力 175 人；组织开展工伤职工劳动能力鉴定工作 4 次，参加劳动能力鉴定工伤职工 432 人，并及时下发工伤职工劳动能力鉴定结论书，全力维护劳动者合法权益。

【案件查处】 2019 年，地区人社局实施“双随机、一公开”监察执法，主动出击，开展清理整顿人力资源市场秩序、驾校及物业服务行业劳动用工情况、根治欠薪夏季行动、根治欠薪冬季攻坚行动四大专项检查，共检查各类用人单位 11 536 户，检查覆盖率 97%，约谈用人单位 1 412 户，约谈覆盖率 11.9%。及时受理各类投诉举报案件，共查处投诉举报案件 635 件，其中协调处理 409 件、立案查处 226 件，向公安移送涉嫌拒不支付劳动报酬犯罪案件 25 件，行政处罚(处理)25 起，向社会公布重大劳动保障违法行为 30 件，为 1 033 名劳动者追发工资 1 912.06 万元，追缴社会保险费 16.43 万元，法定时限案件办结率和查处率 100%。开展保障农民工工资支付工作考核，推动劳动用工实名制信息化管理、农民工工资专用账户管理、农民工工资保证金制度落实，地区 488 个在建项目三项制度覆盖率达 98%。

【转移就业促脱贫】 2019 年，地区人社局摸清贫困劳动力底数，依托基层劳动保障站(所)，健全贫困劳动力转移就业信息库台账和“一人一档”，实现贫困“零就业”家庭劳动力至少 1 人就业，确保“底数清、对象准”。建立空岗信息月报告制度，贫困家庭劳动力优先转移纺织企业就业和工资较高的岗位就业，确保“输得出、能脱贫”。按照贫困劳动力就业意向及岗位需求，规范职业技能培训审批程序和项目资金管理，在全疆率先推广运用人脸识别管理系统，提高培训质量。全年地区转移就业建档立卡贫困劳动力 9 992 人。

【就业组合拳】 2019 年，地区人社局突出统筹推进，打好“五个年”就业组合拳。开展“拓岗稳岗落实年”活动，坚持因地制宜，立足短期务工和季节性务工等转移就业需求，深入开发农村经济组织、乡村小微企业和农业内部用工岗位；积极发挥对口援疆优势和兵地融合作用，开发内地、疆内、兵团企业就业岗位 15.97 万个。加强“公共就业服务信息化攻坚年”活动，以实名制动态管理为基础，做好就业服务、信息录入、数据维护工作，通过开展数据调度、电话抽查、数据对比，做实就业人员实名制管理工作，实现人员录入系统率 100%。深入推进“职业培训提质增效年”活动，围绕特色种植业、养殖业、林果业，紧盯庭院经济、农产品加工业、各类劳动密集型企业、乡村旅游、家政服务、餐饮业等企业用工需求，强化“国家通用语言+技能+纪律+法律法规”培训。扎实做好“充分就业评估年”工作，依托“充分就业评估年”评比标准开展评估，促进活动逐月推进完成。2019 年，地区累计城镇新增就业 4.24 万人，农村富余劳动力转移就业 22.26 万人次，城镇登记失业率控制在 1.56%较低水平，开展各类培训 4.64 万人次，职业技能鉴定 1 万人。

【高校毕业生就业】 2019 年，地区人社局优先做好高校毕业生就业，落实“五个一批”就业计划，鼓励高校毕业生先就业后择业。应届高校毕业生实名制登记 10 129 人，实现就业 9 682 人，就业率 95.58%。落实就业见习计划，拓展就业见习基地，为有就业意愿、缺乏就业技能的 16~24 周岁未就业青年，提供实践锻炼机会，在见习期满后择优录用。全地区共有就业见习单位 76 家，新增就业见习人员 1 053 人。实施高校毕业生赴援疆省市培养计划，分别选送三批 300 名高

2019年9月6日,阿克苏地区"浙阿杯"创业创新大赛在阿克苏地区影剧院举行(阿克苏地区人社局/摄)

校毕业生赴杭州市参加自主创业和企业管理培训。

【大众创业】 2019年,地区人社局在乡(镇)、村创建就业创业实体,推动地区创业载体高质量发展。全地区建成创业孵化基地(园区)81个,村级就业创业基地179个;引进创新理念,举办地区2019年"浙阿杯"创业创新大赛,参赛项目106个,发现和培育一批走在"大众创业、万众创新"前列的青年创业创新人才;激发创业热情,积极鼓励大学生开展创业工作,为大学生创业提供政策咨询、项目推荐、创业培训、开业指导、风险评估、项目融资等服务。打造"双创"基地,建成地区创新创业大厦,为创业者和企业提供功能齐全的场地。累计入驻企业100家,从业人员326人;新增创业1.09万人,带动就业1.7万人。

【就业培训】 2019年,地区人社局围绕就业抓培训,根据地区"76331"战略部署六大产业,结合"职业培训提质增效年"活动,开展培训就业意愿和企业空岗双向摸底,人岗匹配,为城乡富余劳动力开展精准培训搭建就业平台;围绕企业岗位抓培训,依托有用工需求的108家企业、8所公办院校和26家民办培训机构,开展转移就业前基本劳动素质培训11 448人,劳动密集型企业岗前培训17 060人;推进旅游职业培训促进计划,围绕"旅游+"工程开展培训3 209人;以"订单、定向、定岗"培训为抓手,以企业自主培训为主体、校企合作培训为补充,组织有就业意愿、有就业能力的农村富余劳动力特别是贫困家庭劳动力参加职业技能培训。开展职业技能培训10 208人,贫困家庭劳动力培训14 083人。

【产业工人服务管理】 2019年,地区人社局形成工作合力,制定印发《阿克苏地区做好产业工人预备人员服务管理的实施意见》,开展产业工人预备人员管理服务工作,推动形成党委领导、政府负责、分级管理、齐抓共管的工作格局。健全管理制度,制定地区和县(市)两个层面产业工人预备人员入库、出库等储备、服务、管理、评估四类7项规定,基本形成"村(社区)有档、乡(镇)有表、县(市)有卷、地区有册"的预备人员数据库。做好服务跟踪,督促指导村级劳动保障协理员定期入户走访,对返乡频次较高的人员,加强教育转化,促进其稳定就业;对于有就业意愿,但因技能、家庭因素未能就业人员,逐一制定结对帮扶措施,积极组织参加技能培训,提高就业技能,帮助其尽快实现就业。截至年底,全地区产业工人预备人员实现就业18 595人。

【社会保障】 2019年,地区人社局深入实施全民参保工作,全地区三项社会保险参保175.46万人次(含养老保险待遇享受人数),比上年增加7.95万人次。统一地区贫困人口个人缴费政府代缴100元标准,提高城乡居民养老保险基础养老金至140元/月,落实60周岁以上贫困人员享受养老保险待遇,实现贫困人口参保缴费、政府代缴、享受待遇全覆盖。推进机关事业养老保险制度改革,完成地区8 003名退休"中人"(指2014年10月1日养老保险统账结合制度建立前参加工作,2014年10月1日后退休的人)待遇重算。为各类机关、企事业单位减少社保缴费负担5.5亿元。推广使用"阿克苏智慧人社手机APP"进行自助式资格认证,实现资格认证"足不出户”。全地区退休职工及城乡居民手机 APP 认证 21.36 万人，认证率达 98%。完善社保经办内控制度，建立完善内控制度 43 项，核查冒领社保待遇 3 224 人，追回违规领取养老待遇 1 504 人、662.77 万元。书面稽核 7 210 家单位，实地稽核 2 360 家，追回漏缴社保基金 1 094 万元。

【养老保险】 2019 年，地区人社局根据《关于 2019 年调整退休人员基本养老金有关问题的通知》（新人社发〔2019〕28 号）文件精神，开展退休人员基本养老金调待工作，2019 年享受基本养老金调整条件的企业、机关事业单位退休人员共计 78 116 人，调整后月人均养老金 3 708.79 元，月人均增加养老金 180.92 元，其中企业退休人员 45 904 人，调整后月人均养老金 2 614.45 元，月人均增加 160.55 元；机关事业单位退休人员 32 212 人，调整后月人均养老金 5 268.3 元，月人均增加 209.96 元。

【失业保险】 2019 年，地区人社局根据《关于失业保险支持企业稳定就业岗位有关问题的通知》（新人社发〔2019〕21 号）文件精神，开展落实援企稳岗、失业保险费返还工作，为全地区 280 家企业审批拨付稳岗补贴资金 1 362 万元，帮助企业稳定员工队伍，减轻企业负担。

（刘 旭）

军人服务

【机构设置】 阿克苏地区退役军人事务局（以下简称地区退役军人事务局）组建于 2018 年 11 月 28 日，局下设二级单位退役军人服务中心；机关内设科室 2 个：办公室、业务科。核定编制 13 个，其中行政编制 8 名、机关事业编制 5 名；县级领导职数 4 名（正县级 2 名、副县级 2 名），科级领导职数 5 名（正科级 2 名、副科级 3 名）；退役军人服务中心为公益一类事业单位，核定编制 5 个（正科级职数 1 名、副科级职数 1 名）。

【退役军人优抚安置】 2019 年，全地区享受抚恤待遇的各类优抚对象共有 1 917 人，使用资金 4 358 万元（其中军队离退休干部退役安置资金 1 296 万元、优抚各类资金 3 062 万元），全部按月以“一卡通”形式足额发放到位。

【军队转业干部安置】 2019 年，地区退役军人事务局接收自主择业军转干部 95 人，接收计划安置军转干部 4 人，接收军队退休干部 5 人，接收军队复员干部 2 人。接收退役士兵 330 人，兑现一次性经济补助金 1 217.85 万元。

【退役军人服务工作】 2019 年，地区退役军人事务局及时足额兑现各类优抚待遇，保障基本生活。对生活困难的 138 名重点优抚对象走访慰问，发放困难补助金 41.4 万元，解决了优抚对象“三难”（生活困难、住房困难、医疗困难）问题。解决部分退役士兵社会保险问题，受理补缴申请 280 人。

【退役军人就业创业工作】 2019 年，地区退役军人事务局强化培训，提升退役军人职业技能，举办就业创业培训会 2 场次，参训学员 180 人；举办退役军人招聘会 7 场次、就业推介会 5 场次；各种渠道解决退役士兵就业 522 名；积极争取政策支持，扶持退役军人创业，地区退役军人事务机构共协调创业担保贷款 60 万元，扶持 8 人实现创业，带动吸纳 24 人实现就业再就业。教育引导退役军人参加继续教育，提升学历水平，增强自身竞争力，审核有意愿接受继续教育退役士兵 235 人。

【信息采集和光荣牌悬挂工作】 2019 年，地、县退役军人事务局积极与相关部门沟通协作做好信息采集工作，共采集上报信息 22 244 条；启动悬挂光荣牌工作，营造全社会尊重烈属、军属和退役军人的浓厚氛围，悬挂“光荣之家”21 000 户。

【双拥工作】 2019 年，地区退役军人事务局按照机构改革工作总体部署，及时调整补充地区双拥工作领导小组成员，加强对双拥工作的领导。地区各级退役军人事务局先后召开 12 次军地、部门联席会议，开展国防教育 16 场次，重大节日节点走访慰问部队执勤点位 67 个，赠送价值130 万元慰问品，解决部队子女就学、落户、随调、就业等实际困难 97 件，举办双拥晚会（联谊会）7 场次。开展双拥创建工作，自治区命名双拥模范城（县）3 个，分别为阿克苏市、库车市、阿瓦提县。

（刘智慧）

阿克苏市

【基本情况】 “阿克苏”一名，维吾尔语意为“白水城”，古为秦汉之际西域三十六国的姑墨、温宿两国属地，是古丝绸之路上的重要驿站，也是龟兹文化和多浪文化的发源地，素有“塞外江南”之美誉。位于新疆维吾尔自治区西南部，塔里木盆地西北边缘，天山南麓，塔里木河上游，阿克苏河冲积扇上。北靠温宿县，南邻阿瓦提县，西与乌什、柯坪两县相毗连，东与新和、沙雅两县接壤，东南部伸入塔克拉玛干沙漠与和田地区的洛浦、策勒两县交界。东北距自治区首府——乌鲁木齐市直线距离666千米，公路里程1 010千米。

2019年，辖4乡2镇、5个街道办事处和6个片区管委会。全市年末常住人口55.78万人（不含暂住人口，含兵团），其中非农业人口32.3万人，农业人口23.48万人。男性人口27.81万人，女性人口27.97万人，性别比为99.43:100。常住人口中有39个民族。全年人口出生率18.64‰，死亡率4.75‰，人口自然增长率3.89‰。

农作物播种面积9.24万公顷，粮食播种面积1.84万公顷，棉花面积6.06万公顷，林果业总种植面积5.68万公顷。境内有天然湖泊1个；主要河流有阿克苏河、多浪河等，年总径流量75.41亿立方米；水资源总量7.40亿立方米。全市国土总面积144.15万公顷（含辖区内兵团），已发现矿种8种，查明有资源储量矿物8种。主要野生药用植物有甘草、党参、大芸、麻黄、阿魏、当归、羌活、赤芍、板蓝根、黄芪、大黄、列当、罗布麻、龙胆、苍紫草、乌头、锁阳、贝母、车前、枸杞、青兰、蒲公英、菟丝子、蓟、红花等。野生动物266种，其中金雕、黑鹤、新疆大头鱼三种国家一级保护动物，鹅喉羚、塔里木兔、白鹭、苍鹭、苍鹰等20多种国家二级保护动物。主要矿产资源发现的矿种有钒、磷、铜、汞、煤、石灰岩、白云岩、玄武岩、陶粒页岩、泥岩、大理岩、片岩、砖瓦黏土、砂石料、冰洲石、玛瑙等17种，已经开发利用的有磷、石灰岩、石英砂岩、片岩、砖瓦黏土、砂石料等6种。建城区绿地率40.8%，2019年造林面积1.27万公顷，自然保护区1个，总面积1.92万公顷。

有多浪河景区、多浪河国家湿地公园2个AAAA级旅游景区。地方名产品有冰糖心红富士苹果、红枣、核桃、香梨、葡萄等。属暖温带大陆性干旱气候。

2019年，完成生产总值2 403 808.55万元，其中第一产业增加值242 120.46万元，比上年增长5.9%；第二产业增加值572 558.05万元，比上年增长8.4%；第三产业增加值1 589 130.04万元，比上年增长14.2%。

农林牧渔业总产值520 213.41万元，比上年增长11.1%，其中种植业产值390 335.32万元，增长12.6%；林业产值2 918.93万元，增长1.2%；畜牧业产值111 970.61万元，增长7.2%；渔业产值2 135.32万元，增长0.2%；农业服务业产值12 853.23万元，增长3.2%。主要农产品产量：粮食（含薯类）产量14.27万吨，比上年增长16.6%；棉花产量11.53万吨，比上年下降1.2%；蔬菜（含菜用瓜）产量23.91万吨，下降23.0%；瓜类产量10.17万吨，增长14.3%。果品类产量82.49万吨，增长1.0%。其中红枣产量12.99万吨，下降0.4%；苹果产量 47.93 万吨，减少 3.3%；梨产量 15.91 万吨，增长 9.1%。坚果(核桃)产量 4.69 万吨，增长 22.3%。

年末牲畜存栏 62.67 万头(只)，比上年增长 1.5%；全年牲畜出栏头数 112.38 万头（只），增长 5.3%。肉类总产 8.33 万吨，比上年增长 4.7%，奶类(牛奶)产量 3.43 万吨，增长 4.1%；禽蛋产量 4.36 万吨，增长 6.1%；水产品养殖产量 0.08 万吨，增长 2.6%。农业机械总动力 31.87 千瓦，比上年增长 10.3%。

全口径工业总产值 1160 691.01 万元，比上年增长 14.6%。全口径工业增加值330 797.46 万元，比上年增长 14.2%(规模以上工业企业 70 家，工业增加值 278 489.46 万元)。主要工业产品产量：水泥产量 188.82 万吨，比上年增长 12.6%；纱产量 18.48 万吨，增长 4.0%；食用植物油产量 1.00 万吨，下降 48.5%；商品混凝土产量97.31 万立方，下降 10.4%；纤维板 12.47 万立方米，增长 11.4%。

建筑业生产总值 272 853.02 亿元，建筑企业施工房屋建筑面积 105.01 万平方米，竣工面积 37.57 万平方米。

全社会固定资产投资 37.57 亿元，比上年增长 15%，其中建设项目投资 84.31 亿元。社会消费品零售总额 854 561.4 万元，其中批发和零售业 795 333.73 万元、住宿业 24 553.23 万元、餐饮业 32 360.70万元。

全年货物进出口总额 7 823 万美元，比上年下降 9.5%。

全年接待国内外旅游人数 300.8 万人次，比上年增长 160.6%，旅游总收入 84.30 亿元。地方财政收入 365 110 万元(一般公共预算收入 208 900 万元)，地方财政支出 791 343 万元(一般公共预算支出 617 811 万元)。年末城乡居民储蓄存款余额 7 178 247 万元。

有普通高中 4 所，在校学生 9 661 人；初中 22 所，在校学生 25 257 人；小学 60 所，在校学生 68 636 人；幼儿园 193 所，在园幼儿 39 537 人。

有医疗卫生机构 368 个(含私营、个体)，其中市级医院 4 个、乡级卫生院 7 个，疾控中心(防疫站)1 个，卫生监督检验机构(所)1 个，妇幼保健院 1 个，戒毒康复医院 1 个，村卫生室 117 个，社区卫生服务中心 37 个。医生 722 人，其中执业医师 722 人；乡村医生和卫生员 205 人；注册护士 811 人。全市有病床数 1 354 张。

全年城镇居民家庭人均可支配收入 34 332 元，增长 7.8%；农村居民家庭人均纯收入 19 321 元，增长 7.4%。

2019 年年末，实现城镇再就业2 807 人；城镇登记失业人数 1 318 人，城镇登记失业率为 1.07%。截至年底，参加城镇职工基本养老保险人数 50 206 人，参加城镇居民基本养老保险人数 95 834 人；参加城镇职工基本医疗保险人数 69 603 人，参加城镇居民基本医疗保险人数 362 021 人；参加工伤保险人数 40 402 人；参加生育保险人数 41 943 人。城镇居民最低生活保障人数 4 712 人，农村居民最低生活保障人数 12 923 人。

【浙江省杭州市对口援建】 2019 年，杭州市对口支援阿克苏市指挥部(简称杭州市援阿指挥部)实施援疆项目 24 个，完成援疆资金投资 20 071 万元，其中产业就业项目 6 个，安排援疆资金 915 万元；民生保障项目 4 个，安排援疆资金 4 246 万元；基层维稳项目 3 个，安排援疆资金 2 750 万元；教育援疆

阿克苏市多浪河(俞刘东/摄)

项目7个，安排援疆资金11 492万元;干部人才项目2个,安排援疆资金458万元；交流交往项目2个,安排援疆资金210万元。24个援疆项目实现开工率100%，完工率100%,援疆资金到位率100%。

项目援疆　2019年,杭州市援阿指挥部完成明德幼儿园、西湖幼儿园、阿克苏市天杭实验学校项目建设。在“硬项目”建设过程中,坚持两地联动、重大事项报告,全程跟踪全程服务，坚决做到前期程序、管理机制、工程质量、工程进度“四个严格”。整合岗位资源优势,定人定位定项目,推进援疆项目。建立联席会议制、协调推进制、项目长负责制、信息通报制,定期研究解决项目建设过程中的困难和问题,确保制度到位、协调到位、监管到位、资金到位,强化项目建设机制保障。再投50万元在阿克苏市多浪第一幼儿园建立阿克苏市学前教育培训基地，可同时培训250名教师。

产业援疆　2019年,杭州市援阿指挥部注重挖掘特色、确保突破,推进电子商务,逐步形成实体店和网店有机结合的杭州特色“十城百店”模式,在杭州设立12家门店,坚持线上线下“两轮驱动”架接电子商务产业全面发展。牵头成立阿克苏市电子商务协会,注册公共品牌“冰糖红”,在浙江、广东、陕西等地租赁分仓，加强品控管理,降低物流成本。将“十城百店”和电商发展有机结合,协调阿克苏冰糖心苹果直供阿里巴巴集团旗下的天猫平台,“双十一”“浙洽会”“农博会”“首届农民丰收节”期间,共销售阿克苏特色农产品5 834吨。投入援疆资金2 000万元在依干其乡、托普鲁克乡建立袜业园,解决317名贫困群众就业问题。根据“补链强链”的产业发展思路,投入援疆资金500万元建设包装产业园,引进全国优质环保的造纸企业和包装企业,通过“以企引企,壮大园区”模式，推动包装产业的集聚，带动20多家相关企业发展，吸收并创造就业人数2 000人。持续推动杭、阿两地产业对接和企业合作，组织和参与重大招商引资活动，引导杭州农副产品加工企业来阿考察投资。投资2亿元的阿克苏浙疆果业有限公司核桃深加工项目开工建设，累计解决就业2 000人,收购生产核桃5 000吨。协调杭、阿两地签订《旅游合作协议》,实现优势互补,带动农家乐、南疆民俗游,促进少数民族贫困群众就业。加强南北疆特色旅游合作,形成南北疆旅游大环线,定制沙漠游、草原游、峡谷游等11条精品线路，满足不同层次旅游需求，每年带动1~2万名新增游客。加大旅游从业人员服务能力培养和提升,完善和提升公共配套设施,不断优化旅游环境。

教育援疆　2019年,杭州市援阿指挥部坚持建硬件、强软件,打造一条从幼儿园到小学、初中、高中的“杭派十五年美好教育示范线”。发挥援疆教师的专业优势,以“智慧+空中丝路课堂”“教研千课帮带百人”“三名”校长高端论坛、“主题赴杭培训班”等为载体,形成立体师训组合模式，构建传帮带制度,提升当地教师水平。举行“智慧+空中丝路课堂”20多场，培训阿克苏市教师4 500人次,举办杭阿两地名书记、名校长高峰论坛、浙派名特级教师、新锐教师论坛等活动8场，受益教师3 000人次。利用杭州教育优势资源,签订两地帮扶协议,20所杭州学校与18所阿克苏学校结对,帮助阿克苏市受援学校提升校园文化，指导阿克苏市第二小学形成“品”文化顶层设计和“品乐课程”框架体系，搭建阿克苏市第四小学“五红”课程体系。以提升国家通用语言水平、提高教育质量为目标,组团送教100课时,抓好骨干校长工作室和重点薄弱学科工作室建设。

医疗援疆　2019年,杭州市援阿指挥部以“降低老百姓的看病成本,降低公共疾病控制成本”为目标,建设杭阿共建工作室、疾控工作室,打造特色科室和“组团式”医疗援疆。帮助市人民医院打造特色中医骨伤科,促成杭州市中医院与阿克苏市人民医院签订对口帮扶重点学科建设协议。先后派出7名专家驻院指导，开展骨折手法整复、杉树皮小夹板固定、保守治疗患者共1 286例,节约资金2 121.9万元，使老百姓看病成本下降85%。制定帮带培养计划,强化医教协同,带动医院医生和科室快速发展。安排专项资金300万元,用于阿克苏市传染病医院结核病集中收治点改造、启用、购置结核病防治仪器设备，邀请杭州市疾控、临床、护理和医院感染方面的专家来阿克苏短期帮扶,加强对结核病的防控,从源头上阻断因病致贫问题。安排专项资金500万元,助力阿克苏市人民医院康养中心建设,弥补阿克苏市老年病专科和康复专科建设的空白。投入66万元,在杭阿两地医院建立远程会诊诊疗中心,把杭州优质医疗资源引进阿克苏市。

【阿克苏经济技术开发区建设】 2019年,阿克苏经济技术开发区工业总产值20.8亿元,工业增加值11.03亿元,固定资产投资20.11亿元。

2019年,阿克苏经济技术开发区建设静脉产业园道路、月亮坡道路11条,约45.5千米。铺设一期排水管道约25千米、一体化提升泵站1座、排水井等其他配套附属设施。实施16千米防洪坝和1条泄洪渠的维修加固工作。实施中水回用、防沙固沙建设项目一期1#、2#蓄水池及6.8千米输水管道的建设工作。

2019年,阿克苏经济技术开发区借助地、市招商部门、经济部门开展各类招商活动,积极与内地大企业大集团沟通、对接,引导知名企业到开发区投资兴业。围绕各项政策、本地市场需求和开发区主导产业进行补链招商,引进一批投资额度大、市场前景好、带动能力强的领军企业,不断发展壮大产业集群。招商引资到位资金29.67亿元,比上年增长11.7%。争取上级补助资金1 314万元。

2019年,阿克苏经济技术开发区把推进项目建设作为实现工业稳增长的重要抓手,坚持按照“前期项目抓开工,在建项目抓进度,建成项目抓投产”的要求,集中力量进行项目攻坚,确保项目顺利推进。年内,共有重点建设项目3个,其中新疆嘉轮轮胎有限公司年产120万条高性能子午线轮胎项目,总投资155 000万元,主要建设年产120万条高性能子午线轮胎生产线及标准厂房、仓库、办公楼等其他配套附属设施,项目已建成,12月底完成试机;新疆中润达专用汽车制造有限公司年产5 000辆专用汽车项目(一期),总投资20 000万元,主要建设宿舍楼、办公楼、一期标准化厂房,以仓栅式上装、普通半挂专用车、随车起重机组装生产线为主,增加生产自卸车、罐式车、和特种专用车(环卫车)产品,年底1座厂房已建成,厂房内设备安装完成;新疆吉尔特电器有限公司太阳能空调、空气净化器、冷暖风机生产线投资建设项目,总投资15 000万元,一期项目建设用地6.67公顷,建设太阳能空调、空气净化器、冷暖风机等系列产品生产线。

2019年,阿克苏经济技术开发区把“建设崇尚节能环保、厉行节约”作为常效工作来抓,明确节能减排工作责任、目标、措施及要求,投资7 200万元建设中水回用、防沙固沙项目,建成蓄水池3座、提升泵站4座,铺设输水管道95.235千米,建设生态林454.324公顷。

(柏小丽)

库车市

【基本情况】 库车古称“龟兹”,地处天山南麓中部、塔里木盆地北缘,位于北纬40°36′~42°35′、东经82°35′~84°17′间,是古丝绸之路北道、中道上的重镇。地形北高南低,自西北向东南倾斜,市境南北长193千米,东西宽164千米,距首府乌鲁木齐市公路里程753千米,距行署驻地阿克苏市公路里程257千米;全市总面积1.52万平方千米。2019年辖8镇、6乡、4个街道办事处。年末全市常住人口48.67万人(少数民族43.85万人),其中城镇常住人口19.56万人;人口出生率6.29‰,自然增长率下降0.91‰。

库车市石油、天然气、煤炭、水土光热资源丰富,是塔里木石油天然气勘探开发的主战场和国家西气东输工程的气源地,国家、自治区重要的优质棉、粮食、畜牧、煤炭、电力基地。境内已探明的天然气储量2万亿立方米以上,占塔里木盆地探明储量的90%以上;原油储量20亿吨,占塔里木盆地探明储量的92%以上;煤炭资源储量26.8亿吨。市境内有全国目前已探明的最大的凝析油气田——牙哈亿吨级凝析油气田和西北地区保存最完整、储量最大、开采条件最好的整装煤田——俄霍布拉克煤田。矿产资源有34种,其中金属矿产有铁、锰、铜、铅、锌、汞、金、锑;能源矿产有石油、天然气、煤、油页岩;化工原料矿产有石灰岩、石膏、耐火黏土、陶粒页岩、石英砂岩、玄武岩、水晶、蚀面闪长岩、大理岩。库车地处暖温带,热量丰富,气候干燥,降水稀少,年温差和日温差都很大,属暖温带大陆性干旱气候,森林面积37.34万公顷,有天然草场面积65.33万公顷,境内塔里木河、渭干河和库车河流经县域,适于发展大农业和现代工业。珍稀的野生动物有雪豹、北山羊、野骆驼、金雕、白鹳、棕熊、草原斑猫等

40多种，有罗布麻、薄荷、甘草、板蓝根、蒲公英、马兰、雪莲等丰富的药用植物。库车小刀、花帽、紫羔皮、地毯、小白杏、药桑葚、木纳格葡萄等驰名中外，素有“西域乐都”“歌舞之乡”“中国白杏之乡”“中国民间艺术之乡”之美誉。

库车历史悠久，旅游资源丰富，是自治区旅游强市，境内有国家AAAA级旅游风景区3处。主要旅游景点有AAAA级旅游景区龟兹绿洲生态园、库车王府、天山神秘大峡谷；文物遗址景区有库木吐拉石窟、克孜尔尕哈石窟、森木塞姆石窟、林基路烈士纪念馆及被列入世界文化遗产名录的苏巴什佛寺遗址和克孜尔尕哈烽燧；自然生态景区有金字塔自然旅游区（雅丹地貌）、盐水沟、“布达拉宫”景点、红山石林、克孜利亚胜景、大小龙池、塔河胡杨林等；民俗风情旅游区有老城文化街、古民居、库车大寺、老城墙博物馆等。先后荣获“中国魅力名县”“中国十大旅游文化城市”“中国十大休闲胜地”“中国最令人向往的地方”等称号。

2019年，全市完成生产总值269.53亿元，其中第一产业增加值24.86亿元，增长5.9%；第二产业增加值149.8亿元，增长8.4%；第三产业增加值94.87亿元，增长10.9%。

全年全市粮食播种面积17.5万公顷，其中小麦种植面积2.35万公顷，玉米种植面积1.09万公顷，棉花种植面积12.11万公顷。油料种植面积0.11万公顷。全年粮食产量25.2万吨，小麦产量15.9万吨，玉米产量9.2万吨，棉花产量23.37万吨，油料产量1 124吨。年末牲畜存栏91.53万头（只），其中生猪存栏4.53万头，牛存栏11.23万头，羊存栏75.76万只。全年猪牛羊禽肉产量7.99万吨，禽蛋产量1.92万吨，生牛奶产量4.87万吨。

全年规模以上工业增加值133.80亿元，增长6.9%。石油加工、煤炭及其他燃料加工业完成增加值81.86亿元，比上年增长8.5%；煤炭开采和洗选业完成增加值33.50亿元，比上年增长0.1%；电力、热力生产和供应业完成增加值0.77亿元，比上年增长44.5%；燃气生产和供应业完成增加值0.58亿元，下降20.7%；化学原料和化学制品制造业完成增加值5.74亿元，比上年增长11%；非金属矿物制品业完成增加值4.66亿元，比上年增长34.8%；黑色金属冶炼和压延加工业完成增加值1.20亿元，比上年增长23.6%。主要工业产品产量：原油加工475.2万吨，原煤1175.8万吨，发电量26.20亿千瓦时，水泥167.28万吨。全年实现建筑业增加值19.4亿元，增长11.09%。

全年完成固定资产投资（不含农户）106.28亿元，工业完成投资20.21亿元，房地产行业完成投资70.14亿元，其他行业完成投资15.93亿元。全年商品房销售面积96 676平方米，其中住宅销售面积73 679平方米。社会消费品零售总额26.61亿元。年末固定电话用户数1.73万户，移动电话用户39.28万户，互联网宽带用户6.9万户。库车机场共保障航班起降架次4 761架次，旅客吞吐量35.64万人次，货邮吞吐量420.7吨，比上年分别增长36.77%、34.6%和10.7%。全年地方财政收入53.79亿元，地方财政支出90.18亿元。年末住户存款余额146.32亿元。

全年全市居民人均可支配收入32 619元，农牧民人均纯收入15 884元。

年末，共有中等职业教育学校1所，在校生712名，教师33人。共有各级各类学校332所，其中高级中学3所，完全中学13所，初级中学3所，九年一贯制学校3所，完全小学116所（含2所民办学校），特殊学校1所，教学点4所，幼儿园189所。年末普通中学在校学生35 329名，专任教师3 142名；小学在校学生59 502名，专任教师2 906名。全年专利授权63件。有剧场、影剧院2个，体育场馆11个。

年末，全市共有卫生机构270个，其中综合医院1个；民族医院1个；传染病医院1个；疾病预防控制中心（防疫站）1个；卫生监督检验机构（所）1个，妇幼保健院1个，专科疾病防治院1个，乡（镇）、街道中心卫生院14个，村卫生室212个，诊所37个。医院、卫生院拥有床位2 076张。卫生技术人员1 829人，其中执业医师和助理医师880人。

年末，全市就业人员229 047人。参加城镇基本养老保险人数221 397人，基本医疗保险人数491 268人，失业保险人数43 891人。城镇居民最低生活保障人数5 270人，农村居民最低生活保障人数22 327人。各种社会福利收养性单位3个。

全市建成区绿地面积1 621万平方米，建成区绿化覆盖率34.5%。供水综合生产能力16.17

万立方米/日，供水总量 4 261 万立方米。集中供热能力（热水）614.28 兆瓦，集中供热面积 617 万平方米。全社会用电量 27.79 亿千瓦时。

【脱贫攻坚】 2019 年，库车市实现 3 695 户 10 975 人脱贫，18 个贫困村退出，全市整体脱贫。基本实现有就业能力的建档立卡贫困户零就业家庭动态清零，实现就业8 377 人，建立扶贫车间 10 个，带动贫困劳动力就业 259 人。实施产业扶贫，带动贫困人口增收 10 033 人，比上年增加 546 人；落地特色产业项目 32 个，投入资金 1.1 亿元，覆盖贫困人口 11 724 户。通过土地清理再分配开发公益性岗位，解决就业 1 181 人，带动 552 人，人均年收入 1 万余元，实现贫困户当年稳定脱贫。建立生态工程、生态就业、生态产业、生态补偿“四位一体”扶贫模式，通过政府购买服务、专项补助等方式，帮助贫困人员每年增收，共扶持 684 人，带动 260 人。加大政策保障，巩固扶贫成效，为 1 176 名建档立卡贫困家庭高中生发放助学金 176.4 万元，为 1 853 名贫困大学生发放资助金 902.85 万元；将建档立卡贫困户中因病致贫的 2 750 户全部纳入全国健康扶贫动态管理系统进行精准管理，贫困户“健康小药箱”配备使用率、贫困人口家庭医生签约率、医疗保险缴费率、慢性病签约服务、大病救治管理率均达 100%。加大贫困村基础设施和公共服务设施建设力度，补齐交通、水利、电力、通信、住房、农村人居环境等方面短板，累计为贫困村投入 8 820 万元，修建公路 294 千米，全市建档立卡贫困人口安全饮水通水率 100%，50 个贫困村动力电、光纤、4G、宽带全覆盖；改造贫困户危房 22 户。

【基础设施】 2019 年，库车市推进公园城市建设，城市美化绿化工程深入实施，老城区改造稳步推进，库车河城区水系全面开放，城市绿地率达 39%、绿化覆盖率达 41%，人均公园绿地面积达 14 平方米，出门见绿、百步见林、千步见园、万步见水基本实现。一级汽车客运站加快建设，盐水沟大桥、福鸿路大桥建成通车，城市路网日趋完善，城市综合承载力、辐射力大幅提升。

【农业农村经济】 2019 年，库车市乡村振兴战略稳步实施，农业产业化水平不断提升，农村人居环境整治成效明显，“三农”工作持续加强。农牧民人均纯收入 15 884 元，增长 10%。全年全市小麦种植面积 2.35 万公顷，粮食总产 25.2 万吨；棉花种植面积 12.11 万公顷，实施机采面积 4.67 万公顷；种植蔬菜瓜果 0.67 万公顷，聚焦脱贫 18 个深度贫困村实施订单蔬菜 95.47 公顷。畜牧业年末存栏 91.53 万头（只），出栏 176.28 万头（只），产肉 7.99 万吨，产奶 4.87 万吨，产蛋 1.92 万吨，牧业总收入 19.18 亿元，人均收入 2 859 元，增收 259 元。全市机械化耕整地作业 17 万公顷、播种作业 16.33 万公顷，收获作业 9.66 万公顷，农机经营总收入 25 450.23 万元。提升农民专业合作社规范化管理水平，申报自治区级农民专业合作社示范社 2 家，年末国家级示范社 1 家，自治区级专业合作社示范社 26 家，地区级示范社 6 家。

【城市经济】 2019 年，库车市实现地方生产总值 269.53 亿元；全社会固定资产投资 106.28 亿元、增长 28.57%；地方财政收入 53.79 亿元、增长 31%，其中，一般公共预算收入 41.49 亿元、增长 7.41%；全社会消费品零售总额 26.61 亿元、增长 12.5%。融入丝绸之路经济带核心区建设，一批重大项目投产，产业结构不断优化，“六大产业”聚集发展初具规模，高质量发展的基础更加坚实。市场活力持续释放，新增市场主体 6 750 户，增长 51.1%。招商引资取得重大突破，签约金额 200 亿元，到位资金 119.2 亿元。

【民生建设】 2019 年，库车市深入实施“九项惠民工程”，民生投入力度持续加大。新增城镇就业创业 1.14 万人，农村富余劳动力转移就业 3.3 万人。28 所城乡学校捆绑发展，教育资源更加均衡，教育质量稳步提升；高考成绩再创辉煌，383 名学子考入双一流大学。推进医联体、医供体、分级整疗建设，城乡居民基本医保、大病保险、医疗救助三重保障实现“一站（单）式”结算。建设安居富民房 9 481 套、城镇保障性安居住房 1 292 套，农村安全饮水入户 691 户，新修农村公路 200 多千米。

【生态文化旅游】 2019 年，库车市旅游业保持增长态势，全年接待游客 279.6 万人次、增长 70%，旅游收入22.8亿元、增长54%。推动"全域旅游"示范区创建，促进"旅游+"融合发展，围绕"吃、住、行"等重要旅游要素，加快旅游产业融合发展，逐步形成文化体验、休闲度假、乡村旅游为代表的旅游新产业："旅游+文化"，库车市乌什吐尔遗址成功列入第八批全国重点文物保护单位名录，完善苏巴什佛寺遗址、克孜尔尕哈烽燧基础设施，提升旅游服务质量，为文物和旅游融合奠定基础；"旅游+体育"，举办"环保出行、乐游库车"公益骑行活动、承办地区级足球比赛等体育赛事，拉动库车市潜在消费；"旅游+农业"，乌恰镇、伊西哈拉镇已建成一批高品质农家乐、采摘园，年内向地区申报3家三星级农家乐，已初步验收，等待批复；"旅游+交通"，成立库车市航空公司，开通库车—成都、库车—西安直航疆外航线，库车—阿克苏、库车—伊宁、库车—库尔勒等疆内航线，形成旅游互通的交通网络，217国道旅游风景道运营项目开工，新建并投入使用停车场10处、旅游厕所6座、旅游公路2条、通信基站2座，沿线基础设施服务能力得到提升。适时举办特色活动，将传统节日、重大节庆和库车乡村民族特色文化资源相结合，先后开展首届冰雪文化旅游节、首届杏花节、第九届小白杏旅游节、第二届胡杨节、沙世界等系列文化活动。

【库车经济技术开发区建设】2019年，库车经济技术开发区实现工业总产值240亿元，比上年增长6.5%；实现工业增加值96亿元，比上年增长9.9%；一般预算内收入10.6亿元，完成固定资产投资25.5亿元，争取上级资金6.6亿元。新增入园企业10家，培育"小升规"企业2家，累计入园企业192家(规上企业30家)。协助果然好水果酵母开发及产业化科技、心连心复合肥项目进入"科技新阿"项目库；新疆协益纺织科技有限公司成功被认定为"高新技术企业"，实现开发区高新技术企业零突破；新疆天河化工有限公司被认定为首批次国家级精特新"小巨人"企业；库车中科特种油脂有限责任公司申报为"小企业基地"；果然好生物科技酵素及早餐粉项目、鼎力达纺织1号车间、协益纺织2号车间及织布车间、阁阑雅200万套家纺、心连心复合肥扩建等项目建成投产；图森纺织、丝路金通等项目试生产；敦华气体节能一体化项目实现单体试车；塔河炼化公司引入顺北原油适应性改造项目(100万吨乙烯)，正积极纳入自治区2020年重点项目及"十四五"产业布局规划。加快推进中央预算内项目和专项债项目建设，标准化厂房、林果业扶贫厂房、污水处理厂、棚户改造4个项目如期建成。

2019年，库车经济技术开发区完善园区功能、提升园区品位、塑造园区形象，建成六横六纵道路12条，通达里程79千米，安装路灯2 500盏，总绿化面积约10平方千米，供排水管网68千米，110千伏变电站2座，10千伏线路21条，总长度294.4千米；完成北环路、经四路、福洋路8千米供水贯通工程，幸福路、经一路小游园秋季13.33公顷绿化工程已开工建设。开发区安置房、公租房及附属设施按计划如期施工；工业污水处理厂10月底完成竣工验收，固废填埋厂项目已开工建设，环境空气质量监测站正在安装设备。开展环境隐患排查及锅炉摸排工作，摸排辖区企业110家次，发现环境隐患70余条，下发整改通知单40余份，拆除燃煤锅炉5台；配合市环保局完成第二次全国污染源普查工作。

2019年，库车经济技术开发区累计招商引资签约项目53个，主要涉及能源化工、装备制造、新型建材、战略新兴等产业，签约金额104.4亿元。开展小分队外出招商7次，借助"丝博会""浙洽会"等展会平台宣传推介库车及开发区，考察重点项目80个，对接有意向企业400家。

2019年，库车经济技术开发区提升服务效能，优化营商环境。新建开发区企业综合服务大厅，启用发改、商务、工信、住建、自然资源5个部门"二号章"，同时地区审图中心授权代办审图业务，年内，为181家新入驻企业全程代办公司注册、证照审批、税务登记、银行开户、公章刻制等业务1.94万件，受理图纸审查130余项。为库车圣鑫针纺织、宏拓机电等企业代办营业执照注册、法人变更、营业范围变更等业务400多件。劳动就业快速增长，实现新增就业2 821人，完成年度目标任务112.84%；实现各类劳动技能培训3 900人次，完成年度目标任务100%，兑现岗前培训、就业见习等各类补贴988.1万元。强化土地综合利用，实施建设用地报批、土地供应、土地出让金收缴等，完成实施2019年度园区规划第一、二批次建设项目用地报批

123.37 公顷,签订国有建设用地出让合同、划拨决定书 24 家,出让、划拨面积 74.64 公顷,收取土地出让金 4 037.06 万元。

【浙江省宁波市援疆工作】 2019 年,宁波市援疆指挥部安排援疆项目 30 个,完成投资 1.8 亿元。

助力脱贫　坚持把助力受援地打赢脱贫攻坚战作为援疆工作的重中之重,宁波各界已与库车市 1 个深度贫困乡、21 个深度贫困村,一师阿拉尔市 4 个困难连队精准结对,共筹措各类社会资金近 1 400 万元,初步形成全方位、宽领域、多层次的合作交流模式,帮扶工作从“输血”向“造血”转变,通过“百村千厂”、招商引资等多渠道推动就业扶贫,帮助 4 200 多人实现就近就地就业,向内地转移就业 385 人。

民生建设　按照“三出三创”(出精品、出成效、出经验,创奖杯、创口碑、创品牌)思路推进援疆项目建设。投入 2.9 亿元开展“安居富民”工程,惠及农牧民家庭 2.6 万户。推进“厕所革命”,在齐满镇、阿格乡、牙哈镇等开展试点工程,新(改)建公共厕所 6 个,均已投入使用。

产业援疆　重点实施“十城百店”“百村千厂”“万亩亿元”三大工程,做好“文化旅游”“招商引资”,助推受援地脱贫致富。“十城百店”工程进一步拓宽库车产品采购销渠道,借力“消费扶贫、机关先行”活动,加大进机关食堂速度,进入宁波市行政中心、鄞州区行政中心、宁波报业集团等 10 个机关和单位食堂,累计在宁波开设 42 家驿疆南专卖店,两年销售 1.8 万吨,营业额近 2 亿元“百村千厂”工程扶持纺织服装和农副产品加工企业 26 家,新增扶贫车间 179 座,总投资 1.8 亿元,新增就业岗位 1 880 个。“万亩亿元”工程培育库车小白杏基地和掌生果农业示范基地项目,春季种植黑木耳 160 万棒,辐射带动贫困户 776 户;小白杏基地林间套种约 13.33 公顷“甬库团结瓜”,并在全市推广种植 66.67 公顷。推出“宁波人游库车”活动,宁波人来库车旅游近 4 万人次。共引进产业援疆项目 15 个,签约金额达 140.5 亿元,到位资金 36.5 亿元,其中新疆协益纺织项目创造了当年签约、当年开工、当年投产的“浙江速度”。

智力援疆　一是教育援疆,新华社国内动态清样和新华每日电讯分别专题报道宁波“组团式”教育援疆工作,树立一个标杆,重点宣传第九批“全国援疆重大先进典型”——姚仁汉老师,由其事迹改编的话剧《天山的灯》于 2019 年 4 月在乌鲁木齐、阿克苏、库车、阿拉尔等地巡演。由宁波援教的库车二中高考成绩再度刷新纪录,600 分以上考生 27 名,其中 1 人荣获南疆四地州理科第一名,在阿克苏地区理科前十名中占 4 名,文科前十名中占 1 名,清华北大上线 5 人。组织召开“丝路阳明 2019 库车教育高峰论坛暨生本课堂节”活动,打响宁波教育援疆品牌。加强南疆地区农村儿童“国家通用语言”教育、促进民族大融合,结合省指幼教“111”工程,宁波对口支援建设齐满镇石榴籽幼儿园。二是医疗援疆,围绕“三大两远程”,塑造医疗援疆新品牌,成立“陆勤康名医工作室”,创建库车市人民医院云医院系统,可以实时连接宁波市医学专家 400 多名;开展“相约星期五”医疗志愿服务活动,累计诊疗患者 5 000 人次。

党建援疆　在 19 个援疆省份中率先提出“党建援疆”理念,以“打造一个民族团结样板村,培育十个结对帮扶基层点,选树百名爱国爱党好党员(“访惠聚”工作队员),解决千个精准帮扶就业岗,实现万个民族交融微心愿的认领”为主要内容的“个十百千万”活动有序推进。甬库团结村党群服务中心正式挂牌。先后选派库车党政干部、中青年后备干部、“访惠聚”驻村干部和专业技术人员等 37 批 679 人赴宁波市进行参观学习及培训;邀请宁波后方专家、学者 156 人,通过采取个别指导、研讨交流、集中培训、技术示范等形式到库车进行讲座和互动交流,累计开设培训班次 66 个,培训 1 万人次。举办以“情系库车·美在龟兹”为主题的宁波艺术家书画摄影作品展、“砥砺奋进感党恩 喜迎党的十九大”等活动。推进志愿服务制度化,联合开展宁波市 81 890 名志愿服务进库车主题活动。

【名优特产】　小白杏　库车市 1999 年、2006 年分别被农业部、国家林业局命名为“中国白杏之乡”,2005 年成功注册“库车县小白杏之乡”,2014 年获农产品地理标志,2015 年库车小白杏地理标志商标通过农业部评审。库车栽培杏的历史已有两千多年,现保留下来的优质品种有 20 多个,小白杏是库车独特生态环境孕育下的优质杏品种的代表。种植保护面积为 10 667 公顷，年产量 15.68 万吨。

库车大馕　库车馕有 50 多个品种，库车大馕是最有代表性的一个。库车大馕以“大、薄、脆”而闻名，直径约 60 厘米，厚度不超过 5 毫米，由当地比加克村发源而来，因此又叫比加克馕。2010 年，库车大馕被列为新疆非物质文化遗产。为保护和传承库车大馕传统制作工艺，库车市投资 3 500 万元，建设了“库车大馕城”民生项目。库车大馕城位于库车市胜利路以西 500 米处，占地 20 240 平方米。

塔里木草湖小山羊　享有“天骥龙麟”美誉的库车市塔里木乡草湖小山羊是当地的“明星羊”，其以“味美”享名疆内外。因其常年在草场、胡杨林、塔里木河流域分散放养，吃着野生的甘草、枸杞、罗布麻和芦苇、胡杨叶等长大，市场控制售卖体重不超过八公斤，故肉质细嫩、略呈碱性且膻味低，受到消费者的欢迎。塔里木草湖小山羊 2008 年获得“有机转换产品认证证书”，2010 年获得“有机产品认证证书”，2013 年成功注册“塔里木草湖小山羊”商标，2019 年被国家农业农村部列入“一村一品”示范名单，成为促进乡村振兴的示范性产品。

（李　芳）

沙雅县

【基本情况】　沙雅县位于新疆维吾尔自治区西南部，阿克苏地区东偏南，处于塔里木盆地北部，渭干河绿洲平原的南端。县城距乌鲁木齐市公路里程 832 千米，北靠天山，南拥大漠。地处北纬 39°31′~41°25′间，东经 81°45′~84°47′，东西宽 180 千米，南北长 250 千米，行政区域土地面积 25 732 平方千米，其中建成区面积 8.3 平方千米。

沙雅境内主要河流有塔里木河、渭干河，年总径流量 33.3 亿立方米；地下水动储量 3 亿立方米。县域主要野生药用植物有甘草、罗布麻、黄麻、假木贼、绿柳、骆驼刺等，野生植物 169 种，其中有珍稀濒危植物 6 种（梭梭、胡杨、灰叶胡杨、肉苁蓉、胀果甘草、多枝柽柳）。在本区的野生植物中排名前 10 名的科分别是禾本科 26 种、藜科 24 种、莎草科 17 种、菊科 13 种、豆科 11 种、毛莨科 7 种、柽柳科 6 种、眼子菜科 6 种、蓼科 5 种。含 1~3 种的区域性单种科或少种科高达 32 个科，如天南星科、浮萍科、灯芯草科、木贼科、槐叶萍科、麻黄科、榆科、罂粟科、十字花科、景天科、蔷薇科、唇形科、列当科、车前科、茜草科、蒺藜科、锦葵科、夹竹桃科、紫草科、茄科、萝摩科、旋花科、香蒲科、墨三棱科、水冬麦科等。

野生动物有脊椎动物 161 种，其中鱼类 1 目科 15 种；两栖类 1 目 1 科 1 种；爬行类 1 目 2 科 3 种；鸟类 14 目 31 科 118 种；哺乳类 6 目 11 科 25 种。国家一级保护动物 3 种（黑鹳、金雕、新疆大头鱼）；国家二级保护动物 13 种（大天鹅、苍鹰、棕尾、白尾鹞、燕隼、灰鹤、姬田鸡、塔里木兔、兔狲、鹅喉羚、马鹿）；自治区一级保护动物 5 种（针尾鸭、翘鼻麻鸭、赤膀鸭、白眼潜鸭、环颈雉、伶鼬）；自治区二级保护动物 6 种（苍鹭、大白鹭、赤狐、沙狐、虎鼬）。

沙雅县矿产资源种类较少，几乎无金属矿产。非金属矿产有陶土、盐、硝等，分布面大，质劣量少。沙雅县境内已查明矿产 4 种，分别是石油、天然气、黏土、风积沙。

森林覆盖率 7.14%，林地面积 227 846.67 公顷。被中国特产之乡暨宣传活动组委会先后授予“塔里木棉花之乡、中国红枣之乡、塔里木马鹿之乡、中国红柳之乡、中国罗布麻之乡、中国卡拉库尔羊之乡、中国胡杨之乡”等“七大之乡”称号。拥有史前文化、两汉南北朝、隋唐五代、宋元明清，民族民俗等文化遗产实物 150 余件，有艾吉乃姆古墓群、塔什墩古城、艾格买里央塔科协海尔故城等遗址 37 处。有塔克拉玛干原生态沙漠公园、塔里木河、塔河外滩、魔鬼林、世界胡杨森林公园、千年胡杨王、月亮湾等原生态自然景区、太阳岛景区（国家 AA 级旅游景区）等旅游景点，属于大陆暖温带干旱型气候。

2019 年，辖 7 镇、4 乡，1 个管委会。年末总人口 263 280 万人，其中乡村人口 188 161 万人（牧业人口 4 878 人）；人口出生率 3.69‰，自然增长率 3.69‰。耕地面积 16.11 万公顷，农作物播种面积 16.11 万公顷，粮食 1.66 万公顷，油料类 1 066.66 公顷，棉花 13.3 万公顷。

2019 年，完成生产总值 795 809 万元，其中第一产业增加值 185 083 万元，比上年增长 5.54%；第二产业增加值 237 389 万元，增长 14.62%；第三产业增加值 373 337 万元，增长 8.89%。

农林牧渔及其服务业总产值

381 437 万元，比上年增长 6.4%，其中农业产值 320 656 万元，增长 9.9 %;林业 6 259 万元,增长 3.1%;牧业 43 423 万元，增长 22.4%;渔业 770 万元，增长 12.5%；服务业 10 329 万元,增长 9.9%。主要农产品产量:粮食作物 11.23 万吨,棉花 26.92 万吨，油料 0.2 万吨，甜菜 0.76 万吨，蔬菜 6.16 万吨，果用瓜 11 360 吨，苜蓿 16 073 吨，番茄 8 442 吨，枸杞 0.39 吨，苹果 0.68 万吨，梨 3.16 万吨，葡萄 0.76 万吨，桃 45 吨，杏 1.53 吨，红枣 8.56 万吨，坚果产量：核桃 1.97 万吨。年末牲畜存栏 62.54 万头(只)，全年牲畜出栏 43.63 万头（只)，出栏率 3.7 %。肉类总产 2.16 万吨，奶类 0.97 万吨，禽蛋 0.49 万吨，水产品 695 吨或其他。年末农业机械总动力 50.97 万千瓦。

规模以上工业企业 23 家，实现工业总产值 406 211 万元；工业增加值 100 722 万元，工业销售产值 386 861 万元；利润总额 38 457 万元，利税总额 38 457.8 万元。主要工业产品产量：合成氨(无水氨) 32 422 吨，农用氮、磷、钾化学肥料(折纯)19 157 吨，棉纱 7 242.35 吨。建筑业生产总值 39 632 万元，建筑企业施工房屋建筑面积 21.7 万平方米，竣工面积 11.4 万平方米。

全社会固定资产投资 439 384 万元，比上年增长 16.5%，其中第一产业 8 997 万元、第二产业 171 102 万元、第三产业 259 285 万元。社会消费品零售总额 130 159 万元，其中批发和零售业 102 811 万元、住宿和餐饮业 27 348 万元。进出口贸易总额 5 468.6 万美元，其中出口额 2 400 万美元、进口额 3 068.6 万美元。完成邮政业务总量 17 243.13 万元，电信业务总量 16 544.13 万元。年末固定电话用 8 066 户，移动电话用户 231 600 户，互联网宽带接入用户 77 045 户。接待旅游者 78.21 万人次，旅游收入 3.28 亿元。地方财政收入 175 762 万元（一般公共预算收入 158 595 万元），地方财政支出 540 902 万元（一般公共预算支出 485 095 万元）。年末城乡居民储蓄存款余额 940 010 万元。

有各类专业技术人员 543 人，其中中级以上 154 人。

有中等职业教育学校 1 所，在校学生 3 571 人(少数民族 3 565 人)；普通高中 3 所，在校学生 5 871 人(少数民族 5 112 人)；初中 5 所，在校学生 12 558 人(少数民族 11 387 人)；小学 71 所，在校学生 31 275 人（少数民族 30 546 人)；幼儿园 114 所，在园幼儿 15 725 人(少数民族 14 181 人)。各类教师 5 464 人(少数民族 3 017 人)。全年教育经费投入 81 126 万元。

有医疗卫生机构 193 个，其中医院 5 个、基层医疗卫生机构 185 个(包括社区卫生服务中心、卫生院、门诊部等)、专业公共卫生机构 3 个（包括专科疾病防治院/所/站、妇幼保健院/所/站等)、其他机构(疗养院等)，卫生技术人员 1 403 人，卫生机构床位 1 003 张。

全年城镇居民家庭人均可支配收入 32 228 元，全年人均消费性支出 12 956 元；农村居民家庭人均纯收入 14 260 元，全年人均消费性支出 12 956 元。在职职工年均货币工资 70 233 元。

2019 年年末，就业人员 133 185 人，比上年增长 0.76%。当年实现城镇就业再就业人员 802 人。年末城镇登记失业率 2.85%。

2019 年，参加职工基本养老保险 12 489 人，参加城乡居民社会养老保险 126 508 人；参加职工基本医疗保险 23 944 人，参加城镇居民基本医疗保险 126 508 人；参加工伤保险 17 858 人；参加失业保险 16 700 人；参加生育保险 16 700 人。参加城乡居民基本医疗保险 226 342 人。

2019 年，城镇居民最低生活保障人数 1 799 人，农村居民最低生活保障人数 10 067 人。

【脱贫攻坚】 2019 年，沙雅县完成 2 314 户、7 717 人脱贫、7 个深度贫困村退出年度目标任务，实现全县整体脱贫退出。坚持把转移就业作为稳定脱贫的主渠道，加强就业培训，采取“整建制转移就业、就地就近转移就业、农业内部转移就业”等方式，全年转移贫困劳动力就业 4 236 人，实现有就业能力的建档立卡贫困户“零就业家庭”动态清零。坚持因地制宜、因户施策，完善产业扶持政策，健全产业带贫益贫联结机制，坚持把产业扶贫作为主攻方向，推进棉花产业振兴、林果提质增效、标准化养殖、蔬菜订单生产、黑木耳种植、扶贫车间、创业小市场等产业扶贫项目，全年累计投入产业发展类扶贫项目资金 0.92 亿元、实施产业项目 72 个。落实土地清理再分配措施，清理土地收益安排公益性岗位 421 个。落实生态补偿政策，就近吸纳 247 名贫困人口转化为生态护林、护草员，年人均收入不少于 1 万元，实现一人就业、全家脱贫。1 541 名老弱病残、鳏寡孤独、丧失或部分丧失劳动力的贫困人口实现应纳尽纳、应兜尽兜。加强城镇困难职工解困脱困工作，全年完成解困脱困62户。

【基础设施建设】 2019 年，沙雅县按照“城在林中、水在城中、人在园中”的城市建设理念，加大城市路网、美化绿化净化、景观水系和公共服务设施建设力度，完成 4 条道路 12.5 千米改扩建工程，配建非机动车道、人行道、地下排水管渠及地下通信联建管网，新增城区路灯692 盏、改造红绿灯 32 处；完成金雁河二期水系项目建设，启动湿地（体育）公园、国庆广场和污水处理厂提标改造工程，新建街心游园 6处、公共厕所 9 座、停车场 5 座，新增绿化面积 21.5 公顷，城市绿化覆盖率 40.2%，绿色沙雅、公园城市成效初显。

【农业农村经济】 2019 年，沙雅县按照“稳粮、优棉、强果、促畜、兴特色”的思路，实施粮食安全战略、做优棉花产业、推进林果业提质增效、做大做强畜牧产业、做活特色经济作物，“粮棉果畜设施农业”基地建设不断加快，有效带动农牧民持续增收。粮食总产 10.3 万吨，皮棉总产 26.9 万吨，果品总产 10.96万吨，牲畜存栏达 62.54 万头（只），设施农业面积稳定 1 000 公顷，发展特色经济作物 5 400 公顷。实现农村经济总收入 60.89 亿元，比上年增长 4.79%。实施 3.33 万公顷农业高效节水增收试点项目，统一棉花品种，推广规模化经营、机械化作业，棉花产业实现节本增收，项目区亩（0.07 公顷）均增产 90 公斤，增收 700 元左右，农业用水定额降低至 468 立方米/亩（0.07 公顷），农民年人均劳务增收 4 000元以上。培育新型农业经营主体，推行“农户+合作社”“农户+合作社+企业”“农户+家庭农场”等多种经营模式，促进小农户和现代农业发展有机衔接，全年改造提升农民专业合作社 530 个。引进农产品加工企业 3 家，认证“三品一标”农产品 37 个，加盟“十仓百企”企业（合作社）13 家，建设“十城百店”营销网点 125 个。以点带面、全面推进，完成庭院整治 3.8 万户，统筹推进农村垃圾、污水、农田残膜等综合处理，实施“厕所革命”，农村改厕 3.6 万户。

【城市经济】 2019 年，沙雅县主要经济指标持续增长、项目建设进展顺利、城镇建设提质增效、生态环境持续改善、民生事业协调发展。全年实现地方生产总值 67.99 亿元，比上年增长 9.17%；一般公共财政预算收入 15.86 亿元，比上年增长 3.10%；固定资产投资 44 亿元，比上年增长 16.7%；工业增加值 9.3 亿元，固定资产投资比上年增长 16.54%；规模以上工业增加值比上年增长 35.20%；社会消费品零售总额 13.1 亿元，比上年增长11.03%。立足县域优势，确定 2019年固定资产投资项目 82 个，重点项目 12 个。

【民生建设】 2019 年，沙雅县坚持以人民为中心的发展思想，坚持稳定、发展、民生三位一体，一般公共预算支出的 81%和援疆资金的90%以上用于保障和改善民生。坚持市场导向，依托自治区“纺织服装产业带动百万人就业”优惠政策，培训各类人员 6 350 人，举办各类招聘活动 26 场次。常态化实施高校毕业生、就业困难人员帮扶和“零就业家庭”动态清零工作机制，引导 804 名高校毕业生赴企业、基层就业，实现城镇新增就业 3 688 人。开发“管地工”“无人机植保”等就业岗位，鼓励农村富余劳动力向农业内部就业岗位和劳动密集型企业、服务业转移，实现转移就业 2.62 万人次。建立完善县乡村三级就业服务体系，优化创业服务，培育沙雅镇城南夜市、腾飞创业园和红旗镇、英买力镇创业小市场等创业主体 5 家，新增自主创业 953 人，带动 1 450 名劳动力就近就地就业。加大教育基础设施建设，投入 14 174 万元，新（续）建教育项目 9 个，配套软硬件设施，教育设备设施日趋完善，惠及中小学生 4.1 万名。2019 年高考本科上线 510 人，双一流 A 类院校录取24 人、B 类录取 17 人。持续深化医疗卫生体制改革，健全基本医疗卫生制度和优质医疗卫生服务机制。围绕医共体“县乡村融合”，组建沙雅县医疗集团，重组沙雅县第二人民医院（县维吾尔医医院），建立紧密型医共体 12 个。建立医联体、专科联盟、名医工作室9 个，邀请专家会诊手术 322 例、远程会诊 464 例。培训乡镇医务人员 852 人（次），开展义诊 3 561人。完善双向转诊制度，县域内就诊率达 96%。完成棚户区改造4 755 户、老旧小区改造 200 户，新建公共租赁住房1 779套、农村安居工程2 583套。新建农村公路270千米，县城至塔里木乡县道329线全线贯通。实施自来水管网提升改造重大工程，覆盖9个乡镇。

【工业园区建设】 2019年，沙雅县抢抓国家“一带一路”建设机遇，主动融入丝绸之路经济带核心区建设，突出产业融合、产城融合，坚持以产业集聚促发展。玉象胡杨30万吨T/A尿素装置和20万吨T/A液体肥装置、丰合能源天然气输气管道、中囤吉硕增量烷烃气回收、绿环20万方/天LNG项目竣工投产，顺北科研生活基地主体完工；顺北5号联合站至工业园区输气管道建设稳步推进，天然气下游产业链条不断延伸，实现油气资源就地加工转化。发展纺织服装全产业链条，利华纺织40万锭棉纺、瑞莎针织一期项目完工投产；推进金松2 000万米织布、正伦5 000万米织布建设项目和瑞莎袜业二期等续建项目，壮大纺织服装产业规模。依托油气资源开发、农业机械化生产、纺织服装和基础设施建设等时机，积极引进配套装备生产企业，钵施然智能农机扩建工程建成投产，科新重装等装备制造企业运行正常。推进圣迪汽贸园、久泰建材市场、福宁农贸综合市场、“印象·沙雅”旅游特色街区、金鹰商贸综合体等项目建设，完成循环经济工业园区扩容规划编制，产业布局趋于合理，清理“僵尸企业”4家，引进入园企业4家，实现园区工业增加值8.63亿元。

【生态旅游】 2019年，沙雅县坚持把发展旅游业作为推动经济高质量发展的重要举措，编制旅游产业规划，深挖文化历史内涵，整合优势资源，强化“旅游+”，发展特种旅游和乡村旅游，打造139胡杨秘境自驾公路和沙雅—尼雅千年秘境探险古道精品旅游线路，紧盯“三难两不畅”问题，加大旅游基础设施建设，沙雁洲游客服务中心建成投用。加强旅游品牌宣传，拓展传统旅游营销市场，赴浙江、乌鲁木齐等地开展旅游宣传推介6次，录播央视CCTV-17《乡村大舞台》栏目，“世界胡杨公园、千年秘境沙雅”旅游名片知名度得到提升。举办第十一届沙雅胡杨节暨首届沙雅群英会、阿克苏地区第二届乡村文化节等大型文旅活动10场次。全年接待游客78.21万人次、比上年增长64.65%，实现旅游总收入3.28亿元、增长134.29%。

【浙江省嘉兴市援疆工作】 2019年，浙江省嘉兴市援疆指挥部组织参加招商考察28批次，引进落地项目2个。实现当年签约、当年投产，销售近4亿元。总投资1.2亿元的集有机田园综合体、农副产品批发市场、配套包装箱厂于一体的嘉兴西域商贸项目签约实施。开展结对帮带、顶岗带教、培训研讨、技术攻关，帮带培养工作规范，结对徒弟173人次，实施标准化帮带引领。开展“全链式”教育援疆，援疆教师顶岗课时4 590节，公开课194节，讲座培训87场次。援疆医生接待门诊病例5 885人次，手术345台次，抢救危重病人182人次，组织疑难病例会诊83次，教学查房143次，送医下乡、健康义诊1 138人次，医护培训112场次、2 103人次。以心电、病理、影像三中心和远程医疗、远程教育为主要内容与嘉兴4家三甲医院建立“跨省医联体”，创立卒中、创伤、胸痛和妇产、儿科中心，开设康复医学住院部、孕产妇保健学校，开展远程病理会诊154例，远程教学12次1 333多人次。实施新技术新项目29项，修订管理制度15项，执业医师持证率从37%提高到56.4%，转诊率从10.56%下降到4.3%。

【名优特产】 沙雅县被中国特产之乡暨宣传活动组委会先后授予“塔里木棉花之乡、中国红枣之乡、中国塔里木马鹿之乡、中国红柳之乡、中国罗布麻之乡、中国卡拉库尔羊之乡、中国塔里木胡杨之乡”七大特产之乡称号。

沙雅小刀　沙雅小刀一直保持着纯手工制作风格，一把沙雅小刀的成型需要上百道工序，一名娴熟的手工艺人一天仅能制作两把。柄以红黄白等多色铜、银为基料，镶嵌鹿角、牛骨、贝壳、宝石及五彩石料，图案精美，经细心打磨后，光滑细润，熠熠生辉。

卡拉库尔胎羔皮帽　卡拉库尔羊的胎羔皮花色秀美、胎胶浓厚，自然卷曲经久不变的花纹有卧蚕形、跃鼠形、肋形、豌豆花形、水波纹形等，色泽温润、形态美观、毫毛闪亮、浓密紧凑，其皮手感温润、柔软坚韧，是世界上绝无仅有的珍贵裘皮。

沙雅罗布麻蜂蜜　罗布麻是新疆的野生珍稀植物，每年5月沙雅大片罗布麻花盛开,蜜蜂从其罗布麻花蕊中采集蜜汁与自身分泌物结合后在蜂巢中转化，脱水,酿造而成一级原生态成熟蜂蜜,沙雅罗布麻蜂蜜没有任何其他添加成分,2013年通过中国农业部地理标志认证。

沙雅胡杨菇　沙雅胡杨菇产于中国胡杨之乡的沙雅县境内,又称“皱柄羊肚菌”。羊肚菌自古就是名扬天下的山珍贡品,位居世界上四大名菌之首,是价格最为昂贵的野山菌之一。

马鹿茸　沙雅县是塔里木马鹿的主要产地，通过先进的鹿茸切片技术和设备，生产出精品包装的盒装鹿茸片、盒装鹿茸粉、盒装鹿茸段、盒装鹿茸血酒等多种深加工系列产品,并多次获广州博览会、乌鲁木齐对外经济洽谈会金奖，产品主要出口韩国、日本、新加坡等国家。

一杆旗抓饭和海楼抓饭　一杆旗抓饭和海楼抓饭颠覆了传统抓饭大米与羊肉同锅焖蒸的方法,而是将大米与羊肉分开制作,顾客既可以点一道真正的素抓饭,也可以根据自己的喜好点一份羊排或其他部位的羊肉与素抓饭一起食用。最显著的特色是制作方法,一种为油焖法,一种为清炖,油焖羊肉外黄里嫩，带有浓郁的油炸香味,清炖羊肉则带有沙雅有机羊肉特有的醇香。

沙雅烤鱼　沙雅的烤鱼是当地一道特色美食,烤鱼时先用红柳枝条把鱼穿好插在火堆的周围然后慢慢烘烤,这种特别的烤鱼技艺只有在沙雅当地才能见到,以这样原生态方式烤出来的鱼吃起来满嘴生香,让人回味无穷。

红柳烤肉　红柳的枝条韧性很足，沙雅人用它穿制成烤肉,在烤的过程中红柳中的油脂会分泌出一种淡淡特有的植物清香味,使得肉质更加鲜嫩，加上外表的酥脆,口感一流。

沙雅大地馕　沙雅的馕和别处的馕都不太一样，沙雅的馕,是在大地的怀抱中用胡杨和红柳木烤出来的。烤好后的大地馕,色泽金黄、香脆可口。

（阚京梅）

新和县

【基本情况】　新和县历史悠久。古代属于龟兹,清光绪十年(1884年)新疆建省后,新和属阿克苏道库车直隶抚民厅西乡辖地。民国11年(1922年)，从库车县西乡分出12回庄建立托克苏县佐。民国19年(1930年)10月27日,改托克苏县佐为托克苏县。民国29年(1940年)沙雅县大尤都斯庄被划拨给托克苏县。民国30年(1941年),托克苏县更名为新和县，意取新疆和平。1949年9月,新和县和平解放后仍属阿克苏地区至今。

新和县位于新疆维吾尔自治区西南部,地处天山南麓、塔里木盆地北缘。东与库车市隔渭干河相望，西以玉尔滚山为界与阿克苏市、温宿县相交,北依天山支脉却勒塔格山与拜城县毗邻,南与沙雅县英买力乡、二牧场接壤,地理坐标为北纬40°56′~41°45′、东经81°03′~82°44′。县境东西长136千米,南北宽91千米。行政区划总面积5 820.46平方千米,县城东距乌鲁木齐市公路里程794千米 (直线距离484千米)、铁路里程922千米。距库车县公路里程43千米(直线距离32千米)，西距阿克苏市公路里程216千米 (直线距离194千米),南距沙雅县公路里程43千米(直线距离34千米)，北距拜城县公路里程146千米(直线距离64千米)。

2019年，辖4镇、4乡、1片区管委会（央塔库都克片区管委会）。年末总人口220 617人;人口出生率7.35‰，自然增长率0.73‰。粮食播种面积1.3万公顷,比上年减少2 266公顷,下降15%。其中小麦面积1.15万公顷,比上年增加1 200公顷，增加11.6%;玉米面积1 426.67公顷,比上年减少3 333.33公顷，下降70.4%。棉花种植面积6.28万公顷，比上年减少4 666.67公顷,下降7%。蔬菜面积840公顷,比上年减少666.67公顷,下降46.5%。瓜类面积486.67公顷，比上年减少466.67公顷,下降48%。油料作物面积160公顷,比上年减少460.67公顷,较少75%。2019年,新和县已发现矿种5种。其中金属矿产1种(铜),非金属矿产4种(盐、石膏、黏土、砂石)。已探明天然气地质储量1 247.19亿立方米,凝析油加原油储量1.15亿吨。拥有水资源7.38亿立方米,其中地表水6.57亿立方米,主要来自渭干河。县域内有五一水库一座,库容为3 900万立方米,为调节水库。湖泊一处(依干库勒湖)。森林覆盖率8.8% ,全年完成造林面积2 626.67公顷,其中退耕还林面积666.67公顷。(新和驿站AA级旅游景区、天籁加依景区AAA级旅游景区、沙漠花海成功创建国家AAAA级旅游景区)。名优果品有库买提杏、赛买提杏、白明星、黑叶杏、香梨、酸梅、沙玉葡萄、木纳格葡萄和塔里木海思核桃等。木纳格葡萄和沙玉葡萄粒大味甜,耐储耐运;香梨皮薄、肉细、香甜俱佳;新和卤鸽肉质细腻,口感鲜嫩,野味十足,远销全国,是新疆著名的地方特产食品。有药用植物20种,以甘草、麻黄、锁阳、香附为主。属暖温带大陆性干旱气候。

2019年,完成生产总值552 271万元,其中第一产业增加值152 208万元,比上年增长8.1%;第二产业增加值103 455万元,增长6%;第三产业增加值296 608万元,增长12.2%。

农村经济总收入524 682.87万元,比上年增长10.21%,其中农业318 025.68万元,林业89 258.7万元,牧业102 808.47万元,农林牧服务业14 590万元。主要农产品产量:粮食87 000吨,棉花123 411吨,油料574吨,蔬菜21 523吨,瓜果30 802吨,红枣64 700吨和核桃35 900吨。年末牲畜存栏36.88万头(只),增长15.9%。全年肉类总产14 200吨,牛奶1.01吨,禽蛋2 400吨,水产品420吨。

全部工业增加值7.13亿元(规模以上企业工业增加值4.02亿元),增长8%(规模以上企业工业增长9.9%。建筑业增加值3.21亿元。

全社会固定资产投资380 247万元。完成邮政业务总量868万元,增长1.8%,其中快递业务总量9.4万件。电信业务总收入2 657万元,其中移动收入完成2 102万,固网收入完成555万。截至年底,移动客户数51 380户,宽带客户数20 902户,ITV客户数21 320户;移动业务总收入5 885.9万元,出账客户数105 413户,宽带用户23 613户,乐播用户10 470户,累计4G用户19 395户。社会消费品零售总额6.35亿元。接待旅游者88.48万人次,旅游收入46 000万元。地方财政收入56 833万元,地方财政支出310 722万元。年末城乡居民储蓄存款余额294 973万元。

全县有中小学67所,其中高级中学1所,职业技术学校1所,普通中学10所,小学55所。在校学生41 826人,普通中小学专任教师3 332人,学龄儿童小学阶段入学率99.93%,初中阶段入学率99.98%,初中毕业升学率99.26%(含内高、内职、外县市招生)。

全县有医疗卫生机构13个,其中医院2个、基层医疗卫生机构8个(包括社区卫生服务中心、卫生院、门诊部等)、专业公共卫生机构3个(包括专科疾病防治院所站、妇幼保健院所站、采供血机构),卫生技术人员909人,其中执业医师和执业助理医师279人,护士380人,药师(士)51人,检验人员44人,其他152人。病床1 290张。

全年城镇居民人均可支配收入32 302元,增长7.6%;农牧民人均纯收入16 502元,增长8.5%。单位从业人员年平均工资67 312元,比去年增长7.8%,在岗职工年平均工资674 14元,比上年同期增长7.9%。

2019年,全县单位从业人员12 614人,比上年同期下降4.3%。截至年底,参加城镇失业保险8 489人,增加739人。参加城镇职工基本养老保险4 122人,比上年增加481人。参加城乡基本养老保险人数92 870人,增加1 582人。参加基本医疗保险人数187 186人,增加1 439人;参加城乡居民医疗保险173 138人,增加1 569人。参加工伤保险人数10 153人,增加939人。参加城乡居民养老保险78 009人,已领取养老保险待遇14 438人。

【农业农村工作】 2019年,新和县坚持"稳粮、优棉、扩草、增畜、强果、兴特色"的思路,种植粮食1.81万公顷、棉花6.28万公顷、核桃、红枣等林果2.67万公顷,果品总产16.5万吨;推广种植订单蔬菜86.87公顷、黑木耳8.33公顷。加快推进"一创三园、两市场"建设,实施"增畜工程",正缘牧业总投资1.3亿元的5万头生猪养殖循环一体化项目落地开工,10万头肉牛屠宰分割熟食深加工项目稳步推进,年内新增牛存栏4.8万头,累计肉牛存栏突破10万头。深入实施"增鸽工程",都护鸽业总投资7 000万元的新和鸽产业园一期建成投入使用,新增鸽存栏400万羽,累计鸽存栏达到500万羽。深入开展农村人居环境整治,累计修建水冲厕所2.42万座、改造旱厕3 813户,完成移风易俗2.57万户、"三区分离"2.42万户,清理污水渠沟588.4千米,实施村内村组间道路硬化5 68.4千米,完成乡村道路硬化1 521千米,成功争创全国"四好农村路"示范县,完成乡村"四旁"绿化645.59公顷,农村人居环境持续改善。

【城市建设】 2019年,新和县加快

公园城市建设，都护水韵全面建成开放，城区生态水系达到3条，新增城市绿地12.33公顷，城区绿化覆盖率达到41.7%；完成12条城区主干道及160栋楼宇亮化、57栋建筑物及2条街道外立面改造。坚持新城区与老城区改造提升同步规划、同步建设，完成棚户区改造3 555户，新建公租房1 030套。全面开展县城东西出口沿线两侧综合整治，新和壹号、新丝路大厦等12个商业及住宅项目快速实施。扎实推进城乡基础设施建设，新改建非机动车道33千米；实现电力管网入地6千米，乡（镇）配网工程、35千伏新建青山变电站项目年内竣工投运，220千伏输变电工程开工建设，新（改）建电力线路246.03千米；完成天然气入户1 831户，铺设中低压管网22.47千米。

【民生建设】 2019年，新和县牢固树立“以人民为中心”理念，实施民生项目46个，民生支出占一般公共预算支出的80%以上。县、乡、村三级就业创业示范基地持续完善，累计完成各类就业技能培训4 720人，实现2 364名群众在家门口就业，累计新增城镇就业4 078人，实现富余劳动力转移就业2.4万人次。15年免费教育政策全面落实，丽水小学、实验中学多功能阶梯教室等项目顺利竣工交付使用，解决2 290名学生入学难问题，转岗分流不胜任国家通用语言教学教师61名，新招录内地教师545名，高考本科上线率连续两年保持在40%以上。医疗惠民扎实开展，妇幼保健院住院楼、疾控中心综合楼建成投入使用，人民医院综合住院楼项目主体封顶；实施家庭医生签约服务，重点人群家庭医生签约率100%，扎实做好结核病等传染病普查普治工作，结核病报告发病率比上年下降48.28%。全县各项社会保险参保人数29.8万人次，累计发放城乡低保金2 660.19万元，士兵自主就业补偿金73.8万元，兑现残疾人“两项补贴”251.07万元。安居惠民稳步实施，建成农村安居工程3 117套，1 030套保障性公租房进展顺利，解决1.2万名群众住房困难。

【脱贫攻坚】 2019年，新和县坚持以产业为基础，实施“农副产品订单增收”工程，积极推广“合作社+贫困户+托养托管”模式，为1 026户贫困户购买生产母牛1 026头，户均增收5 000元；为91户贫困户购买鸽子4 550对，户均增收1 000元；559户贫困户种植拱棚蔬菜33.95公顷，户均增收4 000元；502户贫困户种植黑木耳8.37公顷，户均增收4 300元；开展林果业技术服务900公顷，亩（0.07公顷）均增收200元。坚持以就业为根本，累计转移贫困户劳动力3 326人，基本实现“一户一人”的就业目标。土地清理促脱贫，清理发包土地2 606.67公顷，购买公益性岗位222个，安排建档立卡贫困户就业222人，人均月净收入1 950元，严格落实国家新一轮草原生态补助奖励政策，选聘320名建档立卡贫困人员担任护林员、护草员，实现生态改善和脱贫增收双赢。落实“两线合一”兜底保障政策，将556名老弱病残、鳏寡孤独、丧失或部分丧失劳动力的贫困人员纳入低保范围，实现了兜底保障全覆盖。坚决补齐住房、教育、医疗、基础设施短板，修建贫困户安居房31套，群众安全住房保障实现全覆盖；为841名贫困学生发放国家助学金148.45万元，保障贫困家庭学生不辍学；严格执行健康扶贫“双签约”制度，落实城乡居民“一站式”即时结算。积极完善贫困村基础设施，改造自来水管网68.9千米，完成贫困户自来水入户438户；修建防渗渠17.7千米，改造各类电力线路638千米，新改建农村公路249千米。

2019年，累计实施巩固提升项目11个、总投资2 785万元，占扶贫项目总数的25.06%、投资总额的19.29%，已全部完工并投入使用。全县建档立卡贫困户信息采集、一般农户“两不愁三保障”摸底工作全部完成，贫困户家庭成员自然增加236人、自然减少523人，摸排出边缘户634户2 566人、脱贫监测户247户973人。

【工业园区建设】 2019年，新和县实现工业总产值15.3亿元，实现工业增加值4.22亿元，比上年增长8%，完成园区总投资4.37亿元，其中企业项目投入资金2.89亿元，园区基础设施投资1.48亿元，实施基础设施项目4个，分别是新材料园区污水处理厂建设项目部分设备安装、新材料园区供水厂建设项目主体土建施工、新和县纺织服装园区供水厂及管网建设项目建成投运、新材料园区天然气管网输配工程图纸设计工作完工。新增入园企业2家，累计入园企业64家。2019年新增就业岗位450个，园区就业人数3 450人。盘活“僵尸企业”11家，通过采取并购重组，引进社会资本方式盘活2家，采取要素合作、产业链合作、订单合作的方式盘活企业4家，采取租赁承包方式盘活企业2家，采取破产重组方式盘活企业2家，采取收回闲置土地方式盘活企业1家；新引进光扬纺织10万锭棉纱项目，已于11月份投产试运行；裕丰达绿色科技有限公司2 000吨甘宝素、1 000吨氯代醚酮、2 000吨戊环氧、1 000吨对氟苯乙酮、500吨噻唑、2 000吨三嗪酮、1 000吨负离子源精细化工项目签约落户新材料园区；星泽塑料制品加工厂建设5 000吨以上的滴灌带地膜及配件生产线设备安装；开源塑料制品建设项目7 500吨废旧塑料再生造粒生产线土建施工。

【发展第三产业】 2019年，新和县招商引资成效显著，签约项目32个，到位资金23.22亿元。强化企业帮扶解困，兑付补贴资金602.23万元、减税降费5 711万元。新丝路大厦、腾飞·金桥城、浙商商贸城等项目有序推进，完成第三产业增加值22.7亿元。文化旅游快速发展，汉西域都护府文化园、唐安西大都户府文化园建成开放并成功召开新闻发布会，夏合吐尔遗址（柘厥关）申报为第八批国家级文物保护单位，累计接待国内外游客88.5万人次，实现旅游总收入4.59亿元，比上年分别增长98.67%和139.87%。

【浙江省丽水市援疆工作】 2019年，安排援疆项目14个，安排援疆资金1.14亿元，年底项目全部完工。

基建援疆 2019年，浙江省丽水市援疆指挥部严格按照“三保一强一控”的相关要求，积极助推乡村振兴，系统总结“乡村振兴·双十示范”工程做法经验，充分发挥指挥部的项目、资金优势，将“双十示范，双百提升”工程和新和县委、县政府开展的农村人居环境整治工作紧密结合起来，构建规划、投入、工作“三大体系”，推进产业发展、村庄整治、阵地建设“三大任务”共安排产业就业、民生保障、“211”等各类“涉农”资金2 084万元，对加依村等11个示范、提升村实施厕所改造、移风易俗、三区分离、污水处理、垃圾清运、巷道改造等项目；投入585万元，对10所示范、提升幼儿园进行改造提升。

产业援疆 2019年，浙江省丽水市援疆指挥部累计投入产业援疆“三大工程”（十城百店、百村千厂、万亩亿元）资金1 085万元。“十城百店”工程在浙江建立正常销售点46个，其中旗舰店2个，累计销售苹果、红枣、核桃等各类新和农产品3 800吨，累计销售额2 300万元，“都护臻品”系列产品成功进入浙江政采云扶贫馆。“百村千厂”工程结合新和县的扶贫双创园工程建设，按照“就近就地就业”原则，合理规划布局。已有5个乡（镇）建成卫星工厂20座，建筑面积约2万平方米，相继入驻企业5家，合作社7家，代入驻洽谈企业2家，共解决就业1 166人，其中建档立卡贫困户168人/户。投入“万亩亿元”资金150万元，帮助新和县建设高标准日光温室6个，种植各类食用菌100.4万棒，产出450吨，辐射带动贫困户500户，户均种植2 000棒，户均增收3 000元以上。引进丽水食用菌种植大户，成立新疆丽和农兴食用菌有限公司，流转当地农户种植大棚50个。

教育援疆 2019年，浙江省丽水市援疆指挥部注重强化援疆教师团队建设，坚持援疆教师援助各教育阶段和重点学科“两个全覆盖”。推进“1总+15子”模式的“红柳·绿谷”工作室联盟建设，激励援疆教师以“传帮带研训享”为核心，在传播先进教育理念、培养学科教学能手、培育优秀教师团队、开展教学教研等方面，帮带新教师快速成长为各学科教研骨干。实施新和县幼教提升“111”工程，围绕“一园一品”和“规范+特色”办园理念，重点帮扶提升1所示范幼儿园和10所标准幼儿园硬件设施，改善办园条件。举办“智汇新和论坛”学前教育专场活动，邀请丽水幼教专家实地指导，地区250位幼教教师参加活动。召开2019年援疆助学金资助内地普通高校新和籍大学生座谈会；66名贫困大学生每人领取6 000元援疆助学金。打造教坛新苗班、崇德课堂、“小葵花乐园”广播节目等系列教育援疆工作品牌。

医疗援疆 2019年，丽水医疗专家传帮带工作站，定期开展丽水医疗专家“新和行”、援疆医生“2+1”结对帮带和岗位技能示范活动，打造丽水医疗援疆特色品牌。深化援受两地“跨区域医联体”建设，发挥“互联网+”优势，升级打造远程会诊中心和教育培训中心，开展远程会诊12次，解决疑难杂症12例，手术直播示教4次，远程专题培训240人次。开展“丽水援疆杯”中国医生节系列活动，累计开展国家级、地区级继续教育培训项目4个，参与学员740人次。关注基层医疗卫生事业，每月定期开展援疆医生“走亲连心助脱贫”基层医疗活动，对乡（镇）卫生院进行业务帮带指导，参与基层健康防病知识的宣传教育工作，缓解基层群众就医困难。2019年，丽水援疆医生团队累计开展门诊诊疗4 771人次，手术指导829台，参与抢救急危重症患者310人次，会诊668人次。

文化援疆　2019年，浙江省丽水市援疆指挥部组织丽水高级人才到新和围绕教育、文旅、医疗、农业四个领域开展活动11场，积极建言献策，同时宣传展示丽水援疆工作，助推新和县人才工作。新和县选派2批共68名学校书记（校长）、骨干教师赴丽水培训学习，通过理论专题、跟岗实践等方式，深入交流丽水市在教育教学管理、新时期基层党的建设等方面的先进经验。组织新和县老干部赴丽水开展“丽新一家亲”考察交流活动，深化两地交往交流交融。举办“爱我中华·携手成长”丽水新和两地少先队员手拉手夏令营，依托丽水市青少年宫资源，选拔25名新和县优秀少先队员走进秀山丽水，与丽水市50名少先队员一起参与内容丰富的夏令营活动，接受红色洗礼，收获友谊，携手成长。促成丽水、新和两地幼儿园签订结对帮扶协议，即丽水2家幼教集团和3家中心幼儿园以“一对一”“一对多”等形式，对新和县14家幼儿园进行指导帮扶，整体提升新和县幼儿园的办园水平和幼教师资队伍建设水平。

【名优产品】　新和牛肉　新和县牛品种以西门塔尔牛为主，该品种易育肥，胴体肉多，脂肪少而分布均匀，肉质细嫩可口。存栏量10万头，屠宰率54%，净肉率42%。肉色鲜红、纹理细致、富有弹性、大理石花纹适中。蛋白质含量8%~9.5%，且人食用后消化率达到90%以上，绿色无污染，被称为有机食品。

新和鸽　新和鸽肉质细嫩，味鲜美，蛋白质含量19.7%，脂肪含量低，含有丰富的核黄素、有效磷和人体必需的氨基酸，具有补肾、益气、解毒功能。2019年底，全县鸽存栏量500万羽。

新和核桃　新和薄皮核桃又称纸皮核桃，个大、皮薄、质优，每百克含蛋白质15~20克，脂肪60~70克，碳水化合物10克。含有钙、磷、铁等多种微量元素和矿物质，而以胡萝卜素、核黄素含量最为突出。具有补血养气、补肾填精、止咳平喘、润燥通便等功效。2019年，新和县核桃种植面积1.8万公顷，年产量3.6万吨。

新和红枣　新和红枣个大、皮薄、质地较密、色泽鲜亮、格外甘甜。枣果营养价值高，富含维生素A、B1、B2、C、P等，而以维生素C含量最为突出，具有生津补血、降压、滋润肌肤等功效。2019年，新和县以骏枣、灰枣为主栽品种，红枣种植面积2 666.67公顷，年产量6.47万吨。

（唐雪涛）

拜城县

【基本情况】　拜城县位于天山南麓、新疆中部偏西。县城距乌鲁木齐市公路里程860千米。

2019年，辖4镇、10乡、1个管委会、16个社区居民委员会，156个行政村、641个村民小组。年末户籍总人口数238 892人、流动人口数14 333人。其中，城镇人口49 819人，乡村人口189 073人；人口出生率6.87‰，死亡率6.25‰，自然增长率0.62‰。

境内土壤类型种类繁多，可划分出10个土类、25个亚类、29个土属、32个土种、15个变种。主要有：灌淤土面积170平方千米，占总耕地面积的23.28%，土质疏松，保肥保水，水肥气热协调，供肥性能好，适宜种多种农作物，是县境内较好的耕地；潮土面积100平方千米，占总耕地面积的13.7%；棕漠土面积600平方千米，占盆地绿洲面积的15.2%；水稻土52平方千米，占总耕地面积的7.12%。另外，还有草甸土、沼泽土、盐化土、风砂土、棕钙土、栗钙土等多种土壤类型。已探明矿产资源8大类58种，既有能源、化工、建材、冶辅、宝玉石非金属矿产，亦有黑色、有色、稀有、贵重金属矿产。其中石油、天然气、煤、饰面花岗岩、红柱石、霞石正长岩、岩盐独具优势，还有锰矿、硅石、重晶石、萤石、云母、宝玉石、水泥灰岩、水泥配料页岩及凝灰岩。拜城矿区是新疆煤炭工业规划的四大煤炭基地之一，区域内煤炭资源丰富。境内原油探明储量

613 万吨，天然气储量 11 834.9 亿立方米，凝析油储量 613 万吨。已累计探明 32 处油气田（含油气构造）。其中有 28 个油气田已开发，截至年末，生产原油 9.02 万吨，比上年减少 0.6%，生产天然气 175.85 亿立方米，比上年增长 10.1%。

辖区开发旅游景区（点）7 个，其中国家 A 级 4 家：AAAA 级景区 1 家（克孜尔石窟），AAA 级景区 3 家（拜城喀普斯浪河景观带、康其湿地公园、拜城温泉）；规模以上宾馆酒店 23 家，其中三星级饭店 2 家（万佳温泉宾馆、缘来欣源酒店）；各类乡村旅游经营点 40 多家，星级农家乐 6 家，其中四星级 4 家（牧马人家休闲园、康其客栈、尼格尔休闲庄园、胡玛热木休闲园），三星级农家乐 3 家（红石榴农家乐、库木巴格休闲园、雪山度假村、田明山庄）；特色街区 4 个（金色阳光餐饮街、瑞康美食街、新商业街、孵化街）。

2019 年，全年生产总值 80.54 亿元，比上年增长 9.1 %，其中第一产业增加值 14.33 亿元，增长 5.6%；第二产业增加值 39.76 亿元，增长 13.2%。第三产业增加值 26.45 亿元，增长 6.5%。三次产业结构比为 17.79:49:37:32.84。农林牧渔业总产值 27.41 亿元，比上年增长 8.0%，其中农业产值 18.81 亿元，林业产值 0.31 亿元，畜牧业产值 7.38 亿元，渔业产值 0.62 亿元，农林牧渔服务业产值 0.29 亿元。正复播农作物播种面积 7.46 万公顷。粮食产量(含薯类)61.44 万吨，油料 0.73 万吨，甜菜 9.04 万吨，蔬菜 25.47 万吨。年末牲畜存栏 132.23 万头（只），年末牲畜出栏 92.29 万头（只）。猪牛羊肉总产量 4.02 吨，其中牛肉产量 0.89 吨，羊肉产量 2.09 吨，猪肉产量 0.56 吨，禽肉产量 0.34 吨，其他肉类产量 0.14 万吨。禽蛋产量 0.38 万吨，牛奶产量 0.92 吨。年末农业机械总动力 48.6 万千瓦。

工业增加值 37.62 亿元，比上年增长 14.1%。规模以上工业完成增加值 28.68 亿元，比上年增长 21.7%。全年规模以上工业中，煤炭开采和洗选业增加值比上年增长 25.7%，有色金属矿采选业增加值下降 11.9%；开采专业及辅助性活动增加值下降 4.3%；农副食品加工业增加值下降 86.0%，食品制造业增加值下降 100%；酒、饮料和精制茶制造业增加值下降 8.7%；纺织业增加值下降 21.3 %。木材加工和木、竹、藤、粽、草制品增加值下降 100%；化学原料和化学制品制造业增加值增长 62.1%，电力、热力生产和供应业增长 13.4%，石油加工、炼焦和核燃料加工业增加值增长 15.4%，非金属矿物制品业增加值增长 6.8%。

全年发电量 36 270.13 万千瓦时，全社会用电量 107 781.99 万千瓦时，其中全行业用电 99 718.55 万千瓦时，比上年增长 36.0%；城乡居民生活用电 8 063.44 万千瓦时，比上年增长 20.0%。全行业用电中工业用电量 58 621.71 万千瓦时，比上年增长 23.2%。全县建筑业增加值 2.14 亿元，比上年增长 2.5%。

全社会完成固定资产投资（不含农户）比上年增长 20.2%。全年实现社会消费品零售总额 11.86 亿元，比上年增长 12.5%。全年公路货物运输总量 758.22 万吨，比上年增长 1.6%，货物运输周转量 361.06 万吨千米，增长 1.3%；公路旅客运输总量 42.43 万人次，比上年增长 1.1%，旅客运输周转量 17.79 万人千米，增长 1.0%。旅客发送量 42.43 万人次，比上年增加 1.81 万人次。

拜城县乌瞰图（崔玉永/摄）

全年实现电信业务总量 6 155 万元，增长 14.43%；电信业务总量中，国内长途电话 20 万分钟。年末固定电话 1.5 万户，下降 17.51%，固定电话普及率 6.25 部/百人；移动电话用户 7 万户，移动电话普及率 29 部/百人；国际互联网用户数 2.7 万户。邮政业务总量 989 万元，增长 22.1%，邮政业务中，快递包件 53.45 万件，特快专递 12.78 万件。全年接待国内外游客 130.7 万人次，比上年同期增加 45.95 万人次，增长 54.21 %，实现旅游总收入 7.1 亿元，增长 62.0%。其中接待入境旅游 0.48 万人次。

全年全口径财政收入 31.91 亿元，比上年增长 8.5%。地方财政收入 16.79 亿元，增长 7.9%，其中公共财政预算收入 16.14 亿元，增长 6.0%；政府性基金预算收入 0.66 亿元，增长 87.8%。全年地方财政支出 41.46 亿元，比上年增长 15.5%。其中公共财政预算支出 38.53 亿元，增长 8.5%。年末全部金融机构人民币各项存款余额达 84.74 亿元，比年初增加 6.92 亿元。

有各类专业技术人员 6 312 人，其中中级及以上 1 299 人(中级 1 043 人、副高 242 人、正高 14 人)。

有职业中学 1 所，在校学生 2 587 人(少数民族 2 585 人)；普通高中 2 所，在校学生 4 585 人(少数民族 4 018 人)；普通初中 16 所，在校学生 9 856 人(少数民族 8 802 人)；小学 86 所，在校学生 26 093 人(少数民族 23 859人)；幼儿园 133 所，在园幼儿 15 424 人。有各类教师 5 104 人。全年教育基建投资 3 701 万元。

有医疗卫生机构 181 个，其中医院 4 个(含 2 个私立医院)，卫生院 15 个，妇幼保健院(所、站)1 个，疾病预防控制中心(防疫站)1 个，计划生育服务站 1 个，村卫生室 146 个，营利性医疗机构 12 个、医务室 1 个。卫生技术人员 1271 人(含村医)，其中执业医师和执业助理医师 317 人(含个体诊所)，注册护士 431 人(含个体诊所)。医疗卫生机构实有床位 1 329 张，其中医院 786 张(含 2 个私立医院)，乡镇卫生院 543 张。

2019 年，城镇居民人均可支配收入 32 720 元，农村居民人均纯收入 13 150 元。城镇从业人员 31 500 人，新增就业 3 050 人；城镇登记失业率 3%；农村富余劳动力转移就业 27 037 人次。就业困难人员实现就业 249 人，应届高校毕业生就业率 91%；培训各类人员 288 人。全县各项社会保险(养老、工伤、失业)参保人数 161 790 人次，其中全县基本养老保险参保人数 13 949 人，城乡居民养老保险参保人数 115 448 人，工伤保险参保人数 16 553 人，失业保险 15 840 人。全县各项社会保险基金支出 18 391 万元。城镇居民最低生活保障 1 401 人。

【脱贫攻坚】 2019 年，拜城县共有建档立卡贫困人口 6 138 户22 635 人，有深度贫困乡 2 个、贫困村 25 个(其中深度贫困村 16 个)。2019 年及以前退出贫困村 25 个（深度贫困村 16 个)、完成脱贫 6 138 户 22 635 人，全县实现整体脱贫。全县退出深度贫困村 8 个、完成脱贫 2 180 户 7 865 人，贫困发生率由上年 4.07%降至 3%以下。25 个贫困村农村居民人均可支配收入 10 303.18 元。扶贫产业完成年度产业扶贫项目建设计划、涉及资金 5 506.17 万元，产业扶贫布局优化，组织化程度提高。选派区、地、县三级驻村工作队 522 个部门定点扶贫深入推进，13 个温州市强镇(街道)协作帮扶 13 个深度贫困村持续开展，12 家民营企业帮扶 12 个深度贫困村成效明显，754 支志愿服务队参与扶贫。开展培训各级扶贫干部 1.24 万人次。实施危房改造工程，全县剩余 66 户贫困户安全住房全部竣工。完成安全饮水入户 126 户，开展 2020 年项目库动态调整、充实完善 2020 年项目库建设，新增入库项目 33 个，涉及资金 5 303.74 万元。

2019 年，拜城县转移就业脱贫人口 1 441 人，1 364 人通过就业实现脱贫，部分贫困劳动力收入较高间接带动 984 人脱贫。落实蔬菜订单面积 86.67 公顷，种植制种小麦 4 266.67 公顷、制种玉米 1 400 公顷，新扩建黑木耳集中连片种植区 8 个，菌棒 100 万棒，建设农民林果专业技术合作社 4 个，完善原有 11 座养殖合作社、托牛所附属设施，新建标准化养殖基地 11 座。辐射带动 4 个贫困村发展旅游产业，带动 188 户贫困群众就近就地增收脱贫。开发交通劝导员、河道清理员等公益性岗位，吸纳建档立卡贫困人口 304 人实现就业，人均增收 1 081 元/月。按照国家新一轮草原奖补政策和生态护林员补助政策，依托行业专项资金落实草原管护员、生态护林员各 15 人，年人均增收 1 万元。纳入综合社会保障兜底贫困户 547 户 989 人，其中“两线合一”纯兜底 40 户 52 人。

2019 年，拜城县落实 9 年义务教育和 15 年免费教育，加大控辍保学力度，杜绝因学致贫。按照每生每年 4 000 元标准，发放“木扎提河”助学基金，受助贫困学生 138 人。依托援疆资金设立贫困大学生入学助学金，按照每生每年 6 000 元标准给予补助，受助贫困学生 90 人。708 名建档立卡贫困中高职学生纳入“雨露计划”，按照每生每年 3 000 元标准给予补助，阻断贫困代际传递。

【基础设施】 2019 年，拜城县基础设施建设日渐完善，城区功能增强，建成投用城市污水处理厂提标改造、生活垃圾处理等项目。打通城区道路 4 条、新修建停车位 158 个，打造地方特色餐饮街区 3 个。建成西大桥绿化带、前进社区办公区街头等城区节点绿化工作，新增绿化面积约 4 万平方米居。城北新区与老城融合发展有效推进，基础配套设施逐步完善。新增天然气入户 1 131 户；加大农村基础设施建设，实施各类项目 54 个、4.01 亿元，渠道防渗 37.2 千米、建防洪堤 4.22 千米、高效节水 4 000 公顷，农村安全饮水入户 4 551 户，落实惠农补贴 1.33 亿元。铺设农村公路 371 千米，新建(改造)农村配网工程 199.3 千米。

【农业农村经济】 2019 年，拜城县实现农村经济总收入 43.26 亿元，比上年增加 3.16 亿元、增长 7.88%。粮食面积 5.15 万公顷，经济作物面积 1.16 万公顷，制种面积 3 666.67 公顷，设施农业面积 300 公顷，依托扶贫专项带动 500 贫困户种植黑木耳 100 万棒，销售收入 210 万元。全县牲畜存栏 132.23 万头(只)，出栏 92.29 万头(只)。建设农村电商服务平台 3 个、乡镇为农社会化服务中心 1 个，注册“好巴依”“牧惠丰”商标。完成农村土地承包经营权确权登记 5.18 万公顷、3 万多农户，151 个村农村集体资产清产核资工作通过地区验收，完成种羊场企业体制改革。建立小麦绿色高质高效示范基地 6 666.67 公顷，农作物病虫害绿色防控技术推广 5.16 万公顷，测土配方施肥技术推广 3.17 万公顷。林果挂果面积 8 333.33 公顷。完成优质林果生产基地 1 339.8 公顷。建成优质粮食基地 2 800 公顷。建成优质牛羊肉生产基地 8 个，累计外销牛羊肉 1 250 吨。新建设施农业 13.5 公顷。改建温室 13.35 公顷。投入 8 188.96 万元，打造示范乡镇 1 个、示范村 24 个，实施庭院改造 5 000 户，改造农村户厕 2.7 万户。在铁热克镇、米吉克乡示范村开展旅游示范点 2 个。

【民生建设】 2019 年，拜城县实施 68 个民生工程项目，落实建设资金 18.33 亿元。新建安居房 4 076 套、公租房 1 214 套、棚户区改造 741 套、农村改厕 14 282 座、农村公路 371 千米。温泉水库、库拜玉一级公路、新拜铁路取得进展。完善低保、特困人员供养、养老服务等社会救助制度体系。选派 82 名优秀教师充实到书记、校长岗位，引进内地教师 720 名。落实“木扎提河”“雨露计划”“浙江援疆助学金”等学生资助政策。内高班考点落户拜城，314 名内高班考生实现就地考试。“送戏下基层”“百日文化广场”“乡村百日文体”活动、“梦幻龟兹”文艺演出接续不断，丰富各族群众精神文化需求。医共(联)体建设推进，分级诊疗模式全面推行，县、乡远程医疗服务建设实现全覆盖，承办地区紧密型医共体现场观摩会。全民健康体检常态开展，完成体检 20.25 万人。医保报销 2.22 亿元，惠及 73.47 万人次，发放低保金 4 469.94 万元，惠及 6 403 户 13 602 人。

【产业园区建设】 2019 年，拜城县产业园区总投资 12.13 亿元，产业园区 26 家企业投产，完成工业产值 35.85 亿元，比上年增长 40.38%；工业增加值 8.84 亿元，比上年增长 38.16%，实现销售收入 33.42 亿元，比上年增长 41.67%。

2019 年，拜城县产业园区签约金额目标任务 21 亿元，签约项目金额 6.92 亿元。固定资产投资计划项目 12 个，年度计划投资 35.5 亿元。截至年末，已实施项目 19 个，新增项目 6 个，置换项目 1 个，年度计划投资 40.6 亿元，新增项目未开工 1 个，完成投资 9.6 亿元。

2019 年，拜城县人民政府出资 1 877.69 万元为煤炭交易市场、马铃薯交易市场、二手车市场等项目给予基础建设扶持，缓解企业投资压力，真正为引进项目、建成项目、留住项目、延伸项目打造优良服务环境。投资 2 550 万元，大北一园区供气管道项目建成。

2019 年，拜城县产业园区协调

园区各企业资源利用最大化，推进众泰煤焦化130万吨/年焦化循环产业发展和金晖100万吨/年PVC循环经济建设项目，有效控制能源消耗总量。峰峰煤焦化完成烟气脱硫脱硝及淘汰落后电机更换，实施挥发性有机物综合治理项目。鑫港煤质研发有限司400万吨/年洗煤厂项目采用最先进的生产工艺及设备，促使洗煤行公业生产工艺技术达到国内一流水平。金晖水泥实行错峰生产管理方式，设计产能100万吨/年，2019年产能45万吨，产能释放率45%。

2019年，产业园区做好企业服务工作，对接用工需求，完成新增就业500人，各类职业培训2 000人次。截至年末，金晖兆丰新增就业140人，众泰煤焦化新增就业320人，峰峰煤焦化新增就业50人，其他企业新增就业70人。完成各类职业培训16场次，参训人员3 000人次。

【招商引资】 2019年，拜城县根据全县资源现状和产业基础，储备天然气化工、煤化工、农副产品精深加工、畜禽养殖及加工、装备制造、旅游开发、商贸物流以及纺织服装等招商项目8类107个。引进招商引资项目64个（含18个续建项目），到位资金82.79亿元；签约合同项目48个，签约金额161.59亿元。实体经济壮大，众泰130万吨焦化项目建成投产，煤炭广场主体完工，中泰-金晖100万吨PVC开工建设，新华水电建成调试，煤矿改扩建项目深入推进，原煤产量首次突破500万吨，洗精煤产量152.06万吨，焦炭产量275.53万吨，炭黑产量6.26万吨。油气勘探实现重大突破，新发现博孜9井千亿方级油气藏。新增规上企业2家、新增限上企业6家、新增高新技术企业1家。

【生态旅游】 2019年，拜城县克孜尔石窟成功创建国家AAAA级旅游景区，康其湿地公园、喀河景观公园、拜城温泉成功创建国家AAA级旅游景区，接待游客突破130万人次，实现旅游收入7亿元。依托湿地资源，开发建设康其湿地景区、亚曼苏生态乐园项目。辖区黑英山乡、铁热克镇、米吉克乡、康其乡依托乌孙古道、温泉、森林公园、湿地等特色文化、自然生态乐园资源，开发民宿旅游新业态。已建成25户，72间，床位153张；在建9户，28间房，床位21张。全年民宿入住率45%，接待游客8 500人次，直接收入41.5万元。提升改造农家乐，指导尼格尔庄园、康其客栈、胡玛热木度假村完成星级农家乐创建。协助拜城温泉小镇生态开发有限公司开展特色旅游品牌（康养旅游）申报。联合市场监督管理局完成2个旅游商品街区（新商业街、孵化街）、2个特色餐饮街区（金色阳光餐饮街、瑞康三区餐饮街）建设打造。开发克孜尔石窟壁画系列文创产品、颂蜜源蜂蜜、“葡萄的故事”葡萄干、拜城油鸡、烫花木雕、柳编手工艺品等特色旅游商品，在城区各大超市、星级饭店、A级景区设置旅游商品、农副特产品销售专柜。指导丝路温泉旅游社设计推出“一日游”线路5条、“二日游”2条、“三日游”线路3条。结合温州市工会职工疗养项目，策划“温拜情·天山行”南北疆穿越8日游线路，吸引内地游客，其中接待疆内游客13批次，102人次，接待温州职工疗养团队8批次149人。

【浙江省温州市援疆工作】 2019年，浙江省温州市援疆指挥部实施援疆项目12个(其中产业就业类项目5个，民生保障类项目3个，教育援疆类项目1个，智力援助类项目2个，交流交往类项目1个)，投入资金12 122.2万元(含历年结余资金940万元)，拉动投资27 945万元，截至年末，完成投资26 782万元。在克孜尔乡乌堂村、康其乡阿热勒村、米吉克乡亚曼苏村和黑英山乡乌孙古道创建乡村旅游项目。共接待游客约38万人次，实现旅游总收入2 000万元，受益群众396户1 566人。依托“十城百店”工程，助推产业多元发展。开设“十城百店”销售网点19个，将葡萄干、山羊、苹果、核桃、红枣、牛奶、土豆、牛肉、面粉、油鸡等十种优质农产品推向温州市场，与51家机关事业单位、企业签订消费扶贫合作协议，年均销售阿克苏地区特色农产品5 500吨，销售额8 000万元。组织15批温州人员进疆开展结对帮扶活动和公益捐赠，捐赠各类物资价值112万元，到位捐赠资金458万元，并实施了一批助力脱贫攻坚工程建设和产业提升项目。依托援疆资金设立贫困大学生入学助学金，按照每生每年6 000元标准给予补助，受助贫困学生90人；将708名建档立卡贫困中高职学生纳入“雨露计划”，按照每生每年3 000元标准给予补助。

（任文艳）

温宿县

【基本情况】 温宿县得名于秦汉之际，塔里木盆地边缘城郭诸国之一的古温宿国。清光绪二十八年(1902年)设温宿县。温宿县位于天山中段的托木尔峰南麓，塔里木盆地北缘。县城距乌鲁木齐市公路里程1019千米。

2019年，温宿县辖8镇、5乡。年末总人口23.5万人(不含农生产建设兵团第一师五团场、六团场)，其中少数民族人口19.78万人，农村人口17.73万人；人口出生率7.26‰，自然增长率2.15‰。耕地面积8.87万公顷，粮食播种面积3.01万公顷，经济作物播种面积5.86万公顷。

境内北部有雪带冰川197条，总储水量1 582.02亿立方米；大小河流63条，地表水年径流量85.79亿立方米；地下水动储量19.12亿立方米。森林面积20.67公顷，草地面积55.43万公顷，森林覆盖率13.32%。国家级保护动物有野骆驼、雪豹、中华秋沙鸭、黑颈鹤、猞猁、马鹿、棕熊、黑熊、盘羊、荒漠猫等63种。野生药用植物200种，以手掌参、党参、黄芪、甘草、麻黄、独活、当归、雪莲等为主。矿产资源主要有石油、天然气、煤、花岗岩、石膏、石灰岩、铀、黏土、陶土等20多种矿产。主要旅游景区有天山神木园(国家AAAA级)、天山托木尔大峡谷(国家AAAA级)、帕克勒克草原(国家AA级)、阿克布拉克草原(国家AA级)。名优特色产品为温宿薄皮核桃和温宿大米。属温带大陆性干旱气候。

2019年，完成地方生产总值80.62亿元，其中第一产业增加值25.07亿元，比上年增长5.6%；第二产业增加值19.05亿元，比上年增长7.8%；第三产业增加值36.5亿元，比上年增长11.5%。

农林牧渔及其服务业总产值54.49亿元，比上年增长6.23%，其中农业产值43.52亿元，林果业0.61亿元，畜牧业8.2亿元，渔业0.79亿元，服务业1.37亿元。主要农产品产量：粮食26.3万吨，棉花7.25万吨，油料366吨，甜菜40 420吨，水果(含果用瓜)53万吨。年末牲畜存栏77.44万头(只)。肉类总产39 612吨，绵羊毛686吨，牛奶35 473吨。年末农牧业机械总动力51.25万千瓦。

工业增加值11.76亿元，比上年增长12 %。规模以上企业工业增加值9.08亿元，比上年增长13.4%。建筑业增加值7.29亿元，比上年增长2.5%，建筑企业施工房屋建筑面积76.04万平方米，商品房销售面积9.19万平方米。

全社会固定资产投资64.86亿元。完成邮政业务总量1 696.31万元，电信业务总量3 574.96万元。年末固定电话用户1.75万户，计算机互联网用户14.25万户。社会消费品零售总额46.26亿元。对外贸易总额(出口)5 244万美元。接待旅游者169.54万人次，旅游总收入9.86亿元。地方公共财政预算收入5.16亿元，地方公共财政支出36.79亿元。年末金融机构人民币各项存款余额103.73亿元。

2019年，温宿县有各类专业技术人员6 456人，其中中级以上1 164人。有职业中学1所，在校学生466人(民族465人)，教师50人(少数民族36人)；高级中学2所，在校高中学生4 514人(民族3 434人)，教师399人(少数民族161人)；初级中学7所，九年贯制学校6所，在校初中学生10 368人(少数民族9 067人)，教师1 054人(少数民族622人)；小学49所，小学教学点22个，在校小学生27 441人(民族24 308人)，教师2 174人(少数民族1 134人)幼儿园116所，在园幼儿16 307人(民族13 941人)，幼师1 492人(少数民族973人)。全年教育基建投资9 453.3万元。

有医疗卫生机构197个，其中医院2个，基层医疗卫生机构191个，专业公共卫生机构4个；卫生技术人员906人，病床1 074张。

全年城镇居民人均可支配收入32 298元，农村居民人均纯收入14 221元，在职职工年均货币工资88 028元。

2019年末，温宿县实现就业4 165人，城镇登记失业率2.15%，参加城镇失业保险14 211人、基本养老保险29 502人，其中城镇职工参加养老保险29 400人、基本医疗保险24 568人、工伤保险15 771人、生育保险16 929人；城乡居民参加养老保险104 474人、医疗保险200 879人，已领取养老保险14 501人。城镇居民994人得到政府最低生活保障救济。

【党的建设】 2019年，温宿县新发展党员886名，其中农牧民党员

664名，非公企业和社会组织党员16名。调整、联建、新成立或撤销等方式规范党组织设置85个。表彰先进基层党组织24个、优秀共产党员58名、优秀党务工作者28名。慰问困难党员、老党员及维稳和脱贫一线表现优秀党员干部等856人,发放慰问金57.11万元。

【基层组织建设】 加强农村党建，选派79名国家公职人员到村任党组织书记,198名内招生、留疆战士到村任职，建立558名村级骨干人才库。村“两委”正职、副职待遇分别从2 160元和1 400元提高至2 770元和1 995元。强化城市网格党支部建设,打造便民服务网格点79个，网格党支部58个，楼栋党小组153个。加强新兴组织党建，确定新成立行业党工委9个,任命13名行业党工委书记,划分行业党工委管理的新兴组织123家,乡(镇)兜底管理42家。建立54个党工委成员、68个党建指导员双重包联架构。非公有制企业党组织覆盖率64.02%，社会组织党组织覆盖率80.8%。

【农业农村工作】 2019年,温宿县农村经济总收入为77.12亿元,比上年增长5.11%。全县粮食种植面积2.96万公顷,总产26.3万吨;棉花3.53万公顷，总产7.25万吨;蔬菜种植面积1 000公顷,其中设施农业面积233.33公顷，温室729座85.253公顷,拱棚2.8万座149.78公顷。全县优质特色林果基地8.33万公顷，实现挂果8.01万公顷,总产53.03万吨,其中核桃17.64万吨，红枣19.4万吨，苹果14.7万吨,其他1.29万吨。牲畜存栏77.44万头（只)，家禽存栏127.99万羽，牲畜出栏101.6万头(只)，家禽出栏608.9万羽（不含鸽)。产肉3.96万吨,产奶3.55万吨,产蛋0.58万吨。

【脱贫攻坚】 2019年,温宿县加大脱贫攻坚力度。推进转移就业扶持,实施精准转移就业590人,其中稳定就业436人。推进发展产业扶持，种植订单蔬菜42.72公顷,销售115吨19.46万元;种植菌棒80.56万棒，晾晒干木耳9.84吨,销售47.89万元;实施林果业提质增效，助力贫困户林果业亩均年增产15%;34户贫困户340只扶贫羊入社托养，实现户均增收1 000元以上。推进土地清理再分配扶持，依法依规清理土地1 226.67公顷,利用收益就近购买公益性岗位410个，带动上岗贫困群众月人均增收1 000元左右。推进护边员扶持,280名边境一线未脱贫人口转为护边员，实现稳定就业，每月补助2 000元，带动773名贫困人口稳定脱贫。推进生态补偿扶持,选聘9名贫困人口担任草原管护员、17名贫困人口担任生态护林员，每人每年补助1万元以上,实现27名未脱贫人口稳定脱贫。推进综合社会保障兜底,纳入低保兜底413人。持续加大教育扶贫力度,资助贫困学生182人。加大健康扶贫力度。贫困人口参加医疗保险、大病保险、医疗救助全覆盖,全民健康免费体检、家庭医生签约服务覆盖率100%。加强资金监管。按程序建立完善动态项目库，收录项目107个，计划总投资3.13亿元。财政扶贫资金共申报实施完工项目79个，总投资27 467万元，其中专项扶贫资金12 567万元,债券资金14 900万元。全年上级下达县财政扶贫资金27 467万元,已支付25 697.25万元,支付进度93.56%。已达到脱贫线、拟退出建档立卡人口2 315户7 659人。

【工业经济】 2019年,温宿县实现工业增加值11.76亿元，比上年增长12%;实现社会消费品零售总额46.26亿元,比上年增长12.5%。全年完成落实到位招商引资资金52.33亿元,比上年增长22.7%。全年实现外贸出口5 244万美元,比上年增长44%。

新增小升规入统企业(即小型企业上升为规模以上工业企业、纳入规模以上工业企业统计范围的企业)3家,完成限额以上入统企业(即限额以上商业企业纳入商业企业统计范围的企业)8家。推荐阿克苏向辉陶瓷有限公司、阿克苏地区康兴陶瓷有限公司等9家企业参与自治区电力用户用电交易试点工作,申请电量(万千瓦时)7 560万千瓦时,为企业节约电费529万元。为企业发放边境转移专项资金和外经贸发展专项资金、纺织服装岗前就业培训补贴专项资金等各类补助款项360万元。为天企源肥料、姐妹服装等5家企业申报纳入《2019年地区地产工业品政府采购推荐使用目录库》，采购额500万元。清理拖欠民营企业中小企业账款14 034.28万元，偿还账款7 153.73万元,占总偿还账款的50.97%。

【住房和城市建设】 2019年，温宿县加强住房和城市建设。完成房屋建筑和市政公用工程招投标68项，总建筑面积86.65万平方米，总投资12.74亿元。投入5 595万元，实施城区人行道改造、西五纵道路及两侧绿化带、人行、非机动车道建设。新建排水管网12千米，贯通城区至阿克苏市的污水输送管线。投入2 578万元，完成城区污水管网建设项目（一期）、阿克苏职业技术学院（新校区）灌溉排水通道改造及给排水建设项目。进城市亮化工程建设，先后投资1 571万元，对复兴大道、托峰路、稻香路等城区主干道、沿线主要建筑物及街头小品增设夜间亮化景观。

推进“公园城市”建设。投入3 050万元，完成龙泉湖公园、湿地公园北门等5处景观改造提升；投入8 113万元，新建景观游园7个、生态停车场5个、街角绿地16个、旅游厕所9座；投入2 260万元，完成街边(角)空地、棚户区已拆除区绿化工作。截至年底，城市建成区绿化覆盖率39.14%，绿地率35.3%，人均公共绿地面积达18.04平方米。推进棚户区征迁改造。先后申请上级专项资金3.38亿，完成拆迁面积25.52万平方米，货币化补偿1 805户，实物安置714户。完成农村安居工程建设任务2 711户。先后引进社会投资14亿元，开工建设城区10多个房地产项目。新增商品房开发面积约30.4万平方米。全年消化房地产库存22.5万平方米，其中住宅20.5万平方米，商铺2万平方米。

【交通运输】2019年，温宿县加强交通运输建设。完成投资1.06亿元，新改建公路178千米（其中，县级公路3条57千米，农村公路121千米），完善15条186千米的农村公路安全防护工程，新建公路均已完工并通车。投入小修养护资金281.97万元，修补破损路面，沥青面积24 400平方米。

【水利建设】 2019年，温宿县加强水利建设，建成15座农村集中饮用水水源地，解决饮水安全18.15万人，其中贫困人口涉及14个贫困村（其中深度贫困村11个）6 282户22 126人，贫困户安全饮水率100%。完成涉水扶贫项目38个。

开展汛前除险加固和清淤疏障，防洪堤维修加固43.2千米，洪沟清淤22.5千米。完成温宿县洼地水库工程建设项目可研立项的15项前置要件办理工作和2019年田间高效节水建设项目，实现投资4 210万元，新增田间高效节水2 000公顷。完成温宿县台兰河新龙口——老龙口段防洪工程，实现投资2 489.6万元，修建防洪堤7.1千米。完成温宿县吐木秀克镇黄羊滩水土保持重点治理工程（一期项目），实现投资500万元，新增治理面积1 400公顷，水土保持生态林200公顷，防护林21.47公顷。完成温宿县阿克苏河温宿县区段综合治理项目(含PPP达汗黄羊滩生态治理项目)，实现投资18 441万元，维修加固防洪堤14千米，新建防洪堤6.05千米，引洪封育总面积562公顷。完成温宿县博孜墩牧场饲草料基地及配套工程，实现投资1 444.45万元。

【民生保障】 2019年，温宿县开展民生保障各项工作。推进城乡低保，对全县在保人员进行入户核查，核查率100%。截至年底，全县有城乡低保3 363户6 561人，发放城乡低保金2 053.3万元。全县纳入社会保障兜底879户1 863人，发放兜底保障资金398.64万元。提高医疗救助保障水平。为全县建档立卡人员、低保对象按照50%给予定额补贴和为特困对象实行全额补贴基本医疗保险31 659人417.2万元。为全县建档立卡人员、民政救助对象全部购买商业补充医疗保险782.21万元，对经基本医疗保险、大病医疗保险报销后个人承担的医疗费用，按照90%以上的比例再进行救助。落实医疗救助“一站式”即时结算服务，“一站式”医疗救助8 048人次440.48万元。为全县1 997名符合条件的残疾人发放残疾人两项补贴163.18万元；为全县1 208名80周岁以上高龄老人发放高龄补贴83.91万元。保障特殊困境儿童权益。在儿童福利院集中收养特殊困境儿童198名。

【旅游兴温战略】 2019年，温宿县加大旅游工作力度。接待游客169.54万人次，比上年增长99.46%；旅游总收入9.86亿元，比上年增长95.63%。

深化旅游+体育融合，在天山托木尔文化旅游节等世界旅游小姐大赛温宿赛区决赛旅游活动中，融入赛马、叼羊、滑雪、自驾越野挑战、热气球空飘竞技表演、徒步游和赛马叼羊等特色体育竞技运动。提升旅游服务质量等级，推进天山托木尔大峡谷创建AAAAA级旅游景区、海立方创建AAAA级旅游景区以及4处景点创建AAA级旅游景区的工作，其中托木尔平台子、龙泉湖公园通过地区AAA级景区评定。培育5个乡村旅游示范点，建成规模较大的旅游民宿3家，举办3场大型乡村文化旅游节庆活动。培育形成农家乐180余家。规范和引导农家乐提升服务质量，“丝路驿站”“水上漂农庄”“我的家乡”3家农家乐通过地区三星级评定。举办旅游产业技能培训班4期7班次，培训旅游乡土人才420人次。

【工业园区建设】 2019年，温宿国家农业科技园区全年完成工业产值4.66亿元，实现工业增加值1.78亿元。全年续建项目3个，完成投资8 340万元。新建项目8个，完成投资16.54亿元。招商引资洽谈项目签约31家，签约资金96.6亿元，涉及农产品精深加工、冷链物流等产业，其中已落地招商项目14个，签约资金24亿元，年内投资9.17亿元，园区新增就业人员309人；正在洽谈招商项目17个，签约资金72.6亿元。14个招商引资落地项目全部开工建设，启动医药产业园规划建设。云百草中药饮片项目落地。

2019年，温宿产业园区实现工业总产值9亿元，实现工业增加值3.25亿元，完成固定资产投资11.1亿元。新开工企业(项目)27家，新投产企业5家。园区投产企业上缴利税2 600万元。加强招商引资工作，签约招商引资项目67个，签约金额90亿元；项目落地开工53个，招商引资到位资金36.53亿元，其中产业园区新签约项目19个，签约金额24亿元，落地开工项目17个，到位资金10.63亿元，完成公司注册19家，比上年增长145%。截至年底，跟踪洽谈项目12个，签约总额约10亿元。加强基础设施建设。完成路灯安装工程建设，18千米道路建设项目全部完工；污水处理厂完成环保验收工作；投资1 550万元完成污水处理厂提标改造整改任务；筹措资金750万元完成大峡谷路改扩建工程路基主体施工；50万立方米工业固废填埋厂完成招投标，一期10万立方米工业固废填埋厂工程已开工建设。

【浙江省金华市对口援建工作】项目援疆　2019年，浙江金华援温指挥部实施援疆项目24个，总投资3.88亿元，其中援疆资金1.26亿元，85.2%资金投入基层，92.3%涉及民生。温宿县图书馆项目8月交付使用，可容纳各类藏书30多万册。龙泉社区服务中心、稻香社区服务中心、温宿高清数字法庭等建设项目建成，帕克勒克游客服务中心、县委视频会议系统、民生社区服务中心投入使用。

产业援疆　2019年，浙江金华援温指挥部组织内地企业参加“浙洽会”，积极推介温宿县投资环境。引进企业15家，落地投资额4.5亿元，带动就近就地就业600人，赴内地转移就业71人。投资700多万元完成阿克苏地区“万亩亿元”增收工程果园生态高效栽培黑木耳试点，黑木耳种植在阿克苏地区全面推广，成为当地精准扶贫和农民增收的重要举措，2019年全县种植黑木耳100多万棒。帮助金华新村开展AAA级旅游景区创建，完善公厕等配套设施，开发青年渠漂流、少儿游乐园等游乐项目，打造农旅结合的示范村。健全金华市“十城百店”销售网络，全市开设旗舰店、直营店、加盟店53家，超市专柜50个，实现县(市、区)全覆盖。在福建省开设直营店18家。搭建众联福、拾花集等电商销售平台，拓展线上销售渠道。帮助销售农产品1万余吨，金额1.5亿元。

教育援疆　2019年，浙江金华援温指挥部牵手浙江师范大学在温宿建立在线支教基地3个，开设永康市“互联网+义务教育”同步课堂，举办网络示范课、讲座79次，培训教师1 300人次，完成温宿四中教学综合楼升级改造，受援地学校和内地学校结对5对，选派支教教师46人，引进教师15人。

医疗援疆　2019年，浙江金华援温指挥部实施医疗普惠工程。选派医务人员5名，培养医疗骨干12人，开展医疗卫生人才培训42场次，培训2 300人次，实现科研突破2项；组织5次巡回义诊，巡诊1 400人次。建成南疆地区首个县级医院国医堂和康复医学中心。援疆医生开展种植牙、白内障超声乳化加人工晶体植入等新技术37项，其中种植牙手术是阿克苏地区首例，牵头组织专题讲座、科室业务交流117次，所在科室开展微创手术比例提高到90%以上。

文化交流　2019年，浙江金华援温指挥部开展“弘扬新时代、共圆中国梦”系列活动，主办返乡大学生红歌会、民族团结故事万人讲等活动，参加群众10万多人。持续开展农民画大赛、中华传统文化才艺秀、体育活动联赛等文体比赛，丰富各族群众精神文化生活。会同温宿县委、县政府承办《中国好声音》2019 全国海选新疆赛区比赛，温宿县成为新疆唯一一个全国海选赛区。组织两地青少年开展手拉手夏令营、“万里鸿雁传真情”等活动，让民族团结之花在金华和温宿两地青少年中常开长盛。

【名优产品】 温宿大米　温宿县盛产大米，被命名为“中国大米之乡”。2010 年，被国家农业部授予“全国粮食生产大县”称号。2012 年，被自治区农业厅授予“粮食生产先进县”称号。温宿大米销往北京、上海、深圳等 30 多个城市和 700 多家商场、超市，产品供不应求，年销售量已突破 6 万吨。

温宿薄皮核桃　温宿县素有“核桃之乡”的美誉。最新培育的薄皮核桃品种命名为温 185 纸皮核桃，已申报国家特级农产品，由农业部备案。该品种品质好，丰产性强、壳薄、光滑，内褶壁退化，易取整仁、出仁率和出油率高，仁色浅味香的特点。平均壳厚度仅 0.6 毫米，每 50 千克出仁率可达 70%以上，出仁率超过 70%，符合 WTO 对特级核桃的要求。2019 年，温宿县收获干核桃约 17.1 万吨，每亩(0.07 公顷)收益提高 18%以上。种植核桃的农民人均收入突破 1 万元，占农牧民人均收入的 65%。

（罗清平）

乌什县

【基本情况】 乌什，西汉时期为温宿国地。明朝永乐年间，乌什称为图尔满。清乾隆二十年(1755 年)，清政府将图尔满汉文地名定为乌什。乌什县位于天山南麓、塔里木盆地西北边缘。县境东邻阿克苏市和温宿县，西与阿合奇县毗连，南以卡拉铁克山为界与柯坪县隔山相望，北以天山山脉与吉尔吉斯斯坦共和国接壤。距乌鲁木齐市公路里程 1 100 千米。境内主要有托什干河、库马力克河等河流。托什干河年径流量 26.4 亿立方米，北山泉水主要发源于北部山区，年径流量 1.79 亿立方米。地下水动储量为 10.79 亿立方米。主要野生药用植物有甘草、雪莲、党参、麻黄、黄连、菟丝子等 13 种。国家级野生保护动物有雪豹、黄羊、盘羊、天鹅、雪鸡、旱獭等 25 种。主要矿产资源有煤、磷、石灰岩、石膏、大理石、铅锌以及含量较高的重晶石、锑、石灰石、陶土、金、汞等。森林覆盖率 12.8%。国家 A 级以上(含 A 级)旅游景点有燕泉山公园（国家 AAAA 级)和沙棘林湿地公园(国家 AAAA 级)。特色产品主要有核桃（核桃油)、桃豆、野生沙棘(沙棘酒、饮料)等。属暖温带大陆性气候。

2019 年，完成生产总值 41.7 亿元，其中第一产业 11 亿元，比上年增长 5.6%；第二产业 4.8 亿元，增长 4.4 %；第三产业 25.9 亿元，增长 11.9 %。

2019 年，辖 3 镇、6 乡。年末总人口 232 652 人（少数民族人口 220 525 人，生产建设兵团一师四团人口 8 823 人），其中乡村人口 197 313 人；人口出生率 7.58‰，自然增长率 1.21‰。耕地面积 4.71 万公顷，农作物播种面积 4.52 万公顷，粮食(含薯类)3.63 万公顷，棉花 9.2 公顷。

农林牧渔及其服务业总产值 296 274.14 万元，比上年增长 10.9%，其中农业产值 75 030.54 万元，增长 14.2%；林业 138 691.35 万元，增长 6.2%；牧业 715 44.26 万元，增长 16.8%。主要农产品产量：粮食(含薯类)31.58 万吨，棉花 13.9 吨，油料 6 052 吨，甜菜 3.29 万吨，蔬菜 85 836.4 吨，果用瓜 8 335.5 吨，苜蓿 13 097.9 吨。主要特色农作物产量：工业番茄 44 197.3 吨，桃豆 184 吨。水果产量：苹果 0.28 万吨，梨 0.56 万吨，葡萄 3.08 万吨，桃 0.11 万吨，杏 3.73 万吨，红枣 0.21 万吨。坚果产量：核桃 5.72 万吨。年末牲畜存栏 78.99 万头(只)，全年牲畜出栏 66.48 万头(只)，出栏率 84.16%。肉类总产 28 451 吨，羊毛 23.2 吨(含山羊绒 23.2 吨)，奶类 6 210 吨，禽蛋 1 452 吨。年末农业机械总动力 32.75 万千瓦。

规模以上工业企业 9 家，实现工业总产值 4.6 亿元；工业增加值 1.54 亿元，工业销售产值 3.5 亿元；利润总额 4 642.7 万元。主要工业产品产量：加工小麦粉 29 514.71 吨，番茄酱罐头 7 042 吨，棉纱 2 871 吨，商品混凝土 86 498.09 立方米，果酒及配制酒 63.24 千升，果汁和蔬菜汁类饮料 826.15 吨，针织袜 783.46 万双。

建筑业实现增加值 24 212 万元，建筑企业施工房屋建筑面积 21.95 万平方米，竣工面积 17.58 万平方米。

全社会固定资产投资 28.85 亿元，比上年增长 17.12%，其中第一产业 3.5 亿元、第二产业 10.16

亿元、第三产业15.19亿元。社会消费品零售总额2.62亿元。进出口贸易总额1 764万美元,其中出口额1 764万美元。

完成邮政业务总量550.3万元，电信业务总量6 275.15万元。年末固定电话用户1.07部/百人，移动电话用户9.5万户，互联网宽带接入用户2万户。接待旅游者88.83万人次,旅游收入33 058万元。地方财政收入22 669万元(一般公共预算收入18 138万元),地方财政支出442 815万元(一般公共预算支出419 365万元)。年末城乡居民储蓄存款余额270 346万元。

有各类专业技术人员4 719人,其中中级以上674人。

有中等职业教育学校1所,在校学生3 830人（少数民族3 830人);普通高中2所,在校学生3 543人（少数民族2 342人)；初中4所,在校学生9 416人(少数民族9 279人)；小学66所，在校学生27 795人(少数民族27 355人);幼儿园119所，在园幼儿19 056人(少数民族18 752人)。各类教师4 112人(少数民族2 593人)。全年教育经费投入92 316.88万元。

有医疗卫生机构134个,其中医院2个、基层医疗卫生机构129个(包括社区卫生服务中心、卫生院、门诊部等)、专业公共卫生机构3个(包括专科疾病防治院/所/站、妇幼保健院/所/站等),卫生技术人员992人,卫生机构床位650张。

全年城镇居民家庭人均可支配收入30 350元；农村居民家庭人均纯收入11 253.7元。在职职工年均货币工资86 506.64元。

2019年末，就业人员2.62万人,比上年增长6.15%。当年实现城镇就业再就业人员1 610人。年末城镇登记失业率4%。

截至年底，参加职工基本养老保险14 955人,参加城乡居民社会养老保险111 682人;参加职工基本医疗保险14 423人，参加城乡居民基本医疗保险205 501人;参加工伤保险9 765人;参加失业保险9 715人。

年末,城镇居民最低生活保障人数2 941人,农村居民最低生活保障人数26 623人。

【脱贫攻坚】 2019年,乌什县实现26个贫困村退出、3 290户13 801人脱贫,贫困发生率降至3%以下。实施“六个一批”,找准脱贫路径，通过跨县整建制转移、县内就地就近就业、农业内部输出等方式,转移贫困劳动力19 132人，基本实现有就业能力、有就业意愿的“零就业”贫困家庭动态清零。落地特色产业项目30个，覆盖贫困人口2.8万人。规范土地清理资金管理，开发农村公益性岗位2 017个，落实每人每月工资1 000元。加强3 046名护边员差别化考核，落实护边员每人每月2 000元补助政策,实现1 822名贫困人口稳定就业。建立“四位一体”生态扶贫模式,选聘1 305名贫困人口担任护林员、300名贫困人口担任草原管护员，落实每人每年1万元补助。执行低保、扶贫“两线合一”政策,将无法通过自己劳动摆脱贫困的4 415名贫困人口纳入社会保障兜底扶持脱贫。紧扣“三个加大力度”,补齐脱贫短板,落实各类教育资助金916.66万元,惠及贫困学生2 854名,切实保障贫困家庭学生有学上、上得起学、不辍学;实施薄弱学校改造续建项目36个，完成“三区三州”教育扶贫项目17个，全县办学条件不断改善。实施健康扶贫“三个一批”行动，落实基本医疗保险、大病保险、医疗救助等医疗保障制度,实行“先诊疗后付费”和“一单式”结算服务,报销比例达到90%以上。严格执行“两上两下”程序,实施扶贫项目154个，建设安居富民房4 454套，自来水管网、生活用电、硬化道路、广播电视、光纤宽带实现全覆盖，贫困村“五通七有”全部达标。

【基础设施】 2019年,乌什县逐步完善城乡基础设施,湖悦山色、泉域·公园里、锦绣佳苑等小区开工建设,新华小区、交通小区(二区）交付使用，新建安居富民房4 454套、保障性住房1 500套,完成棚户区改造500户,新改(续)建农村公路580千米，不断完善城乡水、电、气、暖等基础设施。全面改善农村人居环境，实施三年整治行动，扎实开展“百村整治、十村示范”,抓好院内院外“六件事”,实现“三区分离”25 595户,新(改)建卫生户厕28 377套，建立巷道垃圾收集中心142个,基本形成干净整洁的乡村人居环境。

【农业农村经济】 2019年,乌什县实现农村经济总收入29.63亿元、增长10.9%。持续优化种植业结构，粮食种植面积3.73万公顷,总产30.37万吨。发展特色经济作物

0.25 万公顷，基本形成以番茄、鹰嘴豆、蔬菜、黑木耳等为主的特色订单种植产业带，实现种植业总收入 7.5 亿元、增长 14.2%。扩大沙棘、杏、葡萄等鲜果种植面积，优化林果业种植结构，稳定“百十一”特色林果生产基地 0.47 万公顷，林果总面积 2.45 万公顷，总产 13.6 万吨。全年实现林果业总收入 13.87 亿元、增长 6.2%。加快畜牧业转型升级，运用科学管理模式，推进牲畜品种改良，全年牲畜存栏 78.99 万头(只)、出栏 66.48 万头(只)，家禽存栏 59.72 万羽，产肉 2.85 万吨。全年实现畜牧业总收入 7.15 亿元、增长 16.8%。逐步健全为农服务体系，实施农业水价综合改革，农业面用水减少 1 175.44 万立方米，增强群众节水用水意识。发放农机购置补贴资金 1 200 多万元，全县农机总动力 32.75 万千瓦。

【城市经济】 2019 年，乌什县实施全社会固定资产投资项目 90 个，完成投资 28.85 亿元；先后争取中央、自治区预算内投资项目 31 个，累计到位资金 4.64 亿元、增长 26.8%；积极协调援疆资金 2.3 亿元，实施产业就业、民生保障、基层维稳等各类项目 24 个。开展招商引资，依托优势资源和园区平台，创新招商方式，优化投资环境，全年新签约项目 21 个，签约金额 18.45 亿元，落实到位资金 15.86 亿元、增长 17.39%，华盛纺织、金勺果业、兴疆牧歌等 16 个项目投产，大石峡水利枢纽工程成功截流，华能亚曼苏水电站主体建设完工。国有企业融资 4.4 亿元，支持重点民生和重大项目建设，以金融担保方式为民营企业、小微企业融资 0.8 亿元。

【民生工程建设】 2019 年，乌什县健全完善民生保障机制，坚持把就业作为改善民生的头等大事，通过政策支持、创业扶持、平台支撑，新增城镇就业 1 610 人、富余劳动力转移就业 2.15 万人，实现“零就业家庭”动态清零。加强县乡村三级退役军人服务中心(站)建设，扎实做好信息采集、双拥优抚、移交安置等工作，完善退役军人服务保障体系。完善社会救助体系，统筹抓好社会福利、公益慈善、救灾救济等工作，全年发放各类救助资金 1.2 亿元。稳步提升科学教育事业，持续深化国家通用语言文字攻坚行动，依托“教共体”“校共体”常态化开展教研活动，加大教师招聘、培训力度，教育教学质量进一步提升，本(专)科上线率 86.8%、录取率 71.6%；推进义务教育均衡发展，顺利通过自治区义务教育均衡发展验收。协调推进卫生计生事业，深化医疗体制改革，顺利完成全民健康体检，稳步推进家庭医生签约服务。强化重大传染病防控工作，巩固结核病、艾滋病等传染疾病防治成效，肺结核发病率下降 45.88%，治疗成功率达到 92.7%。

【工业园区建设】 2019 年，乌什县强化招商引资，突出产业招商，提升园区招商引资的实效和水平；完善基础设施，突出要素保障，提升园区承载能力和发展空间。入驻企业 18 家，其中规模以上企业 6 家，规模以下企业 12 家。按产业分类，农副产品加工企业 7 家，建材加工企业 3 家，光伏发电企业 5 家，酒类 1 家，纺织加工 2 家。全年累计完成园区总产值 3.5 亿元，比上年增长 8%，完成工业增加值 1.24 亿元，比上年增长 6%。完成固定资产投资 1.48 亿元，比上年增长 8%；规模以上企业 6 家，完成工业总产值 2.25 亿元，比上年增长 5%。组成 3 个招商小分队分别赴山东、河南、北京等地开展招商活动，达成意向企业 9 家，通过第三方专业招商公司 2 家(上海东方龙商务咨询有限公司、谷川联行)。

项目建设 2019 年，园区新建、续建项目：新疆艾斯芬纺织服装有限公司，总投资 1 亿元，总建筑面积 1.5 万平方米，解决就业 841 人，签订劳动合同 697 人。金勺核桃油加工项目，一期总投资 2 亿元，完成投资 1.2 亿元。600 万服装品牌项目，总投资 1 亿元，4 万平方米厂房主体已完工，400 台生产设备安装完成，解决 140 人就业。鹰嘴豆精深加工项目，总投资 5 000 万元，年生产鹰嘴豆 5 000 吨。沙棘系列产品加工项目，总投资 2 000 万元，5 500 平方米的厂房和冷库主体已完工，胡萝卜汁 3 000 吨生产设备安装完成。

【生态旅游】 2019 年，乌什县实施“生态立县、旅游兴县”战略。加快推进托什干河生态治理，严格执行耕地保护和节约用地制度，进一步完善河长制工作机制，实施“三北”五期防护林体系建设，完成植树造林 0.66 万公顷、森林覆盖率12.8%，新增城市绿地 6 万平方米、建成区绿化率达 61%。做大旅游产业，加快培育“丝路泉城·养生乌什”旅游品牌,巩固自治区全域旅游示范区创建成果。“泉域星空”国际滑雪场投入运营,中心客运站、星光美食城、银泉酒店等相继建成,餐饮住宿、休闲娱乐消费档次不断提升。持续加大旅游厕所、停车场、加油站、通信、道路等基础设施建设力度,新建厕所6座、停车场6处、通信基站1处。依托生态资源、田园风光、民风民俗等优势发展乡村旅游,成功举办第六届赏花摄影节、首届“百里绿道”公路自行车挑战赛等系列活动,全年实现旅游接待88.83万人次、增长82.3%,旅游总消费达3.3亿元、增长470%。

【浙江省衢州市对口援疆】 产业援疆 2019年,浙江省衢州援疆指挥部以招商带来项目、项目带动产业、产业带动就业、就业带动增收、增收促进脱贫、脱贫实现发展,直接带动贫困群众就近就业6 100人。投入援疆资金2 200万元建设的中小企业孵化基地;引进艾斯芬纺织服装有限公司,投资1亿元用工2 500人,年生产服装1 000万件。引进格多莱纺织服装有限公司,解决就业1 200人,年生产服装600万件。强势推进“十城百店”,浙里美新疆特产旗舰店、西域小羔羊新疆特色餐饮、欣禧源葡萄酒业品鉴店等一批“十城百店”项目落户衢州,开设旗舰店、直营店、加盟店、超市、机关食堂专柜80家,销售额超过1亿元,实现“疆果东送”。推进“百村千厂”,投入援疆资金1.3亿元,建设标准厂房46座,引进服装、地毯、帽业和袜业等劳动密集型企业10多家,可带动6 000人就业,其中建档立卡贫困户1 500多人。引领“万亩亿元”科技,投入援疆资金1 450万元,建设面积6 000平方米的菌棒科研生产车间,打造科技攻关示范基地,年生产菌棒260万棒,覆盖具备生产条件的19个贫困村,带动1 305户贫困户种植,户均增收3 000元以上。开启“旅游+”模式,投入援疆资金2 000多万元,助力打造全域旅游示范县;提升乡村旅游景点20多处,创办农家乐、渔家乐、牧家乐55家,360户贫困户参与入股分红;依托燕泉山、燕泉河、沙棘湿地公园、杏花村、农家乐集群等旅游景点,打造“丝路泉城·养生乌什”系列旅游品牌,直接带动贫困群众就业1 100人、间接就业3 000人,助推乌什县成功创建“自治区全域旅游示范区”。

项目援疆 2019年,浙江省援疆指挥部14个交钥匙项目全部竣工,其中全额投资3个建设类项目已投入使用。2个全额投资类“交钥匙”项目获自治区“建设工程施工安全生产标准化工地”荣誉称号。新时代创新大厦总投资4 200万元;人才公寓第三期项目,总投资1 800万元,建设公寓90套。聚力解决好“两不愁三保障”突出问题,将80%以上援疆资金用于民生领域,重点安排在贫困乡村。建成衢州团结新村9个,改造提升农田水利、道路绿化、路灯厕所等一批公共设施;补助建设安居富民房14 722户,文化大礼堂、基层组织阵地、农民饮用水、安居富民房等实现行政村全覆盖。改善乌什医疗卫生设施,投入援疆资金近2 000万元,为乌什县人民医院和各乡镇卫生院、计生服务站配备设备器材,新建妇幼保健院业务用房,提高医疗环境和诊疗水平,乌什县被列为“国家健康扶贫工程示范县”。

智力援疆 2019年,浙江省援疆指挥部打造“全链式”组团教育,通过援助基础设施、选派援疆教师、结对帮扶等途径形成涵盖学前教育、中小学教育、职业教育的“全链式”教育援疆模式。全面托管乌什·衢州小学,打造“一所最有礼的学校”;18所衢州学校结对帮扶17所乌什学校,组织教育援疆服务队12支,交流进修人员100人次。启动“衢州有礼”系列活动,累计举办文艺会演、文化走亲、文艺下乡、论语诵读比赛、读书会等大型互动活动90场次。支持拍摄反映援疆体裁的电影《奔腾的托什干河》,展示“祖国大家庭、衢乌一家亲”援疆成果。加大健康扶贫力度,13所衢州医院、公共卫生机构结对13所乌什医院、公共卫生机构,实现县级医院全覆盖。开展联合义诊20次、服务3 300人次。

融合援疆 2019年,浙江省援疆指挥部强化兵地融合发展,新增派5人到第一师四团挂职,主动将衢州先进理念和做法带入兵团建设。为四团争取援疆项目和资金,筹措计划外援助资金900万元。推动四团赴浙江衢州开展招商引资考察推介活动。启动“衢州有礼、礼绽边疆”爱心助学活动,衢州市四套班子副厅级以上领导每人结对四团寒门学子1户。组织第一师14个团镇25个基层连队党支部书记及有关部门人员赴衢州跟班式学习乡村振兴战略,通过集中授课、实地考察、座谈交流和进村蹲点等方式，拓宽连队党支部书记思路，激发创业激情。

【名优特产】 核桃 乌什是中国核桃之乡，核桃栽培历史悠久，种类丰富，品质优良。其中以185薄皮核桃品质为最佳，薄皮核桃也是乌什县的主栽品种，其皮薄如纸，一捏即破，俗称一把酥，外形美观，壳色黄白，果仁澄黄饱满，味醇香甘甜，营养价值极高，属老幼皆宜的滋养佳品，含有较高的蛋白质、脂肪等营养元素。

沙棘冻干果粉 野生沙棘喜光，耐寒，耐酷热，耐风沙及干旱气候，对土壤适应性强。沙棘的根、茎、叶、花、果，特别是沙棘果实含有丰富的营养物质和生物活性物质，沙棘果实中维生素C含量高，素有维生素C之王的美称。

黑木耳 黑木耳种植是乌什县脱贫攻坚战的重要举措和创新工程，精选优良品种，通过多次试验在乌什县落地，已形成规模化、标准化林带种植，品质优良。经自然晒干的黑木耳呈黑灰色，形状大小不一，叶片较薄。含有较丰富的蛋白质、维生素、铁等营养物质。

鹰嘴豆 鹰嘴豆被誉为“黄金豆”“珍珠果仁”，含有一定量的铁元素和大量的蛋白质，具有补血养气的作用，对人体消化系统具有良好的清润作用。可做鹰嘴豆手抓饭；也可和各种原料、沙拉汁制成饮料。

小麦胚芽 小麦胚芽又称麦芽粉、胚芽，呈金黄色颗粒状。小麦胚芽原料选自乌什原产优质小麦。含丰富的维他命E、蛋白质等众多营养元素，营养价值极高。具有一定程度的解除便秘、降血糖、减脂、排毒等作用。

（龚海燕）

阿瓦提县

【基本情况】 阿瓦提县位于天山南麓、塔里木盆地西北边沿。县城距乌鲁木齐市公路里程1 064千米。

境内有5河1湖，源流四大水系中的阿克苏河、叶尔羌河、和田河在境内穿过，农业灌溉水源主要来自阿克苏河。林地面积18.87万公顷，森林覆盖率7.18%，活立木蓄积量131.22万立方米。野生药材有甘草、牛蒡、列当、肉苁蓉、贝母等。野生植物有芦苇、罗布麻、小沙棘等。野生动物有黄羊、狐狸、野兔、狸猫、野猪、麝鼠、天鹅、大鸨、野鸭、白鹳等。著名地方产品有慕萨莱思饮品。主要旅游景点有刀郎部落（国家AAAA级旅游景区）。属典型温带大陆性干旱气候。

2019年，完成生产总值59.69亿元。其中，第一产业完成18.16亿元，比上年增长5.9%；第二产业完成9.92亿元，比上年增长4.5%，其中：工业增加值完成4.11亿元，比上年增长8.2%；第三产业完成31.61亿元，比上年增长11%。

2019年，全县共有5镇3乡3个片区管委会，158个行政村，17个社区。年末总人口267 928人（含三团），其中非农业人口53 966人，农业人口213 962人；自然增长率为0.59‰。耕地面积9.61万公顷，农作物总播种面积13.12万公顷，粮食播种面积2.46万公顷，棉花播种面积9.81万公顷，小麦播种面积1.33万公顷，玉米播种面积为1.02万公顷，瓜类播种面积1 393.33公顷，蔬菜播种面积2 300公顷，其他作物4 920公顷。

农林牧渔及其服务业总产值350 948.01万元，比上年增长7.28%。其中农业产值323 656万元，增长6.41%；林业1 465.56万元，增长4.51%；牧业22 296.86万元，增长10.2%；渔业100.59万元，增长8.2%；服务业3 429万元，增长7.1%。主要农产品产量：粮食产量17.23万吨，棉花产量17.88万吨，瓜类产量4.86万吨；蔬菜播种产量7.23万吨；油料233吨，苜蓿9 382吨。主要特色农作物产量：辣椒3.71万吨。水果产量：苹果3.11万吨，梨5.11万吨，葡萄2.15万吨，杏3 854吨，红枣5.62万吨。坚果产量：核桃2.72万吨。年末牲畜出栏48.38万头，牲畜存栏53.13万头。肉类总产量2.64万吨，牛奶产量1.25万吨，禽蛋产量4 780吨，水产品产量229吨。

规模以上工业总产值76 213.53万元，工业销售产值76 176.84万元，实现增加值26 720.99万元，其中纺织业主营业务收入55 450.8万元，农副食品加工业主营业务收入2 058.2万元，电力、热力生产和供应业主营业务收入14 728万元，非金属矿物制品业主营业务收入2 225.6万元。规模以上工业企业应交增值税3 947.9万元。

规模以上工业企业主营业务收入74 426.6万元，利润总额2 085万元。完成建筑业总产值127 255.8万元，房屋建筑施工面积291 799

平方米，房屋竣工产值100 719.4万元。

全社会固定资产投资255 943万元,比上年增长16.79%。第一产业投资33 580万元，第二产业投资54 708万元,第三产业投资167 655万元。

社会消费品零售总额645 229万元,全县限额以上批发和零售业中，机电产品及设备类零售额2 850.1万元，石油及制品类零售额484.8万元。贸易实现销售总额407 761.2万元,批发和零售业销售额382 507.7万元,住宿餐饮业营业额25 253.5万元。

完成邮政业务总量842万元，电信业务总量13 344.67万元。年末固定及移动电话用户22.09万户,互联网宽带接入用户26 753万户,接待旅游人数117.42万人次,旅游总收入60 500万元。地方财政收入35 050万元（一般公共财政预算收入26 805万元),地方财政支出409 916万元(一般公共财政预算支出384 341万元)。年末城乡居民储蓄存款余额408 639万元。

有各类专业技术人员5 491人,其中中级以上364人。

职业高中1所,在校生数3 021人(少数民族学生3 021人);普通高中1所,在校学生3 018人(少数民族2 650人)；初级中学9所(含4所九年一贯制学校),在校学生12 638人（少数民族11 526人);小学68所,在校学生32 061人(少数民族29 949人)；幼儿园139所（其中公办幼儿园133所,民办幼儿园6所),在园幼儿18 485名（其中公办幼儿园在园幼儿17 498名，民办幼儿园在园幼儿987名)，少数民族幼儿17 388名。全年教育支出85 157万元。

有卫生机构20个,其中医院7个(4个民营医院)、卫生院10个,社区卫生服务中心1个,疾病预防控制中心1个,卫生监督所1个,卫生技术人员1 222人,医疗机构床位数1 301张。

在阿克苏地区青少年各项体育赛事中，获得奖牌34枚，其中金牌9枚、银牌18枚、铜牌25枚。

全年城镇居民人均可支配收入31 964元，农民人均纯收入17 315元。

全年城镇实现就业再就业3 505人，就业困难对象再就业215人,转移输出劳动力2.71万人次,扶持创业332人,城镇登记失业率4%。

截至年底,参加城镇基本养老保险职工15 435人，参加城镇职工基本医疗保险21 305人。参加城乡居民基本医疗保险222 118人。参加失业保险12 515人,参加工伤保险职工12 649人,参加生育保险职工16 626人,参加农村社会养老保险117 002人。年末城镇居民最低生活保障2 274人,农村居民最低生活保障12 216人。

【党的建设】 2019年，阿瓦提县共有党组织458个,其中党(工)委20个、新增行业党工委13个，二级党委4个，党总支部19个、党支部402个,党员10 696名(其中农民党员5 296名，占比49.5%)，流动党员361（流入58名,流出303名)。选派12名县领导分别担任乡(镇)、片区第一书记、社区“大党委”第一书记,指派23名县领导包联38个重点村,以“联乡包村”“抓乡促村”强化基层党组织建设。截至年底,全县登记注册非公有制企业和社会组织938个,成立行业党工委18个,选派党建指导员78名,按照“六有”标准加强党组织活动场所建设,新兴领域党的组织和工作实现全覆盖。

【脱贫攻坚】 2019年,阿瓦提县共有建档立卡贫困户7 662户30 511人，贫困村25个。2018年，累计实现6 450户26 359人脱贫,21个贫困村退出,贫困发生率由2014年的14.89%降至2.2%。2019年,实现1 197户3 978人脱贫,4个深度贫困村退出。

2019年，实施产业扶贫项目79个,共安排资金6 205.68万元,助力贫困户脱贫增收。发放牛羊等生产母畜2 087头(只),受益贫困户402户；种植蔬菜78公顷,带动贫困户1 614户,实现销售收入250.54万元；栽培黑木耳菌棒114.1万棒，带动贫困户410户，实现销售收入113.2万元;林果业提质增效264.91公顷，受益贫困户805户;电商扶贫项目3个,覆盖村3个,受益贫困户数177户。转移就业6 271人,其中跨省就业199人,省内就业204人,就地就近就业5 868人。

2019年,贫困户危房改造42户;解决贫困户安全饮水121户,改造管网385千米，解决生活用电17户，实现7 662户贫困户安全住房、安全饮水、生活用电全覆盖。161个行政村全部通动力电,25个贫困村全部通光纤、宽带、4G网络,实现贫困村通村道路、动力电、宽带通讯全覆盖。

【基础设施建设】 2019年,阿瓦提县完成建筑业总产值127 255.8万元,房屋建筑施工面积291 799平方米,减少72 930平方米;房屋竣工产值100 719.4万元,增长21.3%。完成道路建设328.79千米,棚户区改造1 200户,新建公租房531套、安居富民房2 936户,解决建档立卡贫困户安全饮水121户,新(改)建卫生厕所1.6万余座。建成区绿地面积182公顷,城区绿化覆盖率42%。

【生态环境】 2019年,阿瓦提县国土总面积1.3万平方千米,其中沙地面积68.08万公顷,耕地面积11.78万公顷,水浇地11.77万公顷,林地面积22.82万公顷,森林面积8.89万公顷,当年完成造林面积4 000公顷,森林覆盖率7.18%。全县建成区绿化覆盖率30.58%,城镇供水普及率100%,污水处理率94.78%,垃圾处理率89.69%,燃气普及率88.3%。工业烟(粉)尘排放量398.92吨,比上年增加13.9%。工业废水排放量9.8万吨,比上年下降9.09%,二氧化硫排放量560.52吨,比上年减少5.04%。工业氮氧化物排放量269.79吨,比上年增长1.47%。自然保护区1个,自然保护区面积1 928.08平方千米,污水处理厂1座,垃圾处理场1个。

【工业园区建设】 2019年,阿瓦提县投入5.42亿元推动工业园区标准化厂房、道路、供排水管网等设施建设,园区承载能力大幅提升。全年实施招商引资项目29个,累计招商实际到位资金17.6亿元,增长19%。引进新注册投资额5 000万元以上企业8家,新签约项目履约率81%。

【浙江省绍兴市对口援疆工作】 2019年,浙江省绍兴市援疆指挥部助力阿瓦提县4个深度贫困村退出、3 978名贫困人口脱贫。

产业援疆 2019年,浙江省绍兴市援疆指挥部协助当地规划建设纺织服装产业园、幸福创业园、卡迪丹服装工业园,签约落地企业20多家,总投资8.7亿元,就近吸纳8 000人就业。在绍兴开设新疆特色农林产品直营店(加盟店)、超市专柜等75家,举办农产品展销活动17场,累计销售3.5万吨,销售额超3.5亿元。协助阿瓦提县编制乡村振兴规划、全域旅游发展规划、3A级景区化建设2个特色村规划等。

人才援疆 2019年,浙江省绍兴市援疆人才、支教老师签约“徒弟”141人,帮带950人,累计开展帮带活动150次。县第四中学援疆教师团队“高一尖子生培养计划”“体艺立校项目”实现品牌成果,高考本科上线人数连年攀升;县鲁迅小学建立“朝花夕拾”学生书画社,结对帮扶1所小学成功创建自治区“国家通用语言示范学校”。援疆医生共接待门诊急诊病人1.9万人次,施行各类手术727例,抢救危重病人668人次,开展新技术新项目35项。

(吴倪妮)

柯坪县

【基本情况】 柯坪县位于新疆维吾尔自治区西部,阿克苏地区西南部,塔里木盆地西北边缘,柯尔塔格山南麓,介于北纬40°02′~40°57′,东经78°02′~79°56′之间。东与阿克苏市、乌什县相邻,南与喀什地区巴楚县接壤、西与克孜勒苏州阿图什市交界、北与克孜勒苏州阿合奇县毗邻。东西长151千米,南北宽110千米,总面积8 709.65平方千米,县城与乌鲁木齐市直线距离792千米,乌(乌鲁木齐)喀(喀什)公路通过县境。

柯坪县域内无天然湖泊。共有河流20条,多为洪水冲沟或高山无人区河流,常年有水河流共2条,苏贝希沟——加萨洛萨依河(当地称柯坪河、苏巴什河、包含阿恰段红沙子河)和卡布曲尔河(当地称通古孜布隆河)。苏贝希沟——加萨洛萨依河,全长193千米,县域境内160千米,流域面积9 135平方千米,多年平均径流量11 644万立方米;卡布曲尔河,全长74千米,县境内74千米,流域面积837平方千米,平均径流量2 060万立方米。有麻黄、党参、唐松草等药材。初步发现的矿产资源有硫磺、硫铁、铀、水晶、硝、铝、铁、煤、磷、铅、铜、石膏、石英、冰洲石、红土等21种。全县森林覆盖率13.3%。有柯坪县人民公园国家AA级旅游景区1个,总占地面184 470.6平方米,含生态园、月光湖、白杨林等景点。特色产品主要有羊肉、恰玛古、薄皮馕等。属温带大陆性干旱气候。

2019年，全年完成生产总值(GDP)12.96亿元；其中第一产业增加值2.77亿元，比上年增长5.4%；第二产业增加值3.93亿元，增长7.7%；第三产业增加值6.26亿元，增长8.1%。

2019年，柯坪县辖3镇2乡，5个社区管委会、37个行政村。年末总人口5.48万人（少数民族人口5.32万人），其中乡村人口43 156人；人口出生率0.68‰、自然增长率0.29‰。耕地面积1.33万公顷，农作物播种面积1.32万公顷，粮食播种面积0.39万公顷，棉花播种面积0.79万公顷，蔬菜播种面积1 201公顷。

2019年，农林牧渔其服务业总产值66 574万元，比上年增长6.4%，其中农业产值47 202万元，林业产值260万元，牧业产值16 163万元，服务业产值2 950万元。主要农产品产量：粮食2.34万吨，棉花4.23万吨，蔬菜0.18万吨，果用瓜0.4万吨。主要特色农作物产量：黑木耳9.14吨，恰玛古2.13万吨。水果产量：杏子788.3吨，红枣3 712.79吨，苹果、梨、葡萄、桃等共488.84吨。年末牲畜存栏29.52万头(只)，出栏19.61万头(只)，全年肉类总产4 614吨，羊毛产量555.4吨，驼毛产量17.2吨，奶类1 102吨，禽蛋1 246吨。年末农牧业机械总动力60 650.5千瓦。

规模以上工业企业5家，实现工业总产值4.12亿元，增速19.6%，产销96.36%。其中规模以上工业产值28 568万元，增速25.6%，规模以上工业增加值14 598.2万元，比上年增长11.6%。全年全社会建筑业增加值10 276万元。建筑企业施工房屋建筑面积8.53万平方米，竣工面积6.52万平方米。

2019年，全社会固定资产投资10.39亿元，比上年增长14.6 %。其中第一产业完成投资0.72亿元，第二产业2.14亿元，第三产业增加值7.53亿元。社会消费品零售总额2.05亿元。完成邮政业务总量405万元，电信业务总量1 400万元。年末固定电话用户0.53万户，移动电话用户4.03万户，互联网宽带接入用户4.59万户。接待旅游者6.64万人次，旅游收入1 350万元。地方财政收入7 898万元（其中一般预算收入7 005万元），财政总支出151 936万元（其中一般预算支出17 328万元）。城乡居民储蓄存款余额27 086万元。

有各类专业技术人员1 559人，其中中级以上338人。

普通高中1所，在校生810名，初中2所，初中在校生2 706名，小学11所，小学在校生8 041名，幼儿园29所，幼儿园学生人数有15 546人。各类教师有1 776名。全年教育经费投入10 575万元。

有医疗卫生机构46个，其中县医院1个，基层医疗卫生机构41个(包括社区卫生服务中心、卫生院、门诊部等)，专业公共卫生机构2个(卫生防疫疾病控制中心1个，妇幼保健站1个)，个体诊所2个。卫生技术人员247人，其中医生118人，卫生防疫人数45人，卫生机构床位214张。

全年城镇居民人均可支配收入30 500元，全年农村居民人均纯收入11 186元，在职职工年均工资货币61 178元。

2019年，开展就业技能培训414人，富余劳动力转移就业7 451人次，城镇新增就业再就业1 592人，城镇登记失业率控制在0.37%。

截至年底，参加城乡居民社会养老保险23 970人；参加职工基本医疗保险6 678人，参加城乡居民基本医疗保险47 209人；参加工伤保险3 870人；参加失业保险3 750人；参加生育保险4 800人。

年末，城镇居民最低生活保障人数653人，农村居民最低生活保障人数5 122人。

【脱贫攻坚】 2019年度实现288户1 330人脱贫、2个贫困村退出、县整体脱贫摘帽。坚持把就业作为最有效的增收措施，实现贫困家庭劳动力应转尽转。把产业增收作为稳定脱贫的根本之策，大力发展订单农业，确保农产品“种得出、卖得好、能增收”。依托“柯坪羊肉”国家地理标志保护产品品牌优势，推广“公司繁殖+基地杂交+农户育肥+企业销售”的畜牧养殖产业化生产模式，稳定增收基础。2019年底，柯坪县建档立卡贫困人口人均纯收入9 772元，比上年增长11.6%。实现农村安居房应建尽建，生活用电配套全覆盖。对有小额信贷需求的建档立卡贫困户发放扶贫小额信贷，全县累计发放5 957.5万元，共计1 897户2 138笔。湖州市向柯坪县投入改善民生领域援疆资金10 312万元，扎实开展“万企帮万村”活动，实现与柯坪县深度贫困村结对全覆盖，累计捐赠资金、物资 1 100 万元。巩固种植业基础，稳定 7 666.67 公顷棉花和 2 666.67 公顷小麦种植面积，加大物化投入，提高产量、增加收益。蔬菜种植户户均收入 1 000 元以上。恰玛古种植面积 1 000 公顷，实现恰玛古种植户均增收 690 元以上。提高林果业产出效益，林果业人均收入 990 元以上。进行牲畜屠宰分割包装，产品远销广州、深圳等地，拉长产业链，畜牧业人均收入 2 470 元以上。贫困劳动力转移就业 4 921 人。

【项目建设】 2019 年，柯坪县 2019 年实施重点项目 3 个，总投资 19 182 万元。柯坪县普通中学建设项目，规划用地面积 82 321.5 平方米（123.5 亩），规划总投资 7 482 万元，其中中央专项资金 1 719 万元，援疆资金 5 763 万元；规划新建校舍 17 209 平方米，包括三层教学楼 1 幢、四层宿舍 1 幢、三层行政楼 1 幢、一层食堂 1 幢、以及门楼、传达室、附属工程等。苏巴什灌区至阿恰灌区连通工程，项目全长 26 千米左右。柯坪县农村安居工程，新建农村安居富民房 1 009 套，总投资 6 400 万元。2019 年实施的 3 个重点项目全部完工并投用。全年计划实施固定资产投资项目 82 个，总投资 15.96 亿元，累计完成投资 10.3 亿元，比上年增长 15%。

【民生建设】 2019 年，柯坪县加大民生建设资金投入力度，提升教育、医疗、文化等公共服务功能，群众基本生活得到有效保障。全年开展就业技能培训 414 人，富余劳动力转移就业 7 451 人次，城镇新增就业再就业 1 592 人，城镇登记失业率控制在 0.37%，零就业家庭实现动态清零。国家通用语言文字普及攻坚工程持续推进，义务教育均衡发展顺利通过自治区督导评估验收。落实深度贫困人口“四条保障线”政策，合规医疗费用报销比例达 95%。全民免费健康体检常态开展，应检率达 99.54%。发放城乡低保资金 2 827.17 万元、临时救助资金 376.2 万元，特困人员基本生活得到充分保障。新建、改建农村公路 111.74 千米，群众出行更加便捷。

【工业产业建设】 2019 年，柯坪县纳入工业统计光伏发电企业 7 家，其中规模以上企业 3 家。工业总产值 27 104.39 万元，比上年增长 6.63%；工业增加值 18 680.35 万元，比上年增长 6.63%，销售收入 27 104.39 万元，比上年增长 6.63%。

重点产业项目　蛋鸡养殖项目，投资 2 500 万元，计划分三期建设，已完成项目一期建设内容，完成投资 500 万元，1.5 万只蛋鸡已长大开始下蛋。牛羊屠宰加工项目，投资 2 500 万元，建设生产车间及配套附属设施已完工，牛羊屠宰设备已到位，屠宰证已办理，开始试生产。柯坪北区块油气勘探项目，投资 6 亿元，开钻柯探 1 井，完成投资 9 200 万元，已发现天然气资源。柯坪南区块油气勘探项目，已完成二维、三维地震采集工作，2019 年 12 月 31 日柯坪南 1 井于顺利开钻。柯坪县六十六音干布拉克加油站改建项目，投资 800 万元，已完成建设内容。新疆美拓特种油品有限公司的 3 万吨/年催化脱蜡及 3 万吨/年润滑油生产联合装置安全节能改造项目，完成投资 2 200 万元。

产业园区　2019 年，柯坪县光伏产业园区实现工业总产值 2.9 亿元，比上年增长 3.35%；实现工业增加值 1.8 亿元，比上年增长 2.96%。

招商引资　2019 年，柯坪县完成招商引资到位资金 3.65 亿元。新签约项目 9 个，签约金额 10.55 亿元。

电子商务　2019 年，柯坪县建成公共服务中心 1 个、农特产品体验店 1 个、快递物流分拣中心 1 个；建成乡村服务站点 42 个，其中乡（镇）级服务站 5 个，覆盖率 100%；村级服务点 37 个（深度贫困村 14 个，一般贫困村 5 个），覆盖率 100%。开展电商普及培训累计 3 294 人次，其中贫困户 823 人次，提升性培训 46 人次，通过电子商务发展带动当地贫困户创业就业 31 人。

【生态旅游】 2019 年，柯坪县加强项目资金统筹，实施乡村道路、通信、景区厕所、停车场等基础设施建设，深入开展文化旅游节庆活动，全县共实现旅游接待 6.64 万人次，比上年增长 119%，实现旅游总收入 1 350 万元，比上年增长 57%，“丝路驼城·魅力柯坪”旅游知名度得到提升。新培育农家乐接待点 3 处，投资达 100 多万元，吸纳 10 名贫困人口就业。创建好特色农产品品牌和开发旅游商品。全年先后接待疆内外客商 20 多批次，签订旅游产业开发框架协议两份，签约意向投资额 3 500 万元。宣传推广柯坪木勺，稳固市场供应渠道，在地区博物馆、文旅夜市设立固定销售专柜，年销售额10万元。

【浙江省湖州市对口援疆】 2019年，浙江省湖州市援疆指挥部全力推进湖州援疆“181”工程，全年共组织实施援疆项目15个，落实援疆资金10 312万元。编制《湖州市助推柯坪县脱贫攻坚三年行动方案》，以贫困乡镇、深度贫困村、贫困劳动力、贫困大学生等为重点，开展针对性帮扶。联系协调后方慈善总会、商会等组织和长兴县11家民营企业，落实计划外援助资金350万元，“一对一”重点帮扶所有深度贫困村。支持妇女创业就业，安排10万元援助资金，在10个贫困村建设乡村“靓发屋”。按照每人每年6 000元标准，继续对考入内地高校的贫困大学生实施补助，全年补助73人，补助43.8万元。围绕改善教育教学条件，两年连续投入援疆资金5 763万元(总投资7 482万元)，建成柯坪湖州国庆中学项目，2019年9月正式投入使用；全县29所幼儿园改造提升实现全覆盖，“有声童书馆”成为标配，推广和普及国家通用语言文字教育教学水平。推进农村安居工程，安排援疆资金1 066万元，完成安居工程建设993户，农村安居房建设全部完成。改善医疗卫生条件，安排30万元援助资金用于乡村医疗机构标准化建设补助。改善基层维稳工作条件，安排援疆资金1 000万元用于公安特警业务用房建设。安排援疆资金500万元，重点抓好8个示范提升村(包括3个深度贫困村)的基础设施提升和“庭院经济”示范建设。安排150万元援助资金，用于玉尔其乡托玛艾日克村的村庄环境整治，推动建成“打馕一条街”，吸纳贫困户劳动力成立打馕专业合作社，形成特色化、规模化、产业化的生产经营模式。安排300万元援疆资金，用于建设微型厂房、引进设备设施补助和群众稳岗补贴等。落实838名贫困劳动力的培训计划，吸纳就业人员1 500人。加大园区支持力度，安排10万元援助资金，用于园区设施配套和产业技术人员培训。安排援疆资金20万元，发动119户贫困户种植黑木耳23.8万棒，户均增收2 000多元。带动全县5个乡镇12个村建立黑木耳种植基地，共种植黑木耳169万棒，带动贫困种植户939户。开展“组团式”智力援助。教师团队顶岗上课1.1万节次，听评课1 730课时，休息日补习120课时，有效缓解了柯坪县师资力量的不足。医生团队全年门诊诊疗2 500人次，主刀及指导手术130台次，参与抢救重症患者90次，帮助柯坪县开展医疗新技术4项。

【名优特产】 柯坪羊肉 柯坪羊肉以其肌肉纤维柔软，细嫩多汁，脂肪含量适中，营养丰富，味道鲜美，易消化等特点的优秀品质，成为深受国内市场消费者喜爱的优质羊肉。柯坪羊肉具有耐寒、耐粗饲，适宜四季放牧，生长发育快，遗传性能稳定，成熟羊抗灾抗病能力强，能在柯坪县特定的自然生态条件下生产。

柯坪恰玛古 恰玛古学名芜菁，为十字花科芸薹属的草本植物。为十字花科芸薹属的草本植物，根为球状成白色。恰玛古被作为柯坪县大力发展的重点农副产品，托独特资源打造恰玛古品牌，彰显城域特色和产品优势，地理环境保护和有机食品得到认证。

【工艺品】 柯坪木勺 柯坪木勺是为纯手工制品，取材质地坚硬平滑的杏木，制作工艺精良，主要用途为餐具或烹调用具，入选自治区级非物质文化遗产木勺（库休克）。2019年将柯坪木勺作为重点旅游商品进行开发，全年木勺累计销售额10万元。

花毡子 维吾尔族花毛毡制作技艺是新疆柯坪县独特的古老手工美术技艺。由勤劳的柯坪人民祖祖辈辈传承至今，保留了鲜明的柯坪地方特色，维吾尔族克格孜(花毛毡)制作技艺与其他地方生产的制毡有明显区别，由天然羊毛制成，制作过程不添加任何物理和化学成分，属纯天然手工制成品。

（祖木腊特·阿布力米特）

新疆生产建设兵团第一师阿拉尔市

第一师阿拉尔市

【新疆生产建设兵团第一师阿拉尔市领导名单】

党委第一书记、第一政委：窦万贵(兼任)

党委副书记、副政委：赵卫东(牵头主持工作,12月离任)

党委书记、政委：卢跃东(12月任职)

党委副书记、副师长：李斌(牵头负责行政工作)

党委副书记、副政委,组织部部长：梁邦国(12月任党委副书记)

党委副书记、副师长：洪国良(援疆干部,10月任党委副书记)

党委常委、副师长：芮宏(正师长级,5月离任)、苗启华(10月离任)、田玉成(援疆干部)、刘洪俊(兼任)、张永前(挂职干部,11月任职)

党委常委、副政委、统战部部长：依明江·斯拉木(维吾尔族)

党委常委、副师长：马新平

党委常委、纪委书记、监委主任：董现荣

党委常委、副师长,宣传部部长：李文彬(女,12月任党委常委、副政委,宣传部部长)、

党委常委、副师长：胡三虎(1月任职)、马荣华(女,3月任职)

党委常委、副政委,政法委书记：张勇(12月任职)

党委常委、副师长,阿拉尔市副市长：刁雁(12月任职)

党委常委,人武部政委：陶涛(2月离任)、曹登峰(2月任职)

副师长,阿拉尔市副市长,公安局党委书记,局长、督察长：刘光辉(12月任职)

副师长,阿拉尔市副市长：宋旭日(12月任职)

总会计师：周斌(3月离任)

【概况】 第一师创建于土地革命时期的红六军团,抗日战争时期改编为八路军一二O师三五九旅。1949年2月整编为中国人民解放军第一野战军一兵团二军步兵第五师。1953年6月5日整编为新疆军区农业建设第一师。1954年1月由南疆军区代管,同年10月隶属于新疆军区生产建设兵团建制。第一师位于新疆阿克苏地区境内,北起天山南麓山地,南至塔克拉玛干沙漠北缘,东临沙雅县,西抵柯坪县,傍依阿克苏河、塔里木河、台兰河、多浪河水系。地跨阿克苏地区5县1市(温宿县、乌什县、阿瓦提县、柯坪县、沙雅县、阿克苏市)。东西相距281千米,南北相距180千米。师部驻地阿拉尔市,距乌鲁木齐市公路里程1 010千米。2019年,全师土地总面积693 745公顷,其中耕地面积174 118.53公顷,天然草原面积8 591.55公顷,园地面积60 379.13公顷,林地面积116 186.67公顷,牧草地面积34 091.13公顷。下辖15个团场,分别是一团、二团、三团、四团、五团、六团、七团、八团、九团、十团、十一团、十二团、十三团、十四团、十六团。是年,新增新井子镇(二团)、甘泉镇(三团)、花桥镇(十一团)、幸福镇(十三团)、金杨镇(十四团)5个镇,与之前设立的金银川镇(一团)、沙河镇(五团)、双城镇(六团)、永宁镇(四团)4个镇,共9个建制镇,形成了“一市九镇”的城市发展总体框架。有214个连队、1个维吾尔族牧业乡(托喀依乡),农工交建商企业15家,其中上市公司2家、国家级园区2家和科教文卫事业单位14

家。年末总人口 40.9 万人，比上年增长 9.9%，其中少数民族 4.7 万人。人口自然增长率 2.79%。

阿拉尔市是新疆维吾尔自治区直辖的县级市，由新疆维吾尔自治区和新疆生产建设兵团双重直辖，与第一师实行师、市合一管理体制。2002 年 9 月 17 日，国务院正式同意设立阿拉尔市，2004 年 1 月 19 日阿拉尔市人民政府正式挂牌成立，市名在维吾尔语里是“绿色岛屿”之意。地处天山南麓，塔里木盆地北部边缘，市辖 4 个街道（幸福路街道、金银川路街道、青松路街道、南口街道）、1 个乡（托喀依乡）、3 个镇（金银川镇、沙河镇、双城镇），共有 17 个社区、8 个村委会。另下辖 9 个团场（七团、八团、九团、十团、十一团、十二团、十三团、十四团、十六团）以及国家、自治区、兵团、第一师驻市法人单位 130 多家，师域和市域完全重合。距离阿克苏市约 120 千米。市人民政府驻阿拉尔胜利大道 1 号。

2019 年，第一师阿拉尔市完成生产总值 309.5 亿元，比上年增长 4.4%。其中第一产业增加值 131.3 亿元，增长 6.6%；第二产业增加值 67.4 亿元，下降 0.2%；第三产业增加值 110.8 亿元，增长 5.1%。三次产业增加值占生产总值比重分别为 42.4%、21.8 %、35.8%。第一产业拉动经济增长 2.9 个百分点、第二产业影响经济增长 0.1 个百分点、第三产业拉动经济增长 1.6 个百分点。全年人均生产总值 79 250 元，比上年下降 1.0%。万元生产总值能耗比上年增长 26.0%。全员劳动生产率为 164 391 元/人，比上年增长 1.5%。

【农业】 2019 年，第一师阿拉尔市全年完成农业总产值 271.86 亿元。其中种植业产值 239.63 亿元，林业产值 2.81 亿元，牧业产值 17.99 亿元，渔业产值 0.91 亿元，农林牧渔服务业产值 10.52 亿元。农业产业化经营组织 832 个，自治区级以上农业产业化重点龙头企业 13 家。农作物播种面积 180.65 千公顷，比上年增长 2.0%。其中粮食种植面积 1.47 万公顷，下降 20.9%；棉花种植面积 15.5 万公顷，增长 4.3%；蔬菜种植面积 4 630 公顷，增长 13.5%。全年棉花产量 36.34 万吨，增长 1.7%；粮食产量 16.85 万吨，下降 15.6%。年末实有园林水果（不含食用坚果）面积 58.18 千公顷。其中红枣面积 4 万公顷。水果及食用坚果产量 172.87 万吨，增长 5.6%。其中红枣产量 107.62 万吨，增长 0.8%。核桃面积 8 650 公顷，结果面积 8 520 公顷，总产 4.27 万吨。本年新增果园面积 70 公顷。羊毛产量 0.15 万吨，下降 15.2%。全年水产品产量 0.44 万吨，下降 10.3%。年末农业机械总动力 94.28 万千瓦，增长13.2%。拥有大中型拖拉机 7 812 台，增长 12.9%；小型拖拉机 8 273 台，下降 1%；各类大小机引农具 1.58 万部，增长 11.3%。农用塑料薄膜使用量 1.24 万吨，增长 8.7%；农用柴油使用量 3.04 万吨，增长 1%；化肥施用量（实物量）34.56 万吨，增长 4.5%；农药使用量（实物量）1 496 吨，增长 6.5%；农村用电量 3.53 亿千瓦时，增长 13.7%。年末

2019 年第一师阿拉尔市国民经济发展情况表

指标	单位	绝对值	比上年增长(%)
地区生产总值	亿元	309.5	4.4
第一产业增加值	亿元	131.3	6.6
第二产业增加值	亿元	67.4	–0.2
工业增加值	亿元	47.5	4.1
第三产业增加值	亿元	110.8	5.1

续表

指标	单位	绝对值	比上年增长(%)
三次产业结构比	%	42.4:21.8:35.8	41.7:23.3:35.0
人均地区生产总值	元	79 250	-1.0
固定资产投资	亿元	90.6	9.5
社会消费品总额	亿元	83.5	4.7
城镇常住居民人均可支配收入	元	41390	4.7%
农村常住居民人均可支配收入	元	22257	10.9%

有效灌溉面积 18.2 万公顷，下降 3.5%。

【工业】 2019 年，第一师阿拉尔市实现工业增加值 47.5 亿元，比上年增长 4.1%。全年规模以上工业主要工业产品产量：大米 3.8 万吨，下降 13.7%；食用植物油 6.9 万吨，下降 4.2%；饲料 0.4 万吨，下降 90%；自来水 4151 万立方米，增长 5.6%；乳制品 2.5 万吨，下降 35.7%；白酒 2 283.4 万升，下降 14.8%；棉纱 15.8 万吨，增长 26.8%；棉布 4 951 万米；增长 63.3%；塑料制品 3.6 万吨，下降 10.9%；供热量 677 万吉焦，增长 4.4%；发电量 20.8 亿千瓦时，下降 6.9%（其中，火电 18.2 亿千瓦时，下降 6.7%，太阳能 1.5 亿千瓦时，下降 3.7%）；机械化农业及园艺机 11 007 台，增长 112.6%；水泥 402.1 万吨，增长 6.1%；商品混凝土 79.8 万立方米，增长 17.2%；化学纤维 28.3 万吨，增长 71.4%；农用氮磷钾化学肥料 7.4 万吨，下降 30.1%；小麦粉 2.5 万吨，增长 3.1%；水泥熟料 306.4 万吨，增长 21.1%；印染布 2 995 万米，增长 451.6%；针织袜 9 125 万双，增长 5 721%；人造板 1.1 万立方米，下降 60.9%；纸制品 0.3 万吨，下降 2.2%；盐酸（氯化氢，含量 31%）1.6 万吨，下降 51.7%；烧碱（折 100%）2 万吨，增长 469.1%；初级形态塑料 2.8 万吨，增长 785.1%；乙二醇 5.1 万吨，增长 1 087.8%；石灰 3.2 万吨，下降 2.7%；电子元件 12 687 万只，增长 14.8%。

【建筑业】 2019 年，第一师阿拉尔市实现建筑业增加值 19.9 亿元，下降 10.6%。资质以上建筑业签订合同额 92.1 亿元，下降 20%。其中上年结转合同额 30.5 亿元，下降 40.5%；当年新签合同额 61.6 亿元，下降 3.5%。房屋建筑施工面积 320.1 万平方米，下降 32.1%。其中当年新开工面积 154.2 万平方米，下降 2.7%；房屋竣工面积 188.2 万平方米，下降 37.9%；房屋建筑竣工价值 26.1 亿元，下降 46.4%。

【服务业】 2019 年，第一师阿拉尔市批发和零售业增加值 15 亿元，比上年增长 0.5%；交通运输、仓储和邮政业增加值 5 亿元，增长 1.8%；住宿和餐饮业增加值 5.2 亿元，增长 1.0%；金融业增加值 13.5 亿元，增长 9.6%；房地产业增加值 8.3 亿元，增长 0.4%；其他服务业增加值 59.9 亿元，增长 7.0%。全年规模以上服务业企业营业收入比上年增长 52.9%，营业利润增长 2.8 倍。

【交通运输业】 2019 年，第一师阿拉尔市民用汽车保有量 4.2 万辆。其中载客汽车 3.1 万辆，增长 13.8%；载货汽车 0.4 万辆，增长 1.8%；其他汽车 0.7 万辆。载客汽车中，私人汽车 2.9 万辆，增长 15.1%。其中私人轿车 2.2 万辆，增长 6.1%。其他汽车中，农用运输车 0.4 万辆。新增客货站点 1 个，年末公路里程到达数 3 485 千米。全年道路运输旅客周转量 22.9 亿人千米，比上年下降 2.6%。其中个体运输完成旅客周转量 16.6 亿人千米，下降 9.5%。完成客运量 3 000 万人，下降 2.2%，其中个体运输完成客运量 2 000 万人，下降 2.6%。货物周转量142.2亿吨千米，比上年增长1.4%。其中个体运输完成货运周转量117.5亿吨千米，增长1.6%。完成货运量1.2亿吨，增长1.4%，其中个体运输完成货运量0.9亿吨，增长12%。完成营运业务收入80.2亿元，增长2.7%，其中个体运输完成营运业务纯收入21亿元，增长2.9%。

【固定资产投资】 2019年，第一师阿拉尔市完成全社会固定资产投资90.6亿元，比上年增长9.5%。其中第一产业完成投资10.7亿元，增长14.6%；第二产业完成投资23.7亿元，下降13.7%；第三产业完成投资56.2亿元，增长22.3%。三次产业投资比重由上年的11.2:33.2:55.6调整为11.8:26.2:62.0。在投资总额中，国有及国有控股经济完成投资66.6亿元，增长19.8%，占比73.5%；民间完成投资23.8亿元，下降10.1%，占比26.3%，其他经济完成投资0.2亿元，下降75.8%，占比0.2%。

按具体行业划分：农、林、牧、渔业完成投资10.7亿元，增长14.6%；工业累计完成投资23.7亿元，比上年下降13.7%。其中制造业完成投资19.3亿元，下降22.1%；电力、燃气及水的生产和供应业完成投资4.4亿元，增长65.3%。在制造业中，纺织业完成投资3亿元，下降57.3%。房地产开发企业投资8亿元，比上年增长42.9%。商品房销售面积22.3万平方米，下降13.2%。其中住宅19.8万平方米，下降16.4%；商品房待售面积21.4万平方米，下降2.0%。商品房销售额8.1亿元，增长2.6%。批发和零售业完成投资0.1亿元，下降94.8%；居民服务、修理和其他服务业完成投资0.5亿元，增长2 705.6%；科学研究和技术服务业完成投资0.3亿元，下降64.3%；水利、环境和公共设施管理业完成投资21.3亿元，增长50.9%；租赁和商务服务业完成投资0.2亿元，下降30.2%；教育完成投资1.8亿元，下降54.7%；卫生、社会保障和社会福利业完成投资1.4亿元，下降23.7%；文化、体育和娱乐业完成投资0.9亿元，增长17.5%；公共管理和社会组织完成投资0.4亿元，下降62.8%。以民生建设和生产服务设施条件改善为主的“民生实事”建设项目计划总投资56.44亿元，完成投资49.19亿元。其中基建类项目完成投资19.36亿元；经费补助类完成投资29.83亿元。

【财政】 2019年，第一师阿拉尔市全年全口径财政收入169.3亿元，比上年增长60.8%；完成地方财政收入13.6亿元，增长22.3%；一般公共财政收入11.7亿元，增长30.4%。其中税收收入5.32亿元，增长2.9%。

【金融】 2019年年末，第一师阿拉尔市驻市银行金融机构8个，年末金融业机构各项存款余额299.8亿元，比上年增长15.0%。各项贷款余额202.1亿元，增长0.9%。

【国内贸易】 2019年，第一师阿拉尔市完成批发和零售业商品销售总额245.5亿元，比上年增长0.3%，其中限额以上批发零售业实现商品销售总额104.5亿元，增长15.8%。全年社会消费品零售总额83.5亿元，比上年增长4.7%，其中批发和零售业实现社会消费品零售总额64.8亿元，增长5.8%；住宿和餐饮业实现社会消费品零售总额18.7亿元，增长1.2%。

【招商引资】 2019年，第一师阿拉尔市货物进出口总额11 150.6万美元，其中进口总额1 199.0万美元，出口总额9 951.6万美元。全年完成招商引资项目444个，其中园区招商引资项目13个。投资总规模358.15亿元。引进项目到位资金161.8亿元，下降10.7%（园区招商引资项目到位资金78.0亿元，增长73.6%），其中第一产业7.8亿元，增长26.5%，第二产业88.5亿元，下降27.4%，第三产业65.5亿元，增长23.0%。全年援建投资项目34个，当年开工建设项目34个，完成投资总额3.6亿元，援疆到位资金3.18亿元。

【旅游业】 2019年，第一师阿拉尔市有旅游景点13个，其中星级以上旅游景点4个；旅游宾馆7家，旅行社13家。全年接待旅游人数310万人次，旅游总收入14亿元。

【土地资源】 2019年，第一师阿拉尔市土地总面积69.37万公顷，其中耕地面积17.41万公顷，园地面积6.04万公顷，林地面积11.62万公顷，牧草地面积3.4万公顷，城镇村及工矿用地面积1.52万公顷，交通运输用地面积9 174.33公顷，水域及水利设施用地面积10.26万公顷，其他土地面积18.2万公顷。

【矿产资源】 2019年,第一师阿拉尔市范围内矿产资源匮乏,地层大部分为第四系,仅北部五团山区草场及四团煤矿范围内出露其他地层,成矿条件简单,以第四系沉积矿产为主,主要为建筑用砂石料矿和砖瓦用黏土矿两类。分布在二团、四团、五团、六团、十团等团场的戈壁荒滩及国有未利用地,均已开发利用。河道、平原、戈壁以砂石料为主,砖瓦用黏土分布较分散。有矿山10个,其中建筑用砂矿4个,年产量133万立方米;砖瓦用黏土矿2个,产量8万立方米。

【草原资源】 2019年,第一师阿拉尔市天然草原面积8 591.54公顷,分为6个类型,山区天然草原分布于四团天山南坡,有高寒草甸类、山地草甸类、温性草甸草原类、温性草原类4类地带性草原类型,占全师草原总面积的57%;低平地草甸类(位于四团十二连东北)和沼泽类(位于十团北部)2类非地带性植被,占全师草原总面积的43%。全师草原产草量地带性差异较大,各类草场平均单产在534至1 128千克/公顷之间,平均理论载畜量为1.13万只标准畜。

【林业资源】 2019年,第一师阿拉尔市共有森林资源12.61万公顷(不含一团、五团),其中有林地3.25万公顷,疏林地3 493.33公顷,灌木林地7.32万公顷,未成林地6 080公顷,无立木林地3 100公顷,宜林地7 733.33公顷。

【水利资源】 2019年,第一师阿拉尔市师市拥有水库6座,总库容5.27亿立方米。机电井2 918眼,提水量8 200亿立方米,修建防渗渠道3 865.6千米,建设配套渠系建筑物32 585座,水闸26 477座,堤防建设长度383.11千米。全年水利工程供水量22.61亿立方米。

【环境】 2019年,第一师阿拉尔市规模以上工业企业综合能源消费量147万吨标准煤,比上年增长32.6%。各类能源中,煤炭消费量195万吨,增长13.6%;汽油357吨,下降11.4%;柴油2 942吨,增长14.0%;天然气15 270万立方米,增长39.3%;电力17.3亿千瓦小时,增长26.4%。全年工业废水排放达标率100%,工业废水排放量3 638.8万吨,工业废水中化学需氧量排放量0.28万吨。工业废气中二氧化硫排放总量0.11万吨。

【科学技术】 2019年,第一师阿拉尔市拥有科学研究与技术开发机构7个,兵团奖励1个,全年实施科技项目24项。

【教育】 2019年,第一师阿拉尔市拥有各类学校49所,教职工4 821人,比上年增长4.7%。在校学生5.2万人,增长7.0%;新招生1.48万人,增长3.0%;毕业生1.27万人,增长3.4%。普通高中在校学生0.64万人,增长4.6%;招生0.22万人,增长6.9%;毕业学生0.2万人,下降3.1%。普通初中在校学生1.1万人,增长6.9%,招生0.4万人,增长6.7%;毕业学生0.32万人,下降0.2%。普通小学在校学生2.27万人,增长6.3%;招生0.42万人,增长12.1%;毕业学生0.37万人,增长4.2%。幼儿园在校学生1.19万人,增长9.9%;招生0.45万人,下降10.5%;毕业学生0.38万人,增长8.9%。小学学龄儿童入学率与初中阶段适龄少年入学率100%。

【文化】 2019年,第一师阿拉尔市拥有广播电视播出机构16个,其中农牧团场广播电视播出机构15个。有线电视用户11 000户,广播节目综合人口覆盖率98.0%,电视节目综合人口覆盖率99.0%。拥有纪念馆(展览馆)14座,其中三五九旅屯垦纪念馆是“全国第二批红色旅游经典景区”、国家级AAAA旅游景区和自治区“爱国主义教育基地”、兵团“党风廉政教育基地”。新建连队综合活动室20个,拥有公共图书馆13个。有专业文艺团体1个,文艺从业人员23人。

【卫生】 2019年,第一师阿拉尔市有卫生机构(含营利性卫生机构)447家,拥有各类卫生人员(含连队卫生人员及营利性机构人员)3 287人,执业和执业助理医师1 324人,注册护士1 532人。

【人口】 2019年末,第一师阿拉尔市总人口40.9万人,比上年年末增加3.7万人,增长9.9%,其中男性21.0万人,女性19.9万人。阿拉尔城区10.2万人,占总人口比重24.9%。全部人口中,汉族36.2万人,少数民族4.7万人。全年出生人口2298人,出生率5.88‰;死亡人口1 205人,死亡率3.09‰;人口自然增长率2.79‰。年末户籍人口29.25万人,比上年末增加2.75万人，增长10.4%。人户分离人数3.5万人，增长25.9%；流动人口人数7.1万人，下降16.1%。

【就业】 2019年，实现就业再就业1.75万人，其中下岗失业人员再就业0.43万人，新增劳动力就业1.32万人，年末城镇登记失业率2.4%。

【居民收入】 2019年，第一师阿拉尔市居民人均可支配收入34 666元，比上年增长7.6%。按常住地分，城镇居民人均可支配收入41 390元，增长4.7%，其中工资性收入22 133元，下降3.9%；经营净收入16 774元，增长28.4%；财产净收入570元，下降21.7%；转移净收入1 913元，下降29.0%。连队居民人均可支配收入22 257元，增长10.9%，其中工资性收入4 250元，增长13.0%；经营净收入16 241元，增长20.0%，团场综合配套改革红利进一步得到释放；财产净收入10元，下降92.9%；转移净收入1 756元，下降33.1%。

【居民消费】 2019年，第一师阿拉尔市居民人均消费支出20 941元，比上年增长9.4%。按常住地分，城镇居民人均消费支出23 057元，增长7.3%；连队居民人均消费支出17 035元，增长11.9%。居民家庭恩格尔系数为25.0%，比兵团水平低2.3个百分点，其中城镇为23.4%，连队为29.0%。

【社会保障】 2019年年末，第一师阿拉尔市参加基本养老保险人数（不含已退休人员）16.75万人，比上年增长8.9%，其中参加城镇职工基本养老保险人数12.85万人；参加城乡居民基本养老保险人数3.9万人。参加失业保险9.1万人，比上年增长11.1%。参加基本医疗保险32.01万人，增长8.6%，其中参加职工基本医疗保险人数16.98万人，参加城镇居民医疗保险人数15.03万人。参加工伤保险职工12.89万人，比上年增长17.8%。参加生育保险职工9.44万人，比上年增长11.3%。全年师市发放低保资金1 303.1万元，2 789人享受最低生活保障，发放医疗救助资金507.5万元，1 945人得到医疗救助。受理人事劳动争议案件121件，结案119件，结案率98.3%。受理劳动保障监察案件74件，结案74件，结案率100%。

【社会事业】 2019年，第一师阿拉尔市有养老服务机构5个，床位数517张，比上年增长28.8%；收养人数410人，比上年增长27.3%。年末有城镇社区服务设施50个，城镇社区服务设施面积9.07万平方米。全年共办理婚姻登记业务3 996笔，其中结婚登记2 099对，离婚登记963对，补领结婚证899对，补领离婚证35本，共为908对新人举行颁证仪式。全师有39个社区，其中城市社区10个、团镇社区28个、农村社区1个。社区综合服务中心13.39万平方米，社区工作者265人，服务管理居民群众7.9万户、20.55万人，社区党组织38个、管理服务党员1 814人（不含一团、五团）。全年累计争取到位项目资金3 055.26万元用于社会福利基础设施项目建设。累计为全师市30 584户次44 620人次发放最低生活保障金1 303.14万元、为全师市1 945人发放医疗救助资金507.53万元、为全师市478名特困对象发放特困供养资金208.52万元、为全师市3 303户5 786人发放临时救助资金444.51万元。发放80周岁以上老年人基本生活补助326.43万元，发放残疾人“两项补贴”249.4万元，发放孤儿生活补助经费34万元。师市共下拨242万元用于公墓环境整治工作、下拨6万元用于烈士墓修缮工作。全年国家抚恤补助各类优抚对象365人，增长73.0%，接收安置退役士兵57人。

【工商行政管理】 截至2019年11月，第一师阿拉尔市实有各类市场主体16 693户、注册资本（金）368.42亿元。其中企业3 460户；个体工商户12 700户；农民专业合作社533户。市场监管局成立后，原工商、质监、食药3个部门窗口整合，实现市场监管业务“一站式”办理，共办理食品、药品、特种设备相关业务5 128件，企业名称核准全程电子化登记1 462户，办理各类网上全程电子化登记企业1 318户。累计办理发放“多证合一”营业执照2 909份、企业简易注销登记236户、办理放宽住所登记条件的各类市场主体125户。办理国资国企变更登记50户，注销登记70户。注销各类农民专业合作社182户。师市有餐饮服务单位1 808户，食品流通单位2 224家，食品小作坊53家，餐饮管理公司6家。有特种设备使用单位440家，特种设备6.6万台（件）。检定校准计量器具 9 635 台件，检验农资 25 批次，为企业有效减负 114 万元。持续推进标准化工作，审批发布 20 项农业地方标准。编写《第一师红枣标准体系》《第一师苹果标准体系》《第一师棉花标准体系》《第一师奶牛养殖标准体系》。

【税收收入】 2019 年，第一师阿拉尔市税收收入 100 456 万元，比上年增长 3.55%，增收 3 447 万元。其中中央级税收收入 47 246 万元，比上年增长 4.31%，增收 1 952 万元；地方级税收收入 53 210 万元，比上年增长 2.89%，增收 1 495 万元。办理出口退税 3 452 万元，比上年增长 27.71%，增加 749 万元；社会保险费收入 47 754 万元；其他非税收入 3 439 万元，比上年增长3.68%，增收 122 万元。新增减税 16 308 万元，93 008 户次纳税人享受减税降费政策，其中增值税 8 952 万元，个人所得税 5 521 万元，企业所得税 580 万元，落实增值税留抵退税政策退税 7 267 万元。

【城市建设】 2019 年，第一师阿拉尔市环城东路、环城北路等 6 条 10.5 千米城市道路建成通车。完成投资 1.7 亿元，新建集中供热管网 12 千米，建设热交换站 12 座。纺织园区邻里中心建设，军垦大道西延段、井冈山大道等联通工业园区和城市的道路顺利完工。签订工程施工合同金额 92 亿元，比上年下降 20%；完成建筑业总产值 69 亿元，比上年下降 11%；监督工程招标 224 项，中标金额 16.3 亿元；直接发包项目 26 项，合同金额 6.4 亿元；工程建设项目 152 个，总建筑面积 157 万平方米。申报农村安居工程建设项目补助资金 5 226 万元 1 742 户，完成 2 个老旧小区改造项目，申报中央预算内资金工作 1 200 万元；重点推进援疆资金项目 1 个，项目资金 500 万。总计录入保障性住房信息 54 871 套，其中出售房 38 970 套，出租房 7 679 套，周转房 3 172 套，置换房 148 套，完成 100%，列全兵团第一。审核登记中介企业 18 家，办理预售许可 20 项，批准预售面积 46.9 万平方米。与 31 个房地产项目签订商品房预售资金监管协议，对 5 家银行涉及的 17 个预售项目进行预售资金检查，全年无发生房屋买卖纠纷。

【阿拉尔红枣入选第二批中国特色农产品优势区】 2019 年 1 月，农业农村部、国家林业和草原局等九部门联合认定第二批中国特色农产品优势区，第一师阿拉尔市阿拉尔红枣成功入选。是兵团继 2017 年第一师三团阿拉尔薄皮核桃入选首批中国特色农产品优势区后第二个国家级优势区，阿拉尔市红枣再添“国字号”金牌名片。第一师阿拉尔市种植枣树 4.47 万公顷，灰枣产量占全国灰枣产量的十分之一，骏枣产量占全国骏枣产量的八分之一，红枣种植已成为第一师阿拉尔市农业经济支柱之一。在扩大红枣种植面积的同时，第一师阿拉尔市以品牌建设为依托，推进以“绿色、安全、有机、生态”为标准的绿色有机水果基地建设，严把产品质量关，加强林果产品质量安全追溯体系建设。截至 2019 年 1 月，已培育出一批自主品牌，建立线上线下的新型销售模式，产品远销北京、上海、南京、杭州等地及东南亚和俄罗斯等国家地区。

【政协阿拉尔市四届三次会议】 2019 年 2 月 14~16 日，政协阿拉尔市第四届委员会第三次会议召开，大会应到 112 人，因病因事请假 12 人，实际到会 100 人，符合法定人

阿拉尔市鸟瞰图(第一师阿拉尔市史志办/提供)

数。会议听取政协阿拉尔市第四届委员会常务委员会工作报告、政协阿拉尔市四届二次会议以来提案工作报告。会议选举产生政协阿拉尔市第四届委员会主席、副主席和常务委员会委员，补选政协阿拉尔市第四届委员会常务委员会组成人员，通过若干决议。大会听取审议《市政协阿拉尔市四届三次会议提案征集情况的报告》。截至 2 月 15 日，大会共接收到提案 109 件，其中有关深化改革方面的提案 24 件，占提案总数的 22%；有关维护稳定方面的提案 6 件，占提案总数的 6%；有关经济发展方面的提案 20 件，占提案总数的 18%；有关科教文卫方面的提案 31 件，占提案总数的 28%；有关城镇建设管理等方面的提案 28 件，占提案总数的 26%。大会还通过《政协阿拉尔市第四届常务委员会第三次会议关于第四届委员会常务委员会工作报告的决议（草案）》《市政协阿拉尔市第四届委员会第三次会议政治决议（草案）》，表彰 2018 年度优秀政协委员、优秀提案、提案办理先进单位。

【阿拉尔市人大四届三次会议】 2019 年 2 月 15~16 日，阿拉尔市第四届人民代表大会第三次会议召开。会议应到代表 158 名，因事因病请假的代表 25 名，实际参会代表 133 名，符合法定人数。会议听取阿拉尔市政府工作报告、市人大常委会工作报告。会议以书面报告形式听取关于 2018 年师市国民经济和社会发展计划执行情况与 2019 年师市国民经济和社会发展计划草案的报告、2018 年师市财政预算执行情况和 2019 年师市财政预算草案的报告。会议还听取市中级人民法院工作报告，市检察分院工作报告，通过代表提出议案截止日期的决定（草案）。会议通过投票选举的办法选举赵卫东为阿拉尔市人大常委会主任。选举姜元昆、陈美娜为阿拉尔市人大常委会副主任。选举王永冬、张伍平、郦晖为阿拉尔市人大常委会委员。选举张欣为阿拉尔市人民检察院检察长。会议表决通过政府工作报告、2018 年师市国民经济和社会发展计划执行情况与 2019 年师市国民经济和社会发展计划的报告、2018 年师市财政预算执行情况和 2019 年师市财政预算报告、市人大常委会工作报告、中级人民法院工作报告、检察分院工作报告。会上，对市人大 2018 年度各类先进进行通报，并对 5 个代表议案建议办理先进部门和 21 名优秀人大代表进行表彰。

【自驾车房车营地旅游综合体项目】 2019 年 2 月 26 日，总投资 6 亿元的叁壹捌自驾车房车营地旅游综合体项目签约仪式在阿拉尔举行。四川快捷叁壹捌汽车旅馆投资管理有限公司是走在国内前列的自驾房车营地旅游投资企业，公司以 1+N 模式（1 为城市配套的目的地型综合性自驾游营地公园，N 为结合师市各团镇旅游特色投建的功能性自驾游营地），在十一团、十四团、十六团等区域建设多个自驾车房车营地旅游综合体，为游客提供吃、住、行、游、购、娱等一站式旅游服务。

【“阿农冬 4 号”通过自治区审定】 2019 年 3 月，师农科所一冬小麦新品系通过自治区品种审定委员会审定，命名为“阿农冬 4 号”。“阿农冬 4 号”是师农科所小麦育种专家杨志刚培育的冬麦新品种。2003 年杨志刚从自育的小麦品系中发现该品种，经过 16 年的单株选择、定向培养、品系比较后，2014~2015 年进入自治区南疆冬小麦区域试验，2016~2017 年参加自治区南疆冬小麦生产试验。经过严格的对比测试后，“阿农冬 4 号” 以区试亩产第一，生产试验亩产第一，同时具有抗寒性强，抗叶锈病，抗白粉病，抗倒伏力好，分蘖力强，粒数多，穗重，早熟等优点，是适宜南疆冬麦区种植的中早熟品种。是杨志刚夫妇历时 16 年自主选育的第 2 个冬小麦新品种。

【“台州千人游阿拉尔”活动】 2019 年 5 月 24 日，“台州千人游阿拉尔”首发团欢迎仪式在丝路沙海湾影视基地举行，70 多名游客走进第一师阿拉尔市三五九旅屯垦纪念馆感受老一辈军垦人艰苦奋斗的精神，共赏“塔克拉玛干”沙漠好风光。“台州千人游阿拉尔”大型活动由第一师阿拉尔市旅游局与浙江华夏国际旅行社携手合作，一直到 10 月 30 日，分批组织台州 1 000 多位游客，赴阿拉尔开展“旅游+文化”交流活动。

【全国青少年校园足球师资国家级专项培训】 2019 年 5 月 26 日，“全国青少年校园足球师资国家级专项培训”在阿拉尔市举行。来自疆内的 100 名 2018 年度国家级校园足球特色学校的体育骨干教师参加为期 7 天的培训。截至 2019 年 5 月，各中小学校共有 40 支足球队、1 500 多名运动员。

【塔中公路第一桥合拢】 2019 年 5 月，十四团至塔里木沙漠公路(塔中公路)项目首桥克里雅河大桥主桥体完工并合拢，同时开始建设桥面附属设施。克里雅河大桥的完工，标志着塔中公路“风积沙路基”正式全面贯通。克里雅河是塔里木河主要支流之一，塔中公路越过克里雅河后，与中国首条沙漠公路塔中一号公路连接，途经塔中、且末、茫崖，直达青海格尔木，成为新疆第三条出疆通道。该项目预计投资 5.85 亿元，公路起点自十四团，接省道 210 线 K173+306 桩号，途经十四团天鹅湖湿地公园和睡胡杨谷景区，终点接塔中一号公路，建设里程 136 千米。塔中公路的贯通，使阿拉尔至成都比乌鲁木齐至成都缩短 244 千米;比途经库尔勒、乌鲁木齐出疆距离总体减少近千千米。该项目将成为阿拉尔、塔中、且末、莎车等地经济快速发展的主要动脉，使环塔里木经济圈成为“一带一路”倡议的重要支撑区域。同时，对推进兵团向南发展战略、打造阿拉尔市南疆兵团中心城市具有重要作用。

【中石化顺北 11 井开钻】 2019 年 6 月 25 日，西北油田探井顺北 11 井在第一师阿拉尔市顺利开钻，顺北 11 井是中石化西北油田分公司在顺北区块部署的一口重点预探井，为开采直井，设计井深达到 8 625 米，是亚洲最深钻探油气井，是第一师阿拉尔市首座油气井。中石化顺北 11 井的成功钻探与油气开采，对西北油田实施高质量增储上产、加快师市境内油气勘探开发步伐、保障国家能源安全具有重要意义。

【阿克苏至阿拉尔铁路项目】 2019 年 7 月 2 日，阿拉尔市、阿克苏市、阿瓦提县首次联合并迎接中国铁路总公司、中铁乌鲁木齐局集团有限公司专家组踏勘阿克苏至阿拉尔铁路项目。新建阿克苏至阿拉尔铁路线，设计时速 160 千米，照此计算，线路横跨阿克苏市、阿瓦提县、阿拉尔市三地，全长 121.76 千米，设计为客货共线铁路。全线设中间站 2 处，会让站 2 处。项目投资估算为 40.57 亿元，项目建设工期为 2 年。阿拉尔站为终点站，与阿拉尔客运中心距离仅 600 米。2019 年 12 月 25 日，第一师阿拉尔市举行阿克苏至阿拉尔市铁路征地拆迁启动仪式。

【阿拉尔民用机场预可研报告通过评估】 2019 年 7 月 12 日，阿拉尔民用机场预可研报告顺利通过评估并形成专家组意见。评估认为，新建新疆阿拉尔民用机场符合国家和行业有关规划，有利于南疆兵团中心城市建设、促进当地经济社会发展的需要，改善对外运输条件、完善综合交通运输体系，维护南疆稳定、提升应急救援保障能力，项目建设是必要的。阿拉尔民用机场场址位于第一师十二团境内、塔里木河南岸，阿和公路和阿沙公路交会处，距阿拉尔市中心直线距离 12 千米，千米路程约 18 千米。拟定机场近期跑道长度 2 800 米，远期跑道长度 3 200 米。年旅客吞吐量为 30 万人次、货邮吞吐量为 1 100 吨、飞机起降量为 3 297 架次。阿拉尔机场性质为民用支线机场，主要服务阿拉尔市及周边区域的航空运输需求，兼顾应急救援和通用航空使用，主要使用 B737 系列、A320 系列及 ERJ190 等机型。

【农发行 300 亿元授信支持师市经济发展】 2019 年 7 月 25 日，第一师阿拉尔市与中国农业发展银行新疆分行签署战略合作协议。向当地授信 300 亿元金融支持额度，用于支持师市经济发展、“三农”建设以及推进乡村振兴战略的实施。根据战略合作协议，农发行新疆分行为师市提供 300 亿元信贷规模的金融支持。

【2019 产业合作专题活动】 2019 年 8 月 26 日，2019 产业合作专题活动——走进新疆(阿拉尔)推介会在第一师阿拉尔市举行。会上，第一师阿拉尔市、第二师铁门关市、第三师图木舒克市、第十三师哈密市、第十四师昆玉市分别进行产业推介。

8 月 27 日，举行产业签约仪式，与会嘉宾还分成 8 个产业对接小组，到国家级阿拉尔经济技术开发区企业、师市相关单位，就产业合作转移承接进行考察。会上，正式发布兵团支持南疆师市工业发展重大政策，鼓励和吸引各类资本在南疆兵团师市投资兴办工业企业，加快推动南疆工业高质量发展，在设备投资、厂房建设、用电价格、技术创新、企业上市等 8 个方面给予资金奖励支持。

【尤良英获全国助人为乐模范称号】 2019 年 9 月 5 日，第七届全国道德模范座谈会在北京举行，座谈会上宣读表彰决定。其中，第一师阿拉尔市十三团十一连“两委”委员尤良英，获“全国助人为乐模范”称号，六团五连种植户秦先辉荣获“全国道德模范见义勇为”提名奖。

【十四团塔中沙漠公路全线通车】 2019 年 9 月 25 日，兵团承建的首条沙漠公路十四团塔中沙漠公路全线通车。十四团塔中沙漠公路可经过阿拉尔市向西到喀什、巴基斯坦瓜达尔港，向东到青海格尔木、成都、上海，向南到广州、深圳，成为河西走廊之外另一条出疆大通道。阿拉尔市至成都，绕道河西走廊相当于北线，经过格尔木相当于南线，阿拉尔市至成都比乌鲁木齐至成都缩短 244 千米，南线比北线距离总体减少 1 526 千米。公路总投资 5.85 亿元，全长 136 千米，起点连接省道 210 线 K172+306 桩号处，途经十四团天鹅湖湿地公园和睡胡杨谷景区，横穿塔克拉玛干沙漠，终点与塔中 1 号公路相接。十四团塔中沙漠公路是第三条沙漠公路，可经过阿拉尔、塔中、且末、茫崖直达青海格尔木，成为新疆第 3 条出疆通道。

【阿拉尔市上榜“2019 中国西部百强县市”】 2019 年 10 月 23 日，中国信息协会信用专业委员会和竞争力智库在北京联合发布《中国西部地区县域发展监测报告 2019》，同期公布《2019 中国西部百强县市名单》，阿拉尔市榜上有名，石河子市、五家渠市也一同上榜。截至 2019 年 10 月，阿拉尔市已成为国家园林城市、全国绿化模范城市、宽带中国示范城市。

【塔里木大桥通车】 2019 年 9 月 25 日，兵团第一高单塔斜拉桥塔里木大桥通车。该桥为双向 6 车道，塔里木河两岸的群众前往阿拉尔市，最少能节约半小时车程，真正实现一河两岸“半小时经济圈”。

2019 年 9 月 25 日，兵团第一高的单塔斜拉桥塔里木大桥通车（江珊/摄）

【新疆首个京东农场落户阿拉尔市】 2019 年 10 月 26 日，西北地区第二家、新疆首家京东农场—阿拉尔羊脂米生产基地项目，正式落地阿拉尔市。京东集团与阿拉尔市金色沙垦农业发展有限公司签订合作协议。阿拉尔市金色沙垦农业发展有限公司是和云南声农水稻研究所共同组建的具备研发、育种、种植、生产、销售全产业链优质米的生产企业。羊脂籽米软香米品种由研究所首席水稻专家蒋志农教授 30 余载潜心研究，几经甄选而得，是一种非转基因的优质粳米，在十三团进行大规模绿色生态种植。

【阿拉尔市昆岗国家沙漠公园获评最具投资价值文旅项目】 2019 年 12 月 16 日，中央电视台财经频道《魅力中国城》节目组委会在北京举行 2019《魅力中国城》文化旅游魅力榜发布会暨城市文化旅游论坛，位于新疆生产建设兵团第一师阿拉尔市十一团的阿拉尔市昆岗国家沙漠公园，获 2019《魅力中国城》年度魅力最具投资价值文旅项目称号。阿拉尔市昆岗国家沙漠公园位于新疆生产建设兵团第一师阿拉尔市十一团，2018 年 1 月被评为国家沙漠公园。2018 年 7 月，第一师阿拉尔市参加中央电视台《魅力中国城》栏目，向全国观众展示阿拉尔市的红色文化、军垦文化、兵团文化、沙漠特色旅游、红色旅游、新疆特色美食、水果等。借助《魅力中国城》的影响力,大力发展沙漠特色旅游,举办沙漠节庆活动6场次;先后与四川叁壹捌汽车旅馆投资管理有限公司和新疆蓝海营销管理公司达成项目投资协议2个,协议固定资产投资1.11亿元。

【阿拉尔市获全国“质量魅力城市”】 2019年12月28日,2019“质量之光”公众评选活动在北京人民大会堂举行,第一师阿拉尔市获“质量魅力城市”称号。通过强化质量安全监管,实现速度与质量、结构、效益相统一。产品质量、环境质量不断提升,主要工业产品质量抽查合格率98.2%;“明厨亮灶”率98%;药品合格率99%;农产品抽检合格率98%以上。空气质量优良天数达到334天,水质质量持续稳定,企业污染物排放全面动态监测,生态环境实现可持续发展。

对口援建

【旅游援疆】 2019年,第一师阿拉尔市依托旅游资源,发展旅游产业,围绕“旅游兴师市”战略和全域旅游示范区建设,挖掘师市文化旅游优势资源,联合台州推动旅游产业深度合作。在浙江农林大学举办乡村旅游发展和住宿餐饮服务提升研讨班,团镇政府机关、林果业协会相关负责人、合作社理事长等30人参加培训。将援疆资金与台州干部职工疗休养经费结合使用,开展“台州千人游塔里木活动”。

【产业援疆】 2019年,第一师阿拉尔市坚持按照两个80%的要求,把改善民生作为援疆资金的重要内容,推进医疗重点项目建设,提升城市公共医疗卫生服务水平。投资2 195万元重点实施十一团医院、阿拉尔第二人民医院(十二团医院)、一师医院等项目。坚持把教育援疆放在优先位置,投资13 404万元援疆资金用于师市、团场学校相关配套设施建设。总投资2.1亿元(2017~2019年三批援疆资金1.69亿元)的兵团二中分校、第一师高级中学于2018年11月20日交付使用,首批就读学生达850人,为阿拉尔市年度十大民生工程之首。改善公共服务设施,围绕群众最需要、最迫切的民生问题,掌握第一师阿拉尔市民生保障“缺漏”与“短板”,加强团镇基础设施建设。投入5 675万元建设完成二团、五团、七团等团镇的基础设施建设。

【智力援疆】 2019年,第一师阿拉尔市立足兵团南疆中心城市的战略定位,紧扣师市跨越式发展的人才需求,投入智力援疆专项资金1 695万元,统筹推进教育、卫生、文化援疆和技能扶贫、科技研发、干部人才培养等智力项目34项,培训干部人才535人次,为师市发展引智造血。开展“一对一”对口支援团镇和“211行动”计划,深入开展交流交往,累计为师市捐赠计划外资金和物资5 000万元。深入实施中华优秀传统文化进校园活动,投资800万元在托喀依乡幼儿园、九团中学重点打造“国学馆”“音乐馆”和中华文化长廊。开展“全链式”教育援疆,浙江省精选13名援疆教师和50名支教教师,全链式对口支援师市小学、初中、普高、职高等6所学校,援疆教师作为学科带头人,传授教学理念,全面提升学校教学质量。开展“组团式”医疗援疆,推进浙江大学附属医院、台州医院和台州市立医院“一对一”对口支援第一师医院、阿拉尔医院和十二团医院,浙江医疗专家与师市年轻骨干结对的良好局面,并成立传帮带工作室19个。

园区经济

·阿拉尔经济技术开发区·

【概况】 阿拉尔经济技术开发区于2003年启动建设,2005年阿拉尔工业园区管委会成立,为兵团第一师阿拉尔市人民政府派出机构。2008年升级为自治区级工业园区,2012年8月30日国务院批准正式设立国家级阿拉尔经济技术开发区,属兵团第一师阿拉尔市政府派出机构。2013年3月22日,阿拉尔经济技术开发区管委会正式挂牌,与阿拉尔市工业园区管委会实行“两块牌子,一套班子”的管理模式。同日,开发区党工委、纪工委与园区管委会一同挂牌。10月30日,一师阿拉尔市下发《关于加快阿拉尔经济技术开发区发展的若干意见》,明确区域范围、职责职能、管理体制、运行机制、内设机构、人员编制、薪酬体系、财政体系等,内设机构由原来的7个调整增加为9个,赋予开发区人事、财政和收入分配权,并将工业园区变更为开发区。

经济技术开发区实际管辖总面积55.63平方千米。形成以纺织服装、绿色农副产品精深加工、石油天然气精细化工三大主导产业。成功创建国家循环经济示范园区、国家电子商务进农村示范基地、兵团“两化融合示范区”、兵团双创示范基地。2019年，经济技术开发区入驻各类企业305家，其中规模以上企业36家，河南新野、安徽华茂、浙江洁丽雅、中泰、燕京啤酒等知名企业入驻经开区。

【生产经营】 2019年，阿拉尔经济技术开发区新增规模以上工业企业8家，规模以上工业企业实现总产值94.15亿元，比上年增长22.4%，增速较师市高16.5个百分点，占师市规上工业总产值的58.2%，比重比上年提高7.9个百分点。实现固定资产投资22.03亿元，占师市的24.3%。全年实现进出口总额4 735万美元，占师市42.47%，比上年增长290%。实现全口径税收45 281.29万元，其中地方级税收26 140.79万元。

【招商引资】 2019年，阿拉尔经济技术开发区签约项目13个，签约金额42.35亿元。完成招商引资到位资金77.95亿元，比上年增长73.65%，占师市全年到位资金比重48.18%。其中新建项目33个，到位资金27.44亿元，占2019年到位资金的35.20%；续建项目30个，到位资金50.51亿元，占2019年到位资金的64.80%。招商人员累计外出1 632天，走访企业552家，比上年增长207%，接待来访企业220家，比上年增长150%。

【产业聚人】 2019年，阿拉尔经济技术开发区坚持以产业发展带动人口集聚，围绕企业用工需求，发挥桥梁纽带作用。与甘肃省合作建立驻新疆劳务站等方式，帮助企业招工引人。截至2019年12月31日，经济技术开发区累计发出准迁证9 360人，办结落户4 872人。新增就业3 821人次，其中南疆四地州贫困劳动力336人、团镇富余劳动力880人、经开区落户人员610人、其他人员1 995人。

【园区建设】 2019年，阿拉尔经济技术开发区完成申报兵团级阿拉尔工业园区总体规划修编和阿拉尔化工新材料园产业前期准备工作；确定2019年为基础设施提升年，以实施道路畅通、筑巢引凤、以房聚人、污染治理提速、管网提升、服务设施完善等“八大工程”为载体，加快经开区基础设施建设，提高经开区综合承载能力，优化经开区投资环境。续建、新建23万平方米标准厂房筑巢引凤；新建、扩建道路10.35千米，改扩建道路10.58千米，优化交通运输网格；启动二号园区、纺织园区、中小企业园区3个邻里中心项目共计3万平方米；完成二号园区大型停车场建设（停车位300个及配套设施）；完善供水、排水、蒸汽管网43.84千米，新建35千伏变电站1座；亮化园区15条道路，总长度29.8千米、开通公交线路，完成10个公交站点建设；新建住房804套，解决新增就业人员住房问题，全年基础设建设项目完成投资87 795万元。

【体制改革】 2019年，阿拉尔经济技术开发区启动体制机制改革，实行事业单位企业化管理，末位淘汰，形成人员能进能出、职级能上能下、收入能高能低的格局，促进简政放权工作。实现领导班子任期制、全员岗位聘任制、绩效薪酬制。坚持“三化”通过以需定岗、以岗招人、优化部门职责，成立招商中心等方式，建立专业化，扁平化，市场化队伍。推行“大部门体制”，按照精简、统一、效能的原则设置机构。落实末任位淘汰制，实行全员竞聘上岗，原体制内人员档案封存，社会公开招聘人员无身份，无级别。落实机构设置、人事调配、收入分配、财政收入支配、经济审批和行政管理等五个方面职权，缩减各项工作流程，压实经开区服务企业的责任和义务。制定《阿拉尔经济技术开发区党工委议事规则》《阿拉尔经济技术开发区行政常务会议事规则》，优化部门设置，理顺职责关系，内部各项工作运转效率得到大幅提升。

【环境治理】 2019年，阿拉尔经济技术开发区开展中央环保督察反馈问题整改工作，氧化塘无害化治理项目、中泰纺织生产废水综合利用项目、台州产业园区污水处理厂建设项目内按期完成整改；完成第二次全国污染源普查工作。

【服务企业】 2019年，阿拉尔经济

技术开发区各部门挂钩服务企业71家，走访挂钩服务企业638次，收到反馈问题369条，同时召开企业联席会7次，企业恳谈会2次，协调解决问题324条。按照“非禁即入”原则，川棉纺织于2019年4月实现投产。安排专人“全程代办”，企业营业执照由原来3~5天，缩减至1天内办结。实现“一窗受理、限时办结”，简化流程、明确责任，提高政策兑现效率，对《阿拉尔经济技术开发区优惠政策兑现管理办法（试行）》进行修订工作，优惠政策兑现工作按月兑现，全年为区内26家企业兑现优惠政策资金2.3亿元。

【基础建设】 2019年，阿拉尔经济技术开发区工建设项目26个，完成投资87 795万元，其中续建项目5个，完成投资额7 242万元；新建项目21个，完成投资额80 553万元。开工建设道路改扩建建设项目2个共计10.5千米，污水处理厂1座，供排水项目各1个共计21.48千米，全部完工并具备使用条件。年底开工建设道路及亮化项目7个，完成道路11.7千米及道路亮化32.5千米；给排水、蒸汽管网及电力项目5个，完成30.42千米管网及污水处理提升泵站1座，35千伏变电站1座，改迁110千伏线路1千米；新增就业人员住房项目3个，完成804套新增就业人员住房主体工程及204套新增就业人员住房基础；大型综合停车场1个，全部完工；邻里中心项目1个，完成27 084平方米主体工程、23.2万平方米标准厂房项目主体工程、社区服务中心基础。

·阿拉尔国家农业科技园区（第一师阿拉尔垦区国家现代农业示范区）·

【概况】 2002年1月16日，兵团科委批准设立阿拉尔农业科技园区（以下简称农业园区），园区规划47.51万顷，分为核心区、示范区和辐射区。其中核心区规划面积1 333.33公顷，包括十团、十二团、阿拉尔农业科学研究所、塔河种业等；示范区规划面积近1.35万公顷，包括一团、二团、三团、五团、六团、十团、十二团等；辐射区范围包括第一师及邻近一师的周边阿克苏地区（市）的县乡，面积46万公顷。2010年12月9日，科技部批准设立阿拉尔国家农业科技园区，成为南疆首个国家级农业科技园区。2013年3月，师市党委、人民政府组建成立阿拉尔国家农业科技园区管理委员会。2015年3月，师市为园区行政划拨2.6平方千米土地，用于核心区建设，同年7月，师市党委批准园区成立党工委、纪工委。园区管委会是师市党委、人民政府直属派出机构，正团级规格，实行“两个牌子，一套班子”，核定编制26人。2019年年末，园区管委会内设机构3个，在岗19人，其中领导职数2人，部门领导5人，工作人员12名。

【园区建设】 2019年，农业园区继续完善基础配套，提高产业承载能力。重点落实科创中心建设项目，争取援疆资金1 400万元，建成农业科创中心，并筹措资金完善科创中心室内装饰装修及室内办公、试验、培训场所。有1家企业入驻，北京大北农集团、中国检测认证集团等11家企业达成入住意愿。落实资金1 869万元，完成园区3.82千米道路工程建设项目以及2 000平方米绿化建设。投入资金627万元建设园区水利设施提升工程。投入资金55万元，新建60平方米旅游厕所1座，改建60平方米旅游厕所1座。全年园区完成固定资产投资3 951万元。

【招商引资】 2019年，农业园区制定招商引资方案及外出招商引资计划，选派1名正科级干部常年外出招商，赴内地招商15次，走访企业50多家，发放招商手册1 000多份。23家企业到园区考察洽谈，初步达成合作意向企业6家，签订合作协议3家。招商引资到位资金10 030万元。

【科研项目】 2019年，农业园区对牵头实施的科技项目进行清理规范，组织召开兵团重大项目推进会1次，有效促进园区科研项目的推进。申报兵团“十件实事”项目资金100万元，通过招投标程序实施托喀依乡一队蔬菜冷棚及配套设施，助力少数民族连队发展，协助阿拉尔市龙珠花海湾生态观光有限公司申报科研经费20万元，开展草莓立体种植技术试验。

【创建工作】 2018年，农业园区牵头开展2018~2019年产业园创建工作。协调成立了产业园创建办，争取创建经费70万元。争取产业园中央奖补资金1亿元，到位5 700万元，已使用4 908万元,使用率达到86.11%。制定印发产业园2019年创建实施方案,对39个成员单位明确创建任务、责任、期限,按月制定创建时间进度表、路线图,挂图作战,扎实推进创建工作。起草产业园重大工作汇报12份,向兵团党委汇报工作1次,向兵团农业农村局、财政局汇报工作1次,向国家报阶段性工作总结10次。2019年11月,阿拉尔市国家现代农业产业园顺利通过国家、兵团验收组的验收认定,是疆内唯一一家国家现代农业产业园。

【国资国企改革】 2019年,农业园区针对下属平台公司——阿拉尔市域美农业科技经营开发有限责任公司(以下简称"域美公司")问题进行国资国企改革。将园区财务与公司财务彻底分开,人、财、物与园区分设,资金往来明晰,投资主体清晰,管理责任明确。域美公司聘用人员按事设岗,变更扩大经营范围,自主管理,自负盈亏,彻底走向市场,变"输血"为"造血"。首次扭亏盈利近200万元,在公司注销前一次性还清2016年以来所欠款140万元。按照师市国资国企改革安排部署,域美公司于2019年7月30日完成注销。

上市公司

·新疆青松集材化工(集团)股份有限公司·

【概况】 新疆青松集材化工(集团)股份有限公司(以下简称青松集团)是2000年年底,由一师独资的青松建材化工总厂改造为股份有限公司(员工身份并未置换)。2003年7月,在上海证券交易所首发上市,股票简称:青松建化,股票代码:600425,总股本13.79亿股。其中,阿拉尔统众公司、阿拉尔水利水电工程公司、一师电力公司为一师控股企业,持股29.58%,拥有15条新型干法水泥生产线,拥有23家控股(全资)子分公司,9家参股公司,8个机关部室。下设5个基层党委,3个党总支、29个支部,党员总数403人。2019年11月28日,新疆青松建材化工(集团)股份有限公司,按时将8.7亿元转入上市公司募集资金专户,成功化解2019年松债偿付危机。

【生产经营】 2019年,青松集团实现营业收入31.39亿元,比上年增加7.26亿元;归属于集团母公司利润2.21亿元,比上年减利1.44亿元;经营性利润4.28亿元,比上年增利2.72亿元。截至12月31日,青松集团合并总资产79.88亿元,其中流动资产17.54亿元,占21.95%,长期投资5.40亿元,占6.76%,固定资产49.24亿元,占61.64%;负债总额34.08亿元,其中,短期借款5.89亿元,占17.28%,长期借款(含融资租赁)19.39亿元,占56.89%,无公司债券;净资产45.8亿元。

·新疆塔里木农业综合开发股份有限公司·

【概况】 新疆塔里木农业综合开发股份有限公司(以下简称新农开发)成立于1999年4月23日,是经新疆生产建设兵团批准,由新疆阿克苏农垦农工商联合总公司独家发起,经中国证监会以《关于核准新疆塔里木农业综合开发股份有限公司(筹)公开发行股票的通知》核准采用社会募集方式设立的股份有限公司,1999年4月,在上海证券交易所上市。公司股票简称"新农开发",股票代码:600359。2019年,新农开发拥有乳业、种业、甘草三大产业,下属四家子公司(塔河种业、新农乳业、新农甘草、新农化纤),注册资本3.82亿元,总资产17.55亿元,净资产4.3亿元。

【生产经营】 2019年,新农开发总资产17.55亿元,比上年减少18.21%,净资产4.29亿元,比上年减少7.85%,实现营业收入5.51亿元,实现净利润831.05万元。销售费用5 429.18万元,比上年减少11.28%,管理费用6 670.26万元,比上年减少10.38%,财务费用3 471.11万元,比上年减少29.97%。其中塔河种业实现营收2.77亿元,净利润2 519.63万元。新农乳业实现营收2.32亿元,净利润-4 399.35万元。新农甘草实现营收4 105.26万元,净利润175.92万元。塔河种业销售棉种5 306吨,比上年减少7%;新农乳业营销公司销售液态奶22 529万吨,比上年减少39.2%;新农甘草销售甘草制品766吨,比上年增长3.45%。

(第一师阿拉尔市史志办)

地、县(市)级机构领导干部名录(2019年)

【地、厅级领导名录】

中共阿克苏地区委员会

书　记:窦万贵

副书记:尼牙孜·阿西木(维吾尔族,2017.11~)
　　　邓选斌(2018.5~)
　　　刘洪俊
　　　吴　宕
　　　王通林(浙江援疆,~2019.11)
　　　王学东(中组部援疆,2017.8~)

委　员:王升琪
　　　马国强
　　　王凯旋
　　　杜　明
　　　郭齐军(中石化援疆,2017.8~)
　　　买买提·沙吾提(维吾尔族,2018.1~)
　　　何晓东(2019.2~)
　　　梁峰源(2018.1~)
　　　艾则孜·买提尼牙孜(维吾尔族,2018.1~)
　　　秦加友(2018.2~)
　　　贾京磊(2018.8~)
　　　常玉轩(2018.8~)
　　　孔智勇(2018.8~)

地委组织部

部　长:杜　明(副厅级)

地委宣传部

部　长:邓选斌(正厅级)

地委统一战线工作部

部　长:艾则孜·买提尼牙孜(维吾尔族,副厅级)

地委政法委员会(地区社会治安综合治理办公室)

书　记:吴　宕(副厅级)

副书记:艾则孜·买提尼牙孜(维吾尔族,副厅级)
　　　赵忠伟(副厅级)
　　　张晓青(副厅级)

地区法学会

党组书记、会长:吴　宕(副厅级)

党组副书记、副会长:艾则孜·麦提尼亚孜(维吾尔族,副厅级)
　　　赵忠伟(副厅级)

地委党校(地区行政学院)

校　长:杜　明(副厅级)

地委网络安全和信息化领导小组办公室(中共阿克苏地区网络安全和信息化工作委员会办公室、阿克苏地区互联网信息办公室)

书　记:吴　宕(副厅级)

主任、副书记:赵忠伟(副厅级)

地区教育局(地委教育工委)

地委教育工委书记:王学东(副厅级)

教育工委副书记:买买提·沙吾提(维吾尔族,副厅级)

自治区人大常委会阿克苏地区工作委员会

党组书记、副主任:刘宝升

党组副书记、主任:帕塔尔·吐尔逊(维吾尔族,2018.5~)

党组成员、副主任:孙云成(~2019.1)

迪力夏提·克然木(维吾尔族,2015.3~)

周春阳(~2019.12)

卡米力·赛麦提(维吾尔族,2017.12~)

汤剑锋(2018.7~)

罗　俊(2018.12~)

柯　旭(2019.12~)

阿克苏地区行政公署

专员、党组书记:尼牙孜·阿西木(维吾尔族,2017.11~)

常务副专员、党组副书记:梁峰源(2018.1~)

副专员、党组成员:贾京磊(2018.8~)

常玉轩(2018.8~)

孔智勇(2018.8~)

郭齐军(中石化援疆,2017.8~)

康　菊(女)

木合甫力·艾山(维吾尔族,2018.1~)

赵忠伟(2018.12~)

陈建忠(浙江援疆,~2019.12)

艾买尔江·阿吾提(维吾尔族,2017.8~)

自治区政协阿克苏地区工作委员会

党组副书记、主任:艾尼瓦尔·莫明(维吾尔族,2018.1~)

党组成员、副主任:阿不力克木·托合塔吉(维吾尔族)

高　焰(2017.12~)

艾尼瓦尔·阿依买提(~2019.12)

朱培桓(2018.07~)

艾合买提·吐尔地(维吾尔族,2019.1~)

中共阿克苏地区纪律检查委员会、地区监察委员会

书　记:王志华(副厅级,~2019.2)

何晓东(副厅级,2019.2~)

地区中级人民法院

党组书记、副院长:魏东亮(副厅级)

党组副书记、院长:伊力亚斯·阿吾提(维吾尔族,副厅级)

阿克苏检察分院

党组书记、副检察长:王建军(副厅级)

党组副书记、检察长:阿地里江·阿不都哈迪尔(维吾尔族,副厅级)

地区公安局

党委书记、局长、公安机关督察长:赵忠伟(副厅级)

自治区总工会阿克苏地区办事处

党组书记:迪力夏提·克然木(维吾尔族,副厅级)

地区工商业联合会(地区商会)

主　席(会长):高　焰(副厅级)

【秘书长、副秘书长】

秘书长:汤剑锋(副厅级)

副秘书长:张宏伟

罗　俊(~2019.1)

吐鲁洪·马木提(维吾尔族,~2019.7)

张　伟

张　强(正县级)

张晓明(正县级)

徐云峰

周传金(2019.1~)

颜　画(2019.1~)

应金岳(浙江援建,正县级)

【中共阿克苏地区纪律检查委员会、地区监察委员会】

书　记:王志华(副厅级,~2019.2)
　　何晓东(副厅级,2019.2~)
纪委委员、副书记、监察委员会副主任:
　　宋海山(~2019.4)
　　田瑞莲(女,2019.4~)
　　凯赛尔·吐尔孙(维吾尔族)
　　张小军
　　陈光耀(浙江援疆,2019.8~)
　　李　峰(2019.12~)
纪委委员:宁承军(2019.10~)
　　陈　强
　　俱　强
　　艾力·艾合买提(维吾尔族)
　　粟　新(~2019.10)
　　赵儒林(~2019.10)
　　王鑫赟(2019.10~)
　　宁承军(2019.10~)
监委委员:陈光耀(浙江援疆,2019.8~)
　　张　瑜(女)
　　陈　强
　　俱　强
　　地力夏提·司马义(维吾尔族,2019.11~)
　　艾力·艾合买提(维吾尔族,2019.2~)

【各处室负责人】

办公室主任:方　胜(~2019.8)
　　许绍辉(2019.10~)
组织部部长:程晓东
宣传部部长:苗向军
法规研究室主任:高军成(~2019.10)
　　白俊峰(2019.10~)
党风政风监督室主任:石鲜宁(女)
信访室主任:黄海清(~2019.7)
　　陈方亮(2019.7~)
案件监督管理室主任:黄海清(2019.7~)
第一监督检查室主任:马振虎(~2019.7)
　　李　勇(2019.7~)
第二监督检查室主任:蒋友强(~2019.7)
　　张大勇(2019.7~)
第三执纪监督室主任:乃比江·阿不拉(维吾尔族
　　2019.7~)
第四审查调查室主任:张伟奇(2019.7~)
第五审查调查室主任:王　成(2019.7~)
第六审查调查室主任:空缺
案件审理室主任:李文江(2019.10~)
地区纪委监委调研员:赵儒林(2019.10~,一级调研员)
　　谢德生(2019.6~)
　　郑　莹(女,2019.6~)
　　高　彬(2019.6~)
　　卢　华(副县级纪检监察员,~2019.7)
　　韩　谊(副县级纪检监察员,~2019.7)
　　王　燕(副县级干部,~2019.11)

地委巡察组

肖　梦(正县级巡察专员,女,~2019.7)
贺　彪(副县级巡察专员,~2019.7)
陈　文(副县级巡察专员,~2019.2)
张晓力(副县级巡察专员,~2019.4)

地委巡察专员

于洪亚(正县级巡察专员,2019.7~)
袁　伟(正县级巡察专员 2019.8~)
艾合买提·克然木(正县级巡察专员,维吾尔族,
　　2019.1~)
张晓力(副县级巡察专员,2019.1~)
卜晓辉(女)(正县级巡察专员,2019.1~)

地委巡察工作领导小组办公室

主　任:赵儒林(~2019.1)
　　王鑫赟(2019.1~)
副主任:李玉波
　　阿依先木·斯迪克(女,维吾尔族)
　　吴湘云(2019.12~)

地区纪委派驻(派出)纪检监察组

派驻地区直属机关纪检监察工委书记:
　　郑建江(2019.7~)

派驻地委办公室纪检监察组组长：

阿依古丽·艾麦提（女，维吾尔族，~2019.1）

吴培华（2019.7~）

派驻地区行署办公室纪检监察组组长：

耿晋焱（女，~2019.6）

母忠贵（2019.7~）

派驻地区人大工委机关纪检监察组组长：

李明晖（2019.7~）

派驻地区政协工委机关纪检监察组组长：

凯撒·尕依提（维吾尔族，2019.7~）

派驻地委组织部纪检监察组组长：王功刚（2019.7~）

派驻地委宣传部纪检监察组组长：

孙凤霞（女，~2019.2）

魏宏前（2019.7~）

派驻地委政法委纪检监察组组长：

尤里达西·吾休（维吾尔族，~2019.7）

徐　东（2019.10~）

派驻地区中级人民法院纪检监察组组长：

李益民（~2019.1）

派驻阿克苏检察分院纪检监察组组长：

吴培华（~2019.7）

派驻地区公安局纪检监察组组长：母忠贵（~2019.7）

派驻地区发改委纪检监察组组长：魏宏前（~2019.7）

彭新安（2019.7~）

派驻地区财政局纪检监察组组长：欧　勇

派驻地区农业局纪检监察组组长：郑建江（~2019.7）

派驻地区林业局纪检监察组组长：彭新安（~2019.7）

派驻地区农业农村局纪检监察组组长：

龙祖荣（2019.7~）

派驻地区教育局纪检监察组组长：吴应文（2019.1~）

樊晓棠（2019.7~）

派驻地区文广局纪检监察组组长：李明晖（~2019.7）

派驻地区卫计委纪检监察组组长：龚建喜（~2019.1）

赵存亮（2019.7~）

【地委各工作部门负责人】

地委办公室

主　任：张宏伟

副主任：陈文峰

赵　鹏（~2019.12）

黄晓勇（2019.12~）

党天喜

库尔班·卡衣木（维吾尔族，~2019.1）

库尔班江·尼扎米丁（维吾尔族，2019.1~）

地委机关党委专职副书记：姚宁宁（2019.1~）

一级调研员：吐鲁洪·马木提（维吾尔族，2019.7~）

三级调研员：张建军（2019.11~）

四级调研员：樊晓辉（2019.2~）

地委保密委员会办公室（地区国家保密局）（~2019.1 合并）

地委机要保密局（正县级）

局　长：张　健

副局长：雷朝军（2019.1~）

徐　蔚

刘　震（~2019.4）

李艳彬（2019.12~）

地委专用通信局（副县级）

局　长：刘　绅（~2019.4）

刘　震（2019.4~）

地区档案馆

馆　长：孙学武（2019.11~）

副馆长：张雪琴（2019.1~）

陈咏梅（2019.1~）

阿不来提·热木吐拉（维吾尔族，2019.2~）

地委网络安全和信息化领导小组办公室（中共阿克苏地区网络安全和信息化工作委员会办公室、阿克苏地区互联网信息办公室）

书　记：吴　宕（副厅级）

主任、副书记：赵忠伟（副厅级）

肖春峰

党工委委员、专职副主任：余　君（女）

党工委委员、副主任：库尔班·麦合木提（维吾尔族）

王　星

地委组织部

部　长：杜　明（副厅级）

副部长:杨晓林(2019.1~)
肖　林(~2019.12)
瞿红艳(女)
朱英山(2019.2~)
张奇妙(浙江援疆,正县级)
吾斯曼·塔力甫(维吾尔族)
四级调研员:艾则孜·吐尼亚孜(维吾尔族,2019.6~)
地委巡察专员:阿孜古丽·艾拜(维吾尔族,2019.12~)
卜晓辉(2019.1~)

地区党员教育中心(地区党员干部远程教育工作办公室)(副县级)

主　任:周志宇

地委老干部局

局　长:瞿红艳(女)
副局长:安尼瓦尔·哈迪尔(维吾尔族)
申年昌(2019.1~)
二级调研员:陈　文(2019.12~)
四级调研员:肖　岩(女,2019.6~)

老干、老年活动中心(副县级)

主　任:陈　浩(2019.1~)

地委宣传部

部　长:邓选斌(正厅级)
副部长:张润德(~2019.1)
王新春(2019.1~)
孟雁东(回族)
张文远(~2019.2)
肖春峰
王云凤(女)
阿力木·艾则孜(维吾尔族,~2019.12)
黄晓平(女)
孙保胜(浙江援疆,正县级)

地区融媒体中心(新闻中心)(副县级)

主　任:杜　刚(2019.4~)

地委干部理论教育讲师团(副县级)

团　长:刘　海

社会科学界联合会

主　席:邓选斌
党组书记、副主席:裘品华(~2019.1)
李元元(女,2019.1~)
党组成员、副主席:刘　绅(2019.4~)

地区广播电视台

党委书记:田文兰(女,2019.12~)
台　长:阿力木·艾则孜(维吾尔族,2019.12~)
党委委员:易重庆(2019.12~)
宋冬梅(女,2019.12~)

地委统一战线工作部

部　长:艾则孜·买提尼牙孜(维吾尔族,副厅级)
副部长:吴多生(正县级)
陆　斌(2019.7~)
阿布拉·吾守尔(维吾尔族,正县级,~2019.2)
齐宗伟
郑建廷(2019.1~)
李如武(~2019.1)
王　伟
迪力木热提·麦麦提(维吾尔族,2019.9~)
二级调研员:杜　军(2019.6~)

社会主义学院

党组书记、副院长:陆　斌(~2019.7)
党组副书记、院长:阿不拉江·阿塔吾拉(维吾尔族)(~2019.1)
安尼瓦尔·再东(维吾尔族,2019.4~)
党组成员、副院长:艾合买提·塔西(维吾尔族,~2019.1)
郭在峰
吾布力哈斯木·买买提(维吾尔族,2019.4~)
二级调研员:阿不拉江·阿塔吾拉(维吾尔族,2019.4~)
三级调研员:郭在峰(2019.12~)
四级调研员:赵国安(2019.6~)
阿不都克依木·合里力(维吾尔族,2019.6~)

地区归国华侨联合会

主　席:阿曼吐尔·艾山(柯尔克孜族)

副主席:邵雪莲(女)

地委政策研究室(地委全面深化改革领导小组办公室)

主　任:颜　画(2019.1~)

副主任:李　涛(正县级,~2019.1)

熊道喜(2019.8~)

董建利(~2019.1)

李拥国(~2019.8)

尔肯·伊斯热依力(维吾尔族,2019.1~)

改革办专职副主任:王　杰(正县级)

三级调研员:熊道喜(2019.8~)

新疆社会科学研究院阿克苏经济社会发展研究所

所　长:李　涛(2019.1~)

副所长:赵　俊

地委政法委员会(地区社会治安综合治理办公室)

书　记:吴　宕(副厅级)

副书记:艾则孜·买提尼牙孜(维吾尔族,副厅级)

赵忠伟(副厅级)

张晓青(副厅级)

张晓明

谭永强(正县级)

玉山江·肉孜(维吾尔族,正县级,~2019.12)

努尔买买提·阿布拉(维吾尔族,正县级,2019.12~)

马玉岩(回族,~2019.1)

王　炜(2019.12)

地区网格化服务管理中心(一体化深度应用推进办公室)

党支部书记:吾拉木·买海买提(维吾尔族)

主　任:张培洪

地区维稳指挥中心

主　任:黄振军(2019.12~)

副主任:艾尼瓦尔·艾尔肯(维吾尔族,2019.12~)

地区法学会

党组书记、会长:吴　宕(副厅级)

党组副书记、副会长:艾则孜·麦提尼亚孜(维吾尔族,副厅级)

赵忠伟(副厅级)

党组成员、副会长:张晓明

努尔买买提·阿布拉(维吾尔族,正县级,2019.12~)

党组成员、秘书长:张培洪

地区直属机关工作委员会

书　记:穆玉北(回族)

副书记:张彦忠

孙太保

艾热提·提力瓦力迪(维吾尔族,2019.1~)

地委机构编制委员会办公室

主　任:朱英山(~2019.9)

汪克礼(2019.9~)

副主任:杨慧(女,~2019.7)

付　蓉(女,2019.1~)

王　杰(2019.7~)

艾来提·哈斯木(维吾尔族,~2019.12)

地委党史研究室(地区地方志办公室)

主　任:于洪亚(~2019.7)

栗　新(2019.7~)

副主任:鲁福贵

艾尔肯·玉苏甫(维吾尔族,2019.1~)

苏　伟(2019.7~)

二级调研员:鲁福贵(2019.6~)

四级调研员:李冬梅(2019.6~)

地委党校(地区行政学院)

校　长:杜　明(副厅级)

院　长:贺东辉(2019.1~)

副校长、副主任委员:苏　敏(2019.4~)

校委会副主任委员、副校长:

王立宪(土家族)

安尼瓦尔·再东(维吾尔族,~2019.4)

马合木提·马木提(维吾尔族,2019.4~)
二级调研员:苏　敏(2019.6~)
四级调研员:代建平(2019.6~)

阿克苏日报社(党委)
党委书记、总编辑:张文远(~2019.2)
韩俊萍(2019.4~)
党委副书记、社长、副总编辑:
韩俊萍(女,~2019.4)
王小平(2019.7~)
党委委员、副社长:艾尔肯·依力亚斯(维吾尔族,2019.2~)
党委委员、副总编辑:加帕尔·阿不力米提(维吾尔族,~2019.6)
俞尚义
阿力木江·热合曼(维吾尔族,2019.7~)
党委委员、纪检书记:万东柱(~2019.7)

【自治区人大常委会阿克苏地区工作委员会】
党组书记、主任、副主任、秘书长、副秘书长
党组成员、秘书长:陆望宏(~2019.1)
夏宏伟(2019.4~)
副秘书长:刘　超(正县级)
富　相

办公室、代表人事工作处、法制处
办公室主任:富　相
办公室副主任:艾合麦提江·买买提(维吾尔族,~2019.11)
艾来提·哈斯木(维吾尔族,2019.12~)
李伟刚(2019.1~)
法制处处长:王　霖
代表人事工作处处长:王文江
代表人事工作处副处长:买买提·嘎依提(维吾尔族)
调研员:谢凡荣(~2019.2)
四级调研员:赵　辉

【阿克苏地区行政公署】
专员、副专员、秘书长、副秘书长
秘书长、党组成员、党组书记:
艾合买提·吐尔地(维吾尔族)
副秘书长、党组副书记、主任:徐　谨
副秘书长、党组成员:
艾尼瓦尔·买提尼牙孜(维吾尔族,正县级)
李劲松(正县级,2019.4~)
宁承江
张　波
侯玉芳(女,2019.8~)
努尔艾力·买买提(维吾尔族,2019.4~)
吕　军(2019.10~)
赵自新(2019.4~)
阿不都沙拉木·尼亚孜(维吾尔族,~2019.4)
刘卫江(正县级,~2019.8)

【行署工作部门负责人】
地区行署办公室
主　任:徐　谨
副主任:塔依尔·库尔班(维吾尔族,~2019.4)
陈　杰
尹红安(2019.1~)
赛米江·买买提(维吾尔族,2019.7~)
二级调研员:阿不都沙拉木·尼亚孜(维吾尔族,2019.6~)
二级调研员:罗清华(女,2019.6~)
四级调研员:钮建新(2019.6~)

地区驻北京联络处
主　任:李星广(2019.1~)
副主任:李星广(~2019.1)
王雅峰

地区驻乌鲁木齐办事处(副县级)
主　任:张　兵
副主任:阿依先木古丽·热木提拉(女,维吾尔族,~2019.10)
巴斯提·巴拉提(维吾尔族,2019.10~)
杨海峰(2019.1~)

地区大数据发展服务中心
书　记:赵　鹏(2019.12~)

主　任：亚力坤·麦斯木（维吾尔族，2019.12~）
党组成员、副主任：杨培峰（2019.11~）
王志涛（2019.12~）

【自治区政协阿克苏地区工作委员会】

党组书记、主任、副主任、秘书长、副秘书长

党组成员、秘书长：努尔兰·依明（维吾尔族）
副秘书长：王卫兵（正县级，~2019.4）
张　敏（女）
申海峰

办公室、委员工作处

办公室主任：申海峰
办公室副主任：任啸虎
古力加马力·艾合塔木（女，维吾尔族）
委员工作处处长：李　瑜
委员工作处副处长：蔡　赣（~2019.1）
吐尔逊·吐拉吾东（维吾尔族，2019.7~）
办公室二级调研员：任啸虎（2019.6~）
办公室四级调研员：胡亚军（2019.6~）

【地区中级人民法院】

党组书记、副院长：魏东亮（副厅级）
党组副书记、院长：伊力亚斯·阿吾提（维吾尔族，副厅级）
党组副书记：李益民（正县级，~2019.1）
党组成员、副院长：蒋崇云（正县级，~2019.4）
艾山江·玉素甫（维吾尔族，正县级）
依力哈木·亚森（维吾尔族，正县级）
张庆民
李保胜（正县级，2019.4~）
肖国耀（浙江援疆）
党组成员、政治部主任：
党组成员、执行局局长：秦如胜（~2019.1）
包金星（2019.4~）
审判委员会专职委员：董金梅（女，副县级）
阿力木·力提甫（维吾尔族，2019.1~）
艾力·沙依提（维吾尔族，2019.2~）
四级调研员：侯彦雄（2019.6~）
四级调研员：石　岚（2019.7~）
四级高级法官：马　莉（女，2019.6~）
何　玲（女，2019.6~）
阿曼吐尔·提尼西（柯尔克孜族，2019.6~）
艾尔肯·拍祖拉（维吾尔族，2019.6~）
克力努尔·哈皮孜（女，维吾尔族，2019.6~）
副县级审判员：艾尼瓦尔·阿不拉（维吾尔族，~2019.1）
王向东（~2019.1）
阿曼吐尔·提尼西（柯尔克孜族，~2019.6）
艾尔肯·拍祖拉（维吾尔族，~2019.6）
何　玲（女，~2019.6）

【阿克苏检察分院】

党组书记、副检察长：王建军（副厅级）
党组副书记、检察长：阿地里江·阿不都哈迪尔（维吾尔族，副厅级）
党组成员、副检察长：张建强（正县级，~2019.1）
安尼瓦尔·坎吉（维吾尔族）
李欣茹（正县级，女）
哈力木拉提·买合木提（正县级，维吾尔族）
梁俊辉（2019.2~）
李雪梅（正县级，女，~2019.11）
艾则孜·阿依丁（挂职，维吾尔族，~2019.9）
党组成员、纪检组组长：空缺
党组成员、政治部主任：刘文勇
党组成员、检察长助理：周永平（挂职，~2019.2）
赵　钰（挂职，~2019.2）
检察委员会专职委员：张建强（正县级，2019.1~）
钟利民（正县级，2019.2~）
二级调研员：邢进军（2019.6~）
姜锡龙（2019.6~）
三级调研员：田彩霞（2019.7~）

四级高级法官：吐尔逊·司马义（维吾尔族，2019.6~）
张林贵（2019.6~）
司热吉丁·哈斯木（维吾尔族，2019.6~）
王　勇（2019.6~）
吐鲁洪·牙合牙（维吾尔族，2019.6~）
正县级检察员：空缺
副县级检察员：吐尔迪·艾山（维吾尔族，~2019.2）
张林贵（~2019.6）
司热吉丁·哈斯木（维吾尔族，~2019.6）
王　勇（~2019.6）
吐鲁洪·牙合牙（维吾尔族，~2019.6）
调研员：晋景春（~2019.1）

地区公安局

党委书记、局长、公安机关督察长：赵忠伟（副厅级）
党委副书记、副局长：张建国（正县级）
党委委员、副局长：李　军（正县级）
程绪明（正县级，~2019.7）
赵立新（正县级）
杨旭东（正县级，蒙古族）
艾尼瓦尔·斯兰别克（正县级，哈萨克族）
艾孜麦提·依明（维吾尔族）
王晓明
吐尔洪·吐尔逊（维吾尔族）
刘茂林（2019.8~）
王斌玲（浙江援疆）
韦安鲲（援疆）
党委委员、政治部主任：徐久林（2019.9~）
党委委员、地区纪委监委驻地区公安局纪检监察组组长：母忠贵（~2019.7）
党委委员、公安厅特侦队阿克苏支队政委：袁　磊
警令部主任：王　枭
警令部政委：刘茂林（~2019.8）
徐文革（2019.8~）
刑事侦查支队支队长：李　斌（2019.2~）
刑事侦查支队支政委：艾尼瓦尔·拜合提（维吾尔族）
综合技术侦察支队支队长：刘春生
综合技术侦察支队支政委：文　耀
国保支队支队长：托乎提·尼亚孜（维吾尔族）
国保支队政委：王树森
治安经文保支队支队长：齐　疆
治安经文保支队政委：杨　军（~2019.2）
王宏强（2019.2~）
警卫处处长：杨　健
交警支队支队长：曹寒汀
交警支队政委：阿不力肯木·阿帕尔（维吾尔族）
特警支队支队长：王睿刚
特警支队政委：霍振东
一级高级警长：王　军（2019.5~）
警务技术一级主任：杨　军（2019.5~）
二级高级警长：何　科（2019.5~）
二级调研员：马文光（回族，2019.6~）
三级高级警长：艾尔肯·艾西丁（维吾尔族，2019.4~）
四级高级警长：艾拜·托乎提（维吾尔族，2019.4~）
米吉提·吐尔地（维吾尔族，2019.4~）
姚新军（2019.6~）
穆合塔尔·吾买尔（维吾尔族，2019.6~）
刘晓颖（女，2019.6~）
王凯军（2019.6~）
李志远（2019.6~）
贾　轶（2019.6~）
阿巴斯·麦麦提（维吾尔族，2019.6~）
张雪森（2019.6~）

新疆网络监控处置中心阿克苏地区分中心（新疆互联网中心阿克苏地区分中心）

主　任：王来杰（2019.8~）
政　委：段晓忠（2019.5~）

龟兹石窟分局

龟兹石窟分局局长：顾省玉
龟兹石窟分局政委：空缺

森林分局

局　长：张晋瑾（2019.8~）
政　委：努尔麦麦提·木塔力甫（维吾尔族，2019.8~）

地区司法局

党组书记、副局长：张耘收（~2019.12）

李　国(2019.12~)
党组副书记、局长:阿布来提·亚库甫(维吾尔族,~2019.12)
玉山江·肉孜(维吾尔族,2019.12~)
党组成员、副局长、政治部主任:赵文明(2019.1~)
党组成员、副局长:卡哈尔·热合曼(维吾尔族)
李建勤
党组成员:多力坤·肉孜(维吾尔族,~2019.6)
刘　洪(~2019.2)
四级调研员:张志军(2019.6~)
王海利(2019.6~)
副调研员:张　卫(女,~2019.4)

地区信访局

党组书记、局长:张　波(2019.1~)
党组副书记、局长:麦合木提·艾海提(维吾尔族)
副部长、副局长:谢强仁(~2019.1)
党组成员、副局长:杨国营
艾尼瓦尔·买提尼亚孜(维吾尔族,~2019.7)
赵端泰(2019.12~)
副调研员:赵端泰(~2019.12)

地区民族宗教事务委员会

党组书记、副局长:谭清华(~2019.9)
陆　斌(2019.10~)
党组副书记、局长:努尔·阿力木(维吾尔族,~2019.2)
阿力木江·依干拜地(维吾尔族,2019.12~)
党组成员、副局长:郑建廷(正县级,~2019.1)
申　冰(2019.1~)
阿曼吐尔·马木提(柯尔克孜族,~2019.4)
艾尼瓦尔·买买提(维吾尔族,2019.4~)
调研员:依米提·阿木提(维吾尔族,~2019.2)
二级调研员:阿不拉江·亚生(维吾尔族 2019.11~)
四级调研员:古则力·乌斯曼(女,维吾尔族,2019.6~)

地区伊斯兰教经文学校(新疆伊斯兰教经学院阿克苏分院)

党组书记、副校长(副院长):
郑建廷(正县级,2019.1~)
党组副书记、副校长(副院长):
阿不都外力·沙木沙克(维吾尔族)
党组副书记、纪检组长:马利军
党组成员、副校长(副院长):
阿布都沙拉木·吐尼亚孜(维吾尔族)
陈　新

地区伊斯兰教协会(副县级)

党组书记:张　屹
专职副会长:吐尔洪·亚库普(维吾尔族,2019.11)

地区人力资源和社会保障局

党组书记、副局长:肖　林
党组副书记、局长:帕尔哈提·麦合木提(维吾尔族,2019.1~)
党组成员、副局长:阿依木尼沙·吾斯曼(女,维吾尔族)
高飞跃(浙江援疆)
党组成员:王功刚(~2019.1)
郭桦蓉(2019.11~)
二级调研员:阿依木尼沙·吾斯曼(女,维吾尔族)
吕学明(2019.6~)
四级调研员:祖　雷(2019.6~)
副调研员:周华兵(~2019.1)
李喜民(~2019.1)

社会保险管理局(副县级)

党支部书记:吾拉木江·阿迪力(维吾尔族)
局　长:郭桦蓉

地区医疗保障局

党组书记、副局长:艾海提·司马义(维吾尔族,2019.1~)
党组副书记、局长:车　勇(2019.1~)
党组成员、副局长:陈超勇(2019.1~)
周　霞(2019.1~)
四级调研员:李滟预(2019.2~)

地区民政局

党组书记、副局长:李庭生

党组副书记、局长:阿不都沙拉木·麦木提明(维吾尔族,~2019.11)
艾尔肯·斯拉木(维吾尔族,2019.11~)

党组成员、副局长:王　军(2019.11~)
迪力木拉提·阿吾提(维吾尔族,~2019.7)

党组成员:马建新(回族,~2019.1)

副局长:张晓岚(女)

副调研员:李　刚(~2019.1)

地区退役军人事务局

党组书记、局长:高长宽

党组成员、副局长:于年强
托合尼亚孜·日西提(维吾尔族)
杨钟鹏(2019.7~)

地区机关事务管理服务中心

党组书记、副局长:王文林(2019.11~)

党组副书记、局长:塔依尔·阿西木(维吾尔族,~2019.11)
艾合买提江·买买提(维吾尔族,2019.11~)

党组成员、副局长:王　东(2019.11~)
彭　战(2019.11~)
张建军(~2019.11)
匡命林(2019.12~)
艾斯哈尔·艾米肉拉(维吾尔族,~2019.1)

地区外事侨务办公室

党组书记、副主任:谭清华(2019.9~)

主　任:宏千姆·居曼(女,维吾尔族)

党组成员、副主任:展国泰(2019.12~)
刘　青(女,2019.1~)

四级调研员:章君成(2019.6~)

地区发展和改革委员会(地区能源局)

党组书记、副主任:艾利亚·塞提尼亚孜(维吾尔族)

党组副书记、主任:李旺军

党组副书记:魏宏前(~2019.7)

党组成员、副主任:艾合买提·克然木(维吾尔族,~2019.1)
李彦成
李秋风(女)
郑黎明(浙江援疆)

调研员:艾合买提·克然木(维吾尔族,~2019.1)

一级调研员:杨亚强(2019.12~)
吴石玄伟(浙江援疆)

二级调研员:杨亚强(2019.8~2019.12)

地区粮食和物资储备局

党组书记、副局长:海　涛(2019.1~)

党组副书记、局长:艾斯卡尔·艾哈旦木(维吾尔族,2019.1~)

党组成员、副局长:阿布来提·阿肉甫(维吾尔族,2019.1~)
郑江宏(2019.1~)
张金萍(2019.1~)

地区工业和信息化局

党组书记、副主任:买买提·乃买提(维吾尔族,~2019.1)
白和斌(2019.8~)

党组副书记、主任:兰　疆(~2019.8)
米吉提·依米提(维吾尔族,2019.8~)

党组成员、副主任:丁永军(2019.12~)
陈　宏(~2019.12)
俞红梅(~2019.1)
钟起沛(浙江援疆)

副调研员:邱　炜(~2019.1)

一级调研员:田广宁(2019.7~)
兰　疆(2019.8~)

三级调研员:陈　宏(2019.12~)

地区油区服务协调中心

主　任:汤　辉(2019.1~)

副主任:王凌文(2019.7~)
刘加军(挂职三年)

地区财政局(地区金融工作办公室)

党组书记、副局长:吾麦尔江·乃麦提(维吾尔族)
党组副书记、局长:张晓东
党组成员、副局长:张海汇
陈红玮(~2019.12)
何玮富(浙江援疆,正县级)
杨忠源(2019.1~)
张经民(~2019.1)
四级调研员:刘安利(2019.6~)

地区外资贷款项目服务中心(副县级)

主 任:刘国新(2019.11~)

地区金融办

党组书记、主任:王莉萍(女,~2019.1)
党组成员、副主任:吴宏斌(~2019.1)
艾尼瓦尔·达吾提(维吾尔族,~2019.1)
杨忠源(浙江援疆)

地区生态环境局

党组书记、副局长:汤人俊
党组副书记、局长:阿力甫·吉力力(维吾尔族)
党组成员、副局长:王 雷
周 涛(2019.1~)
调研员:李 昊(~2019.1)

新疆阿克苏(南疆)危险废物管理中心

主 任:杨 军(2019.8~)
副主任:王 勇
王 柯(2019.2~)

地区住房和城乡建设局

党组书记、副局长:努尔艾力·麦麦提(维吾尔族,~2019.4)
张 洵(2019.4~)
党组副书记、局长:张 洵(~2019.4)
塔依尔·库尔班(维吾尔族,2019.4~)
党组成员、副局长:柳 清(回族,2019.6~)
韩 鹏(2019.9~)
李晓木
林一敏(2019.1~)
叶 登(浙江援疆)
四级调研员:乃买提·买买提(维吾尔族,2019.10~)
调研员:贺 彪(~2019.7)
韩 鹏(~2019.9)
副调研员:周 涛(~2019.1)

地区城乡建设服务中心(副县级)

主 任:李 强(2019.12~)

地区住房公积金管理中心

党组书记、副主任:孙承江(2019.9~)
党组副书记、主任:孙承江(~2019.9)
赵 欣(2019.10~)
党组成员、副主任:陈冬梅(女,~2019.1)
艾斯哈尔·艾米肉拉(维吾尔族,2019.1~)
杨家鹏(2019.7~)

地区交通运输局

党委书记、副局长:王先福
党委副书记、局长:阿孜古丽·艾拜(女,维吾尔族,~2019.12)
阿布来提·亚库甫(维吾尔族,2019.12~)
王克功(2019.12~)
李爱军(2019.1~)
姜东洲(2019.9~)
艾买尔·艾合买提(维吾尔族,~2019.1)
郑德良(2019.1~)
副局长:阿不都克尤木·吾布力(维吾尔族,~2019.12)
总工程师:姜东洲(~2019.9)
二级调研员:姜东洲(2019.10~)

阿克苏行政服务中心(地区招投标中心)

党组书记、副主任:刘　春(女)
党组副书记、主任:周　岩(~2019.10)
阿不来提·阿肉甫(维吾尔族,2019.11~)
党组成员、副主任:田　军
阿斯古丽·阿吾提(女,维吾尔族,2019.11~)
党组成员:董建军(~2019.11)

政府采购中心(副县级)

党支部书记:王明东(2019.11~)
主　任:董建军(2019.11~)

地区审计局

党组书记、副局长:依明·尼亚孜(维吾尔族)
党组副书记、局长:刘　艳(女)
党组成员、副局长:潘志勇
艾克拜尔·阿不都瓦依提(维吾尔族)

地区统计局

党组书记、副局长:阿地力·多来提(维吾尔族,2019.1~)
党组副书记、局长:侯玉芳(女,~2019.8)
史　红(女,2019.8~)
党组成员、副局长:汤　辉(~2019.1)
李美芳
于遴志(2019.1~)
调研员:汤　辉(~2019.1)

地区社会经济调查队(副县级)

队　长:库尔班·艾则孜(维吾尔族)

地区招商局(机构改革)

党组书记、副局长:买买提·乃买提(维吾尔族,~2019.8)
党组副书记、局长:颜　画(~2019.1)
党组成员、副局长:侯明平(~2019.1)
厉仁军(浙江援疆,正县级,~2019.1)
副调研员:李建东(~2019.1)

地区商务局

党组书记、副局长:卡合曼·司迪克(维吾尔族,~2019.7)
买买提·乃买提(维吾尔族,2019.8~)
党组副书记、局长:颜　画(~2019.1)
于　东(2019.10~)
党组成员、副局长:施俊宏(~2019.1)
加尔肯·努素别克(哈萨克族,2019.10~)
曹江涛
厉仁军(援疆,2019.1~)
一级调研员:卡合曼·斯迪克(维吾尔族,2019.7~)
二级调研员:塔依尔·买买提(维吾尔族,2019.6~)
四级调研员:徐国焘(2019.6~)
调研员:卫　东(2019.6~)

地区应急管理局

党组书记、副局长:努尔·阿力木(2019.9~)
党组副书记、局长:李如武(2019.8~)
党组成员、副局长:孙　涌(2019.8~)
卢江林(2019.1~)
一级调研员:郭　沙(2019.7~)
二级调研员:徐东明(2019.6~)
四级调研员:开赛尔·依米提(维吾尔族,2019.6~)

地区自然灾害综合监测预警中心(副县级)

主　任:郭　伟(2019.12~)

地区国有资产监督管理委员会

党委书记、副主任:张建和(2019.1~)
党委副书记、主任:张建和(~2019.1)
王丽萍(2019.1~)
党委委员、副主任:朱卫东(~2019.2)
李　强(2019.12~)
崔　宁(女)
穆合塔尔·苏里坦(维吾尔族,2019.2~)
调研员:朱卫东(~2019.2)
李更生(~2019.1)

地区市场监督管理局

党组书记、副局长:戴胜军(2019.1~)
党组副书记、局长:艾力·热麦提(维吾尔族,2019.8~)
党组成员、副局长:刁春林(2019.1~)
王志强(2019.1~)
王　宏(2019.1~)
四级调研员:苏玉江(2019.10~)

地区检验检测中心

党委书记、副主任:吐尔洪·热合曼(维吾尔族,2019.12~)
党委副书记、主任:金永生(2019.12~)
党委委员、副主任:关炳峰(2019.12~)
高　华(2019.12~)

阿克苏纺织工业城(开发区)管委会(党工委)

党工委书记、管委会专职主任:徐云峰
党工委副书记、管委会主任:刘　勇
党工委委员、纪工委书记、政法委书记:楚国强
党工委委员、副主任:张　彬
木塔力甫·米吉提(维吾尔族,2019.12~)
刘继忠(2019.7~)
刘　青
王永峰(2019.7~)
杨颖俊(浙江援疆)

库车经济技术开发区管委会

党工委书记、管委会副主任:白和斌(~2019.8)
秦加友(2019.8~)
党工委副书记、主任:赵　欣(~2019.1)
俞红梅(女,2019.1~)
党工委委员、副主任:杨庆彪
王筱元
塔依尔·卡地尔(维吾尔族,2019.4~)

地区供销合作联合社(党委)

党委书记、理事会主任:李　新(2019.12~)
党委委员、监事会主任、党工委副书记:
朱卫东(2019.9~)
党委委员、理事会副主任、党工委委员:
李　新(~2019.12)
刘全国(2019.9~)
杨　斌(2019.9~)
阿不来提·阿不杜热合曼(维吾尔族,2019.7~)
三级调研员:艾尔肯·尤努斯(柯尔克孜族,2019.7~)
党工委委员:阿不来提·阿不杜热合曼(2019.9~)

地区农业农村局(地委农村工作领导小组办公室)

党组书记、副局长:袁　伟(~2019.8)
刘　建(2019.8~)
党组副书记、局长:吐尔洪·买买提(维吾尔族,2019.1~)
党组成员、副局长:刘全国(~2019.1)
华伟杰(2019.12~)
吐尔洪·麦麦提(维吾尔族,2019.2~)
周人笔(援疆,2019.1~)
艾合麦提·肉孜(维吾尔族,~2019.2)
二级调研员:库尔班·托乎提(维吾尔族,2019.10~)
四级调研员:李　坚(2019.10~)
调研员:师雪明(~2019.1)

农业技术推广中心(正县级)

党总支书记、副主任:雷春军(2019.11~)
党总支副书记、主任:雷春军(~2019.11)
张　明(2019.12~)
副主任:唐长青(~2019.1)
毛尼亚孜·依马木尼亚孜(维吾尔族)
陈　娟(女)
徐占伟
金群力(浙江援疆)

农业产业化服务办公室(副县级)

党支部书记:张　邕(~2019.1)
刘同友(2019.1~)

主　任:刘同友(~2019.1)
　　　李堆牛(2019.12~)
副县级干部:张　宏

农村合作经济发展中心(副县级)

党支部书记:马现平
局　长:木合塔尔·牙生(维吾尔族,2019.11~)
副调研员:吴云才(~2019.1)

地区种业发展中心(副县级)

党支部书记:麦合木提·达吾提(维吾尔族)
主　任:陈德华(2019.11~)

新疆农业广播电视大学阿克苏分校(阿克苏地区农牧民教育培训中心)(副县级)

校　长(主任):阿迪力·吐尼亚孜(维吾尔族)

农牧业机械化技术推广站(副县级)

主　任:姚仕林(2019.11~)

地区林业和草原局

党委书记、副局长:夏宏伟(~2019.4)
　　　　　　　　李新斌(2019.4~)
党委副书记、局长:哈力甫·奥斯曼(维吾尔族)
党委委员、副局长:宋　卫(~2019.12)
　　　　　　　　陈建军(2019.1~)
　　　　　　　　吐尔洪·斯衣提(维吾尔族,2019.1~)
一级调研员:李学军(2019.1~)
二级调研员:方　真(2019.11~)
党委委员:杨　纯(2019.1~)
　　　　赵存亮(~2019.1)
　　　　彭新安(~2019.7)
　　　　陈建军(~2019.1)
副调研员:谈文阁(2019.1~)

新疆托木尔峰国家级自然保护区管理局

局　长:杨　纯
副局长:杨泽军(2019.1~)
副局长:赵存亮(正县级,~2019.1)
　　　卡合曼·克然木(维吾尔族,2019.2~)

地区林业技术推广服务中心

党支部书记:
主　任:胡安鸿
　　　宋　卫(2019.12~)
副主任:邓　浩(2019.12~)

地区林业发展保障中心(副县级)

书　记:周长凌(2019.11~)
主　任:塔依尔·阿不都克然木(维吾尔族,2019.11~)

地区草原工作站(副县级)

书　记:谈文阁(2019.4~)
站　长:穆合塔尔·热合曼(维吾尔族,2019.1~)

地区航空护林站(地区护林防火指挥部办公室)

站　长(主任):李宗明

地区水利局

党组书记、副局长:陈　彤
党组副书记、局长:莫合塔尔·依明(维吾尔族)
党组成员、副局长:阿布都维力·胡达拜迪(维吾尔族,2019.12~)
　　　　　　　　朱　雷(~2019.7)
　　　　　　　　李　鹤(挂职,2019.9~)
二级调研员:李金柱(2019.6~)
四级调研员:托乎提·吐迪(维吾尔族,2019.6~)
调研员:朱　雷(~2019.7)

渭干河流域管理局(副县级)

总支书记:阿不都克里木·艾力(维吾尔族,2019.1~)
局　长:单劲松(2019.1~)

地区水资源总站

站　长:崔海岗(2019.11~)
副站长:苏来曼·赛买提(维吾尔族,2019.11~)
　　　石学军(2019.11~)

地区畜牧兽医局

党组书记、副局长:艾热提·卡米力(维吾尔族)
党组副书记、局长:何宗霖
党组成员、副局长:景永元(2019.1~)
樊会堂
杨世忠(2019.10~)
二级调研员:杨世忠(2019.10~)
艾热提·卡米力(维吾尔族,~2019.1)

地区畜牧技术推广中心(地区山羊研究中心,副县级)

党支部书记:阿迪力·马木提(维吾尔族)
主　任:张富全

地区动物卫生监督所(副县级)

党支部书记:空缺
所　长:扎依尔·月山(维吾尔族)

地区动物疫病控制诊断中心(副县级)

党支部书记:古力拜克然木·阿吾提(女,维吾尔族)
主　任:杨世忠(~2019.10)
俞　进(2019.10~)

地区扶贫开发领导小组办公室

党组书记、主任:李劲松
党组成员、副主任:方　勤(正县级)
巴斯提·巴拉提(维吾尔族,~2019.10)
米吉提·依不拉音(维吾尔族,2019.10~)
刘国蓉(女)
韩永峰(2019.4~)
葛　军(2019.6~)
姚仕林(挂职,2019.6~)
黑胜利(回族,2019.4~)
四级调研员:库尔班·买买提(维吾尔族,2019.6~)

地区科学技术局

党组书记、副局长:贾其明
党组副书记、局长:依力哈木·肉孜(维吾尔族,~2019.10)
麦麦提·麦合布孜(维吾尔族,2019.11~)
党组成员、副局长:贾新军(2019.6~)
宁承军(~2019.1)
叶祥发(浙江援疆)
党组成员:王志强(~2019.1)
调研员:王新生(~2019.8)
贾新军(2019.6~)
艾热提·克然木(维吾尔族,~2019.6)
坎拜尼沙·阿迪力(维吾尔族,~2019.1)
叶祥发(浙江援疆)

地区教育局(地委教育工委)

地委教育工委书记:王学东(副厅级)
教育工委副书记:买买提·沙吾提(维吾尔族,副厅级)
木合甫力·艾山(维吾尔族)
党组书记、副局长,地委教育工委副书记:张百和
党组(地委教育工委)副书记、局长:
阿米娜·亚克西(女,维吾尔族)
党组成员(教育工委委员)、副局长:杨洪军(正县级)
党组成员、副局长:苏里堂·艾木都力(维吾尔族,~2019.1)
黄世海
陈常龙(浙江援疆)
党组成员(教育工委委员):谭光明(2019.10~)
二级调研员:赵庆贺(~2019.6)
三级调研员:田建苏(~2019.12)
林　雪(~2019.6)
阿依先木古丽·热木提拉(维吾尔族,~2019.10)

教育工会(副县级)

主　席:谭光明(2019.10~)

地区文化体育广播电视和旅游局(地区文物局)

党组书记、副局长:王云凤(女,2019.1~)
党组副书记、局长:吉利力·海利力(维吾尔族,2019.1~)
党组成员、副局长:刘　楞(~2019.1)

刘维忠
韩　昱(浙江援疆)
曹献宝(2019.11~)

地区文博院(博物馆)
院　长(馆长):颜　松(2019.11~)
副院长(馆长):唐　霞(2019.11~)
艾斯克尔·阿巴斯(维吾尔族,2019.11~)

地区塔里木歌舞团(副县级)
党支部书记:李　燕(2019.10~)
团　长:麦米提米尼·萨迪克(维吾尔族)

地区文化艺术中心(副县级)
党支部书记:刘新杰(~2019.11)
杨　飞(2019.11~)
主　任:李　燕(女,~2019.10)
胡晓燕(2019.10~)

地区社会体育指导中心(地区体育运动中心、地区业余体校)(副县级)
党支部书记:王　宇(~2019.4)

地区卫生和计划生育委员会
卫计党工委(卫计党组)书记、副主任:
张润德(2019.1~)
党委书记、副主任:张润德(2019.1~)
党委副书记、主任:古丽扎尔·木合塔尔(女,维吾尔族)
党委委员、副主任:龙祖荣(2019.1~)
唐爱民(~2019.1)
朱新力
艾合塔木·塔力甫(维吾尔族)
陈　兵(浙江援建)
陈　磐(2019.1~)
党委委员:龚建喜(~2019.1)

地区卫生和计划生育委员会卫生监督所(副县级)
党支部书记:钱雅璐(2019.8~)
所　长:张新龙

地区计划生育宣传教育技术指导所(副县级)
党支部书记:陈　磐(~2019.1)
刘建军(2019.7~)
所　长:热艳古丽·艾依提(女,维吾尔族)

地区疾病预防控制中心(党委)
党总支书记、副主任:艾克拜尔·艾合买提(维吾尔族,~2019.1)
唐爱民(2019.1~)
党总支副书记、主任:于　立(女,~2019.1)
阿孜古丽·马木提(维吾尔族,2019.1~)
党委委员、副主任:黄新如(~2019.2)
张军辉(2019.1~)

地区老年大学
校　长:王　晖

【群众团体】

自治区总工会阿克苏地区办事处
党组书记:迪力夏提·克然木(维吾尔族,副厅级)
党组副书记、主任:谷学珍(女,~2019.8)
周　刚(2019.8~)
党组成员、副主任:陈　琳(~2019.1)
亚力坤·麦斯木(维吾尔族,~2019.12)
曹江萍(女,~2019.1)
薛　萍(2019.1~)
李汉勇(2019.8~)
丁建民
图尔贡·约麦尔(兼职,维吾尔族)
女工委主任:曹江萍(女,2019.6)

共青团阿克苏地区委员会
书记、党组书记:高　凡(女)
副书记、党组成员:王文彬(~2019.10)
依帕尔古力·阿地(女,维吾尔族)
曹钰声

范国文(2019.1~)
张　虹(兼职,女)
副书记:米克热阿依·西热甫(兼职,女,维吾尔族)
马文斋(兼职)

地区妇女联合会

党组书记、副主席:王君玉(女,~2019.8)
谷学珍(女,2019.8~)
党组副书记、主席:哈丽旦·如孜(女,维吾尔族)
党组成员、副主席:阿斯古丽·阿吾提(维吾尔族,2019.12~)
郝　云(女)
曾　蓉(挂职两年 2019.12~)
阿孜古丽·阿吾拉(女,维吾尔族,~2019.12)
二级调研员:王君玉(2019.8~)
副调研员:郭屯社(~2019.1)

地区工商业联合会(地区商会)

主席(会长):高　焰(副厅级)
党组书记、副主席:齐宗伟
党组成员、副会长:帕尔哈提·那曼(维吾尔族,正县级,~2019.8)
杨　安
汪　龙(2019.4~)
二级调研员:帕尔哈提·那曼(维吾尔族,2019.8~)
四级调研员:周　忠(2019.4~)
调研员:石　英(~2019.1)
赵　云(~2019.4)
副调研员:麦麦提·麦米提力(维吾尔族,~2019.1)

地区科学技术协会

党组书记、副主席:赵海峰
党组副书记、主席:热汗古丽·买买提(女,维吾尔族)
党组成员、副主席:王敬西
副主席、调研员:茹先古丽·吐尔迪(女,维吾尔族)
二级调研员:王敬西(2019.6~)

地区残疾人联合会

党组书记、副理事长:徐正胜
党组副书记、理事长:阿力甫·吐尼牙孜(维吾尔族)
党组成员、副理事长:李星毅(~2019.1)
高雪莲(女,2019.1~)
调研员:库尔班·托乎提(维吾尔族,~2019.1)
关玉莉(女,~2019.1)
四级调研员:李旗生(2019.6~)
副调研员:滕振新(~2019.2)

地区文学艺术界联合会

党组书记、副主席:孟雁东(回族)
党组副书记、主席:杨　萍(女)
党组成员、副主席:艾尼·那尔麦提(维吾尔族)
副主席:李雪莉(女)
二级调研员:刘核云(2019.6~)

地区红十字会

党组书记、常务副会长:汪海涛
党组成员、副会长:何廷伟
王　馨(2019.7~)
莫合旦·艾合旦木(维吾尔族,2019.7~)

【事业单位】

阿克苏职业技术学院(党委)

党委书记:蒲思雄(2019.1~)
党委副书记、院长:买尼沙木·亚生(维吾尔族,2019.1~)
党委副书记、纪检委书记:王定平(2019.2~)
党委委员、副院长:艾斯卡尔·阿布拉(维吾尔族,~2019.1)
王　东(2019.12~)
买尼沙木·亚生(女,维吾尔族,~2019.1)
邱明科
罗文伟(女)
依明·米吉提(维吾尔族,2019.1~)
吴德银(浙江援疆)
副院长:田建苏(~2019.12)
党委委员、纺织工程系党总支书记:
杨志强(~2019.12)

党委委员、组织部部长:祖　蓓(女)
党委委员、宣传(统战)部部长:金林鹏(回族,~2019.1)
王安防(2019.1~)
办公室主任:徐永希(女,~2019.7)
付鹏飞(2019.7~)
学生处处长:马云军
教务处处长:陈再蓉(女)
总务处处长:雷洪柱
医学系党总支书记:佐热古丽·热依木(女,维吾尔族,2019.1~)
医学系主任:刘　萍(女)
人文教育系党总支书记:卢文凯
人文教育系主任:薛合来提·恰瓦尔(维吾尔族,~2019.1)
吐尔洪·恰瓦尔(维吾尔族,2019.2~)
经济管理系党总支书记:阿不都沙拉木·呼希塔尔(维吾尔族,~2019.12)
经济管理系主任:曾振华
机电工程系党总支书记:空缺
机电工程系主任:董　燕(女)
生物工程系党总支书记:空缺
生物工程系主任:唐　敏(2019.7~)
信息工程系党总支书记:王思远
信息工程系主任:阿纳尔古力·阿布拉(女,维吾尔族,~2019.6)
阿布力米提·色买提(维吾尔族,2019.9~)
体育运动系党总支书记:
安尼瓦尔·阿布都热合曼(维吾尔族)
体育运动系主任:李　刚
艺术系党总支书记:刘红梅(女,2019.7~)
艺术系主任:刘红梅(女,~2019.7)
纺织工程系主任:阿尔孜古丽·乌休尔(女,维吾尔族,2019.9~)
思政部党总支书记:空缺
思政部主任:蔡素珍(女)
正县级干部:赫崇军

阿克苏地区中等职业技术学校

党委书记:袁　俊
党委副书记、校长:甫拉提·艾则木(维吾尔族)
党委委员、副校长:帕尔合提·吐尼亚孜(维吾尔族,~2019.12)
阿不都沙拉木·呼希塔尔(维吾尔族,2019.12~)
王新萍(女,2019.1~)
党委委员、纪委书记:徐　东(~2019.10)
廉　万(2019.12~)

阿克苏技师学院(地区高级技工学校)

党委书记:袁　俊(~2019.12)
杨志强(2019.12~)
党委副书记、校长(院长):
甫拉提·艾则木(维吾尔族,~2019.12)
帕尔合提·吐尼亚孜(维吾尔族,2019.12~)
党委委员、副校长(副院长):丁　雯(女,~2019.1)
李　强(~2019.12)
塔衣尔·库尔班(维吾尔族,2019.12~)
韩　勇(2019.1~)
徐　东(~2019.10)
许庆英(2019.12~)

阿克苏工业技师学院(地区库车中等职业技术学校)

党委书记:张　钦
党委副书记、院长(校长):阿布力米提·喀德(维吾尔族)
党委委员、纪检委书记:陆美霞(2019.2~)
党委委员、副院长(副校长):
康希文
迪力木拉提·麦合木提(维吾尔族)
郭志清(2019.2~)
吾买尔·热合曼(维吾尔族,2019.2~)

阿克苏教育学院(地区师资培训中心)

党委书记:欧阳勤(2019.1~)
党委副书记、院长:莫拉麦提·吐尔迪(维吾尔族)
党委委员、纪检委书记:张宇华
党委委员、副院长:李校军

张　东(浙江援建)

新疆广播电视大学阿克苏分校

党委书记:张淑萍(女,~2019,12)

孙凤霞(女,2019,12~)

党委副书记、校长:努尔·卡斯木(维吾尔族)

党委委员、副校长:徐　涵

阿依南木·买合苏木(女,维吾尔族)

党委委员、纪检委书记:吕志斌

新疆大学科技学院阿克苏校区(党委)

党委书记:李　健

党委副书记:阿布来提·阿布拉(维吾尔族)

党委副书记、纪检委书记:冯　昱

党委委员:费拥军

邢　伟(2019.2~)

欧阳勤(女)

党委委员、副院长:何阅雄(浙江援建)

地区第一中学(党委)

党委书记:张淑萍(女,2019.1~)

党委副书记、校长:阿布来提·艾斯麦提(维吾尔族)

党委委员、副校长:热西提·阿西木(维吾尔族)

汪利生

党委委员、纪检委书记:翟　晖(2019.8~)

地区第二中学(党委)

党委书记:高仕毅

党委副书记、校长:何小贵

党委委员、副校长:汪　蕾(女)

艾尔肯·艾拜(维吾尔族)

党委委员、纪检委书记:王小平(~2019.7)

万东柱(2019.7~)

地区第一人民医院(党委)

党委书记、副院长:程庆林

党委副书记、院长:涂建锋

党委副书记、纪检委书记:高军城(2019.10~)

党委委员、副院长:凌传江

莫合特尔·阿布力米提(维吾尔族,2019.8~)

刘学军(2019.7~)

阿米娜·马合木提(维吾尔族,~2019.7)

金苗苗(女,浙江援疆)

副院长:牛　刚

地区第二人民医院(党委)

党委书记、副院长:陈刚(2019.1~)

党委副书记、院长:阿米娜·马合木提(女,维吾尔族,2019.7~)

党委委员、副院长:张可成

杨　凡

党委委员、纪检委书记:空缺

地区中医医院(正县级)

党委书记、副院长:买尼沙木·亚生(女,维吾尔族,~2019.1)

李亚先(2019.7~)

党委副书记、院长:李亚先(~2019.7)

李应琴(女,2019.7~)

党委副书记、纪委书记:郑建江(~2019.7)

党委委员、副院长:欧阳栋

姜笃信

莫合特尔·阿布力米提(维吾尔族,~2019.8)

刘　炜(2019.7~)

地区维吾尔医医院(副县级)

党委书记、副院长:刘　勇(2019.8~)

院　长:莫合特尔·阿布力米提(维吾尔族,~2019.8)

阿地力·阿不都热依木(维吾尔族,2019.8~)

地区妇幼保健院

党委书记、副院长:李应琴(女,~2019.7)

邓志斌(2019.7~)

院　长:陶应珍(女)

地区康宁医院(副县级)

党支部书记:宋江培(女)

院　长:阿布来提·阿布都力(维吾尔族,2019.8~)

【国有企业】

新疆红旗坡农业发展集团有限公司

党委书记、董事长:范江明

党委副书记、总经理、副董事长:杨　博

党委委员、副总经理:赵红军

贺章平

王露茵(女)

莫合塔尔·达吾提(维吾尔族)

冯　波(浙江援建)

阿克苏西域牧业发展有限责任公司(库车种羊场)

党组书记、董事长:葛　雷

党组副书记、总经理、副董事长:马　军(回族)

党组成员、副总经理:玉山·沙依木(维吾尔族,~2019.1)

逯　斌

张　伟

申秀兰(女)

托乎尼亚孜·奥斯曼(维吾尔族,2019.7~)

阿克苏文化旅游发展集团有限公司

党组书记、董事长、总经理:窦有红(2019.9~)

党委委员、副总经理:刘　胜(2019.9~)

胡建勇(2019.9~)

李志平(2019.9~)

张　辉(2019.9~)

吐尔洪·肉孜(维吾尔族,2019.9~)

张峻榕(浙江援疆)

地区鹏达投资公司

党组书记、董事长:李波涛

党委副书记、总经理:施俊宏(2019.7~)

党委委员、副总经理:刘兴德(~2019.12)

陈　明

文福顺

艾买江·米吉提(维吾尔族)

庄永宏

阿克苏天山神木果业发展有限责任公司

党委书记、董事长:贾新财

党委副书记、副董事长、总经理:张　勇

党委委员、副总经理:孟建华

吐尔逊·亚森(维吾尔族)

余　杰

蒲　敏

阿克苏交通建设投资股份有限公司(二类企业)

党支部书记、董事长、总经理:许新萍

阿克苏供销投资<控股>集团有限责任公司

党委书记、董事长:李　新(~2019.12)

刘　立(2019.12~)

党委副书记、总经理、副董事长:刘　强

党委委员、副总经理:张盛军

陈　洁(女)

韩　勇

阿布都许克尔·阿布都热合曼(维吾尔族)

阿克苏水务集团有限责任公司

党委书记、董事长:高　文(2019.12~)

党委委员、副总经理、财务总监:王　华

党委委员、副总经理:努尔丁·木依丁(维吾尔族)

杨　明

阿克苏良信粮油购销集团有限责任公司

党委书记、董事长:张振军

党委副书记、总经理、副董事长:张峻崎

党委委员、副总经理:栗　杨(女)

苏小玲(女)

杨维兵

艾斯卡尔·艾尼瓦尔(维吾尔族)

地区绿色实业开发有限公司

党支部书记、董事长:李波涛(2019.12~)

总经理、副董事长:陈红玮(女,2019.12~)

副总经理:刘兴德(2019.12~)

【县(市)】

【阿克苏市】

中共阿克苏市委员会

书　记:马国强(地委委员兼任)

副书记:吾拉木江·热依木(维吾尔族)
孙学武
杨国正(浙江援疆)
潘万峰(2019.10~)
于　东(~2019.10)

常　委:张向荣
赵立新
周　华(浙江援疆)
潘万峰(~2019.10)
黄振军(2019.10~2019.12)
阿力木江·依干拜地(维吾尔族,~2019.1)
艾力·艾合买提(维吾尔族,2019.2~)
王保华
李新斌(~2019.4)
麦麦提·吐拉甫(维吾尔族)
郑江宏(~2019.1)
张　欣
王新利(2019.1~)
刘一村(女,2019.4~)

阿克苏市人大常委会

党组书记:孙学武

主　任:吾布力喀斯木·艾买提(维吾尔族)

副主任:吐尼牙孜·托乎尼牙孜(维吾尔族)
张　帆(女)
杨　平
艾尔肯·肉孜(维吾尔族)

阿克苏市人民政府

市长:吾拉木江·热依木(维吾尔族)

常务副市长:潘万峰(2019.10~)
于　东(~2019.10)

副市长:周　华(浙江援疆)
张欣(~2019.12)
刘晓峰(~2019.12)
吐尔洪·麦麦提(维吾尔族,~2019.2)
艾热提·吾斯曼(维吾尔族,2019.2~)
刘一村(女,~2019.4)
沙塔尔·苏甫力(去世)
常国宏
杨海凤(女)

政协阿克苏市委员会

党组书记:刘卫江(2019.8~)
刘　建(~2019.8)

主　席:阿依先木·阿布都热合曼(女,维吾尔族)

副主席:周　力
阿布来提·阿布拉(维吾尔族)
吐尼亚孜·库尔班(维吾尔族)

阿克苏市人民法院

党组书记、副院长:姚建英(女)

党组副书记、院长:吐尔逊·吾斯曼(维吾尔族,2019.2~)
艾力·沙依提(维吾尔族,~2019.2)

阿克苏市人民检察院

党组书记、副检察长:曾　伟

党组副书记、检察长:阿不都外力·阿力木(维吾尔族)

阿克苏经济技术开发区(党工委,副县级)

党工委书记:郭建新

管委会主任:张　帆

阿克苏市多浪片区管理委员会(党工委,副县级)

党工委书记:金玉龙(2019.2~)
梁小川(~2019.2)

管委会主任:艾克拜尔·依明(维吾尔族)

阿克苏市红旗坡片区管理委员会(党工委,副县级)

党工委书记:田　琛(2019.1~)

管委会主任:沙比尔·麦合木提(维吾尔族,2019.2~)
艾热提·吾斯曼(维吾尔族,~2019.2)

阿克苏实验林场管理委员会(党工委,副县级)

党工委书记：王学高
管委会主任：图尔荪·热合曼（维吾尔族）

阿克苏市司法局

党组书记：王宝龙
局　长：阿里木江·巴图尔（维吾尔族）

阿克苏市其他县级干部

巴吐尔·阿布都热依木（维吾尔族）
吐尔逊·艾力（维吾尔族）
巴吐尔·阿布都热依木（维吾尔族）
郭振江（~2019.4）
陈　泽（2019.12~）

【库车市】

中共库车市委员会

书　记：秦加友（地委委员兼任）
副书记：阿不都卡德尔·毛尼亚孜（维吾尔族）
朱永刚
潘素华（2019.8~）
白和斌（~2019.8）
张行波
祁伟斌
常　委：郭智辉
王晓明
卫　刚
王　伟（2019.8~）
潘素华（~2019.8）
陈振雄
王新平
骆　娟（女）
司迪克·艾力（维吾尔族）
买买提·艾则孜（维吾尔族）
代风云
李　柱（2019.6~）

库车市人大常委会

党组书记：朱永刚
主　任：塔依尔·艾肯木（维吾尔族）
副主任：艾尼瓦尔·吾买尔（维吾尔族）
王景田（~2019.10）
张　斌（2019.2~）
毕泗升（~2019.2）
哈德尔·依明

库车市人民政府

市　长：阿不都卡德尔·毛尼亚孜（维吾尔族）
常务副市长：潘素华（2019.8~）
副市长：代风云（~2019.12）
王新平
李　柱（2019.6~）
易昭勇（~2019.8）
晏晓华（~2019.8）
艾合买提·吾甫尔（维吾尔族）
米孜古丽·买买提（女，维吾尔族）
尹铁刚
方　胜（2019.8~）
姚新龙（2019.10~）
马建信

政协库车市委员会

党组书记、副主席：艾合买提·阿不都热依木（维吾尔族）
主　席：王景田（2019.10~）
张新建（~2019.10）
副主席：塔力甫·毛拉（维吾尔族）
强文莉
阿不都如苏力·热西提（维吾尔族，2019.7~）

库车市人民法院

党组书记、副院长：王　陆（2019.4~）
李保胜（~2019.4）
党组副书记、院长：依力哈木·热合曼（维吾尔族，2019.1~）
阿里木·力提甫（维吾尔族，~2019.1）

库车市人民检察院

党组书记、副检察长：魏江波
党组副书记、检察长：地力夏提·司马义（维吾尔族，~2019.11）

库车市司法局

党组书记:梁永政(2019.1~)

姚新军(~2019.1)

局　长:热依木·斯地克(维吾尔族,2019.1~)

库车市其他市级干部

副市级:艾斯卡尔·黑力力(维吾尔族)

吐尔洪·莫明(维吾尔族)

张书忠

【沙雅县】

中共沙雅县委员会

书　记:秦研科

副书记:夏帕克提·吾守尔(维吾尔族)

韩双胜

居来提·热合曼(维吾尔族,2019.1~)

金梓伟

艾斯卡尔·托乎提(维吾尔族,~2019.1)

许庆英(女,~2019.12)

常　委:卯向军

杨克建

王振林

杨　杰

普尔拜·孟克(蒙古族)

屈耀明

董世生

居麦·托喀(维吾尔族,2019.4~)

熊道喜(~2019.8)

王　伟(~2019.8)

易昭勇(2019.8~)

晏晓华(2019.8~)

阿依古丽·阿布都热依木(女,维吾尔族,~2019.4)

沙雅县人大常委会

党组书记:韩双胜

主　任:罗合曼·库尔班(维吾尔族,2019.9~)

米吉提·依米提(维吾尔族,~2019.8)

副主任:沙拉木·乃买提(维吾尔族)

翟玉清

龚英付

买买提·克比尔(维吾尔族)

沙雅县人民政府

县　长:夏帕克提·吾守尔(维吾尔族)

副县长:董世生(~2019.12)

杨　杰

杨克建

屈耀明

辛万霞

托乎提·木塔力甫(维吾尔族)

李拥国(2019.8~)

韩永峰(~2019.4)

居麦·托喀(维吾尔族,~2019.4)

苏勒坦·赛买提(维吾尔族,2019.4~)

政协沙雅县委员会

党组书记、副主席:周　岩(2019.10~)

刘同军(~2019.10)

主　席:依明江·买买提(维吾尔族)

艾则孜·塔西(维吾尔族)

阿比力米提·热西提(维吾尔族)

徐　斌(2019.1~)

阙新力(~2019.1)

沙雅县人民法院

党组书记、副院长:常正海(2019.4~)

包金星(~2019.4)

党组副书记、代理院长:

胡西塔尔·胡都尤木(维吾尔族,2019.2~)

叶尔逊·吾斯曼(维吾尔族,~2019.2)

沙雅县人民检察院

党组书记、副检察长:李　忠

党组副书记、检察长:阿不都热依木·阿不拉(维吾尔族)

沙雅县循环经济工业园区管理委员会(党工委,副县级)

党工委书记:许　平(2019.2~)

谢春芳(~2019.2)
管委会主任:周象征

沙雅县司法局
党组书记:郭小坤
局　长:艾尼瓦尔·艾尔肯(维吾尔族,~2019.12)

沙雅县其他县级干部
正　县:刘同军(2019.10~2019.12)
副县级:马振虎(2019.10~)
依力哈木·罗合曼(维吾尔族)
李拥国(2019.2~2019.8)

【新和县】

中共新和县委员会
书　记:杜海涛
副书记:艾买尔江·依明(维吾尔族)
努尔买买提·阿布拉(维吾尔族,~2019.1)
张　标
罗运乾
常　委:张　东
袁　刚
李　志
白永强(2019.8~)
付长山(~2019.8)
章　斐
吾买尔江·阿木提(维吾尔族)
阿依古力·艾麦提(维吾尔族,女,2019.2~)
刘晓峰(2019.12~)
丁永军(~2019.12)
马继勇(2019.12~)

新和县人大常委会
党组书记:张　标
主　任:艾合买提·买买提(维吾尔族)
副主任:严勇斌
塔依尔·艾则孜(维吾尔族)
艾合买提·克然木(维吾尔族)
梁理军(2019.1~)

新和县人民政府
县　长:艾买尔江·依明(维吾尔族)
常务副县长:刘晓峰(2019.12~)
丁永军(~2019.12)
副县长:章　斐
玉山江·拜克力(维吾尔族)
艾海提·米吉提(维吾尔族)
马继勇(~2019.12)
李晓龙
睢　鹏

政协新和县委员会
党组书记、副主席:田向奎
主　席:努尔尼沙木·提力甫(女,维吾尔族)
副主席:古尼沙·买买提(女,维吾尔族)
艾克拜尔·依米提(维吾尔族)
陈博杰(2019.1~)

新和县人民法院
党组书记、副院长:何清洁
党组副书记、院长:买合木提·那曼(维吾尔族)

新和县人民检察院
党组书记、副检察长:毛　宏
党组副书记、检察长:要儿达西·居买(维吾尔族)

新和县司法局
党组书记:杨昌森(2019.10~)
张　君(~2019.10)
局　长:阿克木江·阿西木(维吾尔族)

其他县级干部
副县级:韩明磊(2019.02~)

【拜城县】

中共拜城县委员会
书　记:彭　刚
副书记:买买提江·莫力(维吾尔族)
孔伟雄
张　洪

艾海提·司马义(维吾尔族,~2019.1)
阿力木江·依干拜地(维吾尔族,2019.1~2019.12)

常　委:宋　涛
何　科
张兵恒
巴哈尔古丽·艾麦提(女,维吾尔族)
李　轶
吴宝辉
王松鹤
黄成骞
杜　翀
李　杰(2019.8~)
欧阳军(2019.6~)
白永强(~2019.8)
窦有红(~2019.8)

拜城县人大常委会

党组书记:孔伟雄
主　任:艾合麦提·库尔班(维吾尔族,2019.8~)
艾力·热麦提(维吾尔族,~2019.8)
副主任:艾合麦提·库尔班(维吾尔族,~2019.4)
陈军杰
艾尔肯·衣不拉音(维吾尔族)
李　梅(女)
艾合麦提·阿克木(维吾尔族,~2019.4)

拜城县人民政府

县　长:买买提江·莫力(维吾尔族)
常务副县长:王松鹤
副县长:黄成骞
杜　翀(~2019.12)
欧阳军(2019.6~)
海尔古丽·沙吾提(女,维吾尔族)
赵　鹏
玉苏甫·依明(维吾尔族)
董　磊(2019.10~)
李　杰(~2019.8)

政协拜城县委员会

党组书记、副主席:努尔东·依不拉音(维吾尔族,2019.8~)
吐逊·玉山(维吾尔族,~2019.4)
艾合麦提·库尔班(维吾尔族,2019.04~2019.8)
主　席:王忠毅
副主席:蒋加强
古丽拜克然木·艾则孜(女,维吾尔族)
艾斯卡尔·艾麦提(维吾尔族)

拜城县人民法院

党组书记、副院长:吴多敏
党组副书记、院长:买买提·马木提(维吾尔族)

拜城县人民检察院

党组书记、副检察长:黄晓明
党组副书记、检察长:开赛尔·热合曼(维吾尔族)

拜城重化工工业园区管理委员会(党工委,副县级)

党工委书记:杨小飞
管委会主任:梁　刚

拜城县司法局

党组书记:张　伟
局　长:库尔班·艾来提(维吾尔族)

拜城县其他县级领导

副县级:比拉力·拜克力(维吾尔族)

【温宿县】

中共温宿县委员会

书　记:薛建强
副书记:包尔汗·买买提(维吾尔族)
刘洪胜(2019.1~)
肖　森
王建国
车　勇(~2019.1)
常　委:张新华
汪　军(2019.12~)
张伟东

阿孜古丽·阿吾拉(女,维吾尔族,2019.12~)
项世扬
郑光喜
宋喜坤
克尤木·台外库力(维吾尔族)
刘洪胜(~2019.1)
刘　宁(~2019.1)
木塔力甫·米吉提(维吾尔族,2019.1~2019.12)
孙凤霞(2019.2~2019.12)
李　强(~2019.12)

温宿县人大常委会

党组书记:刘洪胜(2019.6~)
车　勇(~2019.1)
主　任:艾尼外尔·赛来(维吾尔族)
副主任:阿依先木古丽·阿塔吾拉(女,维吾尔族)
马监君
张方远
艾散·阿卜都热合曼(维吾尔族,2019.7~)
阿不来提·乌斯曼(维吾尔族,~2019.7)

温宿县人民政府

县　长:包尔汗·买买提(维吾尔族)
常务副县长:肖　森
副县长:项世扬
罗卫东
吐尔洪·库尔班(维吾尔族)
董建利(2019.9~)
阿依甫拉提·司马义(女,柯尔克孜族)
王文彬(~2019.10)
宋喜坤(~2019.12)

政协温宿县委员会

党组书记、副主席:张锦锋
主　席:图尔干·克热木(柯尔克孜族)
副主席:艾买尔·艾肯木(维吾尔族)
塔依尔·艾沙(维吾尔族)
孙有佩

温宿县人民法院

党组书记、副院长:罗　文
党组副书记、院长:吾斯曼·热合买提(维吾尔族)

温宿县人民检察院

党组书记、副检察长:魏　敏
党组副书记、检察长:
买买提·吐尼亚孜(维吾尔族,2019.2~)
艾山·拜克日(维吾尔族,~2019.2)

温宿国家农业科技园区管理委员会(党工委、正县级)

党工委书记:肖　森
管委会主任:侯明平(2019.8~)
杨　军(~2019.8)
党工委委员、副主任:吐逊江·苏力旦(维吾尔族)
党工委委员、副主任:郭振江(2019.4~)
党工委委员、副主任:唐国斌(~2019.4)

温宿产业园区管理委员会(党工委、副县级)

党工委书记:况东旭(2019.2~)
姚兆宾(~2019.2)
管委会主任:朱永强

温宿县司法局

党组书记:黄顺春
局　长:图尔荪·艾尔肯(维吾尔族)

温宿县其他县级干部

正县级:阿不来提·乌斯曼(维吾尔族)
副县级:艾斯卡尔·玉素甫(维吾尔族)
董建利(2019.1~2019.9)
艾斯卡尔·托乎提(维吾尔族,~2019.4)

【阿瓦提县】

中共阿瓦提县委员会

书　记:李承刚
副书记:吾布力喀斯木·买吐送
桂美军
艾则孜·买买提

陈云伟
常 委:杨永权(2019.11~)
曹维建(~2019.11)
代沂杰
王晓明
陈听杰
蔡 赣
黄建霞
付长山
华伟杰(~2019.12)
库尔班·卡衣木(2019.1~)
居来提·热合曼(~2019.1)
惠 涛
付昌奇
陈玉辉
蔡 赣(2019.4~)

阿瓦提县人大常委会

党组书记:桂美军(2019.6~)
主 任:艾尔肯·斯迪克(2019.11~)
阿不拉江·亚生(~2019.11)
副主任:李秀军
艾买尔江·艾买提
玉素甫江·吾守尔
黄艳红(女,回族,~2019.4)
肖 红(女,~2019.2)

阿瓦提县人民政府

县 长:吾布力喀斯木·买吐送
常务副县长:代沂杰
副县长:陈听杰
帕坦木·艾沙
贺 建
程建文
阿不力米提·阿不都热依木(2019.1~)
塔依尔·阿不都克然木(~2019.1)
付昌奇(~2019.12)

政协阿瓦提县委员会

党组书记、副主席:陈 刚(2019.8~)
周 刚(~2019.8)
主席人选:艾则孜·买买提(2019.12~)
艾尔肯·斯迪克(~2019.12)
副主席:阿不都热合曼·依米热木孜
阿不都萨拉木·麦和木提
黄 敏(2019.7~)
李志平(~2019.5)

阿瓦提县人民法院

党组书记:戴 群(2019.7~)
石 岚(~2019.7)
党组副书记、院长:阿布都热依木·阿布都热合曼

阿瓦提县人民检察院

党组书记、副检察长:刘 洪(2019.2~)
钟利民(~2019.2)
党组副书记、检察长:赛麦提·奥斯曼

阿瓦提县司法局

党组书记:杨少辉
局 长:玉苏甫江·艾山

阿瓦提县其他县级干部

副县级:吴 洁
蔡 赣(2019.1~2019.4)

【乌什县】

中共乌什县委员会

书 记:刘国强
副书记:吐尔洪·阿不拉(维吾尔族)
朱军生(~2019.1)
刘 宁(回族,2019.1~)
高云波
祝升明
艾尔肯·吐拉克(维吾尔族)
刘世锋(2019.6~)
王 斌(~2019.6)
吐尔洪·热合曼(维吾尔族,~2019.12)
常 委:罗志军
汪连江

郑建林
阿孜古丽·阿不都肉素力(维吾尔族)
唐好全
张林辉
牟新页
张　君(2019.10~)
黄振军(~2019.10)
阿迪力·阿布拉(维吾尔族,2019.12~)
加尔肯·努素别克(维吾尔族,~2019.10)

乌什县人大常委会

党组书记:刘　宁(回族,2019.6~)
朱军生(~2019.1)
主　任:托合提·热合木提(维吾尔族)
副主任:阿不拉江·麦麦提(维吾尔族)
阿不来提·托乎提(维吾尔族)
付振一(~2019.11)
王克功(~2019.12)

乌什县人民政府

县　长:吐尔洪·阿不拉(维吾尔族)
常务副县长:张林辉
副县长:郑建林
高建华
孙长满
阿不力米提·托乎提(维吾尔族)
何　嘉(2019.1~)
孙慧生(~2019.1)
艾散·玉苏普(维吾尔族,2019.04~2019.11)
阿迪力·阿布拉(维吾尔族,~2019.12)
吴湘芸(~2019.12)
牟新页(~2019.12)

政协乌什县委员会

党组书记:高云波(2019.6~)
陈瑞喜(~2019.4)
主　席:阿不都沙拉木·麦木提明(维吾尔族,2019.11~)
艾尔肯·斯拉木(维吾尔族,~2019.11)
副主席:艾尔肯·达吾提(维吾尔族)
樊东海
阿曼吐尔·马木提(柯尔克孜族,2019.4~)
依得力司·卡迪尔(柯尔克孜族,~2019.4)

乌什县人民法院

党组书记、副院长:王锡琳(女,2019.2~)
张贺江(~2019.2)
党组副书记、院长:阿布来提·亥米提(维吾尔族,2019.1~)
克力比努尔·哈皮孜(女,维吾尔族,~2019.1)

乌什县人民检察院

党组书记、副检察长:孟建明(2019.4~)
党组副书记、检察长:艾买尔·吐地(维吾尔族)

乌什县司法局

党组书记:赵有刚
局　长:吐尔洪·牙克甫(维吾尔族,~2019.11)

乌什县其他县级干部

正县级:吐尔地·拜克热(维吾尔族,~2019.4)
副县级:周长凌(~2019.4)

【柯坪县】

中共柯坪县委员会

书　记:柯　旭
副书记:吾尔叶提·吾守尔(女,维吾尔族)
艾尼瓦尔·苏来曼(维吾尔族)
李明飞
汪　峰(2019.10~)
沈孔鸿
李宏军(~2019.2)
孙　涌(~2019.8)
常　委:王　阳
杨　斌
王定平(~2019.2)
卫国荣
许行峰
刘志慧

阿里木江·吾斯曼(维吾尔族)
曹 翔(2019.2~)
汪 峰(~2019.10)
王文彬(2019.10~)

柯坪县人大常委会

党组书记:李明飞
主 任:阿木提·马木提(维吾尔族,2019.12~)
加马力丁·艾力(维吾尔族,~2019.12)
副主任:吴学文
那依甫·依沙(维吾尔族)
葛 军(~2019.6)
吴学文(~2019.10)

柯坪县人民政府

县 长:吾尔叶提·吾守尔(女,维吾尔族)
常务副县长:王文彬(2019.10~)
孙 涌(~2019.8)
副县长:许行峰
贺 勇
牙合甫江·色买提(维吾尔族)
阿不都热合曼·阿曼(维吾尔族,2019.1~)
庞 毅(2019.1~)
靳秋运(2019.12~)
杨 涛
李宏军(~2019.2)
邓永华(2019.4~)
罗 永(~2019.4)
展国泰(~2019.12)
刘志慧(~2019.12)

政协柯坪县委员会

党组书记:艾尼瓦尔·苏来曼(维吾尔族)
主 席:韩国新
副主席:杜能文
开赛尔·吐尔迪
艾买尔·提拉木
吐尔逊·吐尔地(2019.12~)
阿木提·马木提(~2019.12)

柯坪县人民法院

党组书记、副院长:王彦林(2019.7~)
戴 群(~2019.7)
党组副书记、院长:吐尔逊·托合提

柯坪县人民检察院

党组书记、副检察长:陈 慧
党组副书记、检察长:阿不里克木·阿玉甫

柯坪县司法局

党组书记:王齐方(2019.2~)
曹 翔(~2019.2)
局 长:艾哈买提·马木提(2019.1~)
阿不都热合曼·阿曼(~2019.1)

柯坪县其他县级干部

正县级:李可奎(~2019.8)
副县级:艾尼瓦尔·托乎提
王齐方(~2019.2)
吴学文(2019.10~)
李堆牛(~2019.12)

(刘猛 卫涛 邹立慧)

干部任免

1月

王鑫赟,现任地委巡察组正县级巡察专员,任地委巡察办主任,免现职;

卜晓辉,现任地委保密委员会办公室主任(地区国家保密局局长),任地委巡察组正县级巡察专员;

艾合买提·克然木,现任地区发改委党组成员、副主任、调研员,任地委巡察组正县级巡察专员,免现职;

库尔班江·尼扎米丁,现任温宿县古勒阿瓦提乡党委副书记、乡长,任地委办公室副主任(试用期一年);

常诚,现任地委副秘书长(正县级)、农办主任,任地委办公室调研员,免去地委副秘书长(正县级)职务;

姚宁宁，现任地委保密委员会办公室（地区国家保密局）副调研员，任地委机关党委专职副书记（试用期一年）；

方真，现任地区档案局（档案馆）党组副书记、局长（馆长），任地区档案馆馆长；

张雪琴，现任地区档案局（档案馆）党组成员、副局长（副馆长），任地区档案馆副馆长；

陈咏梅，现任地区档案局信息技术科科长，任地区档案馆副馆长（试用期一年）；

刘晓辉，现任地委基层办副主任，任地委组织部部务委员；

王志荣，现任地委组织部干部二科科长，任地委组织部部务委员（试用期一年）；

王功刚，现任地区人社局党组成员、副局长，地区公务员局局长，任地委正县级组织员，免去地区人社局党组成员、副局长职务；

孙太保，现任地直机关工委副书记，兼任地直机关工委纪工委书记；

艾热提·提力瓦力迪，现任地区价格监督检查局（成本监审局）党支部书记、副局长，任地直机关工委副书记；

罗俊，现任地区人大工委党组成员，地委副秘书长、地委政研室主任、地区督查考评办主任，免去地委副秘书长、地委政研室主任职务；

颜画，现任地区商务局党组副书记、局长，地区招商局党组副书记、局长，任地委副秘书长、政策研究室主任，免去地区商务局党组副书记、局长职务；

尔肯·依斯热依力，现任地直机关工委副书记、纪工委书记，任地委政策研究室副主任，免现职；

李涛，现任地委政研室副主任（正县级），兼任新疆社会科学院阿克苏社会科学研究所所长；

魏辉，现任地区督考办督查室副主任，任新疆社会科学院阿克苏社会科学研究所副所长（试用期一年）；

张健，现任地委机要局局长，任地委机要保密局（地区国家保密局、地区密码管理局）局长；

雷朝军，现任地委保密委员会办公室副主任（地区国家保密局副局长），任地委机要保密局（地区国家保密局、地区密码管理局）副局长、调研员；

刘震，现任地委机要局副局长，任地委机要保密局（地区国家保密局、地区密码管理局）副局长；

徐蔚，现任地委机要局副局长，任地委机要保密局（地区国家保密局、地区密码管理局）副局长；

汪军，现任地区安监局党组成员、副局长（正县级），任地区人社局党组成员、副局长（正县级）；

王明东，现任地区对口援阿办副主任，任地区发改委党组成员（副县级）；

杨忠源，现任地区金融办党组成员、副主任（浙江援疆），任地区财政局党组成员、副局长（浙江援疆）；

刘国新，现任地区外资贷款项目管理办公室主任，任地区财政局党组成员；

汤人俊，现任地区环保局党组书记、副局长，任地区生态环境局党组书记、副局长；

阿力甫·吉力力，现任地区环保局党组副书记、局长，任地区生态环境局党组副书记、局长；

王雷，现任地区环保局党组成员、副局长，任地区生态环境局党组成员、副局长；

周涛，现任地区住建局副调研员，任地区生态环境局党组成员、副局长（试用期一年），免现职；

林一敏，现任地区人防办副调研员，任地区住建局党组成员（副县级）；

李爱军，现任温宿县交通运输局党组副书记、局长，任地区交通运输局党委委员、副局长（试用期一年）；

郑德良，现任地区交通运输局副调研员，任地区交通运输局党委委员（副县级），免现职；

赵欣，现任库车经济技术开发区党工委副书记、管委会主任，任地区商务局党组副书记、局长，免现职；

侯明平，现任地区招商局党组成员、副局长，任地区商务局党组成员、副局长；

厉仁军，现任地区招商局党组成员、副局长(正县级、浙江援疆)，任地区商务局党组成员、副局长(正县级、浙江援疆)；

李建东，现任地区招商局副调研员，任地区商务局副调研员；

买买提·乃买提，现任地区经信委党组书记、副主任，任地区工业和信息化局党组书记、副局长；

兰疆，现任地区经信委党组副书记、主任，任地区工业和信息化局党组副书记、局长；

施俊宏，现任地区商务局党组成员、副局长，任地区工业和信息化局党组成员、副局长，免现职；

陈宏，现任地区经信委党组成员、副主任，任地区工业和信息化局党组成员、副局长；

钟起沛，现任地区经信委党组成员、副主任（正县级、浙江援疆），任地区工业和信息化局党组成员、副局长（正县级、浙江援疆）；

汤辉，现任地区经信委党组成员、油区办主任，任地区工业和信息化局党组成员；

田广宁，现任地区经信委调研员，任地区工业和信息化局调研员；

罗合曼·库尔班，现任地区安监局党组书记、副局长，任地区应急管理局党组书记、副局长；

陈刚，现任地区安监局党组副书记、局长，任地区应急管理局党组副书记、局长；

孙学武，现任地区煤炭局党组成员、副局长，任地区应急管理局党组成员、副局长；

卢江林，现任地区地震局副局长，任地区应急管理局副局长；

郭伟，现任地区地震局副调研员，任地区应急管理局党组成员（副县级）；

郭沙，现任地区地震局党组书记、局长，任地区应急管理局调研员；

徐东明，现任地区地震局调研员，任地区应急管理局调研员；

开赛尔·依米提，现任地区安监局副调研员，任地区应急管理局副调研员；

张建和，现任地区国有资产监督管理委员会党委副书记、主任，任地区国有资产监督管理委员会党委书记、副主任，免去地区国有资产监督管理委员会主任职务；

王莉萍，现任地区金融工作办公室党组书记、主任，任地区国有资产监督管理委员会党委副书记、主任；

戴胜军，现任地区食药局党组书记、副局长，地委新兴组织工作委员会副书记，地区工商局党组书记、副局长，任地区市场监督管理局党组书记、副局长；

帕尔哈提·麦合木提，现任地区质监局党组书记、副局长，任地区市场监督管理局党组副书记、局长；

刁春林，现任地区工商局党组成员、副局长、调研员，任地区市场监督管理局党组成员、副局长、调研员；

金永生，现任地区质监局党组成员、副局长，任地区市场监督管理局党组成员、副局长；

王志强，现任地区科技局党组成员，地区知识产权局局长，任地区市场监督管理局党组成员（副县级），免去地区科技局党组成员职务；

王宏，现任地区工商局副调研员，任地区市场监督管理局副调研员；

阿地力·多来提，现任地区煤炭工业管理局党组书记、副局长，任地区统计局党组书记、副局长；

于遴志，现任地区统计局副调研员，任地区统计局党组成员、副局长（试用期一年），免现职；

艾海提·司马义，现任拜城县委副书记（正县级）、统战部部长，任地区医疗保障局党组书记、副局长，免现职；

车勇，现任温宿县委副书记、政法委书记、人大党组书记，任地区医疗保障局党组副书记、局长，免现职；

陈超勇，现任地区食药局党组成员、副局长，任地区医疗保障局党组成员、副局长；

周霞，现任地区农村综合改革领导小组办公室主任，任地区医疗保障局党组成员、副局长；

谭清华，现任地区民宗委党组书记、副主任，任地区民族宗教事务局党组书记、副局长；

努尔·阿力木，现任地区民宗委党组副书记、主任，任地区民族宗教事务局党组副书记、局长；

申冰，现任地区安监局党组成员、副局长，任地区民族宗教事务局党组成员、副局长；

阿曼吐尔·马木提，现任地区民宗委党组成员、副主任，任地区民族宗教事务局党组成员、副局长；

依米提·阿木提，现任地区民宗委调研员，任地区民族宗教事务局调研员；

古则力·乌斯曼，现任地区民宗委副调研员，任地区民族宗教事务局副调研员；

赵文明，现任地区行署法制办主任，任地区司法局党组成员、政治部主任；

张伟，现任地委副秘书长（正县级），地区信访局党组书记、副局长，免去地区信访局党组书记、副局长职务；

张波，现任地区行署副秘书长（正县级），行署办公室党组成员，再任地区信访局党组书记、副局长；

杨国营，现任地区信访局党组成员、副局长，任地区信访局调研员；

迪力木拉提·阿吾提，现任地区民政局党组成员、副局长，任地区信访局党组成员、副局长，免现职；

赵端泰，现任地区信访局副调研员，任地区信访局党组成员；

谢强仁，现任地委群工部副部长，地区信访局副局长，免现职（调离）；

朱军生，现任乌什县委副书记、政法委书记、人大党组书记，任地区外事办公室党组书记、副主任，免现职；

宏千姆·居曼，现任地区外侨办主任，任地区外事办公室主任；

刘楞，现任地区旅游局党组成员、副局长，任地区外事办公室党组成员、副主任；

刘青，现任地区外侨办党组成员、副主任，任地区外事办公室党组成员、副主任；

章君成，现任地区外侨办副调研员，任地区外事办公室副调研员；

阿木提·帕力塔，现任地区住建局党组成员、副局长、调研员，任地区科技局党组成员、副局长、调研员，免现职；

袁伟，现任地区农业局党组书记、副局长，任地区农业农村局党组书记、副局长；

吐尔洪·买买提，现任地区农业局党组副书记、局长，任地区农业农村局党组副书记、局长；

张明，现任地区农机局党组成员、副局长，任地区农业农村局党组成员、副局长、调研员；

艾合麦提·肉孜，现任地区农业局党组成员、副局长，任地区农业农村局党组成员、副局长；

周人笔，现任地委农办副主任（浙江援疆），任地区农业农村局党组成员、副局长（浙江援疆）；

刘同友，现任地区农业产业化服务办公室主任，任地区农业农村局党组成员；

马现平，现任地区农村经营管理局党支部书记，任地区农业农村局党组成员；

李学军，现任地委农办副主任（正县级），任地区农业农村局调研员；

张兵，现任地区农业局调研员，任地区农业农村局调研员；

库尔班·托乎提，现任地区农机局调研员，任地区农业农村局调研员；

夏宏伟，现任地区林业局党委书记、副局长，任地区林业和草原局党委书记、副局长；

哈力甫·奥斯曼，现任地区林业局党委副书记、局长，任地区林业和草原局党委副书记、局长；

宋卫，现任地区林业局党委委员、副局长，任地区林业和草原局党委委员、副局长；

吐尔洪·斯衣提，现任地区林业局党委委员、副局长，任地区林业和草原局党委委员、副局长；

杨纯，现任地区林业局党委委员，新疆托木尔峰国家级自然保护区管理局局长，任地区林业和草原局党委委员；

陈建军，现任地区林业局党委委员、地区绿化委员会办公室主任，任地区林业和草原局党委委员（副县级）；

谈文阁，现任地区林业局副调研员，任地区林业和草原局副调研员；

杨泽军，现任地区畜牧兽医局党组成员、地区草原工作站站长，任新疆托木尔峰国家级自然保护区管理局副局长，免现职；

穆合塔尔·热合曼，现任地区草原监理所所长，任地区草原工作站站长；

黑胜利，现任地区扶贫办副调研员，任地区扶贫办党组成员（副县级），免现职；

艾斯卡尔·托乎提，现任沙雅县委副书记、统战部部长，任地区畜牧兽医局党组书记、副局长，免现职；

景永元，现任地委农办副主任，任地区畜牧兽医局党组成员、副局长；

海涛，现任地区国有资产监督管理委员会党委书记、副主任，任地区粮食和物资储备局党组书记、副局长，免现职；

艾斯卡尔·艾哈旦木，现任地区统计局党组书记、副局长，任地区粮食和物资储备局党组副书记、局长，免现职；

阿不来提·阿肉甫，现任地区工商局党组成员、副局长，任地区粮食和物资储备局党组成员、副局长；

郑江宏，现任地区旅游局党组成员、副局长，任地区粮食和物资储备局党组成员、副局长；

王云凤，现任地委宣传部副部长，地区文化体育广播影视局党组书记、副局长，地区旅游局党组书记、副局长，任地区文化体育广播电视和旅游局党组书记、副局长；

吉利力·海利力，现任地区文化体育广播影视局党组副书记、局长，新闻出版局局长，任地区文化体育广播电视和旅游局党组副书记、局长；

杨飞，现任地区文化体育广播影视局党组成员、副局长，任地区文化体育广播电视和旅游局党组成员、副局长；

刘维忠，现任地区旅游局党组成员、副局长，任地区文化体育广播电视和旅游局党组成员、副局长；

韩昱，现任地区旅游局党组成员、副局长（浙江援疆），任地区文化体育广播电视和旅游局党组成员、副局长（浙江援疆）；

颜松，现任地区文物保护管理局党组副书记、局长，任地区文化体育广播电视和旅游局党组成员、调研员；

张润德，现任地委宣传部副部长（正县级），任地区卫生健康委员会党委书记、副主任，免现职；

古丽扎尔·木合塔尔，现任地区卫计委党委副书记、主任，任地区卫生健康委员会党委副书记、主任；

朱新力，现任地区卫计委党委委员、副主任，任地区卫生健康委员会党委委员、副主任；

艾合塔木·塔力甫，现任地区卫计委党委委员、副主任，任地区卫生健康委员会党委委员、副主任；

陈兵，现任地区卫计委党委委员、副主任（浙江援疆），任地区卫生健康委员会党委委员、副主任（浙江援疆）；

陈磐，现任地区计划生育宣传教育技术指导所党支部书记，任地区卫生健康委员会党委委员、调研员，免现职；

马建新，现任地区老龄办主任、民政局党组成员，任地区卫生健康委员会调研员，免去地区民政局党组成员职务；

俞红梅，现任地区经信委党组成员、副主任，任库车经济技术开发区党工委副书记、管委会主任；

杨宏伟，现任地区工商局党组成员、副局长、调研员，任地区工会党组成员、副主任、调研员；

薛萍，现任地区爱国卫生运动委员会办公室主任，任地区工会党组成员、副主任、女工委主任；

艾合买提·克比尔，现任地区地震局党组成员、副局长（正县级），任地区残联党组成员、副理事长（正县级）；

刘全国，现任地区农业局党组成员、副局长，任地区供销合作社联合社党委委员、理事会副主任；

樊晓棠，现任地区食药局党组成员、副局长，任地委教育工委委员、纪工委书记，地区教育局党组成员，地区纪委监委派驻地区教育局纪检监察组组长；

宁承军，现任地区科技局党组成员、副局长，任地区中级人民法院党组成员，地区纪委监委派驻地区中级人民法院纪检监察组组长、正县级纪检监察员，免现职；

赵存亮，现任地区林业局党委委员，新疆托木尔峰国家级自然保护区管理局副局长（正县级），任地区农业农村局党组成员，地区纪委监委派驻地区农业农村局纪检监察组组长（正县级），免去新疆托木尔峰国家级自然保护区管理局副局长（正县级）职务；

龙祖荣，现任地区卫计委党委委员、副主任，任地区卫生健康委员会党委委员，地区纪委监委派驻地区卫生健康委员会纪检监察组组长、正县级纪检监察员。

韩明磊，现任地区人大工委办公室秘书科科长，任地区人大工委法制处副处长（试用期一年）；

苏里堂·艾木都力，现任地区教育局党组成员、副局长，任地区政协工委委员工作处副处长，免现职；

居来提·热合曼，现任阿瓦提县委常委、统战部部长，任沙雅县委副书记、统战部部长，免现职；

阿力木江·依干拜地，现任阿克苏市委常委、纪检委书记、监察委主任，任拜城县委副书记、统战部部长，免现职；

刘洪胜，现任温宿县委常委、纪检委书记、监察委主任，任温宿县委副书记、政法委书记，免去温宿县纪检委书记、监察委主任职务；

李强，现任温宿县委常委、克孜勒镇党委书记，兼任温宿县委宣传部部长；

刘宁，现任温宿县委常委、宣传部部长，任乌什县委副书记、政法委书记，免现职；

董建利，现任地委政研室副主任，任温宿县职级副县级干部，免现职；

库尔班·卡衣木，现任地委办公室副主任，任阿瓦提县委常委、统战部部长，免现职；

蔡赣，现任地区政协工委委员工作处副处长，任阿瓦提县职级副县级干部，免现职；

方进，现任地区供销合作社联合社党委委员、理事会副主任，任地区供销合作社联合社调研员，免现职；

丁雯，现任阿克苏技师学院（地区高级技工学校）党委委员、副院长（副校长），任地区人社局调研员，免现职；

曹江萍，现任地区工会党组成员、副主任、女工委主任，任地区工会调研员，免现职；

秦如胜，现任地区中级人民法院党组成员、审判委员会委员、执行局局长，任地区中级人民法院调研员，免现职；

黄新如，现任地区疾控中心党总支委员、副主任，任地区卫生健康委员会调研员，免现职。

吴应文，现任地区纪委监委调研员，免现职，提前退休；

龚建喜，现任地区纪委监委调研员，免现职，提前退休；

李益民，现任地区中级人民法院党组副书记，地区纪委监委驻地区中级人民法院纪检监察组组长（正县级），免现职，提前退休；

陈琳，现任地区工会调研员，免现职，提前退休；

张邕，现任地区农业局调研员，提前退休；

艾尼瓦尔·艾木热拉，现任地委农办调研员，提前退休；

师雪明，现任地区农业局调研员，提前退休；

玉山·沙依木，现任地区国资委调研员，免现职，提前退休；

李星毅，现任地区残联调研员，免现职，提前退休；

张工程，现任地委统战部调研员，免现职，提前退休；

陈国庆，现任地区文化体育广播影视局调研员，提前退休；

宋新建，现任地区卫计委党委书记、副主任，提前退休；

胡翼，现任地区地方病防治领导小组办公室主任，提前退休；

张心武，现任地区人防办党组成员、副主任（正县级），提前退休；

李刚，现任地区民政局副调研员，免现职，提前退休；

艾尼瓦尔·达吾提，现任地区金融办党组成员、副主任，提前退休；

吴宏斌，现任地区金融办党组成员、副主任，提前退休；

吐尔洪·阿西尔，现任地区档案局党组成员、副局（馆）长、调研员，提前退休；

艾合买提·塔西，现任地区社会主义学院党组成员、副院长，免现职，提前退休；

裘品华，现任地委宣传部调研员，免现职，提前退休。

2月

张文远，现任地委宣传部副部长、阿克苏日报社党委书记、总编辑，任地委宣传部调研员，免现职；

阿布拉·吾守尔，现任地委统战部副部长（正县级），任地委统战部调研员，免现职；

努尔·阿力木，现任地区民族宗教事务局党组副书记、局长，任地委统战部副部长（正县级），免现职；

努尔买买提·阿布拉，现任新和县委副书记（正县级）、统战部部长，任地区民族宗教事务局党组副书记、局长，免现职；

朱英山，现任地委编办主任，再任地委组织部副部长；

艾则孜·吐尼牙孜，现任拜城县纪检委副书记、监察委副主任，任地委副县级组织员；

樊晓辉，现任地区督查考评办督查室副主任，任地委办公室副调研员；

彭战，现任地区机关事务管理局资产管理科科长，任地区机关事务管理局党组成员、副局长（试用期一年）；

阿不来提·热木吐拉，现任地区人大工委法制处信访科科长，任地区档案馆副馆长（试用期一年）；

朱卫东，现任地区国资委党委委员、副主任、调研员，任地区供销合作社联合社党委委员、监事会主任（正县级）；

杨斌，现任地区供销社项目办公室主任，任地区供销合作社联合社党委委员、理事会副主任（试用期一年）；

穆合塔尔·苏里坦，现任拜城县赛里木镇党委副书记、镇长，任地区国资委党委委员、副主任（试用期一年）；

阿孜古丽·艾海提，现任地委政法委信访科科长，任地委政法委副调研员；

卡合曼·克然木，现任温宿县林业局党组书记、副局长，任新疆托木尔峰国家级自然保护区管理局副局长（试用期一年）；

张海波，现任柯坪县司法局（职业技能教育培训服务管理局）党组成员、副局长，任地区司法局党组成员、地区职业技能教育培训服务管理局副局长（试用期一年）；

祖雷，现任地区人社局事业单位人事管理科科长、人才开发管理办公室主任，任地区人社局副调研员；

王柯，现任新疆阿克苏（南疆）危险废物管理中心现场监察监测科科长，任新疆阿克苏（南疆）危险废物管理中心副主任（试用期一年）；

石学军，现任地区农村饮水安全工作办公室主任、高级工程师，任地区水利管理总站站长<地区水资源管理中心主任>（试用期一年）；

李滟预，现任地区社保局副局长，任地区医疗保障局副调研员；

张金萍，现任地区发改委财务审计科科长，任地区粮食和物资储备局副调研员；

吐尔洪·麦麦提，现任阿克苏市副市长，任地区农业农村局党组成员、副局长，免现职；

马文光，现任地区公安局副调研员，任地区公安局调研员；

王宏强，现任地区公安局治安支队副支队长（正科级），任地区公安局治安经文保支队政委（试用期一年）；

李斌，现任地区公安局政治部副主任，任地区公安局刑侦支队支队长（试用期一年）；

刘安利，现任地区财政局组织人事科科长，任地区财政局副调研员；

邢伟，现任地区教育局组织人事科科长，任地区实验中学党委委员、副校长（试用期一年），新疆大学科技学院阿克苏校区党委委员；

陆美霞，现任库车市东城街道党工委书记，任阿克苏工业技师学院（地区库车中等职业技术学校）党委委员、纪委书记；

郭志清，现任库车市教育局党组副书记、局长，任阿克苏工业技师学院（地区库车中等职业技术学校）党委委员、副院长（副校长）（试用期一年）；

吾买尔·热合曼，现任库车市政府办主任，任阿克苏工业技师学院（地区库车中等职业技术学校）党委委员、副院长（副校长）（试用期一年）；

王定平，现任柯坪县委常委、纪检委书记、监察委主任，任阿克苏职业技术学院党委副书记、纪委书记，免现职；

吐尔洪·恰瓦尔，现任阿克苏市统计局党组书记、副局长，任阿克苏职业技术学院人文教育系主任（试用期一年）；

依明·米吉提，现任阿克苏职业技术学院党委委员、副院长、生物工程系党总支书记，免去阿克苏职业技术学院生物工程系党总支书记职务；

艾力·沙依提，现任阿克苏市人民法院党组副书记、院长，任地区中级人民法院审判委员会专职委员（正县级），免现职；

艾山·拜克日，现任温宿县人民检察院党组副书记、检察长，任阿克苏检察分院检察委员会专职委员（正县级），免现职；

梁俊辉，现任地区纪委监委第一审查调查室主任，任阿克苏检察分院党组成员、副检察长，免现职；

钟利民，现任阿瓦提县人民检察院党组书记、副检察长，任阿克苏检察分院检察委员会专职委员（正县级），免现职；

阿布来提·马木提，现任地区工会困难职工帮扶中心主任，任地区工会副调研员；

陈文，现任地委副县级巡察专员，任地委巡察办调研员；

程建新，现任地区科技局业务科科长，任地区科技局副调研员；

乃麦提·麦麦提，现任地区人防办主任科员，任地区住建局副调研员；

苏玉江，现任地区工商局信用监督管理科科长，任地区市场监督管理局副调研员；

李坚，现任地委农办综合科科长，任地区农业农村局副调研员；

代建平，现任地委党校校委会委员、基层党委专职副书记（组织人事科科长），任地委党校副调研员；

吐尔逊·吾斯曼，现任沙雅县人民法院党组副书记、院长，任阿克苏市人民法院院长，免现职；

艾力·艾合买提，现任阿克苏职业技术学院党委副书记、纪检委书记，地区纪委委员，任阿克苏市委常委、纪检委书记、监察委主任人选，免去阿克苏职业技术学院党委副书记、纪检委书记职务；

艾热提·吾斯曼，现任阿克苏市红旗坡片区管委会主任，任阿克苏市副市长，免现职；

沙比尔·麦合木提，现任阿克苏市喀拉塔勒镇党委副书记、镇长，任阿克苏市红旗坡片区管委会主任（试用期一年）；

梁小川，现任阿克苏市多浪片区党工委书记，免现职；

张斌，现任库车市职级副县级干部、比西巴格乡党委书记，任库车市人大常委会副主任；

金玉龙，现任阿克苏市红桥街道党工委书记，任阿克苏市多浪片区党工委书记（试用期一年）；

李拥国，现任地委政策研究室

副主任，任沙雅县职级副县级干部,免现职;

胡西塔尔·胡都尤木，现任地区中级人民法院翻译室主任、审判员,任沙雅县人民法院院长;

许平,现任沙雅县英买力镇党委书记(享受副县级待遇),任沙雅县循环经济工业园区党工委书记(试用期一年);

阿依古力·艾麦提，现任地区纪委监委驻地委办公室纪检监察组组长,任新和县委常委、纪检委书记、监察委主任人选,免现职;

韩明磊,现任地区人大工委法制处副处长,任新和县职级副县级干部,免现职;

孙凤霞,现任地区纪委监委驻地委宣传部纪检监察组组长,任温宿县委常委、纪检委书记、监察委主任人选,免现职;

况东旭,现任温宿县发展和改革委员会党组副书记、主任,任温宿产业园区党工委书记(试用期一年);

买买提·吐尼亚孜，现任沙雅县人民检察院党组成员、检委会委员、副检察长,任温宿县人民检察院检察长;

刘洪,现任地区司法局党组成员、地区职业技能教育培训服务管理局副局长,任阿瓦提县人民检察院党组书记,免现职;

王锡琳,现任阿克苏检察分院财务装备处处长,任乌什县人民法院党组书记;

杨斌，现任柯坪县委常委、统战部部长，转任柯坪县纪检委书记、监察委主任人选,免去柯坪县委统战部部长职务;

曹翔,现任柯坪县司法局(职业技能教育培训服务管理局)党组书记,任柯坪县委常委、统战部部长,免现职;

王齐方,现任柯坪县享受副县级待遇,任柯坪县司法局(职业技能教育培训服务管理局）党组书记。

方进,现任地区供销合作社联合社调研员,免现职,提前退休;

秦如胜,现任地区中级人民法院调研员,免现职,提前退休;

丁雯，现任地区人社局调研员,免现职,退休;

黄新如,现任地区卫生健康委员会调研员,免现职,提前退休;

艾合麦提·肉孜，现任地区农业农村局党组成员、副局长,免现职,提前退休;

依米提·阿木提，现任地区民族宗教事务局调研员，免现职,提前退休;

吐尔迪·艾山，现任阿克苏检察分院副县级检察员，免现职,提前退休;

茹克亚·吐尼牙孜，现任阿克苏检察分院副县级检察员，免现职,提前退休;

滕振新,现任地区残联副调研员,免现职,提前退休;

毕泗升,现任库车市人大常委会副主任,免现职,提前退休;

谢春芳,现任沙雅县循环经济工业园区党工委书记，免现职,提前退休;

姚兆宾,现任温宿产业园区党工委书记,免现职;

肖红,现任阿瓦提县人大常委会副主任,免现职,退休;

张贺江,现任乌什县人民法院党组书记、副院长,免现职,提前退休。

周永平,现任阿克苏检察分院党组成员、检察长助理（挂职半年),挂职期满,免现职;

赵钰,现任阿克苏检察分院党组成员、检察长助理(挂职半年),挂职期满,免现职;

魏继新,现任地区行署副秘书长(挂职二年),行署办公室党组成员,挂职期满,免现职;

李宏军，现任柯坪县委副书记、副县长(挂职二年),挂职期满,免现职。

4月

蒋崇云,现任地区中级人民法院党组成员、副院长(正县级),任地区中级人民法院调研员，免现职;

李保胜,现任库车市人民法院党组书记、副院长,任地区中级人民法院党组成员、副院长（正县级),免现职;

包金星,现任沙雅县人民法院党组书记、副院长,任地区中级人民法院党组成员、执行局局长、正县级审判员;

多力坤·肉孜，现任地区司法局党组成员、地区职业技能教育培训服务管理局副局长,任地区司法局副调研员,免现职;

莫明江·毛拉托乎提，现任温宿县温宿镇党委副书记、镇长,任地区司法局党组成员、地区职业技能教育培训服务管理局副局长(试用期一年);

吴多生,现任地委统战部副部长(正县级),任地委统战部常务副部长;

艾尼瓦尔·买买提，现任乌什

县奥特贝希乡党委副书记、乡长，任地区民族宗教事务局党组成员、副局长(试用期一年)；

阿不拉江·阿塔吾拉，现任地区社会主义学院党组副书记、院长，任地区社会主义学院调研员，免现职；

安尼瓦尔·再东，现任地委党校校委会委员、副校长、调研员，任地区社会主义学院党组副书记、院长，免现职；

吾布力哈斯木·买买提，现任阿瓦提县阿瓦提镇党委副书记、镇长，任地区社会主义学院党组成员、副院长(试用期一年)；

宋海山，现任地区纪委委员、副书记，地区监察委员会副主任，调离免职；

田瑞莲，现任地区纪委委员、副书记，地区监察委员会副主任，任地区纪委常务副书记；

夏宏伟，现任地区林业和草原局党委书记、副局长，任地区人大工委党组成员、秘书长，免现职；

阿依古丽·阿布都热依木，现任沙雅县委常委、宣传部部长，任地区人大工委法制处副处长，免现职；

李劲松，现任地区扶贫办党组书记、主任，任地区行署副秘书长、行署办公室党组成员，免去地区扶贫办主任职务；

阿不都沙拉木·尼亚孜，现任地区行署副秘书长(正县级)，行署办公室党组成员，任地区行署办公室调研员，免现职；

努尔艾力·麦麦提，现任地区住房和城乡建设局党组书记、副局长，任地区行署副秘书长（正县级)，行署办公室党组成员，免现职；

罗清华，现任地区行署机关党委副书记，任地区行署办公室调研员，免现职；

张洵，现任地区住房和城乡建设局党组副书记、局长，任地区住房和城乡建设局党组书记、副局长，免去地区住房和城乡建设局局长职务；

塔依尔·库尔班，现任地区行署办公室党组成员、副主任，任地区住房和城乡建设局党组副书记、局长，免现职；

胡亚军，现任地区政协工委办公室综合科科长，任地区政协工委办公室副调研员；

苏敏，现任地委党校校委会委员、副校长（地区行政学院副院长)，任地委党校调研员；

马合木提·马木提，现任地区行署办公室翻译科科长，任地委党校校委会委员、副校长(地区行政学院副院长)(试用期一年)；

方勤，现任地区扶贫办党组成员、副主任(正县级)，任地区扶贫办党组副书记、主任；

韩永峰，现任沙雅县副县长，托依堡勒迪镇党委书记，任地区扶贫办党组成员、副主任，免去沙雅县副县长职务；

木合塔尔·牙生，现任地区农村经营管理局副局长，任地区农村经营管理局局长；

陈德华，现任地区中心林管站党支部书记，任地区种子管理中心站站长，免现职；

塔依尔·卡地尔，现任库车市牙哈镇党委副书记、镇长，任库车经济技术开发区党工委委员、纪工委书记；

李新斌，现任阿克苏市委常委、宣传部部长，任地区林业和草原局党委书记、副局长，免现职；

宋卫，现任地区林业和草原局党委委员、副局长，任地区林业和草原局调研员；

谈文阁，现任地区林业和草原局副调研员，任地区草原工作站党支部书记；

周长凌，现任乌什县依麻木镇党委副书记(副县级)，任地区中心林管站党支部书记；

李勇，现任地委宣传部办公室主任，任地委宣传部副调研员；

刘绅，现任地委专用通信局局长，任地区社科联党组成员、副主席，免现职；

刘震，现任地委机要保密局(地区国家保密局、地区密码管理局)副局长，任地委专用通信局局长，免现职；

韩俊萍，现任阿克苏日报社党委副书记、社长、副总编辑，任阿克苏日报社党委书记、总编辑，免去阿克苏日报社社长职务；

王宇，现任地区社会体育指导中心主任，任地区文化体育广播电视和旅游局党组成员、地区社会体育指导中心党支部书记，免去地区社会体育指导中心主任职务；

卡迪亚古丽·依木拉依木，现任地区文化馆馆长，任地区社会体育指导中心主任(试用期一年)；

胡晓燕，现任温宿县委宣传部副部长，文化体育广播电视和旅游局党组书记、副局长，任地区塔里木歌舞团党支部书记；

汪龙，现任地区人大工委法制处民族宗教科科长，任地区工商联党组成员、副主席；

周忠，现任地区工商联（总商会）秘书长，任地区工商联副调研员；

徐国焘，现任地区商务局市场运行监测调节科科长，任地区商务局副调研员；

刘一村，现任阿克苏市副市长，任阿克苏市委常委、宣传部部长，免现职；

王陆，现任地区中级人民法院审判委员会委员、刑事审判一庭庭长、审判员，任库车市人民法院党组书记、副院长；

居麦·托喀，现任沙雅县副县长，任沙雅县委常委，免现职；

苏勒坦·赛买提，现任沙雅县委教育工委副书记、教育和科学技术局党组副书记、局长，任沙雅县副县长；

常正海，现任沙雅县政府办党组书记、主任、外事办主任，任沙雅县人民法院党组书记、副院长；

艾合麦提·库尔班，现任拜城县人大常委会副主任，任拜城县政协党组书记、副主席，免现职；

艾合麦提·阿克木，现任拜城县人力资源和社会保障局党组副书记、局长，任拜城县人大常委会副主任；

郭振江，现任阿克苏市阿依库勒镇党委副书记（副县级），任温宿国家农业科技园区党工委委员、管委会副主任；

蔡赣，现任阿瓦提县拜什艾日克镇党委书记（副县级），任阿瓦提县委常委；

黄艳红，现任阿瓦提县委党校常务副校长，任阿瓦提县人大常委会副主任；

阿曼吐尔·马木提，现任地区民族宗教事务局党组成员、副局长，任乌什县政协副主席，免现职；

艾散·玉素普，现任乌什县阿克托海乡党委书记，任乌什县副县长；

孟建明，现任地区公安局副调研员、乌什县检察院党组副书记（主持党组工作），任乌什县人民检察院党组书记，免去地区公安局副调研员职务；

鲁晓忠，现任地区人大工委党组成员、秘书长，免现职，提前退休；

王卫兵，现任地区政协工委副秘书长（正县级），免现职，提前退休；

苏里堂·艾木都力，现任地区政协工委委员工作处副处长，免现职，提前退休；

阿孜古丽·艾海提，现任地委政法委副调研员，免现职，提前退休；

张文远，现任地委宣传部调研员，免现职，提前退休；

张卫，现任地区司法局副调研员，免现职，提前退休；

赵云，现任地区工商联调研员，免现职，提前退休；

艾斯卡尔·托乎提，现任温宿县政府党组成员（享受副县级待遇），提前退休；

唐国斌，现任温宿国家农业科技园区党工委委员、副主任，免现职，提前退休；

陈瑞喜，现任乌什县政协党组书记、副主席，免现职，提前退休；

依得力司·卡迪尔，现任乌什县政协副主席，免现职，提前退休；

常诚，现任地委办公室调研员，退休；

邢志礼，现任地区公安局副调研员，退休；

吐逊·玉山，现任拜城县政协党组书记、副主席，免现职，退休；

吐尔地·拜克热，现任乌什县正县级干部，退休；

高军成，现任地区纪委监委法规研究室主任（试用期一年），正式任职；

张晓力，现任地委副县级巡察专员（试用期一年），正式任职；

阿依先木·斯迪克，现任地委巡察工作领导小组办公室副主任（试用期一年），正式任职；

母忠贵，现任地区公安局党委委员，地区纪委监委驻地区公安局纪检监察组组长（试用期一年），正式任职；

王成，现任地区纪委监委第二审查调查室主任（试用期一年），正式任职；

凯撒·尕依提，地区纪委监委驻地委组织部纪检监察组组长（试用期一年），正式任职；

张大勇，地区纪委监委第三审查调查室主任（试用期一年），正式任职；

陈方亮，地区纪委监委案件监督管理室主任（试用期一年），正式任职；

程晓东，地区纪委监委组织部部长（试用期一年），正式任职；

党天喜，地委办公室副主任（试用期一年），正式任职；

刘晓辉，地委组织部部务委员（试用期一年），正式任职；

黄晓平，地委宣传部副部长（试用期一年），正式任职；

王立宪，地委党校校委会委员、副校长（地区行政学院副院长）（试用期一年），正式任职；

依帕尔古力·阿地，共青团阿克苏地区委员会副书记(试用期一年)、党组成员,正式任职；

王星，地区网信党工委委员，地委网信办(互联网信息办)副主任(试用期一年),正式任职；

阿孜古丽·阿吾拉，地区妇联党组成员、副主席(试用期一年),正式任职；

刘青,阿克苏纺织工业城(开发区)党工委委员、管委会副主任(试用期一年),正式任职；

刘海,现任地委干部理论教育讲师团团长(试用期一年),正式任职；

艾克拜尔·依明，现任阿克苏市多浪片区管理委员会主任(试用期一年),正式任职；

朱永强,现任温宿产业园区管委会主任（试用期一年),正式任职；

杜刚，现任地区宣传办公室(行署新闻办公室)主任,任地区融媒体中心(地区新闻中心)主任；

陈泽,现任地区广播电视台党总支书记,任地区广播电视台党委书记；

赵自新,现任交通银行新疆区分行网络渠道部总经理,任地区行署副秘书长(挂职二年)；

罗永,现任柯坪县副县长(挂职二年),免现职；

邓永华,现任东风专用汽车有限公司副总经理,任柯坪县副县长(挂职二年)。

7月

陆斌,现任地区社会主义学院党组书记、副院长,再任地委统战部副部长；

杨慧,现任地委机构编制委员会办公室副主任、二级调研员,免去地委机构编制委员会办公室副主任职务；

王杰,现任地委机构编制委员会办公室电子政务科科长,任地委机构编制委员会办公室副主任；

苏伟，现任地委党史研究室(地区地方志办公室)年鉴科科长,任地委党史研究室(地区地方志办公室)副主任；

王小平,现任地区二中党委委员、纪检委书记,任阿克苏日报社党委副书记、社长、副总编辑,免现职；

何廷伟,现任地区红十字会党组成员、副会长,晋升三级调研员,免去地区红十字会副会长职务；

王馨,现任地区红十字会四级调研员，任地区红十字会党组成员、副会长,免现职；

莫合旦·艾合旦木，现任阿克苏市卫生健康委员会党委副书记、主任，任地区红十字会党组成员、副会长；

吐尔逊·吐拉吾东，现任地区政协工委委员工作处经济发展科科长,任地区政协工委委员工作处副处长；

赛米江·买买提，现任地区农业农村局科教法规科科长,任地区行署办公室党组成员、副主任；

田采霞,现任塔里木地区人民检察院党组成员、副检察长、检察委员会委员，调入阿克苏检察分院,晋升三级调研员；

石岚,现任阿瓦提县人民法院党组书记、副院长,任地区中级人民法院四级调研员,免现职；

迪力木拉提·阿吾提，现任地区信访局党组成员、副局长,晋升三级调研员,免现职；

艾尼瓦尔·买提尼亚孜，现任温宿县依希来木其乡党委书记,任地区信访局党组成员、副局长；

杨钟鹏,现任温宿县吐木秀克镇党委书记,任地区退役军人事务局党组成员、副局长；

汤辉,现任地区工业和信息化局党组成员、油区工作委员会办公室主任,任地区油区服务协调中心主任；

米吉提·依不拉音，现任地区油区办党组成员、副主任,任地区油区服务协调中心副主任；

王凌文,现任地区油区服务协调中心四级调研员,任地区油区服务协调中心副主任；

艾尔肯·尤努斯，现任地区供销合作社联合社党委委员、理事会副主任,晋升三级调研员,免现职；

阿不来提·阿不杜热合曼,现任阿克苏市拜什吐格曼乡党委副书记、乡长,任地区供销合作社联合社党委委员、理事会副主任；

王永峰,现任阿克苏纺织工业城(开发区)党工委委员、管委会副主任,免去阿克苏纺织工业城(开发区)管委会副主任职务；

刘继忠,现任拜城县发展和改革委员会党组副书记、主任(粮食和物资储备局局长),任阿克苏纺织工业城(开发区)党工委委员、管委会副主任；

杨家鹏,现任地区住房公积金管理中心乌什管理部主任,任地区住房公积金管理中心党组成员、副主任；

粟新,现任地区纪委监委二级调研员、纪委委员,任地委党史研

究室(地区地方志办公室)主任,免去地区纪委监委二级调研员职级;

阿力木江·热合曼,现任阿克苏教育学院党委委员、副院长,任阿克苏日报社党委委员、副总编辑,免现职;

万东柱,现任阿克苏日报社党委委员、纪检委书记,任地区第二中学党委委员、纪检委书记,免现职;

付鹏飞,现任地委组织部干部监督科科长,任阿克苏职业技术学院办公室主任;

唐敏,现任阿克苏职业技术学院生物工程系教学负责人(副教授),任阿克苏职业技术学院生物工程系主任;

刘红梅,现任阿克苏职业技术学院艺术系主任,任阿克苏职业技术学院艺术系党总支书记,免现职;

于洪亚,现任地委党史研究室(地区地方志办公室)主任,任地委正县级巡察专员,免现职;

高军成,现任地区纪委监委法规研究室主任,任地区纪委监委政策法规研究室主任(机构更名重新任命);

陈方亮,现任地区纪委监委案件监督管理室主任,任地区纪委监委信访室主任,免现职;

黄海清,现任地区纪委监委信访室主任,任地区纪委监委案件监督管理室主任,免现职;

李勇,现任地委宣传部四级调研员,任地区纪委监委第一监督检查室主任(试用期一年),免去地委宣传部四级调研员职级;

张大勇,现任地区纪委监委第三审查调查室主任,任地区纪委监委第二监督检查室主任(内设科室机构调整,第三审查调查室撤销,主任职务自然免除);

乃比江·阿不拉,现任地区纪委监委第三执纪监督室主任,任地区纪委监委第三监督检查室主任(机构更名重新任命);

张伟奇,现任地区纪委监委纪检监察干部监督室主任,任地区纪委监委第四审查调查室主任,免现职;

王成,现任地区纪委监委第二审查调查室主任,任地区纪委监委第五审查调查室主任(内设科室机构调整,第二审查调查室撤销,主任职务自然免除);

解大伟,现任地区纪委监委案件审理室主任,免现职;

郑建江,现任地区中医医院党委副书记(正县级)、纪委书记,地区维吾尔医医院党委书记,任地区直属机关纪检监察工委书记(正县级),免现职(地区直属机关纪工委改设为地区直属机关纪检监察工委,现任地直机关工委副书记、纪工委书记孙太保同志的地区直属机关纪工委书记职务自然免除);

魏宏前,现任地区发改委党组副书记,地区纪委监委驻地区发改委纪检监察组组长,任地区纪委监委驻地委宣传部纪检监察组组长,免现职;

彭新安,现任地区林草局党委委员,地区纪委监委二级调研员、驻地区林草局纪检监察组组长,任地区纪委监委驻地区发改委纪检监察组组长、地区发改委党组成员,免去地区林草局党委委员职务(地区纪委监委驻地区林草局纪检监察组撤销,组长职务自然免除);

马振虎,现任地区纪委监委第一执纪监督室主任,任地区纪委监委驻地委政法委纪检监察组组长(内设科室机构调整,第一执纪监督室更名为第一监督检查室,主任职务自然免除);

赵存亮,现任地区农业农村局党组成员,地区纪委监委驻地区农业农村局纪检监察组组长(正县级),任地区纪委监委驻地区卫健委纪检监察组组长(正县级)、地区卫健委党委委员,免现职;

龙祖荣,现任地区纪委监委二级调研员、驻地区卫健委纪检监察组组长,地区卫健委党委委员,任地区纪委监委驻地区农业农村局纪检监察组组长、地区农业农村局党组成员,免去地区纪委监委驻地区卫健委纪检监察组组长、地区卫健委党委委员职务;

凯撒·尕依提,现任地区纪委监委驻地委组织部纪检监察组组长,任地区纪委监委驻地区政协工委机关纪检监察组组长,免现职;

王功刚,现任地委组织部二级调研员,任地区纪委监委二级调研员、驻地委组织部纪检监察组组长,免去地委组织部二级调研员职级;

母忠贵,现任地区公安局党委委员,地区纪委监委驻地区公安局纪检监察组组长,任地区纪委监委驻地区行署办纪检监察组组长、地区行署办公室党组成员,免去地区公安局党委委员职务(地区纪委监委驻地区公安局纪检监察组撤销,组长职务自然免除);

李明晖,现任地区文旅局党组副书记,地区纪委监委二级调研员、驻文旅局纪检监察组组长,任地区纪委监委驻地区人大工委机关纪检监察组组长，免去地区文旅局党组副书记职务（地区纪委监委驻地区文旅局纪检监察组撤销，组长职务自然免除）；

吴培华，现任阿克苏检察分院党组成员，地区纪委监委驻阿克苏检察分院纪检监察组组长，任地区纪委监委驻地委办公室纪检监察组组长，免去阿克苏检察分院党组成员职务（地区纪委监委驻阿克苏检察分院纪检监察组撤销，组长职务自然免除）；

樊晓棠，现任地区纪委监委驻地区教育局纪检监察组组长，地委教育工委委员、纪工委书记，地区教育局党组成员，任地区教育局党组成员（教育工委委员），地区纪委监委驻地区教育局纪检监察组组长（教育工委纪工委书记）（重新任命）；

刘学军，现任地区第一人民医院普外一科主任，任地区第一人民医院党委委员、副院长；

阿米娜·马合木提，现任地区第一人民医院党委委员、副院长，任地区第二人民医院党委副书记、院长，免现职；

李亚先，现任地区中医医院党委副书记、院长，任地区中医医院党委书记、副院长，免去地区中医医院院长职务；

李应琴，现任地区妇幼保健院党委书记、副院长，任地区中医医院党委副书记、院长，免现职；

刘炜，现任地区中医医院党委委员、大内科主任，任地区中医医院党委委员、副院长；

邓志斌，现任乌什县人民医院党总支副书记、院长，任地区妇幼保健院党委书记；

刘建军，现任地区卫健委办公室主任，任地区计划生育宣传教育技术指导所党支部书记；

李波涛，现任地区鹏达投资公司党委书记、董事长、总经理，免去总经理职务；

施俊宏，现任地区工业和信息化局党组成员、副局长，任地区鹏达投资公司党委副书记、副董事长、总经理（聘期三年），免现职；

托乎尼亚孜·奥斯曼，现任温宿县托乎拉乡党委副书记、乡长，任阿克苏西域牧业发展有限责任公司党委委员、副总经理（聘期三年）；

阿不都如苏力·热西提，现任库车市维吾尔医医院院长，任库车市政协副主席；

阿不来提·乌斯曼，现任温宿县人大常委会副主任、二级调研员，免去温宿县人大常委会副主任职务；

艾散·阿卜都热合曼，现任温宿县柯柯牙镇党委副书记、镇长，任温宿县人大常委会副主任；

黄敏，现任阿瓦提县供销社党委书记、副主任，任阿瓦提县政协副主席；

戴群，现任柯坪县人民法院党组书记、副院长，任阿瓦提县人民法院党组书记，免现职；

王彦林，现任温宿县人民检察院党组成员、副检察长，任柯坪县人民法院党组书记；

张兵，现任地区行署驻乌鲁木齐办事处主任，职级为地区行署办公室二级调研员；

杨亚强，现任新疆阿克苏（南疆）危险废物管理中心主任，职级为地区发改委二级调研员，免现职；

赵儒林，现任地区纪委监委二级调研员、纪委委员，晋升地区纪委监委一级调研员；

程绪明，现任地区公安局党委委员、副局长（正县级），晋升地区公安局一级调研员，免现职；

卡合曼·司迪克，现任地区商务局党组书记、副局长，晋升地区商务局一级调研员，免现职；

塔依尔·买买提，现任地区商务局二级调研员，晋升地区商务局一级调研员；

李学军，现任地区农业农村局调研员，晋升地区林草局一级调研员；

郭沙，现任地区应急管理局二级调研员，晋升地区应急管理局一级调研员；

吐鲁洪·马木提，现任地委办公室二级调研员，晋升地委办公室一级调研员；

马建新，现任地区卫生健康委员会二级调研员，晋升地区卫生健康委员会一级调研员；

田广宁，现任地区工业和信息化局二级调研员，晋升地区工业和信息化局一级调研员；

李可奎，现任柯坪县二级调研员，晋升一级调研员；

朱雷，现任地区水利局二级调研员、党组成员、副局长，免现职，退休（职级自然免除）；

杨慧，现任地委编委办二级调研员，退休（职级自然免除）；

迪力木拉提·阿吾提，现任地区信访局三级调研员，退休（职级自然免除）；

阿木提·帕力塔，现任地区科

技局二级调研员、党组成员、副局长,免现职,退休(职级自然免除);

程建新,现任地区科技局四级调研员,退休(职级自然免除);

杨宏伟,现任地区工会二级调研员、党组成员、副主任,免现职,退休(职级自然免除);

贺彪,现任地委副县级巡察专员、地委巡察办二级调研员,免现职,退休(职级自然免除);

韩谊,现任地区纪委监委四级调研员,退休(职级自然免除);

卢华,现任地区纪委监委四级调研员,退休(职级自然免除);

尤里达西·吾休,现任地区纪委监委驻地委政法委纪检监察组组长,免现职,退休;

肖梦,现任地委正县级巡察专员,免现职,退休;

徐永希,现任阿克苏职业技术学院办公室主任,免现职,退休。

8月

侯玉芳,现任地区统计局党组副书记、局长,任地区行署副秘书长(正县级)、行署办公室党组成员,免现职;

史红,现任地区国兴资产经营公司党委书记、董事长、总经理,任地区统计局党组副书记、局长,免现职;

买买提·乃买提,现任地区工信局党组书记、副局长,任地区商务局党组书记、副局长,免现职;

白和斌,现任库车市委副书记、常务副市长,库车经济技术开发区党工委书记、副主任,任地区工信局党组书记、副局长,免现职;

帕尔哈提·麦合木提,现任地区市场监督管理局党组副书记、局长,任地区人社局党组副书记、局长,免现职;

艾力·热麦提,现任拜城县人大常委会主任,任地区市场监督管理局党组副书记、局长,免现职;

杨军,现任温宿国家农业科技园区党工委副书记、管委会主任,任地区生态环境局党组成员、新疆阿克苏(南疆)危险废物管理中心主任,免现职;

王君玉,现任地区妇联党组书记、副主席,转任地区妇联二级调研员,免现职;

谷学珍,现任地区工会党组副书记、主任,任地区妇联党组书记、副主席,免现职;

周刚,现任阿瓦提县政协党组书记、副主席,任地区工会党组副书记、主任,免现职;

李汉勇,现任温宿县委组织部部务委员(正科级),任地区工会党组成员、副主任;

袁伟,现任地区农业农村局党组书记、副局长,任地委正县级巡察专员,免现职;

蒋友强,现任地区纪委监委第二执纪监督室主任,任地区纪委监委纪检监察干部监督室主任;

刘建,现任阿克苏市政协党组书记、副主席,任地区农业农村局党组书记、副局长,地委农办主任,免现职;

毛新强,现任地区第一中学党委委员、纪检委书记,免现职(保留副县级待遇);

翟晖,现任阿克苏市纪检委副书记、监察委副主任(正科级),任地区第一中学党委委员、纪检委书记;

熊道喜,现任沙雅县委常委、纪检委书记、监察委主任,任地委政研室副主任、晋升三级调研员,免现职;

孙涌,现任柯坪县委副书记、常务副县长,任地区应急管理局党组成员、三级调研员,免现职;

帕尔哈提·那曼,现任地区工商联党组成员、副会长(正县级),转任地区工商联二级调研员,免现职;

莫合特尔·阿布力米提,现任地区中医医院党委委员、副院长、维吾尔医医院院长,任地区第一人民医院党委委员、副院长,免现职;

刘勇,现任库车市人民医院党总支副书记、院长,任地区中医医院党委委员、地区维吾尔医医院党总支书记;

阿地力·阿不都热依木,现任阿瓦提县维吾尔医医院院长,任地区中医医院党委委员、维吾尔医医院院长(试用期一年);

宋江培,现任地区康宁医院党支部书记,任地区康宁医院党委书记(党组织设置调整,重新任命);

阿布来提·阿布都力,现任沙雅县人民医院党委副书记、院长,任地区康宁医院院长(试用期一年);

钱雅璐,现任地区第二人民医院党委委员、纪检委书记,任地区卫健委卫生监督所党支部书记,免现职;

陈光耀,现任地区纪委委员、监委委员,任地区纪委副书记(监委副主任);

李如武,现任地区住房公积金管理中心党组书记、副主任,任地区应急管理局党组副书记、局长,免现职;

兰疆，现任地区工信局党组副书记、局长，任地区工信局一级调研员，免现职；

米吉提·依米提，现任沙雅县人大常委会主任，任地区工信局党组副书记、局长，免现职；

刘茂林，现任地区公安局警令部政委，任地区公安局党委委员、副局长，免现职；

徐文革，现任新疆网络监控处置中心阿克苏地区分中心主任、四级高级警长，任地区公安局警令部政委，免现职；

王来杰，现任沙雅县副县长、公安局局长，任新疆网络监控处置中心阿克苏地区分中心主任，免现职；

秦加友，现任地委委员、库车市委书记，再任库车经济技术开发区党工委书记；

潘素华，现任库车市委常委、组织部部长，任库车市委副书记、常务副市长，免组织部部长职务；

王伟，现任沙雅县委常委、组织部部长，任库车县委常委、组织部部长，免现职；

方胜，现任地区纪委监委办公室主任，任库车市副市长，免现职；

易昭勇，现任库车市副市长、牙哈镇党委书记，任沙雅县委常委、纪检委书记、监察委主任人选，免现职；

晏晓华，现任库车市副市长、玉奇吾斯塘乡党委书记，任沙雅县委常委、组织部部长，免现职；

付长山，现任新和县委常委、组织部部长，任阿瓦提县委常委，免现职；

白永强，现任拜城县委常委、赛里木镇党委书记，任新和县委常委、组织部部长，免现职；

侯明平，现任地区商务局党组成员、副局长，任温宿国家农业科技园区党工委副书记、管委会主任，免现职；

李杰，现任拜城县副县长，任拜城县委常委，免现职；

艾合麦提·库尔班，现任拜城县政协党组书记、副主席，任拜城县人大常委会主任，免现职；

李拥国，现任沙雅县塔里木乡党委书记(副县级)，再任沙雅县副县长；

刘卫江，现任地区行署副秘书长（正县级），行署办公室党组成员，任阿克苏市政协党组书记、副主席、晋升一级调研员，免现职；

努尔东·依不拉音，现任地区人力资源和社会保障局党组副书记、局长，任拜城县政协党组书记、副主席、晋升一级调研员，免现职；

陈刚，现任地区应急管理局党组副书记、局长，任阿瓦提县政协党组书记、副主席、晋升一级调研员，免现职；

吾布力喀斯木·艾买提，现任阿克苏市人大常委会主任，晋升阿克苏市一级调研员；

艾合买提·阿不都热依木，现任库车市政协党组书记、副主席，晋升库车市一级调研员；

张新建，现任库车市政协主席，晋升库车市一级调研员；

努尔尼沙木·提力甫，现任新和县政协主席，晋升新和县一级调研员；

艾尼外尔·赛来，现任温宿县人大主任，晋升温宿县一级调研员；

陈杰，现任地区行署办公室党组成员、副主任(试用期一年)，正式任职；

努尔麦麦提·木塔力甫，现任地区森林公安局政委(副县级)，任地区公安局森林分局政委；

张晋瑾，现任地区森林公安局局长，任地区公安局森林分局局长；

程绪明，现任地区公安局一级调研员，免职级，退休；

李可奎，现任柯坪县一级调研员，免职级，退休；

马建新，现任地区卫生健康委员会一级调研员，免职级，退休；

张兵，现任地区农业农村局调研员，退休；

王新生，现任地区科技局二级调研员，免职级，退休；

阿布拉·吾守尔，现任地委统战部二级调研员，免职级，退休；

9月

迪力木热提·麦麦提，现任地区伊协专职副会长，任地委统战部副部长，晋升三级调研员，免现职；

朱英山，现任地委组织部副部长、编办主任，免地委编办主任，职级为正县级；

汪克礼，现任地委教育工委专职副书记，任地委编办主任、地委组织部部务委员，免现职；

朱军生，现任地区外事办公室党组书记、副主任，免现职；

谭清华，现任地区民族宗教事务局党组书记、副局长，地委统战部副部长，任地区外事办党组书记、副主任，免现职；

努尔·阿力木，现任地委统战部副部长(正县级)，任地区应急管

理局党组书记、副局长,免现职;

孙承江,现任地区住房公积金管理中心党组副书记、主任,任地区住房公积金管理中心党组书记、副主任,免主任;

姜东洲,现任地区交通运输局党委委员、副局长、总工程师、调研员,地委交通运输行业党工委委员,免副局长、总工程师;

阿布力米提·色买提,现任阿克苏职业技术学院纺织工程系主任,任阿克苏职业技术学院信息工程系主任,免现职;

阿尔孜古丽·乌休尔,现任阿克苏职业技术学院纺织工程系副主任(专业技术岗八级),任阿克苏职业技术学院纺织工程系主任;

魏宏前,现任地区纪委监委驻地委宣传部纪检监察组组长,晋升地区纪委监委三级调研员;

徐久林,现任地区公安局党委委员、政治部主任,晋升地区公安局三级调研员;

王枭,现任地区公安局警令部主任,晋升地区公安局三级调研员;

陈宏,现任地区工信局党组成员、副局长,地委工业和信息化行业党工委委员,晋升地区工信局三级调研员;

米吉提·依不拉音,现任地区油区服务协调中心副主任,晋升地区工信局三级调研员;

吐尔洪·斯衣提,现任地区林草局党委委员、副局长,地委林业和草原行业党工委委员,晋升地区林业和草原局三级调研员;

罗合曼·库尔班,现任地区应急管理局党组书记、副局长,任沙雅县人大常委会主任,晋升沙雅县一级调研员,免现职;

董建利,现任温宿县克孜勒镇党委书记(副县级),再任温宿县副县长;

艾则孜·阿依丁,现任阿克苏检察分院党组成员、副检察长(挂职一年),免现职;

李鹤,现任新疆水利水电勘测设计院经济所高级工程师,任地区水利局党组成员、副局长(挂职一年)。

10月

吕军,现任中国铁路乌鲁木齐集团有限公司阿克苏车务段段长、党委副书记(正处级),任地区行署副秘书长(兼任);

赵儒林,现任地区纪委委员、一级调研员,免去地区纪委委员职务;

粟新,现任地委党史研究室(地区地方志办公室)主任、地区纪委委员,免去地区纪委委员职务;

王鑫赟,现任地委巡察办主任,任地区纪委委员;

宁承军,现任地区纪委监委二级调研员、地区中级人民法院党组成员,任地区纪委委员,免去地区中级人民法院党组成员职务;

许绍辉,现任柯坪县柯坪镇党委书记,任地区纪委监委办公室主任(试用期一年);

白俊峰,现任地区纪委监委办公室副主任,任地区纪委监委政策法规研究室主任(试用期一年);

李文江,现任地区中级人民法院立案庭庭长、审判员,任地区纪委监委案件审理室主任(试用期一年);

徐东,现任地区中等职业技术学校党委委员、纪检委书记,阿克苏技师学院(地区高级技工学校)党委委员、纪检委书记,任地区纪委监委驻地委政法委纪检监察组组长,免现职;

高军成,现任地区纪委监委政策法规研究室主任,任地区第一人民医院党委委员、纪检委书记,免现职;

赵欣,现任地区商务局党组副书记、局长,任地区住房公积金管理中心党组副书记、主任,免现职;

于东,现任阿克苏市委副书记、常务副市长(正县级),任地区商务局党组副书记、局长,免现职;

加尔肯·努素别克,现任乌什县委常委,任地区商务局党组成员、副局长、晋升三级调研员,免现职;

陆斌,现任地区社会主义学院党组书记、副院长、地委统战部副部长,任地区民宗局党组书记、副局长,免去地区社会主义学院党组书记、副院长职务;

阿依先木古丽·热木提拉,现任地区行署驻乌鲁木齐办事处副主任(副县级),任地区教育局四级调研员,免现职;

巴斯提·巴拉提,现任地区扶贫办党组成员、副主任,任地区行署驻乌鲁木齐办事处副主任(副县级),免现职;

米吉提·依不拉音,现任地区油区服务协调中心副主任、地区工业和信息化局三级调研员,任地区扶贫办党组成员、副主任、三级调研员,免现职;

杨世忠,现任地区畜牧兽医局党组成员、二级调研员、地区动物疫病控制诊断中心主任,免去地区动物疫病控制诊断中心主任职务；

俞进，现任地区畜牧兽医局畜牧业信息中心主任，任地区动物疫病控制诊断中心主任（试用期一年）；

姚仕林，现任阿瓦提县农技推广站党支部书记、副主任（副县级），任地区农牧业机械化技术推广站站长（地区扶贫办继续挂职）；

李燕，现任地区文化艺术中心主任，任地区文旅局党组成员、地区塔里木歌舞团党支部书记，免现职；

胡晓燕，现任地区塔里木歌舞团党支部书记，任地区文化艺术中心主任，免现职；

依力哈木·肉孜，现任地区科技局党组副书记、局长，免职；

潘万峰，现任阿克苏市委常委、市委组织部部长，任阿克苏市委副书记、常务副市长，免去市委组织部部长职务；

黄振军，现任乌什县委常委、县委组织部部长，任阿克苏市委常委、市委组织部部长，免现职；

王景田，现任库车市人大常委会副主任，任库车市政协主席，免现职；

姚新龙，现任库车市伊西哈拉镇党委书记，任库车市副县长；

刘同军，现任沙雅县政协党组书记、副主席，任沙雅县二级调研员，免现职；

周岩，现任阿克苏行政服务中心（地区招投标中心）党组副书记、主任，任沙雅县政协党组书记、副主席，免现职；

马振虎，现任地区纪委监委驻地委政法委纪检监察组组长，任沙雅县职级副县级干部（盖孜库木乡党委书记），免现职；

杨昌森，现任沙雅县盖孜库木乡党委书记，任新和县司法局（职业技能教育培训服务管理局）党组书记；

董磊，现任拜城县农业农村局党组书记，任拜城县副县长；

张君，现任新和县司法局（职业技能教育培训服务管理局）党组书记，任乌什县委常委、组织部部长，免现职；

汪峰，现任柯坪县委常委、组织部部长，任柯坪县委副书记；

王文彬，现任温宿县副县长，任柯坪县委常委、常务副县长，免现职；

吴学文，现任柯坪县人大常委会副主任、政法委副书记，晋升柯坪县三级调研员；

李军，现任地区公安局党委副书记、副局长（正县级），晋升地区公安局一级调研员；

赵立新，现任阿克苏市委常委、公安局局长，地区公安局党委委员、副局长（正县级），晋升阿克苏市一级调研员；

罗卫东，现任温宿县副县长、公安局局长，晋升温宿县三级调研员；

刘楞，现任地区外事办公室党组成员、副主任，晋升地区外事办公室三级调研员；

王树森，现任地区公安局国保支队政委（试用期一年）、四级高级警长，正式任职；

艾尼瓦尔·拜合提，现任地区公安局刑事侦查支队政委（试用期一年）、四级高级警长，正式任职；

苗向军，现任地区纪委监委宣传部部长（试用期一年），正式任职；

杜刚，现任地区融媒体中心（地区新闻中心）主任（试用期一年），正式任职；

谭光明，地区教育局党组成员，地委教育工委委员，教育工会主席（试用期一年），正式任职；

张新建，现任库车市政协主席、一级调研员，免现职，到龄退休。

11月

方真，现任地区档案馆馆长，任地区林草局二级调研员，免现职；

孙学武，现任地区应急管理局党组成员、副局长，任地区档案馆馆长，免现职；

艾尔肯·斯拉木，现任乌什县政协主席，任地区民政局党组副书记、局长，免现职；

麦麦提·麦合布孜，现任阿克苏纺织工业城（开发区）党工委委员、管委会副主任，任地区科技局党组副书记、局长，免现职；

吐尔洪·牙克甫，现任乌什县司法局局长，任地区伊斯兰教协会专职副会长，免现职；

刘楞，现任地区外事办公室党组成员、副主任、三级调研员，晋升地区外事办公室二级调研员；

杨飞，现任地区文旅局党组成员、地区文旅局副局长，任地区文化艺术中心党支部书记，免去副局长职务；

曹献宝，现任阿克苏市文旅局党组书记，任地区文旅局党组成员、副局长（试用期一年）；

张建军，现任地区机关事务管理局党组成员、副局长，晋升地委办公室三级调研员；

雷春军，现任地区农业技术推广中心党总支副书记、主任，任地区农业技术推广中心党总支书记、副主任，免去地区农业技术推广中心主任职务；

阿不拉江·亚生，现任阿瓦提县人大常委会主任，任地区民族宗教事务局二级调研员，免现职；

阿不都沙拉木·麦木提明，现任地区民政局党组副书记、局长，地区社会组织党工委副书记，任乌什县政协主席、一级调研员，免现职；

艾散·玉苏甫，现任乌什县副县长、阿克托海乡党委书记，免去乌什县副县长职务；

曹维建，现任阿瓦提县委常委，免去阿瓦提县委常委职务；

杨永权，现任阿瓦提县人武部政委，任阿瓦提县委常委；

王文林，现任地区机关事务管理局党组书记、副局长，任地区机关事务服务中心党组书记、副主任；

艾合麦提江·买买提，现任地区人大工委办公室副主任，任地区机关事务服务中心党组副书记、主任，免现职；

王东，现任地区机关事务管理局党组成员、副局长，任地区机关事务服务中心党组成员、副主任；

彭战，现任地区机关事务管理局党组成员、副局长，任地区机关事务服务中心党组成员、副主任；

刘春，现任地区行政服务中心党组书记、副主任，任地区政务服务和公共资源交易中心党组书记、副主任；

阿不来提·阿肉甫，现任地区粮食和物资储备局党组成员、副局长，任地区政务服务和公共资源交易中心党组副书记、主任，免现职；

阿斯古丽·阿吾提，现任地区行政服务中心党组成员、副主任，任地区政务服务和公共资源交易中心党组成员、副主任；

田军，现任地区行政服务中心党组成员、副主任，任地区政务服务和公共资源交易中心党组成员、副主任；

王明东，现任地区发改委党组成员（副县级），任地区政府采购中心党支部书记，免现职；

颜松，现任地区文旅局二级调研员、党组成员，任地区文博院院长（博物馆馆长），免现职；

唐霞，现任地区博物馆党支部书记（管理岗位七级），任地区文博院副院长（博物馆副馆长）（试用期一年）；

艾斯克尔·阿巴斯，现任地区文旅局文物管理科科长，任地区文博院副院长（博物馆副馆长）（试用期一年）；

崔海岗，现任地区水利局党组成员、副局长，任地区水资源总站站长，免现职；

苏来曼·赛买提，现任地区水利管理总站（地区水资源管理中心）党总支书记，任地区水资源总站副站长；

石学军，现任地区水利管理总站站长（地区水资源管理中心主任），任地区水资源总站副站长；

杨培峰，现任地区电子政务管理办公室主任，任地区大数据发展服务中心副主任（试用期满，正式任职）；

张兵，现任地区行署驻乌鲁木齐办事处主任、地区行署办公室二级调研员，任地区行署驻乌鲁木齐办事处主任（机构升格）；

巴斯提·巴拉提，现任地区行署驻乌鲁木齐办事处副主任（副县级），任地区行署驻乌鲁木齐办事处副主任（机构升格）；

杨海峰，现任地区行署办公室四级调研员、地区行署驻乌鲁木齐办事处副主任，任地区行署驻乌鲁木齐办事处副主任，免职级（机构升格）；

刘震，现任地委专用通信局局长，任地委专用通信服务保障中心主任；

吾拉木江·阿迪力，现任地区社会保险管理局党支部书记，任地区社会保险中心党支部书记；

郭桦蓉，现任地区社会保险管理局局长，地区人社局党组成员，任地区社会保险中心主任；

刘国新，现任地区外资贷款项目管理办公室主任，任地区外资贷款项目服务中心主任（试用期满，正式任职）；

吾拉木·买海买提，现任地区网格化服务管理中心（一体化深度应用推进办公室）党支部书记，任地区网格化服务中心党支部书记；

黄晓勇，现任地区网格化服务管理中心（一体化深度应用推进办公室）主任，任地区网格化服务中心主任；

马现平，现任地区农村经营管理局党支部书记，任地区农村合作经济发展中心党支部书记；

木合塔尔·牙生，现任地区农村经营管理局局长，任地区农村合作经济发展中心主任；

麦合木提·达吾提，现任地区

种子管理中心站党支部书记,任地区种业发展中心党支部书记;

陈德华,现任地区种子管理中心站站长,任地区种业发展中心主任;

刘同友,现任地区农业产业化服务办公室主任,任地区农业产业化服务中心主任;

姚仕林,现任地区农牧业机械化技术推广站站长,任地区农牧业机械化技术推广中心主任;

周长凌,现任地区中心林业管理站党支部书记,任地区林业发展保障中心党支部书记;

塔依尔·阿不都克然木,现任地区中心林业管理站站长,任地区林业发展保障中心主任;

赵俊,现任阿克苏社会科学研究所副所长(试用期一年),正式任职;

李晓木,现任地区住房和城乡建设局党组成员、副局长(试用期一年),正式任职;

刘维忠,现任地区文旅局党组成员、副局长(试用期一年),正式任职;

扎依尔·月山,现任地区动物卫生监督所所长(试用期一年),正式任职;

王筱元,现任库车经济技术开发区党工委委员、管委会副主任(试用期一年),正式任职;

徐占伟,现任地区农业技术推广中心副主任(试用期一年),正式任职;

邵雪莲,现任地区侨联副主席(试用期一年),正式任职;

陶应珍,现任地区妇幼保健院院长(试用期一年),正式任职;

周志宇,现任地区党员教育中心(地区党员干部远程教育工作办公室)主任(试用期一年),正式任职;

于年强,现任地区退役军人事务局党组成员、副局长(试用期一年),正式任职;

刘同军,现任沙雅县二级调研员,退休(职级自然免除);

付振一,现任乌什县人大常委会副主任,免现职,退休;

刘新杰,现任地区文旅局二级调研员、文化艺术中心党支部书记,免现职,退休(职级自然免除);

王燕,现任地区纪委监委四级调研员,退休(职级自然免除);

薛合来提·恰瓦尔,现任地区纪委监委四级调研员,退休(职级自然免除);

李雪梅,现任阿克苏检察分院党组成员、副检察长(正县级)、三级高级检察官,免现职,退休;

艾山·拜克日,现任阿克苏检察分院检察委员会专职委员(正县级)、三级高级检察官,免现职,退休;

艾克拜尔·艾合买提,现任地区疾控中心正县级干部,退休。

12 月

张伟,现任地委副秘书长(正县级),任地委保密委员会专职副主任;

李峰,现任山东省淄博市纪委常务副书记、监委副主任,任地区纪委副书记、监委副主任;

阿孜古丽·艾拜,现任地区交通运输局党委副书记、局长,地委交通运输行业党工委副书记,任地委正县级巡察专员,免现职;

吴湘芸,现任乌什县副县长,任地委巡察办副主任,免现职;

黄晓勇,现任地区网格化服务中心主任,任地委办公室副主任,免现职;

李艳彬,现任阿克苏市喀拉塔勒镇党委书记,任地委机要保密局副局长(试用期一年);

陈文,现任地委巡察办二级调研员、地委副县级巡察专员,任地委老干部局二级调研员,免现职;

王炜,现任地区中级人民法院党组成员、政治部主任(正县级),任地委政法委副书记(正县级),免现职;

努尔买买提·阿布拉,现任地区民族宗教事务局党组副书记、局长,任地委政法委副书记(正县级)、地区法学会党组成员,免现职;

黄振军,现任阿克苏市委常委、组织部部长,任地区维稳指挥中心主任,免现职;

艾尼瓦尔·艾尔肯,现任沙雅县司法局局长,任地区维稳指挥中心副主任,免现职;

艾来提·哈斯木,现任地委编委办副主任,任地区人大工委办公室副主任、晋升三级调研员,免现职;

亚力坤·麦斯木,现任地区工会党组成员、副主任,任地区大数据发展服务中心党组副书记、主任,免现职;

王志涛,现任地委组织部干部三科科长,任地区大数据发展服务中心党组成员、副主任(试用期一年);

李国,现任地委政法委副书记(正县级),任地区司法局党组书记、副局长、地区法学会党组成员,地委法律服务行业党工委书记,免现职;

玉山江·肉孜,现任地委政法委

副书记(正县级),地区法学会党组成员、副会长,任地区司法局党组副书记、局长,地委法律服务行业党工委副书记,免去地委政法委副书记(正县级)职务;

阿力木江·依干拜地,现任拜城县委副书记、统战部部长,任地区民族宗教事务局党组副书记、局长,免现职;

展国泰,现任柯坪县副县长、启浪乡党委书记,任地区外事办公室党组成员、副主任,免去柯坪县副县长职务;

匡命林,现任地区机关事务服务中心副县级干部,任地区机关事务服务中心党组成员、副主任(试用期一年);

丁永军,现任新和县委常委、常务副县长,任地区工信局党组成员、副局长、晋升三级调研员,免现职;

陈宏,现任地区工信局党组成员、副局长、三级调研员,免去地区工信局党组成员、副局长职务,保留职级;

李强,现任阿克苏技师学院(地区高级技工学校)党委委员、副院长(副校长),任地区住建局三级调研员、城乡建设服务中心主任,免现职;

阿布来提·亚库甫,现任地区司法局党组副书记、局长,地委法律服务行业党工委副书记,任地区交通运输局党委副书记、局长,地委交通运输行业党工委副书记,免现职;

王克功,现任乌什县人大常委会副主任,任地区交通运输局党委委员、副局长,免现职;

孙涌,现任地区应急管理局党组成员、三级调研员,任地区应急管理局副局长;

郭伟,现任地区应急管理局党组成员(副县级),任地区自然灾害综合监测预警中心主任;

李强,现任温宿县委常委、宣传部部长,任地区国资委党委委员、副主任,免现职;

吐尔洪·热合曼,现任乌什县委副书记、统战部部长,任地区检验检测中心党委书记、副主任,免现职;

金永生,现任地区市场监督管理局党组成员、副局长,任地区检验检测中心党委副书记、主任,免现职;

关炳峰,现任地区检验检测中心党总支书记,任地区检验检测中心党委委员、副主任(机构升格改任班子副职);

高华,现任地区检验检测中心主任,任地区检验检测中心党委委员、副主任,免去地区检验检测中心主任(机构升格改任班子副职)职务;

木塔力甫·米吉提,现任温宿县委常委、统战部部长,任阿克苏纺织工业城党工委委员、管委会副主任,免现职;

李子,现任柯坪县农业农村局党组副书记、局长(副县级),任地区农业农村局四级调研员;

阿布都维力·胡达拜迪,现任地区水利建设管理与质量安全中心主任(高级工程师),任地区水利局党组成员、副局长(试用期一年);

王东,现任地区机关事务服务中心党组成员、副主任,任阿克苏职业技术学院党委委员、副院长、管理岗五级职员,免现职;

孙凤霞,现任温宿县委常委、纪委书记、监委主任,任新疆广播电视大学阿克苏分校党委书记,免现职;

张耘收,现任地区司法局党组书记、副局长,地区法学会党组成员、副会长,免现职;

刘楞,现任地区外事办公室党组成员、副主任、二级调研员,免现职(职级);

华伟杰,现任阿瓦提县委常委、宣传部部长,任地委农办常务副主任,地区农业农村局党组成员、副局长,地委农牧和水利行业党工委委员;

赵鹏,现任地委办公室副主任(正县级),任地区大数据发展服务中心党组书记、副主任;

刘同友,现任地区农业产业化服务中心主任,地区农业农村局党组成员,地委农牧和水利行业党工委委员,任地区农业产业化服务中心党支部书记,免去地区农业产业化服务中心主任职务;

李堆牛,现任柯坪县盖孜力克镇党委副书记(副县级),任地区农业产业化服务中心主任;

张明,现任地区农业农村局二级调研员、党组成员、副局长,地委农牧和水利行业党工委委员,任地区农业技术推广中心主任,免现职;

宋卫,现任地区林草局二级调研员、党委委员、副局长,地委林草行业党工委委员,任地区林业技术推广服务中心主任,免现职;

邓浩,现任地区林业技术推广站(林科所)党支部书记,任地区林业技术推广服务中心副主任;

胡安鸿,现任地区林业技术推

广站站长(林科所所长),任地区林业技术推广服务中心副主任;

田文兰,现任新疆广播电视大学阿克苏分校党委书记,任地区广播电视台党委书记、副台长,免现职;

阿力木·艾则孜,现任地委宣传部副部长,任地区广播电视台党委副书记、台长,免现职;

易重庆,现任地区广播电视台党委副书记、台长,任地区广播电视台党委委员、副台长,免去地区广播电视台党委副书记、台长职务(机构升格);

宋冬梅,现任地区广播电视台副台长(正高级职称),任地区广播电视台党委委员、副台长(试用期一年,机构升格);

阿不都沙拉木·呼希塔尔,现任阿克苏职业技术学院经济管理系党总支书记,任阿克苏技师学院(地区高级技工学校)党委委员、副院长(副校长),免现职;

许庆英,现任沙雅县纪委副书记、监委副主任,四级调研员,任阿克苏技师学院(地区高级技工学校)党委委员、纪委书记;

袁俊,现任地区中等职业技术学校党委书记,阿克苏技师学院(地区高级技工学校)党委书记,地区政协工委委员,免去阿克苏技师学院(地区高级技工学校)党委书记职务;

甫拉提·艾则木,现任地区中等职业技术学校党委副书记、校长,阿克苏技师学院(地区高级技工学校)党委副书记、院长(校长),免去阿克苏技师学院(地区高级技工学校)党委副书记、院长(校长)职务;

塔衣尔·库尔班,现任阿克苏职业技术学院机电工程系党总支书记,任地区中等职业技术学校党委委员、副校长,免现职;

廉万,现任地委组织部干部一科科长、一级主任科员,任地区中等职业技术学校党委委员、纪委书记;

杨志强,现任阿克苏职业技术学院党委委员、纺织工程系党总支书记,任阿克苏技师学院(地区高级技工学校)党委书记,免现职;

帕尔合提·吐尼亚孜,现任地区中等职业技术学校党委委员、副校长,任阿克苏技师学院(地区高级技工学校)党委副书记、院长(校长),免现职;

李新,现任地区供销合作社联合社党委书记、理事会主任,阿克苏供销投资(控股)集团有限责任公司党委书记、董事长,免去阿克苏供销投资(控股)集团有限责任公司党委书记、董事长职务;

刘立,现任阿克苏水务集团有限责任公司党委书记、董事长,任阿克苏供销投资(控股)集团有限责任公司党委书记、董事长(聘期三年),免现职;

高文,现任阿克苏水务集团有限责任公司党委副书记、总经理、副董事长,任阿克苏水务集团有限责任公司党委书记、董事长(聘期三年),免去阿克苏水务集团有限责任公司总经理职务;

李波涛,现任地区鹏达投资公司党委书记、董事长,兼任地区绿色实业开发有限公司党支部书记、董事长(聘期三年);

陈红玮,现任地区财政局党组成员、副局长,任地区绿色实业开发有限公司总经理、副董事长(聘期三年),免现职;

刘兴德,现任地区鹏达投资公司党委委员、副总经理,任地区绿色实业开发有限公司副总经理(聘期三年),免现职;

刘一村,现任阿克苏市委常委、宣传部部长,晋升阿克苏市三级调研员,任阿克苏市委组织部部长,免去阿克苏市委宣传部部长职务;

王保华,现任阿克苏市委常委,兼任阿克苏市委宣传部部长。

陈泽,现任地区广播电视台党委书记,任阿克苏市副县级干部(依干其乡党委书记),免现职;

刘晓峰,现任阿克苏市副市长,任新和县委常委、常务副县长,免现职;

马继勇,现任新和县副县长、玉奇喀特乡党委书记,任新和县委常委,免去新和县副县长职务;

张伟东,现任温宿县委常委,任温宿县纪委书记、监委主任;

阿孜古丽·阿吾拉,现任地区妇联党组成员、副主席,任温宿县委常委、宣传部部长,免现职;

克尤木·台外库力,现任温宿县委常委,任温宿县委统战部部长;

汗军,现任地区人社局党组成员、副局长(正县级)、地区公共就业局局长,任温宿县委常委(正县级,恰格拉克乡党委书记),免现职;

付长山,现任阿瓦提县委常委,任阿瓦提县委宣传部部长;

艾尔肯·斯迪克,现任阿瓦提县政协主席,任阿瓦提县人大常委会主任,免现职;

艾则孜·买买提，现任阿瓦提县委副书记、纪委书记、监委主任，任阿瓦提县政协主席；

阿迪力·阿布拉，现任乌什县副县长，任乌什县委常委、统战部部长，免现职；

阿木提·马木提，现任柯坪县政协副主席，任柯坪县人大常委会主任，免现职；

吐尔逊·吐尔地，现任柯坪县人力资源和社会保障局党组副书记、局长，任柯坪县政协副主席；

靳秋运，现任柯坪县发改委党组书记、主任，任柯坪县副县长；

张欣，现任阿克苏市委常委、副市长，免去阿克苏市副市长职务；

代风云，现任库车市委常委、副县长，免去库车市副市长职务；

董世生，现任沙雅县委常委、副县长，免去沙雅县副县长职务；

杜翀，现任拜城县委常委、副县长，免去拜城县副县长职务；

宋喜坤，现任温宿县委常委、副县长，免去温宿县副县长职务；

付昌奇，现任阿瓦提县委常委、副县长，免去阿瓦提县副县长职务；

牟新页，现任乌什县委常委、副县长，免去乌什县副县长职务；

刘志慧，现任柯坪县委常委、副县长，免去柯坪县副县长职务；

张伟，现任地委副秘书长（正县级）、地委保密委员会专职副主任，晋升地委办公室一级调研员；

夏宏伟，现任地区人大工委党组成员、秘书长，晋升地区人大工委办公室一级调研员；

艾尼瓦尔·买提尼牙孜，现任地区行署副秘书长（正县级）、行署办公室党组成员，晋升地区行署办公室一级调研员；

努尔兰·依明，现任地区政协工委党组成员、秘书长，晋升地区政协工委办公室一级调研员；

吾麦尔江·乃麦提，现任地区财政局党组书记、副局长，晋升地区财政局一级调研员；

张晓东，现任地区财政局党组副书记、局长，晋升地区财政局一级调研员；

李旺军，现任地区发改委党组副书记、主任，晋升地区发改委一级调研员；

杨亚强，现任地区发改委二级调研员，晋升地区发改委一级调研员；

刘艳，现任地区审计局党组副书记、局长，晋升地区审计局一级调研员；

张洵，现任地区住房和城乡建设局党组书记、副局长，晋升地区住房和城乡建设局一级调研员；

买买提·乃买提，现任地区商务局党组书记、副局长，晋升地区商务局一级调研员；

谷学珍，现任地区妇联党组书记、副主席，晋升地区妇联一级调研员；

肖林，现任地委组织部副部长，地区人社局党组书记、副局长，晋升地区人社局一级调研员；

王伟，现任地委统战部副部长，晋升地委统战部三级调研员；

郭在峰，现任地区社会主义学院党组成员、副院长，晋升地区社会主义学院三级调研员；

赵端泰，现任地区信访局党组成员、四级调研员，晋升地区信访局三级调研员；

阿依先木·阿布都热合曼，现任阿克苏市政协主席，晋升阿克苏市一级调研员；

潘万峰，现任阿克苏市委副书记、常务副市长，晋升阿克苏市三级调研员；

吐尼牙孜·托乎尼牙孜，现任阿克苏市人大副主任，晋升阿克苏市三级调研员；

卫刚，现任库车市委常委、纪委书记、监委主任，晋升库车市三级调研员；

翟玉清，现任沙雅县人大常委会副主任，晋升沙雅县三级调研员（喀什挂职）；

古尼沙·买买提，现任新和县政协副主席，晋升新和县三级调研员；

严勇斌，现任新和县人大常委会副主任，晋升新和县三级调研员；

阿不来提·乌斯曼，现任温宿县二级调研员，晋升温宿县一级调研员；

阿依先木古丽·阿塔吾拉，现任温宿县人大常委会副主任，晋升温宿县三级调研员；

马监君，现任温宿县人大常委会副主任，晋升温宿县三级调研员；

李秀军，现任阿瓦提县人大常委会副主任，晋升阿瓦提县三级调研员（喀什挂职）；

艾尔肯·达吾提，现任乌什县政协副主席，晋升乌什县三级调研员；

阿孜古丽·阿不都肉素力，现任乌什县委常委、宣传部部长，晋升乌什县三级调研员；

李秋风，现任地区发改委党组成员、副主任（试用期一年），正式任职；

周霞，现任地区医疗保障局党组成员、副局长（试用期一年），正式任职；

穆合塔尔·热合曼，现任地区草原工作站站长（试用期一年），正式任职；

汪利生，现任地区一中党委委员、副校长（试用期一年），正式任职；

王睿刚，现任地区公安局特警支队支队长（试用期一年），正式任职；

曾蓉，现任阿克苏市妇联党组书记、副主席、四级调研员，任地区妇联党组成员、副主席（挂职两年）；

阿不都克尤木·吾布力，现任地区邮政管理局局长、交通运输局副局长，免去地区交通运输局副局长职务。

（刘猛　卫涛　邹立慧）

文献辑要

阿克苏地区国民营养计划（2018～2030年）实施方案

为贯彻落实《自治区人民政府办公厅关于印发自治区国民营养计划(2017~2030年)实施方案的通知》(新政办发〔2018〕4号)精神，科学系统推进地区国民营养健康工作，全方位、全周期地保障人民健康，显著提升国民营养健康水平，现结合地区实际制定本实施方案。

一、总体要求

（一）指导思想

以习近平新时代中国特色社会主义思想为指导，全面贯彻落实党的十九大，十九届二中、三中全会精神，认真落实国家和自治区决策部署，紧紧围绕社会稳定和长治久安总目标，统筹推进“五位一体”总体布局和协调推进“四个全面”战略布局，牢固树立和贯彻新发展理念，坚持以人民健康为中心，以普及营养健康知识、优化营养健康服务、完善营养健康制度、建设营养健康环境、发展营养健康产业为重点，立足现状，着眼长远，关注各族人民生命全周期、健康全过程的营养健康，将营养融入所有健康政策，不断满足人民群众营养健康需求，提高全民健康水平，为建设健康阿克苏奠定坚实基础。

（二）基本原则

坚持政府引导。注重统筹规划、整合资源、完善制度、健全体系，充分发挥市场在配置营养资源和提供服务中的作用，营造全社会共同参与国民营养健康工作的政策环境。

坚持科学发展。探索把握营养健康发展规律，充分发挥科技引领作用，加强适宜技术的研发和应用，提高国民营养健康素养，提升营养工作科学化水平。

坚持创新融合。以改革创新驱动营养型农业、食品加工业和餐饮业转型升级，丰富营养健康产品供给，促进营养健康与产业发展融合。

坚持共建共享。充分发挥营养相关专业学术团体、行业协会等社会组织，以及企业、个人在实施国民营养计划中的重要作用，推动社会各方良性互动、有序参与、各尽其责，使人人享有健康福祉。

（三）主要目标

到2020年，地区营养工作制度基本健全，地、县（市）营养工作体系逐步完善，基层营养工作得到加强；食物营养健康产业快速发展，传统食养服务日益丰富；营养健康信息化水平逐步提升；重点人群营养不良状况明显改善，吃动平衡的健康生活方式进一步普及，居民营养健康素养得到明显提高。实现以下目标：

——降低人群贫血率。5岁以下儿童贫血率控制在12%以下；孕妇贫血率下降至15%以下；老年人群贫血率下降至10%以下；建档立卡贫困人群贫血率控制在10%以下。

——孕妇叶酸缺乏率控制在5%以下；0~6个月婴儿纯母乳喂养率达到80%以上；5岁以下儿童生长迟缓率控制在7%以下。

——农村中小学生生长迟缓率保持在5%以下，缩小城乡学生身高差别；学生肥胖率上升趋势减缓。

——提高住院病人营养筛查率和营养不良住院病人的营养治疗比例。

——居民营养健康知识知晓率在现有基础上提高10%。

到2030年，营养工作标准体系更加完善，食物营养健康产业持续健康发展，传统食养服务更加丰富，“互联网+营养健康”智能化应用普遍推广，居民营养健康素养进一步提高，营养健康状况显著改善。实现以下目标：

——进一步降低重点人群贫血率。5岁以下儿童贫血率和孕妇贫血率控制在10%以下。

——5岁以下儿童生长迟缓率下降至5%以下；0~6个月婴儿纯母乳喂养率在2020年的基础上提高10%。

——进一步缩小城乡学生身高差别；学生肥胖率上升趋势得到有效控制。

——进一步提高住院病人营养筛查率和营养不良住院病人的营养治疗比例。

——居民营养健康知识知晓率在2020年的基础上继续提高10%。

——全地区人均每日食盐摄入量降低20%，居民超重、肥胖的增长速度明显放缓。

二、重点工作

（一）落实营养法规政策标准体系

1.贯彻落实营养政策。落实国家营养相关法律法规、自治区营养法规标准体系和营养健康相关政策措施。落实临床营养管理、营养监测管理等规章制度。探索建立各级营养健康指导委员会、协会，加强营养健康法规、政策、标准等技术咨询和指导。

牵头单位：地区卫健委

配合单位：地区农业农村局、文体广电和旅游局、市场监督管理局、司法局

2.落实标准体系。落实以食品安全为基础的国家营养健康标准。推动落实居民膳食营养素参考摄入量、膳食调查方法、人群营养不良风险筛查、糖尿病人膳食指导、人群营养调查工作规范等行业标准。贯彻执行老年人群营养食品通则、餐饮食品营养标识等标准，贯彻执行预包装食品营养标签通则、食品营养强化剂使用标准、婴儿配方食品等重要食品安全国家标准。

牵头单位：地区卫健委

配合单位：地区市场监督管理局、农业农村局、文体广电和旅游局

（二）加强营养能力建设

1. 加强营养监测能力建设。加强地、县两级疾控机构营养监测队伍建设，建立健全地区居民营养监测机制，宣传推广自治区制定的膳食营养素参考摄入量，制定并落实营养相关疾病的防控技术及措施。推广食物、人群营养监测与评估的技术和方法。结合地区地方病、慢性病特点，加强相关领域重点实验室等能力建设。

牵头单位：地区卫健委

配合单位：地区发改委、科技局、教育局、文体广电和旅游局

2.加强营养人才培养。强化营养人才的专业教育和高层次人才培养，推进对医院、妇幼保健机构、基层医疗卫生机构临床医生、集中供餐单位配餐人员等营养和食品安全相关知识培训。开展营养从业人员培养工作，推动有条件的学校、幼儿园、养老机构等场所配备或聘请营养从业人员。充分利用社会资源，拓展营养专业人员培养途径，开展营养教育培训。

牵头单位：地区卫健委

配合单位：地区人社局、教育局

（三）强化营养和食品安全监测与评估

1.定期开展人群营养状况监测。结合全民健康体检，定期开展具有代表性的人群营养健康状况、食物消费状况监测，收集人群食物消费量、营养素摄入量、体格测量、实验室检测等信息。重点监测贫困人口、儿童、青少年、妇女、老年人等重点人群，根据需要逐步扩大监测人群。应用全民健康体检结果，开展贫血、营养不良、肥胖等营养性疾病流行病学调查，制定有针对性的健康干预措施方案，加强重点区域、重点人群营养干预，普及微量元素、油脂、食盐适量摄入等相关健康知识。

牵头单位：地区卫健委

配合单位：地区教育局、市场监督管理局

2. 加强食物成分监测工作。按照自治区安排部署，定期开展监测，收集营养成分、功能成分、与特殊疾病相关成分、有害成分等数据。配合完善自治区食物成分数据库。加强实验室能力建设，提高食物营养成分检测能力，参与自治区实验室参比体系建设，强化质量控制。

牵头单位：地区卫健委

配合单位：地区市场监督管理局、农业农村局

3. 开展综合评价与评估工作。抢救历史调查资料，及时收集、系统整理各类监测数据，配合自治区建立数据库。开展人群营养健康状况评价、食物营养价值评价。开展膳食营养素摄入、污染物等有害物质暴露风险—受益评估，为制定科学膳食提供依据。

牵头单位：地区卫健委

配合单位：地区市场监督管

理局、农业农村局

4.强化碘营养监测与碘缺乏病防治。持续开展人群尿碘、水碘、盐碘监测及重点食物中的碘调查,实现监测覆盖所有县(市)和人群,配合自治区建立居民碘营养状况数据库。根据国家和自治区人群碘营养状况评价技术与指标,制定差异化的碘干预措施,实施科学、精准补碘。

牵头单位:地区卫健委

配合单位:地区科技局

(四)发展食物营养健康产业

1.加大力度推进营养型优质食用农产品生产。落实国家食用农产品营养品质提升指导意见,提升优质农产品营养水平,将“三品一标”(无公害农产品、绿色食品、有机农产品和农产品地理标志)在同类农产品中总体占比提高至80%以上,其中畜牧产品在上市同类产品中总体占比提高至50%以上。创立营养型农产品推广体系,促进优质食用农产品的营养升级扩版,推动地区安全、营养的农产品走出去。配合做好国家农产品营养品质数据库及食物营养供需平衡决策支持系统研究与建设。

牵头单位:地区农业农村局

配合单位:地区畜牧兽医局、发改委、科技局、商务局、市场监督管理局、粮食和物资储备局

2.规范指导满足不同需求的食物营养健康产业发展。开发利用地区特色农产品资源,针对不同人群健康需求,着力发展保健食品、营养强化食品、双蛋白食物等新型营养健康食品。引导机关、企事业单位职工食堂、学校食堂、餐饮行业等集中供餐单位实施营养管理。加强产业指导,以绿色、安全、营养、健康、便捷为导向,加大食品企业引进力度。进一步规范市场秩序,科学引导消费,促进生产、消费、营养、健康协调发展。

牵头单位:地区发改委

配合单位:地区工信局、商务局、市场监督管理局、农业农村局、卫健委

3.开展健康烹饪模式与营养均衡配餐示范推广。加强传统烹饪方式营养化改造,实施健康烹饪模式。结合人群营养需求与地区食源特点,开展系统营养均衡配餐研究分析。按照自治区安排部署,积极开展食物营养教育示范基地创建工作,开展示范健康食堂和健康餐厅建设,推广健康烹饪模式与营养均衡配餐。

牵头单位:地区商务局

配合单位:地区卫健委、市场监督管理局、农业农村局、民政局、教育局

4.强化主食、双蛋白工程等重大项目实施力度。推进马铃薯主食产品研发与消费引导,以传统大众型、地域特色型、休闲及功能型产品为重点,开展营养主食示范引导。以优质动物、植物蛋白为主要营养基料,加强基础研究和加工技术工艺开发,开展双蛋白工程重点产品转化推广。

牵头单位:地区农业农村局

配合单位:地区工信局、商务局、发改委、卫健委、市场监督管理局、科技局

5. 加快食品加工营养化转型。研究加工食品中油、盐、糖用量及其与健康的相关性,推广加工食品中油、盐、糖的控制措施。落实食品加工工艺营养化改造路径,集成降低营养损耗和避免有毒有害物质产生的技术体系。避免或减少不同贮运条件对食物营养物质等的影响,控制食物贮运过程中的营养损失。

牵头单位:地区工信局

配合单位:地区商务局、市场监督管理局、农业农村局、科技局、卫健委

(五)大力发展传统食养服务

1.加强传统食养指导。发挥中医药特色优势,制定符合地区现状的居民食养指南,引导养成符合地区饮食特点的食养习惯。落实中医药治未病健康工程,进一步完善适合地区居民健康需求的食养相关制度。通过多种形式促进传统食养知识传播,推动传统食养与现代营养学、体育健身等有效融合。开展针对老年人、儿童、孕产妇及慢性病人群的食养指导,提升居民食养素养。

牵头单位:地区卫健委

配合单位:地区文体广电和旅游局

2.开展传统养生食材监测评价。落实传统养生食材监测和评价制度,开展食材中功效成分、污染物监测及安全性评价,推广既是食品又是中药材的物品名单,推广具有一定使用历史和实证依据的传统食材和配伍,对其养生作用进行实证研究。配合国家和自治区做好养生食材数据库和信息化共享平台建设。

牵头单位:地区卫健委

配合单位:地区市场监督管

理局

3.推进传统食养产品研发及产业升级换代。将现代食品加工工业与传统食养产品、配方等相结合,推动产品、配方标准化,推进产业规模化,形成一批具有较高社会价值和经济价值的食养产品。配合国家和自治区做好养生食材主要产区资源监测网络建设,掌握资源动态变化,为研发、生产、消费提供及时的信息服务。

牵头单位:地区工信局

配合单位:地区商务局、发改委、市场监督管理局、农业农村局、畜牧兽医局、科技局、卫健委

(六)加强营养健康基础数据共享利用

1.大力推动营养健康数据互通共享。依托现有信息平台,加强营养与健康信息化建设,参与完善国家食物成分与人群健康监测信息系统。落实信息共享与交换机制,推动互联互通与数据共享。协同共享环境、农业、食品药品、医疗、教育、体育等信息数据资源,参与自治区跨行业集成、跨地域共享、跨业务应用的基础数据平台建设。推广国家营养健康数据标准体系和电子认证服务体系,切实提高信息安全能力。积极推动"互联网+营养健康"服务和促进大数据应用试点示范,带动以营养健康为导向的信息技术产业发展。

牵头单位:地区卫健委

配合单位:地区工信局、发改委

2.全面深化数据分析和智能应用。参与自治区营养健康数据资源目录体系建设,按照分级授权、分类应用、安全审查的管理原则,促进数据资源的开放共享,强化数据资源在多领域的创新应用。推动多领域数据综合分析与挖掘,参与自治区整合型大数据驱动服务体系建设,支持业务集成、跨部门协同、社会服务和科学决策,实现政府精准管理和高效服务。

牵头单位:地区卫健委

配合单位:地区工信局、发改委

3. 大力开展信息惠民服务。探索发展汇聚营养、运动和健康信息的可穿戴设备、移动终端(APP),推动"互联网+"、大数据前沿技术与营养健康融合发展,推广个性化、差异化营养健康电子化产品,如营养计算器,膳食营养、运动健康指导移动应用等,提供方便可及的健康信息技术产品和服务。

牵头单位:地区工信局

配合单位:地区发改委、商务局、卫健委、文体广电和旅游局

(七)普及营养健康知识

1.提升营养健康科普信息供给和传播能力。围绕国民营养、食品安全科普宣教需求,结合地区食物资源、不同民族饮食习惯及传统食养理念,推动自治区居民膳食指南等营养、食品安全科普宣传。积极应用自治区免费共享的营养、食品安全科普平台,创新科普信息表达形式,拓展传播渠道。采用多种传播方式和渠道,定向、精准地将科普信息传播到目标人群。加强营养、食品安全科普队伍建设,特别是双语科普专家队伍建设。发挥各类媒体作用,坚决反对伪科学,依法打击和处置各种形式的谣言,及时发现和纠正错误营养宣传,避免营养信息误导。

牵头单位:地区卫健委

配合单位:地区文体广电和旅游局、科技局、教育局、市场监督管理局、农业农村局、科协

2.推动营养健康科普宣教活动常态化。以全民营养周、全国食品安全宣传周、"5·20"全国学生营养日、"5·15"全国碘缺乏病防治日等为契机,大力开展科普宣教活动,带动宣教活动常态化。推动将国民营养、食品安全知识知晓率纳入健康城市和健康村镇考核指标。建立营养、食品安全科普示范工作场所,如营养、食品安全科普小屋等。定期开展科普宣传效果评价,及时指导调整宣传内容和方式,增强宣传工作的针对性和有效性。开展舆情监测,回应社会关注,合理引导舆论,为公众解疑释惑。

牵头单位:地区卫健委

配合单位:地区文体广电和旅游局、科技局、教育局、市场监督管理局、农业农村局、科协

三、开展重大行动

(一)生命早期1000天营养健康行动

1.开展孕前和孕产期营养评价与膳食指导。规范孕产妇健康管理服务,推进县级以上妇幼保健机构对孕妇进行营养指导,落实孕期和哺乳期妇女科学饮食,将营养评价和膳食指导纳入地区孕前和孕期检查,完善叶酸水平监测、营养评价和膳食指导措施。开展孕产妇营养筛查和干预,降

低低出生体重儿和巨大儿出生率。建立生命早期1000天营养咨询平台。指导孕产妇养成科学健康的生活方式。

责任单位:地区卫健委

2.实施妇幼人群营养干预计划。继续推进农村妇女补充叶酸预防神经管畸形项目，积极引导围孕期妇女加强含叶酸、铁在内的多种微量营养素补充，降低孕妇贫血率,预防儿童营养缺乏。在科学喂养、合理膳食基础上,推动开展5岁以下儿童和孕妇营养包干预项目。

责任单位:地区卫健委

3.提高母乳喂养率,培养科学喂养行为。进一步完善母乳喂养保障制度,改善母乳喂养环境,在公共场所和机关、企事业单位建立母婴室。实施婴幼儿科学喂养策略,宣传引导合理辅食喂养。加强对婴幼儿腹泻、营养不良病例的监测预警，实施婴幼儿食源性疾病(腹泻等)的防控策略。

责任单位:地区卫健委

4.加强婴幼儿食品质量与安全监管。加强婴幼儿配方食品及辅助食品营养成分和重点污染物监测，提高婴幼儿食品质量与安全水平,规范产业健康发展。

牵头单位：地区市场监督管理局

配合单位:地区卫健委

5. 实施儿童营养干预计划。继续推进贫困儿童营养改善项目,逐步扩大项目试点范围。为试点县6~24个月龄婴幼儿发放辅食营养补充品(简称营养包)。多部门配合开展社会宣传和健康教育，提高儿童看护人婴幼儿科学喂养知识与技能，改善儿童营养和健康状况，预防缺铁性贫血和生长迟缓等问题。

责任单位:地区卫健委

(二)学生营养改善行动

1.指导学生营养就餐。推广《自治区农村学校膳食指导手册》,因地制宜制定不同年龄段在校学生营养食谱指南，引导学生科学营养就餐。制定并实施集体供餐单位营养操作规范。

牵头单位:地区教育局

配合单位:地区卫健委、市场监督管理局

2.学生超重、肥胖干预。开展针对学生的“运动+营养”的体重管理和干预策略，对学生开展均衡膳食和营养宣教，开展学生营养健康水平检测评估，增强学生体育锻炼。加强对学生超重、肥胖情况监测与评价,分析家庭、学校和社会等影响因素，提出有针对性的综合干预措施。

牵头单位:地区教育局

配合单位:地区卫健委、市场监督管理局、文体广电和旅游局

3. 开展学生营养健康教育。推动中小学加强营养健康教育。结合不同年龄段学生特点，开展形式多样的课内外营养健康教育活动。督促中小学校严格落实健康教育相关课程,与学科教学、第二课堂、课外活动相结合,重点开展营养膳食知识教育。通过“小手拉大手”、家长会等形式,普及学生、家长、教师健康教育知识,做到家庭、学校、社会联手,营造健康教育良好氛围。

牵头单位:地区教育局

配合单位:地区卫健委

(三)老年人群营养改善行动

1.开展老年人群营养状况监测和评价。按照自治区安排部署，依托专业公共卫生机构和基层医疗卫生机构，落实自治区老年人群营养筛查与评价制度。按照统一的营养健康状况评价指南,采用适宜营养筛查工具，试点开展老年人群营养状况监测、筛查与评价工作并形成区域示范，逐步提高老年人群覆盖率，基本掌握全地区老年人群营养健康状况。

牵头单位:地区卫健委

配合单位:地区民政局

2.制定满足不同老年人群需求的营养改善措施,促进“健康老龄化”。在专业公共卫生机构指导下,依托基层医疗卫生机构,为居家养老人群提供膳食指导和咨询。按老年人群营养膳食供餐规范,指导医院、社区食堂、医养结合机构、养老机构营养配餐。对低体重高龄老人进行专项营养干预，对罹患肺结核病的老人全面推行“营养早餐+集中服药”治疗管理措施，逐步提高老年人群整体健康水平。

牵头单位:地区卫健委

配合单位:地区民政局、市场监督管理局

3.建立老年人群营养健康管理与照护制度。逐步将老年人群营养健康状况纳入居民健康档案,实现无缝对接与有效管理。依托现有基础，在家庭保健服务中增加营养工作内容。推进多部门协作机制，实现营养工作与医养结合服务内容有效衔接。

牵头单位:地区卫健委

配合单位:地区民政局

（四）临床营养行动

1.建立、完善临床营养工作制度。在地区第一人民医院开展临床营养示范试点工作，逐步在全地区医疗机构进行推广。加强临床营养科室建设，临床营养师和床位比例达到1:150。增加多学科诊疗模式，组建营养支持团队，开展营养治疗，并逐步扩大试点范围。

责任单位：地区卫健委

2. 开展住院患者营养筛查、评价、诊断和治疗。逐步开展住院患者营养筛查工作，了解患者营养状况。建立以营养筛查—评价—诊断—治疗为基础的规范化临床营养治疗路径，依据营养阶梯治疗原则对营养不良住院患者进行营养治疗，并定期开展效果评价。

责任单位：地区卫健委

3.推动营养相关慢性病防治工作。按照自治区高血压、糖尿病、脑卒中及癌症等慢性病临床营养干预指南，对营养相关慢性病住院患者开展营养评价工作，实施分类指导治疗。建立从医院、社区到家庭的营养相关慢性病患者长期营养管理模式，开展营养分级治疗。

责任单位：地区卫健委

4.推动特殊医学用途配方食品和治疗膳食规范化应用。落实国家特殊医学用途配方食品标准和统一的临床治疗膳食营养标准，逐步完善治疗膳食配方，将膳食医嘱纳入医院信息系统，对住院病历中膳食医嘱的合理性和执行情况进行检查和效果评价。加强医护人员相关知识培训。

牵头单位：地区市场监督管理局

配合单位：地区卫健委、工信局

（五）贫困地区营养干预行动

1.将营养干预纳入健康扶贫工作，因地制宜开展营养和膳食指导。试点开展各类人群营养健康状况、食物消费模式、食物中主要营养成分和污染物监测。因地制宜制定膳食营养指导方案，开展区域性精准分类指导和宣传教育。改善居民营养状况和减少特定污染物摄入风险，研究农业种植养殖和居民膳食结构调整的可行性，提出解决办法和具体措施，并在有条件的县（市）开展试点。

牵头单位：地区卫健委

配合单位：地区扶贫办、市场监督管理局、农业农村局、畜牧兽医局

2.实施贫困地区重点人群营养干预。继续推进实施农村义务教育学生营养改善计划和贫困地区儿童营养改善项目，逐步实现全覆盖。鼓励学校结合本地资源、因地制宜，开展合理配餐，并改善学生在校就餐条件。持续开展贫困地区学生营养健康状况和食品安全风险监测与评估。针对贫困地区人群营养需要，落实国家营养健康政策、标准。对营养干预产品开展监测，定期评估改善效果。

牵头单位：地区教育局

配合单位：地区卫健委、扶贫办、市场监督管理局

3.加强贫困地区食源性疾病监测与防控，减少因食源性疾病导致的营养缺乏。加强贫困地区食源性疾病监测网络和报告系统建设，了解贫困地区主要食源性疾病病种、流行趋势、对当地居民营养和健康状况的影响，重点加强腹泻监测及溯源调查，掌握食品污染来源、传播途径。针对食源性疾病发生的关键点，制定防控策略。开展营养与健康融合知识宣传教育。

牵头单位：地区卫健委

配合单位：地区市场监督管理局、扶贫办

（六）吃动平衡行动

1.推广健康生活方式。积极推进全民健康生活方式行动，广泛开展以“三减三健”（减盐、减油、减糖，健康口腔、健康体重、健康骨骼）为重点的专项行动。推广应用《中国居民膳食指南》指导日常饮食，控制食盐摄入量，逐步量化用盐用油，同时减少隐性盐摄入。倡导平衡膳食的基本原则，坚持食物多样、谷类为主的膳食模式，推动国民健康饮食习惯的形成和巩固。宣传科学运动理念，培养运动健身习惯，加强个人体重管理，对成人超重、肥胖者进行饮食和运动干预。

牵头单位：地区卫健委

配合单位：地区文体广电和旅游局

2.提高运动人群营养支持能力和效果。依托国家和自治区运动人群营养网络信息服务平台和运动营养处方库，推进运动人群精准营养指导，降低运动损伤风险。落实运动营养食品相关国家标准和行业标准，提升运动营养食品技术研发能力，推动产业发展。

牵头单位：地区卫健委

配合单位：地区文体广电和旅游局、市场监督管理局、工信局、商务局

3.推进体医融合发展。调查糖尿病、肥胖、骨骼疾病等营养相关慢性病人群的营养状况和运动行为，应用国家和自治区营养相关慢性病运动干预路径，构建以预防为主、防治结合的营养运动健康管理模式。构建体医融合模式，发挥运动干预在营养相关慢性病预防和康复等方面的积极作用。

牵头单位：地区卫健委

配合单位：地区文体广电和旅游局

四、阶段任务

第一阶段：制定方案，完善制度（2019 年 3 月底前）。各县（市）根据实际情况制定相应国民营养计划实施方案，将国民营养计划纳入地方重要民生工程，确定工作目标和考核指标，明确职责分工，建立激励机制与问责制度。

第二阶段：健全机制，提升能力（2020 年底前）。各县（市），各有关单位按照年度工作计划落实工作措施，扎实推进相关任务指标，并按规定落实政府投入政策。建立健全营养监测专业队伍，基本理顺工作机制。

第三阶段：总结经验，中期评估（2025 年底前）。2025 年全面完成各项任务指标，不断总结推广好的经验和做法，组织完成国民营养计划实施情况中期评估。

第四阶段：完善体系，巩固提升（2029 年底前）。国民营养监测工作体系更加完善，运转顺畅，监测分析能力和水平明显提升，食物营养健康产业持续健康发展，传统食养服务更加丰富，“互联网+营养健康”的智能化应用普遍推广。基本完成 2030 年各项指标任务。

第五阶段：终期评估，确保成效（2030 年底前）。居民营养健康素养进一步提高，营养健康状况显著改善。全面完成 2030 年各项指标任务，组织完成终期评估。

五、加强组织实施

（一）强化组织领导。各县（市）要结合实际，强化组织保障，统筹协调，制定实施方案，细化工作措施，将国民营养计划实施情况纳入政府绩效考评，确保取得实效。地、县两级卫健部门要会同有关部门依据本方案职责分工，加强督查评估，将各项工作任务落到实处。

（二）保障经费投入。地、县两级财政部门要加大对国民营养计划工作投入力度，充分依托各方资金渠道，引导社会力量广泛参与、多元化投入，并加强资金监管。

（三）建立长效机制。各县（市）、各有关部门要建立保障本方案实施的工作制度和协作机制，认真总结经验做法，及时形成可复制的模式向全地区推广。

（四）广泛宣传动员。要组织专业机构、行业学会、协会及新闻媒体等开展多渠道、多形式的主题宣传活动，增强全社会对国民营养计划的普遍认知，争取各方支持，促进全民参与。

阿克苏地区做好当前和今后一个时期促进就业工作的实施意见

为认真贯彻落实《关于做好当前和今后一个时期促进就业工作的实施意见》（新政发〔2018〕102 号）精神，结合地区实际，制定本实施意见。

一、加大企业稳岗支持力度

2018 年实施失业保险援企稳岗“护航行动”，对地区范围内上年度足额缴纳失业保险费（参加失业保险 1 年以上或者是欠缴失业保险费的企业，在补缴欠费或签订补缴协议后也可申请）、裁员率低于上年末地区城镇登记失业率的所有企业，根据《关于实施失业保险援企稳岗“护航行动”的通知》（新人社函〔2018〕443 号）精神，按照企业及其职工上年度实际缴纳失业保险费总额 60%给予稳岗补贴。2019 年 1 月 1 日至 12 月 31 日，对面临暂时性生产经营困难且恢复有望、坚持稳岗的参保企业，返还标准可按 6 个月当地月人均失业保险金和参保职工人数确定，或按 6 个月企业及其职工应缴纳社会保险费 50%标准确定。统筹考虑地区产业结构、环境保护、失业保险基金支付能力以及企业生产经营状况、稳定就业岗位措施、诚实守信等因素，由地区城乡就业和职业培训工作领导小组审核确定“面临暂时性生产经营困难且恢复有望、坚持稳岗的参保企业”范围，将认定的企业名单向社会公示后执行失业保险费返还政策。失业保险费返还标准按下列两种方式之一计算：上年度统筹地区失业保险金标准×企业上年度月均失业保险参保人数×6 个月确定；上年度企业及其职工应缴纳的社会保险费÷12×50%×6 个月。上述资

金由失业保险基金列支，稳岗补贴政策和失业金返还政策不得重复享受。

牵头单位：地区人社局

配合单位：地区财政局

二、发挥政府性融资担保机构作用支持小微企业

充分发挥国家融资担保基金作用，引导更多金融资源支持创业就业。鼓励政府性融资担保机构对小微企业融资提供担保支持，提高小微企业贷款可获得性。对于纳入地区中小企业融资担保体系建设范围，定期在工信部“中小企业信用担保业务信息报送系统”上报送信息的担保机构，支持其大力开展面向小微企业的担保业务。小微企业认定标准按照《中小企业划型标准规定》（工信部联企〔2011〕300号）执行。

牵头单位：地区财政局

配合单位：地区工信局，人行阿克苏地区中心支行、阿克苏银保监分局

三、加大创业担保贷款贴息及奖补政策支持力度

符合创业担保贷款申请条件人员自主创业的，可最高申请不超过15万元创业担保贷款。小微企业当年新招用符合创业担保贷款申请条件人员数量达到企业现有在职职工人数25%（超过100人的企业达到15%）并与其签订1年以上劳动合同的，可最高申请不超过300万元的创业担保贷款。各县（市）可因地制宜适当放宽创业担保贷款申请条件，进一步简化反担保手续，放宽贷款抵（质）押品及反担保范围，扩大创业担保贷款规模，更好地发挥创业担保贷款支持创业、促进就业的作用，由此产生的贴息资金由地方财政承担。推动奖补政策落到实处，按各县（市）当年新发放创业担保贷款总额的1%，奖励创业担保贷款工作成效突出的经办金融机构、担保基金运营管理机构等单位，用于其工作经费补助，引导其进一步提高服务创业就业的积极性。

牵头单位：地区财政局

配合单位：地区人社局，人行阿克苏地区中心支行、阿克苏银保监分局

四、支持创业载体建设

以地区创业创新大厦为引领，推动地、县（市）两级创业孵化平台建设。依托和利用经济技术开发区、工业园区、小企业孵化园、空闲场地等，加快建设创业孵化基地和创业园区，并根据入驻项目数量、服务质量、孵化效果、上缴税收和带动就业成效，给予一定的奖补，奖补资金从失业金提取促进就业补助资金中列支。进一步将就业创业服务向基层延伸，加快培育乡（镇）、村级创业实体，大力建设村级就业创业基地，享受创业孵化基地同等扶持政策，使劳动者能够就近就地实现创业就业。打造自治区级示范基地，力争至2020年底，全地区培育自治区级众创空间3家，建设自治区级星创天地5家，自治区级科技企业孵化器1家，打造1家自治区级创业孵化示范基地，按规定给予相应政策支持。

牵头单位：地区人社局

配合单位：地区科技局、财政局、住建局、市场监督管理局，各县（市）人民政府

五、扩大就业见习补贴范围

从2019年1月1日起，按照国家百万青年见习计划组织青年就业见习；享受就业见习补贴的人员范围由离校未就业高校毕业生（含技师学院高级工班、预备技师班和特殊教育院校职业教育类离校未就业毕业生）扩展至16~24岁失业青年；组织失业青年参加3~12个月的就业见习，见习期间从就业补助资金中按当地最低工资标准给予生活费补助，见习单位按不低于当地最低工资标准50%发放岗位补助，并办理人身意外伤害保险。对见习期未满即与见习毕业生签订2年以上期限劳动合同并缴纳社会保险费的，可将剩余期限的见习补贴补发给见习单位。按照属地管理、分级负责的原则，做好就业见习基地认定、就业见习岗位开发等工作，促进失业青年通过就业见习实现就业、转变观念。规范就业见习管理，享受就业见习补贴人员应持有就业创业证（城镇失业人员到户籍所在地街道社区办理就业创业证，农村劳动力到户籍所在地乡（镇）办理就业创业证）。

牵头单位：地区人社局

配合单位：地区教育局、财政局

六、支持困难企业开展职工在岗培训

2019年1月1日至12月31日，困难企业可组织开展职工在岗培训，根据《国务院关于大力推进职业教育改革与发展的决定》（国发〔2002〕16号）精神，所需经费按职工工资总额的1.5%~2.5%从企业职工教育经费中列支。对已按规定提取教育培训经费、已使用该资金组织职工开展在岗培训的企业，

根据企业申请,不足部分经所在地县级人力资源社会保障部门备案审核评估合格后,可根据当年资金节余情况由就业补助资金予以适当支持。

牵头部门:地区人社局

配合部门:地区财政局

七、开展失业人员培训

支持各类职业院校(含技工院校)、普通高等学校、职业培训机构和符合条件的企业承担失业人员职业技能培训或创业培训。对培训合格的失业人员根据培训类型、培训层次、培训课时和培训成本据实核算,给予职业培训补贴,补贴标准按照《阿克苏地区贯彻落实〈自治区就业资金管理暂行办法〉指导意见》(阿地人社函〔2018〕111号)执行,最高不超过1 800元/人;2019年1月1日至2020年12月31日,对经县(市)人社部门认定的就业困难人员和零就业家庭成员,在培训期间再给予生活费补贴,具体标准参照《阿克苏地区贯彻落实〈自治区就业资金管理暂行办法〉指导意见》(阿地人社函〔2018〕111号)基本劳动素质培训(转移就业培训)伙食补助标准执行,按照每人每天15元标准给予补贴,补贴时间应与培训时间一致。生活费补贴政策每人每年只享受一次,且不可同时领取失业保险金。

牵头部门:地区人社局

配合部门:地区教育局、财政局

八、放宽技术技能提升补贴申领条件

自2019年1月1日至2020年12月31日,将技能提升补贴申领条件由企业在职职工累计缴纳失业保险费36个月及以上放宽至累计缴纳失业保险费12个月及以上。参保职工取得职业资格证书或职业技能等级证书的,可在参保地申请技术技能提升补贴,所需资金由失业保险基金列支。

牵头部门:地区人社局

配合部门:地区财政局

九、实行失业登记常住地服务

法定劳动年龄内,有劳动能力,有就业要求,处于无业状态的城镇常住人员(连续居住6个月以上)可在常住地的公共就业服务机构进行失业登记,申请享受当地就业创业服务、就业扶持政策、重点群体就业税收优惠政策。城镇零就业家庭及夫妻双失业家庭成员、享受城镇最低生活保障待遇人员(持低保证)、女年满40周岁和男年满50周岁及其以上的城镇失业人员、连续失业一年以上的城镇失业人员、部分丧失劳动能力的城镇失业人员(持有残疾证)、失去土地(指因政府征地)且符合上述五款条件之一的农民,六类人员可在户籍地或常住地申请认定为就业困难人员,享受就业援助。

牵头单位:地区人社局

配合单位:地区财政局、税务局,各县(市)人民政府

十、落实失业保险待遇

对符合条件的失业人员,由失业保险基金发放失业保险金,其个人应缴纳的基本医疗保险费从失业保险基金中列支。

牵头单位:地区人社局

配合单位:地区医疗保障局

十一、保障困难群众基本生活

按照《关于印发地区建立临时救助及社会救助监督管理制度实施意见的通知》(阿行署办〔2015〕163号)文件精神,对遭遇突发事件、意外伤害、重大疾病或其他特殊原因导致基本生活陷入困境,其他社会救助制度暂时无法覆盖或救助之后基本生活暂时仍有困难的家庭或个人给予应急性、过渡性救助。临时救助要遵循应救尽救,主动施救;及时适度、尽力而为、量力而行;要确保制度衔接,各项救助、保障制度协调配合;政府救助、社会帮扶、邻里互助、家庭自救相结合的原则。临时救助方式要以发放临时救助金为主,救助时限不得超过5个工作日,要确保救助金足额、及时发放到位。按照《社会救助暂行办法》(国务院令第649号)文件要求,对持有地区常住户口且共同生活的家庭成员年人均收入低于当地最低生活保障标准的困难群众纳入低保范围,给予差额救助,对没有收入的实行全额救助。

牵头单位:地区民政局

配合单位:地区财政局

十二、落实地方政府主体责任

各县(市)人民政府要切实承担本地区促进就业工作的主体责任,健全促进就业主体责任落实机制,推动就业目标任务完成情况全面纳入各级政府绩效考核体系,建立由政府负责人牵头、相关部门共同参与的工作机制,确保就业局势保持稳定向好。健全扩大就业与经济发展的联动机制,把深化供给侧结构性改革、转变发展方式、拓展发展新空间与扩大就业规模、调整就业结构、提升就业质量有机结合起来,促进经济增长与扩大就业联动、结构优化与就业转型协同,推动经济与就业融合发展。

责任单位:各县(市)人民政府

十三、明确部门组织协调责任

健全就业工作协调推进机制，发挥城乡就业和职业培训工作领导小组成员单位作用，密切跟踪经济社会发展形势和就业形势的变化，加强部门协调和政策储备，实行分级预警、分级响应、分类施策，统筹做好促进就业工作。人力资源和社会保障部门要统筹协调促进就业政策制定、督促落实、统计监测等工作。财政部门要加大资金支持力度，保障促进就业政策落实。公安、教育、民政和残联部门要主动配合人力资源和社会保障部门完善离校未就业毕业生实名信息和困难毕业生实名信息，为毕业生享受就业带扶政策和公共就业服务提供便利。其他有关部门和单位要立足职能职责，积极出台促进就业创业的措施，开展更多有利于促进就业的专项活动，共同做好促进就业工作。

责任单位：地、县（市）统筹城乡就业和职业培训领导小组成员单位

十四、切实抓好政策服务

各县（市）各有关部门要积极开展政策宣传，向社会公布政策清单、申办流程、补贴标准、服务机构及联系方式、监督投诉电话，深入企业宣讲政策、了解困难、做好帮扶。对申请享受就业创业扶持政策和就业创业服务的各类人员，要建立实名制管理服务信息系统。要优化流程、精简证明、加强监管，确保各项政策资金规范便捷地惠及享受对象。鼓励县（市）运用财政配套资金，通过政府购买服务等方式支持经营性人力资源服务机构提供公益性人力资源服务。

责任单位：地、县（市）统筹城乡就业和职业培训领导小组成员单位

十五、指导企业等各方履行社会责任

引导困难企业更加注重运用市场机制、经济手段，通过转型转产、培训转岗、支持“双创”等，多渠道分流安置职工，依法处理劳动关系。引导职工关心企业生存与发展，困难企业与职工协商一致的，可采取协商薪酬、调整工时、轮岗轮休、在岗培训等措施，保留就业岗位，稳定劳动关系。引导劳动者树立正确就业观，主动提升就业能力，通过自身努力实现就业创业。广泛调动社会各界积极性，形成稳定、扩大就业的合力。

贯彻落实国家从工业企业结构调整专项奖补资金中安排部分资金，由地方统筹纳入就业补助资金的相关政策，专项用于当前稳就业工作。对现有补贴项目进行梳理，在保持政策连续性、稳定性的基础上，对补贴项目、补贴方式进行归并简化，提高资金使用效益。

责任单位：地、县（市）统筹城乡就业和职业培训领导小组成员单位

各县（市）人民政府、地区各有关部门按照本实施意见的要求，抓紧制定和完善配套措施及具体方案，确保当前和今后一个时期促进就业工作各项政策措施落到实处，发现重要问题及时报送地区人力资源和社会保障局。

阿克苏地区“点线面”推进经济工作实施方案

为全面贯彻落实2019年地委（扩大）会议、地委经济工作会议及行署第一次全体会议精神，统筹推进稳增长、促改革、调结构、惠民生、防风险各项工作，推动地区经济高质量发展，特制定本方案。

一、总体思路

坚持以习近平新时代中国特色社会主义思想为指导，全面落实中央经济工作会议、自治区党委九届六次全会、自治区党委经济工作会议和地委（扩大）会议、地委经济工作会议精神，深入实施“76331”战略，明确重点工作和重点项目等“点”上工作的责任主体，健全完善“六大产业”和旅游业发展的“线”性管理服务方式，结合厅级领导干部联系县（市）“面”上的分工，坚持问题导向，强化统筹协调，形成工作合力，全力推动各项目标任务顺利完成。

二、重点工作

（一）“点”。即：县（市）人民政府履行抓好区域经济发展的主体责任，根据地区确定的主要指标增速、重点工作，研究制定县（市）具体工作方案。

（二）“线”。即：在“六大产业”和旅游业发展方面，由行署领导按照工作分工，统筹协调产业发展过程中存在的突出问题，确保产业发展提质增效。

1.能源化工产业

重点任务：依托丰富的油气、煤炭等资源，深入实施优势资源转换战略和大企业、大集团带动发展战略，推动能源化工产业集聚发展，建立现代石化产业体系。推进煤炭资源整合，发展煤电一体化循环经济，努力把阿克苏打造成为新疆重要的能源化工产业基地，力争

全年工业增加值增长8%以上。

牵头领导：梁峰源（地委委员、行署常务副专员）

牵头部门：地区发改委

责任单位：各县（市）人民政府，地区工信局、自然资源局、生态环境局、住建局、商务局、国资委、国网阿克苏供电公司。

责任人：李旺军

2.纺织服装产业

重点任务：用足用好国家、自治区扶持发展政策，着力提升“一城四园”承载能力和发展功能，推进纺织服装产业规模化、集群化发展，做大总量，拉长链条，新增纺锭规模200万锭以上，努力打造以阿克苏纺织工业城（开发区）为核心，辐射南疆吸纳就业的纺织服装产业基地，力争全年工业增加值增长55%以上。

牵头领导：贾京磊（地委委员、行署副专员）

牵头部门：阿克苏纺织工业城（开发区）管委会、地区工信局

责任单位：各县（市）人民政府，地区发改委、财政局、人社局、自然资源局、生态环境局、住建局、商务局。

责任人：刘勇、兰疆

3.农副产品精深加工产业

重点任务：充分发挥粮、棉、果、畜、设施农业五大基地优势，坚持“依托特色建龙头、建好龙头促特色”的农业产业化要求，加快推进以“百十一”生产基地、“十仓百企”产业联盟、“十城百店”市场营销、品牌培育和管理为主要内容的农业产业化建设，引进一批农产品精深加工企业，培育一批林果精深加工农业产业化龙头企业，开发新产品，提高附加值，加强品牌建设，扩大营销网络，构建农产品产加销一体化全产业链，力争全年增加值增长8%以上。

牵头领导：艾买尔江·阿吾提（行署副专员）

牵头部门：地区农业农村局

责任单位：各县（市）人民政府，地区发改委、工信局、人社局、自然资源局、生态环境局、住建局、水利局、商务局、国资委、林草局。

责任人：袁伟

4.商贸物流产业

重点任务：推进阿克苏商贸物流产业园、阿克苏经济技术开发区公铁联运商贸物流园、地区纺织商贸物流园、库车市龟兹空港商贸物流园建设；建立县、乡、村三级电子商务服务网络，打通工业品下乡和农产品进城的双向流通渠道，力争全年社会消费品零售总额增长10%以上、进出口总额增长6%以上、快递服务收入增长55%以上。

牵头领导：贾京磊（地委委员、行署副专员）

牵头部门：地区商务局

责任单位：各县（市）人民政府、阿克苏纺织工业城（开发区）管委会，地区发改委、工信局、财政局、人社局、自然资源局、生态环境局、住建局、农业农村局、市场监督管理局、林草局。

责任人：赵欣

5.建材冶金产业

重点任务：持续加大矿产资源勘探开发力度，推进建材冶金产业规模化、集群化发展。大力发展新技术、新能源、节能环保、绿色建材，将建材冶金产业打造成为具有竞争力的支柱产业，力争全年工业增加值增长8%以上。

牵头领导：朱培桓（地区政协工委副主任、行署党组成员）

牵头部门：地区工信局

责任单位：各县（市）人民政府、阿克苏纺织工业城（开发区）管委会，地区发改委、财政局、自然资源局、生态环境局、住建局。

责任人：兰疆

6.战略新兴产业

重点任务：牢牢把握战略新兴产业政策导向和市场导向，以库车经济技术开发区、阿克苏经济技术开发区为重点，依托资源优势和现有产业发展基础，积极培育和发展新一代信息技术、高端装备制造、新能源、新材料、生物医药、新能源汽车、节能环保以及相关服务业，促进产业集聚发展，培育新的经济增长极，力争全年工业增加值增长20%以上。

牵头领导：孔智勇（地委委员、行署副专员）

牵头部门：地区工信局

责任单位：各县（市）人民政府、阿克苏纺织工业城（开发区）管委会，地区发改委、科技局、自然资源局、生态环境局、住建局、卫健委。

责任人：兰疆

7.旅游业

重点任务：大力实施全域旅游发展三年行动计划，加快推进“三核心十区二十点”建设，打造精品旅游线路，推进以文化、生态旅游为重点的南疆旅游集散中心、天山托木尔世界自然文化遗产旅游区、龟兹世界文化遗产旅游区和刀郎文化传承创新体验示范区建设。大

力培育发展休闲观光农业和乡村旅游。全方位塑造“丝路古龟兹·神奇阿克苏”旅游品牌，提升阿克苏旅游知名度，力争全年接待游客1 000万人次以上、旅游总收入达到60亿元以上。

牵头领导：常玉轩（地委委员、行署副专员）

牵头部门：地区文体广电和旅游局

责任单位：各县（市）人民政府，地区发改委、财政局、自然资源局、生态环境局、住建局、交通运输局、商务局、市场监督管理局，阿克苏机场、乌铁局阿克苏车务段。

责任人：王云凤

（三）“面”。即：地区厅级领导干部在履行包联县（市）责任的同时，按照《2019年地区领导主抓重点项目实施方案》和《地区领导联系服务企业责任分解方案》要求，抓好县域内重点工作落实、重点项目建设、重点企业运行。

1.梁峰源（地委委员、行署常务副专员）

（1）主抓库车市致本化学年产40万吨乙二醇、库车市朔漠石化20万吨/年液化石油气综合利用、新疆圣赛德合成材料有限公司年产10万吨芳烃(6万吨三胺)、顺北5号联至沙雅县天然气输气管线、拜城金晖兆丰100万吨/年PVC循环经济配套(一期)、拜城40万吨/年乙二醇、地区大数据中心等7个重点项目。

(2)负责地区城市经济工作的总协调。包联库车市，协调推进库车市除地区领导主抓外的其余103个固定资产投资项目。

(3)联系服务中石化塔河炼化有限责任公司、徐州矿务(集团)新疆天山矿业有限责任公司、新疆金晖兆丰能源股份有限公司、新疆锦丽源服装有限公司、新疆图森纺织科技有限公司、新疆厚立纺织科技有限公司。

2.贾京磊（地委委员、行署副专员）

（1）主抓华孚时尚股份有限公司阿克苏绿尚小镇、阿克苏中央直属棉花中转储备库、阿克苏纺织工业城（开发区）保税仓库等3个重点项目。

(2)按照行署领导分工，督促指导分管领域完成年度经济工作目标任务。包联阿克苏市，负责协调推进阿克苏市除地区领导主抓外的其余198个固定资产投资项目。

(3)联系服务阿克苏华孚色纺有限公司、徐州集团新疆阿克苏热电有限公司、新疆天河化工有限公司、库车紫光永利精细化工有限公司、新疆依翎针织有限公司。

3.常玉轩（地委委员、行署副专员）

(1)主抓新(和)—拜(城)铁路支线、阿克苏火车站旅客站房改扩建、G314线阿克苏过境段公路(南外环)、库车市217国道旅游风景道建设、阿克苏纺织工业城铁路专用线等5个重点项目。

(2)按照行署领导分工，督促指导分管领域完成年度经济工作目标任务。包联沙雅县，负责协调推进沙雅县除地区领导主抓外的其余60个固定资产投资项目。

（3）联系服务新疆玉象胡杨化工有限公司、沙雅钵施然智能农机制造有限公司、新疆富沃药业有限公司、沙雅县久久棉纺有限公司、沙雅县守信纺织有限公司。

4.孔智勇（地委委员、行署副专员）

(1)主抓库车国际特种装备产业园、库车市航空产业园、阿克苏市中润达专用汽车制造有限公司年产5000辆专用汽车项目(一期)等3个重点项目。

(2)按照行署领导分工，督促指导分管领域完成年度经济工作目标任务。包联拜城县，负责协调推进拜城县除地区领导主抓外的其余88个固定资产投资项目。

(3)联系服务新疆金富祥亚麻有限公司、新疆凯领阿尔格敏矿业有限公司、拜城县众泰煤焦化有限公司、拜城县峰峰煤焦化有限公司、拜城县正邦服饰有限公司。

5.郭齐军（地委委员、行署副专员）

(1)主抓阿克苏市东城区产业新城、阿克苏市城区集中供热系统基础应急热源厂、库车市龟兹文创特色小镇等3个重点项目。

(2)按照行署领导分工，督促指导分管领域完成年度经济工作目标任务。包联柯坪县，负责协调推进柯坪县82个固定资产投资项目。

(3)联系服务库车市鑫泰燃气有限责任公司、阿克苏华锦化肥有限责任公司、新疆瑞欣益纺织有限公司。

6.康菊(行署副专员)

（1）主抓地区医养中心项目(一期)、地区维吾尔医院维吾尔医特色治疗中心楼、地区第二人民医院门诊医技体检康复综合大楼和地区中医医院院内急诊、康复、住院综合楼等4个项目。

(2)按照行署领导分工,督促指导分管领域完成年度经济工作目标任务。包联乌什县,负责协调推进乌什县90个固定资产投资项目。

(3)联系服务阿克苏娃哈哈饮料有限公司、乌什县华盛纺织有限公司。

7. 木合甫力·艾山(行署副专员)

(1)主抓阿克苏职业技术学院整体搬迁项目。

(2)按照行署领导分工,督促指导分管领域完成年度经济工作目标任务。包联新和县,负责协调推进新和县除地区领导主抓外的其余94个固定资产投资项目。

(3)联系服务新和健鹰纺织有限公司、阿克苏凯程纺织有限公司。

8.陈建忠(行署副专员)

(1)主抓阿克苏联发纺织16万锭紧密纺和400台喷气织机项目、阿克苏标信纤维二期2万吨纤维染色和1万吨筒子纱2个重点项目。

(2)按照行署领导分工,督促指导分管领域完成年度经济工作目标任务。包联阿克苏纺织工业城,负责协调推进阿克苏纺织工业城除地区领导主抓外的其余66个固定资产投资项目。

(3)联系服务阿克苏新爵纺织有限责任公司、阿克苏心孜造纺织有限公司、新疆佳绣纺织有限公司。

9. 艾买尔江·阿吾提(行署副专员)

(1)主抓温宿县台兰河水利枢纽、拜城县温泉水库、沙雅县渭干河灌区农业高效节水增收试点、阿克苏市2019年退耕还林工程4个重点项目。

(2)按照行署领导分工,督促指导分管领域完成年度经济工作目标任务。包联温宿县,负责协调推进温宿县除地区领导主抓外的其余78个固定资产投资项目。

(3)联系服务新疆乌苏啤酒(阿克苏)有限公司、温宿县曦隆燃气开发有限公司、温宿县鑫达化工有限公司。

10.朱培桓(地区政协工委副主任、行署党组成员)

(1)主抓阿克苏市吉尔特电器有限公司太阳能空调及空气净化器、冷暖风机生产线项目。

(2)按照行署领导分工,督促指导分管领域完成年度经济工作目标任务。包联阿瓦提县,负责协调推进阿瓦提县73个固定资产投资项目。

(3)联系服务阿克苏天山多浪水泥有限责任公司、阿克苏鸿盛化工有限公司、新疆天山恒瑞纺织有限公司。

三、工作要求

(一)坚持计划的严肃性。地区对各县(市)、阿克苏纺织工业城(开发区)管委会年度重点项目和主要经济指标实行集中调整,年内只调整一次。其中重点建设项目调整按照“等额置换”的原则,在6月底由地区发改委会同各县(市)、阿克苏纺织工业城(开发区)提出调整方案;主要经济指标的调整由地区统计局10月底会同地区相关部门提出调整方案。

(二)高标准推进项目建设。各县(市)要按照“年初集中开工、年底集中验收”的要求,制定推进方案、组建工作专班、明确时间节点、落实工作责任,加快推进项目建设,确保3、4、5月集中开(复)工项目提前2个月完成前期手续,确保3次集中开工项目累计投资不少于400亿元。

四、保障措施

(一)完善工作机制。坚持党对经济工作的领导,严格落实“两套班子”工作机制,建立行署专员负总责、常务副专员总协调,地区相关领导、副秘书长、牵头部门、责任部门具体抓落实的工作机制,形成“一岗多责”、相互补台、齐心协力抓落实的梯级结构。继续抓好厅级领导干部联系企业、优化营商环境等工作落实,把重点工作和亟待解决的问题变成看得见、摸得着、操作性强的具体行动方案,细化分解任务,明确时间表、路线图和责任人,坚决杜绝“以文件落实文件”等形式主义。

(二)层层压实责任。行署分管领导要认真履行“一岗多责”职责,定期调查研究,加强督导协调,保证重点工作全面落实、重点项目顺利建设、重点企业快速发展。各县(市)人民政府对区域经济发展负主体责任,严格落实地区确定的各项任务,及时解决区域范围内的问题。地区相关单位要在服务企业、推进项目上定职责、定任务、定时限、定标准,全力做好指导协调和服务保障工作。

(三)强化督查问责。制定督查考核办法和阶段性督查方案,加大对重点项目、重点工作的督查督办力度，对不作为、慢作为、措施棚架、影响重点工作落实、重点项目推进的，由地区经济工作领导小组给予通报批评，情节严重的报请地委进行追责问责。

荣誉录

·先进集体·

国家级先进集体

阿克苏地区　2019年3月，被国家卫生健康委员会、中国红十字会总会、中央军委后勤保障部卫生局授予2016~2017年度无偿献血先进地(市)。

地委政法委（地区法学会）2019年12月，被中国法学会授予全国法学会系统先进集体。

地委组织部　2019年3月，被中共中央组织部办公厅授予组织系统2018年度信息报送先进单位。

地区中级人民法院　2019年7月，被最高人民法院审判管理办公室授予第一届全国法院审判管理优秀业务单位。

2019年8月，被最高人民法院政治部、最高人民法院新闻局、人民法院新闻传媒总社授予全国法院司法宣传工作先进单位。

地区中级人民法院民事审判二庭　2019年7月，被最高人民法院授予为全面停止军队有偿服务工作提供司法保障表现突出集体。

地区中级人民法院司法救助委员会办公室　2019年9月，被最高人民法院授予全国法院国家赔偿审判工作先进集体。

地区教育局　2019年8月，被教育部关工委授予新时代好少年主题教育读书活动“我为祖国点赞”先进集体。

地区公安局警令部科信科　2019年8月，被公安部科技信息化局授予全国公安信息网IP地址资源扩容工作先进单位。

地区民政局区划地名办公室　2019年4月，被国务院第二次全国地名普查领导小组授予第二次全国地名普查先进集体。

地区财政局　2019年7月，被财政部中国财政科学研究院授予2019年度全国财政科研宣传工作先进单位。

2019年10月，被财政部中国财政杂志社授予2019年度“三刊两鉴”宣传工作先进集体。

地区文旅局　2019年9月，在全国第十一届少数民族传统体育运动会沙哈尔地传统体育项目中获得金奖。

地区中等职业技术学校(阿克苏技师学院）2019年9月，被人力资源和社会保障部、教育部授予全国教育系统先进集体。

阿克苏银保监分局　2019年9月，被国务院授予全国民族团结进步模范集体。

新疆柯坪喜羊羊农牧科技有限公司　2019年10月，被全国工商联、国务院扶贫办授予全国万企帮万村精准扶贫行动先进民营企业。

阿克苏市　2019年2月，被全国爱国卫生运动委员会授予国家卫生城市。

阿克苏市红桥街道红桥社区居民委员会 2019年9月，被国务院授予全国民族团结进步模范集体。

阿克苏市司法局南城司法所 2019年1月，被司法部授予全国先进司法所。

阿克苏市依干其乡尤喀克巴里当村　2019年9月，被农业农村部授予全国“一村一品”示范村镇。

阿克苏市教育和科技局 2019年8月，被教育部关心下一代工作委员会授予“新时代好少年”主题教育读书活动“我为祖国点赞”先进集体。

阿克苏市托普鲁克乡第二小学　2019年9月，被人力资源和社会保障部、教育部授予全国教育系统先进集体。

阿克苏市第五小学　2019年10月，被教育部授予全国青少年校园足球特色学校。

阿克苏市天杭实验学校 2019年10月，被教育部授予全国青少年校园足球特色学校。

阿克苏市总工会女职工委员会 2019年2月，被中华全国总工会授予全国五一巾帼标兵岗。

库车市 2019年2月，被全国爱国卫生运动委员会授予国家卫生县城。

库车市税务局第一税务所 2019年6月，被中国共产主义青年团、最高人民法院、国家发展和改革委员会授予2017~2018年度全国青年文明号。

中国石化塔河炼化有限责任公司炼油第二作业部 2019年4月，被中华全国总工会授予全国工人先锋号。

库车市齐满镇甬库团结村 2019年11月，被国家民族事务委员会授予全国民族团结进步模范集体。

库车市委史志办 2019年11月，被中国地方志指导小组办公室授予全国地方志工作先进集体。

库车市塔里木乡英达雅村 2019年9月，被农业农村部授予全国"一村一品"示范村镇。

沙雅县 2019年3月，被国家信访局授予2018年信访工作"三无"县。

沙雅县沙雅镇文化社区 2019年1月，被国家减灾委员会、应急管理部、国家气象局、国家地震局授予2018年度全国综合减灾示范社区。

沙雅县委组织部 2019年3月，被中共中央组织部办公厅授予组织系统2018年度信息报送先进单位。

沙雅县第三小学 2019年5月，被共青团中央授予全国五四红旗团支部。

新和县 2019年11月，被交通运输部、农业农村部、国务院扶贫办授予四好农村路全国示范县。

新和县疾病预防控制中心 2019年1月，被中国疾病预防控制中心慢性非传染性疾病预防控制中心授予2004~2013年中国慢性病及其危险因素监测现场调查组织实施及质量控制先进集体。

新和县教育和科学技术局 2019年8月，被教育部关心下一代工作委员会授予新时代好少年主题教育读书活动"我为祖国点赞"先进集体。

拜城县 2019年1月，被农业农村部、应急管理部授予2018年全国平安农机县。

拜城县种羊场 2019年9月，被农业农村部办公厅授予国家肉羊核心育种场。

拜城县委组织部 2019年3月，被中共中央组织部办公厅授予组织系统2018年度信息报送先进单位。

拜城县赛里木镇 2019年4月，被共青团中央授予全国五四红旗团委(团支部)。

温宿县第二小学 2019年4月，被全国第六届中小学艺术展演活动组委会授予全国第六届中小学艺术展演活动艺术表演类小学甲组二等奖。

温宿县民政局 2019年3月，被人力资源和社会保障部、民政部授予全国民政系统先进集体。

温宿县人民医院 2019年2月，被国家机关事务管理局、国家发展改革委员会、财政部授予国家级节约型公共机构示范单位。

温宿县林业和草原局 2019年9月，被国家林业和草原局授予全国生态建设突出贡献先进集体。

温宿县人民检察院 2019年6月，被中央组织部、中央宣传部授予人民满意的公务员集体。

温宿县疾病预防控制中心 2019年4月，被中国疾病预防控制中心麻风病控制中心授予2015~2018年全国麻风病防治管理信息系统工作先进集体。

阿瓦提县英艾日克镇恰其村 2019年7月，被文化和旅游部、国家发展改革委授予全国乡村旅游重点村。

阿瓦提县人力资源和社会保障局　2019年6月，在全国大众创业万众创新活动周，被第二届全国创业就业服务展示交流活动组委会授予第二届全国创业就业服务展示交流活动优秀项目奖。

阿瓦提县第四中学　2019年11月，被国家体育总局航空无线电模型运动管理中心、中国航空运动协会授予"莱特兄弟杯"2019全国青少年模拟飞行锦标赛组织特等奖。

中国共产主义青年团阿瓦提县委员会　2019年5月，被共青团中央授予全国五四红旗团支部。

乌什县人民医院　2019年3月，被中华全国妇女联合会授予全国三八红旗集体。

乌什县依麻木镇托万克麦盖提村"访惠聚"驻村工作队　2019年9月，被国务院授予全国民族团结进步模范集体。

柯坪县　2019年4月，被国家信访局授予2018年度信访工作"三无"县。

柯坪县阿恰勒镇　2019年9月，被农业农村部授予全国"一村一品"示范村镇。

自治区级先进集体

阿克苏地区　2019年4月，被新疆维吾尔自治区人民政府授予自治区农田水利基础建设"天山杯"竞赛先进地州。

2019年4月，自治区扶贫开发领导小组对2018年地州市党委和政府（行署）、贫困县（市）党委和政府扶贫开发成效考核综合评价为"好"，在全疆地州市排列第一名。

2019年6月，被新疆维吾尔自治区人民政府授予自治区水土保持目标考核先进地州。

2019年7月，被新疆维吾尔自治区财政厅授予2019年度会计专业技术资格考试优秀考区。

2019年10月，被自治区人力资源和社会保障厅授予"三支一扶"专项培训优秀组织地州。

地区纪委监委　2019年11月，参加自治区纪委监委"纪法铭于心 廉洁伴我行"知识竞赛活动获得"二等奖"。

地区人大工作委员会　2019年9月，被新疆维吾尔自治区人大常委会授予自治区人大系统先进集体。

地委组织部　2019年3月，被自治区委员会组织部《党员之友》编辑部授予先进组稿单位。

2019年5月，被自治区党建研究会授予课题调研优秀组织奖。

地委宣传部　2019年11月，被新疆维吾尔自治区农村电影发行放映管理服务中心授予2019年度新疆农村电影工作综合管理先进集体。

地委网信办　2019年4月，被自治区"民族团结一家亲"领导小组办公室、自治区党委网信办授予自治区第二届"我是一颗石榴籽"大型网络文化活动优秀组织奖。

地委党校　2019年10月，被中共新疆维吾尔自治区委员会党校（行政学院）授予教学管理优秀奖。

地区中级人民法院机关基层党委　2019年7月，被自治区高级人民法院党组授予全区法院先进基层党组织。

阿克苏检察分院　2019年9月，被新疆维吾尔自治区人民检察院授予第二届全疆检察机关未成年人检察业务竞赛优秀组织奖。

2019年11月，被新疆维吾尔自治区人民检察院授予首届全疆检察机关职务犯罪检察业务竞赛优秀组织奖。

地区教育局　2019年7月，被自治区教育工会授予自治区第一届中小学青年教师教学竞赛优秀组织奖。

2019年9月，被自治区教育科学研究院授予第三届语文学科素养比赛优秀组织奖。

地区科技局　2019年10月，被新疆维吾尔自治区科学技术厅授予第八届中国创新创业大赛（新疆赛区）暨第六届新疆创新创业大赛优秀组织奖。

地区公安局　2019年11月，被新疆维吾尔自治区公安厅授予集体二等功。

地区公安局政治部 2019年1月，被新疆维吾尔自治区公安厅授予全区公安政工信息工作先进单位。

新疆网络监控处置中心阿克苏分中心 2019年7月，被新疆维吾尔自治区公安厅网安总队授予抖音短视频巡查发现工作突出单位。

2019年7月，被新疆维吾尔自治区公安厅网安总队授予公开巡查执法、舆情引导工作突出单位。

地区财政局 2019年1月，被新疆维吾尔自治区财政厅授予2017年度国有企业财务会计决算工作先进单位。

2019年1月，被新疆维吾尔自治区财政厅授予2018年度企业经济效益月度快报工作先进单位。

2019年5月，被新疆维吾尔自治区财政厅授予2018年度全区社会保险基金统一预算管理二等奖。

地区人力资源和社会保障局 2019年3月，被自治区人力资源和社会保障厅授予自治区人社系统学习宣传宪法和人社法治知识网络答题优秀组织奖。

2019年3月，被自治区人力资源和社会保障厅授予自治区人社系统学习宣传宪法和人社法治知识竞赛三等奖。

2019年10月，被自治区人力资源和社会保障厅授予第一届新疆技工院校学生创业创新大赛优秀组织奖。

地区文旅局 2019年7月，被新疆维吾尔自治区体育局授予自治区体育产业先进工作单位。

地区社会体育指导中心 2019年11月，被新疆维吾尔自治区青少年武术散打锦标赛组委会授予优秀运动队。

地区生态环境局环境监测站 2019年8月，被新疆维吾尔自治区生态环境厅、人力资源和社会保障厅、市场监督管理局、总工会、共青团委、妇女联合会授予新疆维吾尔自治区第二届生态环境监测专业技术人员大比武活动团体二等奖。

阿克苏路政海事局机关党支部 2019年5月，被自治区路政海事局党委授予自治区路政海事局系统先进党组织。

中共阿克苏公路管理局党委 2019年9月，被全国公路职工思想政治工作研究会授予全国公路行业先进基层党组织。

共青团阿克苏地区委员会 2019年10月，被共青团新疆维吾尔自治区委员会授予第八届新疆青年创新创业大赛暨第六届“创青春”中国青年创新创业大赛新疆赛区选拔赛优秀组织奖。

共青团阿克苏地区委员会学少权益部 2019年8月，被共青团新疆维吾尔自治区委员会、新疆维吾尔自治区教育厅、少先队新疆维吾尔自治区工作委员会授予自治区第五届少先队鼓号队比赛优秀组织奖。

2019年11月，被共青团新疆维吾尔自治区委员会、新疆维吾尔自治区教育厅、少先队新疆维吾尔自治区工作委员会授予自治区第十二届少先队辅导员专业技能大赛决赛团体一等奖。

地区侨联 2019年2月，被自治区侨联授予纪念改革开放四十周年征文活动优秀组织奖。

地区科学技术协会 2019年8月，在第三十三届自治区青少年科技创新大赛中被新疆维吾尔自治区科学技术协会办公室、教育厅办公室、科学技术厅办公室、生态环境厅办公室评为优秀组织单位。

地区广播电视台译制中心 2019年10月，在自治区广播电视局第十三届（2018年度）新疆少数民族语言优秀电视剧译制片评选中，译制中心译制的34集连续剧《彝海结盟》获得一等奖，43集连续剧《小丈夫》获得三等奖。

地区森林公安局“5·9”专案组 2019年3月，被新疆维吾尔自治区森林公安局授予“集体三等功”。

地区红十字会 2019年7月，被新疆维吾尔自治区红十字会授予新疆维吾尔自治区第六届红十字会应急救护大赛二等奖。

新疆柯坪喜羊羊农牧科技有限公司 2019年1月，被自治区扶贫开发领导小组授予2018年自治区脱贫攻坚组织创新奖。

新疆地矿局第八地质大队 2019年4月,自治区地质矿产勘查开发局第八地质大队地质调查所一分队火烧云二区普被新疆维吾尔自治区总工会授予自治区工人先锋号。

阿克苏市 2019年7月,被中共新疆维吾尔自治区委员会、新疆维吾尔自治区人民政府授予“双拥”模范城。

阿克苏市兰干街道办事处兰干社区 2019年7月,被中共新疆维吾尔自治区委员会授予先进基层党组织。

阿克苏市姑墨旅游发展有限责任公司 2019年8月,被新疆维吾尔自治区扫黄打非领导小组授予第二批自治区“扫黄打非”进基层示范点。

阿克苏市公安局国内安全保卫大队 2019年1月,被新疆维吾尔自治区公安厅授予集体二等功荣誉。

阿克苏市第十二中学 2019年8月,在自治区第五届少先队鼓号队比赛中,被共青团新疆维吾尔自治区委员会、新疆维吾尔自治区教育厅、新疆维吾尔自治区少工委授予三等奖。

阿克苏市第七小学 2019年8月,在自治区第五届少先队鼓号队比赛中,被共青团新疆维吾尔自治区委员会、新疆维吾尔自治区教育厅、新疆维吾尔自治区少工委授予优秀奖。

阿克苏市第二小学 2019年7月,在第二十一届“飞向北京·飞向太空”自治区青少年航空航天模型教育竞赛活动中,被新疆维吾尔自治区体育局、新疆维吾尔自治区科学技术协会、新疆维吾尔自治区妇女联合会、共青团新疆维吾尔自治区委员会授予优秀组织单位。

2019年10月,被新疆维吾尔自治区科协办公室、新疆维吾尔自治区教育厅办公室、新疆维吾尔自治区科技厅办公室、新疆维吾尔自治区生态环境厅办公室授予第十九届新疆青少年机器人竞赛优秀学校。

阿克苏市实验中学 2019年7月,在自治区第二届我是一颗石榴籽大型网络文化活动中,被新疆维吾尔自治区互联网信息办公室、新疆维吾尔自治区“民族团结一家亲”活动领导小组办公室授予优秀组织奖。

阿克苏市第一小学 2019年7月,在2019年自治区青少年校园足球联赛(南疆片区决赛)暨足球夏令营活动中,被新疆维吾尔自治区体育局、新疆维吾尔自治区教育厅授予小学男子甲组亚军荣誉。

库车市 2019年6月,被新疆维吾尔自治区交通运输厅授予2018年全区“四好农村路”示范县。

2019年7月,被中共新疆维吾尔自治区委员会、新疆维吾尔自治区人民政府、新疆军区授予“双拥”模范县。

2019年10月,被自治区精神文明建设指导委员会授予自治区文明县城。

2019年10月,被新疆维吾尔自治区卫生健康委员会疾病预防控制处授予自治区级慢性病综合防控示范区。

库车市委机要保密局 2019年1月,被新疆维吾尔自治区党委机要局授予自治区机要密码部门业务考核优秀达标单位。

库车市委专用通信局 2019年1月,被新疆维吾尔自治区专用通信局授予自治区党政专用通信工作先进单位。

库车市电影放映管理中心 2019年11月,被新疆维吾尔自治区农村电影发行放映管理服务中心授予2019年度新疆农村电影工作节目管理先进单位。

库车市教育和科学技术局 2019年7月,被新疆维吾尔自治区“双拥”工作领导小组办公室授予爱国拥军模范单位。

库车市市容环境卫生管理处 2019年4月,在2018年度自治区城市市容环卫行业评选活动中,被自治区市容环境卫生协会授予先进集体奖。

库车市路政管理局 2019年5月,被自治区路政海事局党委授予自治区路政海事局系统先进党组织。

2019年5月,被自治区路政海

事局党委授予自治区路政海事局系统先进单位。

库车市融媒体中心 2019年10月,在第十三届新疆少数民族语言优秀电视剧译制片奖评选中,被新疆维吾尔自治区广播电视局授予集体创作三等奖。

库车市人工影响天气办公室 2019年3月,被新疆维吾尔自治区人工影响天气工作领导小组办公室授予2018年度全疆人影工作先进单位。

阿克苏地区库车中等职业技术学校 2019年3月,被中共新疆维吾尔自治区委员会教育工作委员会授予2018年自治区中等职业学校德育示范校。

2019年10月,在第一届新疆技工院校学生创业创新大赛中,阿克苏工业技师学院《遨疆之怀》项目被新疆维吾尔自治区人力资源和社会保障厅授予优秀展示奖。

武警新疆总队阿克苏支队机动一大队 2019年7月,被新疆维吾尔自治区"双拥"工作领导小组授予拥政爱民模范单位。

中国石化塔河炼化有限责任公司炼油第一作业部 2019年4月,被新疆维吾尔自治区总工会授予开发建设新疆奖状。

中国石化塔河炼化有限责任公司炼油第一作业部常压焦化装置 2019年4月,被新疆维吾尔自治区总工会授予自治区工人先锋号。

库车市微微快送党支部 2019年7月,被中共新疆维吾尔自治区委员会授予先进基层党组织。

库车市新城街道 2019年8月,被新疆维吾尔自治区"扫黄打非"领导小组授予第二批自治区"扫黄打非"进基层示范点。

沙雅县 2019年10月,被新疆维吾尔自治区精神文明建设指导委员会授予2017~2019年度自治区文明县提名县。

沙雅县人大常委会 2019年9月,被新疆维吾尔自治区人大常委会办公厅授予自治区人大系统先进集体。

沙雅县公安局森林派出所 2019年3月,被新疆维吾尔自治区森林公安局记集体三等功一次。

沙雅县职业技术学校 2019年4月,在新疆维吾尔自治区教育厅、新疆维吾尔自治区人力资源和社会保障厅、新疆维吾尔自治区公安厅、新疆维吾尔自治区财政厅、新疆生产建设兵团教育局、新疆生产建设兵团人力资源和社会保障局举办的职业院校技能大赛中获得优秀组织奖。

沙雅县第一中学 2019年6月,在新疆维吾尔自治区教育厅、新疆维吾尔自治区体育局、新疆维吾尔自治区学生体育协会举办的自治区第四届青少年校园足球联赛中获得道德风尚奖。

沙雅县红十字会 2019年7月,在新疆维吾尔自治区红十字会举办的新疆红十字会第六届应急救援技能大赛中获得二等奖。

沙雅县沙雅镇 2019年7月,被中共新疆维吾尔自治区委员会授予自治区先进基层党组织。

沙雅县第二中学 2019年8月,被新疆维吾尔自治区机关事务管理局授予节约型公共机构示范单位。

沙雅县第三小学 2019年8月,在自治区团委、自治区教育厅、自治区少工委举办的自治区第五届少先队员鼓号队比赛中获得优秀奖。

新和县 2019年2月,被新疆维吾尔自治区平安建设领导小组授予自治区优秀平安县。

2019年10月,被新疆维吾尔自治区精神文明建设指导委员会授予2017~2019年度自治区文明县提名县。

新和县排先拜巴扎乡琼克其其村党支部 2019年7月,被中共新疆维吾尔自治区委员会授予先进基层党组织。

新和县人民法院党总支委员会 2019年7月,被中共新疆维吾尔自治区高级人民法院党组授予全区法院先进基层党组织。

新和县园林环卫中心 2019

年4月，被自治区城市市容环境卫生协会授予先进集体奖。

新和县教育和科学技术局 2019年7月，被自治区教育厅关心下一代工作委员会授予新时代好少年“我为祖国点赞”主题教育读书活动先进集体。

新和县第二小学 2019年8月，被自治区团委、自治区教育厅、自治区少工委授予自治区第五届少先队鼓号队比赛优秀奖。

2019年11月，被自治区文化市场管理（扫黄打非）领导小组授予自治区“扫黄打非”进基层示范点。

新和县焦作幼儿园 2019年2月，被自治区教育厅授予自治区双语教育示范性幼儿园。

新和县委专用通信局 2019年1月，被自治区专用通信局授予2018年度自治区党政专用通信工作先进单位。

拜城县 2019年2月，被自治区平安建设领导小组授予自治区平安县称号。

2019年10月，被中共新疆维吾尔自治区精神文明建设指导委员会授予自治区文明县城。

拜城县人工影响天气办公室 2019年3月，被新疆维吾尔自治区人工影响天气领导小组授予2018年度新疆维吾尔自治区人工影响天气工作先进集体。

拜城县第四高级中学 2019年7月，被中共新疆维吾尔自治区委员会授予新疆维吾尔自治区先进基层党组织。

拜城县第二小学 2019年3月，被新疆维吾尔自治区妇女联合会授予自治区三八红旗集体。

拜城县滴水铜矿开发有限公司 2019年3月，被新疆维吾尔自治区人民政府授予自治区科技进步奖三等奖。

拜城县文体广电和旅游局 2019年7月，被新疆维吾尔自治区退役军人事务厅、新疆军区政治工作部授予自治区双拥模范单位。

拜城县亚吐尔乡、拜城县米吉克乡 2019年2月，被新疆维吾尔自治区平安建设领导小组授予自治区优秀平安乡（镇）（街道）。

温宿县 2019年10月，被自治区精神文明建设指导委员会授予自治区文明县城。

温宿县人民检察院 2019年7月，被自治区党委授予先进基层党组织。

阿瓦提县 2019年1月，被自治区农牧业机械管理局、自治区应急管理厅授予自治区平安农机示范县（市）。

2019年2月，被新疆维吾尔自治区平安建设领导小组授予自治区优秀平安县。

2019年4月，被新疆维吾尔自治区人民政府授予2018年度自治区农田水利基本建设“天山杯”竞赛先进县。

2019年7月，被中共新疆维吾尔自治区委员会、新疆维吾尔自治区人民政府、新疆军区授予自治区“双拥”模范县。

2019年10月，被新疆维吾尔自治区精神文明建设指导委员会授予自治区文明县城。

阿瓦提县多浪乡 2019年2月，被新疆维吾尔自治区平安建设领导小组授予自治区优秀平安乡（镇）。

阿瓦提县阿瓦提镇文明社区 2019年8月，被新疆维吾尔自治区“扫黄打非”领导小组授予自治区“扫黄打非”进基层示范点。

阿瓦提县文化体育广播电视和旅游局电影放映中心 2019年11月，被新疆维吾尔自治区农村电影发行放映管理服务中心授予培训与宣传管理先进单位。

阿瓦提县英艾日克镇中心小学 2019年9月，被自治区党委教育工作委员会、自治区人力资源和社会保障厅、自治区教育厅授予自治区教育系统先进集体。

阿瓦提县鲁迅小学 2019年7月，被新疆维吾尔自治区教育厅关心下一代工作委员会授予自治区新时代好少年“我为祖国点赞”主题教育活动示范学校。

阿瓦提县第四中学 2019年

6月，被自治区体育局、自治区科协、自治区团委、自治区妇联授予“2019年自治区青少年模拟遥控飞行教育竞赛活动优秀组织单位。

乌什县　2019年10月，被新疆维吾尔自治区精神文明建设指导委员会授予2017~2019年度自治区文明县提名县。

乌什县委组织部　2019年3月，被自治区党委组织部《党员之友》编辑部评为2018年度先进组稿单位。

乌什县公安局看守所　2019年3月，被新疆维吾尔自治区公安厅授予成绩突出集体。

柯坪县盖孜力克镇玉斯屯巴格勒格村党支部　2019年7月，被中共新疆维吾尔自治区委员会授予先进基层党组织。

柯坪县公安局阿恰派出所　2018年12月，被新疆维吾尔自治区公安厅授予全疆公安系统优秀单位称号。

·先进人物·

国家级荣誉称号

肖国耀（地区中级人民法院党组成员、副院长，浙江援疆干部）2019年9月，被国务院授予全国民族团结进步模范个人。

田江顺（阿克苏公路管理局离休人员，2019年9月27日逝世）2019年9月，被中共中央、国务院、中央军委授予庆祝中华人民共和国成立70周年纪念章。

陈丽英（地区纪委监委副科级纪检监察员）2019年11月，被中国纪检监察报社评为2019年度优秀通讯员。

倪倩（地区中级人民法院赔偿委员会办公室主任、行政审判庭庭长）2019年9月，被最高人民法院授予全国法院国家赔偿审判与司法救助工作先进个人。

李全辉（地区中级人民法院刑事审判二庭庭长）2019年9月，被最高人民法院授予全国法院刑事审判工作先进个人。

薛刚（地区公安局警令部科信科干部）2019年8月，被公安部科技信息化局授予全国公安信息网IP地址资源扩容工作先进个人。

刘国新（地区财政局党组成员、外资办主任）2019年7月，被财政部中国财政科学研究院授予2019年度全国财政科研宣传工作优秀通讯员。

2019年10月，被财政部中国财政杂志社授予2019年度“三刊两鉴”宣传工作先进个人。

高志轩（地区住建局建管科副科长）2019年1月，获得国家住建部“强基础、转作风、树形象”专项工作先进个人。

阿地力江·阿不来提（地区文旅局广播电视管理科科员）2019年4月，被国家广播电视总局授予2018年度基层广播电视统计先进个人。

李波（地区文旅局退休干部）2019年3月，被国家体育总局体育彩票管理中心授予中国体育彩票贡献章。

阿依古力·麦麦提（地区社体中心教练）2019年9月，被中华人民共和国第十一届少数民族传统体育运动会组委会授予第十一届少数民族传统体育运动会表演项目编导一等奖。

迪力热巴·帕尔哈提、古扎力阿依·艾麦尔、胡尔西代姆·麦麦提（地区塔里木歌舞团四级演员）、阿依古丽·吐然（地区塔里木歌舞团三级演员）　2019年9月，获中华人民共和国第十一届少数民族传统体育运动会沙哈尔地项目一等奖。

阿依古丽·吐然（地区塔里木歌舞团三级演员）、古扎丽阿依·吾麦尔（地区塔里木歌舞团四级演员）2019年9月，获得中华人民共和国第十一届少数民族传统体育运动会体育道德风尚奖。

张岩（中国人民银行阿克苏地区中心支行党委委员、副行长）2019年2月，被中华全国总工会授予全国五一巾帼标兵。

范良欣（地区疾病预防控制中心干部）2019年3月，被国家卫生健康委员会、中国红十字会总会、中央军委后勤保障部卫生局授予2016~2017年度无偿献血奉献奖金奖。

王旭(地区中心血站库车分站干部)、赵素萍(地区中心血站副站长) 2019年3月，被国家卫生健康委员会、中国红十字会总会、中央军委后勤保障部卫生局授予2016~2017年度无偿献血奉献奖铜奖。

刘海英(地区中心血站综合办公室主任)、李国玲(地区中心血站成分科主任)、蒙征戈(地区中心血站质检科主任)、赵新英(地区中心血站副站长)、陈娟娟(地区中心血站献血服务科主任)、庞文静(地区中心血站党支部书记)、张新龙(地区卫生监督所所长)、周志方(地区中心血站站长)、赵素萍(地区中心血站副站长)、杜勤(地区中心血站检验科主任) 2019年3月，被国家卫生健康委员会、中国红十字会总会、中央军委后勤保障部卫生局授予2016~2017年度无偿献血志愿服务四星级奖。

余艳黎(地区维吾尔医医院副院长)、邓永丽(地区中心血站干部)、李开标(地区中医民族医药管理科副科长) 2019年3月，被国家卫生健康委员会、中国红十字会总会、中央军委后勤保障部卫生局授予无偿献血志愿服务二星级奖。

郭瑞瑞(地区第二人民医院产科护士)、李素丽(地区第二人民医院门诊体检科护士长)、宋新建(原地区卫生和计划生育委员会党委书记)、刘菁文、刘天(地区中心血站体检医生)、王旭(地区中心血站库车分站主任)、陈启君(地区中医医院干部)、程忠伟(地区中医医院放射科主任)、卞丁(地区中心血站对外联络部干部)、盛树红(地区第二人民医院检验科干部)、刘建军(地区计划生育指导所党支部书记)、王晓云(地区第二人民医院分院片区护士长)、廖一鸣(地区第二人民医院医务部主任)、姚韵梅、罗英、付晓丽、范豫江(地区第二人民医院干部)、蒲云云(地区中心血站鲜血服务科体检医生)、于翔(地区维吾尔医医院干部) 2019年3月，被国家卫生健康委员会、中国红十字会总会、中央军委后勤保障部卫生局授予无偿献血志愿服务一星级奖。

陈耀平(阿克苏市拜什吐格曼乡阿热兰干村农民) 2019年9月，被国务院授予全国民族团结进步模范个人。

2019年7月，被中宣部授予“最美支边人”。

陈明发(阿克苏市个体工商户) 2019年9月，被中宣部、中央精神文明建设指导委员会办公室、中华全国总工会、中国共产主义青年团中央委员会、中华全国妇女联合会、中央军事委员会政治工作部授予全国道德模范提名奖。

阿依古丽·托乎提(阿克苏市依干其乡尤勒滚鲁克村妇联主席) 2019年3月，被中华全国妇女联合会授予全国巾帼建功标兵。

于海洋(阿克苏市第四中学学生) 2019年8月，被中国科学技术协会授予第十九届中国青少年机器人竞赛机器人创意比赛初中组三等奖。

喀哈尔·库尔班(库车市税务局副主任科员) 2019年9月，被国务院授予全国民族团结进步模范个人。

魏新立(中国石油运输有限公司新疆塔里木运输分公司驾驶员) 2019年2月，在交通运输部、公安部、中华全国总工会主办的“最美货车司机”推选宣传活动中被交通运输部授予十大最美货车司机。

李运飞(库车市消防大队开发区中队政治指导员) 2019年1月，被国家应急管理部消防救援局授予2018年改革转制教育整训先进个人。

2019年6月，被国家应急管理部消防救援局授予2019年优秀共产党员。

帕提古丽·吐地(库车市萨克萨克街道居民)2019年5月，被人力资源和社会保障部、中国残疾人联合会授予全国自强模范。

樊青虹、温建贵、黄玉田、热米拉·肉孜、努尔斯曼·艾散(共青团库车市委员会西部计划志愿者) 2019年8月，被全国大学生志愿服务西部计划项目管理办公室授予全国优秀西部计划志愿者。

周卫平（库车市第二中学党委书记） 2019年9月，被人力资源和社会保障部、教育部授予全国教育系统先进工作者。

马鹏程（沙雅县塔里木乡央塔克巴什村村医） 2019年10月，被中共中央、国务院、中央军委颁发庆祝中华人民共和国成立70周年纪念章。

古丽菲叶·库尔班（沙雅县人民法院党组成员、副院长） 2019年1月，被最高人民法院授予全国法院办案标兵。

杨岳山（沙雅县盖孜库木乡第一小学党支部书记） 2019年9月，被教育部、人力资源和社会保障部授予全国模范教师。

玛日耶姆·尕依提（沙雅县文旅局干部）2019年9月，在中华人民共和国第十一届少数民族体育运动会组织委员会沙哈尔地项目中获一等奖。

牛怀东（新和县小牛果品农民专业合作社社长） 2019年9月，被国务院授予全国民族团结进步模范个人。

许红君（新和县疾控中心副主任）、阿依古丽·尼亚孜（新和县疾控中心检验科科长） 2019年5月，被中国疾病预防控制中心慢性非传染性疾病预防控制中心授予2004~2013年中国慢性病及其危险因素监测突出贡献个人先进奖。

库尔班·艾合买提（新和县疾控中心地方病科科长） 2019年5月，被中国疾病预防控制中心慢性非传染性疾病预防控制中心授予2004~2013年中国慢性病及其危险因素监测先进个人奖。

胡玉梅（新和县教育和科学技术局基础教育股主任） 2019年8月，被教育部关心下一代工作委员会授予新时代好少年主题教育读书活动"我为祖国点赞"先进个人称号。

张晓红、徐盛（新和县依其艾日克镇中学教师）、丁银童（新和县新和镇第五小学教师）、唐家慧（新和县第一小学教师）、刘强德（新和县第一中学教师） 2019年8月，被教育部关工委全国青少年"新时代好少年"主题教育读书活动组委会授予新时代好少年主题教育读书活动"我为祖国点赞"征文指导一等奖。

孜拉莱·买买提、阿丽耶·依明（新和县依其艾日克镇中学学生）、阿比旦·吐尔逊（新和县新和镇第五小学学生）、阿依孜巴·阿不力肯木（新和县第一小学学生）、阿丽耶·玉素甫（新和县第一中学学生） 2019年8月，被教育部关工委全国青少年"新时代好少年"主题教育读书活动组委会授予新时代好少年主题教育读书活动"我为祖国点赞"优秀征文作品一等奖。

柔菲娜·赛买提（新和县第一小学学生）2019年11月，被教育部关心下一代工作委员会授予新时代好少年"我为祖国点赞"全国现场交流展示小学组朗诵三等奖。

徐桂兰家庭（拜城县乔矿退休干部） 2019年4月，被中华全国妇女联合会授予2018年全国最美家庭。

魏金山（拜城县政协社会和法制委员会主任） 2019年12月，被国家地震局授予2018年度全国市县防震减灾人员考核先进工作者。

苟锡勋（拜城县种羊场党委书记）、李杰（拜城县种羊场副场长）、卡哈尔·卡迪尔（拜城县种羊场职工） 2019年8月，被中国科学技术协会授予国家科学成果一等奖。

阿依古丽·艾比布力（温宿县恰格拉克乡中学教师） 2019年9月，被教育部授予全国优秀教师。

艾合买提·玉山（温宿县托乎拉乡司法所所长） 2019年1月，被司法部授予全国模范司法所长。

阿孜古丽·玉努斯家庭（温宿县温宿镇退休干部） 2019年5月，被中华全国妇女联合会推选为2019年度全国最美家庭。

林玲（温宿县第二中学教师）、陈小兰、王霞（温宿县第五中学教师） 2019年8月，被教育部关工委全国青少年"新时代好少年"主题教育读书活动组委会授予征文指导一等奖。

周召华(阿瓦提县政协委员联络科科长) 2019年9月,被全国绿化委员会授予全国绿化奖章。

库尔班·尼亚孜(乌什县第一中学校长、依麻木镇国家通用语言小学校长) 2019年4月,被中华全国总工会授予全国五一劳动奖章。

2019年9月,被中央宣传部、中央文明办、全国总工会、共青团中央、全国妇联、中央军委政治工作部授予全国诚实守信模范。

2019年9月,被中共中央宣传部、中共中央组织部、中共中央统战部、中央国家机关工作委员会、中共中央党史和文献研究院、教育部、人力资源和社会保障部、国务院国资委、中央军委政治工作部授予最美奋斗者。

2019年9月,被国务院授予全国民族团结进步模范个人。

孔文燕(乌什县阿合雅镇荒地学校教师)2019年9月,被教育部授予全国优秀教师。

自治区级荣誉称号

粟新(地区纪委委员、正县级纪检监察员) 2019年1月,被自治区纪律检查委员会、自治区监察委员会授予民族团结进步的践行者。

王睿刚(地区公安局特警支队支队长)、叶祥发(地区科技局党组成员、副局长、调研员)、潘树柏(阿克苏纺织工业城〈开发区〉四海建材有限公司党支部书记) 2019年7月,被中共新疆维吾尔自治区委员会授予新疆维吾尔自治区优秀共产党员。

张富全(地区畜牧技术推广中心主任) 2019年10月,被自治区党委组织部授予首批天山领军人才。

刘超(地区人大工委副秘书长) 2019年9月,被新疆维吾尔自治区人大常委会授予自治区人大系统先进个人。

吴多生(地委统战部常务副部长)、王克敏(地委统战部非公有制经济科科长) 2019年3月,撰写的《伊斯兰教教职人员队伍建设研究》一文获自治区党委统战部、新疆维吾尔自治区统战理论研究会2018年自治区统战理论研究优秀成果三等奖。

陆绿(地委统战部侨务工作科科长) 2019年3月,被自治区党委统战部授予2018年度自治区统战宣传工作优秀通讯员。

阿布拉·吾守尔(原地委统战部副部长)、刘兴宗(地委统战部办公室主任) 2019年3月,撰写的《坚持我国伊斯兰教中国化方向》一文获自治区党委统战部、新疆维吾尔自治区统战理论研究会2018年自治区统战理论研究优秀成果优秀奖。

谭明福(阿克苏检察分院办公室主任)、罗云(阿克苏检察分院办公室副主任) 2019年8月,被新疆维吾尔自治区人民检察院授予首届“天山论检”检察理论研讨会优秀论文二等奖。

李雪梅(阿克苏检察分院党组成员、副检察长)、阿比旦·阿卜杜热依木(阿克苏检察分院检察官助理) 2019年8月,被新疆维吾尔自治区人民检察院授予首届“天山论检”检察理论研讨会优秀论文优秀奖。

何玲(地区中级人民法院审判委员会委员、民事审判二庭庭长)、范红霞(地区中级人民法院民事审判二庭审判员)、陈艳(地区中级人民法院民事审判二庭法官助理) 2019年7月,被自治区高级人民法院授予全区法院优秀庭审二等奖。

周琳俐(地区中级人民法院审判委员会委员、民事审判一庭庭长)、高静(地区中级人民法院民事审判一庭审判员) 2019年7月,被自治区高级人民法院授予全区法院优秀庭审三等奖、全区法院优秀裁判文书民事类三等奖。

倪倩(地区中级人民法院赔偿委员会办公室主任、行政审判庭庭长)、曹燕燕(地区中级人民法院行政审判庭审判员) 2019年7月,被自治区高级人民法院授予全区法院优秀庭审三等奖。

艾力·阿吾提(地区中级人民法院刑事审判一庭副庭长)、比丽克孜·阿布拉、哈斯木·色依提(地区中级人民法院刑事审判一庭审判员) 2019年7月,被自治区高级人民法院授予全区法院优秀裁判文书刑事类三等奖。

刘婷(地区中级人民法院民事审判二庭法官助理)、韩丹丹(地区中级人民法院立案庭法官助理) 2019年7月,被自治区高级人民法院授予全区法院优秀书记员。

冉毅东(地委党校讲师) 2019年10月,讲授的《大力弘扬柯柯牙精神——绿色发展的阿克苏实践》,在全疆党校(行政学院)系统第三届精品课程评选中,被自治区党校(行政学院)评为精品课。

2019年10月,在全疆党校(行政学院)系统第三届精品课程评选中,被自治区党校(行政学院)评为精品课优秀教师。

曾鹏(地区文旅局体育科副科长) 2019年7月,被自治区体育局授予2019年度自治区体育产业先进个人。

李晶(地区体彩分部干部) 2019年3月,被自治区体育局授予2018年度新疆体育彩票先进工作者。

王亚宏(地区交通运输局公路工程质量监督总站助理工程师) 2019年2月,被新疆维吾尔自治区总工会、新疆维吾尔自治区交通运输厅授予建设杯优胜个人。

2019年4月,被新疆维吾尔自治区总工会授予开发建设新疆奖章。

张虹(团地委党组成员、副书记) 2019年10月,被共青团新疆维吾尔自治区委员会授予2019年全区基层团建指导员“向总书记学习,向总书记看齐”主题微团课大赛二等奖。

李政江(地区科学技术协会四级主任科员) 2019年8月,在第三十三届自治区青少年科技创新大赛中被新疆维吾尔自治区科学技术协会办公室、教育厅办公室、科学技术厅办公室、生态环境厅办公室评为优秀组织工作者。

盛月(地区广播电视台新闻中心记者) 2019年9月,被自治区党委宣传部授予第六届自治区新闻战线“好记者讲好故事”演讲比赛二等奖。

哈米提·阿木提(地区广播电视台传输发射中心主任)、王玉忠(地区广播电视台党政办安全生产员) 2019年10月,被自治区广播电视局授予2019年度全疆广播电视技术能手竞赛二等奖。

蒲新铭(地区广播电视台技术部副主任)2019年10月,被自治区广播电视局授予2019年度全疆广播电视技术能手竞赛三等奖。

周凌雁(地区生态环境局环境监测站工程师) 2019年8月,被新疆维吾尔自治区生态环境厅、人力资源和社会保障厅、市场监督管理局、总工会、共青团委、妇女联合会授予新疆维吾尔自治区第二届生态环境监测专业技术人员大比武活动个人一等奖。

魏涛(地区生态环境局环境监测站助理工程师) 2019年8月,被新疆维吾尔自治区生态环境厅、人力资源和社会保障厅、市场监督管理局、总工会、共青团委、妇女联合会授予新疆维吾尔自治区第二届生态环境监测专业技术人员大比武活动个人三等奖。

张春梅(地区教育局教研中心教研员) 2019年7月,被自治区教育工会授予自治区第一届中小学青年教师竞赛小学组语文一等奖。

李娜(地区税务局个税科副科长) 2019年9月,被自治区税务局授予2019年度个人所得税改革先进个人。

康哲(地区森林公安局托木尔峰森林派出所所长) 2019年3月,被新疆维吾尔自治区森林公安局授予个人三等功。

艾热提·买买提(新疆网络监控处置中心阿克苏分中心干部) 2019年7月,被新疆维吾尔自治区公安厅网安总队授予公开巡查执法、舆情引导工作先进个人。

于浩(新疆网络监控处置中心阿克苏分中心干部)、艾斯凯尔·麦麦提、王凯(新疆网络监控处置中心阿克苏分中心干部) 2019年7月,被新疆维吾尔自治区公安厅网安总队授予公开巡查执法、舆情引导工作先进个人。

李久红(地区公安局刑事侦查

支队重案打黑打拐大队大队长、二级警长)、齐疆(地区公安局治安经文保支队支队长、三级高级警长)、李伟华(地区公安局监所管理支队强制戒毒所所长、一级警长)、曹庆华(地区公安局综合技术侦察支队副支队长、一级警长) 2019年11月,被新疆维吾尔自治区公安厅授予个人二等功。

何小贵(地区第二中学党委副书记、校长)2019年9月,被自治区党委教育工作委员会、自治区人力资源和社会保障厅、自治区教育厅授予自治区优秀教育工作者。

岳峰(地区第二中学体育教师) 2019年3月,被新疆维吾尔自治区教育厅、新疆维吾尔自治区体育局、新疆维吾尔自治区学生体育协会授予新疆维吾尔自治区学生阳光体育竞赛优秀裁判员。

龚晗冰(地区第一人民医院财务科科长)2019年7月,被自治区财政厅授予2019年度自治区优秀会计工作者。

刘茵(阿克苏职业技术学院医学系教研室主任) 2019年9月,被自治区教育厅授予优秀教师。

高琳(阿克苏职业技术学院团委负责人)2019年3月,被自治区教育厅授予自治区2018年职业学校教师教育教学技能大赛高职组二等奖。

包东东(地区食品安全检测中心副主任)2019年9月,在自治区农业农村厅举办的2019年自治区农产品质量安全检测技术人员选拔赛中荣获畜禽检验项目一等奖。

付英(地区食品安全检测中心检验员) 2019年5月,被自治区粮食和物资储备局、自治区人力资源和社会保障厅授予2019年新疆第五届粮食行业技能竞赛"农产品食品检验员机构组"一等奖。

刘秀秀(地区聋儿语训中心副主任) 2019年5月,在第二届自治区听力语言康复教师技能大赛中,被自治区残疾人康复工作办公室授予教学玩教具制作三等奖。

吐尔洪·依布拉依木(阿克苏日报社记者)2019年11月,被新疆新闻工作者协会授予第二十一届(2018年度)自治区十佳新闻工作者称号。

韩俊萍(阿克苏日报社党委书记、总编辑) 2019年10月,撰写的《深化地方党报改革 激发媒体重现活力》,被中国报业协会少数民族地区报业分会授予2019年度中国报业协会少数民族地区报业分会新闻论文一等奖。

权燕萍(地区广播电视台党政办机要秘书)、赵晓红(地区广播电视台总编室副主任)、许晓英(地区广播电视台记者、编导) 2019年5月,在对象性节目作品中《改革开放40年——生活变变变》被自治区广播电视局、新疆广播电视协会授予2018年度新疆广播电视节目二等奖。

熊瑛(地区广播电视台党政办副主任)、崔玉永(拜城县广播电视台记者)、李萍、张晶(地区广播电视台记者、编导) 2019年5月,短消息作品《"深井王" 为西气东输"打"气》被自治区广播电视局、新疆广播电视协会授予2018年度新疆广播电视节目二等奖。

徐秀芳(地区广播电视台总编室主任)、姚新芝、杨苏伟(地区广播电视台记者、编导) 2019年8月,社教专题作品《绿色柯柯牙》被自治区广播电视局、新疆广播电视协会授予2018年度新疆广播电视节目二等奖。

徐秀芳(地区广播电视台总编室主任)、侯欣、杨苏伟、多力昆·地力木拉提(地区广播电视台记者、编导) 2019年8月,新闻专题作品《赵红光的苹果情缘》被自治区广播电视局、新疆广播电视协会授予2018年度新疆广播电视节目二等奖。

熊瑛(地区广播电视台党政办副主任)、王拓、刘新喆、辛春(地区广播电视台记者、编导)2019年5月,短消息作品《退矿还绿 修复保护区》被自治区广播电视局、新疆广播电视协会授予2018年度新疆广播电视节目三等奖。

孙爱霞(阿克苏市纺织工业城〈开发区〉片区管委会党工委书记)、依米然·白和提(阿克苏市兰干街道办事处主任)、古丽扎尔·木萨(阿克苏市人民医院党委副书记) 2019年7月,被中共新疆维吾尔自治区委员会授予新疆维吾尔自治区优秀共产党员。

吾布力喀斯木·艾买提（阿克苏市人大常委会党组副书记、主任、一级调研员） 2019年9月，被新疆维吾尔自治区人大常委会办公厅授予纪念地方人大设立常委会40周年自治区人大系统先进个人。

李红梅、王珍（阿克苏市第四中学教师） 2019年9月，被中共新疆维吾尔自治区党委教育工作委员会、新疆维吾尔自治区人力资源和社会保障厅、新疆维吾尔自治区教育厅授予自治区优秀教师。

翟晖（阿克苏地区一中党组成员、纪检书记〈原阿克苏市纪委副书记、监委副主任〉） 2019年1月，被中共新疆维吾尔自治区纪律检查委员会、新疆维吾尔自治区监察委员会授予党和人民的忠诚卫士。

陈耀平（阿克苏市拜什吐格曼乡阿热兰干村农民） 2019年6月，被新疆维吾尔自治区精神文明建设指导委员会授予第六届自治区道德模范。

牟宗宝（阿克苏市宗宝园艺科技有限责任公司董事长） 2019年7月，被新疆维吾尔自治区双拥工作领导小组办公室授予自治区爱国拥军模范。

王彩云（阿克苏市新城街道党建办主任）、何敏（阿克苏市兰干街道海江社区副书记） 2019年7月，被中共新疆维吾尔自治区委员会网络安全和信息化委员会办公室授予新疆互联网领域优秀党务工作者。

白英（阿克苏市第五中学教师） 2019年9月，在自治区级网络素养教育、消防安全、交通安全知识进校园活动中，被中共新疆维吾尔自治区委员会网络安全和信息化委员会办公室、新疆维吾尔自治区应急管理厅、新疆新媒体中心、新疆维吾尔自治区消防救援总队、新疆维吾尔自治区公安厅交通警察总队、中国人寿新疆分公司授予绘画作品展“优秀指导奖”。

冯志怡（阿克苏市公安局交警大队科员）2019年1月，被新疆维吾尔自治区公安厅政治部授予全区公安政工信息优秀通讯员。

贾玉欣（阿克苏市新城街道党工委委员、副主任） 2019年3月，被新疆维吾尔自治区妇女联合会授予三八红旗手。

汪斌（阿克苏市环境保护局环境监察大队大队长）、刘林章（阿克苏市环境保护局环境监察大队干部） 2019年5月，在2018年度全国环境执法大练兵活动中，被新疆维吾尔自治区生态环境厅评为自治区级现场执法能手。

任亚青（阿克苏市库木巴什中心小学教师）、王崔芳（阿克苏市第五中学教师） 2019年7月，被新疆维吾尔自治区教育厅关心下一代工作委员会授予自治区新时代好少年“我为祖国点赞”主题教育读书活动征文指导三等奖。

李爽（阿克苏市第十中学组织委员、党办主任） 2019年9月，在2019年新疆教育科学研究院第三届青年教师语文学科素养大赛（文化素养、写作、背诵、书法、朗诵）中，被新疆维吾尔自治区教育科学研究院授予二等奖。

任玉琪（阿克苏市第三中学教师） 2019年9月，在2019年新疆教育科学研究院第四届青年语文教师现场课（初中组）大赛中，被新疆维吾尔自治区教育科学研究院授予一等奖。

张丹（阿克苏市第三中学书记） 2019年9月，在2019年新疆教育科学研究院第四届青年语文教师现场课大赛中，被新疆维吾尔自治区教育科学研究院授予指导奖一等奖。

杨永春（阿克苏市第三中学教师） 2019年7月，在新疆维吾尔自治区第一届中小学青年教师数学（中学组）竞赛中，被新疆维吾尔自治区教育工会授予一等奖。

李卉（库车市人大常委会财经工委副主任科员）、敖百忍（库车市哈尼喀塔木乡新光村村民） 2019年7月，被中共新疆维吾尔自治区委员会授予新疆维吾尔自治区优秀共产党员。

沙代提汗·阿木东（库车市萨

克萨克街道英买里社区党支部书记） 2019年7月，被中共新疆维吾尔自治区委员会授予新疆维吾尔自治区优秀党务工作者。

刘居清（库车市第二中学教师）、郭天龙（库车县第三中学教师）、迪力拜尔·阿布力米提（库车中等职业技术学校第五党支部书记） 2019年9月，被自治区党委教育工作委员会、自治区人力资源和社会保障厅、自治区教育厅授予自治区优秀教师。

鲁提甫拉·夏米西（库车市路政管理局局长） 2019年5月，被自治区路政海事局党委授予自治区路政海事局系统发声亮剑优秀个人。

时林庆、靳永兵（库车中等职业技术学校汽修系教师） 2019年4月，在2019年自治区职业院校技能大赛（中职学生组）车身修复（钣金）比赛中，被新疆维吾尔自治区教育厅、新疆维吾尔自治区人力资源和社会保障厅、新疆维吾尔自治区公安厅、新疆维吾尔自治区财政厅、新疆生产建设兵团教育局、新疆生产建设兵团人力资源和社会保障局授予优秀指导教师奖。

白爱东（库车中等职业技术学校机电系教师） 2019年4月，在2019年全国职业院校技能大赛自治区预赛（教师组）焊接技术比赛中，被新疆维吾尔自治区教育厅、新疆维吾尔自治区人力资源和社会保障厅、新疆维吾尔自治区公安厅、新疆维吾尔自治区财政厅、新疆生产建设兵团教育局、新疆生产建设兵团人力资源和社会保障局授予个人二等奖。

杨钰莹（库车中等职业技术学校旅游与酒店管理系教师） 2019年4月，在2019年自治区职业院校技能大赛（教师组）中式面点比赛中，被新疆维吾尔自治区教育厅、新疆维吾尔自治区人力资源和社会保障厅、新疆维吾尔自治区公安厅、新疆维吾尔自治区财政厅、新疆生产建设兵团教育局、新疆生产建设兵团人力资源和社会保障局授予三等奖。

王绪丽（库车中等职业技术学校德育组教师） 2019年4月，在自治区2018年职业学校教师教育教学技能大赛中，被新疆维吾尔自治区教育厅、新疆维吾尔自治区人力资源和社会保障厅授予自治区2018年职业学校教师教育教学技能大赛中职组三等奖。

黄增和（库车中等职业技术学校经贸系教师） 2019年10月，被新疆维吾尔自治区商务厅、新疆维吾尔自治区人力资源和社会保障厅授予2019年自治区电子商务和快件处理职业技能竞赛（快件处理赛项）二等奖。

李敏（库车中等职业技术学校经贸系教师）2019年10月，被新疆维吾尔自治区商务厅、新疆维吾尔自治区人力资源和社会保障厅授予2019年自治区电子商务和快件处理职业技能竞赛（电子商务赛项）三等奖。

魏新立（中国石油运输有限公司新疆塔里木运输分公司驾驶员） 2019年5月，被新疆维吾尔自治区总工会、中国石油塔里木油田分公司授予自治区重点工程塔里木油田建设3000万吨大油气田劳动竞赛2018年度功勋个人。

黄新生（库车市路政管理局路政员） 2019年5月，被自治区路政海事局党委授予自治区路政海事局系统优秀共产党员。

方凌云（库车市人民检察院科员） 2019年9月，被新疆维吾尔自治区人民检察院授予第二届全疆检察机关未成年人检察业务竞赛能手。

葛文轩（库车市人民检察院科员） 2019年11月，在首届全疆检察机关职务犯罪检察业务竞赛中，被新疆维吾尔自治区人民检察院授予业务能手。

冀俊齐（库车市人民法院审判委员会委员、刑事审判庭庭长、审判庭党支部书记） 2019年7月，被中共新疆维吾尔自治区高级人民法院党组授予全区法院优秀党员。

卡依木·热扎克、希尔艾力·艾则孜、艾尼瓦尔·艾则孜（库车市人民法院审判员） 2019年8月，被新疆维吾尔自治区高级人民法院授予全区法院结案数量最多的前十名法官。

刘琳春（库车市消防救援大队开发区中队四级消防士） 2019年1月，被中共新疆维吾尔自治区消防总队委员会授予改革转制教育整训先进个人。

付民新（库车市城市管理综合执法局环卫处主任） 2019年4月，被自治区市容环境卫生协会授予2018年度自治区城市市容环境卫生行业先进个人。

王刚（库车市委教育工委副书记、教育和科学技术局党组书记、副局长） 2019年7月，被新疆维吾尔自治区双拥工作领导小组办公室授予自治区爱国拥军模范。

冯晶波（库车市第三中学教师） 2019年7月，在自治区新时代好少年“我为祖国点赞”主题教育读书活动中，被新疆维吾尔自治区教育厅关心下一代工作委员会授予朗诵指导三等奖。

买买提·吐松（库车市第四中学教师）2019年9月，在2019年新疆自治区网络素养教育、消防安全、交通安全知识进校园活动中，被自治区党委网信办、自治区应急管理厅、新疆新媒体中心、自治区消防救援总队、自治区公安厅交警总队、中国人寿新疆分公司授予绘画作品展优秀指导奖。

阿依夏木·哈斯木（库车市牙哈镇人民政府科员） 2019年3月，被新疆维吾尔自治区妇女联合会授予自治区三八红旗手。

马天德（库车市环境保护局监察大队队员）2019年5月，在2018年度全国环境执法大练兵活动中，被新疆维吾尔自治区生态环境厅授予自治区级现场执法能手。

再娜普古丽·吾买尔、玛依拉·麦麦提明、阿曼尼沙·艾海提、艾克拜尔·艾拜、买合木提·买合买提（库车市融媒体中心译制中心配音员） 2019年10月，在第十三届新疆少数民族语言优秀电视剧译制片奖评选中，《帮帮团向前冲》被新疆维吾尔自治区广播电视局授予最佳配音二等奖。

王建强、张国建、张礴、胡文婷（库车市融媒体中心干部） 2019年5月，连续报道作品《库车警民联手 洪水围困群众成功获救》被自治区广播电视局、新疆广播电视协会授予2018年度新疆广播电视节目二等奖。

王建强、王平、陈雄飞、李璞（库车市融媒体中心干部） 2019年5月，长消息作品《阿克苏首个家庭党支部成立》被自治区广播电视局、新疆广播电视协会授予2018年度新疆广播电视节目二等奖。

王建强、陈雄飞、王平、冉玲（库车市融媒体中心干部） 2019年5月，长消息作品《阿克苏有个“家庭党支部”》被自治区广播电视局、新疆广播电视协会授予2018年度新疆广播电视节目三等奖。

郝俊峰、裴芸（库车市融媒体中心干部） 2019年5月，长消息作品《库车千名农村妇女在家门口实现就业》被自治区广播电视局、新疆广播电视协会授予2018年度新疆广播电视节目三等奖。

张礴、张国建、胡文婷、韦小红（库车市融媒体中心干部） 2019年5月，系列报道作品《小馕饼做出大产业》被自治区广播电视局、新疆广播电视协会授予2018年度新疆广播电视节目三等奖。

郝俊峰、张国建、张礴（库车市融媒体中心干部） 2019年5月，短消息作品《塔里木油田发现千亿方级大气藏》被自治区广播电视局、新疆广播电视协会授予2018年度新疆广播电视节目三等奖。

再依努尔·艾山、努尔曼古丽·达吾提、左热木·艾合买提、阿布来提·艾山（库车市融媒体中心干部） 2019年5月，系列报道作品《通过特色产业推进脱贫攻坚工作》被自治区广播电视局、新疆广播电视协会授予2018年度新疆广播电视节目三等奖。

再依努尔·艾山、左热木·艾合买提、努尔曼古丽·达吾提、古丽波斯坦·艾买尔（库车市融媒体中心干部） 2019年5月，对象性节目作品《半边天》被自治区广播电视局、新疆广播电视协会授予2018年度新疆广播电视节目三等奖。

窦明媛（沙雅县公安局政治处民警） 2019年1月，被新疆维吾尔自治区公安厅政治部授予全区公安政工信息优秀通讯员。

赵生全（沙雅县公安局看守所所长）2019年2月，被新疆维吾尔自治区公安厅授予全区公安监管工作成绩突出个人。

艾克热木·艾合买提（沙雅县公安局森林派出所民警）2019年2月，被新疆维吾尔自治区森林公安局授予森林公安机关执法示范标兵。

徐正富（沙雅县公安局森林派出所所长）2019年3月，被新疆维吾尔自治区森林公安局记个人三等功。

孙秀娜（沙雅县努尔巴克乡党委书记）2019年3月，被新疆维吾尔自治区妇女联合会授予自治区三八红旗手标兵。

买日艳木·艾则孜（沙雅县托依堡勒迪镇副主任科员）2019年3月，被新疆维吾尔自治区妇女联合会授予自治区三八红旗手。

徐安旭（沙雅县疾控中心干部）2019年5月，被新疆维吾尔自治区疾病预防控制中心授予2018年自治区城乡饮用水水质监测项目优秀个人。

海富军（沙雅县广播电视台副台长）、赵建海、王小燕、李赵杨（沙雅县广播电视台干部）2019年5月，专题作品《塔里木河最后的摆渡人》被自治区广播电视台、新疆广播协会授予2018年度新疆广播电视节目三等奖。

海富军（沙雅县广播电视台副台长）、殷秀娜、柳玉柱、王小燕（沙雅县广播电视台干部）2019年5月，长消息作品《生态生计兼顾 治沙致富共赢》被自治区广播电视台、新疆广播协会授予2018年度新疆广播电视节目三等奖。

海富军（沙雅县广播电视台副台长）、柳玉柱、王小燕、李赵杨（沙雅县广播电视台干部）2019年5月，短消息作品《南疆装备制造史上整体制造并整体运输最长的设备顺利交货》被自治区广播电视台、新疆广播协会授予2018年度新疆广播电视节目三等奖。

陈富云、李赵杨、郭文（沙雅县广播电视台干部）2019年5月，公众性节目作品《走进乡村——沙雅县红旗镇》被自治区广播电视台、新疆广播协会授予2018年度新疆广播电视节目三等奖。

张力（沙雅县人民法院法警大队大队长、沙雅县人民法院驻红旗多勒昆村工作队队长）2019年6月，被新疆维吾尔自治区高级人民法院授予优秀党务工作者。

鲁书勋（沙雅县党校教师）2019年9月，在新疆维吾尔自治区委员会党校（行政学院）第十届科研成果评论奖论文成果中获得三等奖。

努尔古丽·买买提（沙雅县第二中学教师）2019年9月，被自治区教育工作委员会、自治区人力资源和社会保障厅、自治区教育厅授予优秀教师。

王远忠（沙雅县税务局党委副书记、副局长）2019年9月，被国家税务总局新疆维吾尔自治区税务局在国税地税征管体制改革中记三等功。

古尼沙·买买提（新和县政协副主席，驻塔什艾日克镇英阿瓦提村第一书记、工作队队长）2019年7月，被自治区党委授予优秀共产党员。

李健强（新和县团县委书记、县委教育工委副书记）2019年10月，被共青团新疆维吾尔自治区委员会授予2019年全区基层团建指导员“向总书记学习、向总书记看齐”主题微团课大赛二等奖。

郭强（新和县教育和科学技术局党组书记、副局长）2019年9月，被自治区党委教育工作委员会、自治区人力资源和社会保障厅、自治区教育厅授予自治区优秀教育工作者。

孔维兴（新和县人大办副主任科员）2019年9月，被自治区人大常委会办公厅授予纪念地方人大设立常委会40周年自治区人大系统先进个人。

努尔古力·阿不拉（新和县塔什艾日克镇干部）2019年3月，被自治区妇联授予自治区三八红旗手。

于元庆（新和县公安局治安管理大队干部）2019年1月，被新疆维吾尔自治区公安厅政治部授予全区公安政工信息优秀通讯员。

胡茂香（新和县第二小学教师）2019年9月，被自治区党委教育工作委员会、自治区人力资源和社会保障厅、自治区教育厅授予自治区优秀教师。

胡玉梅（新和县教育和科学技术局）2019年8月，被新疆维吾尔自治区教育厅关心下一代工作委员会授予自治区新时代好少年"我为祖国点赞"主题教育读书活动先进个人。

阿迪里·莫沙（新和县公安局玉奇喀特派出所托格拉克勒克艾日克村辅警）2019年1月，被新疆维吾尔自治区见义勇为基金会授予第九次新疆维吾尔自治区见义勇为先进分子。

李文、王新、陈晓玲（新和县广播电视台记者） 2019年5月，短消息作品《新和破获涉案价值100余万元假酒大案》被自治区广播电视局、新疆广播电视协会授予2018年度新疆广播电视节目三等奖。

张晓红（新和县依其艾日克镇中学教师）、丁银童（新和县新和镇第五小学教师）、刘强德（新和县第一中学教师）、徐盛（新和县依其艾日克镇中学教师）、唐家慧、王英（新和县第一小学教师）2019年7月，被新疆维吾尔自治区教育厅关心下一代工作委员会授予自治区新时代好少年"我为祖国点赞"主题教育读书活动征文诵读一等奖。

甄丹、李双（新和县第二小学教师）、胡松涛（新和县渭干乡中心小学教师）、张丽、杜娟（新和县依其艾日克镇中学教师）2019年7月，被新疆维吾尔自治区教育厅关心下一代工作委员会授予自治区新时代好少年"我为祖国点赞"主题教育读书活动征文指导二等奖。

孙艳丽（新和县第二小学教师）、焦沛沛（新和县渭干乡中心小学教师）、徐燕燕（新和县第一中学教师） 2019年7月，被新疆维吾尔自治区教育厅关心下一代工作委员会授予自治区新时代好少年"我为祖国点赞"主题教育读书活动征文指导三等奖。

孜拉莱·买买提、阿丽耶·依明（新和县依其艾日克镇中学学生）、阿比旦·吐尔逊（新和县新和镇第五小学学生）、阿依孜巴·阿不力肯木、阿丽耶·玉素甫（新和县第一中学学生） 2019年7月，被新疆维吾尔自治区教育厅关心下一代工作委员会授予自治区新时代好少年"我为祖国点赞"主题教育读书活动征文一等奖。

柔菲娜·赛买提（新和县第一小学学生）2019年7月，被新疆维吾尔自治区教育厅关心下一代工作委员会授予自治区新时代好少年"我为祖国点赞"主题教育读书活动朗诵一等奖。

米乃瓦尔·穆萨、娜皮赛·托合提（新和县依其艾日克镇中学学生）、魏新蕾、李鹏程（新和县第二小学学生）、萨尼耶·托合提（新和县渭干乡中心小学学生） 2019年7月，被新疆维吾尔自治区教育厅关心下一代工作委员会授予自治区新时代好少年"我为祖国点赞"主题教育读书活动征文二等奖。

热依赛·赛迪尔丁（新和县第二小学学生）、热依赛·热合曼（新和县第一中学学生） 2019年7月，被新疆维吾尔自治区教育厅关心下一代工作委员会授予自治区新时代好少年"我为祖国点赞"主题教育读书活动征文三等奖。

季富国（拜城县亚吐尔乡委员会党委书记）2019年7月，被中共新疆维吾尔自治区委员会授予新疆维吾尔自治区优秀共产党员。

2019年4月，被中共新疆维吾尔自治区委员会组织部授予新疆维吾尔自治区组织部反分裂斗争先进个人。

倪洋（拜城县委办公室科员） 2019年1月，被中共新疆维吾尔自治区委员会办公厅授予2018年度全区党委信息工作表现突出个人。

阿不力孜·阿布都克（拜城县布隆乡乔格塔勒村党支部书记） 2019年7月，被中共新疆维吾尔自治区委员会授予新疆维吾尔自治区优秀党务工作者。

杨韬（拜城县公安局警令部指

挥中心民警)2019年10月,被新疆维吾尔自治区公安厅授予全区公安机关全警实战大练兵2019年度科信系统专业技能比武竞赛应急通信科目第一名。

吴强晖(新疆广电局2071台主任) 2019年3月，被新疆维吾尔自治区广播电视局节目传输中心授予2018年度安全生产先进个人。

姜琦（新疆广电局2071台干部） 2019年3月，被新疆维吾尔自治区广播电视局节目传输中心授予2018年度广播电视技术维护与安全播出优秀管理干部。

李明(新疆广电局2071台干部) 2019年3月,被新疆维吾尔自治区广播电视局节目传输中心授予2018年度节目传输中心安全播出二等奖。

张娣(拜城县大桥乡幸福小学校长) 2019年7月，在自治区新时代好少年“我为祖国点赞”主题教育读书活动中,被新疆维吾尔自治区教育厅关心下一代工作委员会授予征文指导三等奖。

郑晓莉（拜城县第二小学教师） 2019年9月，被自治区党委教育工作委员会、自治区人力资源和社会保障厅、自治区教育厅授予优秀教师。

艾尼外尔·赛来（温宿县人大常委会党组副书记、主任） 2019年9月,被自治区人大常委会授予自治区人大系统先进个人。

王慧（温宿县气象局局长） 2019年1月,被自治区气象局授予2018年重大气象服务先进个人。

曹湘波(温宿县县委办公室副主任) 2019年7月，被中共新疆维吾尔自治区委员会授予新疆维吾尔自治区优秀共产党员。

卡比努尔·艾尔肯（温宿县第一中学教师） 2019年7月，在自治区新时代好少年“我为祖国点赞”主题教育读书活动中,被自治区教育厅关心下一代工作委员会授予征文指导三等奖。

姚文社(温宿县克孜勒镇第一中学党支部书记) 2019年9月，被自治区党委教育工作委员会、自治区人力资源和社会保障厅、自治区教育厅授予自治区优秀教师。

宋吉文、林玲、白晨祖（温宿县第二中学教师） 2019年7月，在自治区新时代好少年“我为祖国点赞”主题教育读书活动中,被自治区教育厅关心下一代工作委员会授予征文指导二等奖。

张卫星(阿瓦提县人大办二级主任科员)2019年9月，被自治区人大常委会办公厅授予纪念地方人大设立常委会40周年自治区人大系统先进个人。

骆晓梅(阿瓦提县团结小学党支部书记)2019年6月，被新疆维吾尔自治区精神文明建设指导委员会授予第六届自治区道德模范。

艾尼瓦尔江·阿布利孜（阿瓦提县职业技术学校书记） 2019年7月，被中共新疆维吾尔自治区委员会授予优秀党务工作者称号。

甄世源(阿瓦提县第二中学教师) 2019年9月，被新疆维吾尔自治区党委教育工作委员会、自治区人力资源和社会保障厅、自治区教育厅授予自治区优秀教师。

陈小杰(乌什县公安局政治处干部) 2019年1月，被新疆维吾尔自治区公安厅授予全区公安政工信息优秀通讯员。

托乎提·肉孜（乌什县公安局政委） 2019年1月，被新疆维吾尔自治区公安厅授予个人二等功。

石永锋(乌什县公安局警令部干部) 2019年10月,被新疆维吾尔自治区公安厅授予全区公安机关全警实战大练兵2019年科信系统专业技能比武竞赛安全管理科目第一名。

兰丹丹(乌什县第三小学少先队辅导员)2019年9月，被新疆维吾尔自治区团委、自治区教育厅、自治区少工委授予自治区第十二届少先队辅导员专业技能大赛三等奖。

2019年9月,被新疆维吾尔自治区团委、自治区教育厅、自治区少工委授予自治区第十二届少先队辅导员专业技能大赛“少先队活动课”三等奖。

吾斯曼·尼扎克（柯坪县盖孜力克镇司法所所长）、肖忠慧（柯坪县柯坪镇亚尔巴格社区党支部书记） 2019年7月，被中共新疆维吾尔自治区委员会授予新疆维吾尔自治区优秀共产党员。

窦高峰（柯坪县启浪乡武装部部长） 2019年7月，被新疆维吾尔自治区双拥工作领导小组办公室授予爱国拥军模范。

崔香（柯坪县人民检察院科员） 2019年9月，被新疆维吾尔自治区人民检察院授予第二届全疆检察机关未成年人检察业务竞赛能手。

服务指南

权限内核发《食品生产许可证》

申请材料目录

（一）食品生产许可申请书；

（二）营业执照复印件；

（三）食品生产加工场所及其周围环境平面图；食品生产加工场所各功能区间布局平面图；工艺设备布局图；食品生产工艺流程图；

（四）食品生产主要设备、设施清单；

（五）保证食品安全的规章制度清单（进货查验记录、生产过程控制、出厂检验记录、食品安全自查、从业人员健康管理、不安全食品召回、食品安全事故处置等保证食品安全的规章制度）；

（六）法定代表人、负责人或投资人的身份证（明）或资格证明复印件；

（七）执行企业标准的，须提供经自治区卫生行政部门备案的企业标准；

（八）首次申请许可或增加食品类别需提供试制食品检验合格报告；

（九）法律法规、审查细则等规定应当提交的其他证明材料。

承办单位

阿克苏地区市场监督管理局

办结时限

法定办结时限：35个工作日

承诺办结时限：24个工作日

收费依据和标准

不收费

办理方式

网上受理、现场办理

结果送达

现场办结、邮寄送达

咨询途径

0997-2150813

监督投诉渠道

0997-2185500

办理地点

阿克苏地区行政服务中心A座三楼地区市场监督管理局窗口

权限内核发《食品经营许可证》

申请材料目录

（一）《食品经营许可证》申请书；

（二）营业执照或者其他主体资格证明文件复印件；

（三）法定代表人（负责人）和食品安全管理人员的名册、身份证明复印件；

（四）经营场所方位图、与食品经营相适应的主要设备设施布局示意图、操作流程等文件；

（五）经营场所与营业执照或其他登记证书上的地址不一致的，还应当提交场所合法使用证明；无营业执照申办单位食堂的，应提交场所合法使用证明；

（六）食品安全管理制度文本；

（七）其他材料；

（八）申请人委托他人办理食品经营许可申请的，代理人应当提交授权委托书以及代理人的身份证明。

承办单位

阿克苏地区市场监督管理局

办结时限

法定办结时限：35个工作日

承诺办结时限：24个工作日

收费依据和标准

不收费

办理方式

网上受理、现场办理

结果送达

现场办结、邮寄送达

咨询途径

0997-2150813

监督投诉渠道

0997-2185500

办理地点

阿克苏地区行政服务中心A座三楼地区市场监督管理局窗口

权限内高级中学教师、中等职业学校教师、中等职业学校实习指导教师资格认定

申请材料目录

（一）《教师资格认定申请表》2份（均为原件）；

（二）申请人思想品德鉴定表；

（三）教师资格申请人员体检表；

（四）身份证原件和复印件1

份；

(五)学历证书原件和复印件 1 份；

(六)师范教育类专业毕业生提供相应层次的教师教育专业课程和教育实习成绩原件和复印件；非师范教育类专业毕业的人员需提交自学考试教育学、心理学合格成绩证明原件和复印件一份；

(七)《普通话水平测试等级证书》原件和复印件 1 份。

承办单位

阿克苏地区教育局

办结时限

法定办结时限:30 个工作日

承诺办结时限:20 个工作日

收费依据和标准

《自治区发展改革委 财政厅关于继续执行自治区教师资格考试收费标准的复函》(新发改收费〔2013〕3801 号),收费标准:教师资格教育教学能力考试收取报名费 10 元,考试费 180 元/人。

办理方式

网上受理、现场受理

结果送达

窗口取件、邮寄送达

咨询途径

0997-2122010

监督投诉渠道

0997-2138303

办理地址和时间

办理地点:阿克苏地区行政服务中心 A 座四楼综合窗口

办理时间:每年 4 月、9 月分 2 次网上申报,具体时间详见地区教师资格认定文件。

事业单位法人变更登记

申请材料目录

事业单位申请变更登记,应当向登记管理机关提交法定代表人签署的《事业单位法人变更登记申请书》和《事业单位法人证书》副本复印件。

因变更事项的不同,还应当提交下表中所列的其它相应文件:

(一)变更名称:审批机关批准文件

(二)变更宗旨和业务范围:变更的依据文件和相关证明。内容涉及资质认可或者执业许可事项的出示相应资质认可证明或者执业许可证明,并提交其复印件。

(三)变更住所:1、自有房产的,提交房屋产权证明;2、租赁房屋的,提交有效期内租期 1 年以上的租赁合同及该房屋产权证明;3、无偿使用他人房屋的,提交房屋所有人的授权使用证明及该房屋产权证明;4、无偿使用他人租赁房屋的,提交房屋产权证明文件和房屋承租人的授权使用证明,出示租赁合同并提交其复印件;5、国家划拨房屋的,提交上级部门的授权使用证明。

(四)变更法定代表人:1、《事业单位法定代表人登记申请表》;2、现任法定代表人免职文件;3、拟任法定代表人任职文件;4、拟任法定代表人居民身份证复印件或者其他身份证明文件。

(五)变更经费来源:经费来源改变的证明文件。

(六)变更开办资金:由事业单位出具的确认证明及变更登记申请日之前 90 日内的资产负债表,并加盖本单位财务章。

(七)变更举办单位:因政府机构改革或其他机构调整造成举办单位名称变化或事业单位隶属关系变化的,提交机构编制部门或相关部门的批复文件;事业单位按照法律法规规定的前置行政审批变更举办单位的,提交相关行政审批文件。

注:1、无法提交文件原件的,可以提交文件复印件,文件复印件应当加盖原文件发文机关或者举办单位的印章。2、房屋授权无偿使用证明参照设立登记中的相关样式。3、《事业单位法定代表人登记申请表》请按照设立登记服务指南说明填写。

承办单位

地委编办

办结时限

法定办结时限:30 个工作日

承诺办结时限:21 个工作日

收费依据和标准

不收费

办理方式

网上受理、现场受理

结果送达

窗口取件、邮寄送达

咨询途径

0997-2131553

监督投诉渠道

0997-2122183

办理地点

阿克苏地区行政服务中心 A 座四楼综合窗口

事业单位法人设立登记

申请材料目录

(一)事业单位法人设立登记(备案)申请书;

(二)事业单位法定代表人登记申请表;

(三)事业单位章程草案;

（四）审批机关批准设立的文件；

（五）拟任法定代表人现任该单位行政职务的任职文件；

（六）拟任法定代表人的居民身份证复印件或者其它身份证明文件；

（七）由举办单位出具的事业单位开办资金确认证明；

（八）住所证明；

（九）登记管理机关要求提交的其他相关文件。

注：1、企业、事业单位、社会团体等组织利用国有资产举办事业单位的，还应当提交举办单位的法人资格证明文件。2、业务范围中有涉及资质认可事项或者执业许可事项的，需出示相应资质认可证明或者执业许可证明。3、无法提交以上所列文件原件的，可以提交文件复印件，文件复印件应加盖发文机关或举办单位公章。

承办单位

地委编办

办结时限

法定办结时限：30 个工作日

承诺办结时限：21 个工作日

收费依据和标准

不收费

办理方式

网上受理、现场受理

结果送达

窗口取件、邮寄送达

咨询途径

0997-2131553

监督投诉渠道

0997-2122183

办理地点

阿克苏地区行政服务中心 A 座四楼综合窗口

事业单位法人注销登记

申请材料目录

（一）法定代表人签署的事业单位法人注销登记申请书；

（二）撤销或者解散的证明文件；

（三）有关机关确认的清算报告；

（四）自清算组织成立之日起 30 日内至少发布三次该单位“拟申请注销登记公告”的凭证（见式样）；

（五）《事业单位法人证书》正、副本及单位印章；

（六）登记管理机关要求提交的其他相关文件。

承办单位

地委编办

办结时限

法定办结时限：30 个工作日

承诺办结时限：21 个工作日

收费依据和标准

不收费

办理方式

网上受理、现场受理

结果送达

窗口取件、邮寄送达

咨询途径

0997-2131553

监督投诉渠道

0997-2122183

办理地点

阿克苏地区行政服务中心 A 座四楼综合窗口

权限内对于企业不使用政府投资的重大项目和限制类固定资产投资项目的核准

申请材料目录

（一）项目核准报告；

（二）城乡规划行政主管部门出具的选址意见书（仅指以划拨方式提供国有土地使用权的项目）；

（三）国土资源行政主管部门出具的用地预审意见（国土资源主管部门明确可以不进行用地预审的情形除外）；

（四）法律、行政法规规定需要办理的其他相关手续；

（五）项目法人出具的申报材料真实性证明，所有项目资料必须全部上传至投资项目在线监审平台取得在线监审编码；

以上 1 需提交原件，2、3、4、5 均需提交原件、复印件，原件备审，留存复印件。

承办单位

阿克苏地区发改委

办结时限

法定办结时限：20 个工作日

承诺办结时限：5 个工作日

收费依据和标准

不收费

办理方式

网上受理、现场办理

结果送达

现场办结、邮寄送达

咨询途径

0997-2151872

监督投诉渠道

0997-2281717

办理地点

阿克苏地区行政服务中心 A 座四楼地区发改委窗口

权限内企业投资项目备案

申请材料目录

（一）填写《阿克苏地区企业投资项目备案申请表》；

（二）项目符合产业政策说明；

（三）出具法人营业执照、组织机构代码证、法人代表身份证；

（四）项目法人出具的对项目申报材料真实性证明，所有项目资料必须全部上传至投资项目在线监审平台取得在线监审编码；

以上 1、2、3 需提交原件一式两份，加盖单位有效公章，申请单位负责人签名；4 需提交原件、复印件各 2 份，原件备审，留存复印件。

承办单位

阿克苏地区发改委

办结时限

法定办结时限：7 个工作日

承诺办结时限：3 个工作日

收费依据和标准

不收费

办理方式

网上受理、现场办理

结果送达

现场办结、邮寄送达

咨询途径

0997-2151872

监督投诉渠道

0997-2281717

办理地点

阿克苏地区行政服务中心 A 座四楼地区发改委窗口

建设项目选址意见书

申请材料目录

（一）选址申请报告（原件）；

（二）建设项目所在地市、县城乡规划主管部门的审查意见原件，应明确与城乡规划布局一级土地使用性质的合法性、协调性依据；土地开发强度控制；与交通、通信、能源、市政、防灾规划和用地条件现状的衔接；与配套生活设施、居住区及公共服务设施规划的衔接和协调；与生态环境保护、文物古迹保护、历史文化名城保护、风景名胜区保护规划的协调等内容；

（三）建设项目情况说明，主要包括项目名称、性质、用地和建设规模，需配套的市政基础设施和生活服务设施，生产项目还应说明用水、用电、用气、用热量，“三废”排放方式和排放量，工艺流程和设备配备情况，采取的运输方式和运输量，安全、防护及其他防护要求等（项目建议书或可行性研究报告原件 1 份）；

（四）建设项目拟选方案（包括：建设项目区域位置图和建设项目选址蓝线图原件各 2 份，须经县市城乡规划主管部门审核）；

（五）项目建议书批复（复印件，仅实行审批制的建设项目提供）；

（六）备案文件（复印件，仅实行备案制的建设项目提供）；

（七）同级土地部门意见（复印件 1 份）。

承办单位

阿克苏地区住建局

办结时限

法定办结时限：20 个工作日

承诺办结时限：7 个工作日

收费依据和标准

不收费

办理方式

网上受理、现场办理

结果送达

现场办结、邮寄送达

咨询途径

0997-2151913

监督投诉渠道

0997-2612607

办理地点：阿克苏地区行政服务中心 A 座四楼地区住建局窗口

股份有限公司设立登记

申请材料目录

（一）《公司登记（备案）申请书》；

（二）《指定代表或者共同委托代理人授权委托书》及指定代表或委托代理人的身份证件复印件；

（三）由会议主持人和出席会议的董事签署的股东大会会议纪录（募集设立的提交创立大会的会议记录）；

（四）全体发起人签署或者出席股东大会或创立大会的董事签字的公司章程；

（五）发起人的主体资格证明或者自然人身份证件复印件；发起人为企业的，提交营业执照复印件；发起人为事业法人的，提交事业法人登记证书复印件；发起人股东为社团法人的，提交社团法人登记证复印件；发起人为民办非企业单位的，提交民办非企业单位证书复印件；发起人为自然人的，提交身份证件复印件；其他发起人提交有关法律法规规定的资格证明。

（六）募集设立的股份有限公司提交依法设立的验资机构出具的验资证明。涉及发起人首次出资是非货币财产的，提交已办理财产权转移手续的证明文件；

（七）董事、监事和经理的任职文件及身份证件复印件；

依据《公司法》和公司章程的规定，提交由会议主持人和出席会议的董事签署的股东大会会议记录（募集设立的提交创立大会的会议记录）、董事会决议或其他相关材料，其中股东大会会议记录（创立大会会议记录）可以与第3项合并提交，董事会决议由公司董事签字；

（八）法定代表人任职文件（公司董事签字的董事会决议）及身份证件复印件；

（九）住所使用证明；

（十）《企业名称预先核准通知书》；

（十一）募集设立的股份有限公司公开发行股票的应提交国务院证券监督管理机构的核准文件；

（十二）公司申请登记的经营范围中有法律、行政法规和国务院决定规定必须在登记前报经批准的项目，提交有关批准文件或者许可证件的复印件；

（十三）法律、行政法规和国务院决定规定设立股份有限公司必须报经批准的，提交有关的批准文件或者许可证件复印件。

注：依照《公司法》、《公司登记管理条例》设立的股份有限公司申请设立登记适用本规范。

承办单位

阿克苏地区市场监督管理局

办结时限

法定办结时限：20个工作日

承诺办结时限：2个工作日

收费依据和标准

不收费

办理方式

网上受理、现场办理

结果送达

现场办结、邮寄送达

咨询途径

0997-2152829

监督投诉渠道

0997-2154222

办理地点

阿克苏地区行政服务中心A座三楼工商行政管理局窗口

伤残军人换证、公务员及参照《公务员法》管理的国家机关工作人员、人民警察伤残等级评定审核

申请材料目录

（一）认定因公负伤评残的书面意见（申请人工作单位或者街道办事处或者乡镇人民政府审查提出评定残疾等级的申请人伤残评定材料后，出具）（原件）；

（二）申请人书面申请（原件）；

（三）申请人原始住院病历、医疗诊断、医疗终结证明等医疗证明（原件）（复印件）；

（四）近期指定医院的医疗鉴定或医学鉴定证明等医疗证明（原件）（复印件）；

（五）证明或已审定过的公务员登记表（针对国家机关工作人员），公安干警警官证（针对人民警察）（原件）（复印件）；

（六）申请人身份证和户口本（复印件）；

（七）彩色免冠彩色二寸2张和一寸3张照片；每项材料1份.

承办单位

阿克苏地区民政局

办结时限

法定办结时限：90个工作日

承诺办结时限：30个工作日

收费依据和标准

不收费

办理方式

网上受理、现场办理

结果送达

现场办结、邮寄送达

咨询途径

0997-2285365

监督投诉渠道

0997-2185500

办理地点

阿克苏地区行政服务中心A座三楼地区民政局窗口

住房公积金汇缴、补缴审核

申请材料目录

（一）单位汇缴公积金需提供：

1、阿克苏地区职工住房公积金汇（补）缴书（一式二份）；

2、阿克苏地区缴存单位通过网银或电汇将公积金月缴存额汇至公积金中心；

（二）单位补缴公积金需提供：

1、阿克苏地区职工住房公积金汇（补）缴书（一式二份）；

2、《阿克苏地区住房公积金补缴清册》（一式二份）及Excel表电

子版补缴清册；

3、阿克苏地区缴存单位通过网银或电汇将公积金月缴存额汇至公积金中心；

（三）由财政统一拨付的住房公积金，缴存单位于每月 20 日前到辖区内的公积金中心管理部审核次月的公积金缴存额，审核无误由公积金中心管理部录入财政审核公积金系统平台，单位凭加盖管理部业务公章的汇缴、补缴书到财政部门核拨公积金。

承办单位

阿克苏地区住房公积金管理中心

办结时限

法定办结时限：1 个工作日（即办件）

承诺办结时限：1 个工作日

收费依据和标准

不收费

办理方式

网上受理、现场办理

结果送达

现场办结

咨询途径

12329

监督投诉渠道

0997-2125160

办理地点

阿克苏地区行政服务中心 A 座三楼住房公积金业务窗口

大型（5000 人以上）群众性活动安全许可

申请材料目录

（一）承办者合法成立的证明以及安全责任人的身份证明（复印件）；

（二）大型群众性活动方案及其说明，2 个或者 2 个以上承办者共同承办大型群众性活动的，还应当提交联合承办的协议（复印件）；

（三）大型群众性活动安全工作方案（复印件）；

（四）有效身份证件（复印件）；

（五）活动场所管理者同意提供活动场所的证明（复印件）。

承办单位

阿克苏地区公安局

办结时限

法定办结时限：7 个工作日

承诺办结时限：5 个工作日

收费依据和标准

不收费

办理方式

网上受理、现场办理

结果送达

现场办结、邮寄送达

咨询途径

15099291282

监督投诉渠道

0997-2559272

办理地点

阿克苏地区行政服务中心 A 座三楼地区公安局窗口

公众聚集场所投入使用、营业前消防安全检查

申请材料目录

（一）消防安全检查申报表（加盖公章）；

（二）营业执照复印件、法人的身份证复印件或者工商行政管理机关出具的企业名称预先核准通知书；

（三）依法取得的建设工程消防验收或者进行竣工验收消防备案的法律文件复印件；

（四）消防安全制度、灭火和应急疏散预案、场所平面布置图；

（五）员工岗前消防安全教育培训记录和自动消防系统操作人员取得的消防行业特有工种职业资格证书复印件；

（六）法律、行政法规规定的其他材料（消防安全责任人、管理人职责）；

承办单位

阿克苏地区公安消防支队

办结时限

法定办结时限：10 个工作日

承诺办结时限：5 个工作日

收费依据和标准

不收费

办理方式

网上受理、现场办理

结果送达

现场办结、邮寄送达

咨询途径

0997-2152583

监督投诉渠道

0997-2185500

办理地点

阿克苏地区行政服务中心 A 座三楼消防业务窗口

索　　引

编制说明

一、本索引采用主题分析法编制。索引范围包括篇目、类目、分目、条目及表格等。

二、本索引按主题词首字汉语拼音音序(同音按音调)排列,若首字拼音相同则按第二字音序排列,以此类推。

三、篇目、类目、分目用黑体字,表格索引后用(表)注明。

四、索引款目后的数字表示内容所在的页码,数字后的拉丁字母(a、b、c)表示栏别(从左至右)。

A

B

C

D

E

F

G

K

L

M

N

R

S

T

W

X

Z